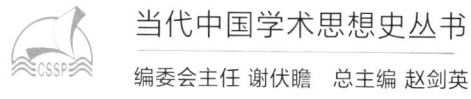

当代中国学术思想史丛书

编委会主任 谢伏瞻　总主编 赵剑英

当代中国敦煌学研究

Research on Dunhuang Studies in Contemporary China

(1949-2019)

郝春文　宋雪春　武绍卫　著

中国社会科学出版社

图书在版编目（CIP）数据

当代中国敦煌学研究：1949—2019 / 郝春文，宋雪春，武绍卫著 .—北京：中国社会科学出版社，2020.11（2024.11重印）

（当代中国学术思想史丛书）

ISBN 978-7-5203-7277-0

Ⅰ.①当⋯　Ⅱ.①郝⋯②宋⋯③武⋯　Ⅲ.①敦煌学—研究　Ⅳ.①K870.6

中国版本图书馆CIP数据核字（2020）第179489号

出 版 人	赵剑英
责任编辑	安　芳
责任校对	张爱华
责任印制	戴　宽
出　　版	中国社会科学出版社
社　　址	北京鼓楼西大街甲158号
邮　　编	100720
网　　址	http://www.csspw.cn
发 行 部	010-84083685
门 市 部	010-84029450
经　　销	新华书店及其他书店
印刷装订	北京君升印刷有限公司
版　　次	2020年11月第1版
印　　次	2024年11月第2次印刷
开　　本	710×1000　1/16
印　　张	34
字　　数	539千字
定　　价	158.00元

凡购买中国社会科学出版社图书，如有质量问题请与本社营销中心联系调换

电话：010-84083683

版权所有　侵权必究

作者简介

郝春文 男，北京通州人，首都师范大学燕京人文讲席教授、博士生导师，中国敦煌吐鲁番学会名誉会长，国家社科基金重大招标项目首席专家，兼任《敦煌学国际联络委员会通讯》和《敦煌吐鲁番研究》主编等职。曾任耶鲁大学和台湾中正大学客座教授，普林斯顿大学、香港中文大学、普林斯顿高等研究院和英国国家图书馆客座研究员。主要研究敦煌学和魏晋南北朝隋唐五代史。著有《中古时期社邑研究》等著作二十多种，在国内外发表论文和书评100多篇。

宋雪春 女，山东梁山人，首都师范大学历史学博士，上海师范大学图书馆副研究馆员，人文学院历史系、信息管理系硕士导师。主要从事敦煌学、历史文献整理与研究。曾获"中国博士后科学基金面上资助"，现主持国家社科基金一般项目"写本学视域下敦煌遗书中古代裱补研究"（21BZS143）。协助郝春文先生整理出版《英藏敦煌社会历史文献释录》（第11—20卷以及新1卷）。在《敦煌研究》《敦煌学辑刊》《首都师范大学学报》《中国社会科学报》等刊物发表学术论文十余篇。

武绍卫 男，山东菏泽人，首都师范大学历史学博士，山东大学历史学院副教授、硕士生导师。主要从事敦煌学、隋唐史和中古佛教史研究。主持国家社科基金青年项目两项、山东省社科基金项目一项，协助郝春文先生整理出版《英藏敦煌社会历史文献释录》（参与新1卷以及第14-20卷），并在《中国史研究》《世界宗教研究》《中国边疆史地研究》《文史》《文献》《中华文史论丛》等国内外 A&HCI、CSSCI 等刊物发表学术论文三十余篇。

当代中国学术思想史丛书
编辑委员会

主　任　谢伏瞻

副主任　蔡　昉　高　翔　高培勇　姜　辉　赵　奇

编　委　（按姓氏笔画为序）

卜宪群　马　援　王延中　王建朗　王　巍
邢广程　刘丹青　刘跃进　李　扬　李国强
李培林　李景源　汪朝光　张宇燕　张海鹏
陈众议　陈星灿　陈　甦　卓新平　周　弘
房　宁　赵　奇　赵剑英　郝时远　姜　辉
夏春涛　高培勇　高　翔　黄群慧　彭　卫
朝戈金　景天魁　谢伏瞻　蔡　昉　魏长宝

总主编　赵剑英

书写当代中国学术史,加快构建中国特色哲学社会科学

谢伏瞻[*]

在中华人民共和国成立70周年之际,中国社会科学出版社修订出版《当代中国学术思想史丛书》(以下简称《丛书》),对于推动我国当代学术史研究,加快构建中国特色哲学社会科学学科体系、学术体系、话语体系具有重要的意义。

党的十八大以来,以习近平同志为核心的党中央高度重视哲学社会科学。2016年5月17日,习近平总书记主持召开哲学社会科学工作座谈会并发表重要讲话,明确提出加快构建中国特色哲学社会科学学科体系、学术体系、话语体系的重大论断和战略任务。这是一个极为重要的战略考量,关系我国哲学社会科学的长远发展,关系中国特色社会主义事业发展全局,是重大的学术任务,更是重大的政治任务。广大哲学社会科学工作者要以高度的政治自觉和学术自觉,以强烈的责任感、紧迫感和担当精神,在加快构建中国特色哲学社会科学"三大体系"上有过硬的举

---

[*] 谢伏瞻:中国社会科学院院长、党组书记。

措、实质性进展和更大作为。《丛书》即为加快构建中国特色哲学社会科学"三大体系"的具体措施之一。

研究学术思想史是我国的优良传统之一。学术思想历来被视为探寻思想变革、社会走向的风向标。正如梁启超在《论中国学术思想变迁之大势》中所言,"学术思想与历史上之大势,其关系常密切。""学术思想之在一国,犹人之有精神也;而政事、法律、风俗,及历史上种种之现象,则其形质也。故欲觇其国文野强弱之程度如何,必于学术思想焉求之。"我国古代研究学术思想史注重"融合""会通",对学术辨识与提炼能力有特殊要求,是专家之学,在这方面有大成就者如刘向、刘歆、朱熹、黄宗羲等皆为硕学通儒。近代以来,随着"西学东渐",我国哲学社会科学各学科逐渐发展起来,学术思想史研究亦以梁启超的《中国近三百年学术史》为发轫,以章炳麟、钱穆等为代表的一批学者用现代学术视角"辨章学术、考镜源流",开始将学术思想史研究与近现代哲学社会科学发展结合起来,形成了不少有影响的名品佳作。新中国成立以后,在马克思主义指导下,我国哲学社会科学不断发展,特别是改革开放以来,哲学社会科学的地位更加凸显,在研究工作的广度和深度上不断取得新突破。但是,我国当代学术思想史研究没有跟上哲学社会科学发展的步伐,呈现出"有数量缺质量、有专家缺大师"的状况,有分量的研究成果寥若晨星,公认的学术思想史大家屈指可数。新时代,我国哲学社会科学地位更加重要、任务更加繁重,有组织、有计划地开展学术思想史研究和出版工作,系统梳理我国当代哲学社会科学各学科学术思想的发展脉络,总结各学科积累的优秀成果,既是对学术研究传统的继承和发扬,弥补当代学术思想史研究的不足,也将在中国特色哲学社会科学"三大体系"建设中发挥独特而重要的作用。

中国社会科学院是党中央直接领导的哲学社会科学研究机构,在加快构建哲学社会科学"三大体系"建设中发挥着主力军作用。早在建院之初的1978年,胡乔木同志主持的《1978—1985年全国哲学社会科学发展规划纲要(初稿)》就提出了研究"中国经济思想史""中国政治思想史""中国教育思想史""中国伦理思想史"等近10种"学术思想史"的规划。"当代中国学术思想史"丛书初版于2009年,在新中国成立70周年之际,予以修订再版,充分体现出我院作为"国家队"的担当。《丛书》以新中国成立以来学术思想史演进中的脉络梳理与关键问题分析为主要内容,集中展现在中国共产党坚强领导下,创建、发展和繁荣哲学社会科学各学科学术思想史的历程,突出反映70年来哲学社会科学各领域的成就与经验,资辅当代、存鉴后人,具有较强的学术示范意义。

学术思想史研究为哲学社会科学学科体系建设提供了有力的支撑。学科体系是加快构建中国特色哲学社会科学的根本依托。经过几十年的发展,我国哲学社会科学已拥有20多个一级学科、400多个二级学科,学科体系已基本确立,但还不健全、不系统、不完善，离习近平总书记提出的基础学科健全扎实、重点学科优势突出、新兴学科和交叉学科创新发展、冷门学科代有传承的要求还有相当大的差距。学科体系建设的前提是对各学科做出科学准确的评估，翔实的学术思想史研究天然具备这一功能。《丛书》以"反映学科最新动态，准确把握学科前沿，引领学科发展方向"为宗旨，系统总结文学、历史学、语言学、美学、宗教学、法学等学科70年的学术发展历程。其中既有对基础学科、重点学科学术思想史的系统梳理，如《当代中国美学研究》《当代中国文艺学研究》等；又有对新兴学科、交叉学科和冷门学科学术思想史的开拓性研究，如《当代中国近代思想史研究》《当代中国边疆研究》《当代中国简帛学研究》等。从学术思想史的角度，系统评价各学科的发展，对于健全学科体系、优化学科布局，加快构建中国特色哲学社会科学学科体系无疑是大有裨益的。

学术思想史研究为哲学社会科学学术创新提供了坚实的基础。学术体系是加快构建中国特色哲学社会科学的核心。主要包括两个方面：一是思想、理念、原理、观点、理论、学说、知识、学术等；二是研究方法、材料和工具等。习近平总书记指出，理论的生命力在于创新。只有不断推进知识创新、理论创新、方法创新，才能着力打造"原版""新版"的哲学社会科学。学术创新是有前提的，正如总书记所深刻指出的，理论思维的起点决定着理论创新的结果，理论创新只能从问题开始。从某种意义上说，学术创新离不开学术思想史研究，只有通过坚实的学术思想史研究，把握学术演进的脉络、传统、流变，才能够提出新问题、新思想，形成新的学术方向，这是《丛书》为哲学社会科学学术创新作出的贡献之一。学术思想史的研究内容、研究方法、材料与工具自成体系，具有构建学术体系的各项特征。《丛书》通过对学术思想史研究的创新，为哲学社会科学学术创新提供了有益的尝试。

一是观点创新。中华人民共和国成立以来，随着马克思主义在哲学社会科学领域指导地位的确立，我国思想界发生了大规模、深层次的学术变革，70年间中国学术已经形成了崭新格局。《丛书》紧扣"当代中国"这一主题，突破"当代人不写当代史"的思想束缚，独辟蹊径、勇于探索，聚焦中国特色哲学社会科学的发展道路、马克思主义指导下的中国学术发展、中国传统学术继承和外来学术思想借鉴，民族复兴在学术思想史上的反映等问题，从而产生一系列的观点创新。

二是研究范式创新。一个时代的主流思想和历史叙事，是由反映那个时代的精神的一系列概念和逻辑构成的。当代中国学术的源流、变化与当代中国政治、经济、文化、社会的变革密切相关。《丛书》把研究中国特色学术道路的起点、进程与方向作为自觉意识，贯穿于全丛书，注重学术思想史与中国学术道路的密切联系、学理化研究与中国现实问题的密切联系、个别问题研究与学术整体格局的密切联系、研究当代中国与启示中国未来的密切联系，开拓了学术诠释中国道路的新范式。

三是体例创新。《丛书》将专题形式和编年形式相互补充与融合，充分体现了学术创新的开放性，为开创学术思想史书写新范式探路。对于当代学术思想史研究，创新之路刚刚开始，随着《丛书》种类的增多，创新学术思想史研究的思路还会更多，更深入。

学术思想史研究为构建哲学社会科学话语体系提供了广阔的平台。话语体系是学术体系的反映、表达和传播方式，是有特定思想指向和价值取向的语言系统，是构成学科体系之网的纽结。习近平总书记指出，在解读中国实践、构建中国理论上，我们应该最有发言权。这就要求我们在构建话语体系时，要坚持中国立场、注重中国特色，用中国理论阐释中国实践，用中国实践升华中国理论，更加鲜明地展现中国思想，更加响亮地提出中国主张。要主动设置议题，勇于参与世界范围的"百家争鸣"。《丛书》定位于对当代中国学术思想的独家诠释，内容是原汁原味的中国学术，具有学术"走出去"、参与国际学术对话、扩大我国学术思想影响力、增强中华文化软实力的条件。《丛书》通过生动的叙述风格传播中国学术、中国文化，全面、集中、系统地反映我国当代学术的建构过程，让世界认识"学术中的中国""理论中的中国""哲学社会科学中的中国"。习近平总书记强调，把中国实践总结好，就有更强的能力为解决世界性问题提供思路和办法。《丛书》通过对当代中国学术思想史的描绘，让世界了解中国特色的学术发展之路，进而了解中国特色社会主义文化和中国特色社会主义道路。《丛书》中的《当代中国法学研究》《当代中国宗教学研究》《当代中国近代史研究》《当代中国近代社会史研究》等已经翻译成英文、德文等多种语言，分别在有关国家出版发行，为当代中国学术思想的国际化传播开拓了新路。

目前，《丛书》完成了出版计划的一部分，未来要继续做好《丛书》出版工作。关键是要坚持正确的政治方向、学术导向和价值取向。要提高政治站位，增强"四个意识"，坚定"四个自信"，做到"两个维护"，在思想上政治上行动上同以习近平同志为核心的党中央保持高度一致。要坚持马克思主义的指导地位，特别是用习近平新时代中国特色社会主义思想指导学术思想史研究和出版工作。要落实意识形态工作责任制，做到守土有责、守土负责、守土尽责。做好《丛书》出版工作必须坚持以质量为生命线。在任何时候都要坚持质量第一的方针，坚持"宁缺毋滥"的原则，多出精品力作。要把社会效益放在首位，实现社会效益和经济效益相统一。要严格遵守学术规范，秉承认真负责的治学态度，严肃对待学术研究，潜心研究，讲究学术诚信，拿出高质量的学术成果。

当今世界处于百年未有之大变局，中国特色社会主义进入新时代，这都对哲学社会科学提出了更高的要求，广大哲学社会科学工作者要积极响应习近平总书记和党中央号召，以习近平新时代中国特色社会主义思想为指导，努力提高政治站位，增强思想自觉，敢于担当，奋发有为，繁荣中国学术，发展中国理论，传播中国思想，加快构建中国特色哲学社会科学"三大体系"，为实现"两个一百年"奋斗目标，实现中华民族伟大复兴的中国梦作出应有的贡献。

是为序。

2019 年 10 月

目 录

前言　中国敦煌学研究的分期 …………………………………………（1）

上篇　敦煌学的兴起及曲折发展——改革开放以前的中国敦煌学（1909—1978）

第一章　对国内外不同机构的藏品数量、来源等情况的介绍和
　　　　考察 ……………………………………………………………（3）
　第一节　英藏敦煌遗书与文物 …………………………………………（3）
　第二节　法藏敦煌遗书与文物 …………………………………………（12）
　第三节　中国国家图书馆藏敦煌遗书……………………………………（20）
　第四节　俄藏敦煌遗书与文物 …………………………………………（28）
　第五节　日本散藏敦煌遗书 ……………………………………………（34）
　第六节　国内外其他散藏敦煌遗书………………………………………（41）

第二章　1909—1949年的敦煌学研究 …………………………………（57）
　第一节　敦煌学的兴起（1909—1930）…………………………………（57）
　第二节　敦煌学研究领域的拓宽（1931—1949）………………………（71）

第三章　1949—1978年的敦煌学研究 …………………………………（90）
　第一节　敦煌学的稳步发展时期（1949—1966）………………………（90）
　第二节　港台地区敦煌学的异军突起（1966—1978）…………………（114）

中篇 敦煌学的腾飞——新时期的中国敦煌学(1978—2000)

第四章 新时期的敦煌学理论与概说 (133)
- 第一节 敦煌学史 (133)
- 第二节 敦煌学概说 (137)
- 第三节 敦煌文献的公布、著录、整理和研究 (143)

第五章 新时期关于历史文书与敦煌历史的研究 (149)
- 第一节 历史文书与敦煌历史 (149)
- 第二节 西北地区和敦煌的民族 (162)
- 第三节 经济文书与敦煌的经济 (169)
- 第四节 地理文献和敦煌历史地理 (177)
- 第五节 敦煌文献与社会生活史 (181)

第六章 新时期的敦煌语言文学艺术研究 (199)
- 第一节 敦煌语言文字 (199)
- 第二节 敦煌文学 (206)
- 第三节 敦煌艺术 (221)

第七章 新时期关于敦煌宗教文献、古籍及科技文献的整理和研究 (253)
- 第一节 宗教文献与敦煌宗教史 (253)
- 第二节 敦煌古籍 (272)
- 第三节 敦煌科技文献 (284)

下篇 转型期的敦煌学——21世纪的中国敦煌学(2001—2019)

第八章 转型期的敦煌学理论与概说 (297)
- 第一节 关于敦煌学内涵、定义及其性质的探索 (297)

第二节　新兴的敦煌写本学 …………………………………（304）
　　第三节　敦煌学史 ……………………………………………（314）
　　第四节　敦煌学概说 …………………………………………（327）
　　第五节　中西文化交流史研究 ………………………………（339）

第九章　转型期关于历史文书与敦煌历史的研究 …………………（345）
　　第一节　历史文书与敦煌历史 ………………………………（345）
　　第二节　西北地区和敦煌的民族 ……………………………（356）
　　第三节　西北地区与敦煌的经济问题 ………………………（361）
　　第四节　地理文献和敦煌历史地理 …………………………（367）
　　第五节　敦煌文献与社会生活史 ……………………………（370）

第十章　转型期的敦煌语言文学艺术研究 …………………………（387）
　　第一节　敦煌语言文字 ………………………………………（387）
　　第二节　敦煌文学 ……………………………………………（394）
　　第三节　敦煌艺术 ……………………………………………（400）

第十一章　转型期的敦煌宗教、古籍及科技文献的整理
　　　　　与研究 …………………………………………………（430）
　　第一节　宗教文献与宗教史 …………………………………（430）
　　第二节　敦煌古籍 ……………………………………………（457）
　　第三节　敦煌科技文献 ………………………………………（469）

结语　用新范式和新视角开辟敦煌学的新领域 ……………………（480）

索引 ………………………………………………………………………（493）

后记 ………………………………………………………………………（519）

前　言

中国敦煌学研究的分期

　　1900年6月22日（农历五月二十六日），道士王园禄在敦煌莫高窟第16窟甬道北壁发现了一个复洞（现编号为第17窟）[①]，洞内重重叠叠堆满了从十六国到北宋时期的经卷和文书。这批古代文献总数在7万件以上，多数为手写本，也有极少量雕版印刷品和拓本；其形态有卷轴装、梵夹装、经折装、旋风装、蝴蝶装、包背装、线装和单片纸叶等；其文字多为汉文，但古藏文、回鹘文、于阗文、粟特文和梵文等其他文字的文献亦为数不少；其内容极为丰富，涉及宗教、历史、地理、语言、文学、美术、音乐、天文、历法、数学、医学等诸多学科，但以佛教典籍和寺院文书为主。人们常说的敦煌遗书，主要是指这批古代文献。[②] 不论从数量还是文化内涵来看，敦煌遗书的发现都可以说是20世纪我国最重要的文化发现。

　　但是，由于众所周知的原因，这个后来引起世界学术界震惊的发现在当时并没有得到应有的保护，致使其中的大部分文献先后流散到英、法、俄、日等国，为我国学者利用这批文献造成了极大的不便。我国学术界自1909年得睹敦煌文献之时起，即开始对其进行整理和研究，经过我国学者和日、法、英等国学者的共同努力，以整理和研究敦煌遗书为发端的学术新潮流逐渐扩大研究领域，并形成了一门新的学科——敦煌学。现在，敦

[①] 关于王道士名称的最新研究，可参看方广锠《王道士名称考》，《敦煌研究》2016年第4期。
[②] 敦煌遗书，又被称为敦煌卷子、敦煌文献、敦煌文书等。另外，1944年在敦煌土地庙出土的文书，一般也被包括在敦煌遗书中。

煌学已成为一门国际显学，本书拟对1909年以来国内学者有关敦煌学的研究成果略作回顾，并对研究中存在的问题和今后发展动向试作讨论。

需要说明的是，敦煌学从一开始就是一门国际性学问，日本、法国、俄国、英国、美国等很多国家的学者都在敦煌学的各个领域取得了很大的成就。限于体例，本书一般不涉及国外的研究成果，但为全面展示学术史的发展脉络，有些在学术史上具有特别重要地位的成果亦将提及。

为方便叙述，本书将中国敦煌学的发展划分为四个阶段，即1909年至1949年中华人民共和国成立前为第一阶段；1949年中华人民共和国成立后至1978年改革开放前为第二阶段；1978年改革开放后至2000年为第三阶段；2001年至2019年为第四阶段。以上只是大致的时间段划分，为了方便展示学术史的发展脉络，有的章节会采用追述的方式突破以上时间段的限制。

第一阶段可以1930年为界分为两个时期。即1909年至1930年为第一个时期，这是敦煌学兴起的时期。1930年前后，在中、日、法、英等国，对敦煌文献的整理和研究已成为一种新的学术潮流，并逐渐发展成一种专门的学问。在这样的背景下，"敦煌学"一词也开始分别在中日学者间流行。1930年，陈寅恪先生在《敦煌劫余录》序中，几次提到"敦煌学"，遂使这一名词在中国学术界广为人知。1931年至1949年中华人民共和国成立是第二个时期。这一时期的重要特点是我国学者到国外调查敦煌文献的增多了，这使得我国学者所接触的敦煌文献大为增多，他们所介绍的敦煌文献的范围也比前一时期广泛得多。在此基础上，他们将归义军政治史的研究范围扩大到了西北各民族变迁史的广阔领域，开展了对金山国史的专题研究，对宗教史的研究也开辟了新的领域，对古代典籍和社会经济文献的整理和研究则更加系统化，开始出现按类或按专题收集资料进行整理的趋向。在研究方法上，这一阶段创造的用文学体裁的文书研究历史问题和将利用文书与实地踏勘相结合等新方法都对以后的研究产生了深远的影响。敦煌文献之外，这一时期我国学者对敦煌石窟的考察和研究不仅在世界上居于领先地位，同时扩大了敦煌学的研究领域。

第二阶段（1949年至1978年）也可以1966年"文化大革命"开始划分为两个时期。前一时期研究重心在大陆，后一时期研究重心转移到了港台地区。自1949年中华人民共和国成立至1966年"文化大革命"开始是我国敦煌学稳步发展时期，取得了令世人瞩目的成就。首先，陆续推出了一批如《敦煌变文集》《敦煌遗书总目索引》等带有总结性的著作。其次，开辟了很多新的课题或研究领域。如科学院历史所对敦煌经济资料的辑录、王重民用敦煌诗补《全唐诗》、潘重规对敦煌赋的辑录、饶宗颐对敦煌白画的专题研究等。最后，有一些领域或专题开始得到学术界关注。如宿白用考古学方法对敦煌石窟及莫高窟营建史的研究、梁思成对敦煌壁画中古代建筑图像的研究、马继兴对敦煌医药文书的研究、常书鸿对敦煌壁画图案的研究、金维诺对佛教史迹画的研究等。这一时期的成就为改革开放以后我国敦煌学的腾飞奠定了坚实的基础。1966年"文化大革命"开始至1978年改革开放前是第二个时期。这一时期，大陆的敦煌学研究基本陷于停顿，港台地区学者却加快了研究步伐，他们所取得的成绩也就更加引人注目。

第三阶段（1978年至2000年）是我国敦煌学的快速发展时期。在改革开放之初，由于"文化大革命"的影响，我国的敦煌学研究落后于国外。当时有"敦煌在中国，敦煌学在日本"的说法，激励中国老、中、青三代敦煌学人焚膏继晷，奋起直追。自1978年改革开放至2000年这二十多年，大陆老、中、青三代学人与港台地区的敦煌学研究者一起比翼齐飞，在各种刊物上发表的论文数以千计，各种著作在数百部以上，不仅在敦煌学的各主要领域都取得了国际领先的业绩，敦煌学的研究队伍也不断壮大，并培养出了一大批中青年研究人才。这批中青年学者已经在某一学科、某一领域或某一专题有所建树，这是我国敦煌学兴旺发达的希望所在。

第三阶段我国学者取得的最重要的成就是基本完成了敦煌文献原材料的公布工作。与中国古代史的其他领域不同，敦煌学的主要资料如敦煌遗书、敦煌简牍和石窟图像都需要在整理刊布后才方便一般学者使用。如敦煌遗书，散在世界各地，一般学者很难直接阅览。在20世纪90年代以前，除少数学者有条件到英、法、俄等国查阅原件，多数中外学者整理研究敦煌遗书所依靠的都是敦煌遗书的缩微胶卷和据缩微胶卷印制的图版。由于当时摄影设备和技术欠佳，不少世俗文书文字模糊，很难辨认。极大地影响了学术界对这批资料的利用。进入20世纪90年代，四川人民出版社率先推出了由中国社会科学院历史研究所、中国敦煌吐鲁番学会古文献编辑委员会、英国国家图书馆和伦敦大学亚非学院等单位合编的《英藏敦煌文献》大型文献图集。该书是由专业摄影人员用当时先进的摄影设备重拍，而印制则采用了当时刚刚流行的先进的电子分色技术。装帧则采用大八开形式，一版一印，以便最大限度地向读者展示敦煌遗书的文字内容。其图版的清晰度大为提高，原来缩微胶卷模糊不清的文字，至此绝大部分可辨认出来。《英藏敦煌文献》大型图集可以说是创造了新的敦煌遗书图版编纂印制范式。在其带动下，上海古籍出版社陆续推出了《俄藏敦煌文献》《法藏敦煌西域文献》和国内诸多藏家的敦煌文献图版。甘肃人民出版社和浙江教育出版社则分别出版了《甘肃藏敦煌文献》（全6册，1999年）和《浙藏敦煌文献》（全1册，2000年）。至2000年，英、法、俄等敦煌遗书主要藏家和国内外散藏的敦煌遗书图版大部分均已刊布，这些文字清晰的文书图版为国内外研究者提供了极大的方便。与此同时，中国学者在对敦煌文书进行整理和研究方面也取得了巨大的成就，至20世纪末，中国学者完成的分类释录文本已经涵盖了敦煌遗书的所有重要类别，并在敦煌学研究的各个重要领域都推出了总结性的或开创性的论著。可以毫不夸张地说，国际敦煌学多数前沿制高点都被中国学者占据了，完全掌握了国际敦煌学的主导权和话语权。

第四阶段（2001年至2019年）是我国敦煌学开始转型的阶段。进入21世纪以后，如何在20世纪研究的基础上将敦煌学研究进一步推向深入，成为国际敦煌学界关注的热点议题。敦煌学国际联络委员会在策划2006年的敦煌学国际学术研讨会时，将"转型期的敦煌学——继承与发展"确定为会议的主题。正式提出了敦煌学在21世纪的转型问题，并确定转型包括继承与发展两个方面。2006年9月7日至11日，"转型期的敦煌学——继承与发展"国际学术研讨会在南京师范大学顺利召开。这次会议的主题就是讨论如何努力改变过去比较零碎的研究敦煌文献资料的状况，在宏观把握敦煌文献的基础上，实现敦煌学的创新与转型。这次会议的论文结集出版，名为《转型期的敦煌学》（上海古籍出版社2007年版）。其后，2010年甘肃人民出版社出版了颜廷亮主编的《转型期的敦煌语言文学》，此书是纪念周绍良先生仙逝三周年学术研讨会论文集，但书名的确定说明敦煌语言文学界亦认识到了在21世纪敦煌学的研究需要转型。虽然以上两本论文集所收的论文仍以传统题目为多，但以上两书的书名说明敦煌学界已经认识到在21世纪敦煌学必须实现转型。即使到了今天，从选题来看，敦煌学的研究也还是以传统题目和传统方法、范式为主，敦煌学的转型仍然是任重而道远。但转型的呼声毕竟出现了，而且越来越强，也出现了一批转型的成果，比如写本学、博物学和知识传承等研究就都可以看作转型的结果。

所以，21世纪敦煌学的转型虽然至今仍然是"星星之火"，但因为它标示了未来敦煌学发展的方向，最终是"可以燎原"的。因而我们将21世纪的敦煌学定义为转型期的敦煌学。

因为以上四个阶段发表的成果数量并不平衡，前两个阶段成果相对较少。所以本书拟分为三篇。上篇介绍自1909年至1978年改革开放前的研究成果，包括两个阶段；中篇介绍自1978年改革开放后至2000年学术成果；下篇则介绍2001年至2019年的研究成果。上篇的两个阶段阐述中国的敦煌学经历了兴起、发展和停顿的曲折，所以我们将上篇的标题确定为：敦煌学的兴起及曲折发展——改革开放以前的中国敦煌学（1909—1978）。中篇是中国敦煌学的快速发展时期，我们拟题为：敦煌学的腾飞——新时期的中国敦煌学（1978—2000）。下篇拟题为：转型期的敦煌学——21世纪的中国敦煌学（2001—2019）。

最后需要说明的是，本书既名为《当代中国敦煌学研究》，本不应该包括1949年前的情况。但由于敦煌学属于新兴学科，中华人民共和国成立前的成果有限。所以，第二章"以1909—1949年的敦煌学研究"为题对1949年前的成果做了简要介绍，以便读者全面了解中国敦煌学的发展历程。

上 篇

敦煌学的兴起及曲折发展——改革开放以前的中国敦煌学
（1909—1978）

1909年至1978年，中国的敦煌学经历了兴起、稳步发展和暂时停顿的曲折历程。本篇拟分两个阶段对这一历程进行回顾。

　　鉴于敦煌遗书是敦煌学成为一门学问的动因和早期敦煌学的研究对象，现在也是敦煌学的主要研究对象之一，故本篇第一章以回顾以往研究成果的形式对国内外不同机构收藏的敦煌遗书的数量、来源、编目和图版的刊布情况、保存情况略作介绍。

　　第二章简要回顾第一阶段即1909年至1949年中华人民共和国成立前的中国敦煌学研究。第三章重点介绍第二阶段自中华人民共和国成立至1978年改革开放前的中国敦煌学研究。

第 一 章

对国内外不同机构的藏品数量、来源等情况的介绍和考察

第一节 英藏敦煌遗书与文物

英藏敦煌遗书与文物指斯坦因（M. A. Stein）于1906—1908年第二次中亚考察和1913—1916年第三次中亚考察在莫高窟藏经洞所获敦煌遗书和文物，其中之遗书起初分别收藏在大英博物馆和设在伦敦的印度事务部图书馆；绢、纸绘画则被当时的英印政府设在印度新德里的中亚古物博物馆和大英博物馆分割收藏。1973年，英国议会批准大英博物馆图书部与博物馆分离，与印度事务部图书馆等合并建立了大英图书馆，原大英博物馆和印度事务部图书馆收藏的敦煌遗书均被移交给大英图书馆收藏。

一 数量

（一）汉文文献

翟理斯（Lionel Giles）自1919年即开始着手编纂的《大英博物馆藏敦煌汉文写本注记目录》[①]至1957年终于出版，该目著录了斯坦因收集品中

[①] ［英］翟理斯：《大英博物馆藏敦煌汉文写本注记目录》（L. Giles：*Descriptive Catalogue of the Chinese Manuscripts from Tunhuang in the British Museum*），英国博物馆董事会出版，1957年；后收入黄永武主编《敦煌丛刊初集》（一），台北：新文丰出版公司1985年版，第1—334页。1963年，时任英国图书馆中文部主任的格林斯泰德（Eric D. Grinstead）编成《英国博物馆藏敦煌汉文写本注记目录题名索引》（英国博物馆董事会1963年版），对翟理斯所编目录的每条题名按拉丁字母顺序重新排列（兼及写本中印鉴、纸色等），可与翟目本身的索引相互补充，可视作翟目的一部分来使用。白化文对比了上列两种索引的优缺点，可参阅《敦煌文物目录导论》，台北：新文丰出版公司1994年版，第83—84页。

汉文文献的1—6890号①。除此之外，尚有数千件残片未予编目。20世纪80年代，黄永武主编的《敦煌宝藏》②著录英藏敦煌文献至7599号。至1991年，荣新江在对翟理斯编目剩余残卷进行调查时指出英藏敦煌文献中汉文写本已达13677号。③ 1995年出版的《英藏敦煌文献》④第十四册著录至13650号。2007年，方广锠据再次统计英藏敦煌文献汉文部分有13900号，其中前7000号相对比较完整，后7000号大抵为残片，还有20余号木刻品另行编号，同时在非汉文部分也夹杂了100多号汉文遗书，如此汉文部分总计可达14000号左右。⑤

（二）胡语文献

斯坦因所掠去的敦煌遗书中除了数以万计的汉文写本外，还有大量古藏文、于阗文、梵文、粟特文、回鹘文等文字书写的写本。比利时佛学家瓦雷·普散（Vallee Poussin）曾为敦煌藏经洞所出藏文写卷编目⑥，其成果《印度事务部图书馆藏敦煌藏文写本目录》⑦著录765号藏文佛典。由西北民族大学、上海古籍出版社和英国国家图书馆合编的《英国国家图书

---

① 王冀青指出在翟理斯所著的《大英博物馆藏敦煌汉文写本注记目录》中误收S.6964、S.6967、S.6970、S.5862、S.6965、S.6969、S.5864、S.5868、S.6966、S.6968、S.6972、S.5867、S.5870、S.5871、S.5872、S.5869、S.6971十七件和阗文书。参阅《〈英国博物院藏敦煌汉文写本注记目录〉中误收的斯坦因所获和阗文书辨释》，《敦煌学辑刊》1987年第2期。

② 黄永武主编：《敦煌宝藏》（1—140册），台北：新文丰出版公司1981—1986年版。

③ 荣新江：《英国图书馆藏敦煌汉文非佛教文献残卷目录（S.6981—13624）》，台北：新文丰出版公司1994年版，第25—29页。

④ 中国社会科学院历史所、英国图书馆等编：《英藏敦煌文献》（1—14卷），四川人民出版社1990—1995年版。

⑤ 方广锠：《方广锠敦煌遗书散论》，上海古籍出版社2010年版，第94页。

⑥ 关于普散对英藏藏文文献的编目和定名的述评，可参刘忠《敦煌藏文文献》，宋家钰、刘忠主编：《英国收藏敦煌汉藏文献研究——纪念敦煌文献发现一百周年》，中国社会科学出版社2000年版，第74—78页。

⑦ ［比利时］瓦雷·普散：《印度事务部图书馆藏敦煌藏文写本目录》，牛津大学出版社1962年版。20世纪60年代初，榎一雄将印度事务部图书馆所藏大部分藏文文书的缩微胶卷购回日本，并编撰新的目录。1977—1978年，东洋文库出版了《斯坦因搜集藏语文献解题目录》12册，除了对普散已编文书重编目整理外，还著录了普散未收的藏文写本。后附《斯坦因收集敦煌藏语文献各种番号对照表》《本册所收文献番号一览表》和《藏汉文书所在一览表》，有助于人们了解印度事务部所藏敦煌西域藏文文书的全貌。转引自荣新江《海外敦煌吐鲁番文献知见录》，江西人民出版社1996年版，第31—32页。

馆藏敦煌西域藏文文献》[1] 计划出版全部英藏敦煌藏文文献的图版，至目前已出版 12 册，著录至 5371 号。

方广锠估计"英藏敦煌文献中的非汉文部分包括梵文、于阗文、粟特文、藏文、龟兹文、回鹘文等各种文字写本的总数在 3000 号以上，但至今缺乏完整的目录"[2]。

（三）绢纸绘画等

1918 年前，任职于大英博物馆的魏礼（Arthur Waley）编成《斯坦因敦煌所获绘画品目录》[3]，共著录绢纸绘画、板画、刺绣等 500 余件。据斯坦因在其著《塞林迪亚》[4] 第二卷所述，他所劫取的敦煌绢画、敦煌麻布画、敦煌纸本画共计 536 件。这三类的比例大约是绢画 62%（约 332 件），麻布画 14%（约 75 件），纸本画 24%（约 129 件）。其中 1—281 号现藏伦敦大英博物馆，283 号以后藏于印度新德里国立博物馆。[5]

二 目录的编制和图版、释文的刊布

（一）汉文文献

1923 年，罗福苌发表的《伦敦博物馆敦煌书目》[6]，虽是转录自法国人的目录，却也最早向国人披露了英藏敦煌写本的情况。1936—1937 年间，向达赴英伦调查敦煌写本和汉文古籍，完成《伦敦所藏敦煌卷子经眼目录》[7]，是作者查阅敦煌写卷时记下的简要目录。其后，王重民编辑了《伦敦所见敦煌群书叙录》。[8] 此外，袁同礼《国立北平图书馆现藏海外敦

---

[1] 金雅声、赵德安、沙木主编：《英国国家图书馆藏敦煌西域藏文文献》（1—12），上海古籍出版社 2011—2019 年版。
[2] 方广锠：《敦煌遗书三题》，杭州佛学院编《吴越佛教》第二卷，宗教文化出版社 2007 年版，第 6 页；后收入氏著《敦煌遗书散论》，第 94 页。
[3] ［英］魏礼：《斯坦因敦煌所获绘画品目录》，伦敦，1931 年。
[4] ［英］斯坦因：《塞林迪亚——中亚和中国西部考察详细报告》，1921 年版；另见中国社会科学院考古研究所译本《西域考古图记》第二卷，广西师范大学出版社 1998 年版。
[5] 参阅王进玉《国宝寻踪——敦煌藏经洞绢画的流失、收藏与研究》，《文物世界》2000 年第 5 期。
[6] 罗福苌编：《伦敦博物馆敦煌书目》，《国学季刊》1923 年第 1 卷第 1 期。
[7] 向达：《伦敦所藏敦煌卷子经眼目录》，《图书季刊》1939 年新第 1 卷第 4 期；后收入氏著《唐代长安与西域文明》，河北教育出版社 2007 年版，第 201—233 页。
[8] 王重民：《伦敦所见敦煌群书叙录》，《图书周刊》1947 年第 18 期。

煌遗籍照片总目》① 著录了王重民、向达、于道泉摄自英国博物馆的所有敦煌文献照片，稿本存于国家图书馆古籍部。

1957年，翟理斯《大英博物馆藏敦煌汉文写本注记目录》，著录了斯坦因所获敦煌汉文资料（S.1—6980和Or. 8212/1—195中少量敦煌汉文写本及P.1—19号印本），分为佛教文献②、道教典籍、摩尼教经、世俗文书和印本五类，并对每号写本或印本著录新编号、汉文名字及威妥玛式转写、卷数及品第、汉文题记并英译，以及书法、纸色纸质、长度等详细信息③，为学者查阅英藏敦煌文书提供了指南。与此同时，刘铭恕编成《敦煌遗书总目索引》中之《斯坦因劫经录》④，包括各号文书的简要标题，并用题记、本文和说明三种方式对不同写卷的内容和特征进行著录。⑤ 刘目在四部古籍和一些世俗文书的考订上贡献颇多，可补正翟目之不足⑥，但在文书物质形态的著录方面，翟目则明显优于刘目。

黄永武主编《敦煌宝藏》按编号顺序著录了斯坦因部分S.1—7599和碎片1—197及印本P.1—9号。⑦《敦煌遗书最新目录》⑧ 主要是为配合

---

① 袁同礼：《国立北平图书馆现藏海外敦煌遗籍照片总目》，《国立北平图书馆图书季刊》单行本，1947年。

② 黄永武对翟目中未知名残卷一一寻检，细加比对，共考出三四百号佛教经典。参阅《英伦所藏敦煌未知名残卷目录的新探索》（上、中、下），分别载于《汉学研究通讯》1982年第4、10期，1983年第3期。

③ 王侃对该目录的分类情况、编号系统、著录方式以及附录制作等四个方面进行了全面深入的剖析，并对该目录的特点予以客观、公正的评价。参阅《〈大英博物馆藏敦煌汉文写本注记目录〉评述》，硕士学位论文，上海师范大学，2008年。

④ 对于《斯坦因劫经录》所收汉文写卷中夹存的藏文写卷情况，中国藏学中心的陈庆英有过详细调查。参阅《〈斯坦因劫经录〉〈伯希和劫经录〉所收汉文写卷中夹存的藏文写卷情况调查》，《敦煌学辑刊》1981年创刊号。

⑤ 王重民：《敦煌遗书总目索引·后记》，中华书局1983年版（再版），第545页。

⑥ 黄永武针对刘目中的讹误加以辨识订补，修正之处达一千多条。参阅《刘铭恕〈斯坦因劫经录〉之补正》（上、续），分别载于《文史学报》1982—1983年第12、13期。

⑦ 而所谓197件碎片，实系Or. 8212编号下的文书，多为斯坦因第三次中亚考察在吐鲁番、和田、黑城子等地所得，而非敦煌文献。

⑧ 黄永武编：《敦煌遗书最新目录》，台北：新文丰出版公司1986年版。其中S.6981—7599是黄氏据缩微胶卷完成的较翟目、刘目为新的目录，参阅氏著《六百号敦煌无名断片的新标目》，《汉学研究》1983年第1卷第1期。另可参阅方广锠《对黄编〈六百号敦煌无名断片的新标目〉之补正》，《中华文史论丛》第50辑，上海古籍出版社1992年版，第61页。

《敦煌宝藏》使用的工具书。台湾学者编制的《伦敦藏敦煌汉文卷子目录提要》①，在翟理斯、刘铭恕、黄永武等编目的基础上，对S.1—7599做出分类整理。全书依四库全书分类法排列，唯宗教典籍另外分类，不入子部。对每一件写本，著录其名称、作者、斯坦因编号、卷子长度、纸色、全文完缺情况及起讫句，有题记者则照录全文，后为说明，记录同卷其他情况，或对写本年代、内容略加考订。该书在四部古籍的考订上有所贡献，且分类编排，便于检索，但未能全面吸收当时已有的研究成果。②施萍婷、邰惠莉编纂的《敦煌遗书总目索引新编》③之"斯坦因劫经录"部分，吸收了刘铭恕目录出版后学术界的相关研究成果，在文书的定名和内容的著录方面都有很大进步。

翟理斯对英藏敦煌汉文文献分类著录仅至S.6980号。其后数十年间，S.6981以下数千号写本一直没有公布，其中包括四部书、佛典、道经、公私文书等许多富有研究价值的文献资料。1991年，方广锠和荣新江应邀分别为这批残卷编目。荣新江编制《英国图书馆藏敦煌汉文非佛教文献残卷目录（S.6981—13624）》按馆藏编号顺序排列，一号之内若有不同内容则分别著录。每号文书除拟定标题外，还有记述文书的外观、内容、专有名词、题记、朱笔、印鉴、杂写、年代及与其他写本的关联等情况的提要。该目为学术界了解S.6981—13677号敦煌写本中的非佛教文献提供了方便。④ S.6981

---

① "中国文化大学"中国文学研究所敦煌研究所小组编：《伦敦藏敦煌汉文卷子目录提要》（全三册），台北：福记文化图书有限公司1993年版。

② 荣新江：《敦煌学十八讲》，北京大学出版社2001年版，第92页。

③ 施萍婷、邰惠莉：《敦煌遗书总目索引新编》，中华书局2000年版，第1—217页。

④ 与分类目录相比，按馆藏编号顺序编制的目录在目前有明显的优点。其一，目录的编排顺序与多数图书馆、博物馆的收藏顺序一致，与多数敦煌文献缩微胶卷、大型影印图集的编排顺序一致，查阅十分方便。其二，对文献内容的著录比较灵活。该目实际上是翟理斯《注记目录》和刘铭恕《斯坦因劫经录》的一个衔接目录，全部斯坦因汉文文献，至此在编目上形成一个整体。如吴芳思博士在"序言"中所说：这目录的出版"标志着敦煌写本漫长旅途的最后一个阶段，从藏经洞到图书馆，从'碎片'到'残卷'，直到今天的比定结果和为各国学者所易于利用的状态"。该目录具有重要的学术价值：其一，作者在编目过程中考出了一批文书的名称；其二，考出了一批文书的年代；其三，考出了一批文书之间的联系；其四，详细著录了文书的有关情况和内容；其五，向读者提供了大量中外研究信息。参阅郝春文评《荣新江〈英国图书馆藏敦煌汉文非佛教文献残卷目录（S.6981—13624）〉》，《敦煌吐鲁番研究》第一卷，北京大学出版社1995年版，第359—367页。

以下佛教文献6400余号，方广锠《英国图书馆藏敦煌遗书目录（斯6981号—斯8400号）》①即是这批文献的阶段性编目成果。该目著录了诸如法堂请益文、斋文、发愿文等具有双重性质的文献，并补充了荣目对非佛教文献收录的少量遗漏。为了展现英藏敦煌汉文文献的整体内容，该目还纳入荣目已经著录的编目成果，使之成为一个完整的按流水号编辑的目录。但该目仅著录至8400号。

20世纪50年代，英国博物馆将收藏的敦煌汉文文书摄成缩微胶卷（编号S.6980以前部分）与各国交换（北京图书馆是在1957年通过交换得到了这批缩微胶卷），这就为各国学者利用英藏敦煌汉文文献提供了方便。20世纪80年代，由台湾学者黄永武主编的140册巨制丛书《敦煌宝藏》是根据缩微胶卷影印出版的大型图录，其前55册即收入了斯坦因所劫敦煌遗书中编号为斯0001—斯7599号的图版。缩微胶卷和据缩微胶卷影印的《敦煌宝藏》的图版质量不高，很多世俗文书的文字都看不清楚，但还是给学术界了解和研究英藏敦煌遗书带来极大方便。

20世纪90年代出版的《英藏敦煌文献》，主要收录英藏敦煌文献中的汉文佛经以外的社会历史文献图版，其中第十二、第十三、第十四卷收录英国国家图书馆藏S.6981以后的文献和木刻本，英国国家博物馆藏敦煌汉文写本、木刻本和绢纸画上的题名题记，以及原印度事务部图书馆藏汉文佛经以外文献。这套大型敦煌遗书图集采用了当时新的摄影和印制技术，图版清晰度大为提高，很多原来模糊不清的文书图版，都可以顺利释读。一直到现在，该书也是最清晰的英藏敦煌遗书图集。

目前正在陆续出版的《英国国家图书馆藏敦煌遗书》②，计划影印出版英藏全部敦煌汉文文献，目前已经出版50册，编目至斯2770号。每册均按英国图书馆收藏敦煌文献的流水号刊布图版并定名，册后附有所收文书的条记目录，吸收了最新的研究成果。其中之"条记目录"备载了相关遗书的重要数据，但令人遗憾的是该书图版主要是据20世纪50年代摄制的

---

① 方广锠：《英国图书馆藏敦煌遗书目录（斯6981号—斯8400号）》，宗教文化出版社2000年版。

② 方广锠、吴芳思：《英国国家图书馆藏敦煌遗书》（1—50册），广西师范大学出版社2011—2017年版。

缩微胶卷影印的,其清晰度不及《英藏敦煌文献》。

特别值得一提的是,1994年,原英国国家图书馆的魏泓博士策划组织了国际敦煌学项目（International Dunhuang Project-IDP）,计划把全世界各地收藏的敦煌遗书彩色图版上网。截至目前,英国国家图书馆的藏品有差不多三分之一已经上网。读者可以通过互联网检索、阅览。这些高清彩色图版使得原来黑白图版上模糊不清或完全看不到的朱书文字,现在绝大部分都变得清晰可辨了。那些墨迹脱落或污损严重的文本,高清彩色图版的清晰度也远优于过去的黑白图版。

释文方面,郝春文编著的《英藏敦煌社会历史文献释录》①,按照《英藏敦煌文献》的流水号顺序对每一件社会历史文书进行释录,预计出版三十卷,目前已出版至十五卷,为了解和研究英藏敦煌文献的具体内容方面提供了方便。

（二）胡语文献②

1912年,时任大英博物馆东方古物部主任的巴内特（L. D. Barnett）编成《斯坦因收集品中的中亚语言和梵文写本草目》,是对斯坦因收集品中胡语写本的最早编目。但该草目没有正式出版,仅有打印本藏于英国图书馆东方部阅览室。藏文非佛教文书则由托马斯（F. W. Thomas）负责整理编目③,其所著《有关西域的藏文文献和文书》④ 第二卷刊布了敦煌的藏文世俗文书。巴考（J. Bacot）、托马斯和图森（Ch. Toussaint）三人合撰《敦煌发现的吐蕃历史文书》⑤ 收录了敦煌藏经洞出土的《吐蕃王朝编年

---

① 郝春文编著:《英藏敦煌社会历史文献释录》第1卷,科学出版社2001年版；第2—15卷、新1卷（增订）,社会科学文献出版社2003—2018年版。另可参阅赵和平评《郝春文〈英藏敦煌社会历史文献释录〉（第一卷）》,《敦煌吐鲁番研究》第6卷,北京大学出版社2002年版,第389—393页。

② 有关国际学者对英藏敦煌胡语文献的研究成果,主要参考和转引自荣新江《海外敦煌吐鲁番文献知见录》,第22—37页。

③ 关于托马斯对英藏西域藏文文献的编译和研究,参阅刘忠《敦煌藏文文献》,宋家钰、刘忠主编:《英国收藏敦煌汉藏文献研究——纪念敦煌文献发现一百周年》,第88—93页。

④ [英]托马斯:《有关西域的藏文文献和文书》（第二卷）,1951年伦敦出版。

⑤ [法]巴考、[英]托马斯、[比利时]图森:《敦煌发现的吐蕃历史文书》,1934年柏林出版。

史》。敦煌藏经洞发现的于阗文写本，由剑桥大学的贝利（H. W. Bailey）整理刊布。[①] 1975 年，日本学者田久保周誉所著《敦煌出土于阗语秘密经典集之研究》发表了敦煌出土梵文和于阗文混合书写的佛典长卷的全部图版，并附有转写、日文翻译、考释和索引，但其转写错误较多。[②] 有关斯坦因收集品中粟特文书的研究成果，主要有辛姆斯·威廉姆斯（N. Sims-Williams）与哈密顿（J. Hamilton）合著的《敦煌出土九至十世纪突厥化的粟特语文书集》[③]。敦煌藏经洞出土的回鹘文《佛说天地八阳神咒经》是目前所见最古老的回鹘文佛教文献，由班格（W. Bang）、葛玛丽（A. vonGabain）和拉合买提（G. R. Rachmati）合作刊布在《吐鲁番突厥语文献》第六集中。此后，哈密顿在《敦煌出土九至十世纪回鹘文写本汇编》[④] 中集中刊布了文书类的回鹘文资料。

（三）绢纸绘画、丝织品等

斯坦因收集品中的绢纸绘画，英国博物馆收藏的部分由韦陀（R. Whitfield）做了系统的整理和研究，编成《西域美术：英国博物馆藏斯坦因收集品》[⑤]，包括敦煌绢画（按佛传图、菩萨像、金刚力士像、天王像的顺序排列）、绢绘，以及纸画和木板画。1990 年，韦陀和法瑞尔（A. Farrer）合编的《千佛洞：丝绸之路上的中国艺术》[⑥] 刊布了斯坦因三次中亚考察所获美术品的图版，包括敦煌绢、纸绘画和板画以及敦煌丝织

[①] H. W. Bailey（ed.），*Codices Khotanenses*（汉译《于阗文献选刊》），Copenhagen 1938. H. W. Bailey（ed.），*Saka Documents*（汉译《赛语文书》），Ⅰ-Ⅳ，London 1960，1961，1964，1967. H. W. Bailey，*Khotanese Texts*（汉译《于阗语文献集》），Ⅰ-Ⅲ，Ⅴ，Cambridge University Press 1969，1980. H. W. Bailey，*Khotanese Buddhist Texts*（汉译《于阗语佛教文献集》），Cambridge University Press 1981.

[②] 荣新江：《英伦印度事务部图书馆藏敦煌西域文献纪略》，《敦煌学辑刊》1995 年第 2 期。

[③] ［英］辛姆斯·威廉姆斯、［法］哈密顿：《敦煌出土九至十世纪突厥化的粟特语文书集》，伦敦 1990 年，第 63—76 页。

[④] ［法］哈密顿：《敦煌出土九至十世纪回鹘文写本汇编》，1986 年巴黎出版。

[⑤] ［英］韦陀：《西域美术：英国博物馆藏斯坦因收集品》（共三卷），讲谈社 1982—1984 年版。

[⑥] ［英］韦陀、法瑞尔合编：《千佛洞：丝绸之路上的中国艺术》，英国博物馆出版公司 1990 年版。该书是英国博物馆"千佛洞展"的图解目录，对于认识英藏绢纸板画等敦煌文物具有重要的参考价值。

品。赵丰《敦煌丝绸艺术全集：英藏卷》[①]，以高清彩色图版的形式刊布了英国收藏的伞盖、幡、袟、巾、多彩织物、单色织物、夹缬、刺绣等敦煌丝绸的图版。

三 保存和修复情况

早在20世纪30年代，王重民自巴黎访英考察斯坦因所获敦煌文献，曾介绍了文献的库藏方式："用书架先绕四壁一周，中间复并列二排，恰成一隶书之'目'字形。架上遍置长方盒，盒有隔，成为上下二层，每盒长可二尺，宽约尺半，骈置经卷于其中。盖其宽适为经卷之长度，而其长又适可容骈列之经卷从二十乃至三十也。则每盒视卷子之粗细，容四、五十卷或六、七十卷不等。盒面施以绿漆，颇秀雅。"[②] 近年来，方广锠考察了多国收藏机构之敦煌文献的保存情况，介绍了英国图书馆的保存状况："敦煌遗书现存放在恒温、恒湿的书库内，绝大部分备有特制的专用藏柜。每号遗书均有特定的架位，不挤不靠，整齐码放。"[③] 同时指出印度新德里博物馆所藏敦煌遗书都展平夹在玻璃板中陈列。[④] 由新德里国立博物馆中亚部古物室管理的敦煌吐鲁番等地艺术品，在常年开设的专门展厅进行展出。展厅约有五百平方米，展品约有二百件。所有展品都嵌在玻璃框中和放在玻璃柜内。展品陈列基本是"因地制宜"，没有刻意分类。[⑤]

郭锋详细介绍了近百年来大英博物馆和英国图书馆对敦煌文献进行

[①] 赵丰：《敦煌丝绸艺术全集：英藏卷》，东华大学出版社2007年版。

[②] 王重民：《英伦所藏敦煌经卷访问记》，《大公报·图书副刊》1936年4月2日；后收入氏著《敦煌遗书论文集》，中华书局1984年版，第1—6页。二十年后，王庆菽访英伦，对斯坦因所劫写卷的庋藏情况亦略有提及："他们载在长约二尺余，宽和高约尺余的蓝色纸盒内，每盒分为二格，上格放十五卷，下格放十五卷的为最多数，间有每盒放十卷，也有因卷子只为一页，每盒即放数十卷的。"参阅王庆菽《英法所藏敦煌卷子经日记》，《文物》1957年第5期。

[③] 方广锠：《关于敦煌遗书的流散、回归、保护与编目》，《中国社会科学院通讯》改版试刊12、13号连载，1998年11月18日、27日；后收入氏著《方广锠敦煌遗书散论》，上海古籍出版社2010年版，第85页。

[④] 方广锠：《关于敦煌遗书的保管与修复》，国家图书馆编：《文明的守望——古籍保护的历史与探索》（卷首语），北京图书馆出版社2006年版，第13页。

[⑤] 王素：《印度新德里国立博物馆藏敦煌吐鲁番等地文物》，《敦煌吐鲁番研究》第14卷，上海古籍出版社2015年版，第219页。

保存和修复的大致历程，指出修复和保存技术随着时代的推进也在不断地革新：初期的修复工作，主要是简单地用薄纸条衬粘到卷子破损处的背面；1919年，翟理斯开始主持编目整理工作后，英博修复室采用了新的装备修复手段，即使用厚灰纸和糨糊来修补卷子和纸片；"二战"后至20世纪70年代，先后尝试过用厚牛皮纸作衬纸，用马尼拉纸修复卷轴，用薄纱衬裱两面有内容的写卷，面糊之外，使用了动物胶制黏剂；后来转向使用中国字画的装裱技术，采用宣纸、丝片和棒轴来装裱修复写本。直至90年代以来，碎片的修复和保存才有了行之有效的方法：一是对缺失部分做必要填补，梳理写本纸纤维边缘，将梳开纤维粘在镶边纸上；二是对较小的纸片采取了透明塑料胶片夹包的形式，"即把残纸弄干净后，轻轻抚平，再夹入两片非常坚硬的聚酯胶片中"①。方广锠概括了英国图书馆对敦煌文献的保护和修复经历了几个重要阶段：丝网加固、硬纸粘贴、仿造书画装裱、塑料硬膜夹护等。② 这些保护和修复的办法都不同程度存在问题，不少原卷已经受到了严重的侵害。20世纪80年代以后，英图学习中国国家图书馆修复的经验，已经改用更适合古代写本长久保存的新的保护和修复办法。

第二节　法藏敦煌遗书与文物

1908年2月至5月，法国伯希和（Paul Pelliot）率领的中亚考察团在敦煌逗留三个月，将藏经洞中所有写本、刻本以及艺术品翻检了一遍，最终从王道士手中骗取大量敦煌宝藏，其中写本文献现藏于法国巴黎国家图书馆，艺术品最初入藏卢浮宫美术馆，后来陆续归入集美博物馆（又作"吉美博物馆"）。1909年，伯希和至北京为法国国家图书馆购买汉籍，曾

---

① 此外，绢纸绘画丝织品等的展皱装裱修复由东方古物部修复室负责，以后归东方古物部东方印刷品与绘画品分部专管，成立了专门的敦煌绢纸画修复室。参阅郭锋《敦煌汉文文献》，宋家钰、刘忠主编：《英国收藏敦煌汉藏文献研究——纪念敦煌文献发现一百周年》，第45—47页。

② 方广锠：《关于敦煌遗书的流散、回归、保护与编目》，收入氏著《方广锠敦煌遗书散论》，第86—87页。

将随身携带的敦煌遗书珍本展示给董康等人参观，由此引发了我国学者研读、抄录和出版敦煌文献的第一次热潮。① 可以说，伯希和的北京之行客观上促成了我国敦煌学研究的发端。② 自20世纪20年代开始，刘复③、王重民④、于道泉⑤、姜亮夫⑥等学者先后到法国国家图书馆对其馆藏敦煌文

---

① 京师学界于1909年10月4日在北京六国饭店公宴伯希和，并与伯希和在影印出版法藏敦煌文献的细节方面达成共识。罗振玉等人所编《石室秘宝》《佚籍丛残初编》《鸣沙石室佚书》《鸣沙石室佚书续编》《鸣沙石室古籍丛残》《敦煌零拾》《敦煌石室遗书三种》《敦煌石室碎金》等书，大多据伯希和所提供的照片编成。在刊布法藏敦煌文献的目录方面，主要成果有历史博物馆编《海外所存敦煌经籍分类目录》，分别载于《国立博物馆丛刊》1926—1927年第1卷第1、2、3期。有关伯希和在北京与罗振玉等中国学者的交往史实之钩沉，可参阅孟宪实《伯希和、罗振玉与敦煌学之初始》，《敦煌吐鲁番研究》第7卷，北京大学出版社2004年版，第1—12页。

② 关于伯希和1909年在北京的活动时间，王冀青通过梳理亲历者的书信等档案材料，厘清了多年来的传载疏误，认为伯希和于1909年5月21日离开河内，应于1909年6月下旬或7月上旬抵达北京，于1909年10月4日参加北京学术界的公宴，应于1909年10月11日傍晚从前门站乘火车离开北京，最终于1909年10月24日回到法国巴黎。参阅《伯希和1909年北京之行相关日期辨正》，《敦煌学辑刊》2011年第4期；同作者《清宣统元年（1909年）北京学界公宴伯希和事件再探讨》，《敦煌学辑刊》2014年第2期。其后，王楠通过梳理大量的档案材料，介绍了伯希和在藏经洞被发现前后与中国学人的交往情况，尤其披露了伯希和在赴藏经洞前与载澜、王树枏、裴景福等人的生活及学术交流（参阅《藏经洞发现前后伯希和与中国学人的交往》，《文汇报》2015年6月5日第T13版）。

③ 刘复：《敦煌掇琐叙目》，《北大国学月刊》1925年第3期。同作者《敦煌掇琐》，中央研究院历史语言研究所刻本，1925年，后收入黄永武主编《敦煌丛刊初集》（十五），台北：新文丰出版公司1985年版。此书所收104件敦煌文书多为我国学者前所未见，其内容包括民间文学、语言文字、社会经济、官府文书等多个方面，远远超出了四部书的范围。这部书开阔了国内研究者的眼界，为他们开辟新的研究领域提供了原始材料。

④ 王重民所编《巴黎敦煌残卷叙录》在《大公报·图书副刊》连载（1935年5月23日—1937年8月22日）。除此之外，他还就所见四部典籍，做了大量考释工作，先后撰写了一批跋语和研究性提要，辑入《敦煌残卷叙录》两卷，分别于1936年和1947年由北平图书馆出版，即后来氏著《敦煌古籍叙录》的基础。

⑤ 于道泉是我国学术界从事敦煌藏学研究的先驱，他于1934年负笈巴黎，1949年6月回国。他曾就读于巴黎索邦大学，师从巴考（Jacques Bacot）研修藏文。他受北平图书馆之托，在巴黎、伦敦拍摄敦煌文献照片。他所摄"敦煌古书胶影片一箱"，连同北平图书馆购买的西文书四箱，随行押运，于1949年6月6日到馆。国家图书馆古籍馆所藏《国立北平图书馆藏海外敦煌遗籍照片目录》稿本之"凡例"即有对于道泉所摄照片的说明。参阅刘波《国家图书馆与敦煌学》，博士学位论文，河北大学，2013年。

⑥ 姜亮夫：《瀛外访古劫余录·敦煌卷子目次叙录》，《志林》第1期，《说文月刊》1940年第2卷第4期；同作者《瀛涯敦煌韵辑总目叙录》，《国立中央图书馆馆刊》第1号，1947年。

献进行专门的调查和研究，并取得丰富的成果。

一 数量

有关敦煌汉文写本的具体数量，据方广锠调查，从伯2001号编到伯6040号，去掉中间的空号，加上夹杂在藏文中的汉文遗书，总数将近4000号。[①]

法藏敦煌藏文文献的数量，据王尧主编的《法藏敦煌藏文文献解题目录》[②]，共计4450个编号，由于P.T.2224—3500号之间空缺了1276个编号，实有3375号。

汉藏文献之外，伯希和自藏经洞还获得一定数量的回鹘文、粟特文和梵文文献。由哈密顿（J. Hamilton）所辑录的《敦煌9—10世纪回鹘文写本汇编》[③]影印了24号敦煌回鹘文写本的全部图版，并做了精心的转写、翻译、注释和词汇索引。伯希和所获粟特文写本共有30个编号，由辛姆斯·威廉姆斯（N. Sims-Williams）和哈密顿转写、译注的《敦煌9—10世纪的突厥化粟特语文书集》[④]发表了其中的5号。此外，伯希和在藏经洞还收集了13号梵文佛教文献。

综上可知，法国国家图书馆内收藏的汉文文献4000多件，藏文文献3000多件，其他还有粟特、回鹘、龟兹、于阗、梵文文献等接近百件。

《伯希和在敦煌收集的文物》[⑤]一文介绍了不同类型艺术品的具体数量和内容，即220余幅绘画品、21尊木雕、丝织品残片和画幡、经帙等，于1910年入藏卢浮宫博物馆。其后不久，15幅绘画品转存于集美博物馆。1922年，又有40幅绢画转入集美博物馆。1947年，集美博物馆改组为法国国家博物馆的亚洲艺术部，原藏于罗浮宫的所有伯希和所获艺术品全部

[①] 方广锠：《敦煌遗书与佛教研究》，麻天祥主编：《佛学百年》，武汉大学出版社2008年版。后收入氏著《方广锠敦煌遗书散论》，上海古籍出版社2010年版，第192页。

[②] 王尧主编：《法藏敦煌藏文文献解题目录》，民族出版社1999年版。

[③] ［法］哈密顿：《敦煌9—10世纪回鹘文写本汇编》，法国彼特出版社1986年版。

[④] ［英］辛姆斯·威廉姆斯、［法］哈密顿：《敦煌9—10世纪的突厥化粟特语文书集》，英国伦敦大学东方和非洲研究学院1990年版。

[⑤] ［法］劳合·福奇兀撰，杨汉璋译，杨爱程译审：《伯希和在敦煌收集的文物》，《敦煌研究》1990年第4期。该文原载香港《东方月刊》1989年第3期。

归集美博物馆收藏，这里建成三个大展室，放置敦煌和新疆发现的画卷和画幡。

二 目录的编制和图版、释文的刊布

（一）敦煌写本

在敦煌写本文献入藏法国国家图书馆后，伯希和便开始对汉文写本进行编目，他完成了 P. 2001—3511 号、P. 4500—4521 号的法文原稿，但没有正式刊布①。这份目录在传入国内之后，很快有了两种译本：一是罗福苌译《巴黎图书馆敦煌书目》②，所据乃叶恭绰抄录的伯希和目录前 700 号，但罗译本过于节略。二是陆翔译《巴黎图书馆敦煌写本书目》③，是根据张凤游学巴黎时所抄 P. 2001—3511 号全部稿本。在《伯希和劫经录》出版之前，该目录一直是学术研究参考和利用法藏敦煌文献的一部最好、最有用的目录。④ 王重民于 1934 年至 1939 年留居巴黎专门调查敦煌汉文文献，并为北平图书馆进行照相、复制缩微胶卷工作。其所编制《伯希和劫经录》补正了伯希和编目的缺失和不足⑤，是法藏敦煌文献的全部汉文写卷的第一个相对完整的目录。该目在经史子集四部书的定名和搜集方面的贡献较大，且都用传世本校对过，除注明原卷的残缺情况，还就现行本注明了篇章和卷数；对同一写本的不同残片进行了缀合，同一文献的不同

---

① 伯希和以后，在 1932—1933 年间留学巴黎的日本学者那波利贞（关于社会经济文化史的论著《唐代社会文化史研究》，东京创文社 1970 年版），1934—1939 年间作为交换学者到巴黎国立图书馆工作的学者王重民（前揭主要研究成果《巴黎敦煌残卷叙录》就是在此阶段完成），和 1951 年走访巴黎的杨联陞，都陆续为敦煌写本的编目作出贡献。另外，早期访书巴黎并留下研究成果的还有：刘复编《敦煌掇琐》，羽田亨编《敦煌遗书》活字本和影印本各一集（1926 年上海东亚考古研究会印行），神田喜一郎编《敦煌秘籍留真》（1938 年平安神田氏自印），神田喜一郎编《敦煌秘籍留真新编》（台湾大学 1947 年版）。参阅荣新江《海外敦煌吐鲁番文献知见录》，第 45 页；另可参阅氏著《敦煌学十八讲》，第 98 页。

② 罗福苌译：《巴黎图书馆敦煌书目》，分别载于《国学季刊》1923 年第 1 卷第 4 期；《国学季刊》1932 年第 3 卷第 4 期。

③ 陆翔译：《巴黎图书馆敦煌写本书目》，分别载于《国立北平图书馆馆刊》1933 年第 7 卷第 6 期；《国立北平图书馆刊》1934 年第 8 卷第 1 期。

④ 王重民：《敦煌遗书总目索引·后记》，第 548 页。

⑤ 王重民所编：《伯希和劫经录》，刊于 1962 年出版的《敦煌遗书总目索引》卷三（王重民等《敦煌遗书总目索引》，商务印书馆 1962 年版）。

篇章也做了统一整理；凡写经题记及应加的必要说明都在注文中做了简要的记述。相较伯希和原目和国内流行的各种译本，该目在内容和形式上都更加翔实可靠。

法兰西科学院专门成立了敦煌研究组，从事敦煌写本的编目和研究，历数十年所取得的编目成果即六卷本的《巴黎国立图书馆所藏伯希和敦煌汉文写本目录》①，分别著录 P.2001—P.6040 号以及藏文写卷背面的汉文写本，对法藏敦煌汉文文献的每号内各项内容均一一著录。一般是先列标题，对题目已残者大多考证补出；详记有关该写本的研究文献出处；对写本尺幅长短、纸质、颜色等进行物质性描述；后附两个索引。② 此目录的优点在于著录详尽，包括原卷的外观黑白图版无法看到的红字和朱印；其每项内容附有研究文献出处，虽然不够完备，但极便学人使用；目录按伯希和编号排列，便于检索，后又附有分类索引。但其中第二卷即 P.2501—P.3000 尚未出版。

施萍婷、邰惠莉编撰的《敦煌遗书总目索引新编》③ 之"伯希和劫经录"部分，吸收了王重民"伯希和劫经录"出版后学术界的相关研究成果，在文书的定名和内容的著录方面都有很大进步。这部目录和《巴黎国立图书馆所藏伯希和敦煌汉文写本目录》是目前了解法藏敦煌汉文文献最重要的

---

① 法兰西科学院敦煌研究组编：《巴黎国家图书馆所藏伯希和敦煌汉文写本目录》共六卷。其中第一卷（2001—2500 号），由谢和耐、吴其昱编写，巴黎国家图书馆于 1970 年出版；第二卷（2501—3000 号），由隋丽玫、魏普贤编写，尚未出版；第三卷（3001—3500 号），由苏远鸣主编，圣·波利尼亚基金会于 1983 年出版；第四卷（3501—4000 号），由苏远鸣主编，法兰西远东学院于 1991 年出版；第五卷（上、下册，4001—6040 号），由苏远鸣主编，法兰西远东学院 1995 年出版；第六卷著录藏文卷子背面的汉文写本，巴黎 2001 年出版。

② 一般是先列标题，凡文献类先列汉文原文，再作法文转写；题目已残者大都考证补出，并指出通行印本如《大正藏》《道藏》《四部丛刊》中的出处及同类写本编号；凡文书类则用法文拟题，并有简要提要提示文中的专有名词；有题记者译为法文；还详记有关该写本的研究文献出处；最后是写本尺幅长短、纸质、颜色等物质性描述；后附两个索引：一是按拉丁字母顺序排列的特殊项目四大类，前三类又细分为若干小类，每小类下列属于此类的写本编号，这样就弥补了按编号顺序编目在分类上的缺陷；最后一类列出有题记、年代、年号、绘画、其他民族文字、印鉴等专门内容的写本编号；第四卷又增加了见于本册目录注记中的其他敦煌写本和洞窟题记的编号索引。参阅荣新江《海外敦煌吐鲁番文献知见录》，第 46 页；另可参阅氏著《敦煌学十八讲》，第 99 页。

③ 施萍婷、邰惠莉：《敦煌遗书总目索引新编》，中华书局 2000 年版，第 219—338 页。

指南。

古藏文文献的编目，拉露（Marcelle Lalou）穷尽毕生精力编成的《法国国立图书馆所藏敦煌藏文写本注记目录》（后文简称《注记目录》）①，著录 P. T. 0001—2216 号，该目首次系统梳理了法藏敦煌藏文文献，对每件写本的外观和内容都作了详细的记述，佛典之外的文献或文书，用拉丁字母转写出每项内容的起止，如有相关研究成果，也一一著录，前有主题索引，便于学者按类查找写本。② 该目为各国学者研究法藏敦煌藏文写卷提供了极大的便利，一直受到学术界的高度评价。但该目也有不尽完备之处，如对 2216 号以外的散卷未能著录。

王尧主编的《法藏敦煌藏文文献解题目录》，基本涵盖了法藏敦煌藏文文献的全部，该目著录内容包括卷号、盒号，所收卷号的首末行藏文，卷子的大小尺寸、文字书写及卷子的背面内容，国内外学术界对该卷号的专门研究或相关论著。与拉露《注记目录》不同的是，该目对《十万颂般若波罗蜜多经》均一一著录编号。此外，该目将大量重复的《无量寿宗要经》统一编号为 P. T. 3500—4159 号，《般若波罗蜜多心经》统一编号为 P. T. 4160—4367 号。总体而言，该目对原卷的描写相对完整，对内容的判断也较为准确，尤其罗列了有关卷号的研究信息，方便学人查阅引用。但该目依然有许多可补正之处，如存在不少定名不确或没有定名的文献，对于某些同一卷号的数种文献，也未能分别著录。《法国国家图书馆藏敦煌藏文文献》③ 虽是文献图集，但每册都编有藏汉文对照目录，尤其是对同一卷号的内容分别著录，有助于读者全面了解该卷号的性质、内容等。在文献的定名方面也比以往目录有所进步，尤其对佛教文献的定名有较大突破，对不少原来定名为"佛经"的文献给出了具体的名称。但仍存留一

---

① ［法］拉露：《法国国立图书馆所藏敦煌藏文写本注记目录》（全三册），第一册（P. T. 1—849 号），巴黎国家图书馆于 1939 年出版；第二册（P. T. 850—1282 号），1950 年出版；第三册（P. T. 1283—2216 号），1961 年出版。
② 此外还有大量的《无量寿宗要经》和《十万颂般若波罗蜜多经》，因重复太多而没有编目。
③ 金雅声、郭恩主编：《法国国家图书馆藏敦煌藏文文献》（1—26 册），上海古籍出版社 2006—2019 年版。

些未能解决的问题有待今后的进一步研究。①

20世纪70年代末，法国国家图书馆也将其收藏的敦煌遗书制成缩微胶卷与各国图书馆交换。但这套缩微胶卷摄影技术欠佳，很多世俗文书模糊不清。黄永武主编《敦煌宝藏》②之第111—135册据缩微胶卷影印了法藏敦煌遗书中编号为伯2001—6038号的图版。法国国家图书馆制作的缩微胶卷和《敦煌宝藏》影印的敦煌遗书图版虽然都存在一些世俗文书清晰度不够的问题，但在很长时间内仍是多数研究者了解、研究法藏敦煌文献的基本资料来源。直到20世纪90年代，由上海古籍出版社和法国国家图书馆编纂的《法藏敦煌西域文献》陆续出版③，该书利用新的摄影技术和印制技术重新影印出版了伯希和所获的敦煌文献，其内容以汉文文献为主，也包括部分古藏文、粟特文、回鹘文、于阗文文献，并收录了原被抽到藏文编号序列中的汉文文献图版。这套文献图集的清晰度比过去有很大提高。2006年开始，由金雅声、郭恩主编的《法国国家图书馆藏敦煌藏文文献》开始出版，计划出版P.T.0001—3358号的全部法藏藏文文献，至今已经刊布26册，图录编号至1472号。进入21世纪，法国国家图书馆把全部法藏的敦煌遗书数据化，并将高清的彩色图版放到该馆的网站上，可以按号检索。现在，世界各国学者可以足不出户就能方便地阅览法藏敦煌遗书。

（二）敦煌艺术品

王进玉简要介绍了集美博物馆所藏敦煌文物的概况，指出法国实际藏敦煌绘画品为216件，收藏比例分别是：敦煌绢画63%（约136件），敦煌麻布画22%（约48件），敦煌纸本画15%（约32件）。④由于斯坦因早

---

① 才让回顾和总结了国内外学界在敦煌藏文文献的编目、整理出版方面的成果，同时结合英法藏敦煌藏文文献的整理出版工作的启动和全面刊布的情况，对敦煌藏文文献的未来研究趋势提出展望。参阅《敦煌藏文文献编目整理、出版方面的成果回顾及未来研究趋势之展望》，《台大佛学研究》第22期，台湾大学文学院佛学研究中心2011年版，第106—136页。

② 黄永武主编：《敦煌宝藏》（111—135），台北：新文丰出版公司1986年版。

③ 上海古籍出版社、法国国家图书馆编：《法藏敦煌西域文献》（1—34册），上海古籍出版社1995—2005年版。

④ 王进玉：《国宝寻踪——敦煌藏经洞绢画的流失、收藏与研究》，《文物世界》2000年第5期。

于伯希和劫走大量精美的绘画，所以入藏吉美博物馆的绘画品多数是菩萨、地藏等单体造像，其中较为重要的有观无量寿佛经变、宋初 981 年有纪年的千手千眼观音经变等。①

伯希和逝世以后，其弟子韩百诗（L. Hambis）曾组织一批学者，对伯希和考察队的中亚收集品进行系统的分类和整理②，其成果计划编为《伯希和考察队考古资料丛刊》十六卷，迄今已刊和未刊的有关介绍敦煌丝织品和绢幡绘画等艺术品的卷次和成果为：第十三卷，由里博（K. Riboud）与维亚（G. Vial）合编的《吉美博物馆和国立图书馆所藏敦煌丝织品》③，主要是研究敦煌藏经洞出土的丝织品的材料和织法，共著录了 99 件丝织品，并对每件物品注记其质地、大小、保存状态、装饰、组织结构和制作情形等项内容；第十四卷，尼古拉－旺迪埃编《吉美博物馆所藏敦煌绢幡绘画》（解说）④，系整理伯希和敦煌所获绢幡绘画的成果之一，共著录 216 号，总 220 幅作品。绘画品分佛像、菩萨像、天王力士像、高僧像和其他形象五类加以记录，注记的内容包括原编号、名称、质地、长宽、时代、内容概述、保存状态、有关注记和参考文献目录；第十五卷，韩百诗编《吉美博物馆所藏敦煌绢幡绘画》（图版）⑤，此卷与前一卷图版相配合，刊布 230 幅敦煌绢幡绘画照片，其中包括一些彩色图版，其排列顺序与解说卷相同，两者对照使用，是长期以来人们研究敦煌绘画的重要原始资料。另外，在伯希和所获敦煌写本中，保存许多素描插图画和纸本绘画，主要载于饶宗颐所著《敦煌白画》⑥一书中。

---

① 王惠民：《吉美博物馆藏敦煌文物》，《深圳特区报》2007 年 4 月 17 日 B15 版。
② 这批艺术品最早由阿甘（J. Hackin）从事整理和研究，他编过一个简单的目录，名为《集美博物馆指南目录》，1923 年巴黎出版；走访巴黎收集敦煌绘画资料的日本学者松本荣一，在他的《敦煌画研究》一书中，也大量刊布了这些敦煌绢画的图版（两卷本，东京，1937 年出版）；1956 年，阿莱德（M. Hallade）和韩百诗又编有《中亚雕刻与绘画目录》，未正式出版。参阅荣新江《海外敦煌吐鲁番文献知见录》，第 63 页。
③ ［法］里博、维亚合编：《吉美博物馆和国立图书馆所藏敦煌丝织品》，巴黎，1970 年。
④ ［法］尼古拉－旺迪埃编：《吉美博物馆所藏敦煌绢幡绘画》（解说），巴黎，1974 年。
⑤ 韩百诗编：《吉美博物馆所藏敦煌绢幡绘画》（图版），巴黎，1976 年。
⑥ 饶宗颐：《敦煌白画》，《法国远东考古学院考古学专刊 8》，1978 年。

由贾里觉、秋山光和合编的《西域美术——吉美博物馆藏伯希和收集品》①分类刊布了法藏敦煌绘画品，共两卷。其中第一卷发表99件，主要是面积较大的佛传图、变相图、佛像、菩萨像。第二卷发表89件，选印一些国家图书馆藏写经插图，主要是篇幅较小的菩萨像、天王像、行脚僧图等；然后是约30件丝织品，包括幡、幡头、经帙；最后刊布了新疆发现的塑像、彩绘舍利容器、壁画、陶器、木器等西域美术资料。在《吉美博物馆所藏敦煌绢幡绘画》②图版卷中看不清楚的一些题记，可以在该书中看到更清晰的图版。赵丰《敦煌丝绸艺术全集：法藏卷》③，以高清彩色图版的形式刊布了法国收藏的幡、帙、巾、织物、缬、绘、刺绣等敦煌丝绸的图版。

三 保存与修复

有关法藏敦煌文献的保存情况，方广锠做过实地考察。据他的记录："法国的书库条件（相较英国）差一点，但敦煌遗书均放在特制的纸盒中，按照遗书大小不同，有的一盒一号，有的一盒数号。不论盒内藏数多少，每号遗书均有专门藏位，整整齐齐。"修复方面，方广锠考察表明法国对敦煌遗书的修复亦经历了丝网加固、硬纸粘贴、仿造书画装裱、塑料硬膜夹护等几个阶段。④

第三节　中国国家图书馆藏敦煌遗书

一 来源与数量

1910年，在罗振玉等人的积极呼吁下，清政府学部下令将剩余敦煌遗

---

① ［法］贾里觉、［日］秋山光和合编：《西域美术——吉美博物馆藏伯希和收集品》第1卷，东京：讲谈社，1994年；第2卷，1995年。另可参阅［日］秋山光和《吉美美术馆藏敦煌盛唐期绢画佛传图的考察——关于EO1154号残片（摘要）》，《敦煌研究》1988年第2期。

② 有关国际学者对法藏敦煌胡语文献和艺术品的编目及研究成果之介绍，主要参考和转引自荣新江《海外敦煌吐鲁番文献知见录》，第41—52、63—66页。

③ 赵丰：《敦煌丝绸艺术全集：法藏卷》，东华大学出版社2010年版。

④ 方广锠：《关于敦煌遗书的流散、回归、保护与编目》，收入氏著《方广锠敦煌遗书散论》，第85—87页。

书悉数解京，入藏中国国家图书馆的前身京师图书馆[①]，这是目前国家图书馆藏敦煌遗书的主体部分。另外后续入藏部分主要是中华人民共和国成立后通过各种途径征集或购买得来的，总数已达2100多号。据方广锠介绍[②]，后续入藏部分的来源可分由文化部调拨、个人捐赠及国家图书馆收购三种，其中由文化部调拨的占绝大部分。从这批遗书的流传渊源讲，它们又可分作两类，一类是原藏旅顺博物馆之大谷探险队所得敦煌遗书；另一类是藏经洞自1900年被发现后便逐渐散佚到私人手中之遗书及由甘肃解京后被人盗窃从而散佚在私人手中之遗书。[③] 李际宁对"味青斋"敦煌秘籍佚卷的来源考察，以及对国图新入藏的文献进行编目和整理，均有利于学界对国图新入藏文献来源和内容的认识。[④] 陈红彦对馆藏"新"字号遗书中印鉴印主的翔实考证，使这部分藏品的来源和流转过程

[①] 敦煌遗书由学部分两批移送入藏京师图书馆。第一批移交的具体时间不详，可能在缪荃孙就任京师图书馆监督的11月5日至学部行文的12月13日之间；第二批是22卷残经和粘片两本，移存时间是宣统二年十一月十二日（1910年12月13日）。参阅方广锠《中国国家图书馆与敦煌遗书——〈中国国家图书馆藏敦煌遗书总目录·总序〉（摘录）》，"敦煌学国际学术研讨会"豫稿集，2015年1月29—30日，第1—39页。同作者《百年前的一桩公案——关于22卷续交敦煌遗书的考察》，《敦煌研究》2009年第1期。另可参阅《北京图书馆史资料汇编：1909—1949》之"学部续送京师图书馆敦煌经卷片"，书目文献出版社1992年版，第13页。

[②] 方广锠指出："依据国图原善本部保存的装箱目录统计，1949年以后，到1988年为止，原善本部敦煌特藏库入藏各类藏品57批。其中53批为从1949年到1966年之间由国图中文采编部移交。这53批藏品，主要为文化部社会文化事业管理局、文化部文物管理局调拨，少量为国图接受社会贤达捐赠。文化部调拨的部分中，既有从其他单位调拨到文化部，也有文化部购买，还有社会贤达捐赠。1966年到1988年之间入藏的4批，为善本部购买、接受捐赠及从善本库内其他藏品中清理移交。""由于采购、编目、庋藏等管理制度方面的原因，国图还有少量敦煌遗书收藏在敦煌特藏之外。比如若干少数民族文字的敦煌遗书由民族语文组负责收藏，个别早年收购的敦煌遗书已经编入善本书大排行。这些藏品虽然未能与国图敦煌特藏主体一并庋藏，实际上也属于国图敦煌特藏的后续入藏部分。"参阅《中国国家图书馆与敦煌遗书——〈中国国家图书馆藏敦煌遗书总目录·总序〉（摘录）》，第4页。

[③] 方广锠：《〈中国国家图书馆藏敦煌遗书〉前言》，《文献》1999年第4期；后收入氏著《方广锠敦煌遗书散论》，第141—142页。

[④] 李际宁：《味青斋敦煌秘籍佚卷存目点勘及其价值》，《敦煌学辑刊》1995年第1期；另可参阅萧新祺《佚名〈味青斋敦煌秘籍佚卷目〉》，《敦煌研究》1991年第4期。李际宁：《中国国家图书馆近年入藏的敦煌遗书及其史料价值》，郝春文主编：《敦煌文献论集——纪念藏经洞发现一百周年国际学术研讨会论文集》，辽宁人民出版社2001年版，第25—34页。

更加明晰。①

方广锠对国图藏敦煌文献的数量有较为精确的统计：20世纪90年代初，中国国家图书馆收藏的敦煌遗书总数在16000号以上。到2012年6月国图藏敦煌遗书的整理、出版工作结束为止，国图敦煌特藏的号码目前编到16579号，排除空号以后，实际有遗书16516号。②加之在修整过程中不断有揭下的古代裱补纸，国图藏敦煌遗书的总数为16578号，其中较大的卷子约有1000号，其余为残卷或残片。③国图藏敦煌遗书的数量的变化可以分为四个阶段：第一，在敦煌遗书运抵北京后，京师图书馆就中挑选出较为完整的，正式编为8679号，由于赠送奥地利博物馆、赠送张謇、原缺、提存历史博物馆、被盗、遗失等情况，至20世纪20年代，这批遗书实存8653号；第二，解京的敦煌遗书经第一次挑选出的8000余号之后，尚有一批残余，由写经组从中继续清点、整理出1192号相对比较完整的遗书；第三，1990年春，在善本部搬库时"再发现"两木箱写经残片，总计近4000号④；第四，国家图书馆在中华人民共和国成立后几十年间陆续搜集和收购一大批敦煌遗书，其主体部分编目为1600余号，即"新字号"部分，另有若干编为"简编号"。⑤

另外，黄维忠介绍了国图所藏敦煌藏文文献的来源。主要由两部分组成：一部分为"大谷收集品"，计209件；其余82件为后期收购或由社会人士私人收藏者捐赠给国家图书馆收藏的，其中有16件为残片。⑥国图现藏单独编号的

---

① 陈红彦：《北京图书馆藏敦煌遗书中近现代印鉴印主考》，《敦煌吐鲁番研究》第3卷，北京大学出版社1998年版，第291—308页。另可参阅陈红彦、林世田《敦煌遗书近现代鉴藏印章辑述（上）》，《文献》2007年第2期；《敦煌遗书近现代鉴藏印章辑述（下）》，《文献》2007年第3期。

② 方广锠：《中国国家图书馆藏敦煌遗书》，《敦煌研究》2014年第3期。

③ 方广锠：《敦煌遗书与佛教研究》，收入氏著《方广锠敦煌遗书散论》，第184—218页。

④ 这些残片大抵为长约20—30厘米，乃至更小之残片，残破情形不等。间或也有一些较长的卷子，但均为纸质较软已糟朽或纸质特硬已脆坏，不易打开者，并有一批引首与素纸。参阅方广锠《两箱敦煌经卷残片的再发现》，《光明日报》2009年8月5日。1990年8月，方广锠、杜伟生等人清点了这批残片，总计点出3614号，其中佛教文献2382号，内约900号篇幅略大，内容有佛教经、律、论及其疏释等，还有经录等；道教文献10号；账契15号；杂类31号；藏文、突厥文文献13号；纸质帙皮34号；引首740号；素纸377号；木轴3号。参阅方广锠《北京图书馆藏敦煌遗书勘查初记》，《敦煌学辑刊》1991年第2期。

⑤ 方广锠：《中国国家图书馆藏敦煌遗书六种目录述略》，《上海师范大学学报》2013年第4期。

⑥ 黄维忠：《国内藏敦煌藏文文献的整理和研究回顾》，《敦煌学辑刊》2010年第3期。

藏文文献共计291件，另有29件汉文文书背面有藏文文献。① 其他非汉文文献还涉及回鹘文、粟特文、梵文、于阗文等各种古代胡语文献，共计616号。②

二 目录的编制和图版、释文的刊布

从1910年敦煌遗书入藏京师图书馆后，相关工作人员就开始对这批文献进行整理和编目，首先挑选出较为完整的遗书编为《敦煌石室经卷总目》③八册本，依《千字文》用字排号，共著录8679号。该目最初没有列入题名，仅著录编号、尺寸与起止字三项，是一个以财产登记为目的的流水目录，未正式公布。④ 1930年陈垣在该目录基础上编成《敦煌劫余录》⑤，是敦煌学史上公布的第一个馆藏敦煌汉文文书目录，虽非严格意义上的分类目录，却代表了当时世界上敦煌遗书编目的最高水平，影响深远。⑥《敦煌劫余录》以经名为纲，每行为一个条目，自上而下著录原号、

---

① 黄维忠：《国内藏敦煌藏文文献的整理和研究回顾》，第95页。敦煌藏文文献主要集中在《国家图书馆藏敦煌遗书》第124—126册，即"大谷收集品"部分，均为《大乘无量寿宗要经》。

② 此外在汉文遗书中还夹杂一些其他文字的题名、杂写等。参阅方广锠《中国国家图书馆与敦煌遗书——〈中国国家图书馆藏敦煌遗书总目录·总序〉（摘录）》，第38页。

③ 此目影彩图载《中国国家图书馆藏敦煌遗书》第一册卷首彩图部分。据该书第八册卷末的查勘题记中最早的一则"中华民国元年六月查讫"，可见此目的编成最晚应在1912年6月以前。

④ 在其后的岁月中，该目录内容不断丰富，包括拟名、修订数据、添加附注、分号、添加皮藏号等。在《敦煌石室经卷总目》完成之后，国图对敦煌特藏又做的整理编目成果有《皮藏册》和《数据目录》。其中《皮藏册》是国图早期对馆藏敦煌特藏进行鉴别定名，并按照文献内容重新编排皮藏次序时所编；《数据目录》是与《皮藏册》相配套的目录，作用是将遗书按照文献归类以后，依原卷采集该遗书中的各种数据：所属序号、千字文编号、经名卷次、起字、止字、长度、纸数、行数、首尾经文起讫、备注等十项。参阅方广锠《中国国家图书馆与敦煌遗书——〈中国国家图书馆藏敦煌遗书总目录·总序〉（摘录）》，第10页。

⑤ 陈垣：《敦煌劫余录》，中央研究院历史语言研究所印行，1931年；后收入黄永武主编《敦煌丛刊初集》（3—4册），台北：新文丰出版公司1985年版。1960年，王重民等编纂《敦煌遗书总目索引》所收录的"北京图书馆藏卷部分"主要摘录自《敦煌劫余录》；2000年，施萍婷等增修的《敦煌遗书总目索引新编》之"北图藏卷部分目录"亦未超越《敦煌劫余录》。

⑥ 陈寅恪在序言中称其为"诚治敦煌学者不可缺之工具也"（参阅陈寅恪《金明馆丛稿二编》，上海古籍出版社1980年版，第236页）；胡适赞"其考订之详，检查之便利，已远在巴黎、伦敦诸目之上了"（胡适《胡适书评序跋集》，岳麓书社1987年版，第519页）；《中国敦煌学史》也称该目的出版"标志着我国的敦煌学进入了初兴时期，对敦煌学的今后发展起了导引的作用"（林家平、宁强、罗华庆：《中国敦煌学史》，北京语言学院出版社1992年版，第94页）。另可参阅白化文《简评〈敦煌劫余录〉和〈敦煌遗书总目索引〉》，《社会科学战线》1989年第1期。

起、止、纸、行、卷次、品次、附记八项。① 其后，国立北平图书馆成立写经组，主要工作是为馆藏敦煌遗书编纂目录。经过全体成员的不懈努力，为原《敦煌劫余录》著录的这部分遗书重新编纂了一个更加完善的分类目录，定名为《敦煌石室写经详目》。② 该目每号著录内容包括经名卷次、千字文编号、庋藏号、起止字，长度、纸数、行数、首尾残况、子目及首尾经文起讫，总目号数、备考等。目录中时而有一些简略的考证及说明，并纠正了《敦煌劫余录》中的定名错误。其后，写经组仿上述《敦煌石室写经详目》的体例，为《敦煌石室经卷总目》未编余下的1192号相对比较完整的遗书编纂了目录，定名为《敦煌石室写经详目续编》。但这两种目录都没有正式出版。1981年，北京图书馆善本组又辑成《敦煌劫余录续编》③，收录了1931年以后入藏的敦煌文献1065件。该目以汉字笔画为序著录诸遗书，经名相同者以卷次为序，卷次相同者以写本年代为序，各项全同者则以编号为序。各条目著录经名卷次、品名、著译者、写本年代、起止字、纸数行数、卷轴情况、卷尾题记及其他附注内容。《敦煌劫余录续编》正式启用"新"字号，使后续入藏部分在国图敦煌特藏中自成一部分。

前述《敦煌石室经卷总目》《敦煌劫余录》《敦煌石室写经详目》《敦煌石室写经详目续编》《敦煌劫余录续编》五种目录，涵括国家图书馆藏敦煌遗书的11000号左右，但其中正式发表的只有8000多号。

近年，由方广锠主持的历时长达三十年的《中国国家图书馆藏敦煌遗

---

① 据研究，《敦煌劫余录》的结构、内容均与《敦煌经典目》极为接近，无疑是在《敦煌经典目》的基础上编成的。俞泽箴、江味农等写经组成员长达数年的细致工作，奠定了《敦煌劫余录》的基础。相关观点，可参阅黄晓燕《敦煌经籍辑存会研究》，《大学图书馆学报》2011年第3期；刘波《国家图书馆与敦煌学》，博士学位论文，河北大学，2013年。方广锠据新材料发现《敦煌经典目》的基础数据从《数据目录》过录，二者的关系为：《数据目录》为采集国图敦煌特藏基础数据时的阶段性工作目录，《敦煌经典目》则计划过录其基础数据，按照《大正藏》编次予以分类排。遗憾的是，由于俞泽箴的早逝，《敦煌经典目》未能最终完成。因此，方氏认为陈垣编纂《敦煌劫余录》所录的副本，应为《敦煌经典目》的数据基础——《数据目录》，陈垣是在《数据目录》的基础上付出了创造性的劳动才编成《敦煌劫余录》。参阅《中国国家图书馆与敦煌遗书——〈中国国家图书馆藏敦煌遗书总目录·总序〉（摘录）》，第16—23页。

② 《敦煌石室写经详目》约编纂于1929—1935年间。

③ 《敦煌劫余录续编》，北京图书馆善本组1981年7月印行。

书总目录》① 陆续出版。该目第一次著录了一百多年来入藏国图的全部敦煌遗书。鉴于国图藏敦煌遗书先后出现过七种编号，每种涉及的遗书多寡不一，不少编号互相交叉，有的遗书先后有多个编号。为彻底解决国图藏敦煌遗书编号混乱的困扰，《中国国家图书馆藏敦煌遗书总目录》以阿拉伯数字为序给每件敦煌遗书以新的编号，次序排列，用"北敦"（BD）（意为"北京图书馆藏敦煌遗书"）两字作为新编号的字头。该目录计划包括《馆藏目录卷》《分类解说卷》《索引卷》和《新旧编号对照卷》四部分。目前，《馆藏目录卷》和《新旧编号对照卷》已经出版。《馆藏目录卷》采用条记目录的方式，对敦煌遗书进行全面著录。著录项目共分13个大项39个小项，从文物、文献、文字三个方面著录敦煌遗书的各个知识点，使国图藏敦煌遗书的各种研究价值得以全面展现，是迄今为止出版的最为详细的敦煌文献目录，弥补了此前出版或流行的国图藏敦煌遗书目录的缺失。就其著录内容而言，可以说是馆藏敦煌文献的集大成之作。②

图版和释文刊布方面，黄永武主编《敦煌宝藏》之第56—110册收入了北京图书馆藏敦煌遗书，编号为北0001—北8602号的图版。《中国国家图书馆藏敦煌遗书》③（1—7册），于1999—2001年陆续出版，但此出版计划至

---

① 方广锠：《中国国家图书馆藏敦煌遗书总目录·新旧编号对照卷》，中国人民大学出版社2013年版。方广锠、李际宁、黄霞：《中国国家图书馆藏敦煌遗书总目录·馆藏目录卷》（1—8册），中国人民大学出版社2016年版。

② 方广锠：《〈中国国家图书馆藏敦煌遗书总目录〉编纂完成》，《中国社会科学报》2012年8月8日B04版。另外，方广锠相继发表多篇文章详细介绍了中国国家图书馆藏敦煌遗书总目录，并披露了国图的敦煌遗书编号的历史与现状。详列如下：《中国国家图书馆藏敦煌遗书六种目录述略》对20世纪国内完成的六种中国国家图书馆藏敦煌遗书目录作了简要的介绍与评论，对其中俞泽箴《敦煌经典目》、陈垣《敦煌劫余录》及其相互关系做了较为详尽的探讨（《中国国家图书馆藏敦煌遗书六种目录述略》，《上海师范大学学报》2013年第4期）；《〈中国国家图书馆藏敦煌遗书总目录〉的编纂》分阶段介绍了《中国国家图书馆藏敦煌遗书总目录》的编纂经过，介绍了《中国国家图书馆藏敦煌遗书总目录·馆藏目录卷》著录的基本内容及相关问题（《〈中国国家图书馆藏敦煌遗书总目录〉的编纂》，《敦煌研究》2013年第3期）；《中国国家图书馆藏敦煌遗书的分类与解说》对国家图书馆敦煌特藏进行了分类和解说，其中分类包括四个层面、基本思路、基本原则和分类方案；解说分为概说、文物状态、文献状态、文字状态和其他（《中国国家图书馆藏敦煌遗书的分类与解说》，《敦煌吐鲁番研究》第13卷，上海古籍出版社2013年版，第525—547页）；《国图敦煌遗书编号的历史与现状》对国家图书馆藏敦煌遗书编号的历史、现状、诸编号的相互关系做了详尽的介绍，以正本清源，供研究者了解和参考（《国图敦煌遗书编号的历史与现状》，《文史》2013年第3期）。

③ 中国国家图书馆编：《中国国家图书馆藏敦煌遗书》（1—7册），江苏古籍出版社1999—2001年版。

第7册以后就终止了。此后，《中国国家图书馆藏敦煌遗书精品选》① 的出版，提供了一些重要文书的图版。近年出版的《国家图书馆藏敦煌遗书》② 大型图录共收录敦煌文献16579号，刊布了国图藏全部敦煌遗书的图版。此外，国家图书馆网站也公布了部分馆藏敦煌遗书的彩色图版，供读者阅览。

释文刊布方面，许国霖辑录的《敦煌石室写经题记》与《敦煌杂录》，前者校录写经题记，依馆藏写经目录为序，分经汇编，后附年代表；后者辑录非佛教文献，主要涉及佛教通俗文学、社会宗教史料和社会经济史料等，共录文八十余篇，具体包括变文、偈赞、音韵、文疏、契约、传记、目录、杂类等。③ 许氏另著《敦煌石室写经题记汇编》④ 分四期陆续在《微妙声》杂志上发表，较之《敦煌石室写经题记》有了大幅的补充。另，《国家图书馆藏敦煌遗书》每册后附的条记目录中也附有一些重要文书的释文。

三 保存与修复

中国国家图书馆的敦煌遗书保存条件有一个逐渐改善的过程。国家图书馆编《文明的守望——古籍保护的历史与探索》⑤ 介绍了目前敦煌遗书特藏库的保存情况："敦煌遗书专藏库库房面积240平方米，书库由恒温

---

① 中国国家图书馆善本特藏部、上海龙华寺、《藏外佛教文献》编辑部编：《中国国家图书馆藏敦煌遗书精品选》，中国国家图书馆2000年版。

② 中国国家图书馆编：《国家图书馆藏敦煌遗书》（1—146册），北京图书馆出版社2005—2012年版。郝春文总结了《国家图书馆藏敦煌遗书》相较前此出版的《敦煌宝藏》，具有五大进步之处：定名准确、图版清晰、补充了缩微胶片和《敦煌宝藏》遗漏的图版、创建了"条记目录"、编排方式更加科学，参阅《〈国家图书馆藏敦煌遗书〉的五大贡献》，《光明日报》2006年8月22日；另可参阅同作者《评〈国家图书馆藏敦煌遗书〉》，氏著《二十世纪的敦煌学》，上海古籍出版社2006年版，第214—222页。国家图书馆敦煌遗书尚存几件伪卷，参阅方广锠《国家图书馆藏敦煌遗书北敦00337号小考》，《文献》2006年第1期。《国家图书馆藏敦煌遗书》图录已对伪卷有所标注，参阅该丛书第5册，第265页。

③ 许国霖：《敦煌石室写经题记》，《国立北平图书馆馆刊》第9卷第6号，1935年。许国霖将《敦煌石室写经题记》与《敦煌杂录》二书合刊，即《敦煌石室写经题记与敦煌杂录》，由上海商务印书馆1937年6月印行，全书共179页，线装两册；后收入黄永武主编《敦煌丛刊初集》（十），1985年；另有兰州古籍书店于1998年影印本。

④ 许国霖：《敦煌石室写经题记汇编》，《微妙声》1936年第1期；1936年第2期；1937年第3期；1937年第4期。《敦煌石室写经年代表》，《微妙声》1937年第5期；《敦煌石室写经题记汇编补遗》，《微妙声》1937年第6期。1937年6月，许国霖将以上篇章合为一书，题为《敦煌石室写经题记汇编》，作为菩提学会编辑的《微妙声丛刊》之一，由佛学书局印行。

⑤ 国家图书馆编：《文明的守望——古籍保护的历史与探索》，第158页。

恒湿中央空调控制,全年温湿度保持在温度 18℃—22℃、湿度 50%—60%;中央空调设置中效过滤器和活性炭过滤器,进行空气净化和过滤。书库安放敦煌遗书专用柜 144 个,书柜主体框架、柜门、格板均用优质楠木制作,底板、背板为樟木,每柜存敦煌遗书 140 个,书盒面材采用优质楠木,底材选用樟木。书盒采用全隐燕尾榫结构,内置活动支架和木轴,面板与盒体配合采用打槽推拉结构,配合紧密,无缝隙。每个书盒正面刻有书号,便于遗书查找。改造后的敦煌遗书库房,条件达到世界一流。"

国家图书馆藏敦煌遗书的修复亦经历了一个不断摸索和尝试的复杂过程。20 世纪 80 年代,国图曾尝试采用传统的托裱修复,但效果并不理想。90 年代以来,在充分学习和吸取国外修复敦煌遗书的经验与教训后,逐渐总结出行之有效的修复方法。杜伟生通过举证实例评价了国图以往采用的敦煌遗书修复方式的得与失,介绍了新的修复长卷、残卷和残片的有效方法。[①] 方广锠在为《中国国家图书馆藏敦煌遗书》所撰的前言中指出国图确定了从指导思想、修复方法、外观效果、保留处理四个方面对敦煌文献进行修复的科学方法。针对敦煌遗书的两种形态,国家图书馆采用了两种不同的修复方法,即卷轴修复法和残片修复法,取得较为理想的成果。与此同时,国家不断加大对古籍修复事业的资金投入力度,不仅建立了修复档案数据库,还增添了电子显微镜和数码相机,使敦煌遗书的修复从原来的表面深入到了纸张的内部结构,从此,敦煌遗书的修复与保护工作从传统步入了科学。现在,敦煌遗书的修复与保护工作开始涉及纸张的微观分析。敦煌纸张纤维的细微变化都通过纸张纤维检测系统详细记录在修复档案数据库中,并将成为研究和实施修复与保护方法的重要依据。[②]

---

① 杜伟生:《谈敦煌遗书修复》,《北京图书馆馆刊》1993 年第 2 期。另可参阅同作者《古书修复中的"整旧如旧"与"整旧如新"》,《北京图书馆馆刊》1999 年第 4 期;《古籍修复原则》,《国家图书馆学刊》2007 年第 4 期。

② 有关国家图书馆藏敦煌遗书的修复与保护的论述成果,亦可参周崇润《对敦煌遗书的损毁现状及其保护措施的探讨》、杜伟生《敦煌遗书修复档案与古籍修复档案管理系统》(两者均系参会论文),皆出自"敦煌写本研究、遗书修复及数字化国际研讨会"(2003 年 9 月 17—19 日);张平:《中国图书馆敦煌遗书的修复与保护》,国家图书馆善本特藏部敦煌吐鲁番学资料研究中心编:《敦煌学国际研讨会论文集》,北京图书馆出版社 2005 年版,第 331—336 页;杜伟生:《敦煌遗书与中国古代手工造纸》,《敦煌学国际研讨会论文集》,第 337—341 页;张平、吴淑时:《古籍修复案例述评》,国家图书馆出版社 2012 年版,第 21—46 页。

截至2003年，国家图书馆善本特藏修复中心已成功修复敦煌遗书约6000件。

第四节 俄藏敦煌遗书与文物

一 来源与数量

俄藏敦煌遗书与文物是指奥登堡（S. F. Oldenburg，一译"鄂登堡"）于1914—1915年带领第二次中亚考察队在敦煌搜集的写本文献和艺术品。敦煌写本文献现藏于俄罗斯科学院圣彼得堡东方文献研究所，该所也是世界上敦煌文献的四大收藏机构之一。敦煌艺术品则入藏艾尔米塔什博物馆，即冬宫博物馆。由于种种原因，奥登堡考察队所获敦煌收集品在最初数十年中一直处于"秘藏"状态，直至1960年召开莫斯科国际东方学家大会期间才正式公之于世。郑振铎是中国第一位查阅俄藏敦煌文献的学者，他于东欧访问和讲学期间，曾在列宁格勒东方学研究所查阅和抄录了数百件敦煌文献，并通过日记及书信的形式记录了相关情况，是中国人有关俄藏敦煌文献的最早记述。[①] 其后，不断有学者赴圣彼得堡对

[①] 郑振铎在1957年11月18日的日记中提及列宁格勒有一万卷以上的敦煌卷子，并记录了其翻阅敦煌文献的情况："近十时，到东方研究所，看敦煌卷子，多半是佛教经典，但杂有古代文学、历史、文件等"，在同日写给徐森玉的书信中介绍道："就这几百卷东西，内已有不少十分惊人的，象庄子一卷（渔父篇），文选一卷（谢灵运：述祖德诗二首，韦孟讽谏一首，张茂先励志诗一首，曹子建上责躬应诏诗一首），孝经二卷，论语子路第十三一卷，左传二残卷，老子第七十一至八十章一卷，还有王梵志诗，五更转，十二时等等。"参阅徐文堪《郑振铎与列宁格勒所藏敦煌文献——记西谛先生的一通手札》，《读书》1986年第10期。另可参阅刘哲民、陈政文编《抢救祖国文献的珍贵记录——郑振铎先生书信集》，学林出版社1992年版，第353—354页；郑振铎：《郑振铎日记全编》，山西古籍出版社2006年版，第580—581页。刘进宝对郑振铎与敦煌文献的关系所作辨析，颇具参考价值，参阅刘进宝、王睿颖《郑振铎与俄藏敦煌文献》，《南京师大学报》2009年第3期；后收入氏著《敦煌学术史：事件、人物与著述》，中华书局2011年版，第72—83页。另可参阅崔石岗《郑振铎与国外敦煌文献》，《文史杂志》1999年第3期；刘富玉《郑振铎海外访书记》，《图书与情报》2004年第3期；平保兴《郑振铎与敦煌文献的搜访及其成就研究》，《文津流觞》第25期（纪念郑振铎诞生一一〇周年专号），2008年，第53—56页。

俄藏敦煌遗书进行考察①，他们发表的成果使俄藏敦煌遗书的具体情况渐趋明朗。

苏联科学院东方学研究所列宁格勒分所研究员 H. E. 斯卡奇科夫（H. E. Skachkov）所撰《1914—1915 年俄国西域（新疆）考察团记》② 和孟列夫（L. N. Men'sikov）《1914—1915 年俄国西域（新疆）考察团资料研究》③ 都对奥登堡考察队的历史有详细的记录。依据这些记录，奥登堡考察队主要在敦煌发掘了藏经洞和其他一些洞窟中的堆积物，由此获得一万余件文献资料和许多脱落的壁画，又从当地居民手中收集了大约 200 件较为完整的写卷。而据《俄藏敦煌文献》统计，俄藏敦煌汉文文献的总数，弗鲁格（K. K. Flug）编号共有 368 号，Дx. 编号共有 19092 号。Дx. 编号中包括 420 件吐鲁番文献，1246 件于阗文献，此外还有很多缺号。除去吐鲁番于阗文献，弗鲁格编号和 Дx 编号俄藏敦煌汉文文献合计约 17700 件。④ 沙武田《俄藏敦煌艺术品与莫高窟北区洞窟关系蠡测》⑤ 通过对俄藏敦煌艺术品的收集过程与特征分析，结合莫高窟洞窟出土的同类文物的比较研究，指出俄藏敦煌艺术品的主要来源是奥登堡考察队在莫高窟北区石窟的挖掘所得。

---

① 潘重规：《列宁格勒十日记》，学海出版社 1975 年版；东大图书公司 1993 年修订本。另可参阅柴剑虹《勇敢冲破樊篱的拓荒者——读潘重规先生〈列宁格勒十日记〉感言》，《敦煌学》第 25 辑，第 251—259 页，后收入氏著《敦煌学与敦煌文化》，上海古籍出版社 2007 年版，第 186—196 页；刘进宝：《〈俄藏敦煌文献〉出版的艰难历程——重读潘重规先生的〈列宁格勒十日记〉》，《敦煌学》第 25 辑，第 483—492 页。此外，吴其昱于 1983 年前往列宁格勒访问苏联科学院列宁格勒分院东方研究所，对苏联所藏敦煌文献进行调查，并于 1986 年在台北举行的"首届敦煌学国际研讨会"上，提交了《列宁格勒所藏敦煌写本概况》一文，对苏联收藏品的基本情况有更全面的描述和介绍。参阅《列宁格勒所藏敦煌写本概况》，《汉学研究》1986 年第 4 卷第 2 期。

② ［苏联］H. E. 斯卡奇科夫撰，冰夫译：《1914—1915 年俄国西域（新疆）考察团记》，《中华文史论丛》第 50 辑，中华书局 1992 年版，第 109—117 页。

③ ［苏联］孟列夫撰，冰夫译：《1914—1915 年俄国西域（新疆）考察团资料研究》，《中华文史论丛》第 50 辑，第 119—128 页。

④ ［苏联］孟列夫、钱伯城主编：《俄藏敦煌文献》（17 册）之"出版后记"，上海古籍出版社 2001 年版。

⑤ 沙武田：《俄藏敦煌艺术品与莫高窟北区洞窟关系蠡测》，《敦煌学辑刊》2004 年第 2 期。

孟列夫、鲁多娃（M. L. Rudova）对俄藏敦煌艺术品的数量和内容均作过相关统计和介绍。① 张惠明对艾尔米塔什博物馆所藏佛教艺术收藏品进行详细调查，统计该馆所藏敦煌艺术品共计350件，其中比较完整的壁画残片16件、很不完整的61件，绢本画50件，麻布画69件，纸本画39件，雕塑品34件，丝织工艺品50件。② 其后，王克孝进而考察了部分雕塑、壁画的原属洞窟，并详细汇总了363个编号敦煌艺术品的名称、品种、规格、时代等重要信息③，是了解俄藏敦煌艺术品详情的重要参考资料。20世纪90年代初期，上海古籍出版社与俄罗斯艾尔米塔什博物馆合作，全面刊布了俄藏敦煌艺术品。府宪展在"序言"中介绍了"俄藏敦煌艺术品"的来源、数量、时代、特点和价值，他指出这批艺术品包括雕塑（含附件）43号，壁画16号，绢画59号，麻布画、幡画78号，工艺品36号，纸画24号，残片49号。因为缀合，或者总号下包括多个残片，总数只能估计为大约300件。这批艺术品的时代大约在北魏到南宋之间，以佛教题材的作品为主。④ 上述文章存在的统计数字差异，是因为这批藏品在保存修复过程中不断有剥离和缀合所致。

二　编目与图版、释文的刊布

早在20世纪三四十年代，弗鲁格就开始对敦煌文献进行简要的整理

---

① 孟列夫介绍了额米达格博物馆（即艾米尔塔什博物馆）所藏文物有："佛幡66面，纸本佛画43幅，绢本佛画137幅，壁画零片14件，大塑像40座，小塑像24座，纺织品零件58件，写本8件"（这其实是出自艾尔米塔什博物馆管理员鲁多娃的统计），参阅《关于俄国新疆考察队资料的研究情形》，汉学研究中心编印《第二届敦煌学国际研讨会论文集》，1991年，第23—28页；《1914—1915年俄国西域（新疆）考察团资料研究》，第122页。另可参阅鲁多娃撰，张惠明译《艾米尔塔什国家博物馆的敦煌莫高窟供养人绘画收藏品》，《敦煌研究》1993年第3期。

② 张惠明：《1896至1915年俄国人在中国丝路探险与中国佛教艺术品的流失——圣彼得堡中国敦煌、新疆、黑城佛教艺术藏品考察综述》，《敦煌研究》1993年第1期。此外，王惠民补正了鲁多娃、张惠明等对部分俄藏敦煌壁画原出洞窟的判断，参阅《关于华尔纳、鄂登堡所劫敦煌壁画》，《敦煌研究》1998年第4期。

③ 王克孝：《俄罗斯国立埃米尔塔什博物馆敦煌文物收藏品概况》，《敦煌研究》1996年第4期。

④ 府宪展：《俄藏敦煌艺术品·序言》（第1册），上海古籍出版社1997年版，第13—22页。鲁多娃从艺术学的角度评介了俄藏敦煌艺术品的重要价值，参阅《俄藏敦煌艺术品·序言》，第23—26页；陆柏重点考察了敦煌纺织品的藏品、年代、工艺技术和艺术风格等问题，参阅《俄藏敦煌艺术品·序言》，第27—32页。

和编目，成果即《苏联科学院东方研究所藏汉文写本非佛教部分概况》[1]和《苏联科学院东方研究所藏古代汉文佛经古写本简目》[2]，但是由于"二战"的爆发及弗鲁格的早逝，这一工作被迫中断。直到20世纪50年代后期，相关整理工作才又重新开始，并逐渐步入正轨。以孟列夫为首的研究小组整理的敦煌文献目录，即《苏联科学院亚洲民族研究所藏敦煌汉文写本注记目录》[3]两册，共著录敦煌汉文写本2954号。该目为分类编排，首先是佛教经典，其次为儒道文献、地志、史志、文学、字书等，最后为非汉文文献，为学界了解俄藏敦煌遗书的内容提供了便利。此外，丘古耶夫斯基（L. I. Cuguevskii）所著《敦煌汉文文书》[4]系对俄藏敦煌社会经济类文书的整理研究成果，共收录87号文书，拼缀为73件，略分户口和田籍文书21件、纳税和租佃文书15件、寺院文书18件、借贷文书19件，共四大门类，每件文书均有汉字录文和俄文译注，并附有图版，所收文书大部分系首次全文公布。邰惠丽主编的《俄藏敦煌文献叙录》[5]，依据《俄藏敦煌文献》图版对全部俄藏敦煌文献做了新的著录。著录内容包括编号、名称、现状、题记，本文所存行数及每行字数、起讫，如是佛经则标明所存经文在《大正藏》中的位置等。很多原来《俄藏敦煌文献》图集

---

[1] ［苏联］弗鲁格：《苏联科学院东方研究所藏汉文写本非佛教部分概况》，《东方学图书目录》1935年第8—9期。

[2] ［苏联］弗鲁格：《苏联科学院东方研究所藏古代汉文佛经古写本简目》，《东方学图书目录》1934年第7期。

[3] ［苏联］孟列夫主编：《苏联科学院亚洲民族研究所藏敦煌汉文写本注记目录》第1册，东方文献出版社1963年版；第2册，1967年。后收入黄永武主编《敦煌丛刊初集》（11—12），台北：新文丰出版公司1985年版。（汉译本）袁席箴、陈华平《俄藏敦煌汉文写卷叙录》，上海古籍出版社1999年版。柴剑虹对汉译本的部分不恰当用词给予补正，参阅《〈俄藏敦煌汉文写卷叙录〉中译本简评》，氏著《敦煌学与敦煌文化》，第248—253页。另可参阅刘进宝《苏联列宁格勒敦煌写本简况——与缅什列夫（孟列夫）博士一席谈》，《敦煌语言文学研究通讯》1990年第2、3期；［苏联］孟列夫撰，周梦罴译：《俄罗斯科学院东方研究所圣彼得堡分所藏敦煌文献》，《中华文史论丛》第50辑，第7—17页。对于孟列夫的敦煌学贡献之梳理，可参阅柴剑虹《俄罗斯汉学家孟列夫对国际敦煌学的贡献》，《敦煌学辑刊》2016年第3期。

[4] ［苏联］丘古耶夫斯基：《敦煌汉文文书》，科学出版社1983年版。（汉译本）王克孝译、王国勇校：《敦煌汉文文书》，上海古籍出版社2000年版。相关述评和介绍，另可参阅姜伯勤《楚古耶夫斯基〈敦煌汉文文书〉第一册述评》，《中国史研究》1984年第10期；［苏联］丘古耶夫斯基撰，邓文宽译《（苏藏）敦煌汉文文书概要》，《敦煌研究》1991年第2期。

[5] 邰惠莉主编：《俄藏敦煌文献叙录》，甘肃教育出版社2018年版。

未能确定名称或定名不准的残片都比对出了准确的名称。

在《俄藏敦煌文献》全面刊布之前，收录相关图版较为集中的为《敦煌宝藏》[①]，其中收录24号37种文献。除此之外，唐耕耦、陆宏基编著的《敦煌社会经济文献真迹释录》[②]共收录86号俄藏敦煌经济文书。自20世纪90年代初，在上海古籍出版社的积极推动下[③]，《俄藏敦煌文献》[④]大型图录终于得以出版。这套图录共计17册，刊布了全部Ф编号的和Дx.编号的汉文文献[⑤]，是俄藏敦煌文献的首次全面公开。但这批图录也收录了一些非敦煌出土的中国西北其他古代遗址发现的文献资料。经过学界的共同努力，现

[①] 黄永武主编：《敦煌宝藏》（140），台北：新文丰出版公司1986年版，第591—825页。

[②] 唐耕耦、陆宏基：《敦煌社会经济文献真迹释录》第1辑，书目文献出版社1986年版；第2—5辑，全国图书馆文献缩微复制中心1990年版。

[③] 府宪展：《俄藏敦煌文献的编纂出版》，浙江大学汉语史研究中心、浙江大学古籍所合编：《汉语史学报专辑——姜亮夫、蒋礼鸿、郭在贻先生纪念文集》，上海教育出版社2003年版，第387—389页。

[④] 俄罗斯科学院东方研究所圣彼得堡分所、俄罗斯科学出版社东方文学部、上海古籍出版社：《俄藏敦煌文献》（1—17册），上海古籍出版社1992—2001年版。

[⑤] 《俄藏敦煌文献》第11—17册（编号3601—19092）所收文书几乎全部是首次公布，少有前人成果借鉴，且绝大多数为碎片，所存字数不多，加之出版时所面临的种种客观因素，所以未作定名工作。自出版后，不同学者发挥自身专业优势，在残片定名与缀合方面取得诸多优秀的成果，现以发表时间为序，略择要者罗列如下：黄正建：《关于〈俄藏敦煌文献〉第11册至第17册中占卜文书的缀合与定名等问题》，《敦煌研究》2002年第2期；朱凤玉：《俄藏敦煌文献11—17册中之文学文献叙录》，《冉云华先生八秩华诞寿庆论文集》，文津出版社2003年版，第57—116页；高启安、买小英：《上海古籍出版社〈俄藏敦煌文献〉第11册非佛经文献辑录》，《敦煌学辑刊》2003年第2期；许建平：《〈俄藏敦煌文献〉儒家经典类写本的定名与缀合——以第11—17册未定名残片为重点》，《汉语史学报专辑——姜亮夫、蒋礼鸿、郭在贻先生纪念文集》，第302—315页；余欣：《新刊俄藏敦煌文献研读札记》，《敦煌学辑刊》2004年第1期；陆离、陆庆夫：《俄藏敦煌写本〈春秋后语〉再探——对Дx.11638号与Дx.02663、Дx.02724、Дx.05341、Дx.05784号文书的缀合研究》，《敦煌学辑刊》2004年第1期；马德：《俄藏敦煌写经部分残片内容的初步辨识——以〈俄藏敦煌文献〉第六、七、八册为中心》，《戒幢佛学》第3卷，岳麓书社2005年版，第450—460页；邰惠莉：《〈俄藏敦煌文献〉第17册部分写经残片的定名与缀合》，《敦煌研究》2007年第2期；黄亮文：《敦煌经籍写卷补遗——以〈俄藏敦煌文献〉第11至17册为范围》，《敦煌吐鲁番研究》第11卷，上海古籍出版社2009年版；张涌泉：《俄敦18974号等字书碎片缀合研究》，《浙江大学学报》2007年第3期；赵鑫晔：《俄藏敦煌文献缀合四则》，《文献》2008年第3期；张新朋：《敦煌本〈王梵志诗〉残片考辨五则》，《敦煌学辑刊》2009年第4期；张涌泉、罗慕君：《俄藏未定名〈八阳经〉残片考》，《敦煌研究》2014年第2期。

第一章　对国内外不同机构的藏品数量、来源等情况的介绍和考察　　33

已在俄藏非敦煌文献的甄别和研究方面取得了诸多可喜的成果。①

与此同时，上海古籍出版社与俄罗斯艾尔米塔什博物馆合作编辑的《俄藏敦煌艺术品》②，全面刊布了俄藏敦煌艺术品。赵丰《敦煌丝绸艺术全集：俄藏卷》③，则以高清彩色图版的形式刊布了俄国收藏的幡、帙、巾、织物、缬、绘、刺绣等敦煌丝绸的图版。

三　保存

有关俄藏敦煌文献的保存情况，方广锠曾做过介绍："我所考察过的俄藏敦煌遗书大多也有特制的纸筒，遗书一一存放在这些纸筒中。虽然没有机会参观俄国的书库，但看到过照片。照片上书库中排放着一排排书柜，纸筒罗列在书柜中。"④

---

①　经学者研究，可以确知《俄藏敦煌文献》混入了出自吐鲁番、黑水城以及丹丹乌里克等地域的出土文献，主要成果有：方广锠：《俄藏〈大乘入藏录卷上〉研究》，《北京图书馆刊》1992年第1期；李正宇：《俄藏中国西北文物经眼记》，《敦煌研究》1996年第3期；府宪展：《敦煌文献辨疑录》，《敦煌研究》1996年第2期；荣新江：《俄藏〈景德传灯录〉非敦煌写本辨》，敦煌研究院编：《段文杰敦煌研究五十年纪念文集》，世界图书出版公司1996年版，第250—253页；陈明：《俄藏敦煌文书中的一组吐鲁番医学残卷》，《敦煌研究》2002年第3期；金滢坤：《俄藏敦煌文献中的黑城文书考证及相关问题的讨论》，《敦煌学》第24辑，2003年，第61—82页；陈国灿：《〈俄藏敦煌文献〉中吐鲁番出土的唐代文书》，《敦煌吐鲁番研究》第8卷，中华书局2005年版，第105—114页；荣新江主编：《吐鲁番文书总目·欧美收藏卷》，武汉大学出版社2007年版；荣新江：《〈俄藏敦煌文献〉中的黑水城文献》，沈卫荣主编：《黑水城人文与环境研究》，中国人民大学出版社2007年版，第534—548页；白滨：《黑水城文献的考证与还原》，《河北学刊》2007年第4期；魏郭辉：《俄藏敦煌文献 Дx.16714〈提举司牒〉校释及相关问题考略》，《宁夏社会科学》2008年第4期；孙继民：《敦煌学视野下的黑水城文献研究》，《南京师大学报》2009年第3期。杨宝玉、陈丽萍对近百年来俄藏敦煌文献的研究历程做了回顾和述评，可参阅《俄藏敦煌文献研究述评》，郝春文主编：《2011敦煌学国际联络委员会通讯》，上海古籍出版社2011年版，第46—67页。

②　俄罗斯国立艾尔米塔什博物馆、上海古籍出版社编《俄藏敦煌艺术品》（1—6册），上海古籍出版社1997—2005年版。该丛书的前两册主要刊布了俄藏敦煌壁画、藏经洞出土绢纸绘画、刺绣和丝织品等艺术品，其中包括东方所敦煌文献特藏中具有图像学价值的绘画和工艺品残片；中间两册是奥登堡考察队拍摄的敦煌莫高窟照片，后两册包括考察队测绘的洞窟图和文字记录，以及沿途的考察日记等。

③　赵丰：《敦煌丝绸艺术全集：俄藏卷》，东华大学出版社2014年版。

④　方广锠：《关于敦煌遗书的流散、回归、保护与编目》，收入氏著《敦煌遗书散论》，第85页。

第五节　日本散藏敦煌遗书

据不完全统计，日本公私散藏的敦煌文献大约在1000—2000号之间。① 然而日本藏品来源多途，收藏也很分散，而且不少贮于私立机构或个人藏家之手。

龙谷大学图书馆所藏敦煌遗书主要来源于大谷探险队第二、三次中国西部之行的收集品。大谷收集品中敦煌写经的第一个目录，即罗振玉从橘瑞超处抄得的《日本橘氏敦煌将来藏经目录》②，该目著录汉文写本430件，也是橘氏所获敦煌写本未流散之前的原始记录。1984年，《关于龙谷大学图书馆藏大谷探险队带来敦煌古写经》③ 对旧目《龙谷大学所藏敦煌古经现存目录》有所订正，其中著录了大谷收集品的37件，并增加了橘瑞超文书中的6件。荣新江指出这批藏品除却一般的写经外，尚有多件颇具研究和文物价值，如著名的陶弘景《本草集注》。他还介绍了藏品的三个主要来源：一为京都西本愿寺门主大谷光照移交保管（汉文写经37件）；二为大谷探险队出于研究需要捐赠；三为大谷探险队成员橘瑞超个人捐赠（汉文写经6件），此外，还有通过其他途径购买所得，总数有将近70件。④

大阪杏雨书屋是日本武田科学振兴财团下属的一个古籍收藏机构，也是日本收藏敦煌遗书最多的单位。荣新江结合羽田亨所摄敦煌文书照片和

---

① 方广锠：《敦煌遗书与佛教研究》，收入氏著《敦煌遗书散论》，第192页。方广锠指出日本所藏敦煌遗书具有两个特点：第一，除了大谷探险队所得是从敦煌当地搞到的之外，其余敦煌遗书都是通过各种途径，从中国私人手中购买的；第二，日本的收藏比较分散，公私收藏单位非常多，但大部分收藏单位的收藏数量都不大。参阅方广锠《敦煌遗书三题》，《吴越佛教》第二卷，第8页；另可参阅同作者《关于敦煌遗书的流散、回归、保护与编目》，收入氏著《敦煌遗书散论》，第95页。

② 罗振玉：《日本橘氏敦煌将来藏经目录》，《国学丛刊》卷九（上）；后收入《雪堂丛刻》（第三册），北京图书馆出版社2000年版，第235—282页。

③ ［日］井口泰淳，贺小平译，施萍婷校：《关于龙谷大学图书馆藏大谷探险队带来敦煌古写经》，《敦煌研究》1991年第4期。

④ 荣新江：《龙谷大学图书馆藏敦煌西域文献及研究状况》，《中国敦煌吐鲁番学会研究通讯》1991年第2期；另可参阅氏著《海外敦煌吐鲁番文献知见录》，第154—166页。

《敦煌秘笈目录》等材料综合评析了李盛铎旧藏在日本的收藏状况。① 近年，随着《敦煌秘笈》②目录和文书图版的陆续出版③，学界已知这批文献的总数多达775号④。究其来源，羽田亨购买的李盛铎旧藏430余件敦煌写本精品构成了杏雨书屋藏品的主体⑤，此后，杏雨书屋又通过其他途径陆续增加收藏。郑阿财考察了《敦煌秘笈》的来源，指出在李盛铎之

---

① 荣新江：《追寻最后的宝藏——李盛铎旧藏敦煌文献调查记》，刘进宝、高田时雄主编《转型期的敦煌学》，上海古籍出版社2007年版，第15—32页；后收入氏著《辨伪与存真——敦煌学论集》，上海古籍出版社2010年版，第74—90页。荣氏细致考察了李盛铎藏卷的来历、去向和真伪问题，提出了著名的敦煌写经真伪鉴别理论，指出写经本身、题记和收藏印均为辨别真伪的重要因素："有的三者全是真的；有的写经是真，而题记、印章是假；有的印章是真，而写经是假；有的三者全是伪造"，极具启发意义。参阅《李盛铎藏卷的真与伪》，《敦煌学辑刊》1997年第2期；后收入氏著《鸣沙集》（题目改作"李盛铎藏敦煌写卷的真与伪"），台北：新文丰出版公司1999年版，第103—146页；另收入氏著《辨伪与存真——敦煌学论集》，第47—73页。值得一提的是，作者对小岛文书即所谓李氏旧藏敦煌景教文献的考证与辨伪，堪称敦煌写本辨伪之卓论，极富参考价值。文章援引书报、档案、名人日记等多种资料，充分考察了李盛铎旧藏善本古籍与敦煌写卷的售卖史实，同时论及李盛铎藏书印及"李氏题记"，对鉴别敦煌写卷尤其是李盛铎藏卷的真伪大有裨益（参阅林悟殊、荣新江《所谓李氏旧藏敦煌景教文献二种伪刻》，《九州学刊》1992年第4卷第4期；后收入氏著《辨伪与存真——敦煌学论集》，第28—46页）。另外，陈涛通过比较李氏敦煌藏卷总数、所钤藏书印的种类，以及考察钤印时间等，认为《李木斋氏鉴藏敦煌写本目录》之外无李氏印鉴的藏卷不能排除真品的可能，同时指出钤有"德化李氏凡将阁珍藏"印鉴的写卷需要审慎对待。参阅《日本杏雨书屋藏〈敦煌秘笈〉中李盛铎印管见》，《北京师范大学学报》2010年第4期。

② ［日］落合俊典：《羽田亨稿〈敦煌秘笈目录〉简介》，郝春文主编：《敦煌文献论集——纪念藏经洞发现一百周年国际学术研讨会论文集》，辽宁人民出版社2001年版，第91—101页；《敦煌秘笈目录（第433号至670号）略考》，《敦煌吐鲁番研究》第7卷，第174—178页。

③ 武田科学振兴财团杏雨书屋：《敦煌秘笈·目录册》，武田科学振兴财团2009年版。武田科学振兴财团杏雨书屋：《敦煌秘笈·影片册》（1—9册），武田科学振兴财团2009—2013年版。

④ 因第六册与第九册均存有多件空号，所以实际刊布的只有758号。

⑤ 高田时雄通过对《敦煌秘笈目录》著录的文献细加比较，考证了《李氏鉴藏敦煌写本目录》各个版本产生与传抄的时间，并从件数、顺序、注记等与北大图书馆藏《李木斋氏鉴藏敦煌写本目录》进行比较，肯定了荣新江推论的"目录出自李滂之手"，并确认李盛铎旧藏归于羽田亨之手的实情（参阅《明治四十三年京都文科大学清国派遣员北京访书始末》，《敦煌吐鲁番研究》第七卷，第13—27页）。其后，陈涛在目录比较方面做了大概类似的工作，参阅《日本杏雨书屋〈敦煌秘笈〉目录与〈李（木斋）氏鉴藏敦煌写本目录〉之比较》，《史学史研究》2012年第2期。另外，高田时雄对李盛铎旧藏流入日本的背景，以及羽田亨与杏雨书屋所藏敦煌文献的关系考证翔实，参阅《李滂与白坚——李盛铎旧藏敦煌写本日本流入的背景》，《敦煌写本研究年报》创刊号，京都大学人文科学研究所2007年版，第15—32页；《羽田亨与敦煌文献》，《敦煌研究》2014年第1期。有关羽田亨与日本敦煌学的关系考述，亦可参阅刘正《羽田亨和日本的敦煌学、西域史研究》，《敦煌研究》2009年第2期。

外，还有购自富冈谦藏、清野谦次、高楠顺次郎等人之旧藏，另外增补了对以往学界鲜有提及的廉泉、吴芝瑛夫妇旧藏和向燊旧藏的考察。① 这批遗书的内容包括宗教典籍、历日、四部典籍、官府文书、社会经济文书等多个门类。杏雨书屋的藏品公布以后，成为近年来中日敦煌学研究关注的热点。②

东京国立博物馆藏有罗振玉旧藏敦煌本《刘子》残卷，荣新江对其内容和流散过程做了探讨。③ 该馆还藏有一些敦煌写本和绢画，如《摩诃般若波罗蜜经》卷三十三高弼写本，系购自1926年东京古典籍见展观大入札会；一些绢画则来自与法国集美博物馆的馆际交换，原为伯希和携自敦煌的艺术品。④

京都国立博物馆所藏敦煌遗书即所谓"守屋孝藏收集品"，包括72件写经，相当多的写经都有纪年题记，且多钤有李盛铎的藏书印。但这批藏品的真伪问题一直备受争议。⑤

东京书道博物馆为中村不折创办，亦藏有一百多号敦煌写本。该馆藏品大多数是佛典，多出自王树枏旧藏，另外还有得自梁素文、何孝聪、孔宪廷、龚煦春等旧藏，以及在中国旅行的日本人的收集和收购。⑥《敦煌遗书总目索引》散录一二《日本人中村不折所藏敦煌遗书目录》⑦，共著录敦煌文献一百余号，有些一号为一个裱好的卷子或册叶，内有多种残经。荣新江据龙谷大学图书馆油印《书道博物馆所藏经卷文书目录》，对中村

---

① 郑阿财：《杏雨书屋〈敦煌秘笈〉来源、价值与研究状况》，《敦煌研究》2013年第3期。
② 有关近年来中日学界对杏雨书屋藏敦煌文献的研究成果之评述，可参阅陈丽萍、赵晶《日本杏雨书屋藏敦煌吐鲁番文书研究综述》，郝春文主编《2014敦煌学国际联络委员会通讯》，上海古籍出版社2014年版，第74—85页。
③ 荣新江：《两种流散的敦煌〈刘子〉写本下落》，《书窗》1993年第1期。
④ 荣新江：《海外敦煌吐鲁番文献知见录》，第169—170页。
⑤ 参阅［日］藤枝晃《"德化李氏凡将阁珍藏"印について》，《学丛》第7号，京都国立博物馆1985年版，第153—173页。另外，赤尾荣庆总结了日本学界对包括京都国立博物馆所藏敦煌写本在内的敦煌文献的真伪问题研究史，同时论及京都国立博物馆之藏卷的真与伪，可参阅《关于伪写本的存在问题》，郝春文主编：《敦煌文献论集——纪念藏经洞发现一百周年国际学术研讨论文集》，第39—44页。
⑥ 王素：《敦煌吐鲁番文献》，文物出版社2002年版，第99页。
⑦ 王重民主编：《敦煌遗书总目索引》，第330—333页。

不折收藏品进行过细致调查，他指出除了敦煌写经外，该馆还收藏多种珍贵的古籍写本，如《老子道德经》、《抱朴子》、《郑注论语》（2件）、《南华真经》（2件）、《春秋左氏传》（3件）、《搜神记》、《三国志》（2件），具有重要的研究价值。①

20世纪50年代，饶宗颐对京都有邻馆藏敦煌文献进行过考察，所撰《京都藤井氏有邻馆藏敦煌残卷纪略》② 对该馆的藏品、特点以及来历等做了详细介绍，并分类著录书札5件，牒状23件，宗教文献7件，歌赞4件，杂类2件。1991年，施萍婷对有邻馆藏品重新编目，共计著录60件，内容有佛经、公私文书、文学作品、胡语写经等，并指出有邻馆藏品主要为陆续收购的李盛铎、何彦昇等旧藏。③ 对于该馆何彦昇旧藏的来源，学界尚有不同意见。陈国灿认为"有邻馆的何氏旧藏文书中属敦煌所出的，只在二十件左右"④。荣新江则认为这些题有"何彦昇旧藏"标识的文书与英、俄所藏源自敦煌藏经洞经帙上揭出的文书是同组文书，据此可推测有邻馆的这组文书也来自敦煌藏经洞。⑤

王三庆在《日本天理大学天理图书馆典藏之敦煌写卷》⑥ 一文中对天理图书馆所藏17号敦煌写卷做了详细的著录，并述及这批藏卷的来源、内容以及学术价值。荣新江补正了王文著录的疏讹之处，认为藏品主要来

---

① 荣新江：《日本书道博物馆藏吐鲁番敦煌文献纪略》，《文献》1996年第2期；另可参阅氏著《海外敦煌吐鲁番文献知见录》，第174—182页。

② 饶宗颐：《京都藤井氏有邻馆藏敦煌残卷纪略》，《选堂集林·史林》（下），中华书局1982年版，第998—1010页。

③ 施萍婷：《日本公私收藏敦煌遗书叙录》（二），《敦煌研究》1994年第3期。

④ 陈国灿：《东访吐鲁番文书纪要》（一），《魏晋南北朝隋唐史资料》第12期，武汉大学出版社1993年版，第40—45页。王素的观点亦倾向于何彦昇旧藏有相当部分出自吐鲁番，参阅《略谈选堂先生对于吐鲁番学的贡献》，《敦煌吐鲁番研究》第八卷，中华书局2005年版，第13—15页。陈国灿调查日本所藏吐鲁番文献的成果尚有：《东访吐鲁番文书纪要》（二），《魏晋南北朝隋唐史资料》1994年第13期；《东访吐鲁番文书纪要》（三），《魏晋南北朝隋唐史资料》1996年第14期。

⑤ 荣新江：《海外敦煌吐鲁番文献知见录》，第196—198页。

⑥ 王三庆考察了天理图书馆收藏的每一件敦煌写卷，他按已装裱的册子和卷轴为单位，一一著录其内涵，于每种文献，标其名称，录其起讫字句，说明其上的题记、印章、今人跋语等情况，若有研究文献则著录于参考资料栏内。王三庆：《日本天理大学天理图书馆典藏之敦煌写本》，汉学研究中心编印《第二届敦煌学国际研讨会论文集》，1991年，第79—98页。

自李盛铎、许承尧、张大千等旧藏，其中张大千旧藏构成了天理图书馆藏品的主体。① 这批遗书的主要内容是汉文佛典，还有藏文、回鹘文等佛教、道教经典，以及论语、诗经、开蒙要训、社司转帖、本草残卷等。② 除写本外，天理图书馆还藏有大谷探险队带回的敦煌纸本绘画"玄奘三藏像"，但入藏途径不明。③

《敦煌遗书总目索引》散录一三《日本诸多私家所藏敦煌写经目录》④ 著录了三井源右门卫所藏110号写经。施萍婷调查发现三井文库共藏有112件敦煌写经，并逐一注记名称、首尾题，说明纸数、尺寸、印鉴、纸背文字等，指出这批藏品主要来自北三井家的捐赠，多为张广建旧藏，其中不乏精良者。⑤

《敦煌遗书总目索引》散录一〇《日本大谷大学图书馆所藏敦煌遗书目录》⑥ 著录了大谷大学图书馆所藏北魏至唐写经34号。荣新江重新调查确定该馆藏品共38件，均为写经。其中《敦煌遗书总目索引》散录的34件是东本愿寺前法主句佛上人捐赠，其余3件来自句佛上人之弟、晚年任大谷大学校长的大谷莹诚的秃庵文库旧藏，还有1件是原大谷大学教授舟桥水哉的三舟文库旧藏。⑦ 王三庆对照《大谷大学图书馆善本聚英》影印

---

① 荣新江指出天理图书馆所藏张大千旧藏之《敦煌遗片》一册，收录了西夏文、藏文、回鹘文和汉文佛典写本或刻本断片，参阅《日本天理图书馆藏敦煌文献考察纪略》，《敦煌研究》1995年第4期；另可参阅氏著《海外敦煌吐鲁番文献知见录》，第204—212页。

② 王素详述其来源主要包括清道光七年（1827）敦煌塔倒塌后的发现、1941年张大千在临摹壁画的洞窟积沙中挖出人头上的黏附、旅顺博物馆大谷文书散佚的部分、日本中村不折的旧藏，以及1957年初从香港商人处购入的张大千的收集品。参阅《敦煌吐鲁番文献》，第100—101页。

③ 荣新江：《日本天理图书馆藏敦煌文献考察纪略》，第130页。

④ 主要依据《昭和法宝总目录》所收《诸家所藏敦煌本古写经目录》，参阅王重民主编《敦煌遗书总目索引》，第334—336页。

⑤ 施萍婷：《日本公私收藏敦煌遗书叙录（一）——三井文库所藏敦煌遗书》，《敦煌研究》1993年第2期。

⑥ 主要依据《昭和法宝总目录》所收《大谷大学图书馆所藏敦煌遗书目录》，参阅王重民主编《敦煌遗书总目索引》，第329—330页。

⑦ 荣新江：《海外敦煌吐鲁番文献知见录》，第212页。日本学者野上俊静所撰《大谷大学所藏敦煌古写经》正续编（京都大学大谷大学东洋学研究室，分别版于1965年和1972年），对该馆所藏敦煌文献的来源、内容均有详细解说，并附有相关研究论文。

本为该馆所藏敦煌遗书重新编制了目录[①]，可据此了解大谷大学藏品的具体内容[②]。

宁乐美术馆藏2件3种敦煌写本。荣新江调查指出：一是《八相变》，据说原为吴昌硕旧藏，尾部钤有"木斋审定"印；二是《太公家教》和《王梵志诗》，前者存12行，后者存95行，两者前后连接贴于《金刚经》残卷上，但相接处的首尾均为残缺的中间部分，尾部钤有"德化李氏凡将阁珍藏"印，背面首部亦钤有"李盛铎印"[③]，可知出自李盛铎旧藏。

王三庆著录了唐昭提寺所藏27件敦煌写经的起讫情况，并对其抄写时代做了简单的判定[④]；施萍婷在王文的基础上增录了1件大业年间所写《大智度论》[⑤]。法隆寺藏敦煌写经仅有1件，即《付法藏因缘传》[⑥] 国立国会图书馆收藏48件敦煌写经，包括西夏文写经2件、藏文写经3件，据说主要得自滨田德海的旧藏[⑦]，但其中有6件系赝品[⑧]。大东急纪念文库藏14号敦煌文献，其中有1件为藏文写经[⑨] 东京大学东洋文化研究所收藏11卷敦煌写经[⑩] 九州大学文学部藏有5件敦煌文献[⑪]，荣新江指出其中4件购自京都的田中三男[⑫]，1件为倪玉桂三所赠。马德、冯继仁等介绍了

[①] 王三庆：《日本所见敦煌写经目录提要》（一），《敦煌学》第15辑，1990年，第98—113页。

[②] 池田温根据该馆所藏18件写经题记认为其中有作伪者，参阅《中国古代写本识语集录》，东京大学东洋文化研究中心1990年版。

[③] 荣新江：《海外敦煌吐鲁番文献知见录》，第202—203页。

[④] 王三庆：《日本所见敦煌写经目录提要》（一），《敦煌学》第15辑，第87—98页。

[⑤] 施萍婷：《日本公私收藏敦煌遗书叙录》（二），第100—104页。

[⑥] 施萍婷：《日本公私收藏敦煌遗书叙录》（二），第105—106页。

[⑦] 荣新江：《海外敦煌吐鲁番文献知见录》，第215页。马德考察认为滨田德海旧藏敦煌文书系其人在日军侵华期间搜罗和收购的李盛铎藏品，参阅《敦煌文书题记资料零拾》，《敦煌研究》1994年第3期。另可参阅方广锠《滨田德海搜藏敦煌遗书·序言》，国家图书馆出版社2016年版，第1页。

[⑧] 施萍婷：《日本公私收藏敦煌遗书叙录》（三），《敦煌研究》1995年第4期。

[⑨] 施萍婷：《日本公私收藏敦煌遗书叙录》（三），第61—65页。

[⑩] 施萍婷：《日本公私收藏敦煌遗书叙录》（三），第65—68页。

[⑪] 马德编制了《九州大学文学部图书馆藏敦煌遗书目录》。

[⑫] 荣新江指出购自田中三男的《妙法莲华经》乃罗振玉旧藏，参阅《海外敦煌吐鲁番文献知见录》，第217页。

九州大学文学部所藏敦煌遗书的内容和价值。① 王惠民介绍了白鹤美术馆所藏2件敦煌绢画：一为药师说法图，一为千手千眼观音像。② 余欣考察了御茶之水图书馆所藏的3件敦煌写经，分别为《妙法莲华经》《大般涅槃经》和《维摩诘经》，皆属成篑堂旧藏。③ 日本国学院大学图书馆也藏有敦煌写本，已知有一件古注本《论语》。④ 另外，药师寺、五岛美术馆等处，亦有一定数量的敦煌遗书。⑤

方广锠编《滨田德海收藏敦煌遗书》⑥，共收录滨田德海后人所藏敦煌写经36件。这批敦煌遗书大部分是20世纪三四十年代在北京、天津等地购得，数量一百多件，其中一部分为李盛铎藏品。这批写经的时代跨度从6—10世纪，约500年，其中有6世纪南北朝写经3件，抄写精美，保存品相也较好，具有较高的文物价值。

总之，日本藏品虽然数量不小，但因收藏机构和个人过于分散，有的又秘不示人，所以虽经学术界多年考索，至今仍不能编制出一部完整的目录，只能大致估计有2000多号。

由于藏家众多，日本散藏敦煌文献的保存和修复亦很难全部了解。现知"大谷探险队共得到700余号敦煌遗书，其中300余号采用传统的装裱技术予以通卷托裱，接出护首、拖尾。装帧不可谓不考究。护首为黄底云龙织

---

① 马德：《九州大学文学部藏敦煌文书〈新大德造窟檐计料〉探微》，《敦煌研究》1993年第3期；另可参阅冯继仁《日本九州大学藏敦煌文书所记窟檐的分析与复原》，《文献》1993年第12期。

② 王惠民：《日本白鹤美术馆藏两件敦煌绢画》，《敦煌研究》1999年第2期。

③ 余欣：《御茶之水图书馆藏敦煌文献研读丛札》，《敦煌研究》2009年第3期；后收入氏著《博望鸣沙——中古写本研究与现代中国学术史之会通》之第六章"'天下之公宝须爱护'：御茶之水图书馆'成篑堂'旧藏敦煌文献漫录"，上海古籍出版社2012年版，第185—197页。作者指出京都国立博物馆藏《大智度论》卷八残卷所附签条的形制、书风及编号方式，与御茶之水图书馆藏《法华经》如出一辙，可见守屋孝藏收集品与成篑堂旧藏敦煌文献可能出自同一来源；《大般涅槃经》或为据唐本抄录的日本天平时代写经，非敦煌所出；《维摩诘经》乃出自许承尧旧藏。

④ 郝春文对日本国学院大学图书馆所藏敦煌写本《论语》给予精详的校勘和研究，指出该件《论语》为册子装，共12叶，上钤"木斋真赏"和"合肥孔氏珍藏"印各一颗，应是源自李盛铎、孔宪廷之旧藏，参阅《日藏敦煌写本〈论语〉校勘记》，《文献》2014年第4期。

⑤ 王素：《敦煌吐鲁番文献》，第101页。

⑥ 方广锠：《滨田德海收藏敦煌遗书》，国家图书馆出版社2016年版。

锦，引首为洒金纸，配以人造水晶轴头"。"但这种装裱对遗书原貌改变极大，包括纸张的厚度、尺幅、颜色，个别甚至有错乱次序及遮裱背面文字的情况。"① 这种保护办法问题很多，客观上造成了对原卷的损害，不宜提倡。

第六节　国内外其他散藏敦煌遗书

由于敦煌藏经洞开启时的特殊历史背景，造成了敦煌文献的大量流散。国内以京津沪和甘肃地区藏品较为丰富，流失海外的藏品则在欧美多国均有发现。方广锠据调查指出除了中国国家图书馆、英国图书馆、法国国家图书馆、俄罗斯科学院圣彼得堡东方文献研究所等世界四大敦煌遗书收藏单位之外，流散在国内外的敦煌遗书总数在7000号左右，其中流入日本的2000多号，流入欧美的不足200号，中国境内尚存5000号上下。②

翁连溪、于华刚主编的《世界民间藏中国敦煌文献（第一辑、第二辑）》③ 于2014年至2017年由中国书店出版，该丛书计划将百余年来散失各地藏家手中的敦煌文献逐一征集、编辑出版。

一　国内散藏敦煌文献

关于国内散藏敦煌文献的数量，方广锠《关于敦煌遗书的流散、回归、保护与编目》有所统计："除国家图书馆外，中国国内公私收藏的敦煌文献约有3000号左右，已经公布图录的已有2000余号，还有1000号至今尚未公布。"④ 国内散藏敦煌文献绝大部分是佛经，也有少量佛教注疏。其抄写时代自北朝至宋初，以唐写本为多。非汉文文献主要是藏文写本，

---

① 方广锠：《关于敦煌遗书的保管与修复》，国家图书馆编：《文明的守望——古籍保护的历史与探索》（卷首语），第11—18页。
② 方广锠：《务本堂藏敦煌遗书·序》，广西师范大学出版社2013年版，第1页。
③ 翁连溪主编：《世界民间藏中国敦煌文献》第一辑，中国书店2014年版；于华刚主编《世界民间藏中国敦煌文献》第二辑，中国书店2017年版。
④ 方广锠：《关于敦煌遗书的流散、回归、保护与编目》，收入氏著《方广锠敦煌遗书散论》，第93页。

多收藏在河西走廊诸多地区的文博部门。① 自20世纪90年代起，上海古籍出版社、甘肃人民出版社、江苏古籍出版社、浙江教育出版社、文物出版社、中国书店等机构，致力于各地散藏敦煌遗书图录的出版，为学术界了解、利用这批材料提供了方便。申国美《中国散藏敦煌文献分类目录》②收录国内32个单位收藏的敦煌文献2414种，为敦煌学研究者提供了一个较为完整的国内散藏敦煌文献联合目录。

（一）北京市散藏敦煌文献

北京地区收藏敦煌遗书的藏家较多，主要有北京大学图书馆、中国国家博物馆、首都博物馆、故宫博物院、中国书店以及中国文化遗产研究院等。

北京大学图书馆所藏敦煌吐鲁番文献的数量为286号，《北京大学藏敦煌文献》③刊布了该馆藏品的图版，张玉范介绍这批文献大部分为20世纪50年代向达任馆长期间收购，主要购自文禄堂、多文阁、修绠堂书店，还有来薰阁、邃雅堂书店及特艺公司前门经营管理处等。④其内容佛经占大多数，还有少数道经，以及戒牒、道场施物疏、诸文要集、唱导文、历书以及变文等。此外还包括多件藏文和回鹘文文献。⑤

---

① 方广锠：《随缘做去 直道行之——方广锠序跋杂文集》，国家图书馆出版社2014年版，第165页。

② 申国美：《中国散藏敦煌文献分类目录》，北京图书馆出版社2007年版。另可参阅柴剑虹《〈中国国内散藏敦煌文献分类目录〉序》，氏著《敦煌学与敦煌文化》，第244—247页。本书按佛经内容及道教、四部古籍、社会文书、杂写、民族文字等分为28类排列。该目录对各地已经刊布的敦煌文献（主要是汉文，也有少量藏文及其他民族文字文献）目录进行了整合和编纂，提供了研究上的莫大方便。白化文曾积极呼吁和推动国内散藏敦煌文献编目工作的启动，参阅《敦煌文物目录导论》，台北：新文丰出版公司1992年版；另可参阅丁侠《〈敦煌文物目录导论〉内容简介》，《北京图书馆刊》1997年第2期。

③ 北京大学图书馆、上海古籍出版社合编：《北京大学藏敦煌文献》，上海古籍出版社1995年版。该图录影印刊布了246件，并附日本写经5件、吐鲁番出土回鹘文3件、西夏文5件、残片64件，共323号。另可参阅刘屹评《北京大学图书馆、上海古籍出版社〈北京大学藏敦煌文献〉》，《敦煌吐鲁番研究》第3卷，北京大学出版社1998年版，第371—381页。

④ 张玉范：《北京大学藏敦煌文献·序言》，第1—3页。另可参阅张玉范发表的当时整理出的212件藏品叙录（《北京大学图书馆藏敦煌遗书目》，北京大学中古史中心编：《敦煌吐鲁番文献研究论集》第5辑，北京大学出版社1990年版，第503—562页）。

⑤ 黄维忠统计北大藏藏文文献的数量为3件，即北大D045V、北大D051/2、北大D055V（参阅《国内藏敦煌藏文文献的整理和研究回顾》，第93—99页）。据笔者核查，实则北大D113/2、北大D152V、北大D212亦为藏文文献。

第一章　对国内外不同机构的藏品数量、来源等情况的介绍和考察　43

　　王素等对故宫博物院所藏敦煌遗书进行了考察和编目。这批藏品多为写经，也有归义军时期酒帐一类的文书，以及少量古籍（《唐韵》）等。其中写经和文书的数量多达一百余件，大致有收购、捐献和调拨三种来源。①

　　《中国书店藏敦煌文献》②刊布了中国书店藏品的全部图版，方广锠对中国书店藏90余件敦煌遗书做了介绍，确定有东晋写本1件，南北朝写本12件，隋写本2件。其中有27件残片合装成册，题为"敦煌残拾"，原为方懿枚所藏。其内容以佛典居多，此外有变文、经疏、忏悔文、羯磨文等。非佛教文献包括道教的行道仪、社司转帖、账契、诗歌、书仪、民俗作品等。③敦煌藏文写本包括3件吐蕃统治时期抄写的《无量寿宗要经》和1件泥金绀青纸写经。④

　　荣新江、王素、余欣对首都博物馆藏敦煌遗书进行了考察，确定该馆藏品有80余件，主要是唐人写经，其中钤有"顾二郎印"的写本，大概出自顾鳌旧藏。⑤最近，荣新江主编的《首都博物馆藏敦煌文献》⑥正式出版，为学术界阅览首博的藏品的图版提供了便利。全十一函，正文十册，附总目录、总图录两册。其中有梁玉书（素文）、张广建、朱孝臧（祖谋、彊村）、龚心钊（龚钊，字怀希）、顾二郎（顾鳌，字巨六）、周肇祥、陈垣、黄锡蕃等人的旧藏珍本，也有馆方历年来陆续收藏的长卷写经。

---

①　王素、任昉、孟嗣徽：《故宫博物院藏敦煌吐鲁番文献目录》，《敦煌研究》2006年第6期。

②　《中国书店藏敦煌文献》，中国书店2007年版。

③　方广锠为该书作序，参阅氏著《随缘做去　直道行之——方广锠序跋杂文集》，第160—165页。

④　后者是否出于敦煌藏经洞，尚有不同意见，还待进一步研究。

⑤　荣新江、王素、余欣：《首都博物馆藏敦煌吐鲁番文献经眼录》，《首都博物馆丛刊》第18辑，北京燕山出版社2004年版，第166—174页；《首都博物馆藏敦煌吐鲁番文献经眼录（续）》，《首都博物馆丛刊》第21辑，北京燕山出版社2007年版，第126—137页。另可参阅余欣《博望鸣沙——中古写本研究与现代中国学术史之会通》之第三章"'顾二郎'与'护陇使者'：首都博物馆藏敦煌吐鲁番文献经眼录"，第124—153页。叶渡《馆藏敦煌写卷三事》，《首都博物馆论丛》，2015年，第192—199页。

⑥　荣新江主编：《首都博物馆藏敦煌文献》，北京燕山出版社2019年版。

中国国家博物馆所藏敦煌写本和绘画多为征集和收购所得，其中包括八号敦煌写卷。[①] 荣新江考出该馆所藏敦煌遗书主要源自罗振玉、周肇祥等旧藏。[②] 这批文献既有长卷佛经，也有典籍类文书，另有一幅五代绢画"吴勿昌造八臂十一面观音像"。同时地方馆参展或借藏于国家博物馆的敦煌遗书数量也不少（如上海文物保管委员会旧藏的《河西支度营田使文书》等）。[③]《中国文化遗产研究院藏西域文献遗珍》[④] 刊布了中国文化遗产研究院收藏的西域文献共计235号192件（其中61个残片可拼缀成18个文本），包括223片182件汉文文献、8片6件回鹘文献，以及4件西夏文献三个类别。其汉文类的写本大部分为5—8世纪的写本，回鹘和西夏文类的多为13世纪的佛教文献。这批文献有相当一部分出自敦煌藏经洞，有的来源不明，暂无法准确判断其中敦煌文献的具体数量。[⑤]

此外，北京文物研究所和首都师范大学图书馆以及该校历史博物馆也都有收藏，目录和图版尚未公布。

（二）天津市散藏敦煌文献

天津博物馆（2004年由原天津市艺术博物馆和天津市历史博物馆合并组建）藏有350件敦煌文献，大多数为汉文佛典，也有6件藏文写经和一

[①] 中国国家博物馆所藏的敦煌文献，主要刊印在《中国历史博物馆藏法书大观》中，另外《中国历史博物馆》《中国美术全集》亦刊出部分敦煌文献图版。参阅杨文和主编《中国历史博物馆藏法书大观》第一一卷《晋唐写经·晋唐文书》，上海教育出版社1994年版；吕长生编《中国历史博物馆藏法书大观》第一二卷《战国秦汉唐宋元墨迹》，上海教育出版社1994年版。

[②] 荣新江评：《杨文和编〈中国历史博物馆藏法书大观〉第十一卷〈晋唐写经·晋唐文书〉、吕长生编第十二卷〈战国秦汉唐宋元墨迹〉》，《敦煌吐鲁番研究》第5卷，北京大学出版社2001年版，第332—337页；后收入氏著《敦煌学新论》（题名更为《〈中国历史博物馆藏法书大观〉评介》），甘肃教育出版社2002年版，第207—214页。

[③] 王素：《敦煌吐鲁番文献》，第90页。

[④] 赫俊红主编：《中国文化遗产研究院藏西域文献遗珍》，中华书局2011年版。

[⑤] 其中有一件敦煌古写本道教文献，据相关文章介绍（参阅则诚《敦煌古写本〈太平经〉文字残页》，《文物》1964年第8期），1963年中央文化部收集到一批古文物，其中包括敦煌古写本《太平经》（实为《道要灵祇神鬼品经》），现藏于中国文化遗产研究院，编号为"中国文化遗产研究院西域文献〇七三"。

些汉文文书等。《天津市艺术博物馆藏敦煌文献》[①] 刊布了该馆藏品的全部图版。这批文献主要有两部分来源：主体部分是周叔弢捐赠的256卷，其他是历年征集收购所得。

天津图书馆所藏敦煌遗书贴为册页，共有六册，收录177件，以唐写本和归义军时期写本居多，兼有为数不多的南北朝写本。从内容上看，主要是佛教文献，亦有《老子》等道教文献。[②] 最近，《天津图书馆藏敦煌文献》[③] 正式出版，刊布了该馆藏品的图版。该馆的藏品亦主要是得自周叔弢的捐赠。

天津文物出版公司收藏的30号写经，均为佛教文献，既有正规经典，也有斋文等佛教仪式文献，时间跨度大体为6—10世纪。《天津文物公司藏敦煌写经》[④] 刊布了该公司藏品的全部图版。另外，天津市历史博物馆藏有25号敦煌写本，其中7号存有题记，4号背面亦有文字，部分钤有李盛铎等藏印。[⑤]

（三）上海市散藏敦煌文献

现知上海地区散藏敦煌吐鲁番文献共计200余件，全部收录在《上海图书馆藏敦煌文献》[⑥] 和《上海博物馆藏敦煌文献》[⑦] 中。上海图书馆藏

[①] 天津市艺术博物馆、上海古籍出版社合编：《天津市艺术博物馆藏敦煌文献》（全七册），上海古籍出版社1998年版。另可参阅刘国展、李桂英《天津市艺术博物馆藏敦煌遗书目录》，《敦煌研究》1987年第2期，该目著录197件，均为周叔弢旧藏；马大东《天津市艺术博物馆所藏经卷及社会文书述略》，《敦煌研究》1987年第2期。施萍婷指出天津艺术博物馆藏品中完整卷子多，完好的多，唐人写经多，参阅《敦煌研究院、上海图书馆、天津艺术博物馆藏敦煌遗书巡礼》，张涌泉、陈浩主编《浙江与敦煌学——常书鸿先生诞辰一百周年纪念文集》，浙江古籍出版社2004年版，第309—310页。另可参阅李雅民《国宝寻踪——珍藏在津城的敦煌遗书》，《天津日报》2008年8月2日第007版；钱玲《馆藏敦煌文献述略》，《文物天地》2015年第6期。

[②] 天津图书馆历史文献部：《天津图书馆藏敦煌遗书目录》，《敦煌吐鲁番研究》第8卷，中华书局2005年版，第311—358页。该目录具体由方广锠、李际宁、黄霞、张桂元、张丽等编纂。

[③] 万群、刘波主编：《天津图书馆藏敦煌文献》，学苑出版社2019年版。

[④] 天津文物公司编：《天津文物公司藏敦煌写经》，文物出版社1998年版。方广锠为该书作序和叙录，参阅氏著《随缘做去 直道行之——方广锠序跋杂文集》，第157—159页。

[⑤] 王素：《敦煌吐鲁番文献》，第91页。

[⑥] 上海图书馆、上海古籍出版社合编：《上海图书馆藏敦煌吐鲁番文献》，上海古籍出版社1999年版。

[⑦] 上海博物馆、上海古籍出版社合编：《上海博物馆藏敦煌吐鲁番文献》（全二册），上海古籍出版社1993年版。

敦煌吐鲁番文献共计187号，其中包括9件藏文写经。藏品主体是早年上海市文物保管委员会和上海博物馆移交的142件①，从兰州李氏处购得甘肃地方文献学家张维旧藏的唐写本9种，从上海朵云轩书画社购得12件。其他则是从北京荣宝斋、上海古籍书店零星收购而来。另外还包括1958年原上海历史文献图书馆并入上海图书馆的3件。② 上海博物馆共收藏80号敦煌吐鲁番文献，其中包括2件敦煌藏文文献，藏品主要得自上海市文物保管委员会的捐赠和历年的收购，包括陈闿、许承尧、袁克文、王树枏、吴士鉴等人的旧藏。③

另外，上海玉佛寺、上海龙华寺等一些寺院均收藏有一定数量的敦煌文献。④ 上海辞书出版社图书馆也收藏有2件敦煌写经，但尚未公布。

（四）甘肃省散藏敦煌文献

由于敦煌地处甘肃省境内，故甘肃省散藏敦煌文献的数量较为可观。自20世纪80年代开始，先后有不同单位和个人对甘肃省内散藏的敦煌文献进行调查，并不断有成果刊布。在藏经洞发现一百周年之际，相关部门全面系统地整理刊布了《甘肃藏敦煌文献》⑤，收录了甘肃境内11家单位

---

① 荣新江指出上海图书馆所藏敦煌文献包括康有为、李盛铎、何彦昇、罗振玉、许承尧、袁克文、叶恭绰、吴士鉴、张维、陈闿等旧藏，其中《敦煌遗书总目索引》散录六《李木斋旧藏敦煌名迹目录》第二部分多归上海图书馆收藏，参阅《敦煌学大辞典》之"公私收藏·上海图书馆"条，上海辞书出版社1998年版，第786、792页。

② 陈秉仁详述该馆藏品的来源、特点与价值（第一册序言，第1—4页）。另可参阅吴织、胡群耘《上海图书馆藏敦煌遗书目录——附传世本写经及日本古写经》，《敦煌研究》1986年第2期；《上海图书馆藏敦煌遗书目录（续）——附传世本写经及日本古写经》，《敦煌研究》1986年第3期。施萍婷《敦煌研究院、上海图书馆、天津艺术博物馆藏敦煌遗书巡礼》，张涌泉、陈浩主编《浙江与敦煌学——常书鸿先生诞辰一百周年纪念文集》，第315—325页。

③ 可参阅郝春文《〈上海博物馆藏敦煌吐鲁番文献〉读后》，《敦煌学辑刊》1994年第2期；池田温撰，李德范译《敦煌吐鲁番文献图录的定本——介绍〈敦煌吐鲁番文献集成〉的〈俄藏敦煌文献〉〈上海博物馆藏敦煌吐鲁番文献〉（上、下）》，《敦煌学辑刊》1995年第2期；荣新江评《上海博物馆藏敦煌吐鲁番文献》，《敦煌吐鲁番研究》第1卷，北京大学出版社1995年版，第373—376页。

④ 相关内容可参阅方广锠《中国散藏敦煌遗书目录》（一），《敦煌学辑刊》1998年第2期。

⑤ 甘肃藏敦煌文献编委会、甘肃人民出版社、甘肃省文物局编：《甘肃藏敦煌文献》，甘肃人民出版社1999年版。相关评介文章可参阅介生《遍记甘藏敦煌遗书 兼具资料学术价值——〈甘肃藏敦煌文献〉介评》，《图书与情报》2000年第2期；张涌泉《敦煌故里对敦煌学的新奉献——〈甘肃藏敦煌文献〉读后》，《敦煌研究》2001年第1期。另可参阅韩惠言《甘肃敦煌汉文文献概况》，《敦煌学辑刊》2000年第2期；邵惠莉《甘肃藏敦煌汉文文献巡礼》，《丝绸之路》2000年第1期。

第一章　对国内外不同机构的藏品数量、来源等情况的介绍和考察　47

收藏的全部敦煌汉文写卷，共计 696 件①。其中敦煌研究院藏 383 件②，甘肃省博物馆藏 138 件③，敦煌市博物馆藏 81 件④，甘肃省图书馆藏 32 件⑤，西北师范大学藏 18 件⑥，酒泉市博物馆藏 18 件⑦，定西县博物馆藏 10 件，永登县博物馆藏 8 件⑧，高台县博物馆藏 3 件，甘肃中医学院藏 3 件，张掖市博物馆藏 1 件。该书还对所收汉文文献的基本情况、来源、真伪、定名、价值等问题做了比较系统的介绍。甘藏敦煌遗书以佛经所占比重较大，且经、律、论三藏俱有，另外还有数量虽不多但比较珍贵的四部书和社会文书。其来源大部分来自当地名士、官宦、乡绅之手⑨，除了王道士所赠送的外，还有当时的官宦所巧取豪夺者。具体而言，甘肃省博物馆藏品，一部分是有关部门移交的，一部分购自兰州本地，一部分为当地士绅所捐献；甘肃省图书馆藏品主要是其前身甘肃省公立图书馆于民国初年收集的；酒泉市博物馆藏品绝大部分收集于当地；定西县博物馆藏品是郭杰三收集自曾在敦煌县政府工作过的定西籍人士；高台县博物馆藏品是解放后由一位民主人士捐献给政府

---

①　其中包括极少数有参考价值的非敦煌写卷。参阅施萍婷《甘肃敦煌文献·概述》，第 1 页。另可参阅邰惠莉《甘肃省藏非敦煌文献的真伪、来源及相关问题》，《敦煌学辑刊》2000 年第 2 期。

②　可参阅施萍婷、刘忠贵《敦煌文物研究所藏敦煌遗书目录》，《文物资料丛刊（1）》，文物出版社 1977 年版，第 54—67 页。另可参阅姜洪源《八件敦煌遗书回归记》，《档案》1997 年第 6 期；谭蝉雪《青山庆示所捐敦煌文献及三件校释》，《敦煌研究》1999 年第 2 期。

③　可参阅秦明智《关于甘肃省博物馆藏敦煌遗书之浅考和目录》，载《1983 年全国敦煌学术讨论会文集·文史遗书编》（上），甘肃人民出版社 1987 年版，第 459—499 页。

④　荣恩奇：《敦煌县博物馆藏敦煌遗书目录》，北京大学中古史中心编：《敦煌吐鲁番文献研究论集》第 3 辑，北京大学出版社 1986 年版，第 541—584 页；殷光明：《敦煌市博物馆藏敦煌遗书目录补录》，《敦煌研究》1994 年第 3 期。

⑤　可参阅邵国秀、曾雪梅《甘肃省图书馆藏敦煌写经题录》，《图书与情报》1999 年第 3 期；曾雪梅《甘肃省图书馆藏敦煌遗书的来源及其特点》，《档案》2002 年第 6 期。

⑥　曹怀玉著录二十二件，其中汉文十九件，藏文三件，参阅《西北师院历史系文物室藏敦煌经卷录》，《西北师大学报》1983 年第 4 期。另可参阅李并成《西北师范大学敦煌学研究所藏敦煌经卷录》，《敦煌研究》1993 年第 1 期。该文对 1984 年 6 月西北师范大学敦煌学研究所从民间所购两件敦煌写经《大乘无量寿经》予以详细披露和介绍。

⑦　另外，甘肃省酒泉市肃州区博物馆保存有敦煌藏经洞所出唐代写经 19 件，残片 9 件。参阅王保东《酒泉博物馆藏敦煌写经》，《敦煌研究》2012 年第 5 期。

⑧　可参阅苏裕民、谭蝉雪《永登县博物馆藏古写经》，《敦煌研究》1992 年第 2 期。

⑨　关于甘肃藏敦煌文献的早期流传情况，可参阅荣新江《甘藏敦煌文献知多少？》，《档案》2000 年第 3 期。

的；敦煌市博物馆藏品来自当地乡绅名士捐赠；敦煌研究院藏品的一部分出自土地庙写经①，大部分是解放前从当地收集、解放后从地主家中没收和乡绅捐赠的②，还包括近年来国际友人的捐赠③。2000年以后，敦煌莫高窟北区石窟相继被发掘，其中出土的文书为甘肃省藏敦煌文献增添了新的资料。④

汉文文献之外，国内还散藏有数量可观的藏文文献，其中以甘肃省所藏为最。黄文焕《河西吐蕃文书简述》通过对敦煌、酒泉、张掖、武威以及兰州等地所藏吐蕃文书的调查和整理，指出现存河西的吐蕃文书多达9000多页。⑤ 其后学者继续对甘肃省博物馆⑥、甘肃省图书馆⑦、敦煌市博物馆⑧、敦煌市档案局⑨、敦煌研究院⑩、酒泉博物馆⑪、武威市博物馆⑫、麦积山石窟艺术研究所⑬、张掖地区的博物馆⑭、兰山范氏收藏⑮、西北民

---

① 1944年8月，莫高窟土地庙塑像中发现六朝残经85件及残片32片，这是在1900年莫高窟藏经洞之外批量最大的一次发现，所以引起敦煌学界的关注［关于土地庙遗书的发现及其情况的详细介绍，可参阅苏莹辉《记本所新发见北魏写经（附目）》，兰州《西北日报·西北文化周刊》1945年第23期；向达《国立敦煌艺术研究所发现六朝残经》，《（国立）北平图书馆季刊》1945年第5卷第4期，后收入阎文儒、陈玉龙《向达先生纪念论文集》，新疆人民出版社1986年版，第3—5页］。

② 施萍婷：《敦煌研究院、上海图书馆、天津艺术博物馆藏敦煌遗书巡礼》，张涌泉、陈浩主编：《浙江与敦煌学——常书鸿先生诞辰一百周年纪念文集》，第302—304页。

③ 2009年5月24日，新加坡女作家袁健将所藏《佛顶尊胜陀罗尼经》一卷捐献给敦煌研究院。

④ 可参阅彭金章《敦煌莫高窟北区石窟》（共三卷），文物出版社2004年版。

⑤ 黄文焕：《河西吐蕃文书简述》，《文物》1978年第12期；《河西吐蕃经卷目录跋》，《世界宗教研究》1980年第2期；《河西吐蕃卷式写经目录并后记》，《世界宗教研究》1982年第1期。

⑥ 王南南、黄维忠：《甘肃省博物馆所藏敦煌藏文文献叙录》（上），《中国藏学》2003年第4期；俄军：《甘肃省博物馆藏敦煌藏文文献补录》，《敦煌研究》2006年第3期。

⑦ 曾雪梅：《甘肃省图书馆藏敦煌藏文文献叙录》，《敦煌研究》2003年第5期。另可参阅曾雪梅、张延清《甘肃省图书馆藏敦煌梵夹装藏文写经考录》（上），《中国藏学》2008年第3期；《甘肃省图书馆藏敦煌梵夹装藏文写经考录》（下），《中国藏学》2008年第4期。

⑧ 傅百诚、杨俊：《敦煌市博物馆藏古藏文〈大乘无量寿经〉目录》（一），《敦煌学辑刊》2004年第2期；《敦煌市博物馆藏古藏文〈大乘无量寿经〉目录》（二），《敦煌学辑刊》2005年第3期。

⑨ 李淑萍、黄维忠：《敦煌市档案局所藏藏文写经定名》，《敦煌学辑刊》2002年第2期。

⑩ 张延清、梁旭澍等：《敦煌研究院藏敦煌古藏文写经叙录》，《敦煌研究》2006年第3期。

⑪ 张耀忠：《酒泉博物馆古藏文〈大乘无量寿经〉叙录》，《敦煌研究》2006年第3期。

⑫ 勘措吉、黎大祥：《武威市博物馆藏敦煌藏文写本》，《敦煌研究》2006年第3期。

⑬ 张延清、李晓红：《麦积山石窟艺术研究所藏古藏文经卷考录》，《敦煌研究》2009年第5期。

⑭ 孙宏武、寇克红：《张掖甘州区、高台县两博物馆藏敦煌藏文〈大乘无量寿经〉简介》，《敦煌研究》2006年第3期。

⑮ 邰惠莉、范军澍：《兰山范氏藏敦煌写经目录》，《敦煌研究》2006年第3期。

族大学图书馆①敦煌藏文文献进行整理和编目。马德对甘肃各地收藏的敦煌藏文文献进行了系统调查②，由其主编的汉藏双语《甘肃藏敦煌藏文文献叙录》③介绍了甘肃省内10家单位和一家私人所藏6672件敦煌藏文文献的基本情况：其中敦煌市博物馆6054件，甘肃省图书馆351号，敦煌研究院162号，甘肃省博物馆36件，酒泉博物馆19件，敦煌市档案馆12件，张掖博物馆2件，高台县博物馆2件，武威市博物馆2件，麦积山石窟艺术研究所1件，西北师范大学博物馆5件，西北民族大学图书馆3件，甘肃省中医学院图书馆1件、兰山范氏私人藏20件。这批藏文文献主要源自私人捐赠和单位征集。从内容看，绝大多数是卷轴式的《大乘无量寿经》和梵夹式的《般若经》，另外还有少量文书。

马德《敦煌遗书的再度流失与陆续面世》④推测：自1920年以后，留在敦煌的敦煌藏文写经，至少有3000卷的卷轴本和2000多张梵夹页流失，虽然在近百年来陆续面世，但目前所见卷轴本不过400卷，而梵夹页基本上只有十数页，继续搜集这批敦煌写卷的任务还十分艰巨。

（五）浙江省散藏敦煌文献

方广锠对浙江博物馆和图书馆所藏敦煌遗书做了系统的考察和著录。⑤《浙藏敦煌文献》⑥收录了浙江省境内公家单位所藏东晋至宋初的敦煌写本201件，这批文献包括浙江博物馆藏176件、浙江图书馆藏20件、杭州市

---

① 张延清、李毛吉：《西北民族大学图书馆藏敦煌藏文文献叙录》，《西藏民族学院学报》2012年第2期。
② 马德：《甘肃藏敦煌藏文文献概述》，《敦煌研究》2006年第3期；马德：《敦煌吐蕃文献新论》，刘进宝、高田时雄主编：《转型期的敦煌学》，上海古籍出版社2007年版，第555—563页。
③ 敦煌研究院文献研究所主编：《甘肃藏敦煌藏文文献叙录》，甘肃民族出版社2011年版。
④ 马德：《敦煌遗书的再度流失与陆续面世》，《敦煌学辑刊》2015年第3期。
⑤ 方广锠、查永玲：《浙江博物馆所藏敦煌遗书目录》，第60—76页；方广锠、徐永明：《浙江图书馆所藏敦煌遗书目录》，第124—133页。
⑥ 《浙藏敦煌文献》，浙江教育出版社2000年版。该书分为图版和叙录两个部分。柴剑虹总结认为《浙藏敦煌文献》具有三个显著特点：门类丰富、保存完好、多名人题跋，参阅《献给敦煌学百年的厚礼——〈浙藏敦煌文献〉出版感言》，《光明日报》2000年8月10日第C02版，又载于氏著《敦煌学与敦煌文化》，第260—263页。关于《浙藏敦煌文献》的价值评价，可参阅应武燕《〈浙藏敦煌文献〉的价值》，《敦煌研究》2001年第4期。

文物保护管理所藏4件和灵隐寺藏1件。① 写卷内容门类丰富，除佛教经卷外，可以确定的还有道经、经济文书、斋文、诗词、小说、书仪、画像等。藏品大部分为汉文写本，也有6件藏文和少量回鹘文写本，另有零星裱装及包裹写卷的唐代实物。黄征《浙藏敦煌文献校录整理》② 在《浙藏敦煌文献》的基础上加录3件，包括浙江博物馆藏仕女像壁画残块和2件温州博物馆藏敦煌文献，将浙藏敦煌文献的数量扩展至204件。

（六）港台地区散藏敦煌文献

香港地区的香港中文大学文物馆、香港大学美术博物馆、近墨堂书法研究基金会都收藏有敦煌遗书，再加上若干私人收藏，香港地区保存的敦煌遗书有250多件。最近，广西师范大学出版社正在组织出版由方广锠主编的《香港藏敦煌遗书》，将全部公布上述敦煌遗书的图版。

台湾地区的敦煌文献主要贮于"中央图书馆"和"中研院"傅斯年图书馆。潘重规考察了"中央图书馆"藏144号156件敦煌遗书的具体情况，指出这批藏品主要源自张继、许承尧、袁克文等旧藏，主要为抗日战争时期及战后购自北平、上海等地。写本的时代在六朝至五代间。全部藏品除3件道经外，其余均为佛教经典，其中包括4卷藏文佛经。③ 其后，郑阿财详细著录了傅斯年图书馆所藏的50余件敦煌文献，包括起讫、题记和说明文字等。④ 2013年底，方广锠主编的《"中央研究院"历史语言

---

① 杭州灵隐寺所藏敦煌文献主要源自陈阆旧藏，参阅姚培峰《绍兴人与敦煌学》，《敦煌学辑刊》2003年第1期。

② 黄征、张崇依：《浙藏敦煌文献校录整理》（上、下），上海古籍出版社2012年版。另可参阅张崇依《浙藏敦煌文献解题目录》，硕士学位论文，南京师范大学，2012年。该论文以《浙藏敦煌文献》所附《叙录》为基础，进行订正与补充。

③ 潘重规：《"国立中央图书馆"所藏敦煌卷子题记》，《新亚学报》1968年第8卷第2期；后收入《敦煌学》第2辑，1975年，第1—55页。另可参阅同作者《"国立中央图书馆"敦煌卷子》（共六册），台北：石门图书公司1976年版，该书将写本全部影印刊出。关于该馆所藏四件藏文写卷的著录和研究，可参阅吴其昱《台北"中央图书馆"藏敦煌蕃文写本佛经四卷考》，原载《吐蕃研究——拉露教授纪念论文集》，1971年，第567—571页；汉文译文收入《敦煌学》第2辑，第56—73页。台湾已有学术团体对这批藏品进行了数据化的处理，可参考 http://rarebook.cbeta.org/rare_sutra.php。

④ 郑阿财：《台北"中研院"傅斯年图书馆藏敦煌卷子题记》，载《吴其昱先生八秩华诞敦煌学特刊》，台北：文津出版社2000年版，第355—402页。此后，日本学者斋藤智宽撰文介绍了傅图特藏之概貌，对部分文献的定名提出探讨，考证了某些写卷的收藏者，并做夏鼐、向达、徐鸿宝诸先生购入遗书的经过有所研究，参阅《"中央研究院"历史语言研究所傅斯年图书馆藏"敦煌文献"汉文部分叙录补》，《敦煌写本研究年报》创刊号，京都大学人文科学研究所2007年版，第27—52页。

研究所傅斯年图书馆藏敦煌遗书》[1] 公开出版，该书以高清晰的彩色图版刊布了该馆的全部敦煌遗书。编者将单独存在的素纸、尾轴、护首、经帙等物加之敦煌写卷，共编为87号，包括汉文文献59号、藏文文献15号、回鹘文文献7号、西夏文文献2号、木捺佛像2号、素纸1张、经帙1号。

（七）其他国内散藏敦煌文献

南京图书馆现藏32号敦煌遗书，均为1950年南京图书馆成立之后入藏的：1951年，一位刘姓读者廉价让与该馆十卷敦煌写经；数卷来自苏南区文物管理委员会（1950—1953）；1954年南图改为省馆后，曾购入敦煌写卷。[2] 南京博物院所藏敦煌写本约有几十件，多为佛典，但也有《老子道德经》《春秋后语》以及回鹘文写本，主要有三种来源：一是前中央博物院筹备处所留存；二是50年代华东文化部、苏南区文管会、苏州市文管会等单位拨交；三是历年征集和收购所得。[3] 辽宁省博物馆收藏敦煌写本百余件，主要为历年征集收购所得，其中包括吴士鉴旧藏，内容多为汉文佛典，间有回鹘文写本。[4] 《敦煌遗书总目索引》散录二《旅顺博物馆所存敦煌之佛教经典》[5] 著录旅顺博物馆所藏123件敦煌写经，但大部分已由文化部调归国图，目前该馆仅留9件写经[6]，以及1件再发现的《坛经》[7]。山东省藏敦煌遗书的情况为省博物馆收藏65件[8]，省图书馆收藏2

---

[1] 方广锠主编：《"中央研究院"历史语言研究所傅斯年图书馆藏敦煌遗书》，"中央研究院"历史语言研究所2013年版。
[2] 徐忆农：《南京图书馆藏敦煌卷子考》，《敦煌学辑刊》1998年第1期；方广锠、徐忆农：《南京图书馆所藏敦煌遗书目录》，第134—143页。
[3] 《敦煌学大辞典》之"公私藏品·南京博物院"条，第787页（荣新江撰）。
[4] 《敦煌学大辞典》之"公私藏品·辽宁省博物馆"条，第787页（荣新江撰）。
[5] 王重民：《敦煌遗书总目索引》散录二《旅顺博物馆所存敦煌之佛教经典》，第315—317页。
[6] 日本大谷探险队成员橘瑞超和吉川小一郎所获敦煌汉文写本700余件，曾保存于此馆。1954年，文化部将620件移交北京图书馆收藏，仅留下9件供陈列展览之用。但经相关人员调查，所留文献中有几件残损严重，并不适合展览。参阅王珍仁、孙慧珍《旅顺博物馆藏敦煌写经目录及订正》，敦煌研究院编：《段文杰敦煌研究五十年纪念文集》，世界图书出版公司1996年版，第323—327页。
[7] 参阅郭富纯、王振芬整理《旅顺博物馆藏敦煌本六祖坛经》，上海古籍出版社2011年版。
[8] 于芹：《山东博物馆藏敦煌遗书叙录》，《敦煌研究》2012年第5期。

件①，以及近年在文物普查中发现的青岛市博物馆所藏23件敦煌写经②。青岛市所藏敦煌写经为首次披露。此外，湖北省博物馆③、重庆市博物馆④、重庆市的宝林博物馆⑤、安徽省博物馆⑥、湖南省图书馆⑦、四川省博物院、山西博物馆、贵州博物馆、重庆中国三峡博物馆、四川大学博物馆等单位也都收藏有数量不等的敦煌汉文或藏文敦煌遗书⑧。同时，一些佛教寺院也是收藏敦煌文献的重要单位。⑨

就私家收藏的敦煌文献而言，到目前为止，已有石谷风、启功、务本

---

① 杜云虹：《山东省图书馆藏敦煌写经》，《敦煌研究》2012年第5期。
② 孙刚：《敦煌遗书经卷》，《中国文物报》2015年1月20日第001版。文章介绍道："此23件敦煌遗书中，7件为卷轴装，16件为残片，大都抄写于公元6世纪至9世纪，内容多为佛经，经卷的长度在4—8米之间，宽度在25—27厘米之间，字数为3500—8200字。"其中三件最具代表性：大般涅槃经卷第二、光赞经卷一五、维摩诘所说经义记，此三件经卷均有"歙许苊父游陇所得"，可知均为许承尧旧藏。亦有许承尧转让友人的题记，为流传有序的珍贵文物。具体可参阅青岛市博物馆编：《青岛市博物馆藏敦煌遗书》，北京大学出版社2018年版。
③ 王倚平、唐刚卯：《湖北省博物馆藏敦煌经卷概述（附目录）》，《敦煌吐鲁番研究》第5卷，第269—276页。
④ 该馆敦煌写经主要来源于中华人民共和国成立初西南文教部拨交、收藏家捐赠及收购（其中有杨增新、李居义等旧藏，参阅杨铭《重庆市博物馆所藏敦煌写经目录》，《四川文物》1996年第6期；《重庆市博物馆藏敦煌吐鲁番写经目录》，《敦煌研究》1996年第1期；《重庆市博物馆藏敦煌吐鲁番写经题录》，《敦煌吐鲁番研究》第6卷，北京大学出版社2002年版，第353—358页。
⑤ 重庆宝林博物馆藏有三件敦煌汉文写经，十件吐蕃文《大乘无量寿宗要经》，参阅陈宝林《重庆宝林博物馆藏敦煌写经》，《敦煌研究》2012年第5期。
⑥ 余欣指出安徽省博物馆所藏6件敦煌文献系许承尧旧藏，参阅《博望鸣沙——中古写本研究与现代中国学术史之会通》，第114—118页。对于该馆所藏部分文书的研究，可参阅李正宇《安徽省博物馆藏敦煌遗书〈二娘子家书〉》，《敦煌研究》2001年第3期。
⑦ 该馆所藏敦煌写经为湖南省图书馆原历史文献部主任刘志盛于1963—1965年间用馆藏古籍副本与北京书店、上海古籍书店换得。参阅刘雪平《湖南省图书馆藏敦煌写经叙录》，《敦煌研究》2012年第5期。
⑧ 有关山东、湖南、重庆宝林等文博部门所藏敦煌文献的情况，亦可参阅马德《国内散藏敦煌遗书的调查随笔》，《敦煌研究》2012年第5期；四川大学博物馆的藏品情况可参看新巴·达娃扎西《四川大学博物馆藏敦煌藏文写经叙录》，《敦煌研究》2019年第4期。
⑨ 南京金陵刻经处、苏州戒幢律寺、五台山圆通寺等一些寺院均收藏有一定数量的敦煌文献。相关内容可参阅方广锠《中国散藏敦煌遗书目录》（一），第77—82页。

堂、成贤斋四家藏品的图版已经出版①,此外尚有诸多零散私人藏家的藏品尚待刊布。

国内散藏的敦煌绢纸画,现知敦煌研究院珍藏有三幅从民间收集的出自藏经洞的绢画,其中两幅是弥勒坐像幡画稿,第三幅为菩萨立像幡画稿。根据绢幡所绘弥勒佛、菩萨的造型与风格,这三幅绢画均属五代作品。上海博物馆收藏有唐代绢画"涅槃图"、唐代纸画"释迦说法图"、宋代纸画"版画观自在菩萨像"各一件。① 甘肃省博物馆收藏有宋代绢画"水月观音图"②。四川省博物馆收藏有纸画"观音与毗沙门天王像"等。③ 故宫博物院还藏有8件敦煌绢纸绘画(白衣观音像、如意轮观音像等),主要源于50年代文化部的调拨和收藏者的捐献。④

在保存和修复方面,方广锠指出民间散藏的不少敦煌遗书都采用传统的装裱方法,实际属于"保护性破坏"⑤。国家图书馆编《文明的守望——古籍保护的历史与探索》介绍了南京图书馆藏敦煌遗书的修复成

---

① 其一,石谷风《晋魏隋唐残墨》,安徽美术出版社1992年版。石谷风所藏敦煌文献是在20世纪三四十年代用重金从贾人方懿枚处购得,据藏者自述,这批残片大抵为李盛铎原藏(参阅方广锠《〈晋魏隋唐残墨〉级目》,《敦煌吐鲁番研究》第6卷,第297页)。《晋魏隋唐残墨》所收图片是从100多件中选取的80品精良写卷,计有两晋13件,南北朝21件,隋朝7件,唐朝39件。有关石谷风收藏品的考证研究,另可参阅李刈《石谷风敦煌遗书残卷内容小考》,《敦煌研究》2001年第4期;《石谷风藏敦煌写经部分残卷之定名》,《敦煌研究》2002年第2期。其二,启功《敦煌写经残片》,北京师范大学出版社2006年版。启功收藏一六五块敦煌写经残片,来源亦为方懿枚旧藏。其三,方广锠主编《务本堂藏敦煌遗书》,广西师范大学出版社2013年版。该书收入敦煌遗书三十二号,均为佛教典籍,时代跨越六百余年,从东晋南北朝至归义军时期写本均有所见。其四,方广锠主编《成贤斋藏敦煌遗书》(壹),中国书店2012年版。《成贤斋藏敦煌遗书》共计二十余件,其中包含多件历代大藏经未收,甚至其他收藏单位亦未见的遗书,亦即所谓"海内孤本",如敦煌菩萨竺法护所译《比丘尼戒本》,以及《六度礼忏文》等。除上述外,方广锠指出国内私人收藏敦煌遗书达十多件、二十多件者,收藏残片达数十件、百余件者,尚有多人,参阅方氏所作《成贤斋藏敦煌遗书序》。
① 王进玉:《国宝寻踪——敦煌藏经洞绢画的流失、收藏与研究》,《文物世界》2000年第5期。
② 另外,甘肃省博物馆收藏一轴有纪年的北宋佛教画"报父母恩重经变",可参阅秦明智《北宋"报父母恩重经变"画》,《文物》1982年第12期。
③ 董华锋、林玉:《四川博物院藏两件敦煌绢画》,《文物》2014年第1期。
④ 孟嗣徽:《故宫收藏的敦煌吐鲁番遗画》,国家图书馆善本特藏部敦煌吐鲁番学资料中心编:《敦煌学国际研讨会论文集》,北京图书馆出版社2005年版,第277—283页。
⑤ 方广锠:《关于敦煌遗书的保管与修复》,国家图书馆编:《文明的守望——古籍保护的历史与探索》(卷首语),第11—18页。

果，可以作为国内收藏机构的修复典范："修复前，记录卷子的破损情况，拍照；然后逐一对卷面的污迹、水痕、糟朽进行清除处理，对严重的磨损、折痕进行整形，并采用传统的拼接修补法，对磨损处进行修补连结。卷子上下残损的边缘用连口修补法，粘贴连环补。首尾残缺者，用纸连接保护加固。卷子修补时只用了少量的纸，修复后得到完整的加固保护。收卷展阅自如、柔软，又不失敦煌卷子的本来面貌。"①

二　国外散藏敦煌文献

英、法、俄和日本之外，其他各国散藏的敦煌遗书和塑像、壁画、绢画散在多国多地。哥本哈根皇家图书馆收藏有14件敦煌汉文写卷，被编为16个号码，一份是道教写经，其余都是佛教写经，均为丹麦商人索雷森（Arthur Bollerup Sorensen）在1915年11月29日捐赠给图书馆的。② 巴伐利亚州立图书馆所藏的3件敦煌写本，均为唐人写经，其中2件分别出自端方旧藏和张颐旧藏，另1件亦为中国某人所藏。③ 另瑞典远东古代博物馆亦藏有1件敦煌文献。④

美国普林斯顿大学葛斯德图书馆收藏了83件敦煌文献，包含汉文佛典、古籍、世俗文书，回鹘、西夏、粟特文残卷以及绢纸绘画残片⑤，其中有些是出自罗振玉旧藏⑥，有的是葛斯德20世纪20年代购自北京。⑦ 哈

---

①　国家图书馆编：《文明的守望——古籍保护的历史与探索》，第193页。另外周苏阳对南京图书馆所藏敦煌遗书的修复实例有详细介绍，参阅《浅谈对敦煌遗书修复的认识》，林世田、蒙安泰主编：《融摄与创新——国际敦煌项目第六次会议论文集》，北京图书馆出版社2007年版。

②　荣新江：《海外敦煌吐鲁番文献知见录》，第139—142页。另可参阅[丹麦]彼得森撰，荣新江译《哥本哈根皇家图书馆藏敦煌写本》，《敦煌学辑刊》1987年第1期；台建群《哥本哈根皇家图书馆所藏敦煌遗书目录》，《敦煌研究》1993年第1期。

③　张国刚、荣新江：《德国巴伐利亚州立图书馆藏敦煌卷子小记》，河北师范学院历史系编：《祝贺胡如雷教授七十寿辰——中国古史论丛》，河北教育出版社1995年版，第252—257页。另可参阅荣新江《海外敦煌吐鲁番文献知见录》，第106—109页。

④　郝春文主编：《敦煌学概论》，高等教育出版社2010年版，第217页。

⑤　[美]J. O. 布里特著，杨富学、李吉和译：《普林斯顿收藏的敦煌写本残卷》，《敦煌学辑刊》1994年第1期。

⑥　可参阅陈怀宇《普林斯顿所见罗氏藏敦煌吐鲁番文书》，《敦煌学》第25辑，2004年，第419—442页。

⑦　荣新江：《海外敦煌吐鲁番文献知见录》，第226页。

佛大学福格艺术博物馆收藏有10方唐代敦煌莫高窟壁画（分别出自329窟、323窟、320窟、335窟、331窟、321窟）；两尊敦煌彩塑，一为初唐时期，一为北魏时期；2件敦煌写经，一为隋代写本，一为唐代写本，系华尔纳于20世纪20年代在敦煌购得；1幅宋代十二面六臂观音像，系温斯罗普（Grenville L. Winthrop）捐赠。①该馆还藏有一件天福十年绘弥勒像并侍从绢画。②施萍婷为美国知名收藏家安思远的个人藏品编制了目录，并对全部所藏61件写经中未定名的部分给予定名和补正，指出全部写经有18件朝鲜写经，43件中国写经，其中5件传自吐鲁番，多件传自敦煌。其时代为北凉4件，北魏4件，北齐3件，隋1件，唐22件，五代7件，宋1件。③余欣于2007年考察了哥伦比亚大学东亚图书馆收藏的4件敦煌写经，分别是《大般若波罗蜜多经》《金光明最胜王经》和2件《妙法莲华经》，推测可能是C. B. Fahs教授在日本使馆任职期间搜集并捐赠给哥伦比亚大学的。④王冀青介绍了纽约大都会艺术博物馆收藏的3件敦煌写经及1件开运四年归义军节度使曹元忠造观世音菩萨像⑤，这几件原为伯希和敦煌收集品，被伯希和当作礼品送给摩尔根（Pierpont Morgan），后者于1924年捐献给大都会博物馆。该馆还藏有一件敦煌版画"文殊师利像"。另外，波士顿美术馆也藏有一件敦煌刻本"文殊师利像"⑥；华盛顿史密森学会弗利尔美术馆亦收藏了两幅敦煌绢画水月观音像和地藏菩萨像，以及

---

① 王冀青、[美]莫洛索斯基：《美国收藏的敦煌与中亚艺术品》，《敦煌学辑刊》1990年第1期。荣新江指出哈佛大学福格艺术博物馆所藏敦煌文物现已转入哈佛大学赛克勒博物馆收藏，参阅《敦煌学大辞典》之"公私藏品·哈佛大学福格艺术博物馆"条，第790页。另可参阅[日]秋山光和著，刘永增译《敦煌壁画研究新资料——罗寄梅氏拍摄的照片及福格、赫尔米达什两美术馆所藏壁画残片探讨》，《敦煌研究》1982年第1期；王惠民《哈佛大学藏敦煌文物叙录》，《敦煌研究》2013年第2期。

② 马德：《散藏美国的五件敦煌绢画》，《敦煌研究》1999年第2期。

③ 施萍婷：《61件美国安思远先生所藏的敦煌写本残卷》，《敦煌学辑刊》2004年第1期。

④ 余欣：《哥伦比亚大学东亚图书馆所藏敦煌文献小考》，"西陲发现中国中世写本研究班"2007年12月17日发文，改订本载[日]高田时雄主编《敦煌写本研究年报》第2号，京都大学人文科学研究所2008年版，第177—184页；另可参阅同作者《博望鸣沙——中古写本研究与现代中国学术史之会通》之第四章"发现'Fahs特藏'：哥伦比亚大学东亚图书馆藏敦煌写经小考"，第154—160页。

⑤ 王冀青、[美]莫洛索斯基：《美国收藏的敦煌与中亚艺术品》，第127页。

⑥ 荣新江：《海外敦煌吐鲁番文献知见录》，第227页。

一件《大般涅槃经》①。美国国会图书馆亦收藏有9件敦煌写经，芝加哥大学远东图书馆则收藏有3件，芝加哥自然史博物馆收藏有1件。②

根据以上叙述，我们可以对敦煌遗书的总数做一个概括性的估算。中国收藏的敦煌遗书主要集中在国家图书馆，总数为16578号，其次分散在各地的图书馆、博物馆和私人手中的敦煌遗书总量大约3000号。中国国内藏非汉文遗书数量总数约7000号。③ 英国所藏汉文敦煌遗书总计为14000多号，非汉文遗书总数在3000号左右。法国所藏汉文敦煌遗书总计4000余号，非汉文遗书总数在3000多号。俄国所藏敦煌遗书总计17700余号。日本收藏的敦煌遗书总数大体在2000号以内。除上述大宗收藏外，印度新德里博物馆、西欧、北美等国家图书馆、博物馆，包括一些私人，也收藏了若干敦煌遗书，总数不过数百号。综上，如果不计敦煌出土的幡画、佛像等各种其他文物，全世界的敦煌遗书总计70000多号（件）。

---

① 余欣：《博望鸣沙——中古写本研究与现代中国学术史之会通》，第112页。
② 王冀青、[美]莫洛索斯基：《美国收藏的敦煌与中亚艺术品》，第127页。
③ 2010年，黄维忠对国内散藏敦煌藏文文献的数量做了最新统计，指出敦煌藏文文献的分布数量：北京297件（包括国图藏291件）、上海10件、天津6件、浙江6件、甘肃6759件、台湾14件，共计7092件。参阅黄维忠《国内藏敦煌藏文文献的整理和研究回顾》，第98—99页。黄氏在2003年曾有过粗略统计，指出国内收藏的敦煌藏文文献大概有10880件，参阅王南南、黄维忠《甘肃省博物馆所藏敦煌藏文文献叙录》（上），第68页。

第 二 章

1909—1949 年的敦煌学研究

中华人民共和国成立前是中国敦煌学的第一个阶段,这一阶段可以分为两个时期:1909—1930 年是第一个时期;1931—1949 年为第二个时期。以下分别对这两个时期的基本情况略作回顾。

第一节 敦煌学的兴起(1909—1930)

1909—1930 年,是敦煌学的兴起时期。敦煌学在这一时期开始形成学术新潮流。这一时期的特点是以公布资料和目录为主,同时也以跋、按语和提要等为主要形式在许多方面进行了开拓性的研究。

1909 年,伯希和到北京为法国国家图书馆购买汉籍,随身携带了一些 1908 年他从敦煌掠走的敦煌文献珍本。直到此时,北京学界才得知莫高窟发现敦煌文献的消息。当时在京的许多著名学者如罗振玉、蒋斧、王仁俊、曹元忠等,都前往伯希和寓所参观或研读、抄录、拍照。这是我国学者接触、研究敦煌文献的开端。

1909 年九月,王仁俊出版了我国第一部敦煌文献资料集《敦煌石室真迹录》[①]。十一月,罗振玉出版了他和蒋斧辑录的《敦煌石室遗书》[②]。以后,

---

[①] 王仁俊:《敦煌石室真迹录》,国粹堂石印本 1909 年版。
[②] 罗振玉:《敦煌石室遗书》(蒋斧《沙州文录》也收载其中),诵芬室排印本 1909 年版;后收入《敦煌丛刊初集》第 6 册,台北:新文丰出版公司 1985 年版。

罗氏又陆续出版了《石室秘宝》①《鸣沙石室佚书》②《鸣沙石室佚书续编》③《鸣沙石室古籍丛残》④《敦煌零拾》⑤《沙州文录补》⑥《敦煌石室碎金》⑦等。上述著作几乎公布了当时所能见到的所有敦煌文献的释文和照片图版。这些著作的资料来源，主要是伯希和1909年带到北京的敦煌文献和伯希和归国后陆续寄给罗振玉等的敦煌文献照片，也有少量购于民间的私人收藏品和入藏于京师图书馆的敦煌文献，还有一些系罗福苌、罗福葆分别从日本狩野直喜处和美国影本转录的英藏敦煌文献释文。这一时期公布的资料内容以经史子集四部书为多，但也有不少有关佛教、道教、摩尼教经典和少量涉及中国古代社会、历史、通俗文学等方面的文书。

这一时期另一部重要资料汇编是1925年出版的《敦煌掇琐》⑧，编者刘复利用在欧洲留学之便，赴巴黎搜集和抄录敦煌文献，辑成该书。与前列诸书相比，《敦煌掇琐》具有显著的特点。首先，材料来源与他书不同，其中的资料均系作者直接从法国国家图书馆所藏的敦煌文献中选录。其次，所收内容比较广泛。此书所收104件敦煌文书多为我国学者前所未见，其内容包括民间文学、语言文字、社会经济、官府文书、科技文献等多方面材料，这就远远超出了四部书的范围。⑨ 这部书不仅扩大了学术领

---

① 罗振玉：《石室秘宝》，存古学会辑，罗氏影印本，1910年；后收入《敦煌丛刊初集》第9册，台北：新文丰出版公司1985年版。
② 罗振玉：《鸣沙石室佚书》，日本（罗氏）宸翰楼影印本，1913年；后收入《敦煌石室佚书正续编》，北京图书馆出版社2004年版。
③ 罗振玉：《鸣沙石室佚书续编》，罗氏印行本，1917年；后收入《鸣沙石室佚书正续编》，北京图书馆出版社2004年版。
④ 罗振玉：《鸣沙石室古籍丛残》，上虞罗氏影印1917年版。
⑤ 罗福葆：《敦煌零拾》，上虞罗氏印行，1924年；后收入《敦煌丛刊初集》第8册，台北：新文丰出版公司1985年版。
⑥ 罗福苌：《沙州文录补》，上虞罗氏编印1924年版。
⑦ 罗振玉：《敦煌石室碎金》，东方学会排印本，1925年；后收入《敦煌丛刊初集》第7册，台北：新文丰出版公司1985年版。
⑧ 刘复：《敦煌掇琐》，中央研究院历史语言研究所刻本，1925年；后收入《敦煌丛刊初集》第15册，台北：新文丰出版公司1985年版。
⑨ 关于这部书的内容，刘复在"前言"中说："以上文件一百零四种，都是从法国国家图书馆所藏敦煌写本中录出，略照性质分类。关于民间文学的归入上集，关于社会情事的归入中集，关于语言文字的归入下集。"

域，还开阔了国内研究者的眼界，为他们开辟新的研究领域提供了原始材料，从而促进了国内学者对敦煌文献的研究。

除了公布资料，为便于学术界尽快了解敦煌文献的内涵，我国学者在编目方面也做了很多卓有成效的工作。1910年，清廷学部将留存在国内的敦煌劫余写卷移交给京师图书馆以后，佛学专家李翊灼（字证刚）在遍阅京师图书馆所藏的8000多件敦煌写经的基础上，从中拣选出160余种藏外佛典，分类编排，编成《敦煌石室经卷中未入藏经论著述目录》①，后附"疑伪外道目录"，为研究京师图书馆收藏的佛教逸典提供了门径。1928年，京师图书馆更名北平图书馆，邀请陈垣主持对所藏敦煌文献进行系统整理，他在以往写经组编制的目录的基础上，于1930年完成了详细记载每卷起讫、纸数、行数、题记和残缺情况的《敦煌劫余录》②。这是最早的一部敦煌文献馆藏目录，为学术界了解、使用北图所藏敦煌文献提供了极大的方便。对于流散国外的敦煌文献，学者们也编制或译介了一些简目。如罗振玉编制了《敦煌石室书目及发见之原始》（1909年）③，又影印了《日本橘氏敦煌将来藏经目录》（1914年）④。罗福苌于1923年年初和年末分别编译了《伦敦博物馆所藏敦煌书目》⑤和《巴黎图书馆藏敦煌书目》⑥。叶恭绰编著了《关东厅旅顺博物馆所存敦煌出土之佛教经典》⑦，历史博物馆则编辑了《海外所存敦煌经籍分类目录》⑧。

---

① 李翊灼：《敦煌石室经卷中未入藏经论著述目录》，初载邓实编辑、上海国粹学报社铅印《古学汇刊》第一集，后收入日本《大正藏》卷五十五目录部、《敦煌遗书总目索引》散录、《敦煌丛刊初集》第5册等。

② 陈垣：《敦煌劫余录》，中央研究院历史语言研究所1931年版。此书编成于1930年，成书便邀陈寅恪代为写序，即《〈敦煌劫余录〉序》，刊于1930年出版的《中央研究院历史语言研究所集刊》第1本第2分上。

③ 罗振玉：《敦煌石室书目及发见之原始》，1909年10月4日诵芬室印刊本；又《燕尘》（第2年第11号，1909年11月1日）、《民吁日报》（1909年11月）、《东方杂志》等均曾转载。

④ 罗振玉：《日本橘氏敦煌将来藏经目录》，《国学丛刊》卷九，1914年。

⑤ 罗福苌：《伦敦博物馆所藏敦煌书目》，《国学季刊》，1923年。

⑥ 罗福苌：《巴黎图书馆藏敦煌书目》，《国学季刊》，1923年。

⑦ 叶恭绰：《关东厅旅顺博物馆所存敦煌出土之佛教经典》，《图书馆学季刊》第1卷第4期，1926年。

⑧ 《海外所存敦煌经籍分类目录》，《国立博物馆丛刊》1926—1927年第1—3期。

在整理、刊布当时所有见到的文献和目录的同时，我国学者如罗振玉、王国维、陈寅恪等人还对不少写本的性质、价值进行了考证与论述。这一时期所公布的文献以及相关的研究主要涉及以下几个方面。

一 唐后期五代宋初西北历史资料的整理和研究

755年，"安史之乱"爆发，唐王朝被迫调动西北各地的精锐部队入援，位于青藏高原的吐蕃王国趁机向唐州县发起进攻，自756—763年迅速占领了陇右地区，以后又从东向西至786年攻占了整个河西地区。840年，位于蒙古高原的漠北回鹘汗国因内乱被黠嘎斯击溃，部众大批西迁，进入河西与天山东部地区。842年，吐蕃王国因内部权力之争而发生内乱，势力大衰，其在陇右、河西和塔里木盆地南部的统治开始动摇。大中二年（848），沙州大族张议潮率众起义，在控制了瓜沙二州后上表降唐，唐廷遂在沙州设归义军节度，任命张议潮为归义军节度使。此后直至11世纪上半叶，张议潮家族和曹议金家族相继控制归义军政权达一百多年。归义军的控制区域，兴盛时包括整个河西及沙州以西的一些地方。9世纪晚期以后则仅有瓜沙二州，其东的酒泉、张掖地区被由西迁回鹘建立的甘州回鹘政权占据，凉州一带则是吐蕃系的温末部的活动地域；其西则有以吐鲁番盆地为中心由西迁回鹘建立的西州回鹘王国和以于阗为中心的于阗王国等少数民族政权。因这一历史时期的历代中原王朝始终未能有效控制上述地区，故当时的官修史籍对吐蕃管辖时期西北地区的情况和归义军政权及其周边少数民族政权的有关情况记载极为简略，且多讹误。幸赖敦煌文献保存了一大批属于这个时期的官私文书和史籍，为学术界探讨吐蕃、归义军史和同期西北民族变迁情况提供了丰富的原始资料。

我国学者在最初接触敦煌文献时，就开始了有关归义军资料的整理和研究。在《敦煌石室真迹录》中，即有《唐宗子陇西李氏再修功德记碑》（P.4640）、《西汉金山国圣文神武白帝敕》（P.4632 + P.4631）、《曹良才画像赞》（P.4638）、《曹仁贵状》（P.4638）等多件与归义军有关的文书。王仁俊还以"按语"的形式介绍了几件同类文书，并依据所见文书对归义军历史进行了初步探索。如《张淮深传》（似应为 P.2913《张淮深墓志铭》）按语，依据敦煌写本否定了《新唐书·吐蕃传》有关张淮深卒于咸通十三年（872）的记载，考定张淮深应卒于大顺元年（890）。《西汉金山国圣文神武白帝敕》按语，指出《旧五代史》等史书中有"沙州梁开平中有节度使张奉自号金山白衣天子"，此敕当即张奉之敕。并推测张奉之尚白是受摩尼教的影响。《曹议金壁画题名》按语，指出曹议金即《旧五代史》所记之沙州曹义金，检出了《旧五代史》和《新五代史》纪传中有关曹议金的材料。并据《新唐书·吐蕃传》的记载指出曹议金是在张奉后以长史身份主持州务，他联合回鹘，通使中原，遂以留后被中原王朝任命为归义军节度使。《曹议金夫人赞》（P.4638）按语正确判定此赞为曹议金夫人赞。不过，十年以后，仍有学者误认为此赞是曹元忠夫人赞。王仁俊对归义军资料的整理和研究虽然解决了一些问题，但由于当时所能见到的敦煌文献太少，所以他的按语在许多地方沿袭了传世史籍的错误。

在《敦煌石室遗书》中，也辑录了不少有关归义军的资料（一些与《敦煌石室真迹录》重复）。其中蒋斧《〈唐宗子陇西李氏再修功德记碑〉跋》注意到了此碑文所蕴含的历史信息，指出据此碑可知在张氏归义军内部曾发生"争夺之事"，但他推定的时间不确，也未能对"争夺之事"作进一步考察。《敦煌石室遗书》中由东吴曹元忠撰写的《沙州石室文字记》，是第一篇利用敦煌文献结合史书有关记载研究归义军史的论文。此文指出《新唐书·吐蕃传》所记张淮深后即由曹议金继任不符合历史事实，其间尚有张奉和索勋曾为节度使。该文还正确考定了曹氏归义军历任节度使的卒立次序，即曹议金、曹元德、曹元深、曹元忠、曹延禄、曹宗寿、曹贤顺，并确定了曹宗寿取代曹延禄的时间在咸平五年（1002）。上述次序虽尚缺曹延恭一任，但作者已指出延恭有可能担任过沙州节度。曹文最后指出景祐四年（1037）西夏取瓜、沙、肃等州后，并未能对沙州实施有效统治，故有沙州继续向中原王朝进贡之事。这篇文章为确立曹氏归义军历任节度使的世次奠定了基础，有关西夏未能有效控制沙瓜的观点也极富启发性。罗振玉为《鸣沙石室佚书》所收《张延绶别传》释文撰写的目录提要则进一步指出继淮深者为淮□，淮□以后，尚有嗣者，虽沙州中间偶有篡夺，然不久即灭。张氏主河西，直至唐终。从而彻底推翻了《新唐书·吐蕃传》关于曹议金在咸通年间即以长史身份主持归义军的错误记载。

1913—1914年，罗振玉依据史籍记载和当时所能见到的敦煌文献中的有关材料，先后撰写了《补唐书张义潮传》和《瓜沙曹氏年表》（两文均见《雪堂丛刻》，1915年）。《补唐书张义潮传》首先指出了《新唐书·吐蕃传》所记吐蕃攻陷沙州过程的疏失，推测沙州陷蕃应在贞元元年（785）。继而考察了张议潮起事、收复河西、遣使入朝等历史事件的过程。并确定了张氏归义军历任节度使的世次。即咸通八年（867）张议潮入朝后，张淮深嗣为节度使；淮深卒，淮□嗣；淮□卒，托孤于议潮婿索勋，勋乃自为节度使，并在景福元年（892）得到朝廷任命；后议潮十四女又于乾宁元年（894）率将士诛勋以议潮孙为节度使，并以其长子李弘愿任沙州刺史兼节度副使，次子和三子则分任瓜州刺史和甘州刺史；后梁开平年间的沙州节度使张奉可能是张议潮末孙。罗氏的成果奠定了张氏归义军政治史的基础。他关于陷蕃年代的考证推进了人们对这一问题的认识，他判断张议潮攻克凉州应在咸通二年（861）的说法也经受住了时间的检验，这篇文章最重要的贡献是关于张氏归义军节度使世次的考证，以后的研究都是在此框架基础上逐步深入和具体化的。罗氏此文的主要不足是未能参考王仁俊有关张淮深卒年的研究成果。《瓜沙曹氏年表》在曹元忠研究的基础上，不仅按时间顺序对有关资料进行了梳理、编排和考订，在一些问题上也取得了进展。如确定了曹议金在贞明年间已执掌归义军大权，曹氏取代张氏的时间当在贞明以前；指出在归义军张氏时统治区域有瓜、沙、甘、肃等十一州，到五代时归义军所领仅有沙、瓜二州；在"年表"的序言中确定接替曹元忠的应是曹延恭，并推测在延恭后可能还有延禄一世；确定了曹宗寿卒于大中祥符七年（1014），子曹贤顺继任。限于当时所见材料，此文仍未解决大部分节度使的卒立时间。

1924年，王国维《〈于阗公主绘地藏菩萨题记〉跋》（载《沙州文录补》）据英藏《开宝八年归义军节度使曹延恭施舍疏》，判定《续资治通鉴长编》有关曹元忠卒于太平兴国五年和卒后由其子曹延禄继任的记载是错误的。亦指出在元忠和延禄之间尚有延恭一世，元忠应卒于开宝以前。但王氏未能确定此于阗公主是曹延禄之妻，误认为是延恭之妻。王国维还在跋中开探索于阗史事之先河，对唐初以来有关于阗的情况作了初步考察，并推测李圣天是回鹘人。

在这一时期公布的材料中，还包括一些归义军时期的牒、状、契约和书信等。如孙毓修《唐写本公牍契约考》（1911年），利用斯坦因收藏品中的10件文书，对唐代边疆的一些问题作了初步讨论，这是首次利用敦煌文献研究唐代社会经济等历史。[①] 吐蕃管辖敦煌时期的资料则公布了《大蕃故敦煌郡莫高窟阴处士公修功德记》（P.4638）、《大蕃纥骨萨康再荣建宅文》（P.4638）、《右军卫十将使孔公浮图铭并序》（P.4638）、《吴僧统碑》（P.4640）等。此外还有反映唐前期敦煌历史情况的《大唐陇西李府君修功德碑记》（P.4640）等。时人虽未能对上述资料进行有价值的研究，却为以后人们探索相关问题提供了原始资料。有的资料曾长期被人们引用、研究。

二　古代典籍的整理和研究

敦煌文献中保存的古代典籍有些是佚籍，有些是有传世本的典籍。佚籍的价值自不待言，有传世本的典籍也因其抄写时间较早而具有重要的校勘价值。所以，我国学者对早期接触到的古代典籍自然十分珍视。

这一时期公布的佚籍有《鸣沙石室佚书》收录的《春秋穀梁传集解》"僖公上第五"（P.2535）、《春秋后国语》（P.2569）、《春秋后秦语》（罗振玉藏）、《春秋后魏语》（P.2589）、《晋记》（P.2586）、《阃外春秋》（P.2501）等。罗振玉所撰目录提要分别据传世文献考出以上史籍的名称，并说明它们对研治各时期历史的价值。《鸣沙石室古籍丛残》则影印了《略出籯金》（P.2537）和包含有历史佚籍片段的《古类书》三种（P.2524、P.2549背、P.2502）。《沙州文录补》公布了《开元天宝残史书》（S.2506），王国维跋云此件系"占家所用历"，而"非史家编年书"。

这一时期公布的写本传世典籍包括：《隶定古尚书》"顾命"（P.4509）的图版和释文，"夏书"四篇（P.2533）和"商书"七篇（P.2516）的释文，蒋斧、罗振玉分别指出《尚书》写本均为未经天宝中卫包改定的隶古定原本。王仁俊和蒋、罗二人还将写本"顾命"与传世本

[①] 孙毓修：《唐写本公牍契约考》，《东方杂志》第8卷第2号，1911年。

进行了校勘。罗振玉《吉石庵丛书》①影印了《尚书释文》"尧典、舜典"（P.3315）。《鸣沙石室古籍丛残》影印了《春秋经传集解》"僖公五年至十五年"（P.2562）、"僖公二十七年至三十三年"（P.2509）、"昭公二十七年至二十八年"（P.2540）、"定公四年至六年"（P.2523）、《春秋穀梁传集解》"庄公、闵公"（P.2536）和《汉书·王莽传》（P.2513）残篇。罗振玉有关跋文分别考订上列第一、第三件为初唐写本，第二、第四件为六朝写本，第五件为唐龙朔年间写本，第六件为唐太宗时写本。罗振玉还将上述写本与传世本进行了对勘，具体指出了写本可订正传世本之处。《敦煌石室碎金》收录了罗振玉校录的《春秋左氏传·昭公残卷》（中村不折藏）和《汉书·匡衡张禹孔光传残卷》。1911年，刘师培据伯希和寄赠照片刊布了《敦煌新出唐写本提要》十九种②，连载在当年的《国粹学报》上，这是最早的敦煌文献提要之作，其中著录了《周易王弼注》卷第三残卷、《周易王弼注》卷第四残卷、《隶古尚书·孔氏传》夏卷残书、《隶古尚书·孔氏传》卷第五商书残卷、《毛诗诂训传·国风》残卷、《毛诗诂训传·鄘风》残卷、《左传杜预集解·昭公》残卷、《左传杜预集解·定公》残卷、《穀梁传·范宁集解》残卷、《春秋穀梁经传集解·僖公上》第五残卷、《庄子郭象注》残卷、《文选李注》卷第二残卷等，他的研究成果引起了国内学界以及日本学者的重视。

三　宗教史文献的整理和研究

佛教史方面，《敦煌石室真迹录》和《敦煌石室遗书》《沙州文录补》公布了《翟家碑》（P.4640）、《沙州释门索法律窟铭》（P.4640）、《释龙辩惠云绍宗等牒》（P.4638）、《沙州乞求遗失经本牒》（S.2140背）、《雍熙二年女弟子程氏戒牒》（S.330）、《尼灵惠唯书》（S.2199）等一些寺院文书和碑铭，但未及对这些文书进行研究，相关的按语和跋每有失误。胡适《神会和尚遗集》③，录校了《神会语录》《普提达摩南宗定是非论》

---

① 罗振玉：《吉石庵丛书》，上虞罗氏影印1916年版。
② 刘师培：《敦煌新出唐写本提要》，《国粹学报》第7卷1—8期，1911年。
③ 胡适：《神会和尚遗集》，上海亚东图书馆1930年版。

《顿悟无生般若颂》等神会的著作,并撰有《荷泽大师神会传》,开整理敦煌禅籍之先河。

道教史方面,唐文播对巴黎所藏敦煌写卷《老子道德经序》(P. 2704、S. 75)、《太极隐诀》(P. 2329、P. 2462)、《老子德经下》(P. 2417、P. 2420、P. 2594等)进行了校录。同时,他依据敦煌写本《系师定河上真人章句》(P. 2417、P. 2599、S. 6453等),考证了《系师定河上真人章句》的成书年代,以及与《老子·河上公章句》的关系等问题。① 《敦煌石室遗书》刊布了《老子化胡经》卷一(P. 2007)、卷十(P. 2004)的释文,《鸣沙石室佚书续编》影印了这两件文书的图版。王仁俊按语(载《敦煌石室真迹录》)认为写本《化胡经》是唐初僧人伪造,并云《化胡经》一造于晋、二造于唐、三造于宋、四造于元。蒋斧《老子化胡经考》(载《敦煌石室遗书》),搜集了许多传世史籍中有关老子化胡的记载和《化胡经》佚文,但有的佚文是《化胡经》类文献佚文。罗振玉《老子化胡经补考》(载《敦煌石室遗书》)指出元代所传《老子化胡经》已与唐代所传之本不同,并已认识到有关《化胡经》的文献有《化胡经》和"化胡经类"文献的区别。罗振玉还对《化胡经》写卷的文字进行了校订。《沙州文录补》刊布了《老子化胡经序》(S. 1857),王国维跋指出此序应为魏明帝撰。傅增湘据己藏唐人写本《鹖冠子》与今本比对,推断该件乃隋以前人所作。②

摩尼教和景教方面,蒋斧在《敦煌石室遗书》最先刊布了《摩尼经残卷》(P. 3884),同书收入的蒋氏《摩尼教流行中国考略》,根据宋代宋敏求《长安志》等记载推论摩尼教于周隋之际传入中国。③ 而罗振玉在为蒋文所作跋中,结合敦煌残卷《老子化胡经》等材料,推论摩尼教传入中国时间在晋代。④ 但蒋、罗二氏关于摩尼教传入中国的论断都属于推测。王

---

① 唐文播:《敦煌老子写卷"系师定河上真人章句"考》,《中国文化研究汇刊》第6卷,1930年。
② 傅增湘:《跋唐人写〈鹖冠子〉上卷卷子》,《国立北平图书馆月刊》第三卷第六号,1929年,第719页。
③ 蒋斧:《摩尼教流行中国考略》,载《敦煌石室遗书》,1913年,第2—6页。
④ 蒋斧:《摩尼教流行中国考略》,载《敦煌石室遗书》,1913年,第1—3页。

国维《摩尼教流行中国考》搜集传统史籍中关于摩尼教之记载，而参以新发现之资料对摩尼教进行了深入考察。①陈垣《火祆教入中国考》利用敦煌本《沙州图经》等材料对祆教进行了研究，是第一篇系统研究祆教的论文。②同年，同作者之《摩尼教入中国考》在全面收集、深入分析有关资料的基础上，结合京师图书馆所藏敦煌《摩尼教经》（宇字56号，现编号为BD00256），推断摩尼教传入中国是在唐武后延载元年（694），并考察了其流行与遭禁的有关情况。③《国学季刊》在发表此文的同时，还刊出了陈垣校录的宇字56号（BD00256）和P.3884号《摩尼教残经》释文。许地山《摩尼之二宗三际论》对摩尼教的义理进行了探讨。④

四　唐代法律文献的整理和研究

敦煌文献中保存的唐代法律文献为数不多，我国学者在此阶段接触到的仅有几件。最早从事这方面工作的是王仁俊。1911年，他在《敦煌石室真迹录·己集》刊布了《唐写本开元律·名例疏》（河字17号背，现编号为BD06417背），释文后附有他撰写的《唐开元律案证》。"案证"结合传世《唐律疏议》考订写本为唐开元律疏《名例》的一部分，认为此写本与传世本对勘，可互相校补。同时指出传世本并非开元二十五年律疏，因而写本对于了解唐律的研究及开元律疏的修撰过程都有重要意义。《鸣沙石室佚书》刊布了唐代《水部式》（P.2507）残卷释文，罗振玉目录提要据《白氏六帖》考出其名。指出该卷可补《唐六典》《新唐书·百官志》缺失者十处，并据该卷结合传世文献考察了唐代的海运情况。《敦煌石室碎金》亦刊布了罗振玉校录的北图河字17号背（现编号为BD6417背）"律疏"和《唐律疏议·杂律下残卷》（李盛铎旧藏，后收入《敦煌秘笈》，编号为羽20），罗氏跋文考订了写本与传世本的不同。同书还刊布了《永徽东宫诸府职员令》（S.1880），王国维于1919年跋云此卷系由日本狩野

---

① 王国维：《摩尼教流行中国考》，《亚洲学术杂志》第11期第2号，1921年。
② 陈垣：《火祆教入中国考》，《国学季刊》第1卷第1号，1923年。其后校订本收入《陈垣学术论文集》，中华书局1980年版。
③ 陈垣：《摩尼教入中国考》，《国学季刊》第1卷第2号，1923年。
④ 许地山：《摩尼之二宗三际论》，《燕京学报》1928年第3期。

直喜博士所录，王氏经过考证，认为其为唐武德职官令。此名虽不够准确，但作者仅依据该卷的一小部分即判明了其性质，为后来者进一步考订其准确名称奠定了基础。

五　地志类文献的整理和研究

这一时期我国学者接触到的地志类文献也为数不多。《敦煌石室遗书》公布了《沙州图经》（P.2005）、《敦煌录》（S.5448）和《西州图经》（P.2009）等地区性地志的释文。罗振玉有关跋文和校录札记（均载《敦煌石室遗书》）考订《沙州图经》作于开元天宝年间，《西州图经》作于唐乾元以后至贞元以前。并据写本订正了《元和郡县图志》和两唐书《地理志》等史籍的缺失。[①]《鸣沙石室佚书》刊布了《诸道山河地名要略》（P.2511）和《贞元十道录》（P.2522）等全国性地志。此前，刘师培已于1911年在《敦煌新出唐写本提要》（《国粹学报》辛亥第四号）据《新唐书·艺文志》和《太平寰宇记》考出了《贞元十道录》的名称和作者，并指出了该卷与传世史志的异同。罗振玉所撰目录提要则考出了《诸道山河地名要略》的名称和作者，并举例说明两个残卷可补正《元和郡县图志》《通典》和两唐书《地理志》等书的缺失。《敦煌石室遗书》还刊布了《慧超往五天竺国传残卷》（P.3532）的释文，此书虽为僧人游记，但因保存不少有关历史地理的资料，故有的学者也将其列入地志类。罗振玉跋据慧琳《一切经音义》考订出此卷书名，并据其内容推断该书成于玄宗朝。罗振玉还撰写了《慧超往五天竺国传校录札记》（《敦煌石室遗书》），指出写本的别字异文和讹误。

六　社会经济文献的整理和研究

因受材料的限制和当时学术取向的影响，这方面的工作起步较晚，以公布材料为主。直到1924年，《沙州文录补》才刊布了罗振玉收藏的《先天二年沙州敦煌县平康乡籍》（P.2822）、《天宝六载龙勒乡籍》（P.2592、S.3907等）、《大顺二年沙州范保德等户状》和《沙州敦煌县悬泉乡宜禾

[①] 可参阅罗振玉《西州图经跋》，《雪堂校刊群书叙录》（卷下），1909年。

里大历四年手实》（S.514背）、《雍熙二年邓永兴户状》（S.4125）、《至道元年沙州何石住等户状》（S.4172）等数件户籍类文书。但当时学者尚不能分辨户籍、手实、户状等的区别，将这类文献均名为户籍。王国维有关的跋文依据传世文献和户籍类文书探索了唐代户籍制度，并以户籍所载应受田数、已受田数与唐代文献中有关均田的规定进行比较研究，开启了运用户籍文书研究唐代均田制的先河。[①]《敦煌掇琐》亦辑录了《宅舍图》《户状》《户籍》《差科簿》各一件以及反映经济关系的各类契券、凭据、案卷、牒状等二十余件。

七 语言文学资料的整理和研究

这一阶段学者们接触的语言文字资料主要是韵书。1921年，王国维从罗振玉处获得伯希和寄来的三件《切韵》照片，刊布了其释文[②]，但伯希和所寄实为斯坦因所劫掠的写卷，而王国维等误以为法藏。现知这三种卷子编号为S.2055、S.2071、S.2683。稍后王氏又撰写了《唐写本〈唐韵〉校记二卷佚文一卷》《书巴黎国民图书馆所藏唐写本〈切韵〉后》等文[③]，考证陆法言原名为词，推测三种残卷中一种为陆法言原书，一种为唐中叶长孙讷言笺注本，第三种为长孙讷言笺注本之节本；并确认1908年蒋斧所刊《唐韵》乃孙愐改订本，而非陆法言原本。王国维的一些观点在之后虽被丁山、董作宾等人有所订正，但他的研究却是开敦煌本《切韵》研究之先河。此后，刘复于巴黎抄得王仁昫《刊谬补缺切韵》（P.2011、P.2638）、《守温撰论字音之书》（P.2011）和《唐韵序》（P.2129），收入《敦煌掇琐》。敦煌本《切韵》类文献公布后，引起学界的关注。丁山《唐写本〈切韵〉残卷跋》在肯定王国维研究成果的基础上，提出王国维推测的陆法言《切韵》原本可能并不是原本，虽然内容颇近；王氏所说的

[①] 王国维：《唐写本敦煌县户籍跋》，氏著《观堂集林》，中华书局1959年版，第1027—1032页。

[②] 王国维：《唐写本切韵残卷》，中华书局1921年版。

[③] 王国维：《书巴黎国民图书馆所藏唐写本〈切韵〉后》，氏著《观堂集林》，中华书局1959年版，第351—358页。另可参阅同作者《书内府所藏王仁昫〈切韵〉后》，《观堂集林》，第358—360页；《陆法言〈切韵〉断片跋》，《观堂别集》，中华书局1959年版，第1131—1135页。

长孙本,也不一定是原本,而是综合长孙、王仁昫或裴务齐等本所形成的本子;王氏所考订的长孙本之节本,可能是增订长孙本所成。① 董作宾《跋唐写本〈切韵〉残卷》,对王氏考订的长孙本之节本进行了反驳,并认为该残卷可能是郭知玄朱笺本。②

文学方面,1909年,罗振玉在《敦煌石室书目及发见之原始》一文中列出了《秦人吟》这一条目。③ 三年后,王国维从日本学者狩野直喜处看到《秦妇吟》的部分诗句,并依据《北梦琐言》的相关记载,判定这些诗句出自久已失传的韦庄《秦妇吟》。考定罗振玉所谓"秦人吟"实为"秦妇吟"。1920年,王国维于《敦煌发现唐朝之通俗文及通俗小说》中首次发表了《秦妇吟》的残卷释文(S.5476),从此揭开了《秦妇吟》研究的序幕。④ 其后,在得到伯希和所寄的《秦妇吟》全文释文后,王国维发表了《韦庄的〈秦妇吟〉》,对英法两地所藏敦煌写本《秦妇吟》作了对勘。⑤ 罗振玉也对《秦妇吟》做了校定,将其释文全文刊布于《敦煌零拾》,并附有跋。《敦煌零拾》还收录了《云谣集杂曲子》《季布歌》及俚曲、小曲、佛曲等多种。学界对敦煌变文的认识和研究,即开始于此。但当时"变文"一词尚不流行,被冠以佛曲、俗文、唱文等多种称谓。罗振玉收录的"佛曲三种"(《维摩诘经变文》,罗振玉藏本;《降魔变文》,傅图37;《有相夫人变文》,上图16)其实都是变文,由于上述写卷多首尾残缺,罗氏未能确定这几件文书的正确名称。徐嘉瑞先后发表《敦煌发现佛曲俗文时代之推定》和《对于敦煌发现佛曲的疑点》,前文推测敦煌佛曲的出现是在外国音乐和佛教传入共同影响下衍生出来的,其时间在隋以前;后文推测佛曲的体裁是弹词本,和宫调

---

① 丁山:《唐写本〈切韵〉残卷跋》,《北大国学周刊》第2卷第14期,1926年。
② 董作宾:《跋唐写本〈切韵〉残卷》,《中央研究院历史语言研究所集刊》第1本第1分,1928年。
③ 罗振玉:《敦煌石室书目及发见之原始》,《东方杂志》1909年第10期。
④ 王国维:《敦煌发现唐朝之通俗文及通俗小说》,《东方杂志》第17卷第8期,1920年。
⑤ 王国维:《韦庄的〈秦妇吟〉》,《国学季刊》第1卷第4号,1924年;《唐写本韦庄〈秦妇吟〉跋和又跋》,《观堂集林》第27卷,1927年。另可参阅柴剑虹《王国维对敦煌写本的早期研究》,《敦煌研究》2006年第6期。

相类。① 其看法未得到学界认可。郑振铎在《敦煌的俗文学》中首先采用了"变文"的名称，认为"变文"是受印度文化影响的一种前所未有的文体，以边唱边讲的结构来演述一件故事。唱的部分用"韵文"组织，讲的部分则是散文。② 向达《论唐代佛曲》，指出敦煌发现的俗文变文与唐代的佛曲，完全是两种东西。③ 从此，国内学者对于"变文"的研究，在范围、内容与体裁方面都取得了实质性进步。

刘复《敦煌写本中之孟姜女小唱》是写给顾颉刚的一封信，介绍了他在巴黎抄得的一首与孟姜女相关的唱词（P.2809），并提出孟姜女故事在晚唐五代的发展中已经与现代传说相近等看法。④ 容肇祖对唐写本《明妃传》及史载王昭君故事进行了考察，认为其为弹词一类作品。⑤

白话诗人王梵志及其诗歌在这一阶段也得到学界的关注。《敦煌掇琐》首次收录王梵志诗三种。胡适《白话诗人王梵志》，最早讨论了王梵志诗及其作者王梵志的出身及时代。⑥

此外，王国维有关跋文结合传世文献对唐太宗入冥故事进行了探索。⑦ 王氏之后，陈志良《唐太宗入冥故事的演变》，结合历代相关典籍纵向考察了唐太宗入冥故事的演变历史，尤其注重此故事在近代上海地区的传播和演绎。⑧ 王国维《敦煌发现唐朝之通俗诗及通俗小说》还列举了英藏《季布歌》《太公家教》等"通俗文"和"通俗小说"。⑨ 王氏此文虽重在介绍，但首次勾勒了敦煌文学的全貌，在敦煌文学史上影响深远。

---

① 徐嘉瑞：《敦煌发现佛曲俗文时代之推定》，《文学周报》199号，1925年；《对于敦煌发现佛曲的疑点》，《国学月报》第1号，1928年。
② 郑振铎：《敦煌的俗文学》，《小说月报》第20卷第3号，1929年。此外，郑振铎《中国俗文学史》及《插图本中国文学史》均设有专章讨论敦煌写本中的唐代民间文学，如佛曲歌赞、曲子词、白话诗、变文等，对中国文学史、俗文学史产生了重大的影响。
③ 向达：《论唐代佛曲》，《小说月报》第20卷第10号，1929年。
④ 刘复：《敦煌写本中之孟姜女小唱》，《歌谣周刊》1925年第83期。
⑤ 容肇祖：《唐写本〈明妃传〉残卷跋——弹词一类作品的新发现，王昭君故事的歧异》，《民俗周刊》1928年第27、28期合刊。
⑥ 胡适：《白话诗人王梵志》，《现代评论》第6卷第156期，1927年。
⑦ 王国维：《唐写本残小说跋》，《观堂集林》第21卷，1927年。
⑧ 陈志良：《唐太宗入冥故事的演变》，《新垒月刊》第5卷第1期，1935年。
⑨ 王国维：《敦煌发见唐朝之通俗诗及通俗小说》，《东方杂志》第17卷第8号，1920年。

八 科技文献的整理与研究

敦煌科技文献方面,这一阶段得到关注的是算书和历书。1926年,李俨《敦煌石室"算书"》,介绍了法藏敦煌写卷P.2667的写本形态和内容,并指出此件乃我国现存最古的写本算书。[①]

1925年,《敦煌掇琐》披露了《七曜历日》(P.3081)的写本状况。次年,罗振玉在《敦煌石室碎金》刊印其所获残历三种,并分别考订为天成元年、天福四年、淳化元年残历日。[②] 罗氏虽未能解决历日的断年方法,但却是我国最早研究敦煌历书者。

到1930年前后,在中、日、法、英等国,对敦煌文献的整理和研究已成为一种新的学术潮流,并逐渐发展成一种专门的学问。在这样的背景下,日本学者石滨纯太郎在1925年最早使用了"敦煌学"一词。[③] 1930年,陈寅恪先生在为《敦煌劫余录》作序时,正式将这门学问概括为"敦煌学"[④]。此后,"敦煌学"这一名词逐渐为学术界所接受。但此时的敦煌学主要指的是对敦煌文献的研究。

第二节 敦煌学研究领域的拓宽(1931—1949)

这一阶段的特点是更多的东西方学者投身到敦煌学研究中来,促进了这一学科的发展。研究不断深入,研究领域也不断扩大。

中日学者继续到法英考察、抄录、研究敦煌文献,中国去的人数增多。胡适、向达、王重民、于道泉、姜亮夫、王庆菽等陆续赴巴黎、伦敦

---

① 李俨:《敦煌石室"算书"》,《中大季刊》第1卷第2号,1926年;后收入《中算史论丛》(一),1928年,第123—128页。

② 罗振玉:《敦煌石室碎金》,东方学会排印本1925年版。王重民认为其第一种存一月至八月,末有丙戌年题记一行,王氏以同光四年历考之,知其为同光四年历(参阅王重民《敦煌本历日之研究》,《东方杂志》第34卷,1937年)。

③ 王冀青:《论"敦煌学"一词的词源》,《敦煌学辑刊》2000年第2期。

④ 陈寅恪:《〈敦煌劫余录〉序》,《中央研究院历史语言研究所集刊》第1本第2分,1930年。

调查、抄录、拍照、研究敦煌文献。这一时期我国学者已能接触巴黎所藏敦煌文献的大部分和伦敦所藏敦煌文献的一部分，与前一时期相比，资料来源发生了根本变化。他们介绍、公布或带回的敦煌文献录文、照片的范围也更加广泛。

王重民就所见四部典籍，做了大量考释工作，辑成《巴黎敦煌残卷叙录》两卷和《伦敦所见敦煌群书叙录》。[①] 向达编有《伦敦所藏敦煌卷子经眼目录》，著录文书五百卷左右，多为佛经以外的重要典籍。[②] 姜亮夫先后撰成《瀛涯访古劫余录敦煌卷子目次叙录》[③]《瀛涯敦煌韵辑总目叙录》[④] 等。这些成果使国内研究者对巴黎、伦敦的敦煌文献有了更多的了解，他们寄回或带回的文书录文或照片则为国内研究者提供了研究资料。

对英法所藏敦煌文献研究的进展促进了国内学者对北平图书馆所藏敦煌文献的进一步整理。在《敦煌劫余录》出版以后，北平图书馆成立专门整理敦煌写卷的写经组，由徐森玉、胡鸣盛先后任组长，于1935年编成《敦煌石室写经详目》及《续编》。前者著录《敦煌劫余录》所编8679件，后者新编1192件。许国霖将馆藏敦煌文献中的题记和变文、契约等世俗文书录出，辑成《敦煌石室写经题记与敦煌杂录》（1937）一书，为学术界提供了重要的研究资料。而罗振玉又推出了《贞松堂藏西陲秘籍丛残》（1939），影印出版了自家搜集、收藏的敦煌文献（有些已公布过录校本）。

在这样的背景下，利用敦煌文献研究历史、地理、社会、语言文学等方面问题的领域也进一步扩大。

一 归义军和金山国资料的整理与研究

有关归义军和金山国资料的整理与研究在这一时期又有进展。孙楷第

[①] 王重民：《巴黎敦煌残卷叙录》第一辑，《北平图书馆图书季刊》第2卷第2期，1935年；《巴黎敦煌残卷叙录》第二辑，1938年，北平图书馆1941年版；《伦敦所见敦煌群书叙录》，《图书周刊》1947年第18期。
[②] 向达：《伦敦所藏敦煌卷子经眼目录》，《北平图书馆图书季刊》新1卷第4期，1939年。
[③] 姜亮夫：《瀛涯访古劫余录敦煌卷子目次叙录》，《志林》1940年第1期。
[④] 姜亮夫：《瀛涯敦煌韵辑总目叙录》，《国立中央图书馆馆刊》第1号，1947年。

《敦煌写本〈张议潮变文〉跋》利用《张议潮变文》结合史籍记载初步探索了归义军政权周边的吐谷浑、吐蕃、回鹘等少数民族政权的情况。① 同作者之《敦煌写本〈张淮深变文〉跋》，推测"克复凉州之役，必是淮深首功"；继而进一步考察了安西回鹘政权与甘州回鹘政权建立过程及两个政权的关系，认为甘州回鹘是"旧河西回鹘部落，非自安西移来者"；该文还探讨了河西五郡陷蕃的次序和具体过程，首次揭出《元和郡县志》中沙州于建中二年（781）陷蕃年代的记载，但作者似乎没有注意到此前罗振玉关于沙州陷蕃年代的考证；作者认为以沙州为中心的归义军政权在唐宋间延续近二百年是因这里的居民是以汉人为主体，指出归义军政权在中国历史上具有重要意义。② 上述孙氏两文的结论虽与后来的研究尚有一定距离，但他将归义军政治史的研究范围扩大到西北各民族变迁史的广阔领域，并开创了以文学体裁的文书研究历史问题的先例。向达《罗叔言〈补唐书张议潮传〉补正》，对沙州陷落和收复的时间及张淮深死因等问题进行了讨论，其结论对国内学术界影响很大。该文还首次利用莫高窟供养人画像题记探讨归义军史的有关问题，扩大了归义军史的史料范围。③ 但该文涉及的一些问题已被上举《敦煌写本〈张淮深变文〉跋》和藤枝晃的《沙州归义军节度使始末》④ 解决。王重民《金山国坠事零拾》，依据作者在巴黎搜集的敦煌文书对金山国史事进行了考证，使"千载坠史"，"有年可稽，有事足纪"，填补了张氏归义军和曹氏归义军之间的一段历史空白。⑤ 虽然此文有关金山国的立国时间及部分文书年代的判定存在问题，但作者公布的资料至今仍是研究金山国史的基本史料。唐长孺《白衣天子试释》，认为张承奉"白衣天子"名号是受到弥勒教的影响。⑥ 向达还发

---

① 孙楷第：《敦煌写本〈张议潮变文〉跋》，《北平图书馆图书季刊》第3卷第3号，1936年。另可参阅同作者《张议潮变文》，《大公报图书副刊》第145号，1936年8月27日。
② 孙楷第：《敦煌写本〈张淮深变文〉跋》，《中央研究院历史语言研究所集刊》第7本第3分，1937年。
③ 向达：《罗叔言〈补唐书张议潮传〉补正》，《辽海引年集》，北京和记印书馆1947年版。
④ 藤枝晃：《沙州归义军节度使始末》，《东方学报》第12册第3分—第13册第2分，1941—1942年。
⑤ 王重民：《金山国坠事零拾》，《北平图书馆馆刊》第9卷第6期，1935年。
⑥ 唐长孺：《白衣天子试释》，《燕京学报》1948年第35期。

表了《玉门关阳关杂考》[①]和《记敦煌石室出晋天福十年写本寿昌县地镜》[②]，开辟了利用敦煌文书结合传世文献和实地踏勘研究敦煌历史地理的新途径。此外，董作宾《敦煌纪年——敦煌石室写经题记年表》[③]，初步考察了敦煌莫高窟窟寺之创建与寺观名，并开始尝试利用敦煌写经题记考察敦煌世族。史岩《敦煌石窟画像题识》[④]，则利用莫高窟供养人题名和历史文献对敦煌的索、汜、令狐、安、李、张、曹、阴等大姓做了初步探索。他还利用敦煌文献结合莫高窟供养人题记考证寺院的名称，并对这些寺院的寺址与兴建存废等情况进行了初步探索。

二 对古代典籍的介绍和研究

对古代典籍的介绍和研究仍是这一阶段我国学者致力的一个重要方面。这方面的成果，主要反映在王重民的《巴黎敦煌残卷叙录》中。[⑤]《巴黎敦煌残卷叙录》是作者在法国图书馆编目过程中撰写的写卷提要，陆续发表在1935年至1937年的《大公报图书副刊》《北平图书馆馆刊》等杂志上，后由北平图书馆汇为两辑印行。此书虽以介绍新发现的古代典籍为主，但也包含了作者对其进行定名、缀合、考证研究或与传世本对勘的结果。该书介绍的佚籍有《毛诗音》，考订其乃晋徐邈所撰；《春秋后语》之《秦语》上、中、下和《赵语》上、下，同时探索了《春秋后语》全书各卷的内容；《阃外春秋》卷一和卷二（部分），对其作者作了进一步考证，指出了罗振玉的疏失；《帝王略论》，考出其作者为虞世南；《籯金》，指出《略出籯金》系张球所作，并对张球的事迹作了初步考订。此外还有《唐高宗天训》和唐张仁亶《九谏书》和被怀疑并非今本的《晋书·何曾传》。传世古籍介绍了《古文尚书》16件，《今字尚书》3件，《周易王弼注》2件，《礼记（郑玄

---

① 向达：《玉门关阳关杂考》，《真理杂志》第1卷第4期，1944年。
② 向达：《记敦煌石室出晋天福十年写本寿昌县地镜》，《北平图书馆图书季刊》新5卷第4期，1944年。
③ 董作宾：《敦煌纪年——敦煌石室写经题记年表》，《说文月刊》第3卷第10期，1943年。
④ 史岩：《敦煌石窟画像题识》，比较文化研究所、敦煌艺术研究所、华西大学博物馆联合出版于1947年。
⑤ 王重民：《巴黎敦煌残卷叙录》第1辑刊于1935年，第2辑刊于1941年。

注）》1件，《春秋经传集解》和《春秋穀梁传集解》各1件，《论语》1件，《尔雅（郭璞注）》1件，《史记集解》1件，《汉书》3件，《庄子》1件、《刘子新论》2件，《楚辞音》《文选》《燕子赋》、北齐颜之推《还冤记》各1件。分别判定了各件的抄写年代，勘对了写本与传世本的异同。3件《今字尚书》均被定在卫包改字之前，并据以判定在卫包前已有《今字尚书》。此外，胡玉缙《写本经典释文残卷书后》推断敦煌本《经典释文》（P.3315）为"郭忠恕改定释文，乃北宋人所抄，而其书则不久即无传本者也"①。洪业认为胡氏观点未确，并考证该件殆非郭氏所造，或乃陆元朗抄本，抄写年代疑为陈末。②

姜亮夫校录敦煌经籍文献的成果主要反映在《海外敦煌卷子经眼录》③《瀛涯访古劫余录敦煌卷子目次叙录》④中，介绍了敦煌写本《尚书》和《毛诗》等⑤，作者对写卷外观资料的描述颇为详细。越政《敦煌〈左传〉残卷校记》，勘对了李鸣南藏敦煌写本《左传》与宋本的异同。⑥ 赵万里对唐写本《文心雕龙》残卷（S.5478）予以校录，指出该写本内容胜于嘉靖本《文心雕龙》处颇多，并对黄侃校改内容多有是正。⑦ 此外，吴承仕《唐写本尚书舜典释文笺》及《续》，先叙《尚书·舜典》内容之流变，后指出敦煌本《尚书释文》（P.3315）的价值，并对吴士鉴等人的校录进行了商补。⑧ 陈邦怀《敦煌本毛诗豳风七月残卷跋》，将罗振玉公布的唐写本《毛诗·豳风·七月》残卷与唐石经本、宋巾箱本、阮刻注疏本、卢刻释文本等相互校勘，共列出以唐写本可正今本经文者六条、可正今本笺文者一条。⑨ 龚道耕《唐写残本〈尚书释文〉考证》及《续》，利用薛

---

① 胡玉缙：《写本经典释文残卷书后》，《燕京学报》1933年第13期。
② 洪业：《〈尚书〉释文敦煌残卷与郭忠恕之关系》，《燕京学报》1933年第14期；后收入《洪业论学集》，台北：明文书局1982年版，第69—99页。
③ 姜亮夫：《海外敦煌卷子经眼录》，氏著《敦煌学论文集》（上），上海古籍出版社1987年版。
④ 姜亮夫：《瀛涯访古劫余录敦煌卷子目次叙录》，《志林》1940年第1期。
⑤ 姜亮夫《敦煌本〈毛诗传笺〉校录》《敦煌本〈尚书〉校录》，虽然这两篇文章均收在作者于1987年出版的《敦煌学论文集》中，但据该书序言可知，这两篇文章均成文于1938—1940年。
⑥ 越政：《敦煌〈左传〉残卷校记》，《艺观》1929年第4期。
⑦ 赵万里：《唐写本〈文心雕龙〉残卷校记》，《清华学报》第3卷第1期，1926年。
⑧ 吴承仕：《唐写本尚书舜典释文笺》，《华国月刊》第2卷第3期，1925年；《唐写本尚书舜典释文笺》（续），《华国月刊》第2卷第4期，1925年。
⑨ 陈邦怀：《敦煌本毛诗豳风七月残卷跋》，《艺观》1929年第6期。

季宣《书古文训》以及日本足利本隶古定《尚书》与敦煌本《尚书释文》相互发明，纠正不少吴士鉴等人错误。① 潘重规《敦煌唐写本尚书释文残卷跋》，通过对比写本与传世宋本的异同，考察宋人删改《尚书释文》的情况。② 另外，罗常培综合多种经典释文的音义残卷，与通志堂刊今本《尚书释文》一一相校，并对异文情况进行细致分类，认为唐宋两代出现的异文以文字训释类为多，涉及音韵系统者少。③ 刘诗孙《敦煌唐写本晋徐邈〈毛诗音〉考》（1—3），主要是针对王重民将 P.3383《毛诗音》考订为徐邈《毛诗音》的观点提出质疑，推测残卷可能是《经典释文毛诗音义》原本，而不是徐邈本。④ 不久，周祖谟也撰文对王重民和刘诗孙的讨论进行回应，他也否定了王重民的观点，但并不赞同刘诗孙的推测，而是认为此残卷可能是隋鲁世达的著作。⑤

三　宗教史研究

董作宾《敦煌纪年——敦煌石室写经题记年表》，依据写经题记初步考察了敦煌莫高窟窟寺之创建与寺观之名。史岩《敦煌石室画像题识》"自序"利用敦煌文献结合莫高窟供养人题记考出了 15 所寺院的名称，并对这些寺院的寺址与兴建存废等情况进行了初步探索。陈寅恪《武曌与佛教》据敦煌写本《大云经疏》考出武则天所颂《大云经》乃薛怀义取后凉昙无谶旧译《大方等大云经》附以新疏，巧为附会而成，推翻了旧史所记武氏时有沙门伪撰《大云经》的说法⑥；《大乘道芉经随听疏跋》依据敦煌写本题记考出了吐蕃译经大师法成的史迹⑦。

---

① 龚道耕：《唐写残本〈尚书释文〉考证》，《华西学报》1936 年第 4 期；1937 年第 5 期；《唐写残本〈尚书释文〉考证（续）》，《华西学报》第 6、7 期合刊，1941 年。
② 潘重规：《敦煌唐写本尚书释文残卷跋》，《志林》1941 年第 2 期。
③ 罗常培：《唐写本经典释文残卷四种跋》，《清华学报》第 13 卷第 2 期，1941 年；后增补为《唐写本经典释文残卷五种跋》，《国学季刊》第 7 卷第 2 期，1951 年。
④ 刘诗孙：《敦煌唐写本晋徐邈〈毛诗音〉考》（1—3），《真知学报》1942 年第 1 卷第 1 期；1942 年第 1 卷第 5 期；1942 年第 2 卷第 1 期。
⑤ 周祖谟：《唐本〈毛诗音〉撰人考》，《汉语音韵论文集》，1942 年，第 1—3 页；上海商务印书馆 1957 年版，第 143—146 页。后收入氏著《问学集》，中华书局 1966 年版，第 162—167 页。
⑥ 陈寅恪：《武曌与佛教》，《中央研究院历史语言研究所集刊》第 5 本第 2 分，1935 年。
⑦ 陈寅恪：《大乘道芉经随听疏跋》，《国学论丛》第 1 卷第 2 号，1923 年。

道教文献的研究仍是围绕《老子化胡经》进行。王维诚《老子化胡说考证》，在比较彻底地清理有关材料的基础上，深入考察了敦煌本《化胡经》在"化胡说"发展过程中的历史地位。此文至今仍是研究这一问题必须参考的论文。① 刘国钧《老子神化考略》，注意到《化胡经》与三张道教有关。② 牟润孙《宋代摩尼教》指出十卷本《化胡经》已列入唐官方道经。③ 逯钦立《跋〈老子化胡经玄歌〉》，认为《化胡经》卷十含有太武帝灭佛的背景因素，并推断此卷为北魏时作品。④

朱谦之《大秦景教三威蒙度赞及尊经考》⑤ 及《景教经典一神论》⑥，结合史籍对敦煌景教文书做了初步探索。

四 社会经济文献的整理与研究

关于社会经济文献，这一时期仍是以整理、公布资料为主，但也有少量相关论文问世。《敦煌石室写经题记与敦煌杂录》辑录各类契券近20件，有关社邑的文书数件。《贞松堂西陲秘籍丛残》影印了罗氏收藏的2件户籍、1件户状、1件有关长行马的案卷与1件《枝头白剌头名簿》。1936年，《食货》4卷5期开辟了《唐户籍簿丛辑》专刊，将当时见于中日文书籍、杂志的20件敦煌户籍、差科簿（时称"丁籍"）收罗在一起。陶希圣《小序》指出户籍、丁籍是重要的经济史料，对研究均田制、百姓负担和社会组织都有重要意义。曾了若《隋唐之均田》，是最早尝试利用敦煌户籍研究均田制的专题论文。⑦ 虽然他据之得出的结论为现在一般的学者所不取，但他的研究仍加深了人们对均田制的了解，其研究方法在学术史上亦有积极意义。陶希圣《唐代管理水流的法令》，利用敦煌写本《水部式》结合唐代文献探索了唐代关于灌溉用水的管理、水碾硙的管理、河上交通的管理及海上运输的有关规定。⑧

---

① 王维诚：《老子化胡说考证》，《国学季刊》第4卷第2号，1934年。
② 刘国钧：《老子神化考略》，《金陵学报》第4卷第2期，1935年。
③ 牟润孙：《宋代摩尼教》，《辅仁学志》第7卷第1、2期，1938年。
④ 逯钦立：《跋〈老子化胡经玄歌〉》，《中央图书馆刊》复刊第2号，1947年。
⑤ 朱谦之：《大秦景教三威蒙度赞及尊经考》，《基督教丛刊》1946年第14期。
⑥ 朱谦之：《景教经典一神论》，《基督教丛刊》1947年第18期。
⑦ 曾了若：《隋唐之均田》，《食货》第4卷第2期，1936年。
⑧ 陶希圣：《唐代管理水流的法令》，《食货》第4卷第7期，1936年。

五 法律、地志文献的整理与研究

对法律文献的整理和研究此期亦有进展。董康依据内藤湖南提供的照片校录了《神龙散颁刑部格》①，并与唐律作了比较研究。王重民《巴黎敦煌残卷叙录》，介绍了《唐律》和《唐律疏议》各两件，考证了各件的抄写年代，指出了写本与今本的异同。王氏还根据写本律疏考出了传世本《唐律疏议》中置"疏议曰"系因宋元人不明律疏之义"连疏于议"所致，发数百载之覆。金毓黻《敦煌写本唐天宝官品令考释》，最早对P.2504号文书进行了校录和研究，据《旧唐书·职官志》考定该件为《天宝官品令》，指出该件可与《职官志》《开元令》相互印证，并列表具体展示其可补《职官志》之漏、误处。②虽然此文对文书的定名未能成为定论，但作者的探索对唐令的研究仍有一定意义。

从文献学角度整理地志类文书此期趋于沉寂。王重民《巴黎敦煌残卷叙录》，介绍了一件新发现的带有原题的《沙州都督府图经》，考证其年代在证圣二年（696），不同意罗振玉的定年。王氏还介绍了两件《大唐西域记》残卷，附有与今本对校的校勘记。

六 语言文学资料的整理与研究

语言文字方面，《切韵》等韵书仍是这一时期关注的重点。首先表现在韵书材料的搜集和公布方面。经过罗常培③、魏建功④、姜亮夫⑤、厉鼎煃⑥、

---

① 董康：《书舶庸谈》，诵芬室，1939年。
② 金毓黻：《敦煌写本唐天宝官品令考释》，《说文月刊》第3卷第10期，1943年。
③ 罗常培：《敦煌写本守温韵学残卷跋》，《中央研究院历史语言研究所集刊》第3本第2分，1931年。
④ 魏建功：《陆法言〈切韵〉以前的几种韵书》（《国学季刊》1932年第3卷第2期）根据《切韵》与刘超韵书点系来研究《切韵》的性质；《唐宋两系韵书体制之演变：敦煌石室存残五代刻本韵书跋》根据唐宋两系韵书的差异说明《广韵》与《切韵》的关系。
⑤ 姜亮夫：《王静安先生录伦敦藏唐写本〈切韵〉残卷斠记》，《志林》1941年第2期；《瀛涯敦煌韵辑总目叙录》，《国立中央图书馆刊》第1号，1947年。
⑥ 厉鼎煃：《敦煌写本王仁煦〈刊谬补阙切韵〉考》，《金陵学报》第4卷第2期，1934年。

蒋经邦[1]、陆志伟[2]、凌大珽[3]、陈志良[4]、周祖谟[5]等人的后续搜集，先后发现隋陆法言原书七卷，初唐陆韵增字本两卷、长孙讷言笺注本两卷、孙愐《唐韵》三卷、晚唐集成本四卷、北宋刊本《切韵》四卷，把当时所能见到的敦煌韵书搜罗殆尽。这不仅使失传千年的隋陆法言《切韵》一书得以重显于世，而且弄清楚了陆著《切韵》的来源及其演变，在我国音韵学研究史上是一大贡献。同时对以往观点的反思仍在继续，如针对王国维考订的三种《切韵》残卷，方国瑜赞同将第一种残卷定为《切韵》原本的看法，反对将第二种视为长孙本、将第三种视为长孙本节本，而是认为第二种晚于第三种，而第三种更早于长孙本。[6]

文学方面，这一阶段最显著的成绩是开展了对敦煌俗文学的研究，主要关注点集中在变文和诗歌两个方面。

郑振铎《什么叫"变文"？和后来的"宝卷""诸宫调""弹词""鼓词"等文体有怎样的关系》，对宝卷、诸宫调、弹词、鼓词与变文的文体异同做了简明扼要的解说。[7] 关德栋则进一步考察了变文的渊源、体制、组成和分类，分析了变文与缘起、押座文的关系等问题。[8] 以上研究使人们对变文的认识更加明确。与变文关系最为密切的是俗讲，向达和孙楷第几乎同时开展了对俗讲的研究，并都取得了对后来的研究具有重要影响的成果。向达曾亲赴英国伦敦和法国巴黎搜集敦煌文献，对俗文学相关写卷进行了重点释录和研究，在此基础上撰写了《记伦敦所藏的敦煌俗文学》和《唐代俗讲考》两篇在中国俗文学史上具有重要意义的论文，其中后文

---

[1] 蒋经邦：《敦煌本王仁煦〈刊谬补阙切韵〉跋》，《国学季刊》第4卷第3期，1934年。
[2] 陆志伟：《唐五代韵书跋》，《燕京学报》1939年第29期。
[3] 凌大珽：《唐写本韵书的声类》，《燕京学报》1939年第26期。
[4] 刘复、魏建功、罗常培合编：《十韵汇编》，北京大学印行1935年版；陈志良：《评〈十韵汇编〉》，《说文月刊》第1卷第1期，1940年。
[5] 周祖谟：《跋唐写本孙愐唐韵残叶》，《申报（文史）》1948年第27期。
[6] 方国瑜：《敦煌唐写本〈切韵〉残卷跋》，《女师大学术季刊》第3卷第2期，1931年；《敦煌五代刻本〈广韵〉残叶跋》，《师大国学论丛》第1卷第2期，1931年。
[7] 郑振铎：《什么叫"变文"？和后来的"宝卷""诸宫调""弹词""鼓词"等文体有怎样的关系》，《文学百题》1935年。
[8] 关德栋：《略说"变"字的来源》，《大晚报·通俗文学》1947年第25期。

发明尤多。向达将敦煌俗文学作品统称为"俗讲",此观点得到了孙楷第的赞同;将俗讲所用的话本定名为"讲经文";提出俗讲文学的源头导源于佛教转读唱导和清商旧乐。而敦煌所出诸俗讲作品最终演变为宋代的说话,"说经说参请,又为唐代诸讲经文之支与流裔。弹词宝卷,则俗讲文学之直系子孙也"①。周一良在阅读此文后,对"素旧""高座"等内容提出不同看法,并对郑振铎关于"变文"的定义提出商榷。②关德栋随后也发表商榷文章,对周一良提出的问题予以回应。③而向达也撰写《补说唐代俗讲二三事》一文,对周、关二人的问题进行回复。④这些往复讨论,推动了敦煌文学研究的深入发展。孙楷第在《唐代俗讲轨范与其本之体裁》一文中,将全部敦煌说唱作品分为讲唱经文和变文两类,前者乃是先引经文,继以说解,继以歌赞,如此往复,迄于经毕;后者乃讲经而不存文句,只是说解与歌赞相间。讲唱经文用于"俗讲"仪式。该文并对俗讲轨范进行了详细分析。⑤孙楷第此文论述全面而缜密,是继向达《唐代俗讲考》之后又一重要成果。傅芸子专攻俗文学,在向达和孙楷第的基础上对俗讲问题有所补充,发表了《俗讲新考》等文,讨论了俗讲为何兴起于唐代、唐代俗讲的盛况、主办者以及"变文"与"变相"关系等问题。⑥

变文的个案研究在这一阶段也受到了一些学者的重视。张寿林《王昭君故事演变之点点滴滴》,继容肇祖等人之后,继续对王昭君故事进行考察,他首先是根据传世典籍考察了王昭君姓名、籍贯等史实,其后又结合历史文献与唐写本《明妃传》等,系统梳理了王昭君故事从汉到元明清的流变,并重点讨论了唐写本在故事流变链条中的位置和价值。⑦该文也成为敦煌俗文学研究史上的经典之作。王重民于欧洲考察敦煌卷子之际着意搜集整理一些变文材料,比如曾勘合校对了《捉季布变文》(P.3697、

---

① 向达:《唐代俗讲考》,《燕京学报》1934年第16期。
② 周一良:《读〈唐代俗讲考〉》,《大公报·图书周刊》1947年第6期。
③ 关德栋:《读〈唐代俗讲考〉的商榷》,《大公报·图书周刊》1947年第15期。
④ 向达:《补说唐代俗讲二三事》,《大公报·图书周刊》1947年第18期。
⑤ 孙楷第:《唐代俗讲轨范与其本之体裁》,《国学季刊》第6卷第2号,1937年。
⑥ 傅芸子:《俗讲新考》,《新思潮月刊》第1卷第2期,1946年。
⑦ 张寿林:《王昭君故事演变之点点滴滴》,《文学年报》1932年第1期。

P. 2747、P. 2648、P. 3396、P. 3197、S. 5440）①；并将 P. 3627a、P. 3867、P. 3627b 三件缀合，考订为《王陵变文》，刊布了释文，考察了《史记》等传世典籍与敦煌写本之间异同，基本理清了变文故事的发展脉络②。刘修业结合《左传》《史记》《吴越春秋》《越绝书》等文献，比较系统地分析了伍子胥故事的演变，认为这种故事历时越久，便越生动，越耸人听闻。③ 另外，容肇祖之《敦煌本〈韩朋赋〉考》，将敦煌本《韩朋赋》中涉及的诸种元素详加梳理，不仅考证于史籍，也验合于古迹。④ 傅芸子之《关于〈破魔变文〉——伦敦足本之发见》，主要针对当时研究中将《破魔变文》和《降魔变文》混为一谈的现象而作，指出前者乃是依据佛本生故事而来，后者所述乃佛弟子舍利弗之事。⑤ 赵景深《目连故事的演变》将佛经、敦煌变文、宋元明清以至民国戏曲中有关目连故事的内容都予以简要绍介，同时也对变文与后世戏曲异同进行了分析。⑥ 此后，赵景深也对董永故事进行了类似的考察，将敦煌本《搜神记》中的董永故事以及《孝子董永传》放置在六朝以至明清之间的流变链条之上，分析了故事的变化。⑦

敦煌俗文学中的"缘起"类故事也引发了学者们的重点讨论。当时研究最多的是《丑女因缘》和《目连缘起》。傅芸子于 1943 年发表了《丑女缘起与贤愚经金刚品》一文，对"缘起"的文体以及丑女缘起的故事依据作出了系统讨论，认为"缘起"体裁上散韵兼列，在形式上接近佛经，且其名目也应该是源于佛经"缘起"之名，其功能同于变文的"序辞"、押座文等，可以将其视为"变文"的雏形；同时指出"丑女因缘"故事见于《贤愚经》《杂宝藏经》等，但与敦煌本《丑女因缘》故事相合者乃

---

① 王重民：《敦煌本〈捉季布传文〉》，《北平图书馆馆刊》第 10 卷第 1 号，1936 年。
② 王重民：《敦煌本〈王陵变文〉》，《北平图书馆馆刊》第 10 卷第 6 号，1936 年；《敦煌本〈王陵变文〉跋》，《（北平）华北日报·俗文学》1947 年 8 月 29 日。
③ 刘修业：《敦煌本〈伍子胥变文〉之研究》，《大公报·图书副刊》1937 年第 184 期。
④ 容肇祖：《敦煌本〈韩朋赋〉考》，《庆祝蔡元培先生六十五岁论文集》，中央研究院 1935 年版。
⑤ 傅芸子：《关于〈破魔变文〉——伦敦足本之发见》，《艺文》第 1 卷第 3 期，1943 年。
⑥ 赵景深：《目连故事的演变》，《银字集》，上海永祥印书馆 1946 年版。
⑦ 赵景深：《董永故事的演变》，《小说论丛》，1947 年。

《贤愚经·金刚品》，故其依据当是《贤愚经》。① 关德栋在《〈丑女缘起〉故事的依据》和《〈降魔变押座文〉与〈目连缘起〉》两文中也有类似观点。②

对敦煌歌辞的研究是从发现《云谣集杂曲子》开始的，罗振玉《敦煌零拾》收有《云谣集杂曲子》三十首，引起学界的关注。《云谣集》当时发现存有两种，即 S.1441 背和 P.2838 背，而罗振玉所刊仅是伯希和藏本，且释文有缺。此后，董康抄回斯坦因藏本，朱孝臧据以收入《蕙风·丛书》；刘复抄全伯希和藏本，刊入《敦煌掇琐》。1932 年，龙沐勋据朱、刘二书，将其刻入《彊村遗书》③，共收三十首，使《云谣集》全本复传于世。周泳先又掇拾《云谣集》以外之敦煌曲子词二十一首为一卷，名曰《敦煌词掇》，于 1936 年出版。唐圭璋《敦煌唐词校释》及《云谣集杂曲子校释》④，对所收曲子词做了初步的校勘和注释。王重民亦曾关注过《云谣集》⑤。

《秦妇吟》在这一阶段继续受到国内学者的关注。⑥ 陈寅恪《〈秦妇吟〉校笺》，援诗证史，诗史互证，从史学角度考察了韦庄作《秦妇吟》的历史渊源，认为韦庄晚年讳言此诗之缘由在于触及了新朝宫闱隐情。⑦ 冯友兰《读〈秦妇吟校笺〉》，认为诗歌中所指斥的军阀有影射杨复光军之嫌疑，而韦庄后来所事新朝之主以及共事之新朝部分同僚又为原杨复光

---

① 傅芸子：《丑女缘起与贤愚经金刚品》，《艺文》第 3 卷第 3 期，1943 年。
② 关德栋：《〈丑女缘起〉故事的依据》，《中央日报·俗文学》1947 年第 9 期；《〈降魔变押座文〉与〈目连缘起〉》，《文艺复兴》（中国文学研究专号），1948 年。
③ 龙沐勋：《云谣集杂曲子（录文并跋）》，彊村丛书重刻本，1932 年。
④ 唐圭璋：《云谣集杂曲子校释》，《文史哲季刊》第 1 卷第 1 期，1943 年；后收入《词学论丛》，上海古籍出版社 1986 年版，第 721—752 页。
⑤ 王重民：《记敦煌新出的菩萨蛮》，《中央日报·文史周刊》1948 年第 78 期。
⑥ 郝立权：《韦庄〈秦妇吟〉笺》，《齐大月刊》1931 年第 2 卷第 3 期；黄仲琴：《〈秦妇吟〉补注》，《（中山大学）文史学研究月刊》1933 年第 1 卷第 5 期；周云青：《〈秦妇吟〉笺注》，商务印书馆 1933 年版；陈寅恪：《读〈秦妇吟〉》，《清华学报》1936 年第 11 卷第 4 期；同作者《〈秦妇吟〉校笺一卷》，《燕京学报》1941 年第 29 期；周千蕊：《评〈秦妇吟〉》，《中日文化月刊》1941 年第 1 卷第 5 期；徐嘉瑞：《〈秦妇吟〉本事》，《国文月刊》1944 年第 27 期。英人翟理斯也对《秦妇吟》投以关注，参阅［英］翟理斯著，张荫麟译《〈秦妇吟〉之考证与校释》，《燕京学报》1927 年第 1 卷第 1 期。
⑦ 陈寅恪：《〈秦妇吟〉校笺》，昆明铅印本，1940 年。

军中之要人。① 在文本的校订方面，刘修业在参考以往研究成果的基础上，依据新的写本做了更为翔实的校勘记。② 上述诸文不断地丰富了学界对《秦妇吟》所反映的相关历史的了解和认识。

1936年，郑振铎在主编《世界文库》中校录了《王梵志诗一卷》和佚诗十六首。

总体而言，这一阶段的敦煌文学研究，仍以公布释文和介绍内容为主，但在考镜源流方面，也做了不少有益的工作。

七 科技文献的整理与研究

1935年，李俨得王重民所摄《算经一卷并序》（P.3349），经过录校发现此件与P.2667"算书"引例相同。③

1937年，王重民《敦煌本历日之研究》，介绍了法藏敦煌写卷P.3247、P.2765、P.2623、P.3403、P.3507等历日写卷十四种，指出敦煌历日与五代北宋历日之不同、敦煌历日与唐不同始于陷蕃之后，同时对《七曜历日》的传入时间、性质和来源做了详细考证。④ 王文虽多有发明，但也未能解决历日定年方法问题。董作宾《敦煌写本唐大顺元年残历考》，考证了罗振玉所藏"后晋天福十一年残历"实为唐昭宗大顺元年（890）庚岁之历日，乃唐徐昂宣明术之仅见者。⑤ 董氏所订年代完全正确，经受住了时间的考验。

另外，罗振玉曾于《吉石庵丛书》影印了《本草集注》（龙谷大学藏MS531）⑥，并据题记将其定为开元写本⑦，刊于《雪堂校刊群书叙录》中。

与前一阶段主要关注对敦煌文献的整理和研究相比，这一阶段对敦煌

---

① 冯友兰：《读〈秦妇吟校笺〉》，《国文月刊》第1卷第8期，1941年。
② 刘修业：《〈秦妇吟〉校勘续记》，《学原》第1卷第7期，1947年。
③ 李俨：《敦煌石室〈算经一卷并序〉》，《国立北平图书馆馆刊》第9号，1935年。
④ 王重民：《敦煌本历日之研究》，《东方杂志》第34卷，1937年。
⑤ 董作宾：《敦煌写本唐大顺元年残历考》，《图书月刊》第3卷第1期，1943年。
⑥ 敦煌所出《本草集注》，为日本橘瑞超于1914年得自敦煌，原卷藏于日本。
⑦ 日本小川冡治据原卷丛书法、避讳等，认为"开元六年"等字样与正文书法优劣不一，墨色浓淡迥异，显系后人所加，而文中所有唐代天子的讳字，没有避改阙画，故将此卷年代定为先唐写本。参阅［日］小川冡治《支那历史地理研究》，京都：弘文堂书房1940年版。

石窟艺术的考察和研究得到了中日两国学者的重视。

在20世纪三四十年代，我国的历史学、考古学和美术工作者到敦煌进行实地考察的人逐渐增多。1942年，教育部组织以王子云为团长，画家何正璜、卢善群为成员的文物艺术考察团到敦煌，与中央摄影社合作，对莫高窟进行了调查和拍照。1942年的西北史地考察团和1944年的西北考察团，参加者有向达、夏鼐、劳干、石璋如、阎文儒等，他们先后到敦煌进行考古调查，对大部分石窟登录内容，抄录碑文、题记，考证洞窟时代等。向达、夏鼐和阎文儒等率领的考古组不仅对敦煌石窟进行了考察，还调查了敦煌的汉长城遗址，发掘了一些古墓葬，为敦煌石窟的研究提供了许多历史背景资料。[1] 张大千曾两次奔赴敦煌，其中第二次他率子、侄、夫人前往，在敦煌停留长达两年（1941—1943年）。

这些考察者分别就其专长在敦煌踏查洞窟、抄录碑文题记、临摹壁画等，并对壁画的内容、建窟年代、洞窟的分期等问题进行了初步考察。还通过撰文、著书、展览临摹壁画等形式向国人宣传、介绍莫高窟。贺昌群《敦煌佛教艺术的系统》，是国内有关敦煌石窟艺术的第一篇重要文章，对敦煌石窟艺术作了全面系统的阐述，并择要介绍了若干洞窟的壁画，使国人对千佛洞的内容和结构有了大体的了解；还首倡"东来说"，提出西来的佛教艺术首先传入云冈，然后从东传入敦煌。[2] 梁思成对敦煌壁画中的建筑与内地的古建筑进行了比较研究。[3] 何正璜《敦煌莫高窟现存佛窟概况之调查》，调查了305个洞窟的内容[4]，虽然记录相对简略，却是我国最早的一份敦煌莫高窟内容总录。劳贞一《伯希和敦煌图录解说》，对伯希和所编辑的《敦煌图录》的六集内容及一些石窟的时代作了介绍和说明。[5] 李浴《敦煌壁画内容之取材与方式演变说》，概述了不同时代的敦煌壁画的取材和排列方式，借以说明敦煌壁画的发

---

[1] 夏鼐：《敦煌考古漫记》，《考古》1955年第1—3期。
[2] 贺昌群：《敦煌佛教艺术之系统》，《东方杂志》1931年第28期。
[3] 梁思成：《伯希和先生关于敦煌建筑的一封信》，《中国营造学社汇刊》1932年第3期。
[4] 何正璜：《敦煌莫高窟现存佛窟概况之调查》，《说文月刊》第3卷第10期，1943年。
[5] 劳贞一：《伯希和敦煌图录解说》，《说文月刊》第3卷第10期，1943年。

展演变过程。① 张大千对敦煌及其附近的文物古迹进行了系统调查，并为莫高窟和榆林窟编了号，同时临摹了莫高窟中各时期壁画的代表作以及部分雕塑精品，还写了《莫高窟记》一书。② 他的临摹品在兰州、成都、重庆等地展出中，曾引起轰动。

经过这些学者的介绍与宣传，莫高窟在学术界的知名度逐渐提高。

1943年3月，国民政府在学术界和社会舆论的强烈呼吁下，决定筹备建立敦煌艺术研究所。同年，"敦煌艺术研究所筹备委员会"发布了洞窟保护公告，标志着敦煌石窟纳入政府机构的管理之下。1944年2月1日，国立敦煌艺术研究所成立，常书鸿为所长。他从重庆招聘了以美术工作者为主体（董希文、潘絜兹等），包括美术史（史岩、李浴）、文献（苏莹辉）、测绘（胜其力）、摄影（罗寄梅）等专业人员二十余人，这是我国第一个保护、研究敦煌文物的专门机构。敦煌艺术研究所的成员自愿来到荒凉的莫高窟，身居破庙，饮食苦水，在极其困难的条件下担负起保护莫高窟的重任。抗战结束以后，敦煌艺术研究所被撤销，人员均返回了内地。后经向达、傅斯年等著名学者和所长常书鸿四处活动，八方呼吁，国民政府决定保留敦煌艺术研究所，改隶中央研究院。1946年秋，常书鸿所长重返敦煌，又在重庆、成都、兰州等地招聘了段文杰、霍熙亮等一批自愿献身于敦煌石窟艺术的专业人员。1947年和1948年，又从成都等地来了史苇湘等一批美术工作者。

敦煌艺术研究所在十分困难的条件下开展了对莫高窟的保护和管理工作。他们组织修筑了莫高窟中寺至下寺间约850米的保护围墙，并修建洞窟间的临时栈道，使部分洞窟得到通联；清除了300多个洞窟的积沙，全部拆除洞窟内过去白俄搭建的土炕；安装了少量洞窟的木质门窗，初步阻挡了人为的破坏和风沙侵蚀；制定了洞窟管理规则，并设置专门的保卫股负责洞窟的安全保卫工作。虽然当时的保护设施十分简陋，但有效地阻止了人为破坏造成的更多损失。上述这些工作大体形成了现在的保护、研究的雏形。但限于当时的人力和物力，这些工作只能达到一

---

① 李浴：《敦煌壁画内容之取材与方式演变说》，《西北日报》1943年6月24日。
② 张大千：《莫高窟记》，台北"故宫博物院"1985年版。

定的看守作用①，对于历史上的自然灾害和人为破坏所造成的各种病害，仍缺乏科学的修复措施。

与此同时，研究所还组织研究人员对洞窟进行调查和记录。他们在前人编号的基础上，重新对洞窟进行编号，补充疏漏；进行石窟内容调查和统计，撰写洞窟说明。1944年，李浴完成了《莫高窟各窟内容之调查》，补充以往的遗漏，对洞窟的记录更为详尽，同时对许多洞窟的年代做了探讨。②

1945年，石璋如《莫高窟形》③正式发表。这是中国考古学家首次用考古学方法记录敦煌石窟现状的尝试。在1942年6月至9月的两个多月时间里，石璋如将张大千所编号的305个洞窟及附属小窟（此书涉及的编号309个，附属洞窟147个，总计为456个），全部进行了测量和记录。这些洞窟形制的测图和数据，是40年代莫高窟洞窟状况客观和真实的反映。全书共三册，第一册是洞窟形制的文字记录，逐窟详记有关形制的尺寸数据和洞窟简要内容。测图中的数据，在记录中均有详细的表述。洞窟的塑像和壁画等内容亦有简要记录。记录内容有：测图日期、洞窟坐标方向、时代。洞窟以窟室、龛坛、画题、附洞、容积五项分别记录。窟室又分为形制、前室、门洞、主室、窟高、窟顶、容积七项。龛坛分为类别、形制、龛高、龛顶、容积、塑像六项。画题分为画记、供养人、题记三项，分别记录壁画内容、供养人像和壁画或供养人的题记。附洞，记录附属洞窟状况。容积，是特别设立的一项内容。根据洞窟测量的相关数据，然后计算出洞窟的容积，列专项标注，以反映洞窟的规模和体积。为了记录简洁，术语规范，作者将多项内容进行分类和归纳。如窟顶分为11种，佛龛分为9种，中心柱分为7种，塑像分为27种不同的组合，塑像的坐姿亦分出多种不同的式样。将洞窟划分特、甲、乙、丙、丁五个等级，是此书首创。特级洞窟皆为大型洞窟。第二册是"窟图暨附录"，每窟皆有平面

---

① 李最雄将此阶段的保护工作定义为"看守时期"，参阅《敦煌石窟保护工作六十年》，《敦煌研究》2004年第3期。

② 《莫高窟各窟内容之调查》这一成果虽未正式发表，但此后被书写在每个洞窟的说明牌上，一直沿用至今，发挥了很好的作用。

③ 石璋如：《莫高窟形》，"中央研究院"历史语言研究所刊行，1945年初刊，1996年再刊。

图和剖面图；第三册是"图版"，刊布石璋如和劳干当年拍摄的黑白照片437帧。石璋如于七十多年前所作的洞窟测绘和记录，对于今天研究莫高窟形制及相关问题，仍具有重要的参考价值。

1947年，史岩编纂的《敦煌石窟画像题识》出版，这是我国第一部对石窟题记进行整理考证的著作。

敦煌艺术研究所的另一项重要工作是临摹壁画，并取得了显著的成就。到1949年秋，共临摹壁画928幅，计264平方米，临摹塑像5件。

此外，敦煌艺术研究所还举办了展览。

敦煌石窟艺术的特点、背景和价值等问题也引起了一些学者的关注。傅振伦《敦煌艺术论略》，在总体上对包括绘画、雕塑、建筑、音乐等在内的敦煌艺术进行了论述。① 李子青（浴）《莫高窟艺术志》，也尝试对敦煌莫高窟艺术进行总体性论述，并且因为他的文章建立在对莫高窟全面调查的基础之上，所以论述系统而翔实，尤其是对莫高窟艺术的分期，对后来研究颇有影响。② 此后，常书鸿也对敦煌艺术从北魏到五代宋元每一时期的艺术特点进行了概括。③ 向达《敦煌佛教艺术之渊源及其在中国艺术史上之地位》，指出敦煌是古代的东西交通要地，真乃"华戎所交一都会"，形势约等于抗战以前的上海；同时提出"敦煌佛教艺术"应该包括西千佛洞、千佛洞和榆林窟三处，其渊源为印度，而印度与敦煌文化的关系是以西域为桥梁的；他还强调了敦煌佛教艺术在中国艺术史上的价值，认为敦煌佛教艺术是中国境内许多艺术胜地的先驱及来源。④ 宗白华《略谈敦煌艺术的意义和价值》，从中西文化比较的视角，对敦煌艺术与希腊艺术之异同作了比较，认为敦煌艺术在中国整个艺术史上的特点与价值，在于它的对象以人物为中心。⑤ 李广平《千佛洞二一三窟释迦舍身故事图人物考证》，对壁画中的人物种族问题作了研究，认为萨埵太子本生故事

---

① 傅振伦：《敦煌艺术论略》，《民主与科学》第1卷第4期，1945年。
② 李子青：《莫高窟艺术志》，《河南信阳师范学校校刊》1946年第1期，1947年第2期。
③ 常书鸿：《敦煌艺术的特点》，《敦煌艺展目录》，1948年。
④ 向达讲演、水天明记录：《敦煌佛教艺术之渊源及其在中国艺术史上之地位》，《民国日报》1944年，后载于《敦煌学辑刊》1981年第2期。
⑤ 宗白华：《略谈敦煌艺术的意义和价值》，《观察》1948年第5期。

画是南北朝时河西匈奴人的生活写真。①

对榆林窟的考察稍晚于莫高窟，1946年，阎文儒发表《安西榆林窟调查报告》，对榆林窟中有壁画和塑像的二十九个洞窟之内容作了调查和著录，并附有案语。②

纵观中华人民共和国成立前中国敦煌学发展的两个时期，我国学者在非常困难的条件下取得了很大的成绩。前一时期我国学者所能接触到的敦煌文献十分有限，但他们不遗余力地多方搜求，并且几乎全部公布了他们见到的有关历史的文献。虽然在今天看来他们所公布的资料在文字录校方面存在一些问题，但这些资料在此后几十年内一直是相关研究者利用敦煌文献的重要材料来源。由于这一时期我国学者掌握的资料很不系统，其研究成果不免带有时代的局限性，但他们对归义军史的探索和历史典籍、宗教史文献、法律文献、地志类文献和语言文学等方面资料的整理和研究仍为以后的工作奠定了基础。这一阶段我国学者所做的整理和研究工作，在世界上处于明显的领先地位。罗振玉父子在这一时期的整理和研究工作中所做的贡献最大。后一时期我国学者所接触的敦煌文献大为增多，他们所介绍的敦煌文献的范围也比前一时期广泛得多。在此基础上，他们将归义军政治史的研究范围扩大到了西北各民族变迁史的广阔领域，开展了对金山国史的专题研究，对宗教史的研究也开辟了新的领域，对古代典籍和社会经济文献的整理和研究则更加系统化，开始出现按类或按专题收集资料进行整理的趋向。在研究方法上，这一时期创造的用文学体裁的文书研究历史问题和将利用文书与实地踏勘相结合等新方法都对以后的研究产生了深远的影响。这一时期应以王重民和向达的贡献最大。但后一时期我国学者接触敦煌文献的主要方式是亲赴巴黎、伦敦查阅，他们拍照、抄录的大量文书未能像前一时期那样公开出版。这样，不能出国的人只能主要依靠前一时期公布的资料或出国者赠送的照片进行整理和研究，其研究范围受到很大限制。而这一时期我国赴欧洲访求敦煌文献的几位学者的治学重点

---

① 李广平：《千佛洞二一三窟释迦舍身故事图人物考证》，《力行月刊》第9卷第5、6期合刊，1945年。

② 阎文儒：《安西榆林窟调查报告》，沈阳博物馆专刊《历史与考古》第1号，1946年；后收录于《中国敦煌学百年文库·考古卷》，甘肃人民出版社2000年版，第53—64页。

又均不在史学方面，这当然会对历史研究在整个敦煌文献研究中所占的地位产生影响。就整体而言，后一时期国内对敦煌文献的整理和研究的重点在古籍，热点在文学。与同期的日本学界相比，我们的研究领域有待拓宽，如那波利贞对寺院经济文书和社邑文书等世俗文献的整理和研究，在我国尚无人涉足；一些方面研究深度也有差距，未能出现如《沙州归义军节度使始末》那样全面、深入、细致的论文。与西方学者相比，我们在整理、研究少数民族语言文献方面也有明显的差距。敦煌文献之外，后一阶段我国学者对敦煌石窟的考察和研究不仅在世界上居于领先地位，同时也扩大了敦煌学的研究领域，是值得表彰的亮点。

第 三 章

1949—1978年的敦煌学研究

中华人民共和国成立后至改革开放前是我国敦煌学发展的第二个阶段，这一阶段可以1966年"文化大革命"爆发划分为两个时期。从中华人民共和国成立到"文化大革命"爆发，是我国敦煌学稳步发展的时期。这一时期敦煌学在世界范围内取得巨大成就，它已成为一门显学。1966—1978年，大陆的敦煌学研究基本陷于停顿，而港台地区的敦煌学研究却异军突起。直至1978年改革开放，我国的敦煌学才翻开了新的一页。本章分两节对这两个时期的敦煌学研究进行回顾。

第一节 敦煌学的稳步发展时期(1949—1966)

一 敦煌文献的公布和目录的编制

在这一时期，国内外学者利用敦煌文献的条件开始得到改善。其表现一是英国国家博物馆收藏的S.6980号以前的敦煌汉文文献部分的缩微胶卷自1957年开始与一些国家交换，我国和日本都在这一阶段得到这批缩微胶卷。台湾史语所也于1958年购得相同内容的缩印本（用缩微胶片冲印成册），海峡两岸的中国学者终于可在国内查阅英藏敦煌汉文文献的主体部分的照片了。日本京都"西域文化研究会"在1958—1963年陆续出版了六卷本的《西域文化研究》，其中包括研究论文、资料、目录等方面的内容。二是出版了一批有关敦煌文献的目录。商务印书馆于1962年出版了由王重民、刘铭恕编纂的《敦煌遗书总目索引》，该目录著录了北图藏、英藏、法藏和散藏的共两万多件敦煌文献，实际上是过去五十多年敦煌遗书研究成果的总结，在当时是最完整的敦煌遗书总目，在很长时期内成为国内学者了解敦煌遗书必须查阅的工具书，为国内外学者了解、调查、利用敦煌文献提供了极大方便。此外，比利时瓦雷·普散（Louis De La Vallee Poussin）的《印度事务部图书馆藏敦煌藏文写本目录》（*Catalogue of the Tibetan manuscripts form Tun-Huang in the India Office Library, with an appendix on the Chinese manuscripts by Kazuo Enoki*）也完成出版（1962年）。翟理斯（Lionel Giles）经过几十年的努力，完成了《英国博物馆所藏敦煌汉文写本注记目录》（*Descriptive Catalogue of the Chinese Manus from Tunhuang in the British Museeum*）（1957年）。由孟列夫（Лев Николаевич Меньшиков）主编的《苏联科学院亚洲民族东方学研究所所藏敦煌汉文写本注记目录》第一册也在1963出版。日本东京东洋文库设立的"敦煌文献研究委员会研究室"陆续编辑了《西域出土汉文文献分类目录初稿》的"公文书""寺院经济""文学文献"和"道教文献"四种。《敦煌变文集》书末所附曾毅公《敦煌变文论文目录》，辑录了20世纪20—50年代研究变文的题跋、杂文、通论、专题研究四个部分的论著目录106种，是关于敦煌变文研究成果的第一部专题目录。

以上资料的刊布和目录的编辑为学术界了解、调查、利用敦煌文书提供了方便。

二 历史文献整理与研究

有关西北地区历史与民族问题的研究在这一时期仍集中在对瓜沙史事的探索上。苏莹辉《论唐时敦煌陷蕃的年代》[①]和《再论唐时敦煌陷蕃的年代》[②]，依据文书记载和沙州的地理形势提出寿昌、敦煌并非同时陷落的看法，指出建中二年（781）陷落者应为寿昌。虽然苏氏对敦煌的陷落时间仍沿袭了罗振玉的说法，但其思路对进一步研究这个问题具有启发意

---

① 苏莹辉：《论唐时敦煌陷蕃的年代》，《大陆杂志》第23卷第11期，1961年。
② 苏莹辉：《再论唐时敦煌陷蕃的年代》，《大陆杂志》第29卷第7期，1964年。

义。唐长孺《关于归义军节度使的几种资料跋》，指出文书中所记张淮深等归义军节度使的职衔有自称和朝命之别，确定光启三年（887）向朝廷求旌节者为张淮深，推断张淮深在继任后的很长时间内，甚至可能终身都未被朝廷授予节度使名义，并对其原因和当时归义军内部的矛盾做了初步探讨；该文还确认莫高窟第9窟张承奉题名的结衔是当时自揽实权的索勋赠予的虚衔，并讨论了曹议金的继任时间和卒年，初步考察了归义军与甘州和凉州的关系，认为凉州收复后即属归义军管内，但至张淮深末年，除瓜沙二州之外，凉、甘、肃等州相继失控。① 此文虽存在如将文书中的"天福"年号误释为"天祐"等不足，但依据新资料提出了新问题，并为解决这些问题提出了有价值的推测，是这一阶段取得成就较大的文章之一。金启综《唐末沙州（敦煌）张议潮起义》，对张议潮团结少数民族、重视农业和水利等巩固政权的措施进行了考察。② 苏莹辉《瓜沙史事系年》，综合前人著述，以年为经记述瓜沙史事。③ 苏氏还曾依据法国人的提示确定曹元忠卒于974年。④

利用敦煌文献研究唐代的社会史在这一阶段也有进展。赵守俨《唐代婚姻礼俗考略》，依据敦煌写本《新集吉凶书仪》和《下女夫词》中的婚礼资料，结合史书、笔记、诗文等考察了送通婚书、新郎迎娶和女家的仪节、男家的仪节等唐代婚姻礼俗，描绘出了唐代婚礼过程，并考证了这些礼俗的渊源。⑤

法律文献方面。王重民《敦煌古籍叙录》汇集了第一阶段我国学者研究唐代律、令、式的主要成果。唐长孺《敦煌所出唐代法律文书两种跋》，首次向国内学术界介绍了英藏《开元户部格》和《神龙散颁刑部格》的内

---

① 唐长孺：《关于归义军节度使的几种资料跋》，《中华文史论丛》第1辑，中华书局上海编辑所1962年版，第275—298页。
② 金启综：《唐末沙州（敦煌）张议潮的起义》，《历史教学》1954年第2期。
③ 苏莹辉：《瓜沙史事系年》，《中国东亚学术学报》1963年第2期。另可参阅同作者《瓜沙史事丛考》，台湾商务印书馆1983年版；《瓜沙史事述要》，《汉学研究》第4卷第2期"敦煌学国际研讨会论文专号"，1986年，第465—482页；《瓜沙史事概述》，《全国敦煌学研讨会论文集》，台湾中正大学中国文学系，1995年，第1—12页。另可参阅段小强《读〈瓜沙史事概述〉札记》，《敦煌学辑刊》1995年第2期。
④ 另可参阅苏莹辉《曹元忠卒年考》，《大陆杂志》第7卷第9期，1953年。
⑤ 赵守俨：《唐代婚姻礼俗考略》，《文史》第3辑，1963年，第185—196页。

容，并对其中的一些资料结合史籍进行了探索。① 但作者未能考出这两件文书的正确名称，实际上此前日本人已考出其中一件为《开元户部格》。

在少数民族语言文献的整理与研究方面，这一时期的主要关注点集中于吐蕃文与回鹘文。王忠《新唐书吐蕃传笺证》②，利用敦煌吐鲁番所出吐蕃文资料及传世汉藏文献，整理注释了《新唐书·吐蕃传》，是国内较早利用敦煌少数民族语言文献研究历史的著作之一，使吐蕃史料的研究水平得到提高。冯家昇《回鹘文写本〈菩萨大唐三藏法师传〉研究报告》③，对回鹘文写本《菩萨大唐三藏法师传》（又称"玄奘传"）做了概况性的介绍，并确认了一些残片的系属关系。另外，冯氏《刻本回鹘文〈佛说天地八阳神咒经〉研究——兼论回鹘人对于〈大藏经〉的贡献》，以回鹘文《佛说天地八阳神咒经》为例，结合古代史书的记载，勾勒了佛教在回鹘人中的传播历史及回鹘人对佛教的贡献。④

三 对社会经济文献的整理和研究

对社会经济资料的整理和研究在这一阶段受到大陆史学界的重视。在资料整理方面最重要者当推中国科学院历史研究所资料室辑录的《敦煌资料》第一辑⑤，其内容包括户籍、名籍（差科簿）、地亩文书、寺院僧尼丁壮眷属名牒、契约等170多种社会经济方面的文书原卷释文，大部分系编者从当时所能见到的敦煌文献中选录。由于当时许多研究者尚无条件利用敦煌文献缩微胶卷，故这本资料集的出版为史学工作者研究、利用敦煌文献提供了方便。虽然此书在文书的定名和文字的录校方面存在不少问题，但在池田温《中国古代籍帐研究》传入我国之前，它一直是许多史学工作者利用敦煌文献的重要史料来源。

---

① 唐长孺：《敦煌所出唐代法律文书两种跋》，《中华文史论丛》第5辑，中华书局1964年版，第377—394页。
② 王忠：《新唐书吐蕃传笺证》，科学出版社1958年版。
③ 冯家昇：《回鹘文写本〈菩萨大唐三藏法师传〉研究报告》，中国科学院1953年版。
④ 冯家昇：《刻本回鹘文〈佛说天地八阳神咒经〉研究——兼论回鹘人对于〈大藏经〉的贡献》，《考古学报》1955年第9期。
⑤ 《敦煌资料》第一辑，中华书局1961年版。

开始尝试在马克思主义指导下，利用敦煌文献研究古代社会的土地制度（均田制）、租佃关系、徭役制度与农民的生活状况等问题是这一阶段大陆学界的一个显著特点。与探索土地所有制形式问题相关，对均田制的研究一度成为唐史研究的热点，争论的焦点是唐代均田制的施行问题。邓广铭《唐代租庸调法研究》，认为唐代均田制实际上并未施行，其立论依据之一就是敦煌户籍文书。他指出，在敦煌户籍中，每一户的已受田数目距其应受田之数无不相差甚多，而已受田与未受田的比例各户又绝不相同，这足可说明唐代的均田制实际上并不存在。[①] 这个看法与20世纪30年代曾了若依据敦煌户籍得出的结论略同，但在五六十年代受到许多唐史学者的反对。有趣的是反对者也是以敦煌户籍作为主要论据之一。岑仲勉《租庸调与均田有无关系》[②]、韩国磐《唐代的均田制与租庸调——对邓广铭同志"唐代租庸调法的研究"一文的商榷》[③]、胡如雷《唐代均田制研究》[④] 等文均认为均田制曾在一定程度上实行过。他们指出，受田不足是从北魏开始推行均田制以来就存在的问题，唐代敦煌户籍存在受田不足的现象也在情理之中，不能据此否定均田制；各户各乡受田并非同年，在不同年月政府收回的口分田数量与受田户受田丁数亦不同，故户籍中所记各户已受田与未受田的比例不能划一。李必忠《唐代均田制的一些基本问题的商榷——兼质邓广铭先生》，试图用唐代法律中有关宽乡、狭乡的规定解释户籍中受田不足的现象，并指出在户籍上有应受田、已受田、永业田、口分田等符合均田令规定的名目，且和应受田数与均田令的规定基本相符，这都表明均田制确实实行了。[⑤] 田野《关于唐代均田实施的几个问题》，认为敦煌户籍证明了均田与私田是并存的，户籍上出现受田不足的

---

① 邓广铭：《唐代租庸调法研究》，《历史研究》1954年第4期。
② 岑仲勉：《租庸调与均田有无关系》，《历史研究》1955年第5期。
③ 韩国磐：《唐代的均田制与租庸调——对邓广铭同志"唐代租庸调法的研究"一文的商榷》，《历史研究》1955年第5期；《从均田制到庄园经济的变化》，《历史研究》1959年第5期。
④ 胡如雷：《唐代均田制研究》，《历史研究》1955年第5期；《唐代租庸调制的作用及意义》，《河北天津师范学院学报》1957年第1期。
⑤ 李必忠：《唐代均田制的一些基本问题的商榷——兼质邓广铭先生》，《四川大学学报》1955年第2期。

现象是因耕地少造成的。① 韩国磐《根据敦煌和吐鲁番发现的文件略谈有关唐代田制的几个问题》，利用敦煌吐鲁番户籍文书中保存的授田和还田的记载，进一步论证唐代确曾实施过均田制，并对文书中所记载的永业、口分、园宅和自田等田地的性质做了初步探索。② 他还依据敦煌文献论证唐代确实存在自给自足的庄园。唐耕耦《从敦煌吐鲁番资料看唐代均田令的实施程度》，对敦煌户籍所载各户应受田数量依据均田令的规定进行了全面核算，结果与上述李必忠的推论相合；他还对敦煌吐鲁番文书中有关授田还田的资料做了进一步的梳理。③ 唐氏的工作为上述多数学者的观点提供了更为充足的论据，他同时指出均田令施行的程度被夸大了。现在看来，胡如雷等的观点理由更充足一些，证据也更充分一些。但邓广铭的文章也在客观上推动了人们对均田制的研究，其观点对后来人们进一步探索均田制的实质也有启发。

关于敦煌吐鲁番文献中租佃契约的性质，学者们的认识经历了一个逐渐深化的过程。起初，人们将其都看作封建租佃契约。韩国磐《根据敦煌和吐鲁番发现的文件略谈有关唐代田制的几个问题》，始将其划分为两种类型，认为一种是贫苦农民不得已而典租土地，实际上是以田地为抵押的关系；另一种是缺地农民以很高租额租种土地。孙达人《对唐至五代租佃契约经济内容的分析》，进一步明确了这两种契约的不同性质，指出一种是租田人利用租价（高利贷）剥削"田主"（贫苦农民）的关系；另一种是真正的封建地主与佃农之间的关系，在这里，地租是租地人向地主提供的无偿劳动。④ 上述探索对于深入认识古代封建租佃关系具有积极意义。王永兴《敦煌唐代差科簿考释》，结合传世文献考出以前被人们称为"丁籍"或"男子之籍"的数件敦煌文书系唐天宝十载政府为征发徭役而编造的"差科簿"，对文书中出现的职务和徭役名称分别进行了考释，丰富了人们对唐代徭役特别是色役的认识，是这一阶段史籍文书相互印证、相互

---

① 田野：《关于唐代均田实施的几个问题》，《山东大学学报》1959 年第 4 期。
② 韩国磐：《根据敦煌和吐鲁番发现的文件略谈有关唐代田制的几个问题》，《历史研究》1962 年第 4 期。
③ 唐耕耦：《从敦煌吐鲁番资料看唐代均田令的实施程度》，《山东大学学报》1963 年第 1 期。
④ 孙达人：《对唐至五代租佃契约经济内容的分析》，《历史研究》1962 年第 6 期。

发明的成功之作。① 韩国磐《唐天宝时农民生活之一瞥——敦煌吐鲁番资料阅读札记之一》，尝试通过敦煌吐鲁番文书中的物价资料探索天宝时的农民生活情况，认为一般农户好的只能勉强维持生活，差的必至破产流亡。② 唐长孺《关于武则天统治末年的浮逃户》，利用敦煌文书揭示了武则天长安年间关于逃亡人户法令的变化。③

四 宗教文献的整理与研究

在佛教史的研究方面，法国学者戴密微（Paul Demiéville）、谢和耐（Jacques Gernet）和日本学者藤枝晃、竺沙雅章等在这一阶段均取得重要的研究成果。苏莹辉《论敦煌资料中的三位河西都僧统》，对竺沙雅章等将《吴僧统碑》中之吴僧统与敦煌文书中的洪辩、吴和尚比定为一人提出异议，并试图证明他们是三个人。④ 他关于吴和尚为另一人的证据比较充分，再经上山大峻等进一步论证后已得到公认。此外，《现代佛学》刊载多篇介绍敦煌所出佛教文献的文章，如吕澂《敦煌写本唐释净觉注般若波罗蜜多心经（附说明）》⑤、周叔迦《敦煌写本〈华严经略疏〉卷第一》⑥ 及《敦煌写本〈大方等大集贤护经卷第一疏〉残卷》⑦、林虑山《新近发现昙鸾大师手写〈大般涅槃经〉著作残卷真迹》⑧、冯汉骥《记唐印本陀罗尼经咒的发现》⑨ 等。向达《记现存几个古本〈大唐西域记〉》⑩、觉明

---

① 王永兴：《敦煌唐代差科簿考释》，《历史研究》1957年第12期。
② 韩国磐：《唐天宝时农民生活之一瞥——敦煌吐鲁番资料阅读札记之一》，《厦门大学学报》1963年第4期。
③ 唐长孺：《关于武则天统治末年的浮逃户》，《历史研究》1961年第6期。
④ 苏莹辉：《论敦煌资料中的三位河西都僧统》，《幼狮学志》第5卷第1期，1966年。
⑤ 吕澂：《敦煌写本唐释净觉注般若波罗蜜多心经（附说明）》，《现代佛学》1961年第4期。
⑥ 周叔迦：《敦煌写本〈华严经略疏〉卷第一》，《现代佛学》1960年第8期。
⑦ 周叔迦：《敦煌写本〈大方等大集贤护经卷第一疏〉残卷》，《现代佛学》1960年第4期；《敦煌写本〈大方等大集贤护经卷第一疏〉残卷》（续篇），《现代佛学》1960年第5期。
⑧ 林虑山：《新近发现昙鸾大师手写〈大般涅槃经〉著作残卷真迹》，《现代佛学》1961年第5期。
⑨ 冯汉骥：《记唐印本陀罗尼经咒的发现》，《文物参考资料》1957年第5期。
⑩ 向达：《记现存几个古本〈大唐西域记〉》，《文物》1962年第1期。

《试论〈大唐西域记〉的校勘问题》①，对敦煌写本《大唐西域记》及其校勘价值进行了探讨。

道教文献的整理和研究在这一时期主要是对《老子道经想尔注》进行整理和研究。饶宗颐《敦煌六朝写本张天师道陵著老子想尔注校笺》②，首次影印、校录了S.6825《老子道经想尔注》。作者认为该书为张道陵所著，并据之对东汉老学神仙家说进行了探讨。陈世骧《"想尔"老子道经敦煌残卷论证》，认为"想尔注"乃张鲁所为，其性质是道教初期一派的教门圣典。③

景教文献的整理和研究方面，梁子涵发表《敦煌景教之文献》（上、下）④、《唐代景教译经考》⑤等文，对敦煌文献中的景教文献作了介绍、说明和校录，并据之探索了景教的汉文译经情况。另有刘伟民《唐代景教之传入及其思想之研究》，对《志玄安乐经》等景教经典进行了讨论，并认为经文具有浓厚的道家色彩。⑥ 罗香林《景教入华及其演变与遗物特征》，介绍了P.3847景教文献⑦，并将该卷析为《景教三威蒙度赞》和《尊经》两个部分分别介绍⑧。

四 敦煌语言文字资料的整理与研究

语言文字方面，韵书、方音和变文文字解读与校勘成为这一时期的研究重点。

姜亮夫根据20世纪三四十年代在巴黎抄录的敦煌文献，整理编成《瀛涯敦煌韵辑》⑨一书，凡三大册二十四卷，分字部、论部和谱部三部

---

① 觉明：《试论〈大唐西域记〉的校勘问题》，《现代佛学》1964年第6期。
② 饶宗颐：《敦煌六朝写本张天师道陵著老子想尔注校笺》，香港：东南书局1956年版。
③ 陈世骧：《"想尔"老子道经敦煌残卷论证》，《清华学报》新1卷第2期，1957年。
④ 梁子涵：《敦煌景教之文献》（上），《大陆杂志》第14卷第11期，1957年；同氏《敦煌景教之文献》（下），《大陆杂志》第14卷第12期，1957年。
⑤ 梁子涵：《唐代景教译经考》，《大陆杂志》第27卷第7期，1963年。
⑥ 刘伟民：《唐代景教之传入及其思想之研究》，《联合书院学报》1962年第1期。
⑦ 罗香林：《景教入华及其演变与遗物特征》，《华冈学报》1965年第1期。
⑧ 罗香林：《唐元二代之景教》，中国学社1966年版，第47页。
⑨ 姜亮夫：《瀛涯敦煌韵辑》，上海出版公司1955年版；台北：鼎文书局1972年版。另需参阅同作者《〈瀛涯敦煌韵辑〉补逸》，《敦煌学辑刊》1983年创刊号。

分。字部收敦煌韵书摹本凡三十三种；论部收论文二十一篇，对所收韵书卷子的抄写年月、版式、体制及其流变进行了细致的介绍和考证；谱部据敦煌韵书卷子及其他材料，制成《隋唐宋韵书韵部总谱》《诸隋唐宋人韵书反切异文谱》等表。该书是辑录海外切韵系统韵书的较为完备的结集[1]，在日本及中国港台地区均有翻印本流行。另，姜亮夫《〈切韵〉系统》充分利用《瀛涯敦煌韵辑》一书搜集到的敦煌书卷中的音韵材料，结合传世文献，对隋唐宋人所有属于《切韵》一系韵书的材料分别加以考释，基本理清了《切韵》的原貌，为推进中古音研究作出了重要贡献。[2] 魏建功《〈切韵〉韵目次第考源——敦煌唐写本〈归三十字母例〉》，依据敦煌文献中之"归三十字母例"，初步讨论了《切韵》韵母的根源，深化了学界对《切韵》的认识。[3] 周祖谟《王仁昫切韵著作年代释疑》，根据《刊谬补缺切韵》中的避讳以及序文"龙兴"等用词，断定王仁昫《刊谬补缺切韵》撰成时间在唐中宗复国时期。[4]

罗常培《唐五代西北方音》[5]，根据敦煌《千字文》的几种写本、《开蒙要训》写本内汉字注音，及《唐蕃会盟碑》中的汉藏对音，揭示了8—10世纪西北方音的概貌，为汉语语音史研究开辟了新的途径，受到学术界的推崇和广泛应用。邵荣芬《敦煌俗文学中的别字异文和唐五代西北方音》，根据敦煌文献中的别字和异文，对唐五代西北方音进行了新的考察，对罗常培的观点有所补充，也有所修正，并指出中古以后的许多语音变化在唐五代的西北方音中就已经出现了。[6]

敦煌写本由于抄写者水平参差，字形讹误，同音替代，简笔俗写的现象较多，加之这些写本时间久远，浸渍漶漫，残损严重，使某些字迹更加

---

[1] 参阅赵振铎《读〈瀛涯敦煌韵辑〉》，《中国语文》1962年第1期；蔡勇飞《瀛涯敦煌韵辑在音韵学史上的意义》，《文献》17，1983年。

[2] 姜亮夫：《〈切韵〉系统》，《浙江师范学院学报》1955年第1期。

[3] 魏建功：《〈切韵〉韵目次第考源——敦煌唐写本〈归三十字母例〉》，《北京大学学报》1957年第4期。

[4] 周祖谟：《王仁昫〈切韵〉著作年代释疑》，收入氏著《问学集》，中华书局1966年版，第483—493页。

[5] 罗常培：《唐五代西北方音》，科学出版社1961年初版；商务印书馆2012年再版。

[6] 邵荣芬：《敦煌俗文学中的别字异文和唐五代西北方音》，《中国语文》1963年第3期。

难以辨认。因此自敦煌变文的释录本出版以后，学界有关变文文字勘校和析词释义的文章便应之而生。胡竹安《敦煌变文中的双音连词》，尝试将变文的词法研究引入现代汉语语法体系中，提高了变文词汇的语料价值。①于夏龙《敦煌变文"是"字用法分析》，将《敦煌变文集》中"是"字用法全部检出，对其用法进行分类分析，扩大了汉语史的语料范围。②徐复《敦煌变文词语研究》，不仅对敦煌变文中的许多词语进行了考释，还最早将敦煌变文中的口语语词和口语性语词称为"俗语词"，不仅具有重要实践意义，也有重要理论价值。③但这方面成就最大的当属蒋礼鸿《敦煌变文字义通释》④一书。作者选取敦煌变文中难以索解的口语词，分为释称谓、释容体、释名物、释事为、释情貌、释虚字六篇，具有纵横考释、言简意赅的特点，对理解敦煌变文字义具有极大助益，同时对于汉语词汇史和诗词戏曲的研究也有参考价值。该书问世以后，四十年间五次增订再版⑤，成为敦煌文献研究者必备的工具书，被日本学者誉为"研究中国通俗文学的指路明灯"。此外，徐复⑥、王贞珉⑦等先后撰文评论，为进一步修订条目提供了不少有益的意见。上述成果分别对一些敦煌变文作品中的释文、校记提出补正和商榷的意见，使敦煌变文的校勘在相互切磋中朝着日臻完备的方向发展，大大提高了敦煌变文的释读和理解水平。

五 敦煌文学作品的整理与研究

敦煌文学作品的整理与研究在这一时期取得了长足的进展，中国学者

---

① 胡竹安：《敦煌变文中的双音连词》，《中国语文》1961 年第 10、11 合期。
② 于夏龙：《敦煌变文"是"字用法分析》，《中国语文》1965 年第 4 期。
③ 徐复：《敦煌变文词语研究》，《中国语文》1961 年第 8 期。
④ 蒋礼鸿：《敦煌变文字义通释》，中华书局 1959 年初版；1960 年第二版；中华书局 1962 年（增订版）；上海古籍出版社 1981 年增订再版；上海古籍出版社 1988 年第四次增订版；上海古籍出版社 1997 年第五次增订版。台北：古亭书屋 1975 年版；台北：木铎出版社 1982 年版；台北：新文丰出版公司（《敦煌丛刊初集》·第十四种）1985 年版。另可参阅同作者《关于〈敦煌变文字义通释〉》，《杭州大学学报》1982 年第 4 期；后收入张涌泉、陈浩主编《浙江与敦煌学——常书鸿先生诞辰一百周年纪念文集》，浙江古籍出版社 2004 年版，第 466—480 页。
⑤ 增订的主要内容有：增加新的条目；对原条目充实和调整例证；增加索引。
⑥ 徐复：《评〈敦煌变文字义通释〉》，《中国语文》1961 年第 10、11 合期。
⑦ 王贞珉：《读增订本〈敦煌变文字义通释〉》，《文学遗产增刊》1961 年第 8 期。

在敦煌变文、曲子词、诗歌、赋等多个领域都取得了重要成果,并出现了带有总结性的论著。

1. 敦煌变文

1954年,周绍良编纂的《敦煌变文汇录》①出版,全书汇辑作者搜集、整理的唐五代变文三十六篇,其中有佛经故事变文,包括押座文、缘起计24篇;说唱历史故事、民间传说的变文12篇。每篇变文题后都有简要说明,介绍写本原卷所藏之处,有的还有内容简介和考订。此书虽在内容选定和文字释录方面都存在不少问题,但作为国内外第一部整理和研究敦煌变文资料的结集,首创之功仍不可没。次年,该书增订再版,又增收两种变文,增补了一些变文的缺文,并附《敦煌所出变文现存目录》。1957年,由王重民、王庆菽发起,向达主持,周一良、曾毅公参加合编的《敦煌变文集》②出版。该书根据王重民、王庆菽等从巴黎、伦敦带回的照片、抄本,以及北京图书馆的原卷及当时所能找到的国内外有关敦煌通俗文学作品的抄本,共计一百八十七件加以整理、校录,共收录七十八种作品。此书在文字释录方面虽然仍存在不少问题,但比《敦煌变文汇录》前进了一大步,在以后相当长的时间内成为学术界对变文进行研究、校勘的工作底本。次年,徐震堮先后发表《〈敦煌变文集〉校记补正》和《〈敦煌变文集〉校记再补》③;1962年,蒋礼鸿发表《〈敦煌变文集〉校记录略》④。以上文章开启了对《敦煌变文集》所收录的文本在文字释录、校勘等方面所存问题的研究,以后在很长一段时间内,很多学者都参与了这方面的工作。

文本整理之外,对敦煌变文的研究在这一阶段也取得了很多重要成果。周叔迦《漫谈变文的起源》,主要运用了"推源溯流"的研究方法,

---

① 周绍良:《敦煌变文汇录》,上海出版公司1954年版;1955年增订再版。另可参阅同作者《敦煌所出唐变文汇录》,《现代佛学》1951年第1期。有关《敦煌变文汇录》的评介文章,可参阅日本学者入矢义高《〈敦煌变文汇录〉(书评)》,《中国文学报》5,1955年。

② 王重民等:《敦煌变文集》,人民文学出版社1956年版;同出版社1984年再版。同书在台湾地区的出版信息为:台北世界书局1973年版;台北国泰文化公司影印1980年版。

③ 徐震堮:《〈敦煌变文集〉校记补正》,《华东师范大学学报》1958年第1期;《〈敦煌变文集〉校记再补》,《华东师范大学学报》1958年第2期;

④ 蒋礼鸿:《〈敦煌变文集〉校记录略》,《杭州大学学报》1962年第1期。

从"渊源论""文本论""比较论"三个角度对变文的起源做了论述,从而使我们对变文的渊源、文本特点及与其他文学形式的关系等有了更为深入的认识。① 孙楷第《读变文杂识》,对古文中"变"字进行归纳总结,认为"变文"之得名当由文中叙佛菩萨神变及佛典中变异之事。② 其说对后来研究影响很大。王庆菽《试谈"变文"的产生和影响》,则认为"变文"这种文体源于中国传统文学③,这种观点亦对后来研究影响较大。程毅中《关于变文的几点探索》,认为"变文"与"变相"有关,同时也认为"变文"不一定就是受佛教影响而产生,可能也存在着中国传统源头,可能受到古代的赋,尤其是杂赋的影响。④ 这篇文章起初在国内并没有得到太多关注,但却被日本学者金冈照光视为"三十年来研究的最新成就"。周绍良《谈唐代民间文学——读〈中国文学史〉"变文"节书后》,也比较系统地讨论了"变文"之名、特征等问题。⑤

2. 曲子词的整理与研究

这一阶段最重要的成果当推王重民所编《敦煌曲子词集》的问世。⑥ 该书共收集曲子词213首,以相校补,去其重复,得162首(再版时增至164首)。全书共三卷,上卷为长短句,收108首;中卷为《云谣集杂曲子》,收30首;下卷为词,计24首。这是自敦煌词重现于世以来,当时国内外收集最多的敦煌词集,它的出版拓展了敦煌文学的领域。该书叙录中还分析了曲子词的内容特色,并对曲子词的概念、起源等提出了颇具参考价值的见解。由于当时的条件所限,该书收录的敦煌曲子词尚不够完备,收录范围亦略显狭窄。1954年,任二北的《敦煌曲初探》出版⑦,该书首先对敦煌曲的调名、曲辞等作出统计;其次对敦煌曲与《教坊记》的关系等作出考证;此外还对敦煌曲的起源、名称、时代、内容、作者、体

---

① 周叔迦:《漫谈变文的起源》,《现代佛学》1951年第4期。
② 孙楷第:《读变文杂识》,《现代佛学》1951年第1期。
③ 王庆菽:《试谈"变文"的产生和影响》,《新建设》1957年第3期。
④ 程毅中:《关于变文的几点探索》,《文学遗产增刊》1962年第10期。
⑤ 周绍良:《谈唐代民间文学——读〈中国文学史〉中"变文"节书后》,《新建设》1963年第1期。
⑥ 王重民:《敦煌曲子词集》,上海商务印书馆1950年版。
⑦ 任二北:《敦煌曲初探》,上海文艺联合出版社1954年版。

裁、修辞等方面的问题有所探究。该书是对敦煌所出唐、五代乐曲材料进行全面系统的研究的第一部专著，具有开创意义。依据以上理论探索，在《敦煌曲子词集》的基础上，任二北还扩充编纂了《敦煌曲校录》①，增录包含敦煌曲子词、民间歌词和大曲在内的歌词共计545首。该书将所收作品分为三类，第一类为"普通杂曲"，收录48调205首，又失调名22首，共计227首；第二类为"定格联章"，收录4调17套286首，又失调名1套12首，共计298首；第三类为"大曲"，收录5调5套20首。全书校录共计56调及失名10调，是对《敦煌曲子词集》的一次大规模补充，该书将曲子划分为"杂曲"与"大曲"、"普通杂曲"与"定格联章"，也是对敦煌曲子词体式分类的重大贡献。

除以上专著外，这一阶段也出现了一些研究敦煌曲的单篇论文。蒋礼鸿《敦煌词校议》着重对敦煌曲词的词汇进行考释。② 张次青《敦煌曲校臆补》，对任二北《敦煌曲初探》和《敦煌曲校录》进行了补校，涉及50余首敦煌曲。③ 俞平伯《读云谣集杂曲子〈凤归云〉札记》，对王重民先生所编《敦煌曲子词集》中《云谣集杂曲子》之四首《凤归云》的释录和注解提出了一些不同意见。④

3. 敦煌诗歌、赋和话本

王重民《补全唐诗》集录敦煌文献中保存的唐诗，以补《全唐诗》之缺，该文补诗97首，又残者3首，附者4首，共104首；作者50人，31人见于《全唐诗》，19人为《全唐诗》未载。⑤ 此文开创了补《全唐诗》工作的先河。杨公骥《唐代民歌考释及变文考论》⑥，所考论的唐代民歌即王梵志诗，属三卷本系统。作者首次利用历史资料，如府兵制、"中男"

---

① 任二北：《敦煌曲校录》，上海文艺联合出版社1955年版。另可参阅卢善焕《〈敦煌曲校录〉略校》，《敦煌学辑刊》1986年第2期；《〈敦煌曲校录〉校读记》，《西北师大学报》1991年第5期。
② 蒋礼鸿：《敦煌词校议》，《杭州大学学报》1959年第3期。
③ 张次青：《敦煌曲校臆补》，《文学遗产增刊》第5辑，作家出版社1957年版，第297—317页。
④ 俞平伯：《读云谣集杂曲子〈凤归云〉札记》，《光明日报》1957年5月19日。
⑤ 王重民：《补全唐诗》，《中华文史论丛》第3辑，中华书局1963年版，第301—346页。
⑥ 杨公骥：《唐代民歌考释及变文考论》，吉林人民出版社1962年版。

"开元通宝"等词汇来判定这批诗的历史时代。王利器《敦煌文学中的〈韩朋赋〉》，考出此赋的故事原型最先见于干宝的《搜神记》，后来《岭表录异》《太平广记》都引用过，揭示了该赋故事的源流。①

六 敦煌艺术

1. 敦煌文物研究所对敦煌石窟的保护和维修

1950年，敦煌艺术研究所更名为敦煌文物研究所，直接由文化部领导，由常书鸿任所长，并增加了人员编制，扩大了工作范围。到1966年，已有各种专业人员三十多名，分设美术、考古、保护、资料四个研究室。敦煌文物研究所遵循文化部确定的"保护"与"发扬"总方针，在敦煌石窟的考古、保护、艺术等方面作出了重要贡献。

敦煌文物研究所设立最初的专门保管机构——保管组，负责石窟的日常保护和管理工作。研究所组织专家对石窟所处的自然环境及对石窟的影响进行考察，包括勘查石窟及其所在崖体的原貌和损坏现状、石窟建筑物的特征等；对石窟附属木构窟檐的结构及其残破状况作了全面的调查和评估。在五六十年代，经过长期踏勘，对过去的石窟调查、登录做了进一步校勘和增补。这一时期完成的《敦煌石窟勘察报告》记录、分析和评估了有关自然环境对洞窟的影响、个别洞窟损坏概况、崖面原状的研究资料、洞窟建筑时代的资料、窟檐概况等，并提出了整修意见。②《对〈敦煌石窟勘察报告〉的补充意见》，则提出了具体的防沙除沙、截断水源和窟檐的修整方案等。③ 根据勘察结果，针对石窟现状和病害程度，敦煌文物研究所展开了对莫高窟全面的整修保护工作。

首先是在1950年抢修了莫高窟第427、431、435、444窟等五座宋代木构窟檐，使其保存原状。1956年加固了第248—259窟一带的早期洞窟。自1963年开始，对莫高窟进行全面加固。包括1963—1966年进行的危崖加固工程，采用支墩与重力挡墙，支顶石窟崖体顶的悬岩，拦挡因裂隙可

---

① 王利器：《敦煌文学中的〈韩朋赋〉》，《文学遗产增刊》第1辑，作家出版社1955年版，第434—440页。
② 赵正之、莫宗江、宿白等：《敦煌石窟勘察报告》，《文物参考资料》1955年第2期。
③ 敦煌文物研究所：《对〈敦煌石窟勘察报告〉的补充意见》，《文物》1955年第2期。

能导致的岩体坍塌。此项工作对莫高窟南区长570多米的崖体，358个洞窟进行的加固，也同时解决了上下层洞窟和同层洞窟间的交通连接问题，使一些难以登临的洞窟都能到达，外观上保持朴素无华。同时，在1965年以石柱墩和木构栈道加固莫高窟南区中段第232—260窟长达200米的石窟。对洞窟内部已损坏的塑像和壁画，则运用扶正和脱胎换骨的技术加固倾倒的彩塑和骨架腐朽的彩塑，对大量剥离石壁、即将脱落的壁画，采用边缘抹泥黏结加固、铆钉加固和灌浆黏结加固等多种措施，有效地控制了壁画的大面积脱落和塌毁。使1409.56平方米的壁画和215身彩塑得到了妥善的保护。在当时的技术条件下，以上整修最大限度地使莫高窟南区得到有效的加固，长度达875米，使主要的洞窟得到全面保护，并能经受七级地震。加固的洞窟通道上下衔接，南北贯通，彻底改变了残破坍塌的旧面貌，使莫高窟焕然一新。

为了防止洞窟遭受自然因素和人为因素的破坏，敦煌文物研究所保护部门还根据古代敦煌石窟在洞窟前装窟门、窟内铺花砖的特点，安装了部分窟门，地面铺上水泥，以避免风沙、日光、尘土和人为破坏。清扫了窟前的积沙和窟内的沙尘，以防尘土入窟破坏壁画。并定期检查洞窟，观察洞窟中有无自然或人为破坏，以便对有病害的洞窟及时进行抢救。同时，设立莫高窟温度气象站，用以观察莫高窟气象环境规律。

总之，在中华人民共和国成立后至"文化大革命"前，敦煌文物研究所已经摸索出一些行之有效的保护办法，积累了保护和管理工作的经验，制定了在当时条件下可行的管理制度。①

2. 敦煌石窟考古发掘与研究

1951年，夏鼐《漫谈敦煌千佛洞与考古学》，探讨了如何将考古学在敦煌石窟研究中运用的问题。② 1956年，宿白发表《参观敦煌第285窟札记》，一文，初次运用考古类型学的方法，通过第285窟壁画的分类排比，对莫高窟的北魏洞窟作了比较研究。③ 在此期间，敦煌文物研究所充实了一批年轻

---

① 樊锦诗：《敦煌石窟保护五十年》，《敦煌研究》1994年第2期。
② 夏鼐：《漫谈敦煌千佛洞和考古学》，《文物参考资料》1951年第5期。另可参阅同作者《敦煌考古漫记》（一）、（二）、（三），《考古通讯》1955年创刊号；第1期；第2期。
③ 宿白：《参观敦煌285号窟札记》，《文物参考资料》1956年第1期。

的历史、考古研究人员，成立了研究考古组。1962年，宿白在莫高窟讲授了以敦煌石窟考古为内容的《敦煌七讲》，并选择典型洞窟进行实测、记录，为敦煌石窟考古研究在理论和方法上奠定了基础。敦煌文物研究所完成了第248窟考古报告稿本，开始尝试用考古学方法记录和研究单个石窟。[①]

这一时期在莫高窟窟前遗址的发掘中取得很大收获。1963年7月至1966年上半年，敦煌文物研究所为配合莫高窟南区洞窟的加固工程，对莫高窟南区北段和中段长约380米的区域进行了清理和发掘。这次清理发掘了由南至北第108、第100、第98、第85、第61、第55、第467、第53、第46、第45、第44、第39、第38、第35、第30—27、第22、第21等窟窟前殿堂或其他遗址，发现新窟龛有第487、第488、第489、第490、第491、第492等窟。在对底层窟前遗址的发掘中，清理出窟前建筑遗址二十多个，这些遗址分属于五代、宋、西夏、元等几个不同时代，其中有的窟前建筑经过两次重修。在清理出的窟前建筑遗址中，建筑结构分为两种类型：一种是砖包台基结构的殿堂建筑遗址，一种是土石基结构的建筑遗址；已发掘的窟前殿堂遗址，最早的是五代时修建的，而不见唐代窟前遗址；中晚唐以后，窟前沙石堆积逐渐增高，至五代宋初，底层洞窟在重修、扩建时，普遍把洞窟地面下降，使之与窟前建筑地面大致保持在同一水平面上。在莫高窟清理出的窟前建筑遗址、窟、龛，为我们了解莫高窟过去的面貌和变迁情况提供了许多宝贵的实物资料。这次发掘和整理研究工作于"文化大革命"期间陷于停顿。

莫高窟之外，敦煌文物研究所还对瓜州榆林窟进行了科学的考古勘查，并公布了简报。[②]

在此阶段开始有学者利用敦煌文献结合其他材料考察莫高窟史，主要利用碑铭、供养人题记等石窟资料与敦煌文书相结合，展开对莫高窟营建史的研究。向达《瓜沙谈往》，考证了莫高窟开窟于前秦苻坚建元二年（366）。[③] 宿白《〈莫高窟记〉跋》，考证了莫高窟的始建年、窟数及一些

[①] 敦煌文物研究所：《敦煌北魏248窟报告（稿本）》，樊锦诗、刘玉权主编：《中国敦煌学百年文库·考古卷》，甘肃文化出版社1999年版，第193—219页。
[②] 敦煌文物研究所：《安西榆林窟勘查简报》，《文物参考资料》1956年第10期。
[③] 向达：《瓜沙谈往》，《国学季刊》1950年第7期。

窟像的建造年代。① 阎文儒《莫高窟的石窟构造及其塑像》，重点分析了莫高窟历代石窟不同的形制，追溯了莫高窟与印度石窟的源流关系；同时也系统研究了莫高窟塑像，全面分析了塑像的时代特征、风格特点等。② 金维诺《敦煌窟龛名数考》，依据《十二月八日夜社人遍窟燃灯分配窟龛名数》对部分洞窟的名称和建造年代进行了考证③，虽然作者对文书年代的推测为以后的研究所否定，但对文书所记洞窟的认定却有很多被近年的研究所证实。

3. 对敦煌石窟艺术的探索与宣传

20世纪30年代，贺昌群提出西来佛教艺术首先传入云冈，然后从东传入敦煌，首倡"东来说"。50年代，向达提出"西来说"，认为敦煌艺术渊源于印度，然后向东传播，影响了中原诸石窟，他在《敦煌艺术概论》④《莫高、榆林二窟杂考》⑤ 等文中对此观点作了更加全面和深入的论述。常书鸿《敦煌艺术的源流和内容》，又提出"东西交融说"⑥。此后，这一话题成为学术界长期争论的问题。

劳干《敦煌艺术》，概述了敦煌的历史、千佛洞与敦煌壁画的内容、敦煌壁画与中国绘画的联系，还对伯希和《敦煌石窟图录》的图版作了较详细的解说。⑦ 谢稚柳《敦煌艺术叙录》⑧，按张大千编号，将莫高窟三百零九窟、三塔、西千佛洞十九窟、榆林窟二十九窟和水峡口六窟的洞窟形制、塑像、壁画、供养人题记等，做了详细记录，在当时是全面了解敦煌石窟内容的重要资料。

---

① 宿白：《〈莫高窟记〉跋》，《文物参考资料》1955年第2期。
② 阎文儒：《莫高窟的石窟构造及其塑像》，《文物参考资料》1951年第4期。
③ 金维诺：《敦煌窟龛名数考》，《文物》1959年第5期；另可参阅同作者《敦煌窟龛名数考补（摘要）》，《敦煌研究》1988年第2期。
④ 向达：《敦煌艺术概论》，《文物参考资料》1951年第1期。
⑤ 向达：《莫高、榆林二窟杂考》，《文物参考资料》1951年第5期。
⑥ 常书鸿：《敦煌艺术的源流和内容》，《文物参考资料》1951年第2期。
⑦ 劳干：《敦煌艺术》（《"国立"历史博物馆历史文物丛刊》第一辑），台湾中华丛书编审委员会1958年版。
⑧ 谢稚柳：《敦煌艺术叙录》，上海出版公司1955年版；上海古典文学出版社1957年版；上海古籍出版社1996年版。

苏莹辉《敦煌壁画石室发现对中国绘画之影响》，介绍了莫高窟和榆林窟壁画内容、时代与类别，从图录的刊印流传、绘画技法的示范、供养人像提供的历代服饰标准、敦煌画谱与白描画本的作用等方面论证了敦煌壁画与石室画轴对中国绘画的影响。① 王逊《敦煌壁画中表现的中古绘画》，亦以敦煌壁画为基本材料考察中国绘画史，认为敦煌壁画代表了南北朝以至北宋初的中古绘画史，可以与《历代名画记》等记录中古绘画的画论著作相结合共同研究中国美术史。②

有关石窟壁画与佛教的关系探讨，周一良《敦煌壁画与佛经》，对敦煌壁画与佛经、佛教和变文等的关系做了系统分析，尤其是对敦煌壁画与俗讲变文间关系的梳理，在学界尚是首次，对后来将石窟壁画与俗讲等活动结合起来展开综合研究影响很大。③ 姜一涵《敦煌佛教艺术》，运用佛经、变文、敦煌文献，对壁画与佛经和变文的关系等作了深入探讨，而并非简单地对壁画内容进行考释。④ 金维诺《敦煌壁画中的中国佛教故事》，首次对敦煌壁画中的中国佛教史迹画作了研究。⑤

金维诺还发表了一系列研究敦煌经变的论文。如《敦煌壁画祇园记图考》⑥《祇园记图与变文》⑦《敦煌壁画维摩变的发展》⑧《敦煌晚期的维摩变》⑨、《"佛本生图"的内容与形式》⑩ 等，均较为系统地论述了敦煌壁画中某一经变的源流、演变过程和艺术成就。这种对一种经变进行专题性研究的方法，对深入地研究敦煌经变画具有方法论意义，但未及对这些经变在敦煌出现及发展的原因和时代背景进行深入分析。宿白

---

① 苏莹辉：《敦煌壁画石室发现对中国绘画之影响》，《二十世纪之科学》1966 年第 11 期。
② 王逊：《敦煌壁画中表现的中古绘画》，《文物参考资料》1951 年第 2 期。
③ 周一良：《敦煌壁画与佛经》，《文物参考资料》1951 年第 1 期。
④ 姜一涵：《敦煌佛教艺术》，《中国一周》1964 年第 760 期。
⑤ 金维诺：《敦煌壁画中的中国佛教故事》，《美术研究》1958 年第 1 期。
⑥ 金维诺：《敦煌壁画祇园记图考》，《文物参考资料》1958 年第 10 期。
⑦ 金维诺：《祇园记图与变文》，《文物参考资料》1958 年第 11 期。
⑧ 金维诺：《敦煌壁画维摩变的发展》，《文物》1959 年第 2 期；同文另刊于《现代佛学》1959 年第 3 期。
⑨ 金维诺：《敦煌晚期的维摩变》，《文物》1959 年第 4 期；同文另刊于《现代佛学》1959 年第 7 期。
⑩ 金维诺：《"佛本生图"的内容与形式》，《美术研究》1957 年第 3 期。

《敦煌莫高窟中的〈五台山图〉》，首次系统利用文献梳理了五台山的兴衰过程以及《五台山图》的流传，并重点考辨了莫高窟61窟《五台山图》中的各类建筑。① 这篇文章至今仍然是《五台山图》研究重要的参考文献。

常书鸿《谈敦煌图案》，对不同时代的敦煌石室图案的结构、色彩和内容进行比较分析，指出唐以前敦煌图案的纹样以几何形及动物形象为主，至唐代演变成以植物形象为主，主题内容趋于丰富化，达到中国图案发展的一个高潮。② 常书鸿《敦煌壁画中的历代人民生活画》，选取不同时代敦煌壁画中与人民生活密切相关的场景进行介绍，包括行船、走马、耕种、收割、狩猎、百戏等，并分析了不同时代的画风特点。③ 孙作云《敦煌壁画中的神怪画》，对敦煌石窟中的中国神话传说题材做了初步探讨。④ 梁思成《敦煌壁画中所见的中国古代建筑》，第一次全面地对敦煌壁画中的建筑形象作了系统梳理和分析，勾勒出唐宋时期建筑的基本风貌，开辟了利用敦煌壁画材料研究古代建筑的新领域。⑤

敦煌乐舞资料的整理与研究在这一阶段也得到学术界的关注。从20世纪50年代起，中国音乐研究所编辑出版了《中国音乐史参考图片》系列⑥，分不同专辑刊布古代音乐图片，并收录大量珍贵的敦煌壁画音乐图像资料。阴法鲁《从敦煌壁画论唐代的音乐和舞蹈》，根据敦煌壁画中的音乐舞蹈资料，探讨了西域音乐的内容、体制及其传播、影响中原音乐的情况。⑦ 蓝玉裕《敦煌壁画音乐资料提要》，对敦煌壁画中的音乐资料做了著录。⑧

---

① 宿白：《敦煌莫高窟中的〈五台山图〉》，《文物参考资料》1951年第2期。
② 常书鸿：《谈敦煌图案》，《文物参考资料》1956年第8期。
③ 常书鸿：《敦煌壁画中的历代人民生活画》，《文物参考资料》1956年第2期。另可参阅同作者《从敦煌壁画看历代人民生活》，《甘肃日报》1955年1月12日。另可参阅苗子《从敦煌壁画看唐代人民生活》，《新观察》1957年第1期。
④ 孙作云：《敦煌画中的神怪画》，《考古》1960年第6期。
⑤ 梁思成：《敦煌壁画中所见的中国古代建筑》，《文物参考资料》1951年第2期。
⑥ 中国音乐研究所编：《中国音乐史参考图片》（1—10），人民音乐出版社1951—1987年版。
⑦ 阴法鲁：《从敦煌壁画论唐代的音乐和舞蹈》，《文物参考资料》1951年第4期。
⑧ 蓝玉裕：《敦煌壁画音乐资料提要》，中国民族音乐研究所油印本1951年版。

敦煌写卷中保存的曲谱和舞谱在这一时期得到中国学者的关注,饶宗颐《敦煌琵琶谱读记》,认为敦煌曲谱所记"乃是琵琶弦柱名",故应是琵琶谱,并根据文献记载中的"龟兹乐谱",提出将其定为"龟兹乐谱"。① 赵泰《敦煌舞谱残卷探微》,则对敦煌舞谱做了初步探索。②

敦煌写卷书法方面,张铁弦《敦煌古写本丛谈》,介绍了敦煌写经中的书法资料。③ 饶宗颐《敦煌写卷之书法》,对英藏敦煌写卷中的书法资料作了初步研究。④

敦煌壁画的临摹工作是自中华人民共和国成立至"文化大革命"前敦煌文物研究所的中心任务。从1952—1965年,段文杰等艺术工作者共临摹了通史性代表作、专题资料和原大整窟模型共1014幅,计749.74平方米,还临摹了彩塑30多身。由潘絜兹执笔的《敦煌壁画的临摹工作》,记述了早期敦煌壁画临摹工作的艰辛,并总结了敦煌壁画临摹的方法和原则,比如临摹"必须忠实于原状",现存壁画虽然颜色褪变、线条剥落,远非本来面目,但在不能科学推断原色的情况下,不能自以为是地在临摹作品中"恢复"原色。⑤ 这些方法和原则也为后来工作者所接受。段文杰《谈临摹敦煌壁画的一点体会》,是对其长期临摹工作的系统总结,也强调了要建立"忠实于原作"的工作态度,并介绍了如幻灯放稿、集体合作等临摹工作方法。⑥

为了扩大敦煌艺术的影响,海峡两岸学者在这一阶段还发表了一批有关敦煌艺术的通俗作品。吴作人《谈敦煌艺术》⑦、潘絜兹《敦煌艺术简介》⑧、赵梦家《敦煌在中国考古艺术史上的重要》⑨ 和潘絜兹《敦煌莫高

---

① 饶宗颐:《敦煌琵琶谱读记》,《新亚学报》第4卷第2期,1960年。
② 赵泰:《敦煌舞谱残卷探微》(1—4),《南洋大学图书馆季刊》,1962—1963年。
③ 张铁弦:《敦煌古写本丛谈》,《文物》1963年第3期。
④ 饶宗颐:《敦煌写卷之书法》,《东方文化》1965年第5卷第1、2期。
⑤ 潘絜兹:《敦煌壁画的临摹工作》,《文物参考资料》1951年第4期。
⑥ 段文杰:《谈临摹敦煌壁画的一点体会》,《文物》1956年第9期。
⑦ 吴作人:《谈敦煌艺术》,《文物参考资料》1951年第4期。
⑧ 潘絜兹:《敦煌艺术简介》,《历史教学》1963年第2期。
⑨ 赵梦家:《敦煌在中国考古艺术史上的重要》,《文物参考资料》1951年第4期。

窟艺术》①等，均是面向大众的通俗性敦煌石窟艺术著述。这些著述对敦煌艺术的内容与价值起到了很好的宣传和普及作用。此外，学术界这一阶段还出版了一批有关敦煌壁画和彩塑的图像资料。如天津人民美术出版社编辑出版的《敦煌壁画》②、文物出版社编辑出版的《敦煌壁画》系列③。另有敦煌文物研究所编辑《敦煌彩塑》系列④，人民美术出版社出版的《敦煌唐代藻井图案》⑤《敦煌唐代图案（临本）选》等⑥，以及一套十二册的通俗读物《敦煌艺术画库》⑦。常莎娜等摹绘《敦煌壁画集》⑧、潘絜兹《敦煌壁画服饰资料》⑨、秦岭云《敦煌壁画艺术》⑩、吴曼公《敦煌壁画》⑪等也是关于敦煌壁画艺术的介绍性论著。《人民日报》《光明日报》《甘肃日报》《文汇报》⑫也都陆续刊登有关敦煌石窟艺术的介绍性文章。1951年，北京天安门内午门城楼上举办了"敦煌文物展览"⑬，扩大了敦煌文物的社会影响。与之相配合，同年《文物参考资料》第2卷的4、5期，作为《敦煌文物展览特刊》出版，其中收录了有关敦煌考古、艺术、建筑、历史、地理、佛教、音乐、舞蹈等多方面的论文。

---

① 潘絜兹：《敦煌莫高窟艺术》，上海人民出版社1957年版；1981年再版。
② 天津人民美术出版社编辑：《敦煌壁画》（六册本），天津人民美术出版社1955年版。
③ 文物出版社编：《敦煌壁画》（1—4），文物出版社1959—1960年版；《敦煌壁画》（12集），文物出版社1959—1963年版；《敦煌壁画》（50幅），文物出版社1964年版。
④ 敦煌文物研究所编：《敦煌彩塑（366—1911）》，中国古典艺术出版社1957年版；人民美术出版社1960年版；敦煌文物研究所编：《敦煌彩塑（386—960）》，文物出版社1964年版。另可参阅敦煌文物研究所编《敦煌彩塑（敦煌艺术书库第二种）》，中国古典艺术出版社1958年版。
⑤ 人民美术出版社编：《敦煌唐代藻井图案》，人民美术出版社1960年版。另有中央美术学院实用美术系研究室编，常莎娜等摹绘《敦煌藻井图案》，人民美术出版社1953年版。
⑥ 李承仙等临绘：《敦煌唐代图案（临本）选》，人民美术出版社1959年版。
⑦ 敦煌文物研究所编：《敦煌艺术画库》（共12册），中国古典艺术出版社1957—1959年版。另可参阅王惠惠《〈敦煌艺术画库〉的概况及学术史价值》，《敦煌研究》2015年第5期。
⑧ 常莎娜等摹绘：《敦煌壁画集》，文物出版社1955年版。
⑨ 潘絜兹：《敦煌壁画服饰资料》，中国古典艺术出版社1959年版。
⑩ 秦岭云：《敦煌壁画艺术》，人民美术出版社1960年版。
⑪ 吴曼公：《敦煌壁画》，文物出版社1960年版。
⑫ 徐苏灵：《从几幅敦煌壁画看中国绘画的戏剧效果》，《文汇报》1962年2月15日。
⑬ 郑振铎：《敦煌文物展览的意义》，《考古》1951年第4期。另可参阅沈从文《敦煌文物展览感想》，《考古》1951年第5期。

姜亮夫《敦煌——伟大的文化宝藏》①，概述了敦煌的历史、敦煌石窟的开凿与雕塑、敦煌壁画的遗存情况、敦煌写本的发现及流散过程，还附录了有关图版60余幅。该书比较全面地介绍了敦煌艺术和敦煌遗书的概貌及其产生的历史背景，是最早出版的一本比较全面的敦煌学入门书。其后，苏莹辉的《敦煌学概要》②，则是台湾出版的第一部系统的敦煌学通论性著述。该书分上下两篇，上篇为通论与概说，分别介绍了敦煌的地理、莫高窟的开凿与藏经洞的发现、敦煌遗书的内容、价值及流散等，下篇分别介绍"瓜沙史事""千佛洞的壁画与雕塑""千佛洞的供养像与题记""千佛洞的古建筑遗存""敦煌的石刻"和1944年新发现的敦煌卷子等。该书还附有近80幅壁画、塑像、写卷和拓本的图片。

七 敦煌古籍的整理与研究

王重民将其在英法阅读敦煌卷子时记录的有关古籍的题记，加上罗振玉、王国维、刘师培、陈寅恪等整理敦煌卷子所写的提要、序跋，汇编成《敦煌古籍叙录》③，于1958年正式出版发行。此书将敦煌遗书中佛、道经以外约二百种典籍按经、史、子、集四部分类，每种记收藏编号，已刊布者并说明刊于何书，然后汇集各家题跋或节录有关论文，实为对以往四十多年有关敦煌古籍研究成果的整理和汇编，成为其后数十年学术界了解和利用敦煌古籍的主要资料来源。

其后，台湾学者陈铁凡发表了《敦煌本〈论语〉影本叙录》④《敦煌本〈尚书〉述略》⑤等系列论文，为敦煌本《尚书》和《论语》写卷撰写了提要，所著录的文献在数量上超过了《敦煌古籍叙录》。其《敦煌本〈尚书〉述略》，全面介绍了敦煌文献中保存的29件《尚书》的内容、

---

① 姜亮夫：《敦煌——伟大的文化宝藏》，上海古典文学出版社1956年版。
② 苏莹辉：《敦煌学概要》，台北：五南图书出版公司1965年版。
③ 王重民：《敦煌古籍叙录》，商务印书馆1958年版；中华书局1979年新版。
④ 陈铁凡：《敦煌〈论语〉影本叙录》，《孔孟学报》1961年第1期。另可参阅同作者《敦煌〈论语〉异文汇考》，《孔孟学报》1961年第1期。
⑤ 陈铁凡：《敦煌本〈尚书〉述略》，《大陆杂志》1961年22卷第8期。

所存行数、书写年代和有关研究信息；而《敦煌本〈虞书〉校证》①《敦煌本〈夏书〉校证》②和《敦煌本〈商书〉校证》③等论著则是参照多种传世本和相关文献分别对34件敦煌本《尚书》进行校录。

此外，田宗尧《春秋穀梁传阮氏校勘记补正》，据敦煌本对《春秋穀梁传》进行了校理。④苏莹辉《敦煌写本〈国语解〉残卷》，尝试对敦煌本《国语解》的本源进行推究。⑤乔衍琯《敦煌卷子本〈史记〉残卷跋》，介绍了敦煌本《史记》基本情况及其价值。⑥周一良考出被罗振玉定为邓粲《晋纪》的P.2586乃孙盛之《晋阳秋》。⑦

八 敦煌科技文献的整理与研究

这一时期对于科技文献的研究涉及敦煌星图、历日和医药文献。席泽宗《敦煌星图》，确定S.3326的星图上有一千三百五十多颗星，是世界上现存星数最多、时代最古老的星图。作者指出：该卷星图的画法是从十二月开始，按照每月太阳位置的所在，分十二段把赤道带附近的星利用类似麦卡托圆筒投影的办法进行绘画，但比麦卡托早六百多年，最后把紫微垣画在以北极为中心的圆形平面投影图上；太阳每月所在的位置与《礼记·月令》的记载相契合。作者还据《晋书·天文志》《开元占经》《丹元子步天歌》等对星图进行了细致校勘。⑧历法方面，王重民《敦煌古籍叙录》中指出罗振玉《大唐同光四年历》与P.3247为同年历日。几乎同时，董作宾《大唐同光四年具注历合璧》，揭示了上述两件的拼合关系。⑨苏莹

---

① 陈铁凡：《敦煌本〈虞书〉校证》，《南大中文学报》1963年第2期。
② 陈铁凡：《敦煌本〈夏书〉校证》，《南大中文学报》1965年第3期。
③ 陈铁凡：《敦煌本〈商书〉校证》，台北：国科会研究奖助论文，1965年。
④ 田宗尧：《春秋穀梁传阮氏校勘记补正》，《孔孟学报》1964年第8期。
⑤ 苏莹辉：《敦煌写本〈国语解〉残卷》，台湾《史语所集刊》外编第4种，1961年第2期。
⑥ 乔衍官：《敦煌卷子本〈史记〉残卷跋》，《师大国文研究所集刊》1958年第2期。
⑦ 周一良：《乞活考》，《燕京学报》1966年第37期。后收入《周一良集》第1卷，辽宁教育出版社1998年版，第22—23页。
⑧ 席泽宗：《敦煌星图》，《文物》1966年第3期。
⑨ 董作宾：《大唐同光四年具注历合璧》，"中央研究院"历史语言研究所集刊》第30本下，1959年。

辉《敦煌所出北魏写本历日》，释录了北魏太平真君十一年（450）至十二（451）（是年六月改元正平）年历日。①

马继兴指出敦煌本"《唐本草》是我国历史上最早的一部药典学著作"，为研究古代亡佚的药学史料提供了重要资料。② 同作者之《唐人写绘灸法图残卷考》，对唐代写绘本"灸法图"进行释录和研究，指出这部灸疗图谱在医学史上具有重要价值。③ 朱寿民《〈食疗本草〉及其作者》，介绍了孟诜及其食疗著作《食疗本草》，指出这部古代科技名著具有极高的理论和实用价值。④ 王庆菽《英国伦敦不列颠博物馆藏敦煌卷子中的古代医方》，对英藏敦煌文献中的古医方做了介绍。⑤

敦煌吐鲁番文书不仅具有重要的文献价值，记录这些文献的纸张也是重要的文物，对这批古纸标本进行研究，不仅对了解古代造纸技术的演进具有重要意义，对文本的定年和修复也具有参考价值。但这方面的研究长期没有得到学术界关注。这一时期潘吉星发表了《敦煌石室写经纸的研究》，选取东晋至五代时期的各种类型纸二十三种，同时结合新疆出土的七种写经纸及国内传世的古代纸本书画以及十几种写经残片，对敦煌写经纸的年代、款式、原料、再生、制造、装潢等作了考察，指出敦煌写经纸的抄写年代起于东晋、盛于隋唐，终于北宋，基本上是4—10世纪间的产物，其中唐人写经最多，写经中佛经占绝大多数。晋至唐的写经纸基本上有两种尺寸，五代纸尺寸则参差不齐。经纸多用白芨（或有楮汁）与面粉制成的糊剂接缝。优点是黏结力强、不易蛀，也不伤纸，胜于单用淀粉或其他胶料。纸的装潢在隋唐最盛，六朝次之，五代则多用本色纸，黄色写经纸多是黄柏染成，硬黄纸是敦煌写经纸中最高级的纸。⑥ 作者取用的标本有限，研究也是初步的，但开启了一个新的研究领域。相对于其他方面

---

① 苏莹辉：《敦煌所出北魏写本历日》，《大陆杂志》第1卷第9号，1950年。
② 马继兴：《在我国历史上最早的一部药典学著作——唐新修本草》，《中华医史杂志》1955年第2期。
③ 马继兴：《唐人写绘灸法图残卷考》，《文物》1964年第6期。
④ 朱寿民：《〈食疗本草〉及其作者》，《新中医药》1957年第7期。
⑤ 王庆菽：《英国伦敦不列颠博物馆藏敦煌卷子中的古代医方》，《医学史与保健组织》1958年第1期；《医学史与保健组织》1958年第4期。
⑥ 潘吉星：《敦煌石室写经纸的研究》，《文物》1966年第3期。

的研究，潘氏的研究可谓空谷足音。

第二节 港台地区敦煌学的异军突起（1966—1978）

这一时期正值"文化大革命"至改革开放前，大陆的敦煌学研究基本陷于停顿，港台学者却加快了研究步伐，他们所取得的成绩也就更加引人注目。但从整体上看，这一时期我国敦煌学的成果无论从数量上和质量上都无法和上一时期相比。

一 社会历史文献的整理和研究

由于这一时期各方面的研究成果对相对较少，所以本节之"社会历史"涵括历史、经济、社会、宗教等几个方面。

在目录和敦煌遗书图版编纂方面，由孟列夫主编的《苏联科学院亚洲民族研究所所藏敦煌汉文写本注记目录》第二卷在1967年出版。1970年，法国学者编纂的《法藏敦煌汉文写本目录》（*Catalogue des Manuscrits chinois de Touen-houang: Fragments chinois du fonds Pelliot tibétain de la Bibliothèque nationale de France*）第一卷也终于出版。潘重规考察了"中央图书馆"藏144号156件敦煌文献的具体情况：指出这批藏品主要源自张继、许承尧、袁克文等旧藏，主要为抗日战争时期及战后购自北平、上海等地；从时代上看，均为六朝至五代写本；其内容除3件道经外，其余均为佛教经典，其中包括4卷藏文佛经。[①] 他还编辑了《"国立中央图书馆"藏敦煌卷子》（共六册），影印出版了该馆收藏的敦煌遗书。[②] 敦煌文物研究所收藏的367卷敦煌遗书目录也在这一时期刊布。[③]

历史文献的整理和研究方面。苏莹辉《论敦煌县在河西诸州中陷落最

[①] 潘重规：《"国立中央图书馆"所藏敦煌卷子题记》，《新亚学报》第8卷第2期，1968年；后收入《敦煌学》第2辑，新亚研究所敦煌学会1975年版，第1—55页。
[②] 《"国立中央图书馆"藏敦煌卷子》（1—6册），台北：石门图书公司1976年版。
[③] 施萍婷、刘忠贵：《敦煌文物研究所藏敦煌遗书目录》，《文物资料丛刊》（1），文物出版社1977年版，第54—67页。

晚的原因》，认为敦煌陷落最晚与吐蕃进攻河西的路线、河西节度使的进驻使守军增强及唐与吐蕃的通和等因素有关。① 饶宗颐《论敦煌陷于吐蕃之年代》，对戴密微提出的敦煌陷落于贞元三年（787）的说法做了进一步的论证②，得到了包括苏莹辉在内的港台学者和欧洲学者的广泛认同。关于张氏归义军时期的历史，苏莹辉陆续发表三篇论文。《论张议潮收复河陇州郡之年代》，对张议潮与周边少数民族的战争进行了讨论，并对张议潮收复河陇的年代和收复各州后献表的年代进行了区分③，这种区分对正确理解文献与文书相关记载的差异具有积极意义。《试论张议潮收复河陇后遣使献表长安之年代》，考察了张议潮先后派遣的各批专使之姓名、所取道途、抵达长安的日期及上图籍情形等问题。④《张淮深于光启三年求授旌节辩》，认为光启三年（887）向朝廷求旌节者不一定是张淮深，也有可能是索勋或张淮□，指出唐长孺关于张淮深终身未获节度使旌节的推测"言过其实"。⑤ 此文的前一推论未能得到学界的认可，后一判断却为以后新发现的材料所证实。同作者之《敦煌石室真迹录题记订补》⑥ 和《敦煌石室真迹录题记订补之续》⑦，对王仁俊原书有关历史文书的按语有所补正。陈祚龙整理出版了对研究瓜沙史事具有重要价值的《唐五代敦煌名人邈真赞集》⑧，该书虽收录尚不完备，且释文问题较多，但却是邈真赞的第一次结集，首创之功，仍值得表彰。

施萍婷《从一件奴婢买卖文书看唐代的阶级压迫》，依据文字书写、文书内容、纸张、字体等推断敦煌文物研究所收藏的一件有关奴婢买卖的

---

① 苏莹辉：《论敦煌县在河西诸州中陷落最晚的原因》，《大陆杂志》第41卷第9期，1970年。
② 饶宗颐：《论敦煌陷于吐蕃之年代》，《东方文化》第9卷第1期，1971年。
③ 苏莹辉：《论张议潮收复河陇州郡之年代》，《新社学报》1968年第2期。
④ 苏莹辉：《试论张议潮收复河陇后遣使献表长安之年代》，《包遵彭先生纪念论文集》，"中央图书馆"1971年版，第331—336页。
⑤ 苏莹辉：《张淮深于光启三年求授旌节辩》，《敦煌学》第3辑，新亚研究所敦煌学会1976年版，第51—62页。
⑥ 苏莹辉：《敦煌石室真迹录题记订补》，《东海大学图书馆学报》1968年第9期。
⑦ 苏莹辉：《敦煌石室真迹录题记订补之续》，《"中央图书馆"馆刊》新2卷第1期，1968年。
⑧ 陈祚龙：《唐五代敦煌名人邈真赞集》，1970年巴黎出版。

文书作于744—758年间。① 但这篇文章在标题和内容方面都有明显的时代烙印。

社会史方面，毛汉光《敦煌唐代氏族谱残卷之商榷》，从社会史角度考察了北图藏《姓氏录》和英藏《新集天下姓望氏族谱》，认为这两件族谱是流行于士大夫间的民间族谱，并分析了关于族谱标准论争的社会意义。② 罗宗涛《敦煌变文社会风俗事物考》③，摘录了《敦煌变文集》《敦煌曲校录》《敦煌韵文集》中的社会风俗资料，归纳为饮食、衣饰、建筑、信仰、娱乐、社交礼仪、狱讼等十四类加以考释。陈清香则关注敦煌壁画中体现的社会风俗资料，拓展了社会史研究的史料范围。④

宗教方面，吴其昱《台北"中央图书馆"藏敦煌蕃文写本佛经四卷考》，指出这四卷藏文写经计抄佛经两种，即《无量寿宗要经》和《大般若经》，其中《无量寿宗要经》为晚期佛教密宗经文，颇受民间巫术之影响。⑤ 苏莹辉《从敦煌吴僧统碑和三卷敦煌写本论吴法成并非绪芝之子亦非洪辩和尚》，试图否定吴僧统与洪辩为一人⑥，因证据不足未得到学术界认可。饶宗颐《王锡顿悟大乘正理决序说并校记》在欧美日学者有关研究的基础上，依据新发现的敦煌文献及相关汉藏文资料，对禅宗入藏的历史、地理、年代等问题做了进一步探索。⑦ 胡适依据西方学者新发现的资料和已有研究成果，对神会的《坛语》《定是非论》做了新的校订，收入新版《神会和尚遗集》⑧，在国际上颇有影响。冉云华《宗密著道俗酬答文集的研究》，对台北"中央图书馆"馆藏敦煌卷子133号《唐宗密禅源

---

① 施萍婷：《从一件奴婢买卖文书看唐代的阶级压迫》，《文物》1972年第12期。
② 毛汉光：《敦煌唐代氏族谱残卷之商榷》，《"中央研究院"历史语言研究所集刊》第43本第2分，1971年，第259—276页。
③ 罗宗涛：《敦煌变文社会风俗事物考》，台北：文史哲出版社1974年版。
④ 陈清香：《北朝至隋唐间敦煌佛画的风俗》，《"国立"历史博物馆》1974年第7期。
⑤ 吴其昱：《台北"中央图书馆"藏敦煌蕃文写本佛经四卷考》，原刊于《吐蕃研究——拉露教授纪念论文集》，1971年，第567—571页；后收入《敦煌学》第2辑，新亚研究所敦煌学会1975年版，第56—69页。
⑥ 苏莹辉：《从敦煌吴僧统碑和三卷敦煌写本论吴法成并非绪芝之子亦非洪辩和尚》，《大陆杂志》第48卷第3期，1974年。
⑦ 饶宗颐：《王锡顿悟大乘正理决序说并校记》，《崇基学报》第9卷第2期，1970年。
⑧ 胡适：《神会和尚遗集》，台北：胡适纪念馆1968年版。

诸经集都序》进行了考察，在田中良昭研究的基础上，又进一步指出该卷乃宗密著作最早传本，并利用宗密著作目录探讨了《禅藏》等问题。①

此外，张永言《关于一件唐代的"唱衣历"》，指出北京图书馆所藏敦煌写本成字96号（现编号为BD02496）《目连救母变文》的背面是一件唐代"唱衣历"，"唱衣历"并非和尚"歌唱"的曲子，而是当时佛寺"估唱"的实物记载，因而是研究敦煌寺院经济的重要史料。② 此文虽有部分内容印有时代烙印，但对文书性质的判断是正确的，纠正了过去关于此件文书定名的错误，是国内最早关注唱衣文书的文章。

饶宗颐《老子想尔注续论》，对作者之前关于"想尔注"成书年代的论断做了进一步论证。③

二 语言文学资料的整理与研究

语言文字方面，潘重规赴巴黎、伦敦，持《瀛涯敦煌韵辑》之释文与敦煌写本原卷（或缩微胶卷）重加校核，出版了《瀛涯敦煌韵辑新编》④一书，补充了姜亮夫所编《瀛涯敦煌韵辑》中的一些遗漏，纠正了姜本释文的错误。该书主要分为三个部分：第一部分是摹印姜书的三十三种卷子，和潘氏新补抄的十二种卷子；第二部分是对姜书字部的新校；第三部分对姜书论部的按语进行订正。此外，潘氏又将姜书阙略失采者辑出，详作校记，增加了对写本外观的描述，编成《瀛涯敦煌韵辑别录》。⑤ 这两部著作极大地提高了敦煌韵书整理和研究的水平。

文学方面，变文得到台湾学者的持续关注。邱镇京《敦煌变文述论》⑥，是台湾地区第一篇有关敦煌变文的硕士学位论文，作者对变文的发现、起源、名称、意义、时代以及俗讲、变相的关系做了总结；又对变文

---

① 冉云华：《宗密著道俗酬答文集的研究》，《华冈佛学学报》1970年第4期。
② 张永言：《关于一件唐代的"唱衣历"》，《文物》1975年第5期。
③ 饶宗颐：《老子想尔注续论》，《福井博士颂寿纪念东洋文化论丛》，早稻田大学出版社1969年版，第1155—1171页。
④ 潘重规：《瀛涯敦煌韵辑新编》，台北：文史哲出版社1974年版。作者在序言中征引大量例证，说明姜书的失误，主要在于漏抄、误认、擅改、不识等方面。
⑤ 潘重规：《瀛涯敦煌韵辑别录》，台北：文史哲出版社1974年版。
⑥ 邱镇京：《敦煌变文述论》，台湾商务印书馆1970年版。

的内容及种类、体裁与结构、价值与影响等，详作分析。邵红《敦煌石室讲经文研究》①，是较为系统地研究敦煌讲经文的第一部专著。该书共由"绪论"和"分论现存的讲经文"两部分组成。第一部分对俗讲的主持人物、俗讲兴盛的原因及俗讲的底本讲经文的结构和所用的仪式等问题作了进一步的探讨；第二部分则从讲经文之根据、成立年代、内容和艺术特色等方面，对八种二十一篇讲经文分别加以论述。总的来说，该书以介绍旧说为主，且有不少错误。②谢海平《讲史性之变文研究》③，选取《敦煌变文集》中以历史故事为题材即所谓"讲史性"变文，如《舜子变》《伍子胥变文》《孟姜女变文》《汉将王陵变文》《董永变文》《王昭君变文》《张议潮变文》等，分别就传说来源、题材、时代背景等相关问题进行探究。罗宗涛《敦煌讲经变文研究》④，是第一本以变文为题的博士论文。全书分为六章，分别为题材考、用韵考、语体考、仪式考和时代考，最后论述了俗讲变文与佛教宗派之关系、俗讲变文之渊源等，旨在对敦煌讲经的起源与讲经文的体制进行探讨，并考订了各篇作品的时代与题材。其后，罗氏又相继发表一系列论著⑤，对一些变文的成立时代与故事题材等做了进一步研究。

曲子词方面的研究，饶宗颐之《敦煌曲》⑥，分理论探讨和作品校录两

---

① 邵红：《敦煌石室讲经文研究》，台北：台湾大学文学院1970年版。
② 参阅韩建瓴《〈敦煌石室讲经文研究〉内容述要》，《敦煌学辑刊》1987年第2期。
③ 谢海平：《讲史性之变文研究》，台北：嘉新文书基金会1973年版。
④ 罗宗涛：《敦煌讲经变文研究》，台北：文史哲出版社1972年版。
⑤ 著作有：《敦煌变文用韵考》，台北：众人出版社1969年版；《敦煌变文社会风俗事物考》，台北：文史哲出版社1974年版。论文有《变歌、变相与变文》，《中华学苑》1971年第7期；《敦煌变文题材考四种》，《图书季刊》第3卷第3期，1973年；《敦煌变文庐山远公话成立的时代》，《中华学苑》1974年第16期；《唐代俗讲的仪式》，《书和人》第235卷，1974年，第5—8页；《敦煌变文燕子赋成立的时代》，《书目季刊》第9卷第3期，1975年；《敦煌变文成立时代新探》，《文人学报》1976年第2期；《敦煌变文体裁略述》，《中华学苑》1977年第19期；《唱导的教学方法》，《学粹》1977年；《讲经变文与讲史变文关系之试探》，《幼狮月刊》第46卷第3期，1978年。
⑥ 饶宗颐：《敦煌曲》（《"国立"图书馆藏伯希和探险队所获文献资料丛刊》第Ⅱ卷），戴密微法译，法国国立科学研究中心1971年版。另可参阅杨联陞《饶宗颐、戴密微合著〈敦煌曲〉》（书评），《清华学报》新10卷第2期，1974年；苏莹辉《〈敦煌曲〉评价》，《香港中文大学中国文化研究所学报》第7卷第1期，1974年。

部分。理论探讨重点揭示敦煌曲与词之起源，同时对敦煌曲之年代、作者等问题均有考究。校录部分收录敦煌曲辞318首。此书不仅为敦煌曲研究构建了理论框架，对后来的研究也具有方法论意义[1]，在国内外具有很大影响。1980年，饶宗颐还曾将《敦煌曲》出版后所获曲子词资料增补为《敦煌曲订补》一文[2]。林玫仪《敦煌曲研究》[3]，对"敦煌曲的内容与风格""词的起源"以及"敦煌曲与文学史有关的几个问题"进行了探讨。方瑜《试论敦煌曲之起源内容与修辞》，在任二北研究的基础上，进一步批驳了"诗衰词举"的旧说，继续阐发了敦煌曲承隋清商乐辞而来，至唐初随着与胡乐的融合，唐代乐辞又成新声；并认为敦煌曲在文学史上处于承先启后的地位。[4] 林玫仪《论敦煌曲的社会性》，通过对敦煌曲内容的考察，剖析了作品中包含的唐代社会生活百态。[5] 邱燮友《唐代民间歌谣与敦煌曲子词之探述》，根据传世文献和敦煌曲子词，论述了敦煌曲的源头实际上是六朝清商段歌，由诗到词实际上主要是音乐的关系引起，而敦煌曲的内容则文字自然、易于咏唱，情感动人。[6] 潘重规《敦煌云谣集新书》[7]，包括绪言、解说、释文及校笺、摹本和照片。此书释文系作者据原卷校录，故订正了以往释文的诸多错误；其释文、摹本和照片一并收录的编纂方式则为读者的进一步研究提供了方便。

潘重规《敦煌赋校录》，依据原卷校录了英法收藏的敦煌赋15篇，并指出其特色为"文辞好采口语，内容多写实事"[8]。此文所收录的敦煌赋虽尚不完备，却是这类文本的第一次结集，具有导夫先路之功。吴其昱《〈甘棠集〉与刘邺传研究》，对敦煌本《甘棠集》与"刘邺传"做了深入

---

[1] 王志鹏：《饶宗颐与敦煌曲研究》，《华南师范大学学报》2014年第3期。
[2] 饶宗颐：《敦煌曲订补》，《"中央研究院"历史语言研究所集刊》第51本第1分，1980年，第115—123页。
[3] 林玫仪：《敦煌曲研究》，台湾大学中国文学系研究所，硕士学位论文，1973年。
[4] 方瑜：《试论敦煌曲之起源内容与修辞》，《现代文学》，1970年，第300—310页。
[5] 林玫仪：《论敦煌曲的社会性》，《文学评论》1975年第2期。另可参阅同作者《由敦煌曲看词的起源》，《书目季刊》第8卷第4期，1975年。
[6] 邱燮友：《唐代民间歌谣与敦煌曲子词之探述》，《中国学术年刊》1976年第12期。
[7] 潘重规：《敦煌云谣集新书》，台北：石门图书公司1977年版。
[8] 潘重规：《敦煌赋校录》，《华冈文科学报》1978年第11期。

探索，纠正了王重民的错误，对正史"刘邺传"的记载提出了质疑，并编辑了刘邺年谱。①

三 敦煌艺术研究

考古方面，樊锦诗、马世长《莫高窟发现的唐代丝织物及其它》，介绍了敦煌文物研究所于1965年在莫高窟第130窟窟内和第122、第123窟前发掘的丝织物和文书佛像等②，主要有：发愿文绢幡两件、染缬绢幡九件、纹绮幡四件、锦幡一件，均应出自开元、天宝年间；与丝织物同时出土的还有残文书、捺印佛像、塑像饰物泥模、漆器等。樊锦诗《新发现的北魏刺绣》，则对第125、第126窟窟前遗址的清理发掘中发现的北魏刺绣品残块做了介绍，探讨了这批刺绣品的发现、内容、制作方法、时代及施主、来源与用途等相关情况。③ 1975年10月，敦煌文物研究所保护组对第220窟的重层甬道进行整体搬迁，将甬道表层西夏壁画剥离后向东推移，完整地推移到甬道口新的位置进行固定，使底层完好的壁画全部暴露出来，剥出的壁画和题记色彩鲜艳如新，为进一步研究敦煌石窟壁画和历史提供了新资料。关友惠、施萍婷、段文杰《莫高窟第220窟新发现的复壁壁画》，详细介绍了第220窟新出壁画的内容与题记，认为其中尤以"新样大圣文殊"壁画最有研究价值。④

此外，敦煌文物研究所还对莫高窟之外有关遗址和洞窟做过发掘和勘查。马世长、樊锦诗《敦煌甜水井汉代遗址的调查》，是关于敦煌市与瓜州县之间的甜水井东西两号遗址的发掘简记。该文说明两号遗址的多个相似之处表明它们的时代和性质是相同的；采集和整理的出土遗物以铜、铁、陶器为主，且绝大部分属于汉代；遗址中的某些遗物与新疆罗布淖尔

---

① 吴其昱：《〈甘棠集〉与刘邺传研究》，《敦煌学》第3辑，新亚研究所敦煌学会1976年版，第2—50页。

② 樊锦诗、马世长：《莫高窟发现的唐代丝织物及其它》，《文物》1972年第12期。另外，《"丝绸之路"上新发现的汉唐织物》介绍了出土于甘肃敦煌、新疆吐鲁番、巴楚三处的唐代丝织物，参阅新疆维吾尔自治区博物馆、出土文物展览工作组《"丝绸之路"上新发现的汉唐织物》，《文物》1972年第3期。

③ 樊锦诗：《新发现的北魏刺绣》，《文物》1972年第2期。

④ 关友惠、施萍婷、段文杰：《莫高窟第220窟新发现的复壁壁画》，《文物》1978年第12期。

一带发现的同类器物非常相像，表明汉代河西的敦煌与新疆罗布淖尔地区联系比较密切；遗物中大量铜镞和弩机零件的发现表明两处遗址可能都是进行屯田的戍卒居住的城堡。所以，甜水井遗址提供了汉代军屯情况的新资料。[1]

石窟艺术方面，苏莹辉《敦煌及施奇利亚壁画所用凹凸法渊源于印度略论》，指出敦煌及施奇利亚壁画所用凹凸法源于印度。[2] 姚梦谷《敦煌壁画之犍陀罗风格》，亦认为唐代而上的敦煌壁画具有显著的"犍陀罗风格"[3]。陈国宁《敦煌壁画佛像图研究》[4]，依据敦煌壁画图录，参考谢稚柳《敦煌艺术叙录》，分别就净土与敦煌壁画、佛教文学与敦煌壁画、敦煌佛像壁画等论题进行论述。同作者之《论敦煌壁画佛像的仪相》和《论敦煌壁画之菩萨像》，则分别对敦煌壁画佛像的仪相和菩萨像做了初步探讨。[5] 肖默《敦煌莫高窟北朝壁画中的建筑》，选取北朝佛教题材壁画中的城池、宅第、宫殿、塔、阙等的建筑特点进行比对，分析了台基、墙壁、斗拱、屋顶、栏杆、门窗等的色彩及装饰。[6]

敦煌藏经洞出土的文物中，除了写本和印本的文字资料，同时出土了一批白描画。这些白画多数绘于纸上，也有少量绘于绢、麻布等质料上。其内容包括壁画底稿、佛经故事插图、变文插图和佛教尊像等。由于这批资料与敦煌石窟艺术的关系密切，所以具有重要研究价值。英、法、日等国学者曾先后刊布并介绍这批材料，也有精彩的个案研究。1978年，饶宗颐《敦煌白画》出版。[7] 此书以考察法藏敦煌白画为中心，进而探讨了白画渊源、发展脉络及其在绘画史上的地位，可以说是首次对这批材料做了系统的深入研究。这部著作视野开阔，立意高远，惜未能深入探究白画和洞窟壁画的关系。

---

[1] 马世长、樊锦诗：《敦煌甜水井汉代遗址的调查》，《考古》1975年第2期。
[2] 苏莹辉：《敦煌及施奇利亚壁画所用凹凸法渊源于印度略论》，《故宫季刊》1970年第4期。
[3] 姚梦谷：《敦煌壁画之犍陀罗风格》，《联合报》1970年6月11日。
[4] 陈国宁：《敦煌壁画佛像图研究》，台北：嘉新文化基金会1973年版。
[5] 陈国宁：《论敦煌壁画佛像的仪相》，《佛教文化学报》1972年第1期；同作者《论敦煌壁画之菩萨像》，《佛教文化学报》1973年第2期。
[6] 肖默：《敦煌莫高窟北朝壁画中的建筑》，《考古》1976年第2期。
[7] 饶宗颐：《敦煌白画》，《法国远东考古学院考古学专刊8》，1978年。

敦煌写卷书法方面，台静农对蒋善进真草《千字文》残卷所题的跋文，揭示了唐代草书的部分特征。① 陈祚龙《关于民间流传的"笔势论"》，最早对法藏敦煌写本"笔势论"做了介绍和初步探讨。②

这一时期，台湾学者发表了一些介绍敦煌艺术的通俗作品。郭晋侠《敦煌石窟艺术宝藏》③、沈以正《敦煌艺术与敦煌壁画》④、王善为《敦煌壁画简介》等⑤，都有助于台湾同胞了解敦煌石窟艺术。

四 敦煌写本古籍的整理与研究

这一时期，陈铁凡继续致力于敦煌经部文献的整理与研究，相继发表了《三近堂读经札记》⑥《敦煌本〈易〉、〈书〉、〈诗〉考略》⑦《敦煌本〈虞夏书〉校证补遗》⑧《敦煌本礼记、左、穀考略》⑨《敦煌本〈孝经〉考略》⑩等系列文章，为《周易》《尚书》《诗经》《礼记》《左传》《穀梁传》《孝经》等经籍的敦煌写卷撰写了提要。其《敦煌本〈易〉、〈书〉、〈诗〉考略》一文，收录28种《诗经》写卷，比《敦煌古籍叙录》多出14种。其《敦煌本〈尚书〉十四残卷缀合记》，在王重民所做研究工作的基础上，将已断裂为14件的敦煌本《尚书》重新缀合为五件。⑪ 此外，陈

---

① 台静农：《蒋善进真草千字文残卷跋附照片》，《敦煌学》第1辑，新亚研究所敦煌学会1974年版，第113页。
② 陈祚龙：《关于民间流传的"笔势论"》，《艺坛》1971年第40期。另可参阅同作者《中古敦煌的书学》，《艺坛》1972年第54期。
③ 郭晋侠：《敦煌石窟艺术宝藏》，《中央月刊》第4卷第10期，1972年。
④ 沈以正：《敦煌艺术与敦煌壁画》，《雄狮美术》1974年第43期。
⑤ 王善为：《敦煌壁画简介》，《雄狮美术》1974年第43期。
⑥ 陈铁凡：《三近堂读经札记》，《敦煌学》第1辑，新亚研究所敦煌学会1974年版，第107—110页。
⑦ 陈铁凡：《敦煌本〈易〉、〈书〉、〈诗〉考略》，《孔孟学报》1969年第17期。
⑧ 陈铁凡：《敦煌本〈虞夏书〉校证补遗》，《大陆杂志》第38卷第2期，1969年。
⑨ 陈铁凡：《敦煌本礼记、左、穀考略》，《孔孟学报》1971年第21期。
⑩ 陈铁凡：《敦煌本〈孝经〉考略》，《东海学报》1978年第19期。另可参阅同作者《〈孝经〉平议之一——传习与撰作》，《大陆杂志》第39卷第6期，1969年。
⑪ 陈铁凡：《敦煌本〈尚书〉十四残卷缀合记》，《新社学报》1969年第3期。另可参阅同作者《〈尚书〉敦煌残卷序目题记》，《包遵彭先生纪念论文集》，"国立中央图书馆"1971年版，第155—165页。

氏《法京所藏敦煌〈左传〉两残卷缀合校字记》，将两件敦煌本《左传》缀合为一卷，并与今本进行了校勘①；《〈左传〉节本考》，对敦煌节本《左传》进行了考证。② 在改革开放以前，陈氏应该是整理和研究敦煌经部文献贡献最大的中国学者。

潘重规陆续发表多篇有关敦煌《诗经》的论文，其中一部分被《敦煌诗经卷子研究论文集》收录③，这些成果的基本内容是对全部英、法、俄所藏《诗经》外观的介绍和内容的校笺，由于作者查阅过全部写本的原件，所以他的著录精准，释文更加接近文书原貌，解决了很多仅靠文献和图版解决不了的问题。④ 他还将敦煌《诗经》卷子的价值概括为：可观六朝唐代诗学之风气；可观六朝唐代传本之旧式；可观六朝唐人抄写字体之情况。

除陈铁凡、潘重规外，苏莹辉《从敦煌本毛诗诂训传论毛诗定本及诂训传分卷问题》，认为王重民先生提出的敦煌本中《毛诗》诸卷有"颜氏定本"之说有误，指出从唐初用例以及颜师古考定五经之时间来看，至少写卷释文部分中所谓"定本"是指隋以前之定本。⑤ 同作者之《略论〈五经正义〉的原本格式及其标记经、传、注文起讫情形》，在日本学者森立夫、内藤湖南研究的基础上，综合考察了《五经正义》相关敦煌写卷以及

---

① 陈铁凡：《法京所藏敦煌〈左传〉两残卷缀合校字记》，《书目季刊》第5卷第1期，1970年。

② 陈铁凡：《〈左传〉节本考——从英法所藏敦煌两残卷之缀合论〈左传〉节本与群书治要之渊源》，《大陆杂志》第41卷第7期，1970年。

③ 潘重规：《敦煌诗经卷子研究论文集》，香港新亚研究所1970年版。相关论文有：《巴黎伦敦所藏敦煌〈诗经〉卷子题记》，《新亚学术年刊》1969年第11期；《略谈巴黎所藏敦煌卷子题记》，《新亚生活》第10卷第13期，1968年；《敦煌毛诗诂训传残卷题记》，《新亚学术年刊》1968年第10期；《王重民题敦煌卷子徐邈毛诗音新考》，《新亚学报》第9卷第1期，1969年；《巴黎藏毛诗诂训传第廿九第卅卷题记》，《东方文化》第7卷第2期，1969年；《伦敦藏斯二七二九号暨列宁格勒藏一五一七号敦煌卷子〈毛诗音〉残卷缀合写定题记》，《新亚学报》第9卷第2期，1970年；《敦煌〈诗经〉卷子之研究》，《华冈学报》1970年第6期；《敦煌诗经卷子研究论文集序》，《华侨日报》1971年7月1日。

④ 许建平：《潘重规先生对〈诗经〉研究的贡献》，《敦煌学》第25辑，乐学书局2004年版，第359—406页。

⑤ 苏莹辉：《从敦煌本毛诗诂训传论毛诗定本及诂训传分卷问题》，《孔孟学报》1971年第22期。

宋刻本，对原本《五经正义》的行款演变进行了梳理，并认为"正经注语，皆标起止，而列疏其下"之式最古；该文也通过对相关文献标记"经""传""注"文起讫情形的系统分析，认为敦煌本未必是原本《正义》，且以为卷中朱墨分书之法，其制不古，盖昉于六朝，盛于李唐。① 该文论述全面系统，具有较强说服力。黄彰健《唐写本周易正义残卷跋》，对台北"中研院"傅斯年图书馆所藏敦煌本《周易正义》进行了介绍，根据与宋刻单疏本对勘，认为残卷字数较单疏本为繁，并推测孔颖达《周易正义》原本是抄录了《周易正义》全文。② 这一观点并未得到后来研究者认同。于大成《周易释文校唐记》针对传世本《经典释文》中的错漏，利用敦煌本《周易释文》校勘传世的通志堂刻本，并对其异同和优劣进行了分析。③ 蔡主宾《敦煌写本儒家经籍异文考》④，以宋本《十三经注疏》本之经文为底本，对照敦煌写本中的儒家经籍之异文，有字形与《十三经注疏》的字不同者，则侧重于字形变化之考证；排列次序，依《说文》部首，《说文》所没有的字则依《诂林》辅之，故该书实为分辨敦煌写本儒家经籍中之通、俗、别、伪字的专著。该书认为写本的价值体现在三个方面：其一，写本保存有古文、小篆、隶书、汉魏六朝通俗文字，若依次排列，可知俗字演变之过程，以及今日简体字之由来；其二，可纠正历代字书之伪；其三，若将写本之字，以科学方法收集而归纳之，可补充字典中俗字之不足，对研究中国俗文字学具有重要的资料价值。

唐写本《文心雕龙》，自1926年赵万里发表敦煌本与今本的校勘成果以后，数十年来，不断得到国内外学者关注，并有影本刊行。潘重规《唐写本文心雕龙残本合校》⑤，依据原卷详细著录其形态、重核释文；校勘记则遍列诸家之说，附以作者的见解；最后附有清晰的原件照片。属于集大

---

① 苏莹辉：《略论〈五经正义〉的原本格式及其标记经、传、注文起讫情形》，《书目季刊》第6卷第3、4期合刊，1971年。另可参阅同作者《〈上五经正义表〉之版本及其相关问题》，《庆祝蒋慰堂先生七十荣庆论文集》，学生书局1968年版，第345—355页；《从敦煌本衔名页论〈五经正义〉之刊定》，《孔孟学报》1968年第16期。

② 黄彰健：《唐写本周易正义残卷跋》，《大陆杂志》第42卷第9期，1971年。

③ 于大成：《周易释文校唐记》，《孔孟学报》1975年第29期；1976年第32期。

④ 蔡主宾：《敦煌写本儒家经籍异文考》，台北：嘉新基金会出版1969年版。

⑤ 潘重规：《唐写本文心雕龙残本合校》，香港：新亚研究所1970年版。

成式的成果。郑良树《春秋后语辑校》对历史佚籍《春秋后语》做了初步辑录①，亦有首创之功。

1949—1978 年，是敦煌学在世界范围内取得巨大成就的时代，敦煌学已成为一门显学。我国学者置身其中，也取得了令世人瞩目的成就。首先，是在敦煌文献整理和研究方面，陆续推出了一批带有总结性的著作。如总结敦煌文献目录成就的《敦煌遗书总目索引》；总结古籍整理成就的《敦煌古籍叙录》；总结变文研究成果的《敦煌变文汇录》和《敦煌变文集》；总结敦煌曲子词研究成就的《敦煌曲子词集》《敦煌曲校录》《敦煌曲初探》和《敦煌曲》；总结语言音韵成就的《敦煌变文字义通释》《唐五代西北方音》《瀛涯敦煌韵辑》和《瀛涯敦煌韵辑新编》；总结敦煌石窟艺术成就的《敦煌艺术叙录》；等等。这些带总结性的成果既是以往数十年相关研究的总结，又成为以后进一步研究的基础。其次，开辟了很多新的课题或研究领域。如科学院历史所对敦煌经济资料的辑录、陈祚龙对邈真赞的集录、王重民用敦煌诗补《全唐诗》、潘重规对敦煌赋集录、饶宗颐对敦煌白画的专题研究、金维诺对敦煌经变画系列研究等。以上所列相关成果，虽然在今天看来资料收集尚不完备，释文也都存在不少问题，研究也不无缺陷，但都是开启了某一研究领域或某一研究课题的专题研究，具有筚路蓝缕之功。后人循其途径，继续努力，即可取得更为完善更加厚重的成果。而常书鸿对敦煌壁画图案的研究、金维诺对佛教史迹画的研究、郑良树对《春秋后语》的集录、宿白用考古学方法对敦煌石窟及莫高窟营建史的研究、梁思成对敦煌壁画中古代建筑图像的研究、马继兴对敦煌医药文书的研究、席泽宗对敦煌星图的研究、潘吉星对写经纸的研究等。以上所列多为单篇论文，自身价值或许有限，但其所涉及的都是具有重大学术价值和研究空间的领域或课题，可启发读者在相关方面进行更加系统的专题研究，为后来者之导夫先路。最后，敦煌文物研究所对敦煌石窟的修缮和保护，在当时的技术条件下，最大限度地避免了自然因素和人为因素对敦煌石窟的损害，为维持和延长这组珍贵的世界文化遗产的寿命奠定了基础。此外，我国学者还发表了一大批具有较高学术水平的论文，

---

① 郑良树：《春秋后语辑校》，《书目季刊》第 4 卷第 4 期，1970 年。

其内容涉及历史、社会经济、民间文学、文字音韵、古籍和科技等敦煌学的各个领域。

这一阶段可以1966年"文化大革命"开始划分为两个时期。前一时期研究的重心在大陆，后一时期研究重心转移到了港台地区。与国外同行相比，"文化大革命"前，我们在敦煌石窟艺术、瓜沙史地和历史典籍的研究方面仍略占优势；社会经济方面的研究虽具有自己的理论特色，但深度和广度不及日本学者；宗教史和少数民族历史语言方面的研究则已明显落后于法日等国。"文化大革命"至改革开放前，大陆的敦煌学研究基本陷于停顿，港台学者却加快了研究步伐，他们所取得的成绩也就更加引人注目。

港台学者的代表是饶宗颐、潘重规和苏莹辉。饶宗颐的特点是博学多能，其成果涉及历史、宗教、曲子词、白画等多个领域，而每个领域所取得的业绩都能达到当时的学术前沿。其成果的特色是视野开阔，能将具体的材料置于广阔的历史背景下进行考察，所以往往能小中见大。潘重规的研究领域主要在敦煌语言文学方面，其特点是扎实细致，精益求精。他不辞辛劳，多次往返英、法、俄等国查阅原卷。他发表的释文，多数都和原卷做过核对，所以往往能解决一些仅靠文献和图版解决不了的问题。他的这种做法，不仅在当时很少有人做到，直到今天也还是值得大力提倡的。在人才培养方面，潘重规也作出了重要贡献，当今活跃在台湾地区的敦煌学者，多数是潘的弟子或再传弟子。此外，潘重规还于1974年创办了《敦煌学》，这是世界上第一家敦煌学专业学术刊物。苏莹辉早年有在敦煌艺术研究所工作的经历，以后毕生从事敦煌学研究。其主要研究领域是敦煌史地，也旁及考古、文学和艺术。这一阶段有关瓜沙史事的研究以苏莹辉用力最勤，成果也最为丰富。在这二十多年间，苏氏陆续发表有关论文达十多篇，这些论文大多被收入他的论文集《敦煌论集》[1]和《敦煌论集续编》[2]中。虽然他的一些论文是以综合、整理前人的成果为主，但也力图在排比旧说的基础上提出新的看法，并解决了一些问题；虽然他的不少

---

[1] 苏莹辉：《敦煌论集》，台北：学生书局1969年版。
[2] 苏莹辉：《敦煌论集续编》，台北：学生书局1983年版。

推测都为后来的研究所否定，但这些推测往往能引起其他学者的进一步研究，因而在客观上推动了有关问题的研究。在大陆学者与海外信息交流不畅的年代，以饶、潘、苏等为代表的港台学者的研究成果在我国港台地区及欧日等国均有广泛的影响。

中 篇

敦煌学的腾飞——新时期的中国敦煌学(1978—2000)

"文化大革命"结束以后，我国大陆的敦煌学研究在许多领域已远远落后于日本、法国，以及港台地区，以至于当时出现了"敦煌在中国，敦煌学在日本"的说法。更值得忧虑的是由于正规的文化教育中断了十年，使我们整整少培养了一代人，研究队伍存在着严重的青黄不接的局面。1978年12月，党中央确定了实行改革开放的战略决策，我国的敦煌学也翻开了新的一页。

面对大陆敦煌学落后的严峻局面，在学术界的呼吁下，我国许多大学和科研机构纷纷采取措施，急起直追。

第一项措施是集中人才，进行科研攻关。

在兰州，甘肃省于1984年将敦煌文物研究所升格为敦煌研究院，任命段文杰为院长，增加研究人员，扩大研究范围。北京大学、中国社会科学院历史研究所、西北师范大学、兰州大学、浙江大学、北京师范学院（现为首都师范大学）、四川大学、中山大学、南京大学、南京师范大学、上海师范大学等都或先后成立敦煌学研究机构，或组织人员开展敦煌研究。

为推动敦煌学发展，我国学者还创办了敦煌学专业刊物。1980年，敦煌文物研究所创办了《敦煌研究》；1983年，兰州大学敦煌学研究室创办了《敦煌学辑刊》；1984年，中国敦煌吐鲁番学会创办了《中国敦煌吐鲁番学会研究通讯》（1997年停刊）；1996年，《敦煌吐鲁番研究》年刊创刊；2002年，《敦煌学国际联络委员会通讯》创刊。

第二项措施是抓紧培养人才。

北京大学、杭州大学（今浙江大学）、兰州大学、武汉大学、中山大学、四川大学、西北师范大学和北京师范学院（现为首都师范大学）相继开设有关敦煌学的课程，招收研究生。杭州大学和武汉大学还相继举办了有关敦煌吐鲁番研究的讲习班。

1983年，在兰州成立了中国敦煌吐鲁番学会，季羡林任会长。学会在组织协调国内研究力量，加强国内外交流，资助学术著作出版方面都做了许多卓有成效的工作。

总之，改革开放以后的中国敦煌学和其他领域一样，各方面都有了新的起色，打开了新的局面。所以我们把改革开放后至2000年这一段称为新时期的中国敦煌学。经过二十多年的努力，我国的敦煌学研究逐渐赶了上来，至2000年前后，不仅在敦煌学的各主要领域都取得了国际领先的业绩，也逐渐掌握了国际敦煌学的主导权和话语权。同时，敦煌学的研究队伍不断壮大，并培养出了一大批中青年研究人才。正常的学术梯队已经形成。这批中青年学者已经在某一学科、某一领域或某一专题有所建树，这是我国敦煌学兴旺发达的希望所在。由于这一时期是中国敦煌学发展最快的时期，在各个领域和各个方面都取得了巨大的成就，所以这一时期是中国敦煌学的腾飞时期。

新时期我国敦煌学发展的另一重要特征是，随着大陆对外开放政策的实行，在世界性的"敦煌学"热潮的推动下，大陆敦煌学界与海外的学术交流也日益增多。"敦煌在中国，敦煌学在世界"的学术景观已经形成。

在新时期的二十多年中，大陆老、中、青三代学人与港台地区的敦煌学研究者一起比翼双飞，在各种刊物上发表的论文数以千计，各种著作在数百部以上，许多领域都已处于前沿或领先地位。本篇分四章按专题简要介绍新时期中国敦煌学的主要成就。

第 四 章

新时期的敦煌学理论与概说

敦煌学理论包括对敦煌学学科理论的研究和对敦煌学史的回顾，敦煌学概说则指事关敦煌学全局的概括性和宏观性论著。因有关敦煌学学科理论的重要成果都在下一阶段，故这方面的成果将在下一阶段统一介绍。

第一节 敦煌学史

一 对敦煌学发展脉络的总结

虽然我国学者有关敦煌学史的重要成果是在新时期涌现的，但对敦煌学进行总结的成果早在中华人民共和国成立前就出现了。最早对敦煌学史进行探索的是我国学者傅芸子，他在1943年发表了《三十年来中国之敦煌学》，首次对早期敦煌学成就做了概括和总结。国际敦煌学界第一部敦煌学史著作则是日本学者神田喜一郎的《敦煌学五十年》，出版于1953年。改革开放以来，随着中国敦煌学的日益发展，学术成果的不断积累，对敦煌学史的考察逐渐得到我国学界的重视。

1991年，刘进宝的《敦煌学研究八十年》，分两个阶段对1991年以前的敦煌学成就做了粗轮廓的描绘。① 该文虽以介绍为主，却是改革开放以后我国对以往敦煌学成就进行整体性回顾的第一篇论文。1992年，林家

---

① 刘进宝：《敦煌学研究八十年》，《西北师大学报》1991年第5期。另可参阅同作者《近十年来大陆地区敦煌学研究概述》，《中国唐代学会会刊》1993年第4期。

平、宁强、罗华庆的《中国敦煌学史》①出版，这是我国学者撰写的第一部全面介绍自1909—1983年中国敦煌学发展历程的著述。此书将所涉时段的中国敦煌学分为敦煌学发轫时期（1909—1930年）、敦煌学初兴时期（1931—1943年）、敦煌学全面发展时期（1944—1949年）、敦煌学深入发展时期（1950—1966年）、敦煌学的新高潮（1976—1983年）五个时期，分别对各个时期我国敦煌学的重要成果做了深入具体的介绍，全面展示了我们学者70多年间在敦煌学各个领域所取得的重要成就。该书的缺点是以介绍研究成果为主，未能对所介绍的成果之成就与不足以及在学术史上的地位作出评判。虽有以上不足，但此书至今仍是反映1983年以前中国敦煌学成果内容最丰富的参考书。郝春文《二十世纪敦煌文献与历史研究的回顾和展望》，全面地回顾了1909—1998年九十年间利用敦煌文献研究历史的重要成果，按专题对历史学不同领域对敦煌文献整理与研究的具体情况做了述评；同时在回顾近百年研究成果的基础上，总结了敦煌资料研究对历史学研究的重要价值。该文也指出了以往研究的不足以及未来敦煌学的重点发展方向，如对少数民族文字文献的整理与研究、对佛教史和社会史文献的利用等，并希望在未来的研究中可以进一步向学界提供更加便于使用的敦煌文献整理资料以及敦煌学学术史、引入更多的新史学观念和研究方法以拓宽敦煌学研究领域等。②此外，郝春文还在《敦煌学九十年（1909—1999）》一文中将之前九十年的中国敦煌学发展史分为五个阶段，并揭示各阶段的特点：1909—1930年的特点是以公布资料为主，同时也以跋、按语和提要等为主要形式在许多方面进行了开拓性的研究；1931—1949年的特点是更多的东西方学者投身到敦煌学研究中来，对敦煌石窟艺术的考察和研究得到了中日学者的重视，扩大了敦煌学的研究领域；1950—1966年的特点是敦煌学在世界范围内取得巨大成就，推出了一批带有总结性的成果，它已成为一门显学；1966—1976年的特点是大陆的敦煌学研究陷于停顿，而港台地区的敦煌学研究却异军突起；1977—1999年的特点是经过我们老、中、青三代学人的努力，彻底改变了"敦煌在中

---

① 林家平、宁强、罗华庆：《中国敦煌学史》，北京语言学院出版社1992年版。
② 郝春文：《二十世纪敦煌文献与历史研究的回顾和展望》，《历史研究》1998年第1期。

国,敦煌学在国外"的局面,我们在很多方面的研究都已经居于世界领先地位。① 此文展现了我国敦煌学发展的脉络,对后来的许多敦煌学史研究文章具有很大影响。

更多的文章是按学科或研究专题对相关研究进行了总结和回顾。李正宇《敦煌历史地理研究百年回眸》,概述了自罗振玉、王国维以来的敦煌历史地理研究成果,总结了在历史地理研究方面的成就,并提出了敦煌历史地理研究的基本框架和学科体系。② 樊锦诗《敦煌石窟研究百年回顾与瞻望》,将百年来敦煌石窟研究分为20世纪初至1949年中华人民共和国成立、1949—1976年和1976—2000年三个阶段,对各个阶段的研究特点以及取得的重要成果进行了简要评说,并指出了21世纪敦煌石窟研究应该重点在资料整理、专题研究等方面作出突破,同时也强调了一定要重视研究方法和手段方面的更新。③ 张锡厚《敦煌文学研究的历史回眸》,既回顾了"敦煌文学"概念的形成过程,也按照敦煌文学目录、敦煌变文、歌辞、诗赋、理论研究等专题对敦煌文学研究史进行了总结。④ 黎蔷《百年敦煌戏曲学研究》,将敦煌遗书中的曲子词、变文等视为传统戏曲的源头,并对这方面的研究成果进行了择要论述,该文还提出应该在敦煌文学下面专设敦煌戏曲文学子项。⑤ 张鸿勋《变文研究述评二题——敦煌变文研究回顾与思考之一》,以"变文称名""变文渊源"等问题为主线对学界在变文方面的研究观点进行了系统梳理。⑥ 伏俊琏《百年敦煌赋研究》,首先以赋为单位回顾了每篇赋的研究成果,其次又从研究范式角度论述了学界的研究成就和不足。⑦ 邓文宽《敦煌

---

① 郝春文:《敦煌学九十年(1909—1999)》,《炎黄文化春秋》1999年增刊第6期。
② 李正宇:《敦煌历史地理研究百年回眸》,《2000年敦煌学国际学术讨论会文集·历史文化卷》(上),甘肃民族出版社2003年版,第445—469页。
③ 樊锦诗:《敦煌石窟研究百年回顾与瞻望》,《敦煌研究》2000年第2期。
④ 张锡厚:《敦煌文学研究的历史回眸》,《敦煌研究》2000年第2期。
⑤ 黎蔷:《百年敦煌戏曲学研究》,《敦煌研究》2000年第2期。
⑥ 张鸿勋:《变文研究述评二题——敦煌变文研究回顾与思考之一》,《敦煌研究》2000年第2期。
⑦ 伏俊琏:《百年敦煌赋研究》,《2000年敦煌学国际学术讨论会文集·历史文化卷》(下),甘肃民族出版社2003年版,第333—351页。

吐鲁番历日的整理研究与展望》①回顾和总结了自20世纪20年代至1998年的敦煌历日研究历史，并对敦煌历日的研究前景提出展望。

二 对敦煌学人、机构的研究

对敦煌学人和相关研究机构的考察始于新时期。吴琦幸、李剑虹等人利用《缘督庐日记》等资料介绍了叶昌炽在担任甘肃学政时期如何接触敦煌文物以及后来与伯希和等人的交往。②林平和《罗振玉敦煌学析论》③，是第一本研究敦煌学者的专著，该书广泛搜集罗氏搜购刊行之写卷，探究其详情，分析其成就。赵林《罗振玉与敦煌学》，也对罗振玉与敦煌学的情况做了介绍。④颜廷亮对罗振玉《敦煌石室书目及发见之原始》之发表时间做了考证。⑤袁英光《王国维与敦煌学》，对王国维有关敦煌学的研究做了介绍。⑥张弓对王国维在敦煌典籍方面的成就进行了总结。⑦方广锠等利用国家图书馆藏1910年接受敦煌遗书的原始登记簿以及后来陆续整理敦煌遗书的记录，关注许国霖等人对京师图书馆敦煌遗书进行编目的过程。⑧林家平、宁强和罗华庆在梳理敦煌学史时曾对许国霖汇编敦煌遗书的工作进行了高度评价。⑨刘再聪、陈正桃《胡适与敦煌学》，讨论了胡适的敦煌学研究成果。⑩姜伯勤系统阐述了陈寅恪的敦煌学研究成果，认为他是"敦煌学"的创立者，并在敦煌文学与比较文学、敦煌佛学、敦煌藏

---

① 邓文宽：《敦煌吐鲁番历日的整理研究与展望》，载《古天文与中华传统文化国际研讨会会议论文集》，1998年，第33—36页。

② 吴琦幸：《叶昌炽与敦煌研究》，《兰州学刊》1985年第2期；李剑虹：《论敦煌失宝及叶昌炽〈缘督庐日记钞〉》，《敦煌研究》2000年第2期。

③ 林平和：《罗振玉敦煌学析论》，台北：文史哲出版社1988年版。

④ 赵林：《罗振玉与敦煌学》，《敦煌研究》1989年第2期。

⑤ 颜廷亮：《敦煌文学概论》，甘肃人民出版社1993年版，第595页；另可参阅王冀青《罗振玉〈敦煌石室书目及发见之原始〉版本问题研究》，《敦煌研究》2012年第1期。

⑥ 袁英光：《王国维与敦煌学》，《中华文史论丛》1998年第1辑，第245—268页。

⑦ 张弓：《王国维与敦煌典籍研究》，郝春文主编：《敦煌文献论集——纪念敦煌藏经洞发现一百周年国际学术研讨会论文集》，辽宁人民出版社2001年版，第369—377页。

⑧ 方广锠：《北京图书馆藏敦煌遗书勘查初记》，《敦煌学辑刊》1991年第2期；亦参同氏《中国国家图书馆藏敦煌遗书六种目录述略》，《上海师范大学学报》2013年第4期。

⑨ 林家平、宁强、罗华庆：《中国敦煌学史》，北京语言学院出版社1992年版，第98—100页。

⑩ 刘再聪、陈正桃：《胡适与敦煌学》，《敦煌学辑刊》1996年第1期。

学等方面都作出了具有国际性影响的研究成果。[1]刘再聪《张大千与敦煌学》，分析了张大千赴敦煌考察的原因，全面介绍了张大千在敦煌所做的清理积沙、给洞窟编号、观察临摹壁画和塑像、探索敦煌艺术源流及倡议保护和弘扬敦煌艺术等多方面的贡献。[2]王存福则集中讨论了张大千对敦煌壁画的损坏。[3]

周一良总结了王重民的学术成就，并对其取得重大成就的原因及经验做了分析。[4]白化文对王重民先生在敦煌学特别是敦煌遗书整理与研究方面的成就进行了系统梳理，认为王先生在敦煌遗书的整理研究方面堪称最为全面与博大。[5]刘修业利用日记以及《大公报》等整理了王重民先生在1934—1935年于法国巴黎国家图书馆整理敦煌卷子的过程。[6]段文杰《悼念敦煌文物事业的开创者常书鸿先生》，回顾了常先生在敦煌奋斗的六十年，高度评价了常先生对敦煌文物保护、研究、弘扬作出的巨大贡献。[7]郑阿财将潘重规的敦煌学研究归纳为经学、文学、佛典、语言、文字五大方面，认为潘先生凡所研究皆不事标新立异，唯务是非；除此之外，他还指出，潘先生在创办《敦煌学》专刊、开设"敦煌学课程"以培养敦煌学研究人才、编纂《敦煌俗字谱》等方面也贡献卓著。[8]

第二节 敦煌学概说

一 藏经洞封闭原因之争论

莫高窟和敦煌藏经洞文书是敦煌学的主要研究对象，事关敦煌学全

---

[1] 姜伯勤：《陈寅恪先生与敦煌学》，《广州社会科学》1988年第2期。
[2] 刘再聪：《张大千与敦煌学》，《敦煌学辑刊》1998年第2期。
[3] 王存福：《张大千与敦煌壁画》，《四川统一战线》2000年第9期。
[4] 周一良：《王重民〈敦煌遗书论文集〉序》，《敦煌遗书论文集》，中华书局1984年版，第1—4页。
[5] 白化文：《王重民先生的敦煌遗书研究工作》，《北京图书馆馆刊》1997年第3期。
[6] 刘修业：《王重民法国读书记》，《文献》1992年第3期。
[7] 段文杰：《悼念敦煌文物事业的开创者常书鸿先生》，《敦煌研究》1994年第4期。
[8] 郑阿财：《潘重规先生敦煌学研究成果与贡献》，《敦煌研究》2000年第2期。

局，所以本书将学界对以上两个方面的研究置于概说部分介绍。关于莫高窟创建的时间，学界一般依据莫高窟第332窟出土武周圣历元年（698）《李克让修莫高窟佛龛碑》和P.2551《李君莫高窟佛龛碑并序》确定其始建于"前秦建元二年（366）"①。王素先后发表《敦煌出土前凉文献所见"建元"年号的归属》②《敦煌莫高窟创建时间补说》③，认为莫高窟的创建时间应是东晋建元二年（344），可备一说。

马世长《关于敦煌藏经洞的几个问题》，用考古学的方法记述了该窟的窟形、洞窟内容及与其他相关洞窟的关系，将保存敦煌遗书的第17窟确定为纪念性的"洪辩影窟"，并推论同时开凿的第16窟和第17窟应修建于大中五年至咸通三年之间（851—862）。④

至于是什么人、在什么时间、出于什么原因而把这些经卷、文书等封存在藏经洞中，因藏经洞文献和相关材料均无明确记载，可能已经成为永远无法破解的历史谜团。但自藏经洞发现以来，陆续有国内外学者对以上问题提出种种推测。及至改革开放以来，仍然不时有学者关注以上问题，或补充旧说，或提出新推测。仅关于藏经洞的封闭原因，就有避难说、废弃说、书库改造说、佛教供养物说、排蕃思想说、末法思潮说等。⑤

"避难说"的首创者是伯希和，他在《敦煌石室访书记》中谈及藏经洞的封闭时间及原因时，提出"全洞卷本，无一作西夏字者，是洞之封闭必在十一世纪之前半期"；究其原因，"迨即1035年西夏侵占西陲是也"。⑥ 阎文儒赞同此说，并认为藏经洞的封闭时间应与西夏占领瓜沙

---

① 全部碑文内容，可参李永宁《敦煌莫高窟碑文录及有关问题》（一），《敦煌研究》1982年创刊号。
② 王素：《敦煌出土前凉文献所见"建元"年号的归属——兼谈敦煌莫高窟的创建时间》，《敦煌吐鲁番研究》第2卷，北京大学出版社1997年版，第13—22页。
③ 王素：《敦煌莫高窟创建时间补说》，郝春文主编：《敦煌文献论集——纪念敦煌藏经洞发现一百周年国际学术研讨会论文集》，辽宁人民出版社2001年版，第348—353页。
④ 马世长：《关于敦煌藏经洞的几个问题》，《文物》1978年第12期。
⑤ 相关学术史回顾与评述，可参阅刘进宝《20世纪敦煌藏经洞封闭时间及原因研究的回顾》，《敦煌研究》2000年第2期。另可参阅同作者《千古之迷谁解说？——敦煌藏经洞封闭时间及原因讨论综述》，《社科纵横》1989年第4期。
⑥ 伯希和：《敦煌石室访书记》，《法国远东学院院刊》第8卷，安南出版社1908年版。陆翔译文见于1935年《北平图书馆馆刊》第9卷第5号。

的时间相契合，可具体至 1035 年。① 此后，毕素绢《辽代名僧诠明著作在敦煌藏经洞出现及有关问题》，通过引证辽僧诠明所著 P.2159V1《妙法莲华经玄赞科文卷之二》之传入敦煌的时间，认为藏经洞的封闭可具体在 1030 年至 1035 年间。② 白滨《试论敦煌藏经洞的封闭》，亦持避难说，他主张藏经洞由曹氏政权封闭，封闭的时限在宋咸平年间或稍后的年代。③ 贺世哲《从一条新材料谈藏经洞的封闭》，给白滨提出的封闭时间补充了新材料，同样认为藏经洞的封闭原因在于躲避西夏入侵的威胁。④

因西夏同样信奉佛教，所以避"西夏侵扰说"引起了学界的质疑。1978 年，马世长在《关于敦煌藏经洞的几个问题》一文中即对西夏侵扰说提出异议，认为藏经洞封闭与曹氏政权逐渐失去统治地位有关，时间应在西夏占据敦煌之后的某个时期，大致是陈寅恪所推断的宋皇祐六年（1054）之后。⑤ 次年，殷晴发表《敦煌藏经洞为什么要封闭》的文章，首倡"伊斯兰教东传"是导致藏经洞封闭的主要原因。⑥ 谭真支持"伊斯兰教东传"的观点，以"山药"一词的记载为突破口，考证藏经洞的封闭时间上限是 1064 年，下限 1116 年，而 1093—1097 年间最有可能⑦，但其说为后来的研究所否定。

荣新江认为藏经洞的封闭与曹氏归义军晚期避黑韩王朝的入侵有关。他在《敦煌藏经洞的性质及其封闭原因》一文中指出，1006 年于阗王国灭于黑韩王朝事件是促成藏经洞封闭的最大因素。⑧ 钱伯泉着眼于 11 世纪

---

① 阎文儒：《莫高窟的创建与藏经洞的开凿及其封闭》，《文物》1980 年第 6 期。
② 毕素绢：《辽代名僧诠明著作在敦煌藏经洞出现及有关问题——敦煌遗书 P.2159V1 研究》，《中国历史博物馆馆刊》1992 年第 18—19 期。
③ 白滨：《试论敦煌藏经洞的封闭》，敦煌文物研究所编：《1983 年全国敦煌学术讨论会文集（石窟·艺术编）》上册，甘肃人民出版社 1985 年版，第 340—357 页。
④ 贺世哲：《从一条新材料谈藏经洞的封闭》，《西北史地》1984 年第 3 期。
⑤ 马世长：《关于敦煌藏经洞的几个问题》，《文物》1978 年第 12 期。另可参阅同作者《藏经洞的封闭与发现》，《文史知识（敦煌学专号）》1988 年第 8 期。
⑥ 殷晴：《敦煌藏经洞为什么要封闭》，《文物》1979 年第 9 期。
⑦ 谭真：《从一份资料谈藏经洞的封闭》，《敦煌研究》1988 年第 4 期。
⑧ 荣新江：《敦煌藏经洞的性质及其封闭原因》，《敦煌吐鲁番研究》第 2 卷，北京大学出版社 1997 年版，第 23—48 页。

末期敦煌与周边民族和国家的关系,从一场喀喇汗王朝和宋朝联兵进攻西夏的战争入手,推测藏经洞封闭于宋元祐八年(1093),主持封闭者为西夏驻守敦煌的军政僧界官员,封闭原因是防备以伊斯兰教为国教的喀喇汗王朝的进攻。①

"废弃说"的首倡者是斯坦因,他在《西域考古图记》中记述了他第一次进入藏经洞时看到的情景,认为这些收藏于包裹皮中的残经碎纸以及绢画残片等是从敦煌各寺院收集来的神圣废弃物。②方广锠对斯坦因的"废弃"说做了进一步的论证,认为堆积于藏经洞的"这一批文书对当时的敦煌僧众来说已完全失去了实用价值,故而废弃"③,并详举了"废弃"的多种原因:北宋以来,敦煌的佛典与其他文化典籍的来源渠道增多,除大量写本继续涌入外,四川的刻本佛典也传入此地;北宋雕版印行的佛教大藏经《开宝藏》可能也已传入。与此同时,纸张的生产、流通情况也有了变化。晚唐、五代以来,敦煌地区一直自己造纸,到北宋时,随着敦煌对外经济交往的增多和自身经济的发展,纸张短缺的情况也大大缓解。大量崭新的写本印本经典的涌入为敦煌地区淘汰残旧经卷提供了可能性,而纸张供应的充裕又使利用其背面的必要性大大下降。于是在11世纪初敦煌各寺院进行了一次大规模的故书清点活动。结果清点出一大批复本过多的、因残旧不宜再用的和一些过去曾流行而当时很少有人再读的经卷和其他文化典籍。他们把这批书籍和各寺以前剔除而零散存放的经卷、外典和积存多年的过时文书、废纸以及旧的幡画、多余的佛像等集中在一起。按照中国的传统文化,字纸不能随便丢弃,依佛教徒的常规,残破的经书、法器更不容亵渎。于是,佛教僧团便参照我国佛教徒在长期宗教生活中形成的传统处理办法,把这些经卷和文书分别用布包好,和那些幡画、多余的佛像,一道整齐地堆放在大小适中的第17窟封存起来。至于藏经洞的封闭年代,他认为曹宗寿统治

---

① 钱伯泉:《一场喀喇汗王朝和宋朝联兵进攻西夏的战争——藏经洞封闭的真正原因和确切时间》,《敦煌研究》2000年第2期。
② [英]斯坦因:《西域考古图记》第1卷,中国社会科学院考古研究所译,广西师范大学出版社1998年版。
③ 方广锠:《敦煌遗书中的佛教著作》,《文史知识》1988年第10期。

时期（1002—1014）是适宜的。① 施萍婷对方氏的观点提出商榷，并推测道真和尚是藏经洞的最后封存者。②

"书库改造说"③ 和"排蕃思想说"④ 分别由藤枝晃、上山大峻提出，未能得到学术界的响应。

上述观点中，比较有代表性的就是"废弃说"和"避难说"。我们看到，两种说法虽然都有一定的依据，但也都不够圆满。有一个事实是争议双方都承认的：藏经洞封闭时，当事者除用砖石等把原来的门封堵好之外，还用泥把整个甬道北壁抹平，并重新绘制了壁画，以掩盖封堵的痕迹。这一方面说明封堵是具有掩藏性质的行为，同时也说明封闭工作应该是从容不迫地进行的。问题是：如果是废弃物，有必要这样掩藏吗？如果是因避难而临时藏起来的宝物，我们已知黑韩王朝最终没能东进敦煌。那么，封闭者为什么没有把藏经洞重新打开利用呢？针对这些疑惑，我们期待更加圆满的解说。

二 敦煌学通论著作

我国学者撰写敦煌学通论著作始于上一阶段，即1956年出版的姜亮夫《敦煌——伟大的文化宝藏》，以及1965年出版的苏莹辉《敦煌学概要》。改革开放以来，一方面为了系统归纳敦煌学的内涵、培育敦煌学新生力量；另一方面也为了总结敦煌学研究成绩、推广敦煌学研究成果，这一时期出现了多种具有通论性质的敦煌学著述。

---

① 方广锠：《敦煌藏经洞封闭原因之我见》，《中国社会科学》1991年第5期；后收入氏著《敦煌学佛教学论丛》（上），中国佛教文化出版有限公司1998年版，第17—48页。另可参阅同作者《敦煌藏经洞封闭年代之我见——兼论"敦煌文献"与"藏经洞文献"之界定》，饶宗颐主编：《敦煌文薮》（下），台北：新文丰出版公司1999年版，第181—205页。

② 施萍婷：《三界寺·道真·敦煌藏经》，《第34届亚洲与北非研究国际会议敦煌组论文》，香港1993年出版；又载《1990年敦煌国际研讨会文集·石窟考古编》，辽宁美术出版社1994年版，第178—210页。

③ ［日］藤枝晃著，魏英邦译：《敦煌"藏经洞"的一次复原》，《西北师院学报》1984年增刊《敦煌学研究》。

④ ［日］上山大峻：《敦煌遗书的吐蕃特色与藏经洞封闭之谜》，《戒幢佛学》第2卷，岳麓书社2002年版，第155—159页。

姜亮夫曾于1983年在敦煌学讲习班授课,此后又将讲习班的讲课内容整理成书,即《敦煌学概论》①,这是新时期我国第一部敦煌学通论性质的著作。该书分六讲,虽不足八万字,但内涵丰富,分类介绍敦煌写本与敦煌艺术品的内容,并概说敦煌学在中国文化史上的价值以及敦煌写本的研究方法。

此后,敦煌学通论性质的著作逐渐多了起来。荣新江《话说敦煌》、窦侠父《敦煌学发凡》等书都是在1991年出版。荣书和窦书都属于普及型读物,通俗但又具科学性。荣书首先从敦煌郡的建立说起,次及敦煌史地,接着论述藏经洞的发现,敦煌文献的被盗,随之从石窟艺术、壁画、雕塑、题记加以扩展,又以较大篇幅介绍敦煌古籍的价值,最后谈及研究成果及对未来的展望。窦书深入浅出地介绍了敦煌莫高窟的开凿、发展、彩塑和壁画,藏经洞的发现,文物的流失,敦煌遗书的内容和价值以及敦煌学的形成和发展。

刘进宝《敦煌学述论》也是1991年出版。该书在充分参考、概括国内外相关研究成果的基础上,从敦煌的历史、敦煌石窟艺术、敦煌文物的流散、敦煌遗书、敦煌学研究五个方面对敦煌学进行了比较全面系统的介绍。这五个方面,涵盖了敦煌学发生的背景、重要的研究对象以及敦煌学的发展历程,全面反映了敦煌学的基本内涵。这部著作达到了概括准确、架构合理、条理清晰、语言简明流畅,因而是一部优秀的通论性著作。该书出版后受到读者的欢迎,不仅成为读者全面了解敦煌学的重要参考书,也是高校教师开设有关敦煌学课程的重要参考书。此书除了台湾版和韩文版,仅在中国大陆就四次修订再版。最新的一版就是2019年出版的《敦煌学通论》(增订本)。但该书也存在着一些不足,比如缺乏对敦煌学理论和方法的介绍、对敦煌学的定义也有待完善等。

宁可、郝春文《敦煌的历史和文化》出版于1993年,也是一本通俗性读物,共分八章,按时间顺序考察了敦煌古代的历史和文化,将敦煌石窟艺术和敦煌遗书置于特定的历史条件下分析其发生、发展及保存至今的背景和条件。该书将敦煌历史和敦煌石窟艺术、遗书互证,为我们了解和

---

① 姜亮夫:《敦煌学概论》,中华书局1985年版。

认识敦煌文化遗产提供了一个新的视角。

胡同庆、罗华庆合著的《敦煌学入门》出版于 1994 年,该书共分七章,几乎涉及敦煌学的所有方面,尤其详于敦煌石窟艺术的各个方面和中国的敦煌学研究历程,而运用系统论原理分析敦煌学研究的对象、方法和目的,是该书最为突出的特点之一。

第三节 敦煌文献的公布、著录、整理和研究

一 缩微胶卷和图版的公布

改革开放以后,学术界利用敦煌文献的条件得到进一步改善。20 世纪 70 年代末,法国国家图书馆将所藏全部敦煌文献制成缩微胶卷公开出售,并出版了韩百诗(Louis Hambis)主编的《吉美博物馆所藏敦煌绢幡画(图版)》(*Bannières et peintures de Touen-houang conservées au Musée Guimet*)、麦克唐纳夫人(Ariane Macdonald)与今枝由郎(Yoshiro Imaeda)等合编的两卷本《法国国立图书馆所藏藏文文书选刊》(*Choix de documents tibétaines conservés à la Bibliothèque Nationale complété par quelques manuscrits de l'India Office et du British Museum*, Paris: Bibliothèque Nationale, 1978 – 1979)和《伯希和石窟笔记:题记与壁画》(*Les Grottes de Touen-houang, Carnet de Notes de Paul Pelliot*)(韩百诗主持整理)。北京图书馆所藏敦煌文献的主体部分的缩微胶卷也开始在国内发行。德国哥根廷大学伊朗学系教授麦肯吉(David Neil Mackenzie)出版了《英国图书馆所藏粟特语佛教文献》(*The Buddhist Sogdian Texts of the British Library*)。苏联丘古耶夫斯基(Л. И. ЧУГУЕВСКИЙ)则出版了《敦煌汉文文书》(Китайские Документы Из Дунъхуана,其汉文本已由上海古籍出版社于 2000 年出版)和萨维斯基《苏联科学院东方学研究所藏敦煌藏文写本注记目录》,分别介绍了苏联所藏敦煌汉文和藏文文献。1993 年北京图书馆、大英图书馆、新德里国立博物馆、法国巴黎国家图书馆、圣彼得堡东方研究院、柏林国家图书馆倡议成立国际敦煌项目(International Dunhuang Project)。英国国家图书馆国际敦煌项目部主任魏泓博士(Susan Whitfield)1998 年开始在

互联网上建立敦煌文献数据库（http://www.bl.uk/collections/oriental/dunhuang.html）。

黄永武编纂的《敦煌宝藏》（新文丰出版公司1981—1986年版），将英、法和北图公布的缩微胶卷影印成书，该书开本较小，图版效果不佳，也存在着版权问题，但在当时的出版环境下却起到了让更多学者更方便地接触到敦煌图版的作用，推动了敦煌学的发展。进入20世纪90年代，采用先进技术重拍、精印的敦煌文献图版本陆续推出。在这一阶段出版的有《英藏敦煌文献》（1—14卷）（四川人民出版社1990—1995年版）、《上海博物馆藏敦煌文献》（全2册，上海古籍出版社1993年版）、《北京大学图书馆藏敦煌文献》（全2册，上海古籍出版社1995年版）、《天津艺术博物馆藏敦煌文献》（全7册，上海古籍出版社1996—1998年版）、《甘肃藏敦煌文献》（全6册，甘肃人民出版社1999年版）、《上海图书馆藏敦煌吐鲁番文献》（全4册，上海古籍出版社1999年版）、《浙藏敦煌文献》（全1册，浙江教育出版社2000年版）、《俄藏敦煌文献》（1—17册，上海古籍出版社1992—2001年版）、《中国国家图书馆藏敦煌遗书》（1—7册，江苏古籍出版社1999—2001年版）、《法藏敦煌西域文献》（1—34册，上海古籍出版社1995—2005年版）、《俄藏敦煌艺术品》（1—6册，上海古籍出版社1995—2005年版）。这些新印本的图版比以往的印本和缩微胶卷清晰，有利于正确释录图版上文字。

二　目录的编纂和刊布

目录方面，法国又出版了《敦煌汉文写本目录》（*Catalogue des manuscrits chinois de Touen-Houang*）第1、3、4、5册，只差第2册未能出版。俄国孟列夫（Лев Николаевич Меньшиков）主编的《俄藏敦煌汉文写卷叙录》（Описание китайской части коллекции из Хара-Хото）完成出版，其汉文本也已由上海古籍出版社于1999年出版。中国国家图书馆藏敦煌文献在中华人民共和国成立之后因有文化部调拨、社会捐赠等，其主体收藏规模不断增大，所以1981年国图曾对新入藏文献进行编目，编辑为《敦煌劫余录续编》。

此外，池田温任责任编辑的《讲座敦煌·5·敦煌汉文文献》，对敦煌汉文文献做了全面的介绍。黄永武于1986年出版《敦煌遗书最新目录》，在众家目录基础之上，进一步对中、英、法、俄以及散藏目录进行考订和补充。早年对英国图书馆藏敦煌文献的著录都至S.6980，在20世纪80年代已有学者知悉英图尚有未公开的S.6981以后编号的敦煌文书。所以，1991年，方广锠和荣新江又分别对英图藏敦煌S.6981以后写本进行编目，整理成果即《英国图书馆藏敦煌遗书目录（S6981—S8400）》和《英国图书馆藏敦煌汉文非佛教文献残卷目录（S.6981—S.13624）》。2000年，施萍婷、邰惠莉编纂的《敦煌遗书总目索引新编》出版，纠正了原书很多错误。申国美《中国散藏敦煌文献分类目录》，按照佛道、四部古籍、社会文书等类重新排列收录了国内34个单位收藏的敦煌文献。

除了这些具有集成性的目录外，还有一些单篇文章对世界各地散藏敦煌文献进行编目和介绍。海外收藏方面，荣新江对包括丹麦哥本哈根皇家图书馆、瑞典赫尔辛基大学图书馆、日本龙谷大学图书馆、东京国立博物馆、京都国立博物馆、书道博物馆、静嘉堂文库、藤井有邻馆、天理图书馆、美国普林斯顿大学葛斯德图书馆等海外藏敦煌吐鲁番写本进行了介绍，并汇总为《海外敦煌吐鲁番文献知见录》。[①] 王惠民《哈佛大学藏敦煌文物叙录》对美国哈佛大学收集到的包括文书、绢画、壁画等在内的敦煌文物进行了综合介绍。[②] 饶宗颐《京都藤井氏有邻馆藏敦煌残卷纪略》、王三庆《日本天理大学天理图书馆典藏之敦煌写本》、施萍亭《日本公私收藏敦煌遗书叙录》（一）至（三）等对包括日本天理大学天理图书馆、三井文库、京都藤井有邻馆、唐招提寺、法隆寺、国会图书馆、大东急纪念文库、东京大学东洋文化研究所等日本公私收藏的敦煌遗书有系统介绍。[③]

国内收藏品的目录，也在众多学者和相关收藏单位的积极调查下逐渐

[①] 荣新江：《海外敦煌吐鲁番文献知见录》，江西人民出版社1995年版；并参［丹麦］彼得森撰，荣新江译《哥本哈根皇家图书馆藏敦煌写本》，《敦煌学辑刊》1987年第1期；等等。

[②] 王惠民：《哈佛大学藏敦煌文物叙录》，《敦煌研究》2013年第2期。

[③] 饶宗颐：《京都藤井氏有邻馆藏敦煌残卷纪略》，《选堂集林·史林》（下），中华书局1982年版；王三庆：《日本天理大学天理图书馆典藏之敦煌写本》，《第二届敦煌学国际研讨会论文集》，汉学研究中心1991年版，第79—98页；施萍亭：《日本公私收藏敦煌遗书叙录》（一）至（三），分参《敦煌研究》1993年第2期；1994年第3期；1995年第4期。并参［日］井口泰淳著，贺小平译，施萍亭校《关于龙谷大学图书馆藏大谷探险队带来敦煌古写经》，《敦煌研究》1991年第4期。

公布，为学界了解藏经洞的全部藏品创造了前所未有的有利条件。王珍仁、孙慧珍《旅顺博物馆藏敦煌写经目录及订正》①，杨铭《重庆市博物馆藏敦煌吐鲁番写经目录》《重庆市博物馆藏敦煌吐鲁番写经题录》②，徐忆农《南京图书馆藏敦煌卷子考》和方广锠、徐忆农《南京图书馆藏敦煌遗书目录》③，方广锠、查永玲《浙江博物馆藏敦煌遗书目录》④ 对国内各公私收藏单位所藏敦煌文献进行了著录和介绍。

三 释文的刊布

敦煌遗书主体部分图版和目录的刊布，为敦煌学研究者了解和释录敦煌文献提供了极大便利，也为更多的学者从事分类整理提供了可能，因而新时期的敦煌遗书整理出现了从一般性介绍和个案整理向分类整理的转向。新时期的分类整理工作可以分为两条路径：一是按文献的性质分类释录；二是按收藏地按号依次释录。

最早出版的分类释录文本是张锡厚的《王梵志诗校辑》（中华书局1983年版），可惜释文存在不少问题。其后有项楚《王梵志诗校注》（上海古籍出版社1991年版），后出转精。历史文书的释录以唐耕耦、陆宏基《敦煌社会经济文献真迹释录》1—5辑（第1辑书目文献出版社1986年版；第2—5辑全国图书馆文献缩微复制中心1990年版）为最早，收录了敦煌文献中与社会经济有关的重要文书和价值较高的历史文献1664件，将散藏于各国的数万件敦煌文书中的社会经济文书按类编排影印，并附有对照录文，共五辑，第一辑收有地志和瓜沙两州大事记及巡行记、姓望氏族谱名族志家传、籍帐、差科簿、社邑文书、沙州敦煌县行用水细则与渠人行人转帖、会计历等财政文书；第二辑收有契据，

---

① 王珍仁、孙慧珍：《旅顺博物馆藏敦煌写经目录及订正》，《段文杰敦煌研究五十年纪念文集》，世界图书出版公司1996年版，第323—327页。
② 杨铭：《重庆市博物馆藏敦煌吐鲁番写经目录》，《敦煌研究》1996年第1期；同作者《重庆市博物馆藏敦煌吐鲁番写经题录》，《敦煌吐鲁番研究》第6卷，北京大学出版社2002年版，第353—358页。
③ 徐忆农：《南京图书馆藏敦煌卷子考》，《敦煌学辑刊》1998年第1期；方广锠、徐忆农：《南京图书馆藏敦煌遗书目录》，《敦煌研究》1998年第4期。
④ 方广锠、查永玲：《浙江博物馆藏敦煌遗书目录》，《敦煌学辑刊》1998年第1期。

便物历，关于奴婢、地宅、遗产、债务、税役纠纷等牒状及公验，关于营田、勋荫田、退田、受田、租田、请地、田亩、户口、徭役、税收、砲课等牒状及籍历，法律文书；第三辑收有什物历，施入疏，诸色入历，诸色破用历，诸色入破历计会，堂舍房基帐，驼马牛羊等籍及有关牒状和凭据，归义军军资库、内库、内宅、柴场、宴设司等牒状及判凭；第四辑收有买卖、座设、财礼、纳贺、荣葬、荣亲等杂文书，僧官告身和寺职任免，度牒，戒牒及其相关文书，寺院行事及有关牒状等文书，追念、设供等请僧疏，僧尼籍及其相关文书，诏敕、告身、信牒、公验，表书状，军事、驿传、治安等文书；第五辑收有杂牒状和书启，墓碑、邈真赞、别传、功德记等，书仪、书启等文书，中印文化交流。该书在编排上采取上图下文方式，每类分若干细目，按年次先后顺序排列。所收文书都包括定名和录文两项，部分文书附有注释。由于此书收录范围较广，不免在资料收集、文字释录、文书定名、定性、归类、编排等方面存在一些问题。但因其具有包容文书量大和附有图版、释文等优点，至今仍是史学工作者调查、利用敦煌社会经济文献的重要参考书。分类释录以中国敦煌吐鲁番学会敦煌古文献编辑委员会策划并组织，由江苏古籍出版社出版的"敦煌文献分类录校丛刊"水平最高，影响也最大，这套丛刊共有十种十二册，包括《敦煌天文历法文献辑校》（邓文宽，1996）、《敦煌赋汇》（张锡厚，1996）、《敦煌佛教经录辑校》（方广锠，1997）、《敦煌表状笺启书仪辑校》（赵和平，1997）、《敦煌社邑文书辑校》（宁可、郝春文，1998）、《敦煌变文讲经文因缘辑校》（周绍良、张涌泉、黄征，1998）、《敦煌契约文书辑校》（沙知，1998）、《敦煌医药文献辑校》（马继兴、王淑民、陶广正、樊飞伦，1998）、《敦博本禅籍录校》（邓文宽、荣新江，1998）、《敦煌〈论语集解〉校证》（李方，1998）等。这是中国学术界第一次按学科和专题对敦煌文献进行系统搜集、整理的大型学术丛刊，总结了此前几十年相关专题敦煌文献整理和研究的成果，可以说是代表国家水准的标志性工程，出版20多年来是国际敦煌学界引用率最高的图书。

此外，由中国学者完成的敦煌文献分类录校本尚有郑炳林《敦煌碑铭赞辑释》[1],补充了唐、陆录校遗漏的重要文献,在探寻所收录的文书之间关系方面也取得很大进展,且在详尽的注释中备列并考释了大量相关文书,颇为学界称道,惜录文仍不完善。姜伯勤、项楚、荣新江《敦煌邈真赞校录并研究》[2],专门对邈真赞做了进一步的精细录校和研究。郑炳林《敦煌地理文书汇辑校注》[3],将敦煌地理文书42卷分为六大类加以校录。该书收集该类文献比较齐全,注释亦详,以辑录相关文书较多为其特色。项楚《敦煌变文选注》和张涌泉、黄征等编纂《敦煌变文校注》[4],都在王重民等基础上也对敦煌变文进行了进一步的整理和校注。王仲荦遗稿《敦煌石室地志残卷考释》[5]和李正宇《古本敦煌乡土志八种笺证》[6]等也对一些地理文书进行了集中整理。黄征和吴伟《敦煌愿文集》[7],对敦煌文书中的斋文进行了集中录校。徐俊《敦煌诗集残卷辑考》[8],明确指出"敦煌诗歌是典型的写本时代的产物",该书在叙录和校录时尽量保持敦煌诗歌写本的原有形态。采用这样的方法,不仅使学界对写本时代诗歌流行的实际情况有了更真切的认识,也将敦煌诗歌的整理和研究提升到了一个新的水平。可以说,至20世纪末,中国学者完成的分类释录文本已经涵盖了敦煌遗书的所有重要类别。

敦煌文献图版、目录的公布和出版以及相关文献的释录和整理工作,为新时期敦煌学的飞跃式发展提供了坚实的基础。

---

[1] 郑炳林:《敦煌碑铭赞辑释》,甘肃教育出版社1992年;并参郑炳林、郑怡楠《敦煌碑铭赞辑释》(增订本),上海古籍出版社2019年版。

[2] 姜伯勤、项楚、荣新江:《敦煌邈真赞校录并研究》,台北:新文丰出版公司1994年版。

[3] 郑炳林:《敦煌地理文书汇辑校注》,甘肃教育出版社1993年版。另可参阅杜爱华《〈敦煌地理文书汇辑校注〉校议(一)——兼议〈敦煌石室地志残卷考释〉》,《南京林业大学学报》2005年第1期;《〈敦煌地理文书汇辑校注〉校议(二)》,《敦煌学研究》2006年第1期;《〈敦煌地理文书汇辑校注〉校议(三)》,《敦煌学研究》2006年第2期。

[4] 项楚:《敦煌变文选注》,巴蜀书社1989年版;张涌泉、黄征:《敦煌变文校注》,中华书局1997年版。

[5] 王仲荦:《敦煌石室地志残卷》,上海古籍出版社1993年版。

[6] 李正宇:《古本敦煌乡土志八种笺证》,台北:新文丰出版公司1998年版。

[7] 黄征、吴伟:《敦煌愿文集》,岳麓书社1995年版。

[8] 徐俊:《敦煌诗集残卷辑考》,中华书局2000年版。

第 五 章

新时期关于历史文书与敦煌历史的研究

第一节 历史文书与敦煌历史

新时期学界利用敦煌文书研究唐代官制和唐代历史，取得了很大成就。[①] 黄惠贤《〈常何墓碑〉跋》[②]和郑必俊《敦煌写本常何墓碑校释》[③]，分别利用《常何墓碑》保存的资料结合史籍证、补唐初政治史。黄文认为常何在玄武门之变中的地位并不像陈寅恪所说的那样重要，郑文则认为陈氏有关常何与玄武门之变的关系的分析是正确的。郭锋《敦煌本"侯昌叶直谏表"与晚唐懿、僖时期之政局》，结合史籍考察了"侯昌叶直谏表"的内容、上表经过、时间以及侯昌叶的有关情况。[④] 王永兴《唐勾检制研究》及相关系列论文[⑤]，依据史籍中有关唐代勾官和勾检制度的记载，结合敦

[①] 相关介绍和研究述评，可参阅冯培红《敦煌文献中的职官史料与唐五代藩镇官制研究》，《敦煌研究》2001年第3期；《20世纪敦煌吐鲁番官制研究概况》，《中国史研究动态》2001年第11期。

[②] 黄惠贤：《〈常何墓碑〉跋》，《魏晋南北朝隋唐史资料》第2辑，1980年，第13—17页。

[③] 郑必俊：《敦煌写本常何墓碑校释》，《敦煌吐鲁番文献研究论集》，中华书局1982年版，第210—231页。

[④] 郭锋：《敦煌本"侯昌叶直谏表"与晚唐懿、僖时期之政局》，《兰州大学学报》1991年第3期。

[⑤] 王永兴：《唐勾检制研究》，上海古籍出版社1991年版。另可参阅同作者《试论勾官——唐代官制研究之一》，《敦煌吐鲁番文献研究论集》第2辑，北京大学出版社1983年版，第281—328页；《再论唐代勾检制——唐官制研究之二》，《北京大学学报》1986年第2期；《敦煌吐鲁番文书中有关唐勾检制资料试析》，《敦煌吐鲁番文献研究论集》第4辑，北京大学出版社1987年版，第58—89页。

煌吐鲁番文书中的勾官进行勾检的实际记录，全面考察了唐代上自中央、下到地方的勾检制度及其实行情况，填补了唐代官制研究的一项空白。薄小莹、马小红亦曾对唐代勾检制进行过讨论。① 孔祥星《唐代里正：吐鲁番、敦煌出土文书研究》，依据敦煌吐鲁番文书结合文献记载考察了唐代里正的职责与作用，认为唐代里正是乡里基层政权的实际管理者。② 赵吕甫《从敦煌吐鲁番文书看唐代"乡"的职权地位》，探讨了唐代乡的行政职能。③

刘俊文在以往日本学者整理和研究的基础上，对敦煌吐鲁番出土的法律文书做了进一步的整理。其《敦煌吐鲁番唐代法制文书考释》和相关系列论文④，辑录敦煌吐鲁番出土的律、律疏、令、格、式、令式表等法典和制敕、判、牒、案卷等法律档案共50件，并对各件文书都进行了考证、校补和笺释。他点校的《唐律疏议》⑤，亦充分利用了敦煌文献中的法制文书。高明士《从英藏CH0045捕亡律断片论唐贞观捕亡律之存在问题》，对CH0045捕亡律应为贞观捕亡律的说法做了进一步的论证，并对史籍关于贞观律无捕亡、断狱两卷的记载作出了解说。⑥ 楼劲《伯2819号残卷所载公式令对于研究唐代政制的价值》，利用公式令探讨了唐代尚书省的内部结构及其演变。⑦ 赵和平《敦煌写本P.2481号性质初探》，认为该件是唐前期礼部据留司格拟定的公文程式，形成于永徽至垂拱年间。⑧ 王永兴对《开元水部式》做了录校和考释，并探讨了该件涉及的番役和造舟为梁问题。⑨ 雷闻利用S.11287

---

① 薄小莹、马小红：《唐开元廿四年岐州郿县县尉判集研究——兼论唐代勾征制》，《敦煌吐鲁番文献研究论集》，中华书局1982年版，第615—649页。
② 孔祥星：《唐代里正：吐鲁番、敦煌出土文书研究》，《中国历史博物馆馆刊》1979年第1期。
③ 赵吕甫：《从敦煌吐鲁番文书看唐代"乡"的职权地位》，《中国史研究》1989年第2期。
④ 刘俊文：《敦煌吐鲁番唐代法制文书考释》，中华书局1989年版。
⑤ 刘俊文点校：《唐律疏议》，中华书局1983年版。
⑥ 高明士：《从英藏CH0045捕亡律断片论唐贞观捕亡律之存在问题》，柳存仁等编：《庆祝潘石禅先生九秩华诞敦煌学特刊》，台北：文津出版社1996年版，第409—425页。
⑦ 楼劲：《伯2819号残卷所载公式令对于研究唐代政制的价值》，《敦煌学辑刊》1987年第2期。
⑧ 赵和平：《敦煌写本P.2481号性质初探》，《文献》1994年第4期。
⑨ 王永兴：《敦煌写本唐开元水部式校释》，《敦煌吐鲁番文献研究论集》第3辑，北京大学出版社1986年版，第41—68页。

《论救事书》探讨了这类文书的起草、中书覆奏、进画、宣奉行、过门下、行下等具体程序和过程。①

孙继民《敦煌吐鲁番所出唐代军事文书初探》②，对敦煌遗书中的军事文书做了深入考察。王永兴《唐代前期西北军事研究》③，也利用了相关敦煌军事文书。黄正建《敦煌文书与唐代军队衣装》，利用敦煌文献中的记载探讨了唐代募兵的军衣名称和每个士兵的军衣消费量等问题。④ 王冀青《唐交通通讯用马的管理》《唐前期西北地区用于交通的驿马、传马与长行马——敦煌、吐鲁番发现的馆驿文书考察之二》，依据敦煌吐鲁番有关文书，结合史籍记载，对唐前期交通通讯所用驿马、传马的异同及其管理措施进行了探讨。⑤ 卢向前《伯希和3714号背面传马坊文书研究》，考察了沙州的传马坊。⑥ 安家瑶对 P. 2942《河西节度使公文集》进行了细致的整理⑦，史苇湘则结合其他材料对文书记述的河西节度使覆灭前的情况做了解说。⑧ 但由于该文书首尾残缺，以上学者对文书名称、年代和文书中人物的归属认识并不完全一致。马德《关于 P. 2942 写卷的几个问题》，认为这件文书应是经过汇集和整理的誊抄文卷，其誊抄时间应在大历元年（766）夏秋之后至大历二年（767）间，其名称应为"河西节度使公文集"。马氏还对史苇湘提出的文书中"副元帅"和多次出现的"尚书"应为杨休明之观点做了进一步的论证。⑨

---

① 雷闻：《从 S. 11287 看唐代论救事书的成立过程》，《唐研究》第 1 卷，北京大学出版社 1995 年版，第 323—335 页。
② 孙继民：《敦煌吐鲁番所出唐代军事文书初探》，中国社会科学出版社 2000 年版。
③ 王永兴：《唐代前期西北军事研究》，中国社会科学出版社 1994 年版。
④ 黄正建：《敦煌文书与唐代军队衣装》，《敦煌学辑刊》1993 年第 1 期。
⑤ 王冀青：《唐交通通讯用马的管理》，《敦煌学辑刊》1985 年第 2 期；同氏《唐前期西北地区用于交通的驿马、传马和长行马——敦煌、吐鲁番发现的馆驿文书考察之二》，《敦煌学辑刊》1986 年第 2 期。
⑥ 卢向前：《伯希和3714号背面传马坊文书研究》，《敦煌吐鲁番文献研究论集》，中华书局 1982 年版，第 660—686 页。
⑦ 安家瑶：《唐永泰元年——大历元年河西巡抚使判集伯 2942 研究》，《敦煌吐鲁番文献研究论集》，中华书局 1982 年版，第 232—264 页。
⑧ 史苇湘：《河西节度使覆灭的前夕——敦煌遗书伯 2942 号残卷的研究》，《敦煌研究》1983 年创刊号。
⑨ 马德：《关于 P. 2492 写卷的几个问题》，《西北师院学报》1984 年增刊。

王尧、陈践《敦煌本吐蕃历史文书》《敦煌吐蕃文献选》等①，在英国学者托马斯等人解读基础上，将部分重要的吐蕃历史文献译成汉文，并附有注释和疏证，为学术界利用这些文献提供了方便。他们二人还合作或分别发表了一系列论文，其内容涉及吐蕃的政治制度、社会结构、宗教文化及归义军与于阗关系等诸多方面。这些论文多被收入王尧、陈践《敦煌吐蕃文书论文集》②和王尧《西藏文史考信集》③。王继光、郑炳林《敦煌汉文吐蕃史料综述——兼论吐蕃控制河西时期的职官与统治政策》介绍了敦煌汉文吐蕃史料。④杨富学、李吉和《敦煌汉文吐蕃史料辑校》第1辑⑤，对敦煌汉文吐蕃佛教史料做了整理。王尧、黄文焕则依据青藏和河西地区现存的大量古藏文简牍金石及文书等资料，对青藏地区以及整个河西地区与吐蕃活动相关的文献做了考察。⑥王尧还组织学者在法国学者拉露编写的法藏敦煌古藏文文书解题目录的基础上重新编纂了《法藏敦煌藏文文献解题目录》⑦，该目录附有王尧撰写的三篇解说性文字，使得学界对敦煌藏文写卷的全貌、国内外的主要研究成果及相关研究方法都有了比较全面的了解。黄布凡与马德合著的《敦煌藏文吐蕃史文献译注》⑧，在国外学者研究成果的基础上，也对吐蕃历史文献进行汉译和注释。

关于敦煌陷蕃的年代，在这一阶段仍不断受到学者们的关注。既有人对旧说做进一步论证，也有人尝试提出新说。安忠义提出贞元四年（788）说⑨；

---

① 王尧、陈践：《敦煌本吐蕃历史文书》（初版），民族出版社1980年版；增订本，民族出版社1992年版。王尧、陈践：《敦煌吐蕃文献选》，四川民族出版社1983年版。
② 王尧、陈践：《敦煌吐蕃文书论文集》，四川人民出版社1988年版。
③ 王尧：《西藏文史考信集》，中国藏学出版社1994年版。
④ 王继光、郑炳林：《敦煌汉文吐蕃史料综述——兼论吐蕃控制河西时期的职官与统治政策》，《中国藏学》1994年第3期。
⑤ 杨富学、李吉和：《敦煌汉文吐蕃史料辑校》第1辑，甘肃人民出版社1999年版。
⑥ 王尧：《吐蕃金石录》，文物出版社1982年；同氏《吐蕃简牍综录》，文物出版社1986年。黄文焕：《河西吐蕃文书简述》，《文物》1978年第12期；同氏《河西吐蕃经卷目录跋》，《世界宗教研究》1981年第2期；同氏《河西吐蕃卷式写经目录并记》，《世界宗教研究》1982年第1期；等等。
⑦ 王尧主编：《法藏敦煌藏文文献解题目录》，民族出版社1999年版。
⑧ 黄布凡、马德：《敦煌藏文吐蕃史文献译注》，甘肃民族出版社2000年版。
⑨ 安忠义：《吐蕃攻陷沙州城之我见》，《敦煌学辑刊》1992年第1—2辑。

马德再倡吴廷燮提出的大历十二年（777）说①；李永宁则提出两次陷落说，即敦煌首次陷蕃于建中二年（781），再次陷蕃于贞元三年（787）。② 史苇湘、杨铭亦主张敦煌首次陷落于建中二年，其后因一再发生汉人反蕃起义而导致敦煌的"陷落"和"降下"不止一次。③ 陈国灿《唐朝吐蕃陷落沙州城的时间问题》，对山口瑞凤提出的贞元二年说做了有说服力的论证④，此说已为多数学者所接受⑤。

姜伯勤《唐敦煌"书仪"写本所见的沙州玉关驿户起义》，探索了吐蕃时期发生的沙州玉关驿户起义的原因、时间和作用，指出起义打击了吐蕃在沙州的统治。⑥

吐蕃管辖敦煌时期，沙州的最高军政长官称"节儿"，王尧依据藏汉文书和碑铭考出了这一语词的含义和来源，指出它是吐蕃官制中一城一地的守官。⑦ 邵文实考出沙州节儿执掌当地军事、财政和司法大权，其上司是节度使，其属官有都督、部落使和判官等。⑧ 金滢坤认为吐蕃沙州都督在军政机构中地位显赫，是沙州节儿之重要僚佐，设正副二职，一般由吐蕃人或汉族世家大族担任。⑨ 此外，金滢坤、盛会莲还对瓜州节度使进行了考察。⑩ 吐蕃统治者用部落制取代了沙州的县乡里行政组织，有关情况

---

① 马德：《沙州陷蕃年代再探》，《敦煌研究》1985年第3期。

② 李永宁：《也谈敦煌陷蕃年代》，《西北师大学报》1984年增刊《敦煌学研究》。

③ 史苇湘：《吐蕃王朝管辖沙州前后——敦煌遗书 S.1438 背〈书仪〉残卷的研究》，《敦煌研究》1983年创刊号；杨铭《一件有关敦煌陷蕃时间的藏文文书》，氏著《吐蕃统治敦煌研究》，台北：新文丰出版公司1997年版，第101—113页。

④ 陈国灿：《唐朝吐蕃陷落沙州城的时间问题》，《敦煌学辑刊》1985年第1期。

⑤ 相关评述，另可参阅金滢坤《敦煌陷蕃年代研究综述》，《丝绸之路》1997年第1期。

⑥ 姜伯勤：《唐敦煌"书仪"写本中所见的沙州玉关驿户起义》，《中华文史论丛》1981年第1辑，第157—170页。

⑦ 王尧、陈践：《敦煌藏文写卷 P.T.1083、1085 号研究——吐蕃占有敦煌时期的民族关系探索》，《历史研究》1984年第5期；王尧：《敦煌吐蕃官号"节儿"考》，《民族语文》1989年第4期。

⑧ 邵文实：《沙州节儿考及其引申出来的问题——八至九世纪吐蕃对瓜沙地区汉人的统治》，《西北师大学报》1992年第5期；同氏《尚乞心儿事迹考》，《敦煌学辑刊》1993年第2期。

⑨ 金滢坤：《吐蕃沙州都督考》，《敦煌研究》1999年第3期。

⑩ 金滢坤：《吐蕃瓜州节度使初探》，《敦煌研究》2002年第2期。

日本学者曾作过初步探讨。杨际平等也都曾涉及这方面问题,并有所推进。[1] 杨铭《吐蕃时期敦煌部落设置考——兼及部落的内部组织》,考察了吐蕃在敦煌设置部落的时间、次数、部落的名称、内部组织与作用。[2] 金滢坤认为吐蕃社会基层组织基本上以唐朝的乡为单位设置了军部落、民部落和通颊部落三种类型的部落,该社会基层组织于蕃管辖敦煌时期在军事、政治、经济方面发挥了重要职能。[3] 同作者之《吐蕃统治敦煌时期的部落使考》,认为部落使是吐蕃沙州军政机构的重要长官,其职略同于唐代乡官,负责部落一级政务;部落使之诸僚属负责部落内部事务;吐蕃部落组织还影响到了沙州归义军政权时期的部落组织的设置。[4] 刘忠《敦煌阿骨萨部落一区编员表藏文文书译考——兼向藤枝晃、姜伯勤等先生译文质疑》,通过个案揭示了部落的编员情况。[5] 姜伯勤考证了由道士、女官及有关内亲外亲组成的"沙州道门亲表部落"具体情况。[6] 姜氏和张广达还先后探索了沙州行人部落的性质,张广达《吐蕃飞鸟使与吐蕃驿传制度》,认为担任驿传任务的人员属于行人部落。[7] 在吐蕃驿站制度方面,学界也有多方面的讨论,如王欣、陈庆英等人,对相关史料进行了集中爬梳和分析。[8] 杨铭《通颊考》,认为敦煌地区设置通颊部落管理地位较低的寺户、杂户等。[9] 荣新江《通颊考》,充分利用藏汉文书资料,对通颊部落的渊源、组成及在敦煌、河西等地的设置情况进行了考证,证明敦煌的通颊部落是吐蕃统治者镇抚百姓的重要军事力量。[10] 杨铭、何宁生在《曹

---

[1] 杨际平:《吐蕃子年左二将户状与所谓"擘三部落"》,《敦煌学辑刊》1986年第2期。
[2] 杨铭:《吐蕃时期敦煌部落设置考——兼及部落的内部组织》,《西北史地》1987年第2期。
[3] 金滢坤:《吐蕃统治敦煌的社会基层组织》,《中国边疆史地研究》1998年第4期。
[4] 金滢坤:《吐蕃统治敦煌时期的部落使考》,《民族研究》1999年第2期。
[5] 刘忠:《敦煌阿骨萨部落一区编员表藏文文书译考——兼向藤枝晃、姜伯勤等先生译文质疑》,《中国史研究》1999年第1期。
[6] 姜伯勤:《沙州道门亲表部落释证》,《敦煌研究》1986年第3期。
[7] 张广达:《吐蕃飞鸟使与吐蕃驿传制度》,《敦煌吐鲁番文献研究论集》,中华书局1982年版,第167—178页。
[8] 王欣:《吐蕃驿站制度在西域的实施》,《新疆社会科学》1989年第5期;陈庆英、端智嘉:《一份敦煌吐蕃驿递文书》,《社会科学》1981年第3期。
[9] 杨铭:《通颊考》,《敦煌学辑刊》1987年第1期。
[10] 荣新江:《通颊考》,《文史》第33辑,中华书局1991年版,第119—143页。

(Tshar)——吐蕃统治敦煌及西域的一级基层兵制》一文中，着重分析了Tshar一词的语源问题，认为它是一个汉文借词"曹"，二者所代表的军事组织性质相当。①

郑炳林主编的《敦煌归义军史专题研究》②，是有关归义军史研究的论文集，内容涉及政治军事经济民族和文化等各个方面。

归义军政治史仍是学者们关心的热点问题，创获颇多。张议潮联合多个民族力量推翻吐蕃统治的历史壮举，一度得到研究者的推崇③。对于张议潮的出身家世和郡望，也曾引起人们的讨论。张议潮的籍贯为沙州敦煌县神沙乡信义里应属史实④，但张氏家族宣称的南阳郡开国公之封爵却未必可信⑤。在对张议潮事迹的考索方面，姜亮夫搜集罗振玉所不及见的有关文书和石窟题记等资料，大体按时间顺序排列成文，意在拾遗补缺正误⑥，但在参考研究信息方面存在不足。苏莹辉《瓜沙史事概述》，系综合旧作而成，但未能参考大陆有关新成果，一些地方沿袭了已为学界所不取的旧说。⑦ 同作者之《咸通中凉州节度使统管凉洮鄯河临五州说》，推测瓜沙与凉州曾分为两部，张议潮卒后，张淮深曾任凉州节度使或曾兼任凉州节度使。⑧ 胡小鹏《关于唐末五代宋初凉州自立政权的几个问题》，认为张议潮收复凉州后不久，河西地区又陷入各族混战中，形成了包括归义军政

---

① 杨铭、何宁生：《曹（Tshar）——吐蕃统治敦煌及西域的一级基层兵制》，《西域研究》1995年第4期。

② 郑炳林主编：《敦煌归义军史专题研究》，兰州大学出版社1997年版。

③ 齐陈骏：《略述唐王朝与吐蕃的关系及张议潮领导的沙州人民大起义》，《甘肃师大学报》1979年第4期；谭蝉雪：《统一河西的功臣——张议潮》，《文史知识》1988年第8期。

④ 可参阅倚山《张议潮出生地及有关问题》，《敦煌研究》1998年第4期。

⑤ 可参阅荣新江《敦煌卷子札记四则》，《敦煌吐鲁番文献研究论集》第2辑，北京大学出版社1983年版，第621—673页。另可参阅邓文宽《归义军张氏家族的封爵与郡望》，姜亮夫、郭在贻编《敦煌吐鲁番学研究论文集》，汉语大词典出版社1991年版，第600—614页。另可参赵红、高启安《张孝嵩斩龙传说历史背景研究》，《敦煌研究》2004年第2期。

⑥ 姜亮夫：《唐五代瓜沙张曹两世家考——〈补唐书张议潮传〉订补》，《中华文史论丛》1979年第3辑，此据氏著《敦煌学论文集》，上海古籍出版社1987年版，第883—911页。

⑦ 苏莹辉：《瓜沙史事概述》，台湾中正大学中国文学系主编：《全国敦煌学研讨会论文集》，1985年，第1—11页。

⑧ 苏莹辉：《咸通中凉州节度使统管凉洮鄯河临五州说》，《史学汇刊》第9卷，1978年，此据同氏《瓜沙史地丛考》，商务印书馆1983年版，第61—69页。

权在内的几股势力，凉州自立政权是其中之一。①

吴震《张淮深论节始末补正》，对张淮深求授旌节却屡受挫折的原因进行了分析。② 孙修身《张淮深之死再议》，用充分的证据否定了流行多年的索勋作乱杀张淮深兄弟自立为节度使的旧说，并推测张淮深之死与唐廷有关。③ 此文引起了学界的反响，李永宁、钱伯泉和邓文宽等都同意孙氏对旧说的否定，钱伯泉为孙氏的观点补充了证据。④ 但对张淮深的死因，李永宁和邓文宽又分别提出了与孙氏不同的看法，李永宁认为杀淮深者为张议潮子淮鼎，淮鼎临终将幼子承奉托付索勋辅佐，不意索勋在淮鼎死后竟自立为节度使，被嫁给李明振的张议潮之女张氏及诸子杀掉。张氏虽名义上复立侄承奉为节度使，实权却掌握在诸子手中。⑤ 邓文宽则推测张淮深之子延兴、延嗣在嫡庶之争中杀死了张淮深和延晖、延礼等六兄弟及张淮深夫人，然后扶立张淮鼎主政。⑥ 荣新江《晚唐归义军李氏家族执政史探微》，在肯定李永宁上述推论的前提下，以充分的材料证实了李明振诸子执掌大权排挤张承奉的论断，进而推论瓜沙大族在896年又发起倒李扶张的政变，张承奉得以掌握实权。⑦ 杨秀清则试图从张淮深父议潭和张议潮之间的不和来解释淮鼎杀淮深的原因。⑧ 杨宝玉、吴丽娱《张议潮束身归阙后与沙州人士的往来及其对敦煌政局的影响》，推测中和四年前后淮诠郎君等从长安西归正是后来归义军政权发生动乱、张淮深夫妇及六子被杀的起因。⑨

---

① 胡小鹏：《关于唐末五代宋初凉州自立政权的几个问题》，《西北师大学报》1989年第1期。
② 吴震：《张淮深论节始末补正》，敦煌研究院编：《段文杰敦煌研究五十年纪念文集》，世界图书出版公司1996年版，第373—381页。
③ 孙修身：《张淮深之死再议》，《西北师院学报》1982年第2期。
④ 钱伯泉：《为索勋篡权翻案》，《敦煌研究》1988年第1期。
⑤ 李永宁：《竖牛作孽，君主见欺——谈张淮深之死及唐末归义军执权者之更迭》，《敦煌研究》1986年第2期。
⑥ 邓文宽：《也谈张淮深之死》，《敦煌研究》1988年第1期。
⑦ 荣新江：《晚唐归义军李氏家族执政史探微》，《文献》1989年第3期。
⑧ 杨秀清：《张议潮出走与张淮深之死——张氏归义军内部矛盾新探》，《敦煌研究》1996年第4期。
⑨ 杨宝玉、吴丽娱：《张议潮束身归阙后与沙州人士的往来及其对敦煌政局的影响》，刘进宝、高田时雄主编：《转型期的敦煌学》，上海古籍出版社1997年版，第331—342页。

有关金山国的历史，长期以来备受国内外学界之关注。金山国立国时间是治金山国史首先遇到的问题，但相关探讨却聚讼纷纭，尚未形成统一的看法。①1983年，王冀青首先否定早年王重民确定的金山国建立于905年之说，坚持两《五代史》所载张承奉建立西汉金山国之史事的可靠性，认为金山国的建国时间为后梁开平二年（908）②。李正宇在细致考察《白雀歌》写本形态的基础上，指出卷中所署"乙丑年二月"的杂写非《白雀歌》的尾题，而是后人补入的。他根据P.3633背《龙泉神剑歌》之"自从登祚十三年"的表述，认为张承奉建立金山国的时间是906年。③杨秀清同意李氏观点，并作了若干补正。④卢向前通过对《龙泉神剑歌》写作时间的考证，推断出金山国的建国年月当为开平四年（910）七月初一日，是对日本学者藤枝晃提出的910年说的进一步论证。⑤荣新江为910年说补充了证据，并对金山国建立的具体日期提出了自己的看法。⑥郑炳林亦对金山国一名的来源、建国时间进行探讨，推测张承奉称金山王在900年以前。⑦

关于金山国的建国举措，李正宇考之最详。他条列了九条：建国号、立天子、告天地、建宗庙、封后妃、立太子、建帝京、设百官、改年号。⑧杨秀清重点考证了金山国中央集权制度的建立、军镇及州县体制、武职军将的变化与沿袭，认为金山国的势力范围较小，政治制度显得规模小且不系统，其政治制度具有明显的地方特色，且和中唐以来中央政治体制的变化相一致。⑨

---

① 相关述评，可参阅杨秀清《八十年代以来金山国史研究综述》，《敦煌研究》1995年第4期。
② 王冀青：《有关金山国史的几个问题》，《敦煌学辑刊》1982年创刊号。
③ 李正宇：《谈〈白雀歌〉尾部杂写与金山国建国年月》，《敦煌研究》1987年第3期；《关于金山和敦煌国建国的几个问题》，《西北史地》1987年第2期。
④ 杨秀清：《金山国立国年代补正》，《敦煌研究》1997年第4期。另可参阅同作者《敦煌西汉金山国史》第二章第一节"金山国的立国时间"，甘肃人民出版社1999年版，第56—71页。
⑤ 卢向前：《金山国立国之我见》，《敦煌学辑刊》1990年第2期。
⑥ 荣新江：《金山国史辨正》，《中华文史论丛》第50辑，上海古籍出版社1992年版，第72—85页。另可参阅陈民《金山国建立年月》，《敦煌研究》1993年第4期。
⑦ 晒麟：《金山国名称来源》，《敦煌学辑刊》1993年第1期；《金山国建国时间问题讨论》，《敦煌学辑刊》1993年第2期。
⑧ 李正宇：《关于金山国和敦煌国建国的几个问题》，《西北史地》1987年第2期。
⑨ 杨秀清：《试论金山国的有关政治制度》，《敦煌学辑刊》1998年第2期。

《白雀歌》《龙泉神剑歌》《沙州百姓一万人上回鹘天可汗状》是研究金山国史的重要材料，颜廷亮从文学角度对上述文献进行了较为系统的研究，对金山国历史和对外关系的研究有所裨益。① 陆庆夫考察了西汉金山国曾与回鹘发生过的三次较大战役，认为其中楼兰、伊吾之战对象是西州系回鹘，金河之战、便桥之战对象是甘州回鹘，并指出《龙泉神剑歌》有许多内容并非事实。② 郑炳林也考证了金山国与楼兰之间的战争情况③，此后杨秀清续有论述。④

关于金山国的终结时间，早年王重民提出应在后梁贞明五年至六年（919—920）。姜亮夫《瓜沙曹氏年表补正》，并援引S.4240、S.3691两件文书，定曹氏代张承奉掌权时间是贞明五年（919）。⑤ 贺世哲、孙修身《〈瓜沙曹氏年表补正〉之补正》，依据S.1563《西汉敦煌国圣文神武敕》、P.3239《敕归义军节度兵马留后使牒》、P.2992《上回鹘众宰相状》等文献指出，曹氏归义军的建立时间是后梁乾化四年（914），而此时张氏建立的西汉金山国（西汉敦煌国）宣告覆灭。⑥ 此说得到学界的广泛认可，已成定论。

对曹氏归义军史的研究，这一时期也有长足进展。姜亮夫《瓜沙曹氏年表补正》，收集史籍、文书、洞窟题记中有关曹氏父子夫妇、家世婚姻的资料，汇为一编，意在补正罗振玉之《瓜沙曹氏年表》。此文推定曹元忠卒于974年，但文中对一些史料定年或内容的理解存在问题。贺世哲、孙修身《〈瓜沙曹氏年表补正〉之补正》，指出姜文中存在的问题，并确定曹氏取代张氏始于914年，推定曹议金卒于935年，考订曹延恭卒于

---

① 颜廷亮：《敦煌西汉金山国之文学又三题》，《兰州教育学院学报》1993年第2期；《敦煌金山国史的文学三部曲》，《丝绸之路》1994年第1期；《敦煌西汉金山国文学文献三题新校并序》，《社科纵横》1995年第1期；《敦煌西汉金山国档案文献考略》，《甘肃社会科学》1996年第5期。另可参同氏《敦煌西汉金山国文学考述》，甘肃人民出版社2009年版。

② 陆庆夫：《金山国与甘州回鹘关系考论》，《敦煌学辑刊》1999年第1期。

③ 郑炳林：《唐五代敦煌金山国征伐楼兰史事考》，《段文杰敦煌研究五十年纪念文集》，世界图书出版公司1996年版，第403—415页。

④ 杨秀清：《敦煌西汉金山国史》第四章第二节"金山国征楼兰及其同于阗的关系"，第126—137页。

⑤ 姜亮夫：《瓜沙曹氏年表补正》，《杭州大学学报》1979年第1、2期。

⑥ 贺世哲、孙修身：《〈瓜沙曹氏年表补正〉之补正》，《甘肃师大学报》1980年第1期。

976年。姜亮夫《瓜沙曹氏世谱》，试图通过考辨莫高、榆林两窟题记和敦煌文书来组织曹氏家人关系，在利用洞窟题记时存在一些错误。孙修身《谈与瓜州曹氏世普有关的几个问题》，对姜文做了补正。① 谭蝉雪《曹元德曹元深卒年考》，考定曹元德卒于939年，并为陈祚龙所考曹元深卒于944年提供了新的证据。② 至此，曹氏归义军的历任节度使卒立时间、世系和称号基本明确，即曹仁贵（议金）（914—935）、曹元德（935—939）、曹元深（939—944）、曹元忠（944—974）、曹延恭（974—976）、曹延禄（976—1002）、曹宗寿（1002—？）。③

起初，人们都以为曹氏归义军的首任节度使是曹议金。20世纪70年代，日本学者藤枝晃最早提出曹仁贵应为归义军的首任节度使的说法。④ 马楚坚于1982年提及曹仁贵取代张氏的问题。⑤ 以后，苏莹辉对曹仁贵为曹氏首任节度使做了初步论证，并指出曹仁贵卒后，由其弟曹议金接任节度使。⑥ 唐耕耦《曹仁贵节度沙州归义军始末》，为落实这一问题提供了具有决定意义的新材料。⑦ 但传世史料所载的曹议金为曹氏归义军第一代执政者的说法也是言之有据，不容忽视。于是，如何解释曹仁贵与曹议金的关系一度成为难题。进入20世纪90年代，贺世哲、李正宇先后撰文论证曹仁贵就是曹议金，此说虽无直接证据，但推论合理，已为学界所普遍接受。贺世哲通过考察 P.4065《表文》、P.3556《邈真赞》、P.3262《河西

---

① 孙修身：《谈与瓜州曹氏世谱有关的几个问题》，《甘肃社会科学》1983年第5期。（按："州"应为"沙"）
② 谭蝉雪：《曹元德曹元深卒年考》，《敦煌研究》1988年第1期。
③ 荣新江：《归义军史研究》，上海古籍出版社1996年版，第95—132页。
④ ［日］藤枝晃：《敦煌绿洲与千佛洞》，《敦煌·シルクロード》，每日新闻社1977年版，第66页。
⑤ 马楚坚：《谈瓜沙曹仁贵曹义金取代张氏年期及其有关问题》，《梵音》1982年第2期。
⑥ 苏莹辉：《瓜沙史事述要》，《汉学研究》1986年4卷第2期。另可参阅同作者《张承奉称帝年代与曹议金节度使继承人问题略论——瓜沙史事丛考之六》，《大陆杂志》1981年第62卷第5期；《朱梁时曹仁贵继张氏为沙州归义军节度使说》，《大陆杂志》1984年第68卷第1期；《三论继张氏后节度沙州归义军者为曹仁贵》，《文史哲学报》1988年第36期；《张承奉称帝王与曹仁贵节度沙州归义军颠末考》，段文杰等编：《敦煌学国际研讨会文集（石窟史地·语文编）》，辽宁美术出版社1995年版，第55—65页。
⑦ 唐耕耦：《曹仁贵节度沙州归义军始末》，《敦煌研究》1987年第2期。

节度使尚书建窟功德记》及供养人题记等材料，从时间重合的角度论证了曹议金与曹仁贵乃同一人，不过不同时期分别使用了名和字。①李正宇为这一论断增加了新的材料，但主张曹议金和曹仁贵均为人名，并非一名一字。②荣新江则从曹议金之长兄曹仁裕（字良才）的相关记载入手，得出"仁裕即为议金的唯一兄长，则仁贵不可能是议金兄，而只能是议金本人"的结论。③马德《尚书曹仁贵史事钩沉》，试图重新考究曹仁贵与曹议金的关系问题④，但未能得到学界的呼应。

与此同时，我国学者还对归义军与中原王朝的关系进行了探讨。荣新江《初期沙州归义军与唐中央朝廷之关系》⑤和《沙州张淮深与唐中央朝廷之关系》⑥，指出在归义军表面归顺唐廷的背后，双方实际上存在着明争暗斗的关系。尤其在张淮深主政时期，自867年至887年多次遣使求授旌节，但长期未得到朝廷的有力支持，直到888年朝廷才授予张淮深节度使旌节。杨秀清《晚唐归义军与中央关系论述》，提出将双方关系划分为互为声援、逐渐疏远和名存实亡三个阶段。⑦李正宇考察了曹仁贵归奉后梁的过程和时间，并曾论及曹元深与中央的关系。⑧荣新

---

① 贺世哲：《试论曹仁贵即曹议金》，《西北师大学报》1990年第3期。另可参阅陈民《曹仁贵之谜揭开》，《敦煌研究》1990年第4期。
② 李正宇：《曹仁贵名实论——曹氏归义军创始及归奉后梁史探》，汉学研究中心编：《第二届敦煌学国际研讨会论文集》，汉学研究中心1991年版，第551—569页；《曹仁贵归奉后梁的一组新资料》，《魏晋南北朝隋唐史资料》第11期《唐长孺教授八十大寿纪念专辑》，武汉大学出版社1991年版，第274—281页。
③ 可参阅荣新江《关于曹氏归义军首任节度使的几个问题》，《敦煌研究》1993年第2期；《沙州归义军历任节度使称号研究》（修订稿），《敦煌学》第19辑，台北："中国文化大学"中国文学研究所敦煌学会1992年版，第15—67页。
④ 马德：《尚书曹仁贵史事钩沉》，《敦煌学辑刊》1998年第2期。
⑤ 荣新江：《初期沙州归义军与唐中央朝廷之关系》，黄约瑟、刘健明编：《隋唐史论集》，香港大学1993年版，第106—117页。
⑥ 荣新江：《沙州张淮深与唐中央朝廷之关系》，《敦煌学辑刊》1990年第2期。
⑦ 杨秀清：《晚唐归义军与中央关系论述》，《甘肃社会科学》1996年第2期。
⑧ 李正宇：《曹仁贵名实论——曹氏归义军创世及归奉后梁史探》，汉学研究中心编《第二届敦煌学国际研讨会论文集》，台北：汉学研究中心1991年版，第551—569页；《曹仁贵归奉后梁的一组新资料》，《魏晋南北朝隋唐史资料》11期《唐长孺教授八十大寿纪念专辑》，武汉大学出版社1991年版，第274—281页。

江在藤枝晃研究的基础上，系统考证了归义军时期中原王朝年号在敦煌文献中的始见和终止时间，为人们了解归义军与中原王朝关系的疏密提供了一个新的视角。①

关于归义军时期的行政制度，陈国灿《唐五代敦煌县乡里制的演变》，考察了唐五代各个历史阶段敦煌乡里的增减情况。② 刘进宝《试谈归义军时期敦煌县乡的建置》，对陈文有所补充。③ 冯培红《归义军时期敦煌县诸乡置废申论》，进一步细致爬梳了归义军时期诸乡的立废问题。④ 陈海涛主要对敦煌归义军时期从化乡消失的原因作了探讨。⑤

关于归义军政权的官制，荣新江《沙州归义军历任节度使称号研究》，搜集考辨大量有关史料，对历任节度使生前死后由低到高的各种加官称号做了系统分析。⑥ 此文虽有个别节度使的称号的确定存在问题，但总的来看做得比较彻底，已成为人们确定相关文书年代的依据。姜伯勤在《敦煌社会文书导论》一书中专辟"归义军使衙僚佐"一节，对归义军政权的藩镇幕府体制设置进行了系统分析，将其分文职僚佐、武职军将两大类进行介绍。⑦ 其后，荣新江又专门考证了归义军幕府的武职序列，增补了教练使、都教练使、将头、队头等职。⑧ 卢向前《关于归义军时期一份布纸破用历的研究——试释伯四六四〇背面文书》，考察了归义军所属各机构的名称和各机构长官的职衔。⑨ 齐陈骏、冯培红探讨了归义军的基层将领

---

① 荣新江：《归义军改元考》，《文史》第38辑，中华书局1994年版，第45—53页。
② 陈国灿：《唐五代敦煌县乡里制的演变》，《敦煌研究》1989年第3期。
③ 刘进宝：《试谈归义军时期敦煌县乡的建置》，《敦煌研究》1994年第3期。
④ 冯培红：《归义军时期敦煌县诸乡置废申论》，《敦煌研究》2000年第3期。
⑤ 陈海涛：《敦煌归义军时期从化乡消失原因初探》，《中国社会历史评论》第2卷，天津古籍出版社2000年版，第432—438页。
⑥ 荣新江：《沙州归义军历任节度使称号研究》，《敦煌吐鲁番学研究论文集》，上海汉语大词典出版社1990年版；其修订稿刊于《敦煌学》第19辑，台北："中国文化大学"中国文学研究所敦煌学会1992年版，第15—67页。
⑦ 相关论述，可参阅姜伯勤《敦煌社会文书导论》，台北：新文丰出版公司1992年版，第130—144页。
⑧ 荣新江：《唐五代归义军武职军将考》，载《中国唐史学会论文集（1993年）》，三秦出版社1993年版，第76—87页。
⑨ 卢向前：《关于归义军时期一份布纸破用历的研究——试释伯四六四〇背面文书》，《敦煌吐鲁番文献研究论集》第3辑，北京大学出版社1986年版，第394—466页。

"十将"及其下属诸职。① 归义军政权中还设立了宴设厨、宴设司等负责管理官府宴设事务的机构，冯培红也有专文讨论。②

归义军时期的镇，在新时期亦得到学界关注，尤以对曹氏归义军时期的六镇与八镇的研究成果为多。史苇湘认为曹氏时期的"六镇"是指紫亭、悬泉、雍归、新城、石城、常乐等镇，并根据紫亭、常乐为县、镇并置而认为"此时的镇即州以下之县，所谓'紫亭县令'、'常乐县令'所管辖之地即紫亭镇、常乐镇"③。黄盛璋《沙州曹氏二州六镇与八镇考》，通过对P.4640背《布纸破用历》所载诸镇之镇使、副使、监使的分析，逐一考释了曹氏时期的六镇。④ 陈国灿《唐五代瓜沙归义军军镇的演变》，在以上成果基础上，对唐五代瓜、沙二州境内军镇的职能、演变、位址等做了新的探索。⑤ 李并成先后发表《汉敦煌郡广至县城及其有关问题考》⑥《归义军新城镇考》⑦《归义军会稽镇考》⑧对悬泉镇、新城镇、会稽镇的名称、渊源、设置年代、职能、位置等问题做了考证。

第二节　西北地区和敦煌的民族

敦煌文献中保存的有关唐宋之际西北民族的资料十分丰富，涉及归义

---

① 齐陈骏、冯培红：《晚唐五代归义军政权中"十将"及下属诸职考》，敦煌研究院编：《段文杰敦煌研究五十年纪念文集》，世界图书出版公司1996年版，第397—402页。

② 冯培红：《唐五代敦煌官府宴设机构考略》，《2000年敦煌学国际学术讨论会文集：纪念敦煌藏经洞发现暨敦煌学百年·历史文化卷》（上编），甘肃民族出版社2003年版，第175—194页。

③ 史苇湘：《丝绸之路上的敦煌与莫高窟》，敦煌文物研究所编：《敦煌研究文集》，甘肃人民出版社1982年版，第90—92页。

④ 黄盛璋：《沙州曹氏二州六镇与八镇考》，敦煌文物研究所编：《1983年全国敦煌学术讨论会文集（文史·遗书编）》（上册），甘肃人民出版社1987年版，第269—281页。

⑤ 陈国灿：《唐五代瓜沙归义军军镇的演变》，唐长孺主编：《敦煌吐鲁番文书初探二编》，武汉大学出版社1990年版，第555—580页。

⑥ 李并成：《汉敦煌郡广至县城及其有关问题考》，《敦煌研究》1991年第4期。

⑦ 李并成：《归义军新城镇考》，《北京图书馆刊》1997年第4期。

⑧ 李并成：《归义军会稽镇考》，《敦煌吐鲁番研究》第3卷，北京大学出版社1998年版，第223—228页。

军政权控制地区的少数民族、归义军政权与周边少数民族的关系、西北各少数民族的情况、西北少数民族政权与中原王朝的关系和西北各民族之间的关系等诸多方面。这些资料在前两个阶段未能得到充分利用。新时期我国学者在以上各方面都取得了很多有价值的研究成果。

陆庆夫撰有多篇文章论述了敦煌文献中少数民族资料的价值及与唐宋时期河西少数民族的关系。① 郑炳林《唐五代敦煌粟特人与归义军政权》等系列论文，考察了敦煌粟特人与归义军政权的关系及在敦煌佛教、敦煌农牧业和商业手工业发展中所起的作用。② 陆庆夫《唐宋间敦煌粟特人之汉化》，分时段从职业分布、婚姻关系、社会组织、宗教信仰等方面探讨了敦煌粟特裔民的生活情况和汉化问题。③ 黄振华《粟特文及其文献》，介绍了敦煌粟特文文献的内容、价值和研究概况。④ 林梅村《敦煌出土粟特文古书信的断代问题》，推断敦煌出土的粟特文书信的年代可能在202年。⑤ 刘波《敦煌所出粟特语古信札与两晋之际敦煌姑臧的粟特人》，介绍了敦煌长城烽燧出土的粟特文古信札，认为这是粟特人早在公元4世纪初就在敦煌地区聚居和活动的有力证明。⑥ 季羡林《敦煌吐鲁番吐火罗语研究导论》及相关系列论文⑦，考察了吐火罗语资料的发现、资料内容、价值和研究方法，并探讨了吐火罗语两个方言之间及与其他语言的关系。荣新江《古代塔里木盆地周边的粟特移民》，依据敦煌和新疆地区出土的少数民族语言文献对于阗、楼兰、据史德、龟兹、焉耆等地的古代粟特移民

---

① 陆庆夫：《略论敦煌民族史料的价值》，《敦煌学辑刊》1991年第1期。另可参阅同作者《隋唐五代西北民族史研究概述》（之一），《西北民族研究》1991年第2期；《隋唐五代西北民族史研究概述》（续），《西北民族研究》1992年第2期；《敦煌民族文献与河西古代民族》，《敦煌学辑刊》1994年第2期。

② 郑炳林：《唐五代敦煌粟特人与归义军政权》，《敦煌研究》1996年第4期；同氏《唐五代敦煌医学酿酒建筑业中的粟特人》，《西北第二民族学院学报》1999年第4期；郑炳林、王尚达：《吐蕃统治下的敦煌粟特人》，《中国藏学》1996年第4期。

③ 陆庆夫：《唐宋间敦煌粟特人之汉化》，《历史研究》1996年第6期。

④ 黄振华：《粟特文及其文献》，《中国史研究动态》1981年第9期。

⑤ 林梅村：《敦煌出土粟特文古书信的断代问题》，《中国史研究》1986年第1期。

⑥ 刘波：《敦煌所出粟特语古信札与两晋之际敦煌姑臧的粟特人》，《敦煌研究》1995年第3期。

⑦ 季羡林：《敦煌吐鲁番吐火罗语研究导论》，台北：新文丰出版公司1993年版。

情况进行了考察。①

敦煌文献中保存的与于阗相关的文献，在新时期也得到了学者们的关注。黄振华《于阗文及其文献》，介绍了敦煌于阗文文献的内容、价值和研究情况。②张广达、荣新江《于阗史丛考》及相关系列论文③，对涉及于阗国号年号、从德太子、使臣等一批于阗文献的年代进行了考证，并利用各种语言资料探讨了上古于阗的塞种居民、于阗国的国号年号和王家世系、于阗之佛寺、于阗美术等问题，对唐宋于阗乃至整个西域史研究多有贡献。林梅村《藏文古籍所述于阗王谱系迄始年代研究》认为包括敦煌藏文文献在内的藏文古籍所记于阗王谱系的起始年代在东汉末。④孙修身《敦煌佛教艺术和古代于阗》，利用敦煌石窟艺术中存在的于阗瑞像、于阗国王、太子等供养人画像，探讨了敦煌和于阗的关系。⑤

周伟洲、杨铭《关于敦煌藏文写本〈吐谷浑（阿柴）纪年〉残卷的研究》，对706—715年间，该残卷涉及的吐蕃与吐谷浑关系、没蕃后吐谷浑国的位置、吐谷浑王室的活动等重要问题进行探讨。⑥陆庆夫《河西达怛考述》⑦、荣新江《龙家考》⑧分别考证了达怛和龙家部族的有关情况。黄盛璋通过爬梳敦煌汉文文献和于阗文文献中有关龙家的记载，考证了龙家的来源、分散原因、时间与语言、族属及其演变情况。⑨陆庆夫认为凉州嗢末与归义军及中原王朝始终保持联系和交流，宋初在西夏对河西的战

---

① 荣新江：《古代塔里木盆地周边的粟特移民》，《西域研究》1993年第2期。
② 黄振华：《于阗文及其文献》，《中国史研究动态》1981年第3期。另可参阅同氏《于阗文研究概述》，中国民族古文字研究会编：《中国民族古文字研究》，中国社会科学出版社1984年版，第64—86页。
③ 张广达、荣新江：《于阗史丛考》，上海书店1993年初版；中国人民大学出版社2008年再版。
④ 林梅村：《藏文古籍所述于阗王谱系迄始年代研究》，《新疆社会科学》1985年第5期。
⑤ 孙修身：《敦煌佛教艺术和古代于阗》，《新疆社会科学》1986年第1期。
⑥ 周伟洲、杨铭：《关于敦煌藏文写本〈吐谷浑（阿柴）纪年〉残卷的研究》，《中亚学刊》第3辑，中华书局1990年版，第95—108页。
⑦ 陆庆夫：《河西达怛考述》，《敦煌学辑刊》1992年第Z1期。
⑧ 荣新江：《龙家考》，《中亚学刊》第4辑，北京大学出版社1995年版，第144—161页。
⑨ 黄盛璋：《敦煌汉文与于阗文书中之龙家及其相关问题》，《西域研究》1996年第1期。

争中逐渐消亡。① 关于仲云，郭锋、钱伯泉、黄盛璋、邵文实、杨铭等人讨论了其族源②，提出了诸如吐蕃说、仲云说、回鹘说、党项说等多种观点。或认为南山源于汉代小月氏，与仲云同源，先后与羌、吐谷浑、吐蕃、沙陀、回鹘以及汉人融合。③ 邵文实考证了南山部族的情况。④

新时期对归义军政权周边各少数民族政权的探讨，以甘州回鹘最引人注目。自20世纪80年代伊始，有关甘州回鹘的研究成果大批涌现，涉及甘州回鹘的来源、建国、世系、周边关系等诸多方面的探讨。⑤ 钱伯泉综合考察了甘州回鹘与中原王朝和西北各民族政权的交往情况。⑥ 陆庆夫在吸收以往成果的基础上，对甘州回鹘可汗的世次提出了自己的看法。⑦ 邓文宽《张淮深平定甘州回鹘史事钩沉》，主要利用四种不同形式的文学作品论证张淮深曾两次平定甘州回鹘。⑧ 此文的最大贡献是发掘出了有关回

---

① 陆庆夫：《唐宋之际的凉州嗢末》，《敦煌学辑刊》1997年第2期。
② 郭锋：《略论敦煌归义军时期仲云人的族属诸问题》，《兰州大学学报》1988年第1期。钱伯泉：《仲云族始末考述》，《西北民族研究》1989年第1期。黄盛璋：《论璨微与仲云》，《新疆社会科学》1988年第6期；《敦煌文书中的"南山"与仲云》，《西北民族研究》1989年第1期。邵文实：《敦煌遗书中的"南山"考》，《社科纵横》1992年第6期。杨铭：《关于敦煌藏文卷子中 Lho-Bal 的研究》，《西北民族研究》1994年第2期；《敦煌文书中的 Lho-Bal 与南波——吐蕃统治时期的南山部族》，《敦煌研究》1993年第3期。另可参阅同作者《敦煌藏文卷子中的"蛮貊"研究》《南山 Lho bal》，收入氏著《吐蕃统治敦煌研究》，台北：新文丰出版公司1997年版，第183—187、249—258页。
③ 参阅季羡林主编《敦煌学大辞典》之"南山"辞条（荣新江撰写），上海辞书出版社1998年版，第462页。
④ 邵文实：《敦煌遗书中的"南山"考》，《社科纵横》1992年第6期。
⑤ 高自厚：《甘州回鹘渊源考》，《西北民族大学学报》1982年第1期；《甘州回鹘与西州回鹘辨》，《西北民族大学学报》1982年第4期；《甘州回鹘失守甘州的社会原因——兼论甘州回鹘的社会制度》，《（甘肃）社会科学》1983年第1期；《敦煌文献中的河西回鹘——兼论甘州回鹘与沙州的关系》，《西北民族大学学报》1983年第4期；《甘州回鹘汗国的创建者》，《敦煌研究》1991年第2期。陈炳应：《也谈甘州回鹘》，《敦煌学辑刊》1990年第2期。李正宇：《晚唐五代甘州回鹘重要汉文文献之佚存》，《文献》1989年第4期。汤开建：《甘州回鹘余部的迁徙与西州回鹘之关系》，《新疆社会科学》1984年第3期。苏北海、周美娟：《甘州回鹘世系考辨》，《敦煌学辑刊》1987年第2期。苏北海、丁谷山：《瓜沙曹氏政权与甘州回鹘于阗回鹘的关系》，《敦煌研究》1990年第3期。
⑥ 钱伯泉：《试解"仆固俊"之谜——甘州回鹘国史探讨之一》，《甘肃民族研究》1986年第2期；《回鹘在敦煌的历史》，《敦煌学辑刊》1989年第1期；《沙州回鹘研究》，《（甘肃）社会科学》1989年第6期。
⑦ 陆庆夫：《甘州回鹘可汗世次辨析》，《敦煌学辑刊》1995年第2期。
⑧ 邓文宽：《张淮深平定甘州回鹘史事钩沉》，《北京大学学报》1986年第5期。

鹘与归义军关系的新史料，但由于这些史料没有具体年代，所记回鹘的族属亦不明确，因而不断引起学者们对这批材料的思考和研究。黄盛璋认为淮深平定的回鹘应来自沙州的西方。①孙修身则对五代时期甘州回鹘和中原王朝的交通往来、甘州回鹘与北宋王朝的交往情况做了细致的纪年梳理和史实辨析。②荣新江《甘州回鹘与曹氏归义军》《曹议金征甘州回鹘史事表微》等多篇重要论文，对曹氏归义军与甘州回鹘的关系做了全面探讨，增进了学界对于甘州回鹘史、甘州回鹘与敦煌的关系史的了解和认识。③李德龙曾论及甘州回鹘与唐廷朝贡贸易。④综合来看，对甘州回鹘的研究成果虽多，分歧也很大。诸家观点，难以备述。大致说来，在甘州回鹘的建立过程与建立时间的诸说中，以荣新江《甘州回鹘成立史论》的论证最为充分。⑤郑炳林《敦煌本〈张淮深变文〉研究》，认为淮深平定的是位于玉门关外曲泽一带的西桐回鹘，西桐回鹘属于西州回鹘系统⑥；《唐五代敦煌金山国征伐楼兰史事考》，讨论了张承奉征讨楼兰的时间、原因及当时楼兰所居民族的族属。⑦张广达、荣新江《有关西州回鹘的一篇敦煌汉文文献——S.6551讲经文的历史学研究》，借S.6551《佛说阿弥陀经讲经文》探讨了10世纪时西州回鹘官制、僧官制度、宗教信仰以及统治民族的情况。⑧荣新江还考察了曹氏归义军与西州回鹘、于阗王国的关系

---

① 黄盛璋：《关于沙州曹氏和于阗交往的诸藏文文书及相关问题》，《敦煌研究》1992年第1期。
② 孙修身：《五代时期甘州回鹘和中原王朝的交通》，《敦煌研究》1989年第3期；《五代时期甘州回鹘和中原王朝的交通》（二），《敦煌研究》1989年第4期；《五代时期甘州回鹘和中原王朝的交通》（三），《敦煌研究》1990年第1期；《跋伯3931号卷甘州回鹘致中原王朝两〈表本〉》，《西北民族研究》1991年第2期；《试论甘州回鹘和北宋王朝的交通》，《敦煌研究》1994年第4期。
③ 荣新江：《甘州回鹘与曹氏归义军》，《西北民族研究》1993年第2期；《曹议金征甘州回鹘史事表微》，《敦煌研究》1991年第2期。
④ 李德龙：《敦煌遗书S8444号研究——兼论唐末回鹘与唐的朝贡贸易》，《中央民族大学学报》1994年第3期。
⑤ 荣新江：《甘州回鹘成立史论》，《历史研究》1993年第5期。
⑥ 郑炳林：《敦煌本〈张淮深变文〉研究》，《西北民族研究》1994年第1期。
⑦ 郑炳林：《唐五代敦煌金山国征伐楼兰史事考》，《段文杰敦煌研究五十年纪念文集》，世界图书出版公司1996年版，第403—415页。
⑧ 张广达、荣新江：《有关西州回鹘的一篇敦煌汉文文献——S.6551讲经文的历史学研究》，《北京大学学报》1989年第2期。另可参阅李正宇《S.6551讲经文作于西州回鹘国辨正》，《新疆社会科学》1989年第4期。

和在文化方面的交往。①钱伯泉提出敦煌在归义军后应有一个沙州回鹘时期，并试图考定这一时期的时限。②但此文和作者其他有关回鹘的论文一样，对回鹘的作用和活动区域似估计得过大，对其活动时限似估计得过长。李正宇《悄然湮没的王国——沙州回鹘国》，认为沙州回鹘统治沙瓜的时间约从1036年到1067年。③耿世民《敦煌突厥回鹘文书导论》及相关论文④，全面介绍了敦煌突厥回鹘文献的内容及研究情况。李经纬的系列论文，译释了一些回鹘文历史文书。⑤牛汝极的系列论文亦译释了一批回鹘文历史和宗教文献，杨富学也参加了其中部分工作。⑥杨富学、牛汝极《沙州回鹘及其文献》⑦，论述了沙州回鹘国的建立消亡过程，以及政权组织、社会性质，经济、文化和宗教信仰等，并附有相关回鹘文献译文和疏证。

从整体上探讨归义军与周边少数民族关系的研究成果常与讨论西北各民族之间关系的成果交织在一起。施萍亭《本所藏〈酒帐〉研究》，从酒

---

① 荣新江：《公元10世纪沙州归义军与西州回鹘的关系》；《第二届敦煌学国际研讨会论文集》，台北：汉学研究中心1991年版，第583—603页；同氏《张氏归义军与西州回鹘的关系》，段文杰等编《敦煌学国际研讨会文集（石窟史地·语文编）》，辽宁美术出版社1996年版，第118—132页；同氏《于阗王国与瓜沙曹氏》，《敦煌研究》1994年第2期。

② 钱伯泉：《回鹘在敦煌的历史》，《敦煌学辑刊》1989年第1期；同氏《沙州回鹘研究》，《（甘肃）社会科学》1989年第6期。

③ 李正宇：《悄然湮没的王国——沙州回鹘国》，《敦煌学国际研讨会文集（石窟史地·语文编）》，辽宁美术出版社1995年版，第149—174页。

④ 耿世民：《敦煌出土回鹘文献介绍》，《语言与翻译》1989年第2期；《敦煌出土回鹘文献介绍（续）》，《语言与翻译》1989年第3期；《敦煌出土回鹘文献介绍（续二）》，《语言与翻译》1989年第4期；《敦煌出土回鹘文献介绍（续三）》，《语言与翻译》1990年第1期；《敦煌出土回鹘文献介绍（续四）》，《语言与翻译》1990年第2期；《敦煌出土回鹘文献介绍（续五）》，《语言与翻译》1990年第3期。同氏《敦煌突厥回鹘文书导论》，台北：新文丰出版公司1994年版。

⑤ 李经纬：《九件回鹘文社会经济文书译释》，《喀什师范学院学报》1995年第1期；《回鹘文社会经济文书研究》，新疆大学出版社1996年版。另可参阅同氏《回鹘文社会经济文书的发现、收藏与研究情况概述》，《西北民族研究》1997年第1期。

⑥ 牛汝极：《四件回鹘文书信文书》，《敦煌研究》1989年第1期；《四封9—10世纪的回鹘文书信译考》，《新疆大学学报》1989年第2期；《六件9—10世纪敦煌回鹘文商务书信研究》，《西北民族研究》1992年第1期。

⑦ 杨富学、牛汝极：《沙州回鹘及其文献》，甘肃文化出版社1995年版。相关评介，可参阅苏北海《〈沙州回鹘及其文献〉评介》，《敦煌研究》1995年第3期。

的支出观察到瓜沙与甘州、伊州、西州、于阗交往频繁。① 汤开建、马明达《对五代宋初河西若干民族问题的探讨》，最早对唐后期五代宋初河西各民族的关系进行了初步探索。② 荣新江《归义军及其与周边民族关系初探》，概略考察了归义军政权与凉、甘、肃、西、伊等州，楼兰、于阗等地的关系及归义军与周边各族相互影响的情况。③ 周伟洲《试论隋唐时期西北民族融合的趋势和特点》和《吐蕃对河陇的统治及归义军前期的河西诸族》，指出唐代西北诸族有与吐蕃融合的趋势，并分析了归义军前期河西诸族的复杂情况及与归义军的关系。④ 邵文实《唐代后期河西地区的民族迁徙及其后果》，讨论了由于吐蕃的侵入造成河西诸族的迁徙过程及其后果。⑤ 郭锋《慕容归盈与瓜沙曹氏》《略论慕容归盈出任归义军瓜州刺史前的身世》，认为曾担任瓜州刺史的慕容归盈一系出自吐谷浑慕容氏，并探讨了慕容归盈及其后代与归义军的关系。⑥ 郑炳林、冯培红《唐五代归义军政权对外关系中的使头一职》，考察了归义军与周边政权通使的使团首领使头一职的设置及其权限、作用等。⑦ 王小甫《唐吐蕃大食政治关系史》⑧，也利用了相关的敦煌文书。

新时期在对归义军与西北民族问题的研究中，荣新江的研究最有特色。荣氏有关这方面的研究成果多被收入其《归义军史研究——唐宋时代敦煌历史考索》。⑨ 其一，荣氏是在对敦煌文献中有关文书进行了全面调查、整理、排年的基础进行研究。与那些仅对一件文书或部分文书加以解释、阐发的学者相比，荣氏的研究虽也存在局限和不足，但从总体上说对问题的观察比较

---

① 施萍亭：《本所藏〈酒帐〉研究》，《敦煌研究》1983年创刊号。
② 汤开建、马明达：《对五代宋初河西若干民族问题的探讨》，《敦煌学辑刊》1983年。
③ 荣新江：《归义军及其与周边民族的关系初探》，《敦煌学辑刊》1986年第2期。
④ 周伟洲：《试论隋唐时期西北民族融合的趋势和特点》，《西北大学学报》1990年第3期；同氏《吐蕃对河陇的统治及归义军前期的河西诸族》，《甘肃民族研究》1990年第2期。
⑤ 邵文实：《唐代后期河西地区的民族迁徙及其后果》，《敦煌学辑刊》1992年第1、2期。
⑥ 郭锋：《慕容归盈与瓜沙曹氏》，《敦煌学辑刊》1989年第1期；同氏《略论慕容归盈出任归义军瓜州刺史前的身世》，《敦煌研究》1991年第4期。
⑦ 郑炳林、冯培红：《唐五代归义军政权对外关系中的使头一职》，《敦煌学辑刊》1995年第1期。
⑧ 王小甫：《唐吐蕃大食政治关系史》，北京大学出版社1992年版。
⑨ 荣新江：《归义军史研究——唐宋时代敦煌历史考索》，上海古籍出版社1996年版。

全面，更具整体性和系统性。80年代以后，在全面调查敦煌文献的基础上对某类文书进行整理和研究的学者颇多，但对有关归义军史和西北民族关系的文书进行全面系统整理研究的学者尚不多见。其二，荣氏的研究所含学术信息量较大。他的论著都注意详列国内外有关研究成果，并尽可能将自己所讨论问题的正、反面资料和前人论说均加以考辨和评说。在当前敦煌文献研究领域严重存在对前人研究成果重视不够的情况下，荣氏的做法特别值得表彰。其三，荣氏的研究视野比较开阔。如他力图将归义军史的研究放到唐宋之际中国历史的复杂背景中，故其成果对唐后期藩镇的研究也极具参考价值。此外，兰州大学敦煌学研究所分专题对归义军史开展研究，亦值得注意。

第三节 经济文书与敦煌的经济

对敦煌经济文书的整理和研究，在这一阶段取得许多重要成果。王永兴《敦煌经济文书导论》[1]，介绍了敦煌文献中保存的户籍、差科簿及有关田制、徭役的文书，并结合史籍对文书涉及的问题进行了探讨。唐耕耦、陆宏基《敦煌社会经济文献真迹释录》[2]，亦收录了敦煌户籍等与社会经济有关的重要文书。

利用敦煌文献研究均田制在新时期经历了由逐步深入进行总结的阶段。新时期对唐代均田制的探讨是在上一阶段的基础上进行。上一阶段争论的焦点是均田制实施与否，但争论的双方都把均田制理解为按田令的标准授受土地。主张均田制是"一纸空文"或"实际上并不存在"者的重要论据之一就是敦煌户籍中各户已受田数字均与应受田数相差甚多，而已受田与未受田的比例各户又不一样。但他们未能对户籍上为什么会出现应受田、已受田、永业田、口分田等符合均田令规定的名目，且各户合应受田数与田令的规定

---

[1] 王永兴：《敦煌经济文书导论》，台北：新文丰出版公司1994年版。
[2] 唐耕耦、陆宏基：《敦煌社会经济文献真迹释录》第1辑，书目文献出版社1986年版；第2—5辑，全国图书馆文献缩微复制中心1990年版。

基本相符作出解释，反对者则以此为重要论据论证均田制确曾在一定程度上施行，并用受田不足来解释户籍上已受田和应受田之间的差额。这样的解释虽具有一定说服力，但并不圆满。所以，在这一阶段初期，林天蔚《敦煌户籍卷中所见唐代田制之新探》，仍据敦煌户籍得出了均田制在唐代有名无实的结论。① 但另一些学者则试图通过重新认识田制的实质来对上述问题作出进一步的解释。宋家钰《唐朝户籍法与均田制研究》及相关系列论文②，从研究户籍法入手，探明均田制或均田令是封建国家颁行的有关各级官府和官民私人土地占有的法规。田令规定的受田数即敦煌户籍上的应受田数，是法律规定可以占田的最高限额，并非官府要实际授给的土地数；户籍上的已受田是民户现有土地的登记，其主要来源是继承祖业，请自官府无主地亦是来源之一；户籍上的永业、口分田的区分是为了便于根据田令审核民户土地的继承、转让是否合法，在所有权上并无区别，均为私田；田令关于民户土地收授的规定，并非按期收授所有民户的土地，收回的主要是户绝田、逃死户田等，授给低于本地请授田标准的民户。王永兴《论唐代均田制》及相关论著也反对把均田制视作土地分配制度。③ 他认为均田制是中央集权封建国家对私田的管理制度。这种管理表现为依据田令收退田、补欠田。均田制的目的是保证各等级各种人可以占有不等量的私有土地。宋王二人对均田制性质的认识十分接近。王氏对应受田、已受田的解释亦与宋氏基本相同。如果依据宋王二人对均田制的解说，户籍上已受田和应受田之间存在差额和比例不一的现象得到了合理解释，已不可能再作为否定均田制的论据。上述宋王关于均田制基本观点已为多数学者接受。但对此问题也还存在不同的理解。武建国《均田制研究》及相关系列论文④，认为均田制是一种全国土地最高所有权属于国家，官僚、地主、百姓等臣民依照一定的标准和条件"均平"占有土地（通过国家授受的方式

---

① 林天蔚：《敦煌户籍卷中所见唐代田制之新探》，《珠海学报》1980年第10期。
② 宋家钰：《唐代户籍上的田籍与均田制——唐代均田制的性质与施行问题研究》，《中国史研究》1983年第4期；同参氏著《唐朝户籍法与均田制研究》，中州古籍出版社1988年版。
③ 王永兴：《关于唐代均田制中给田问题的检讨——读大谷欠田退田给田文书札记》，《中国史研究》1986年第1期；《论唐代均田制》，《北京大学学报》1987年第2期。
④ 武建国：《均田制研究》，云南人民出版社1992年版。

占有）的土地制度，均田制下的口分田、永业田具有国有和私有两重性质。他提出土地授受方式有簿籍授受、官田授受、户内通分、对共给授等，其中簿籍授受是运用最多最广泛的方式。他所谓的簿籍授受就是依据田令的规定将民户的土地登记于户籍之上，并认为正是这种授受方式造成敦煌户籍上应受田和已受田数额差距不均等。按照武氏两重性质的观点，必须将簿籍授受视作行使或部分行使土地所有权。这种看法似未考虑到中国古代土地私有的特点。杨际平《均田制新探》及相关系列论文[①]，认为从均田令的条文来看，均田制是一种国有土地制度。但一方面均田制下存在着永业、口分田之外的私田；另一方面在实施过程中，政府允许民户在一定条件下将永业田和口分田混通使用，且经常性的土地还授只是户内帐面调整，口分田亦可继承，与私田没有多少差别。这样，均田制实质上还是一种土地私有制。杨氏的解说虽自有其依据，但与宋王的观点有相通之处，其区别似源自杨氏仍将均田令理解为一种土地分配制度。朱雷《唐代"均田制"实施过程中"受田"与"私田"的关系及其他》，利用文书证明在均田制实施过程中，民户的私田包括拥有小块土地的自耕农半自耕农的土地均被作为"已受"纳入均田制轨道。他还指出户与户之间的土地，每一"至"所毗邻相接的绝非一户，但敦煌户籍的"四至"皆只书写一户，故而难于据之作出比较能反映现实关系的田地图。[②] 与此相关的是对四至中"自田"的解释，或认为是均田制以外的私田，或认为有的是均田以内的土地，有的是均田以外的私田，朱雷的文章对更加合理地解释自田亦有助益。朱雷利用文书证明，在均田制实施过程中，民户的私田包括拥有小块土地的自耕农、半自耕农的土地均被作为"已受"纳入均田制轨道。朱氏的论证对杨际平关于口分田、永业田之外有私田的说法极为不利。金铎敏《八世纪初唐代农民土地所有研究——以其零细性为中心》，利用户籍文书与其他资料说明当时可分的土地数量处于绝对不足的情况。[③]

---

① 杨际平：《均田制新探》，厦门大学出版社1991年版。
② 朱雷：《唐代"均田制"实施过程中"受田"与"私田"的关系及其他》，《魏晋南北朝隋唐史资料》第14辑，武汉大学出版社1996年版，第80—85页。
③ 金铎敏：《八世纪初唐代农民土地所有研究——以其零细性为中心》，《史丛》第25辑，1981年。

均田制之外，齐陈骏《简述敦煌吐鲁番文书中有关职田的资料》，对有关职田的文书做了介绍和研究。① 姜伯勤《上海藏本敦煌所出河西支度营田使文书研究》，论证该文书反映的是河西营田由兵屯到民营的转折。② 杨际平则认为该件是吐蕃统治敦煌时期平民的贷粮册。赋役方面，宋家钰上述所列论著探讨了手实、户籍、计帐的内容及其相互关系。唐耕耦《唐代课户、课口诸比例释疑》，利用敦煌户籍、手实等资料对史籍有关课户、课口记载存在的问题做了解说③。王永兴《唐天宝敦煌差科簿研究——兼论唐代色役制和其他问题》，全面考察了唐代的色役制④，杨际平对其中一些问题有所补充。财政方面，李锦绣《唐代财政史稿》（上、下卷）及相关论文⑤，利用相关敦煌文书结合史籍探讨了财务勾检、户税、交籴和帐历的形式与异同等唐前期财政史中的重要问题，以及唐后期财政机构的演变、格局、收支体系与收支特色等。

吴震较早关注到了《天宝十道录》，却将其定名为《郡县公廨本钱簿》。⑥ 马世长则对地志中所载"本"的基本概况和唐代公廨本钱的源流、用途、利率、经营管理、弊端、废置等做了研究；同时探讨了写卷所记距两京里程、乡数、州县等第、土贡等专题，并将之与传世典籍相比较。⑦ 卢开万利用敦煌文书结合史籍论证唐前期的和籴是具有强制性的变相赋税⑧，另

---

① 齐陈骏：《简述敦煌吐鲁番文书中有关职田的资料》，《中国史研究》1986年第1期。
② 姜伯勤：《上海藏本敦煌所出河西支度营田使文书研究》，《敦煌吐鲁番文献研究论集》第2辑，北京大学出版社1983年版，第325—355页。
③ 唐耕耦：《唐代课户、课口诸比例释疑》，《历史研究》1983年第3期。
④ 王永兴：《唐天宝敦煌差科簿研究——兼论唐代色役制和其他问题》，《敦煌吐鲁番文献研究论集》，中华书局1982年版，第63—166页。
⑤ 李锦绣：《唐代财政史稿》（上卷），北京大学出版社1995年版；《唐代财政史稿》（下卷），北京大学出版社2001年版。另可参阅同作者《唐代财政史稿》，社会科学文献出版社2007年版。
⑥ 参阅吴震《敦煌石室所出唐天宝初年〈郡县公廨本钱簿〉》，《中国文物》1979年第1期；《敦煌石室写本唐天宝初年〈郡县公廨本钱簿〉校注并跋》，《文史》第13、14辑，1982年，第89—145、67—104页。
⑦ 马世长：《敦煌县博物馆藏地志残卷——敦博第五八号卷子研究之一》《地志中的"本"和唐代公廨本钱——敦博第五八号卷子研究之二》，《敦煌吐鲁番文献研究论集》，中华书局1982年版，第265—428、429—476页。
⑧ 卢开万：《唐代和籴制度新探》，《武汉大学学报》1982年第6期。

一些学者则主张唐前期和籴基本上是一种不带强制性的交换关系。卢向前《从敦煌吐鲁番出土的几件文书看唐前期和籴的一些特点》，指出卢开万对文书的理解有误，结论不能服人。他认为和籴具有双重性质，百姓在一定条件下也可能成为主动者。他还探讨了开元天宝时期和籴的特点与弊端。① 王永兴依据敦煌文书对和籴和交籴做了区分，认为交籴是高利贷。杨际平《天宝四载河西豆卢军和籴会计文书研究》，认为交籴是政府和籴计划的一部分，并对付本取利的交籴的存在持怀疑态度。② 张弓《唐朝仓廪制度初探》③，在讨论军仓和籴与假贷、正仓的职能与出贷时，都利用了敦煌文献中的相关资料。市场方面，朱雷《敦煌所出〈唐沙州某市时价簿口马行时沽〉考》，考察了唐代行、市制度及奴婢马匹买卖的有关情况。④ 卢向前《唐代前期市估法研究》，探索了时估的制定与市估法的功能。⑤

李正宇考察了吐蕃管辖敦煌时期的敦煌汉文户籍手实制度。⑥ 金滢坤《吐蕃统治敦煌的财政职官体系——兼论吐蕃对敦煌农业的经营》，指出吐蕃设置了一套完整的财政体系，由"岸本"负责管理经济事务和寺庙等公产，并推行"突田制"，实行计口授田，建立与之相适应的税制和财政体系。⑦ 杨际平《吐蕃时期沙州社会经济研究》，对吐蕃时期的计口授田制、突税差科和农业、商业发展情况做了研究。⑧ 陈国灿还分析了吐蕃土地赋役与唐制的联系，杨铭对计口授田的渊源等问题提出了不同看法。冷鹏飞

---

① 卢向前：《从敦煌吐鲁番出土的几件文书看唐前期和籴的一些特点》，《敦煌吐鲁番文献研究论集》第5辑，北京大学出版社1990年版，第307—338页。
② 杨际平：《天宝四载河西豆卢军和籴会计文书研究》，《中国社会经济史研究》1992年第3期。
③ 张弓：《唐朝仓廪制度初探》，中华书局1986年版。
④ 朱雷：《敦煌所出〈唐沙州某市时价簿口马行时沽〉考》，唐长孺主编：《敦煌吐鲁番文书初探》，武汉大学出版社1983年版，第500—518页。
⑤ 卢向前：《唐代前期市估法研究》，《敦煌吐鲁番学研究论文集》，汉语大词典出版社1990年版，第693—714页。
⑥ 李正宇：《吐蕃子年（公元808年）沙州百姓氾履倩等户籍手实残卷研究》，《1983年全国敦煌学术研讨会文集（文史·遗书编）》，甘肃人民出版社1987年版，第176—218页。
⑦ 金滢坤：《吐蕃统治敦煌的财政职官体系——兼论吐蕃对敦煌农业的经营》，《敦煌研究》1999年第2期。
⑧ 杨际平：《吐蕃时期沙州社会经济研究》，韩国磐主编：《敦煌吐鲁番出土经济文书研究》，厦门大学出版社1986年版，第357—413页。

《唐末沙州归义军张氏时期有关百姓受田和赋税的几个问题》，对张氏归义军时期的户口、土地制度和赋税制度的演变做了开创性探索，但其有关归义军政权处分土地原则的解说和对文书年代的判定都存在问题。① 唐刚卯《唐代请田制度初探》，考察了归义军的请田制度。② 杨际平《唐末宋初敦煌土地制度初探》，对归义军时期请射土地的范围和原则做了进一步论述，并对归义军时期的土地所有制性质提出了看法。③ 唐耕耦《8至10世纪敦煌的物价》，对吐蕃时期的物价等经济问题有集中梳理和讨论。④ 刘进宝《归义军土地制度初探》《归义军政权初期的人口调查与土地调整》等文章，对晚唐五代敦煌的土地制度进行系统考察，重点讨论归义军时期的土地占有关系。⑤ 其所撰《P.3236号〈壬申年官布籍〉研究》，对归义军时期"布""地子"等赋税有关的情况作了进一步探索，并尝试利用敦煌文献中的材料，结合史籍观察同期中原地区的情况。⑥

对敦煌契约文书的整理和研究，成为这一阶段的重要课题，并多有创获。沙知《敦煌契约文书辑校》⑦，将敦煌契约文书分为买卖类、便货类、租佃质典类、凭约类、分书放书遗书类、性质不明类等，并对敦煌契约文书做了精细的录校和研究。陈国灿《敦煌所出诸借契年代考》，考察了一批借契的年代，并对民间借贷的类型进行了划分。⑧ 唐耕耦《唐五代时期的高利贷——敦煌吐鲁番出土借贷文书初探》，对敦煌吐鲁番借贷文书的类别和内容、借贷双方的身份和借贷原因、利息率、违约处罚担保和高利贷后果以及

---

① 冷鹏飞：《唐末沙州归义军张氏时期有关百姓受田和赋税的几个问题》，《敦煌学辑刊》1984年第1期。
② 唐刚卯：《唐代请田制度初探》，《敦煌学辑刊》1985年第2期。
③ 杨际平：《唐末宋初敦煌土地制度初探》，《敦煌学辑刊》1988年第1、2期。
④ 唐耕耦：《8至10世纪敦煌的物价》，《纪念陈寅恪教授国际学术讨论会文集》，中山大学出版社1989年版，第526—554页。
⑤ 刘进宝：《归义军土地制度初探》，《敦煌研究》1997年第2期；另可参同氏《归义军政权初期的人口调查与土地调整》，《敦煌研究》2004年第2期。
⑥ 刘进宝：《P.3236号〈壬申年官布籍〉研究》，柳存仁等编：《庆祝潘石禅先生九秩华诞敦煌学特刊》，台北：文津出版社1996年版，第353—372页。
⑦ 沙知：《敦煌契约文书辑校》，江苏古籍出版社1998年版。
⑧ 陈国灿：《敦煌所出诸借契年代考》，《敦煌学辑刊》1984年第1期。

契约形式的变化等问题做了全面考察①;《敦煌写本便物历初探》,考察了便物历所反映的高利贷的有关情况。② 杨际平《敦煌吐鲁番出土雇工契研究》,依据文书探讨了唐五代雇佣劳动的特点。③ 胡如雷《两件敦煌出土的判牒文书所反映的社会经济状况》,对敦煌判文反映的雇佣制度下的阶级关系等问题做了论说。④ 雷绍锋《论曹氏归义军时期官府之"牧子"》,考察了归义军时期官府雇用的牧羊人。⑤ 李天石《唐宋时期典身性质的变化及其意义》,利用敦煌文献中的典身契考察了唐末五代时期典身的特点。⑥

郑炳林《晚唐五代敦煌地区种植棉花研究》,通过对官布的名称、来源和用量的探讨,打破以往旧说,认为晚唐五代敦煌本地已种植棉花。⑦ 同作者之《唐五代敦煌畜牧区域研究》,考察了敦煌地区的畜牧业发展的概况。⑧ 张亚萍考察了唐五代敦煌畜牧业中的羊、骆驼、马的饲养情况,羊司、知驼官、官马院的管理措施,羊、骆驼、马的使用状况等。⑨

郑炳林对晚唐五代宋初敦煌园囿经济作了专门的探讨。⑩ 同作者之《唐五代敦煌种植林业研究》,认为敦煌的林业是敦煌僧、俗共同种植的结

---

① 唐耕耦:《唐五代时期的高利贷——敦煌吐鲁番出土借贷文书初探》,《敦煌学辑刊》1986年第1期。
② 唐耕耦:《敦煌写本便物历初探》,《敦煌吐鲁番文献研究论集》第5辑,北京大学出版社1990年版,第178—183页。
③ 杨际平:《敦煌吐鲁番出土雇工契研究》,《敦煌吐鲁番研究》第2卷,北京大学出版社1996年版,第215—230页。
④ 胡如雷:《两件敦煌出土的判牒文书所反映的社会经济状况》,《唐史论丛》第2辑,1987年,第53—79页。
⑤ 雷绍锋:《论曹氏归义军时期官府之"牧子"》,《敦煌学辑刊》1996年第1期。
⑥ 李天石:《唐宋时期典身性质的变化及其意义》,《历史研究》1993年第3期。
⑦ 郑炳林:《晚唐五代敦煌地区种植棉花研究》,《中国史研究》1999年第3期。
⑧ 郑炳林:《唐五代敦煌畜牧区域研究》,《敦煌学辑刊》1996年第2期。
⑨ 张亚萍:《晚唐五代归义军牧羊业管理机构——羊司》,《敦煌学辑刊》1997年第2期;《唐五代敦煌地区的骆驼牧养业》,《敦煌学辑刊》1998年第1期;《唐五代归义军政府牧马业研究》,《敦煌学辑刊》1998年第2期;张亚萍、郑炳林:《晚唐五代敦煌畜牧业研究》,郑炳林主编:《敦煌归义军史专题研究三编》,甘肃文化出版社2005年版,第413—461页。有关牧羊业的相关论述,另可参阅包小红《唐五代敦煌牧羊业述论》,《敦煌研究》2001年第1期。
⑩ 郑炳林:《晚唐五代敦煌园囿经济研究》,《敦煌学辑刊》1997年第1期。

果，形成了以村庄、寺院、水渠为主体的种植林带。①

郑学檬《从敦煌文书看唐代河西地区的商品货币经济》，主要依靠敦煌籍帐资料重点对瓜沙地区的商品货币经济进行了考察。② 苏金花考察了唐五代敦煌地区的商品货币形态，指出唐前期的敦煌以铜钱为主要流通货币，由中央政府供给，在"和籴"贸易中实行"钱贷兼用"；晚唐五代时，实物货币为敦煌主要货币形态；吐蕃时以粮食和布匹为主要货币形式；归义军政权也实行实物货币，绢帛充当商贸活动中的主要货币形式。③

郑炳林《唐五代敦煌手工业研究》，全面考察了敦煌古代各行各业的工匠及其活动，涉及唐五代敦煌工匠的称谓、都料的身份以及归义军对手工业的管理等问题。④ 马德《敦煌工匠史料》⑤，广泛搜集敦煌文献中的相关史料，将工匠区分为25种职业类别。姜伯勤《唐五代寺户制度》⑥，对敦煌寺院名目众多的工匠作了深入探讨。郝春文《唐后期五代宋初敦煌寺院中的博士》，依据敦煌文献中的具体材料，确定寺院中的博士是从事某种手工业、具有一技之长的手艺人。⑦

刘惠琴考察了沙州地区丝、棉、麻、毛四种纺织业的发展情况，指出唐宋时期沙州丝、棉、麻、毛四种纺织业均存在，且以毛纺织业最具特色也最为发达。⑧ 金滢坤依据敦煌文献中有关"布匹"的记述，探讨了晚唐五代敦煌地区的植麻业和麻纺织业的发展情况。⑨

---

① 郑炳林：《唐五代敦煌种植林业研究》，《中国史研究》1995年第3期。另可参阅郑炳林、李军《敦煌历史地理》第三章《敦煌经济地理》，甘肃教育出版社2013年版，第193—202页。

② 郑学檬：《从敦煌文书看唐代河西地区的商品货币经济》，《敦煌吐鲁番出土经济文书研究》，厦门大学出版社1986年版，第319—343页。

③ 苏金花：《唐、五代敦煌地区的商品货币形态》，《敦煌研究》1999年第2期。

④ 郑炳林：《唐五代敦煌手工业研究》，《敦煌学辑刊》1996年第1期。

⑤ 马德：《敦煌工匠史料》，甘肃人民出版社1997年版。并参同作者《敦煌古代工匠研究》，文物出版社2018年版；另可参阅同作者《敦煌工匠与敦煌石窟》，《段文杰敦煌研究五十年纪念文集》，世界图书出版公司1996年版，第119—129页；《九、十世纪敦煌工匠史料述论》，《庆祝潘石禅先生九秩华诞敦煌学特刊》，台北：文津出版社1996年版，第303—324页。

⑥ 姜伯勤：《唐五代寺户制度》，中华书局1987年版。

⑦ 郝春文：《唐后期五代宋初敦煌寺院中的博士》，《中国经济史研究》1993年第2期。

⑧ 刘惠琴：《从敦煌文书中看沙州纺织业》，《敦煌学辑刊》1995年第2期。

⑨ 金滢坤：《从敦煌文书看晚唐五代敦煌地区布纺织业》，《敦煌研究》1998年第2期。

郑炳林等发表的《唐五代敦煌酿酒业初探》①《唐五代敦煌酿酒业研究》② 等系列文章，考察了唐五代敦煌地区从官方到民间的酿酒业发展情况。

第四节　地理文献和敦煌历史地理

新时期对地理文献的整理和研究常与对西北历史地理的研究结合在一起。李并成《敦煌遗书中地理书卷的学术价值》，将敦煌文献中保存的大批地理方面的书卷，依其内容分为古地志、古行记和地理杂文书三大类，介绍了这批材料的学术价值。③ 郑炳林《敦煌地理文书汇辑校注》④，收集该类文献比较齐全，注释亦详，以辑录相关文书较多为其特色。他在此基础上还撰写了探讨古代敦煌道路、山名等问题的系列论文。王仲荦对一批地理文献逐篇进行考释，其成果经郑宜秀整理编成《敦煌石室地志残卷考释》⑤，其考释以征引史籍文献繁富为学界所称道。由于所据缩微胶片的质量不佳，上述两书的释文都有进一步提高的余地。

对地理文书的个案研究在新时期也取得了很多成果。王仲荦对敦煌本《贞元十道录》作了细致考释。⑥ 荣新江论述了该件的传抄与刊布，对写卷所载剑南道十二州进行了全面考察。⑦ 王仲荦对《诸道山河地名要略》进

---

① 郑炳林、高伟：《唐五代敦煌酿酒业初探》，《西北史地》1994年第1期。
② 郑炳林：《唐五代敦煌酿酒业研究》，《敦煌吐鲁番文献研究》，兰州大学出版社1995年版，第575—594页。
③ 李并成：《敦煌遗书中地理书卷的学术价值》，《地理研究》1992年第3期。
④ 郑炳林：《敦煌地理文书汇辑校注》，甘肃教育出版社1993年版。《唐五代敦煌新开道考》，《敦煌学辑刊》1994年第1期；《西秦赤水、强川、甘松地望考》，《西北民族学院学报》1994年第3期；等等。
⑤ 王仲荦：《敦煌石室地志残卷考释》，上海古籍出版社1993年版。
⑥ 王仲荦：《敦煌石室出〈贞元十道录〉剑南道残卷考释》，《历史地理》第12辑，上海人民出版社1995年版，第222—227页。
⑦ 荣新江：《敦煌本〈贞元十道录〉及其价值》，《中华文史论丛》第63辑，中华书局2000年版，第92—99页。

行了逐条考释①，冻国栋则考察了该件所载岢岚镇、军的建置问题②。荣新江将该件确定为《天宝十道录》，考订其编成的时间为天宝元年（742），而抄写年代至晚不会晚于吐蕃攻占沙州的贞元二年（786）。③

图经方面也有比较多的讨论。傅振伦《从敦煌发现的图经谈方志的起源》，认为我国古代地理书由地记变为图经，再演变为方志。④ 李并成《唐代图经蠡测——对〈沙州都督府图经〉的研究》，以《沙州都督府图经》为例，探讨了我国古代方志演变发展的历史脉络，指出唐代图经已经是发展到成熟阶段的方志了。⑤ 王仲荦对《沙州都督府图经》《沙州伊州地志》《西州图经》《沙州城土境》《沙州志》《寿昌县地境》等写卷留存的地理名称进行了逐条考释。⑥ 周绍良《读〈沙州图经〉卷子》，考察了卷中所载 20 所驿站的废置以及卷末之"歌谣"反映的史迹，认为该卷成书年代当是武周时期。⑦ 程喜霖《唐〈西州图经〉残卷道路考》，结合史籍对《西州图经》所记道路进行了详细考证。⑧ 周丕显《甘肃现存最古老的一部地方志——〈沙州都督府图经〉》，对该写卷在中国方志史上的地位和价值进行了评价。⑨ 李

---

① 王仲荦：《〈诸道山河地名要略〉第二残卷校释》，《敦煌吐鲁番文献研究论集》第 4 辑，北京大学出版社 1987 年版，第 1—12 页。
② 冻国栋：《唐代前期的岢岚镇与岢岚军——读敦煌所出〈诸道山河地名要略〉残卷札记之一》，《魏晋南北朝隋唐史资料》第 14 辑，1996 年，第 100—107 页。
③ 荣新江：《敦煌本〈天宝十道录〉及其价值》，唐晓峰等编：《九州》第 2 辑，商务印书馆 1999 年版，第 116—129 页。
④ 傅振伦：《从敦煌发现的图经谈方志的起源》，《敦煌学辑刊》1980 年第 1 期。
⑤ 李并成：《唐代图经蠡测——对〈沙州都督府图经〉的研究》，《西北师大学报》1986 年增刊《敦煌学研究》。另可参阅同作者《我省现存最早的方志档案——敦煌遗书地志书卷》，《档案》1990 年第 5 期。
⑥ 王仲荦：《敦煌石室出〈沙州都督府图经〉残卷考释》，《历史地理》第 5 辑，上海人民出版社 1987 年版，第 86—96 页；《敦煌石室出〈沙州伊州地志〉残卷考释》，《敦煌吐鲁番文献研究论集》第 4 辑，北京大学出版社 1987 年版，第 13—19 页；《沙州志残片三种考释》，中国历史文献研究会编：《历史文献研究》，1992 年，第 1—6 页；《敦煌石窟出〈寿昌县地镜〉考释》，《敦煌学辑刊》1992 年第 1、2 期合刊。
⑦ 周绍良：《读〈沙州图经〉卷子》，《敦煌研究》1987 年第 2 期。
⑧ 程喜霖：《唐〈西州图经〉残卷道路考》，《敦煌吐鲁番文书初探二编》，武汉大学出版社 1990 年版，第 533—554 页。
⑨ 周丕显：《甘肃现存最古老的一部地方志——〈沙州都督府图经〉》，《图书与情报》1992 年第 2 期。

并成对《沙州都督府图经》《沙州城土境》《兴平县图经》所载地理名物、内容特点、纂修时代、历史功用等问题进行了考察。[①] 郑炳林《〈沙州伊州地志〉所反映的几个问题》，对播仙镇、石城镇的设置及沿革，鄯善人的迁徙，与萨毗城的有关中西交通问题进行了探讨，并推测该地志的成书当在黄巢入关之前。[②] 李正宇对《沙州都督府图经卷第三》《寿昌县地境》《敦煌录》《沙州城土境》等敦煌地志写本的研究也非常深入，认为《沙州城土境》是五代后汉乾祐二年（949）沙州归义军官修《沙州归义军图经》的略抄本，当定名为《沙州归义军图经略抄》。[③] 同作者之《古本敦煌乡土志八种笺证》[④]，对《沙州图经》卷一、《沙州都督府图经》卷三、《沙州图经》卷五、《沙州志》《沙州伊州志》《沙州归义军图经略抄》《敦煌录》《寿昌县地境》八种明显带有乡土志性质的写卷汇集校注，征引传世史籍进行逐篇考释，详加解说，可谓整理敦煌乡土志的集大成之作。

黄盛璋《〈西天路竟〉笺证》等文，对该件所记地名进行了考释。[⑤] 新罗人慧超的《往五天竺国传》在新时期再度得到学界的关注。张毅《往五天竺国传笺释》重新整理了这部传记，集释录和笺释于一体。[⑥]《往五台

---

① 李并成：《敦煌石窟所出〈沙州都督府图经〉》，《阳关》1990年第2期；同氏《〈沙州城土镜〉志地理调查与考释》，《敦煌学辑刊》1990年第2期。

② 郑炳林：《〈沙州伊州地志〉所反映的几个问题》，《敦煌学辑刊》1986年第2期。

③ 参阅李正宇《〈沙州都督府图经卷第三〉札记》，《西北师大学报》1993年第6期；《〈沙州都督府图经卷第三〉札记（2）》，《敦煌研究》1995年第4期；《〈沙州都督府图经〉卷第三札记》，《敦煌吐鲁番研究》第1卷，北京大学出版社1996年版，第329—334页。《敦煌吕钟氏录本〈寿昌县地境〉》，《敦煌研究》1993年第4期；《敦煌遗书P.2691写本的定性与正名》，《庆贺潘石禅先生九秩华诞敦煌学特刊》，台北：文津出版社1996年版，第117—131页；《P.2691〈沙州归义军图经略抄〉失所诸山考》，敦煌研究院编《段文杰敦煌研究五十年纪念文集》，世界图书出版公司1996年版，第382—396页；同氏《〈敦煌录〉斠理后记》，《庆祝吴其昱先生八秩华诞敦煌学特刊》，第57—64页。

④ 李正宇：《古本敦煌乡土志八种笺证》，台北：新文丰出版公司1998年版；甘肃人民出版社2008年版。并参阅荣新江书评，刊于《敦煌吐鲁番研究》第5卷，北京大学出版社2001年版，第418—422页。

⑤ 黄盛璋：《〈西天路竟〉笺证》，《敦煌学辑刊》1984年第2期；《敦煌写本〈西天路竟〉历史地理研究》，《历史地理》1981年创刊号。

⑥ 张毅：《往五天竺国传笺释》，中华书局1994年版。另可参阅张文德《慧超〈往五天竺国传〉笺释拾遗》，《徐州师范大学学报》2000年第1期。

山行记》是晚唐五代时期五台山文殊菩萨信仰流布于敦煌的反映，杜斗城对这些敦煌五台山文献作了校录研究。① 郑炳林探讨了《诸山圣迹志》的年代，认为其撰写时间大约是五代后梁末年到后唐同光、天成年间。② 季羡林等校注《大唐西域记校注》充分利用了敦煌文献中的《大唐西域记》残卷。③

通过实地踏勘的方式对地理文书与其他文书史籍记载的瓜、沙地区古城、关、道路、驿站、渠道等进行调查考证，在这一时期取得了很大进展。在这方面以李并成和李正宇取得的成绩最为显著。李并成发表的系列论文和论著调查考证的范围包括古城址、玉门关址、军镇和戍址、驿址、古道路、水系等，并对古代瓜、沙与河西的开发史和绿洲变迁、沙漠化等具有现实意义的问题进行了探索。④ 李正宇调查考证了敦煌的古塞城和唐宋时期敦煌县的疆域、四至、绿洲范围、耕植面积、水利灌溉网络、诸山位置等，绘制出了敦煌塞城、唐宋时期敦煌十二乡位置及渠系分布示意图、五代沙州归义军辖境诸山位置关系图。⑤ 李氏有关敦煌历史地理的研究成果多被收入《敦煌史地新论》和《敦煌历史地理

---

① 杜斗城：《敦煌五台山文献校录研究》，山西人民出版社1991年版。
② 郑炳林：《论〈诸山圣迹志〉的成书年代》，《中国历史地理论丛》1989年第1期。
③ 季羡林等：《大唐西域记校注》，中华书局1985年版。
④ 可参阅李并成《唐代凉州（武威郡）诸县城址的调查与考证》，《敦煌研究》1990年第1期；《唐代瓜州（晋昌郡）治所及其有关城址的调查与考证——与孙修身先生商榷》，《敦煌研究》1990年第3期；《汉敦煌郡效谷县城考》，《敦煌学辑刊》1991年第1期；《汉敦煌郡冥安、渊泉二县城址考》，《社科纵横》1991年第2期；《汉敦煌郡广至县城及其有关问题考》，《敦煌研究》1991年第4期；《五代宋初的玉门关及其相关问题考》，《敦煌研究》1992年第2期；《唐代河西戍所城址考》，《敦煌学辑刊》1992年第1、2期；《敦煌遗书与古地名研究》，《社科纵横》1992年第4期；《汉敦煌郡的乡、里、南境塞墙和烽燧系统考》，《敦煌研究》1993年第2期；《唐代瓜沙二州间驿站考》，《敦煌学国际研讨会文集（石窟史地·语文编）》，辽宁美术出版社1995年版，第201—215页；《河西走廊历史时期气候干湿状况变迁考略》，《西北师范大学学报》1996年第4期；《东汉酒泉郡延寿县城考》，《西北史地》1996年第4期；《汉敦煌郡冥安县城再考》，《敦煌研究》1997年第2期。
⑤ 可参阅李正宇《敦煌地区古代祠庙寺观简志》，《敦煌学辑刊》1988年第1、2期；《敦煌大方盘城及河仓城新考》，《敦煌研究》1991年第4期；《论敦煌古塞城》，《敦煌研究》1994年第1期；《西汉蒲昌海位置新证》，《北京图书馆馆刊》1996年第4期；《新玉门关考》，《敦煌研究》1997年第3期；《汉敦煌郡广至城新考》，《敦煌研究》1999年第3期。

导论》。① 宁欣依据敦煌文献对敦煌地区的水渠和对水渠的管理等问题进行了探索。② 冯培红《唐五代敦煌的河渠水利与水司管理机构初探》一文，重点探讨了负责管理水利的水司机构。③ 陈国灿则探讨了敦煌的四出道路。④

第五节 敦煌文献与社会生活史

敦煌文献和石窟壁画中保存了极为丰富的有关中国古代社会生产和生活方面的资料，如与普通百姓日常生活息息相关的户籍、帐簿、占卜文书、书仪、通婚书、童蒙教材、社邑文书等，成为今天研究中古社会史的重要资料宝库。⑤ 由于种种原因，前两个阶段我国学者对敦煌社会史资料的研究较少。新时期受国内社会学和社会史复兴的影响，利用敦煌文献研究社会史的成果也呈勃发态势。以下从人口与家庭、家族与基层组织、社会生活和民俗三个方面对新时期的相关研究成果进行评述。

一 人口与家庭

齐陈骏《敦煌沿革与人口》和《敦煌沿革与人口》（续），广泛收集史籍与敦煌文献中的有关资料，首次对敦煌自建郡以来直至清代的行政、地理沿革及人口变化做了系统考察，尤详于对唐代敦煌地区人口数字变化

---

① 李正宇：《敦煌史地新论》，台北：新文丰出版公司1996年版；《敦煌历史地理导论》，台北：新文丰出版公司1996年版。
② 宁欣：《唐代敦煌地区农业水利问题初探——从伯三五六○号文书看唐代敦煌地区的农田水利》，《敦煌吐鲁番文献研究论集》第3辑，北京大学出版社1986年版，第467—541页。
③ 冯培红：《唐五代敦煌的河渠水利与水司管理机构初探》，《敦煌学辑刊》1997年第2期。
④ 陈国灿：《唐代敦煌四出道路考》，段文杰等编：《敦煌学国际研讨会文集（石窟史地·语文编）》，辽宁美术出版社1995年版，第201—215页。
⑤ 姜伯勤：《敦煌社会文书导论》分礼仪、氏族、学校与礼生、选举、良贱、城乡、教团、社八个方面对敦煌遗书中社会史资料做了概要介绍。姜伯勤：《敦煌社会文书导论》，台北：新文丰出版公司1992年版。

的考证和原因推测。① 郑学檬依据 59 户敦煌县户籍资料，指出 7 世纪后期至 8 世纪后期敦煌县人口的性别比例严重失调，女性几乎是男性数量的一倍，而且在同龄性别的比例中，黄、小、中、丁、老的各个阶段都是女性多于男性。她推测男性丁壮不足的原因在于军役和杂差，从而影响到青壮年女性不能适龄婚配，并直接导致敦煌县人口增长缓慢。② 冻国栋《唐代人口问题研究》③，亦探讨了沙州的家庭结构与人口结构。谭蝉雪《敦煌婚姻文化》及系列论文④，考察了唐代敦煌地区的婚姻制度、婚姻类型、婚姻仪式和生育与离异问题。蔡伟堂《关于敦煌壁画〈婚礼图〉的几个问题》，对敦煌壁画所载婚礼仪式和婚姻礼俗做了详细探讨。⑤ 姚伟钧以《敦煌解梦书·夫妻花粉章第十四》为例来审视唐代敦煌地区的夫妻关系，认为妻子在家庭中占有十分重要的地位。⑥ 杨际平对《放妻书》所反映的 10 世纪前后敦煌地区婚姻关系和离异情况进行了分析。⑦ 张艳云《从敦煌〈放妻书〉看唐代婚姻中的和离制度》，认为离婚原因出于"夫妻不和"；离婚形式是双方自愿，并告知父母亲眷，"故勒手书"；书契中明确妻子可以再嫁；协商离婚时的财产分割问题。⑧ 齐陈骏《有关遗产继承的几件敦煌遗书》，利用敦煌文献中有关家庭遗产分配、纠纷的文书，考察了唐宋时期家庭遗产继承的原则。⑨ 熊铁基《以敦煌资料证传统家庭》，认为传统的敦煌家庭在 8 口、5 口之下，成员结构不出祖孙三代，绝大多数没有三代。同时指出敦煌籍帐显示的家庭成员数量和结构表明敦煌的家庭形态是

---

① 齐陈骏：《敦煌沿革与人口》，《敦煌学辑刊》1980 年创刊号；《敦煌沿革与人口》（续），《敦煌学辑刊》1981 年第 2 辑。
② 郑学檬：《七世纪后期至八世纪后期敦煌县人口结构试析——读敦煌户籍资料札记》，《敦煌学辑刊》1984 年第 1 期。
③ 冻国栋：《唐代人口问题研究》，武汉大学出版社 1993 年版。
④ 谭蝉雪：《敦煌婚姻文化》，甘肃人民出版社 1993 年版。另可参阅同作者《敦煌婚嫁诗词》，《社科纵横》1994 年第 4 期；《敦煌婚俗的特点》，《敦煌学国际研讨会文集（石窟史地·语文编）》，辽宁美术出版社 1995 年版，第 601—615 页。
⑤ 蔡伟堂：《关于敦煌壁画〈婚礼图〉的几个问题》，《敦煌研究》1990 年第 1 期。
⑥ 姚伟钧：《神秘的占梦——梦文化散论》，广西人民出版社 1991 年版，第 149—152 页。
⑦ 杨际平：《敦煌出土的放妻书琐议》，《厦门大学学报》1999 年第 4 期。
⑧ 张艳云：《从敦煌〈放妻书〉看唐代婚姻中的和离制度》，《敦煌研究》1999 年第 2 期。
⑨ 齐陈骏：《有关遗产继承的几件敦煌遗书》，《敦煌学辑刊》1994 年第 2 期。

父系家庭。① 杨际平、郭锋、张和平《五—十世纪敦煌的家庭与家族关系》②，以社会学对家庭结构定义（核心家庭、主干家庭、联合家庭和其他家庭）为基础，把敦煌的家庭结构分成十二种，制成"五至十世纪敦煌文书所见家庭结构表"，并认为以"安史之乱"为分水岭，"安史之乱"前以核心家庭为主，"安史之乱"后单身家庭和其他家庭剧增。

二 家族与基层组织

敦煌遗书中有关姓望和氏族的文书因有助于了解古代士族的衰亡过程引起许多学者的关注。王仲荦《"新集天下姓望氏族谱"考释》《敦煌石室出残姓氏书五种考释》等论文，录校并结合文献考释了一批有关姓望和氏族的文书。③ 唐耕耦《敦煌四件唐写本姓望氏族谱（？）残卷研究》，亦对一些姓望氏族谱做了录校，并据之探讨了郡姓的发展演变。④ 王仲荦、唐耕耦、邓文宽、华林甫等都曾对北图位字79号文书（现编号为BD8679）进行过探讨，但对其性质、名称和年代的认识很不一致。邓文宽《敦煌文书位字七十九号——〈唐贞观八年五月十日高士廉等条举氏族奏抄〉辨证》，认为该件是一件原始奏抄的节本，其用途与唐初解决旧士族卖婚问题有关，是贞观年间"刊正姓氏"的真实记录。⑤ 林立平在探讨唐代士族地主的衰亡时也曾利用敦煌谱书。⑥ 一些学者开始分别对敦煌地区的郡望和大姓进行考察。荣新江《敦煌卷子札记四则》，探讨了敦煌的望族"清河张氏"和"南阳张氏"的渊源、异同及其社会

---

① 熊铁基：《以敦煌资料证传统家庭》，《敦煌研究》1993年第3期。
② 杨际平、郭锋、张和平：《五—十世纪敦煌的家庭与家族关系》，岳麓书社1997年版。
③ 王仲荦：《"新集天下姓望氏族谱"考释》，《敦煌吐鲁番文献研究论集》第2辑，北京大学出版社1983年版，第43—70页；王仲荦：《敦煌石室出残姓氏书五种考释》，《敦煌吐鲁番文献研究论集》第3辑，北京大学出版社1986年版，第8—19页。
④ 唐耕耦：《敦煌四件唐写本姓望氏族谱（？）残卷研究》，《敦煌吐鲁番文献研究论集》第2辑，北京大学出版社1983年版，第211—280页。
⑤ 邓文宽：《敦煌文书位字七十九号——〈唐贞观八年五月十日高士廉等条举氏族奏抄〉辨证》，《中国史研究》1986年第1期。
⑥ 林立平：《唐代士族地主的衰亡过程——几件敦煌谱书的启示》，《北京师范大学学报》1987年第1期。

意义。① 邓文宽《归义军张氏家族的封爵与郡望》，讨论了敦煌"南阳郡开国公"封爵和"南阳张氏"郡望的由来与相互关系。②

杨际平、郭锋、张和平《五—十世纪敦煌的家庭与家族关系》中有关"敦煌的家族与家族关系"的章节③，分析了两汉以来敦煌大家族的发展和家族关系，勾画出汉晋时期敦煌地方社会中大姓势力的形成和对地方政治文化的控制。刘安志《唐朝吐蕃占领沙州时期的敦煌大族》，探讨了唐代中叶吐蕃占领沙州前后，敦煌大族在当时历史舞台上的活动及表现，及其所产生的作用和影响。④ 杨伟《敦煌大族源流考》，根据敦煌文献探讨了敦煌大族的源流与移入，涉及曹、索、张、李、氾、阴等多家。⑤ 郭锋《唐代士族个案研究——以吴郡、清河、范阳、敦煌张氏为中心》⑥，将敦煌文书和史籍记载相结合，就张氏大族的形成与史迹进行了个案研究。刘雯《吐蕃及归义军时期敦煌索氏家族研究》，从敦煌文献入手，对吐蕃及归义军时期敦煌索氏家族作了专门考察，从横向的角度对史载缺略的敦煌索氏的政治活动、社会关系、经济实力、建寺开庙等进行探讨。⑦ 孙晓林《汉—十六国敦煌令狐氏述略》⑧《敦煌遗书中所见唐宋间令狐氏在敦煌的分布》⑨《跋伯二一九八〈东都发愿文〉残卷》⑩ 等文，对敦煌的大姓之一令狐氏的兴

---

① 荣新江：《敦煌卷子札记四则》，《敦煌吐鲁番文献研究论集》第2辑，北京大学出版社1983年版，第631—673页。

② 邓文宽：《归义军张氏家族的封爵与郡望》，《敦煌吐鲁番学研究论文集》，汉语大词典出版社1990年版，第600—614页。

③ 杨际平、郭锋、张和平：《五—十世纪敦煌的家庭与家族关系》，第108—122页。另可参阅郭锋《前唐敦煌地方家族与家族关系的发展》，氏著《唐史与敦煌文献论稿》，中国社会科学出版社2002年版，第244—257页。

④ 刘安志：《唐朝吐蕃占领沙州时期的敦煌大族》，《中国史研究》1997年第3期。

⑤ 杨伟：《敦煌大族源流考》，《阳关》1995年第2期。

⑥ 郭锋：《唐代士族个案研究——以吴郡、清河、范阳、敦煌张氏为中心》，厦门大学出版社1999年版。

⑦ 刘雯：《吐蕃及归义军时期敦煌索氏家族研究》，《敦煌学辑刊》1997年第2期。

⑧ 孙晓林：《汉—十六国敦煌令狐氏述略》，《北京图书馆馆刊》1996年第4期。

⑨ 孙晓林：《敦煌遗书中所见唐宋间令狐氏在敦煌的分布》，朱雷编：《唐代的历史与社会：中国唐史学会第六届年会暨国际唐史学会研讨会论文选集》，武汉大学出版社1997年版，第526—539页。

⑩ 孙晓林：《跋伯二一九八〈东都发愿文〉残卷》，《敦煌吐鲁番研究》第2卷，北京大学出版社1997年版，第331—336页。

衰之迹做了全面考察。相关研究尚有施光明对敦煌宋氏的研究①，孙修身对敦煌李氏世系的考辨②，姜伯勤亦曾对阎、杜、马、王、吴、贾、唐、程、刘、梁氏等汉族家族逐一进行考察③，丰富了我们对中古敦煌著名家族的认识。

在敦煌社邑的研究中，日本学者那波利贞是这项课题的开拓者④，法国学者谢和耐对社邑的研究在一些方面比那波利贞有所推进⑤，竺沙雅章也发表过有关社邑研究的重要论文。⑥ 20 世纪 80 年代以后，对敦煌写本社邑文书的整理和研究进入了一个新的阶段。随着大量敦煌文献的刊布，人们有可能对社邑文书进行全面搜集和系统整理。所以，这一阶段对社邑文书作文献学的整理成为一项重要的工作。最早开展这项工作的是唐耕耦和陆宏基。1986 年，他们编撰的《敦煌社会经济文献真迹释录》第一辑问世⑦，这是一部带有影印原件和释文的资料集。其中收录 100 多件社邑文书，这在当时是国内外对社邑文书的一次最大规模、最细致的整理工作，其释文比那波利贞、竺沙雅章等的释文更接近文书原貌。他们的工作为学术界利用与研究这类文书提供了极大的便利。但不足的是，该书所收的社邑文书远非全部，还不足目前我们所知的社文书的二分之一，对已收入的部分，文书情况也未作介绍，多数年代未作考订，在释文方面也仍然存在一些问题。所以，对社邑文书的整理工作还远未完成。与唐耕耦等同时开始搜集和整理敦煌写本社邑文书的，还有宁可和郝春文。他们于 20 世纪 80 年代初即开始从事敦煌社邑文书的整理与研究，发表了系列论文。其整

---

① 施光明：《西州大姓敦煌宋氏研究》，中国魏晋南北朝史学会编：《魏晋南北朝史论文集》，齐鲁书社 1991 年版，第 166—177 页。

② 孙修身：《敦煌李姓世系考》，《西北史地》1983 年第 3 期。另可参阅马德《敦煌李氏世系订误》，《敦煌研究》1992 年第 4 期。

③ 姜伯勤：《敦煌邈真赞与敦煌名族》，姜伯勤、项楚、荣新江：《敦煌邈真赞校录并研究》，台北：新文丰出版公司 1994 年版，第 1—56 页。

④ ［日］那波利贞：《关于唐代的社邑》，《史林》1938 年 23 卷第 2、3、4 期；《关于按照佛教信仰组织起来的中晚唐五代时期的社邑》，《史林》1939 年第 24 卷第 3、4 期。

⑤ 谢和耐：《中国五—十世纪的寺院经济》，耿昇译，甘肃人民出版社 1987 年版。

⑥ ［日］竺沙雅章：《敦煌出土"社"文书研究》，《东方学报》35 号，1964 年；此据氏著《中国佛教社会史研究》，京都：同朋舍，1982 年，第 477—557 页。

⑦ 唐耕耦、陆宏基：《敦煌社会经济文献真迹释录》第 1 辑，书目文献出版社 1986 年版。

理成果《敦煌社邑文书辑校》于 1998 年由江苏古籍出版社出版，得到国内外学界的高度评价。① 这部著作有三个特点值得称道：第一，收罗齐全，共收集 398 件，比唐书多一倍以上。这个数字虽然比现知社邑文书还差一些，但所遗漏的绝大部分是后公布的，当时已公布的敦煌文献中的社邑文书几乎全部收录殆尽。为了搜集社邑文书，作者不止一次地研读了当时所能见到的敦煌文献。第二，释文准确，所有文书的释文都经过反复查核。作者亲赴中国国家图书馆、大英图书馆和法国图书馆等对绝大部分文书都核查过原件，使得许多图版或缩微胶片中模糊不清的文字或朱笔得到尽可能的处理。第三，整理与研究相结合。在整理敦煌社邑文书过程中，作者陆续发表了有关社邑的系列论文，特别是对社邑文书做了细致的排年工作，在原有工作的基础上又新考证出一百多件文书的年代。这些排年工作为深入研究敦煌社邑文书奠定了基础。随着敦煌文书的持续公布，郝春文又连续撰写多篇文章对相关社邑文书进行补充。②

20 世纪 80 年代以后，中国学者有关社邑文书的研究论文也逐步增多。郭锋《敦煌的"社"及其活动》，是我国学者专门研究敦煌写本社邑文书的第一篇文章，作者首次向我国学界介绍了敦煌民间结社的情况，其中关于敦煌社邑渊源和唐五代社邑特征的论述比外国学者有所前进。③ 胡同庆《从敦煌结社探讨人的群体性以及个体与集体的关系》，试图从敦煌的生存环境这样一个新的角度解释敦煌社邑长期存在的原因。④ 刘永华《唐中后期敦煌的家庭变迁和社邑》，通过分析天宝六载（747）到大历四年

---

① 相关书评，可参阅李正宇《〈敦煌社邑文书辑校〉评介》，《敦煌研究》1998 年第 3 期；石田勇作《评〈敦煌社邑文书辑校〉》，《东洋学报》1993 年第 80 卷第 4 期；孟宪实《评"宁可、郝春文编〈敦煌社邑文书辑校〉"》，《敦煌吐鲁番研究》第 5 卷，北京大学出版社 2001 年版，第 413—418 页。

② 郝春文：《〈敦煌社邑文书辑校〉补遗》（一），《首都师范大学学报》1999 年第 4 期；《〈敦煌社邑文书辑校〉补遗》（二），《首都师范大学学报》2000 年第 2 期；《〈敦煌社邑文书辑校〉补遗》（三），《首都师范大学学报》2001 年第 4 期；《〈敦煌社邑文书辑校〉补遗》（四），《姜亮夫、蒋礼鸿、郭在贻先生纪念文集》（汉语史学报专辑总第三辑），上海教育出版社 2003 年版，第 368—386 页。另外的补正文章有：李丹禾：《〈敦煌社邑文书辑校〉补正》，《敦煌研究》1999 年第 2 期；等等。

③ 郭锋：《敦煌的"社"及其活动》，《敦煌学辑刊》1983 年。

④ 胡同庆：《从敦煌结社探讨人的群体性以及个体与集体的关系》，《敦煌研究》1990 年第 4 期。

(769）的敦煌籍帐，认为大量残破家庭的出现，家庭生育、感情、保障和教育功能的破坏和丧失，是群众自发组织社邑互助的重要原因。① 但以上两文均忽略了唐五代时期以经济和生活互助为主要活动的私社在全国其他地区也很盛行的历史背景。

在敦煌社邑文书的整理与研究中，成果最丰硕、成绩最为突出的是宁可和郝春文，他们联名或分别独自署名发表过数十篇相关论文，主要涉及以下一些方面。一是考证文书的年代，如郝春文《敦煌写本社邑文书年代汇考》系列文章。② 二是探索敦煌社邑的一些重要活动，如宁可、郝春文《敦煌社邑的丧葬互助》，认为丧葬费用大是促使唐后期五代宋初民众结社互助的原因，还讨论了丧葬互助的具体办法。③ 郝春文《敦煌遗书中的"春秋座局席"考》，研究了社邑活动中的春秋座局席是每年二月和八月的社祭、欢宴活动。④ 郝春文《敦煌的渠人与渠社》，对渠人和渠社进行了系统研究。⑤ 宁可、郝春文《北朝至隋唐五代间的女人结社》，主要讨论了女人结社流行时代、性质、活动内容及其演变，其中使用的材料引起了妇女史研究者的注意。⑥ 三是探讨中古时期社邑与寺院的关系，如郝春文《东晋南北朝时期的佛教结社》⑦《隋唐五代宋初传统私社与寺院的关系》⑧《两晋南北朝时期的法社》⑨。四是试图解释古代社邑发展演变的过程与原因，如宁可《述"社邑"》，叙述了从春秋时期的农村公社组织到明清时代社邑的消失的历史过程，认为唐五代时

---

① 刘永华：《唐中后期敦煌的家庭变迁和社邑》，《敦煌研究》1991年第3期。
② 郝春文：《敦煌写本社邑文书年代汇考》（一），《首都师范大学学报》1993年第4期；《敦煌写本社邑文书年代汇考》（二），《首都师范大学学报》1993年第5期；《敦煌写本社邑文书年代汇考》（三），《社科纵横》1993年第5期。
③ 宁可、郝春文：《敦煌社邑的丧葬互助》，《首都师范大学学报》1995年第6期。
④ 郝春文：《敦煌遗书中的"春秋座局席"考》，《北京师范学院学报》1989年第4期。另需参阅同作者《再论敦煌私社的"春秋座局席"活动》，《敦煌学辑刊》2006年第1期。
⑤ 郝春文：《敦煌的渠人与渠社》，《北京师范学院学报》1990年第1期。
⑥ 宁可、郝春文：《北朝至隋唐五代间的女人结社》，《北京师范学院学报》1990年第5期。另需参阅郝春文《再论北朝至隋唐五代宋初的女人结社》，《敦煌研究》2006年第6期。
⑦ 郝春文：《东晋南北朝时期的佛教结社》，《历史研究》1992年第1期。
⑧ 郝春文：《隋唐五代宋初传统私社与寺院的关系》，《中国史研究》1991年第2期。
⑨ 郝春文：《两晋南北朝时期的法社》，《北京师范学院学报》1992年第1期。

期佛社和从事经济互助的社邑是在前代的里社衰落时发展兴盛起来的。①宁可、郝春文对汉唐时期的"社邑"研究,几乎穷尽了传世文献中的相关记载,充分利用考古材料和敦煌资料,为我们提供了观察中国古代基层社会组织的重要窗口。

此外,黄霞对北图收藏的一件女人社社条做了介绍,并论及女人社的形态与特点。②杨森《晚唐五代两件〈女人社〉文书札记》,也对女人社进行了讨论,但新意不多。③林艳枝《唐五代敦煌地区的女人结社》,所引用的材料均在此前发表的论文范围之内,对材料解释亦无新的建树。④

敦煌社邑文书为研究中国古代社邑提供了大量生动而具体的材料,不仅可以据之对唐五代宋初社邑的具体情况进行深入的探索和细致的描述,还可以借助从这批文书中获得的认识,对汉至唐以后社邑发展的脉络作进一步考察。同时,社邑文书的内容还涉及中古时期的政治、军事、经济、文化等诸多领域,对研究唐后期五代宋初敦煌地区的政治、经济乃至整个社会的全貌都有重要参考价值。经过近70年的努力,学术界在对敦煌社邑文书和中古社邑的研究方面都取得了显著的成绩。在资料整理方面,基本任务已经完成,虽然我们还可以从新公布的敦煌文献中发现新的社邑文书,或者发现一些现存整理本的问题,但从整体上看,都只能属于修修补补的工作。不过,在研究方面我们还有许多工作要做,比如将敦煌社邑文书与传世文献、石刻资料融会贯通,撰写出贯穿古今的中国古代社邑发展史,就是一项十分重要的工作。此外,我们还可以用新的方法或从新的视角来对这批文书进行深层次解读。⑤

---

① 宁可:《述"社邑"》,《北京师范学院学报》1985年第1期。
② 黄霞:《北图藏敦煌"女人社"规约一件》,《文献》1996年第4期;同氏《浅谈晚唐五代敦煌"女人社"的形态及特点》,《北京图书馆刊》1997年第4期。
③ 杨森:《晚唐五代两件〈女人社〉文书札记》,《敦煌研究》1998年第1期。
④ 林艳枝:《唐五代敦煌地区的女人结社》,《中国文化月刊》2000年第243期。
⑤ 对于敦煌写本社邑文书研究史的评述,可参阅郝春文《五十年来(1938—1990)敦煌写本社文书研究述评》,《中国史研究动态》1991年第8期。

三 社会生活和民俗

敦煌文献中保存的反映大众生活文化的各种资料，包括日常生活的方方面面，下面主要对在社交礼仪、社会风俗、教育、衣食住行、体育等方面的研究进行综述。

社交礼仪方面的研究集中体现在书仪方面，这是新时期开辟的领域，开拓者是周一良。其《敦煌写本书仪考（之一）》[①]《敦煌写本书仪考（之二）》[②]，考察了书仪的内容、程式、历史背景等，认为书仪即格式化的书信，包含书札和礼仪，可分为朋友书仪、综合书仪和表状笺启三类；《书仪源流考》，搜罗日本史料中古代中国书札传入的相关记载，详细考察了中国古代书仪的渊源与流传。[③] 在敦煌写本书仪整理方面，用力最勤，成就最大的当属赵和平。他对敦煌写本书仪作了全面搜集、校录和整理，并对写本的基本情况作了细致考订，厘清了各卷的关系。其成果结集为《敦煌写本书仪研究》[④]《敦煌表状笺启书仪辑校》[⑤]《敦煌本〈甘棠集〉研究》[⑥]。

此外，杜琪《书仪缘起蠡测及敦煌书仪概说》，认为书仪据其文学性质可以分为仪注型、专题型、实例型三类。[⑦] 王三庆《论敦煌书仪之名义与源流》，认为书仪之名义与源流的考证需从史志目录着手。[⑧] 陈静《"别

[①] 周一良：《敦煌写本书仪考（之一）》，《敦煌吐鲁番文献研究论集》，中华书局1982年版，第17—62页。另需参阅陈祚龙《看了周作〈敦煌写本书仪考（之一）〉以后》，《敦煌学》第6辑，台北："中国文化大学"中国文学研究所敦煌学会1983年版，第31—68页。赵和平《后唐时代刺史专用书仪——P.3449+P.3864的初步研究》，收入氏著《唐五代书仪研究》，中国社会科学出版社1995年版，第220—232页。

[②] 周一良：《敦煌写本书仪考（之二）》，《敦煌吐鲁番文献研究论集》第4辑，北京大学出版社1987年版，第20—37页。

[③] 周一良：《书仪源流考》，《历史研究》1990年第5期。

[④] 赵和平：《敦煌写本书仪研究》，台北：新文丰出版公司1993年版。

[⑤] 赵和平：《敦煌表状笺启书仪辑校》，江苏古籍出版社1997年版。

[⑥] 赵和平：《敦煌本〈甘棠集〉研究》，台北：新文丰出版公司2000年版。周一良和赵和平的相关研究成果另可参见《唐五代书仪研究》，中国社会科学出版社1995年版。

[⑦] 杜琪：《书仪缘起蠡测及敦煌书仪概说》，《敦煌文学概论》第一四章，甘肃人民出版社1993年版。

[⑧] 王三庆：《论敦煌书仪之名义与源流》，《唐代文学论丛》，台湾中正大学1998年版，第617—646页。

纸"考释》，考察了别纸的四种含义，提出别纸源于南北朝时期。① 赵和平《〈诸文要集〉性质初探》，将敦煌本《诸文要集》残卷与P.2940、P.2546等卷《斋琬文》的文体和内容进行对比，认为《诸文要集》是《斋琬文》的简本，性质为供僧人参加各种僧俗活动时念诵用的"文范"，不属于书仪类型。② 不过，针对赵文的论断，王三庆《北京大学图书馆藏本〈诸文要集〉一卷研究》提出了不同意见，该文通过探讨《诸文要集》的体例和内容，认为《诸文要集》是8世纪中叶以后，学士郎李英抄写或编辑的关于佛教通俗文章的应用文集，就源流而论应该属于书仪。③

新时期对敦煌写本书仪的整理和研究虽然成果丰硕，但所做的工作基本属于文献学范畴。只有周一良《敦煌写本所见的唐代婚丧礼俗》④、姜伯勤《唐贞元、元和间礼的变迁——兼论唐礼的变迁与敦煌元和书仪》⑤和《唐礼与敦煌发现的书仪——〈大唐开元礼〉与开元间书仪》⑥，重点讨论唐礼与敦煌书仪的互动关系，为以后进一步深入开展对敦煌书仪做历史学的研究提示了新的路径。

书仪之外，姜伯勤《敦煌艺术宗教与礼乐文明》"礼乐篇"⑦，利用敦煌文书深入考索了唐代礼乐的演变。

社会风俗方面。谢生保《敦煌壁画中的民俗资料概述》，指出敦煌石窟堪称"当今世界上最古最大的民俗博物馆"，几乎所有的民俗事项、活

---

① 陈静：《"别纸"考释》，《敦煌学辑刊》1999年第1期。
② 赵和平：《〈诸文要集〉性质初探》，白化文、邓文宽主编：《周绍良先生欣开九秩庆寿文集》，中华书局1997年版，第275—281页。
③ 王三庆：《北京大学图书馆藏本〈诸文要集〉一卷研究》，《庆祝吴其昱先生八秩华诞敦煌学特刊》，台北：文津出版社2000年版，第157—178页。
④ 周一良：《敦煌写本所见的唐代婚丧礼俗》，《文物》1985年第7期。
⑤ 姜伯勤：《唐贞元、元和间礼的变迁——兼论唐礼的变迁与敦煌元和书仪》，黄约瑟、刘健明合编：《隋唐史论集》，香港大学亚洲研究中心1993年版，第222—231页；后收入氏著《敦煌艺术宗教与礼乐文明》，中国社会科学出版社1996年版，第442—458页。
⑥ 姜伯勤：《唐礼与敦煌发现的书仪——〈大唐开元礼〉与开元间书仪》，第34届亚洲北非人文科学国际会议论文，1993年8月，后收入《敦煌艺术宗教与礼乐文明》，中国社会科学出版社1996年版，第425—441页。
⑦ 姜伯勤：《敦煌艺术宗教与礼乐文明》，中国社会科学出版社1996年版，第425—591页。

动内容都能在敦煌壁画中找到珍贵的形象资料，包括居住家居、服饰化妆、婚丧嫁娶、交通工具、体育娱乐、民风节俗等多个部分。① 高国藩《敦煌民俗资料导论》②，将有关敦煌资料进行分类排比，结合古代的民俗对敦煌民俗问题做了讨论。全书分作十六个章节，依次是：民间结社风俗、民间生产风俗、民间生育风俗、民间婚姻风俗、民间丧葬风俗、民间七七斋丧俗、民间建筑风俗、民间上梁风俗、民间岁时风俗、神话信仰风俗、巫术信仰风俗、卜卦信仰风俗、符咒信仰风俗、看相信仰风俗、算命信仰风俗、预兆信仰风俗。此书虽具有开创意义，但严谨不足，其内容颇多臆测和脱离史实的解释。

周一良《敦煌写本书仪中所见的唐代婚丧礼俗》，将敦煌书仪所载的婚礼仪式与《大唐开元礼》相比对，认为二者所记载的婚礼程序基本相同，但书仪中反映的唐代婚俗具有民间特色，可补传世文献所载的不足。③

《下女夫词》与唐代婚礼的关系成为新时期中国学者关注的热点。张鸿勋认为《下女夫词》为唐代民间婚礼中仪式歌的一部分，是民间歌谣中性质比较特殊的一种婚礼仪式歌。④ 张氏还对新获英藏《下女夫词》的残卷（缀合本）进行校释和研究，认为新本的内容反映了"敦煌民间婚礼仪式具有相当的灵活性"⑤。李正宇认为《下女夫词》既不是变文，亦不是"迎亲喜歌"，而是礼宾人员编辑的亲迎礼辞手册，并认为此种手册的目的是保证亲迎仪式的质量和水平，而词中的新郎就是归义军节度使张议潮的某位公子。⑥ 谭蝉雪认为《下女夫词》反映了敦煌婚俗的亲迎部分，对古六礼在沿袭中又

---

① 谢生保：《敦煌壁画中的民俗资料概述》，《敦煌研究》1998年第3期。
② 高国藩：《敦煌民俗资料导论》，台北：新文丰出版公司1993年版。
③ 周一良：《敦煌写本所见的唐代婚丧礼俗》，《文物》1985年第7期；另收入周一良、赵和平《唐五代书仪研究》，中国社会科学出版社1995年版，第285—301页。
④ 张鸿勋：《敦煌本〈下女夫词〉新探》，《1983年全国敦煌学术讨论会文集（文史·遗书编）》（下册），甘肃人民出版社1987年版，第162—180页。
⑤ 张鸿勋：《新获英藏〈下女夫词〉残卷校释》，敦煌研究院编：《段文杰敦煌研究五十年纪念文集》，世界图书出版公司1996年版，第267—278页。
⑥ 李正宇：《〈下女夫词〉研究》，《敦煌研究》1987年第2期；另收入谢生保主编《敦煌民俗研究》，甘肃人民出版社1995年版，第20—38页。

有变异;谭氏针对李正宇的看法也提出异议,认为词中以"新郎"为"刺史"等的说法是当地流行的"摄盛"之礼,并非实指。① 王三庆《敦煌写卷记载的婚礼节目与程序》,对敦煌写本书仪所载的婚礼资料做了详细梳理,并尝试复原当时流行的婚礼程序。②

关于丧葬礼俗,高国藩《古敦煌民间葬俗》,介绍了古代敦煌丧葬仪俗中的过程、仪式以及坟墓风水等内容。③ 段小强《敦煌文书中所见的古代丧仪》,就敦煌文献所载古代不同形式的葬礼程序和仪俗做了具体考察。④ 谢生保《敦煌壁画中的丧葬民俗》,对壁画丧葬图中举哀吊唁、入殓出殡等丧礼程序和形式做了探讨,认为古代敦煌丧礼仪俗是多民族风俗融合的产物。⑤ 谭蝉雪就敦煌丧葬礼俗发表了系列论文:《三教融合的敦煌丧俗》从敦煌丧礼的各个环节入手,论述了敦煌丧俗中反映的儒、释、道三教融合的思想,并将其与中原地区的丧俗作对比,提供了古代敦煌丧俗研究的新思路⑥;《丧葬用鸡探析》探讨了敦煌丧礼上用鸡的民间习俗的源流⑦;《"老人入墓"与民俗》是针对敦煌壁画"老人入墓"图的专门研究,并将印度民俗与中国民俗的异同做了比较。⑧

岁时是民间一年四季的常规性活动,带有浓厚的传统民俗色彩。张弓《敦煌春月节俗探论》《敦煌秋冬节俗初探》,较早关注到了敦煌地区的春

---

① 谭蝉雪:《敦煌婚姻文化》,甘肃人民出版社1993年版。相关成果,亦可参阅同作者《敦煌婚嫁诗词》,《社科纵横》1994年第4期;《敦煌婚俗的特点》,《敦煌学国际研讨会文集(石窟史地·语文编)》,辽宁美术出版社1995年版,第601—615页。
② 王三庆:《敦煌写卷记载的婚礼节目与程序》,柳存仁主编:《庆祝潘石禅先生九秩华诞敦煌学特刊》,台北:文津出版社1996年版,第533—564页。
③ 高国藩:《古敦煌民间葬俗》,《学林漫录》第10辑,中华书局1985年版,第72—79页。
④ 段小强:《敦煌文书中所见的古代丧仪》,《西北民族研究》1999年第1期。
⑤ 谢生保:《敦煌壁画中的丧葬民俗》,《敦煌学国际研讨会文集(石窟史地·语文编)》,辽宁美术出版社1995年版,第617—629页。
⑥ 谭蝉雪:《三教融合的敦煌丧俗》,《敦煌研究》1991年第3期。
⑦ 谭蝉雪:《丧葬用鸡探析》,《敦煌研究》1998年第1期。另可参阅同作者《丧祭与斋忌》,《敦煌学与中国史研究论集——纪念孙修身先生逝世一周年》,甘肃人民出版社2001年版,第225—229页。
⑧ 谭蝉雪:《"老人入墓"与民俗》,中华自然文化学会编:《"二十一世纪敦煌文献研究回顾与展望"研讨会论文集》,1999年,第51—58页。

秋冬季节的民俗活动。① 王三庆依据敦煌书仪中保存的节日活动记载探讨了敦煌民间节日、宗教节日和特殊历史条件下的节日活动。② 张鸿勋《敦煌写本〈清明日登张女郎神〉诗释证》，通过对文学作品中张女郎神相关记载的分析，认为敦煌地区对张女郎神的崇信之俗由来已久。③ 谭蝉雪《岁末驱傩》是对敦煌岁末驱傩仪式的探讨。④ 同作者之《敦煌祈赛风俗》，结合祈赛对象、祈赛内容和祈赛仪式，指出敦煌祈赛风俗是传统习俗、自然崇拜及宗教信仰的综合反映，是汉族文化与各民族文化、中国本土文化和外来文化交融的结果。⑤ 谭氏的专著《敦煌岁时文化导论》⑥，通过对莫高窟藏经洞出土文书的爬梳，系统整理出以唐宋时期为主的敦煌岁时民俗，认为敦煌岁时民俗体现了我国传统文化与佛教文化的相互交融。

对敦煌占卜文书的整理与研究也是新时期开拓的重要课题。高国藩将敦煌占卜文书作为民俗文化现象进行研究，在《敦煌民俗学》《敦煌古俗与民俗流变》等书中，涉及卜卦风俗、看相风俗、算命风俗、眼润耳热风俗、《解梦书》和《宅经》等，内容涵盖了敦煌占卜文书的主要部分⑦，但基本属于介绍性质。刘文英《中国古代的梦书》⑧，最早释录了几件敦煌梦书。郑炳林、羊萍《敦煌本梦书》⑨，第一次全面系统地整理释录了敦煌

---

① 张弓：《敦煌春月节俗探论》，《中国史研究》1989年第3期；同氏《敦煌秋冬节俗初探》，《敦煌学国际研讨会文集（石窟史地·语文编）》，辽宁美术出版社1995年版，第586—600页。

② 王三庆：《敦煌书仪载录之节日活动与民俗》，《敦煌学研讨会论文集》，台湾中正大学1995年版，第13—28页。

③ 张鸿勋：《敦煌写本〈清明日登张女郎神〉诗释证》，《敦煌吐鲁番研究》第2卷，北京大学出版社1997年版，第59—70页。

④ 谭蝉雪：《岁末驱傩》，《西北民族研究》1990年第2期。

⑤ 谭蝉雪：《敦煌祈赛风俗》，《敦煌研究》1993年第4期。

⑥ 谭蝉雪：《敦煌岁时文化导论》，台北：新文丰出版公司1998年版。另可参阅同作者《唐宋岁时佛俗——正月》，《敦煌研究》2000年第4期；《唐宋岁时佛俗——二月至七月》，《敦煌研究》2001年第1期；《唐宋岁时佛俗——八月至十二月》，《敦煌研究》2001年第2期。

⑦ 高国藩：《敦煌民俗学》，上海文艺出版社1989年版。另可参阅同作者《中国民俗资料导论》，台北：新文丰出版公司1993年版。同氏《敦煌古俗与民俗流变——中国民俗探微》，河海大学出版社1992年版。

⑧ 刘文英：《中国古代的梦书》，中华书局1990年版。

⑨ 郑炳林、羊萍：《敦煌本梦书》，甘肃文化出版社1995年版。另需参阅史睿书评《郑炳林、羊萍〈敦煌本梦书〉》，《敦煌吐鲁番研究》第3卷，北京大学出版社1998年版，第414—419页。

梦书，该书还探讨了中国古代梦书产生的历史背景，并对不同系统的梦书做了比较研究，可惜释文不够完善。

教育方面，高明士《唐代敦煌的教育》和李正宇《唐宋时代的敦煌学校》分别对唐宋时期敦煌的教育和学校的情况进行了考察。[①] 李正宇《敦煌学郎题记辑注》，收集整理并刊布了绝大部分敦煌学郎的题记资料[②]，为进一步开展相关研究奠定了基础。郑炳林等《从敦煌文书看唐五代敦煌地区的医事状况》，探讨了唐五代敦煌医学教育及医学家、官府医事及外来医学在敦煌地区的影响等问题。[③]

虽然敦煌蒙书在前两个阶段就不断得到中外学者关注。但郑阿财《敦煌蒙书析论》，应是第一篇综合讨论敦煌蒙书的论文，他将敦煌蒙书分为识字类、知识类和思想类三种，分别做了介绍，并分析了敦煌蒙书的特质。[④] 汪泛舟《敦煌童蒙读物》，则将敦煌蒙书分为识字、教育、应用三类36种。[⑤] 同作者之《敦煌古代儿童课本》[⑥]，整理汇校了《开蒙要训》《百行章》和《太公家教》三种童蒙教材，每篇包括释文、注解和研究三个部分。至于针对单种蒙书的整理和研究，受到关注最高的是《太公家教》。该书在第一阶段和第二阶段就已得到中外学者关注，新时期继续得到多位学者关注。高国藩《敦煌写本〈太公家教〉初探》，是新时期第一篇关于《太公家教》的论文，但基本属于介绍性质。[⑦] 周凤五《敦煌写本〈太公家教〉研究》[⑧]，校录了《太公家教》《武王家教》等家教类文献，并对《太公家教》的内容与

---

① 高明士：《唐代敦煌的教育》，《汉学研究》1986年第4卷2期；李正宇：《唐宋时代的敦煌学校》，《敦煌研究》1986年第1期。
② 李正宇：《敦煌学郎题记辑注》，《敦煌学辑刊》1987年第1期。
③ 郑炳林、高伟：《从敦煌文书看唐五代敦煌地区的医事状况》，《西北民族学院学报》1997年第1期。
④ 郑阿财：《敦煌蒙书析论》，《第二届敦煌学国际研讨会论文集》，台北：汉学研究中心1986年版，第211—233页。
⑤ 汪泛舟：《敦煌的童蒙读物》，《文史知识》1988年8期。
⑥ 汪泛舟：《敦煌古代儿童课本》，甘肃人民出版社2000年版。
⑦ 高国藩：《敦煌写〈本太公家〉初探》，《敦煌学辑刊》1984年第1期。
⑧ 周凤五：《敦煌写本〈太公家教〉研究》，台北：明文书局1986年版。另可参阅同作者《敦煌写本太公家教（含武王家教）校勘记》，《郑因百先生八十寿庆文史论文集》，台湾商务印书馆1985年版，第513—558页；《太公家教重探》，《汉学研究》1986年第4卷第2期。

《武王家教》的关系进行了讨论，同时论及成书时代及流传情况。汪泛舟也曾撰文探讨《太公家教》。① 朱凤玉《敦煌通俗读物〈新集严父教〉研究》，认为该文本是乡里塾师假以严父的口吻，将现实生活与社会生活中体验所得的实际处世法则与人格规范，以简短易诵的韵文编写成篇，用作童蒙教育的通俗教材。② 宋新民《敦煌写本〈开蒙要训〉叙录》，尽可能地著录了当时所能搜集到的《开蒙要训》写本。③ 汪泛舟《〈开蒙要训〉初探》，对《开蒙要训》的内容进行了初步研究。④ 郑阿财《敦煌写本〈崔氏夫人训女文〉研究》，对《崔氏夫人训女文》重新做了校订，同时探究其产生背景和婚俗价值。⑤ 朱凤玉《敦煌写卷〈俗务要名林〉研究》，对《俗务要名林》做了专题研究。⑥ 王利器《跋敦煌写本〈上大夫〉残卷》对写本特征和内容等做了介绍。⑦ 邓文宽介绍了敦煌写本《百行章》的情况，并对其内容进行整理和校释。⑧ 李冬梅《唐五代敦煌学校部分教学档案简介》，认为敦煌文献中保留的碑传文体夹注是教师教案，碑文、邈真赞抄本随意省略原文内容亦是教材，另外一些书仪属于晚唐五代学校的自编教材。⑨ 该文试图从一种新颖的视角来看待这批文本的性质。

衣食住行方面。段文杰介绍了石窟图像资料中有关历史上的衣冠服饰

---

① 汪泛舟：《〈太公家教〉考》，《敦煌研究》1986 年第 1 期。另可参阅同作者《〈太公家教〉考补》，《兰州学刊》1986 年第 6 期；《〈太公家教〉别考》，中国敦煌吐鲁番学会语言文学分会编纂《敦煌语言文学研究》，北京大学出版社 1988 年版，第 240—247 页。

② 朱凤玉：《敦煌通俗读物〈新集严父教〉研究》，《木铎》第 11 号，1987 年，第 307—320 页。

③ 宋新民：《敦煌写本〈开蒙要训〉叙录》，《敦煌学》第 15 辑，台北：新文丰出版公司 1989 年版，第 165—177 页。

④ 汪泛舟：《〈开蒙要训〉初探》，《敦煌研究》1999 年第 2 期。

⑤ 郑阿财：《敦煌写本〈崔氏夫人训女文〉研究》，《中兴大学法商学报》1984 年第 19 期。

⑥ 朱凤玉：《敦煌写卷〈俗务要名林〉研究》，《第二届国际唐代学术会议论文集》，台北：文津出版社 1993 年版。

⑦ 王利器：《跋敦煌写本〈上大夫〉残卷》，《文献》1987 年第 4 期。

⑧ 邓文宽：《敦煌写本〈百行章〉校释》，《敦煌研究》1985 年第 2 期。另可参阅同作者《跋敦煌写本〈百行章〉》，《1983 年全国敦煌学术研讨会文集（文史·遗书编）》（下册），甘肃人民出版社 1987 年版，第 90—107 页。

⑨ 李冬梅：《唐五代敦煌学校部分教学档案简介》，《敦煌学辑刊》1995 年第 2 期。

的资料。① 黄正建《唐代衣食住行研究》②，依据敦煌文书和其他传世记载，全面考察了唐人日常物质生活的衣食住行，作者不仅对文献记载中有关衣食住行的具体问题进行释析，而且探讨了引起衣食住行变化的社会环境，不同阶层不同集团在衣食住行方面的差别，衣食住行所具有的地域性和民族性，以及衣食住行中体现出来的礼仪和习俗。同作者之《S.964V号文书与唐代兵士的春冬衣》，利用敦煌文书和相关记载，考察了唐代兵士春冬衣的发放制度，论述了春冬衣的种类、颜色、原料等相关内容。③ 高启安等对唐五代敦煌人的饮食结构做了全面系统的考察，指出当时的食物包括粮食类、肉乳类、蔬菜类、味品类、瓜果类、油脂类、野生动植物类等，其中以粮食为主要加工原料的饮食最为丰富。饼是敦煌人的主要食物，其种类多达三十余种，如胡饼、蒸饼、煎饼、索饼、烧饼、环饼、饦饼、水饼、饻饼④；非饼类的食物，如馎饦、炒面、水面、灌肠面、油面等，更是品种丰富，种类繁多⑤。萧默《敦煌建筑研究》⑥，介绍了洞窟形制、佛寺、阙、塔、住宅等不同建筑类型，同时论及建筑部件与装饰、建筑施工、建筑画、唐宋窟檐等。作者注重将文物资料与文献记载相印证，结合内地古建筑遗存，从历史文化的角度探讨敦煌建筑反映的时代社会风貌。⑦ 杨泓依据莫

---

① 段文杰：《敦煌壁画中的衣冠服饰》，敦煌文物研究所编：《敦煌研究文集》，甘肃人民出版社1982年版，第165—188页；《莫高窟唐代艺术中的服饰》，《向达先生纪念论文集》，新疆人民出版社1986年版。

② 黄正建：《唐代衣食住行研究》，首都师范大学出版社1998年版。另可参阅同作者《敦煌资料与唐五代的衣食住行》，《敦煌与丝路文化学术讲座》2，北京图书馆出版社2005年版，第108—124页。

③ 黄正建：《S.964V号文书与唐代兵士的春冬衣》，《英国收藏敦煌汉藏文献研究：纪念敦煌文献发现一百周年》，中国社会科学出版社2000年版，第237—251页。另可参阅同作者《敦煌文书与唐代军队衣装》，《敦煌学辑刊》1993年第1期。

④ 高启安、索黛：《唐五代敦煌饮食中的饼浅探——敦煌饮食文化研究之二》，《敦煌研究》1998年第4期。

⑤ 高启安、王玺玉：《唐五代敦煌人的饮食品种研究：敦煌饮食文化研究之三》，《敦煌研究》1999年第2期。

⑥ 萧默：《敦煌建筑研究》，文物出版社1989年版；机械工业出版社2003年版。另可参阅同作者《〈敦煌建筑研究〉缘起及其撮要》，《古建园林技术》1991年第2期。

⑦ 赵声良：《〈敦煌建筑研究〉介绍》，《敦煌研究》1990年第4期。

高窟保存的图像资料考察了古代中国家具的变迁。① 马德将壁画中所绘的车进行了系统分类，并对相关壁画进行了详细介绍。②

体育娱乐方面。易绍武《敦煌壁画中所见的古代体育》，依据敦煌壁画相关资料，将敦煌体育的内容分为古代武术、射箭、举重、摔跤（相扑）、马术、博弈、游戏等。③ 李重申《敦煌古代体育文化》④，对敦煌体育的内容进行了更为完善的分类，分为竞技体育、博弈、武术、休闲娱乐、养生保健等，几乎涉及中国古代体育的所有项目。丁玲辉、纪小红《敦煌壁画中的藏族体育与唐蕃体育交往初探》，关注到敦煌壁画中还保留了有关藏族体育以及唐蕃体育交往的珍贵资料。⑤ 邱剑荣《敦煌壁画与武术文化》，将敦煌壁画中的武术分为技击性武术和内功性武术两类。⑥ 李金梅等《敦煌传统文化与武术》，指出敦煌武术受到狩猎、祭祀、军事、舞蹈、戏曲、文学、宗教等多个方面的深远影响。⑦ 暨远志《论唐代打马球——张议潮出行图研究之三》，以莫高窟第156窟"张议潮出行图"为考察对象，对打马球运动的着装、场地、规则等均有详细考证，认为唐代敦煌地区盛行的打马球运动与练兵有关，是壮大军事力量的有效举措。⑧ 李重申、田鹤鸣等《敦煌马毬史料探析》，也利用敦煌壁画等材料对马球运动在敦煌颇为盛行的情形进行了考察。⑨ 倪怡中《敦煌壁画中的古代摔跤》，对莫高窟壁画中的摔跤图做了详细描述和介绍，列举了第290窟的太子摔跤图、第61窟的"公开摔跤比赛"等。⑩ 郝春文、许福谦《敦煌写

---

① 杨泓：《敦煌莫高窟与中国古代家具史研究之一——公元5至6世纪中国家具的演变》，《1987年敦煌石窟研究国际学术研讨会文集（石窟考古编）》，辽宁美术出版社1990年版，第519—632页。
② 马德：《敦煌壁画交通工具史术述论》（上、下），《敦煌研究》1995年第1、3期。
③ 易绍武：《敦煌壁画中所见的古代体育》，《敦煌学辑刊》1985年第1期。
④ 李重申：《敦煌古代体育文化》，甘肃人民出版社1990年版。
⑤ 丁玲辉、纪小红：《敦煌壁画中的藏族体育与唐蕃体育交往初探》，《西藏体育》1998年第1期。
⑥ 邱剑荣：《敦煌壁画与武术文化》，《甘肃画报》1993年第4期。
⑦ 李金梅、刘传绪、李重申：《敦煌传统文化与武术》，《敦煌研究》1995年第2期。
⑧ 暨远志：《论唐代打马球——张议潮出行图研究之三》，《敦煌研究》1993年第2期。
⑨ 李重申、田鹤鸣等：《敦煌马毬史料探析》，《敦煌研究》1994年第4期。
⑩ 倪怡中：《敦煌壁画中的古代摔跤》，《体育文化导刊》1990年第1期。

本围棋经校释》，对S.5574《棋经》进行了校释，认为该文书提供了以往文献中从未提到过的围棋原理、战略战术、棋法规则和术语等，是中国最古老的棋经。① 李金梅等《敦煌〈碁经〉考析》，从围棋的行棋技术和规则层面考证了《棋经》的内容，认为敦煌本《棋经》已经达到较高的技术性和科学性。② 李金梅《敦煌古代博弈文化考析》，认为当时搫蒲与饮酒结合，边饮边博，并出现了由博向赌的转化。③

史葆光、史成礼、黄健初《敦煌性文化学》④，对敦煌遗书和壁画中的有关性文化的资料做了介绍和解说。

---

① 郝春文、许福谦：《敦煌写本围棋经校释》，《敦煌学辑刊》1987年第2期。
② 李金梅、李重申、马德福：《敦煌〈碁经〉考析》，《社科纵横》1994年第5期。
③ 李金梅：《敦煌古代博弈文化考析》，《体育科学》1999年第5期。
④ 史葆光、史成礼、黄健初：《敦煌性文化学》，广州出版社1999年版。

第 六 章

新时期的敦煌语言文学艺术研究

第一节 敦煌语言文字

语言文字方面，除韵书、方音、字书研究继续受到学界关注外，俗字和俗语词研究成为新时期重要的学术增长点，出现了具有总结性质的标志性成果。

一 韵书

继上一阶段潘重规之《瀛涯敦煌韵辑新编》《瀛涯敦煌韵辑别录》之后，新时期周祖谟推出了《唐五代韵书集存》[1]，该书系作者几十年搜集、整理和考释唐五代韵书的成果，共收录唐五代的敦煌写本和刻本韵书三十种，依次编为七类：陆法言《切韵》的传写本、笺注本《切韵》、增训加字本《切韵》、王仁昫《刊谬补缺切韵》、裴务齐正字本《刊谬补缺切韵》《唐韵》写本和五代刻本《韵书》。该书与以往同类图书多用摹写本不同，凡是有照片的残本都用照片影印，凡原本污黯与摄制不够清楚的，另加摹本或摹刻本。作者还对三十种韵书做了总论和分类考证，不仅使失传千年的陆法言《切韵》重现于世，而且弄清了陆著《切韵》的源流以及与宋修《广韵》之间的关系，是敦煌韵书整理和研究带总结性的集大成之作。[2]

依据变文、曲子词、通俗诗等文学资料分析韵类归纳韵母系统也是许多

---

[1] 周祖谟：《唐五代韵书集存》，中华书局1983年版；台北：学生书局1994年版；中华书局2008年版。另可参阅张涌泉书评，载于《敦煌吐鲁番研究》第2卷，北京大学出版社1997年版，第381—382页。

[2] 张锡厚：《敦煌语言文学研究述评》，《中国文化》1990年第2期。

学者重视的课题。周大璞《〈敦煌变文〉用韵考》①，归纳出敦煌变文 23 个韵部，同时论述了有关变文声调的变化问题，并提示研究变文用韵既要重视韵文，又不能忽视散文。张金泉以王重民《敦煌曲子词集》为依据，得韵字五百五十六个，归纳出十八韵类。② 此外还有都兴宥、蒋冀骋对王梵志诗用韵的考析等。③ 上述成果补充了《唐五代西北方音》④ 未曾利用之语料。

关于唐五代西北方音，"文化大革命"前罗常培等曾做过开创性研究，以后趋于沉寂，新时期再度得到学术界的关注。孙其芳《敦煌词中的方音释例》⑤ 及《敦煌词中的方言释例——敦煌词校勘丛谈之二》⑥，分别从古敦煌所在地河西方音、方言的特殊角度对曲子词进行校释。这种从甘肃及河西地区的方音方言角度探讨敦煌词，可以适当地弥补以往敦煌文献语词整理之不足。龙晦认为唐五代西北方音及变文叶韵有助于找寻近代汉语词汇的语源和音源。⑦ 李正宇认为，止遇二摄有条件的混用是唐宋时代敦煌方音的显著特点之一，止遇混用规律用之于敦煌文献的校勘⑧，可以帮助我们较准确地找寻本字。邓文宽从河西方音通假的视角解读敦煌写本《六祖坛经》，颇有创获。⑨ 另外，刘燕文⑩、洪艺芳⑪、许建平⑫等对《字宝》

---

① 周大璞：《〈敦煌变文〉用韵考》，《武汉大学学报》1979 年第 3、4、5 期。
② 张金泉：《敦煌曲子词用韵考》，《杭州大学学报》1981 年第 3 期。
③ 都兴宥：《王梵志诗用韵考》，《兰州大学学报》1986 年第 1 期；《王梵志诗音校》，《敦煌学辑刊》1990 年第 2 期。蒋冀骋：《王梵志诗用韵考》，北京图书馆敦煌吐鲁番学资料中心等编：《敦煌吐鲁番学研究论集》，书目文献出版社 1996 年版，第 491—508 页。
④ 罗常培：《唐五代西北方音》，上海中国科学公司印行 1933 年版。
⑤ 孙其芳：《敦煌词中的方音释例》，《社会科学》1982 年第 3 期。
⑥ 孙其芳：《敦煌词中的方言释例——敦煌词校勘丛谈之二》，《社会科学》1982 年第 4 期。
⑦ 龙晦：《唐五代西北方音与敦煌文献研究》，《西南师范学院学报》1983 年第 3 期。
⑧ 李正宇：《敦煌方音止遇二摄混同及其校勘学意义》，《敦煌研究》1986 年第 4 期。
⑨ 邓文宽：《英藏敦煌本〈六祖坛经〉的河西特色——以方音通假为依据的探索》，氏著《敦煌吐鲁番学耕耘录》，台北：新文丰出版公司 1996 年版，第 181—202 页。
⑩ 刘燕文：《从敦煌写本〈字宝〉的字音看晚唐五代西北方音》，《出土文献研究》第 2 辑，文物出版社 1989 年版，第 236—252 页。
⑪ 洪艺芳：《论〈俗务要名林〉所反映的唐代西北方音》，柳存仁主编：《庆祝潘石禅先生九秩华诞敦煌学特刊》，台北：文津出版社 1996 年版，第 511—532 页。另可参阅同作者《唐五代西北方音研究——以敦煌通俗韵文为主》，台北："中国文化大学"中国文学研究所，硕士学位论文，1995 年。
⑫ 许建平：《唐写本〈礼记音〉所见方音考》，《俗语言研究》1997 年第 4 期。相关成果，还可参阅同作者《〈礼记音〉补校》，《敦煌研究》1998 年第 3 期。

《俗务要名林》《礼记音》中存在的方音现象所进行的研究也值得关注。

此外，黄幼莲[1]和黄武松[2]分别考察了敦煌文献中的古代俗语词与闽南方言、贵州平塘（旧称平舟）方言等现代方言之间的关系。

二 字书

周祖谟《敦煌唐本字书叙录》[3]，将敦煌写本字书分为五类：一是童蒙诵习书；二是字样书；三是物名分类字书；四是俗字字书；五是杂字难字等杂抄。作者在对每一种字书的保存情况进行详细勾勒的同时，还分别就字书年代、撰者身份、写本源流等问题进行了探讨。新时期对字书的整理和研究，属朱凤玉的成就最大。其《敦煌字书绪论》[4]《敦煌文献与字书》[5]，对敦煌字书的名义、分类、特质与价值等问题进行分析讨论。与周祖谟将敦煌本字书分为五类不同的是，她将敦煌写本字书分作六类十三种[6]，并对其中之"碎金"做了精细校笺。[7] 其《敦煌写本字样书研究之一》[8]《敦煌写本〈俗务要名林〉研究》[9] 等，则属于对字书的个案考察。

此外，张金泉《论〈时要字样〉》[10]，意在总结唐代字样书所体现唐代文

---

[1] 黄幼莲：《闽南方言与敦煌文献研究》，《杭州师院学报》1987年第1期。

[2] 黄武松：《敦煌文献俗语词方言义证》，《贵州师范大学学报》1991年第1期。

[3] 周祖谟：《敦煌唐本字书叙录》，中国敦煌吐鲁番学会语言文学分会编纂：《敦煌语言文学研究》，北京大学出版社1988年版，第40—55页。

[4] 朱凤玉：《敦煌字书绪论》，《华冈文科学报》1991年第18期。

[5] 朱凤玉：《敦煌文献与字书》，《静宜人文学报》1994年第6期。

[6] 朱凤玉：《敦煌写本碎金研究》，台北：文津出版社1997年版，第12—14页。

[7] 除《敦煌写本碎金研究》外，朱凤玉还有系列论文值得参考，参见《敦煌写本碎金系字书初探》，《第二届敦煌学国际研讨会论文集》，台北：汉学研究中心1991年版，第501—520页；《试论敦煌〈碎金〉之价值》，《林景伊教授逝世十周年学术论文集》，1993年；《论敦煌本〈碎金〉在词汇学上的意义》，《嘉义师院学报》1996年第10期；《论敦煌本〈碎金〉与唐五代词汇》，柳存仁主编：《庆祝潘石禅先生九秩华诞敦煌学特刊》，第565—580页；《论敦煌本〈碎金〉对解读敦煌俗文学的意义》，项楚主编：《敦煌文学论集》，四川人民出版社1997年版，第275—294页。另可参阅同作者《英藏S.619〈白家碎金〉考释》，潘重规主编：《庆祝吴其昱先生八秩华诞敦煌学特刊》，台北：文津出版社2000年版，第339—354页。

[8] 朱凤玉：《敦煌写本字样书研究之一》，《华冈文科学报》1989年第17期。

[9] 朱凤玉：《敦煌写本〈俗务要名林〉研究》，《第二国际唐代学术会议论文集》，台北：文津出版社1993年版，第669—700页。

[10] 张金泉：《论〈时要字样〉》，《浙江社会科学》1993年第4期。

字学研究面向社会实际的宗旨及其取得的经验。邰惠莉对敦煌文献中的童蒙读物《新合六字千文》做了释录，并分析了《六字千文》的增字情况。①

敦煌文献留存的音义书研究在新时期取得了重要突破，对敦煌音义写卷和注音写卷作全面汇辑与整理的是《敦煌音义汇考》②一书，由张金泉与许建平合著。该书专收敦煌文献中的音义书和注音写卷，尤重前人措意未多的佛经、儒典及其他文书中的音义材料，并汇成三十三种，分编为四部书、字书和佛道经三个部分。编者在每种写卷照片后附有题解和校记，考证了不同写本的作者、内容、时代和学术价值，并对以往研究论文进行评述。

三　词义与俗字

口语词方面的研究，成就最大的当然应推蒋礼鸿，其《敦煌变文字义通释》自上一阶段1959年出版以后，不断增订再版，并于1997年由上海古籍出版社出版了该书之增补定本。其间，不断有学者对该书进行商榷和补正，吴小如③、郭在贻④等学者对该书的商补文章都有重要参考价值⑤。另外，由蒋礼鸿主编的《敦煌文献语言词典》⑥，在《敦煌变文字义通释》的基础上，又对变文、诗词、券契等敦煌通俗文书中的口语词进行了系统的辑录和考释，成为整理敦煌文献的重要的工具书。⑦ 曾良在敦煌字义考释方面也有诸多发明，对敦煌文献中的一些词语和俗讹字进行了梳理和考证，既注意收集

---

① 邰惠莉：《敦煌本〈六字千文〉初探》，《敦煌研究》1997年第1期。

② 张金泉、许建平：《敦煌音义汇考》，杭州大学出版社1996年版。鲁国尧：《初读〈敦煌音义汇考〉》，《语文研究》1997年第4期；徐时仪：《敦煌写本〈玄应音义〉考补》，《敦煌研究》2005年第1期。该书编者的相关研究成果尚有：张金泉：《敦煌佛经音义写卷述要》，《敦煌研究》1997年第2期。

③ 吴小如：《读蒋礼鸿〈敦煌变文字义通释〉札记》，《文献》1980年第1期。

④ 郭在贻：《读新版〈敦煌变文字义通释〉》，《天津师大学报》1982年第5期。

⑤ 卢润祥：《〈敦煌变文字义通释〉浅介》，《文史知识》1983年第7期。樊维纲：《〈敦煌变文字义通释〉商补》，《杭州大学学报》1993年第3期。黄征：《读蒋礼鸿〈敦煌变文字义通释〉》，敦煌研究院编：《段文杰敦煌研究五十年纪念文集》，世界图书出版公司1996年版，第554—556页。

⑥ 蒋礼鸿主编：《敦煌文献语言词典》，杭州大学出版社1994年版。

⑦ 另可参阅张涌泉《〈敦煌文献语言词典〉补正》，《原学》第4辑，中国广播电视出版社1996年版；叶爱国《〈敦煌文献语言词典〉商榷（上、中、下）》，《文史》第44辑，中华书局1998年版，第80、114、132页。

敦煌文献本身的材料，又尽可能选用一些同时代的其他资料来佐证，有的还进行了历时性的考源。① 洪艺芳对敦煌吐鲁番文书中的量词做了系统考察。② 梁晓虹从语言学角度讨论了疑伪经在汉语史研究中的价值。③

自《敦煌变文集》《敦煌曲校录》《王梵志诗校辑》《敦煌歌辞总编》等敦煌文学方面的整理本问世以后，对其进行文字校勘和字词析义的文章便随之而生，新时期仍有很多学者从事这方面工作。周一良④、郭在贻⑤、项楚⑥、蒋冀骋⑦、张涌泉⑧等对上述变文、诗歌、曲子词的释录和校勘都曾提出商榷和补正的意见，使敦煌俗字和俗语词研究在相互切磋中朝着日臻完善的方向发展。全面校订以往《敦煌变文集》《敦煌变文集新书》《王梵志诗校辑》《敦煌歌辞总编》等成果，成为这一时期的重要工作。郭在贻、张涌泉、黄征合著的《敦煌变文集校议》⑨，

---

① 曾良：《疑难词语试释三则》，《古汉语研究》1995年第4期；《敦煌文献词语散札》，《杭州大学学报》1997年增刊，第96—102页；《敦煌文献字义杂考》，《语言研究》1998年第2期；《敦煌文献词语考释五则》，《语言研究》2000年第4期。

② 洪艺芳：《敦煌吐鲁番文书中之量词研究》，台北：文津出版社2000年版。

③ 梁晓虹：《从〈佛说孝顺子修行成佛经〉看"疑伪经"在汉语史研究中的作用》，《汉语现状与历史研究》，中国社会科学出版社1999年版。

④ 周一良：《"赐无畏"及其他（增订稿）——读〈敦煌变文集〉札记》，香港中文大学主办"国际敦煌吐鲁番学术会议"论文，1987年；同作者《王梵志诗的几条补注》，《北京大学学报》1984年第4期。

⑤ 郭在贻：《王梵志诗校释拾补》，《中国语文》1987年第1期；同作者《〈王梵志诗校辑〉误校示例》，氏著《郭在贻敦煌学论集》，江西人民出版社1993年版。

⑥ 项楚：《〈敦煌变文集〉校记散录》，杭州大学古籍研究所主编：《敦煌语言文学论文集》，浙江古籍出版社1988年版，第73—104页。另可参阅同作者《〈王梵志诗校辑〉匡补》，《中华文史论丛》1985年1辑；《〈王梵志诗校辑〉匡补》，《敦煌研究》1985年第2期。

⑦ 蒋冀骋：《〈敦煌变文集〉校注拾零》，《江西师范大学学报》1988年第2期；同作者《〈敦煌歌辞总编〉校读记》，《湖南师范大学学报》1994年第1期。

⑧ 张涌泉：《〈敦煌歌辞总编〉误校二十例》，《古籍整理出版情况简报》1989年12月，第17—31页；同作者《〈敦煌歌辞总编〉校释补正》，《敦煌学》第18辑，台北："中国文化大学"中国文学研究所敦煌学会1992年版，第71—78页。

⑨ 郭在贻、张涌泉、黄征：《敦煌变文集校议》，岳麓书社1990年版。相关商补文章，另可参阅陈东辉《〈敦煌变文集校议〉述评》，《语言研究》1994年第2期；段观宋：《〈敦煌变文集校议〉议》，《文献》1992年第4期；张生汉：《〈敦煌变文集校议〉议》，《河南大学学报》1996年第6期。

即对《敦煌变文集》一书的全面核校。蒋冀骋《敦煌文书校读研究》①，除了校订以往释录的敦煌变文的错误，还对校勘理论和方法进行了总结和反思。②

敦煌俗字研究的开创者是潘重规。③ 其主编的《敦煌俗字谱》④，是第一部辑录敦煌俗字的著作。此书的重要贡献在于总结出了各单字俗字在魏晋六朝以至宋元以来的发展演变轨迹。但由于取材略窄，故收录的敦煌俗字不全，难以反映敦煌文献俗字的全貌。⑤ 其后，潘重规相继发表《敦煌卷子俗写文字与俗文学之研究》⑥《敦煌卷子俗写文字之整理与发展》⑦ 等多篇文章，在敦煌俗字的含义、特点、规范等方面做了深入浅出的剖析。新时期在敦煌俗字研究方面成就最大的是张涌泉。他先后完成和发表多篇有关敦煌俗字研究的系列论文，讨论了敦煌俗字的界定、范围、研究意义及考释方法等，对敦煌俗字研究理论有诸多精湛的归纳和总结。⑧ 其《汉

---

① 蒋冀骋：《敦煌文书校读研究》，台北：文津出版社1993年版。
② 褚良才：《郭煌学的又一硕果——读蒋冀骋〈敦煌文书校读研究〉》，《古汉语研究》1995年第3期。对蒋书的相关评介，另可参阅寄明《评〈敦煌文书校读研究〉》，《湖南师范大学社会科学学报》1995年第6期。
③ 蔡忠霖：《论潘重规先生对敦煌俗字研究之贡献》，《敦煌学》第25辑，敦煌学会编印2004年，第529—542页。
④ 潘重规主编：《敦煌俗字谱》，台北：石门图书公司1978年版。金荣华根据《敦煌俗字谱》编有《敦煌俗字索引》（台北：石门图书公司1980年版），更便于该书的查核和利用。
⑤ 周绍良、张锡厚：《解放以来全国敦煌语言文学研究述评》，中国敦煌吐鲁番学会语言文学分会编纂《敦煌语言文学研究》，北京大学出版社1988年版，第1—22页。
⑥ 潘重规：《敦煌卷子俗写文字与俗文学之研究》，《孔孟学刊》1980年第215期。
⑦ 潘重规：《敦煌卷子俗写文字之整理与发展》，《敦煌学》第17辑，台北：新文丰出版公司1991年版，第1—10页。
⑧ 张涌泉：《敦煌写卷俗字的类型及其考辨方法》，《九州学刊》（香港）第4卷第4期，1992年；《试论审辨敦煌写本俗字的方法》，《敦煌研究》1994年第2期；《研究敦煌俗字应注意的几个问题》，《杭州师范学院学报》1995年第4期；《俗字探源录》，《古文献研究》第2辑，浙江古籍出版社1995年；《敦煌文书类化字研究》，《敦煌研究》1995年第4期；《敦煌写卷俗字类释》，《敦煌吐鲁番研究论集》，书目文献出版社1996年版，第476—490页；《俗字研究与敦煌文献的整理》，《敦煌文数》，台北：新文丰出版公司1999年版；《俗字研究在考辨古籍异文中的作用》，《钱江学术》第1辑，百花洲文艺出版社2003年版；《汉语俗字续考》（二），《中国文字研究》第6辑，2005年，第73—82页；《敦煌俗字研究的意义》，《中国人文社会科学博士硕士文库》（续编），浙江教育出版社2005年版；《汉语俗字新考》，《浙江大学学报》2005年第1期。

语俗字研究》①，在考证了许多疑难俗字的同时，并从构建俗字学的理论框架出发，对俗字的性质、俗字学的对象和任务、俗字学在汉字学中的地位等诸多重要问题都有独到的界定和阐释，努力尝试建立比较完整的俗字理论体系。只是作者对俗字类型的归类存在重复现象，需要臻于严密。② 其《敦煌俗字研究》③，上篇"敦煌俗字研究导论"对敦煌俗字的概况、敦煌俗字成因及各种类型、敦煌俗字的研究方法，以及敦煌俗字研究的重要意义，作了系统阐述；下篇"敦煌俗字汇考"将见于敦煌辞书中的俗字和敦煌写本中可以用作偏旁的俗体汇为一编，对每个俗字酌加考证，其中包括书证、例证、按语等项。按语中既有字形的辨析，又有其他传世古籍的旁证，上串下联，力图勾勒出每个俗字的来龙去脉。同作者之《汉语俗字丛考》④，将俗字的考察范围扩大到中古时代，充分搜集了古代典籍和敦煌文献中的俗字，对历史上的疑难俗字进行了系统清理；纠正了数百条字形字义方面的错误，诠释了数百个有音无义或音义全无的疑难字，对一千多个俗字的演变历史进行了探索。该书收罗宏富，立论审慎，创获颇多，使读者能够对汉语俗字有更为全面、系统和深入的认识，具有重要的学术价值和实用价值。⑤

---

① 张涌泉：《汉语俗字研究》，岳麓书社1995年版；增订本，商务印书馆2010年版。相关述评参见：裘锡圭：《〈汉语俗字研究〉序》，《古汉语研究》1994年第2期。梅季：《一部填补近代汉字研究空白的力作——读〈汉语俗字研究〉》，《中国图书评论》1995年第12期。文禾：《汉语俗字学的奠基之作——张涌泉博士〈汉语俗字研究〉读后》，《浙江社会科学》1995年第4期。蒋冀骋：《评〈汉语俗字研究〉》，《古汉语研究》1996年第4期。蒋绍愚《近十年间近代汉语研究的回顾与前瞻》，《古汉语研究》1998年第4期。此外，台湾地区和国外对此书的评论文章尚有：《汉学研究》1996年第14卷第2期；《大公报》1997年6月24日；《芝加哥日报》1996年10月25日4版。

② 刘利：《〈汉语俗字研究〉读后》，《中国语文》1997年第6期。

③ 张涌泉：《敦煌俗字研究》，上海教育出版社1996年版；2016年出版第二版。相关述评参见：蒋宪平：《评〈敦煌俗字研究〉》，《中国社会科学》1998年第2期。

④ 张涌泉：《汉语俗字丛考》，中华书局2000年版。另可参阅同作者《俗字里的学问》，语文出版社2000年版。

⑤ 参阅《对历代俗字研究成果的最为全面、系统和深入的清理——评张涌泉〈汉语俗字丛考〉》，《书品》2001年第5期。但有些学者指出其中的不尽完善之处，如缺乏语音发展的观念、偶有以今音读古音、考定正字时没有充分注意到正字与俗字之间语音的密合无间、对古书音注中存在的问题缺乏必要的辨正、误解注音、对《汉语大字典》和《中华字海》的注音讹误未予彻底纠正。参阅姚永铭《俗字考释中的音韵问题——〈汉语俗字丛考〉读后》，《语言研究》2000年第4期。

黄征著《敦煌语文丛说》①，收入作者有关敦煌学研究的文章51篇，分为13个专题，关涉敦煌俗字词研究的成果涵盖敦煌俗语词考证8篇，敦煌俗语法考证2篇，以及敦煌俗音义研究专文1篇。他还另外撰文阐述了俗语词研究与历代词汇研究之关系。②吴福祥《敦煌变文语法研究》③，全面考察敦煌变文的语法现象，在此基础上探讨了其共时差异和历时变化。

邓浩、杨富学《西域敦煌回鹘文献语言研究》④，从语言学角度研究了西域敦煌出土的回鹘文献。

第二节　敦煌文学

敦煌文学研究，在新时期开始关注理论探索。周绍良《敦煌文学刍议》，首次讨论了"敦煌文学"的定义与范畴，尝试建构理论与分类体系。⑤周绍良、张涌泉、黄征《敦煌变文讲经文因缘辑校》⑥，则是这种理论在文本整理方面的实践成果。此后颜廷亮主编的《敦煌文学》⑦和《敦煌文学概论》⑧则是对周绍良观点的进一步阐释与细化。然而面对敦煌文学的内涵与外延仍有不同认识，学界在这一方面的讨论一直没有中断。⑨张锡厚《敦煌文学源流》⑩，以纵向与横向相交错，宏观与微观相结合的研

---

① 黄征：《敦煌语文丛说》，台北：新文丰出版公司1997年版。
② 黄征：《俗语词研究与历代词汇研究的关系》，《语文建设通讯》1994年第4期。
③ 吴福祥：《敦煌变文语法研究》，岳麓书社1996年版。
④ 邓浩、杨富学：《西域敦煌回鹘文献语言研究》，甘肃文化出版社1999年版；2002年再版。
⑤ 周绍良：《敦煌文学刍议》，《甘肃社会科学》1988年第1期；后收入氏著《敦煌文学刍议及其它》，台北：新文丰出版公司1992年版，第1—64页。
⑥ 周绍良、张涌泉、黄征：《敦煌变文讲经文因缘辑校》，江苏古籍出版社1998年版。
⑦ 颜廷亮主编：《敦煌文学》，甘肃人民出版社1989年版。该书根据周绍良的意见，对敦煌文学及其范畴作出新的界定，并对各类文学作品作了全面介绍。
⑧ 颜廷亮主编：《敦煌文学概论》，甘肃人民出版社1993年版。在前书的基础上，分请专家进行敦煌文学的分析与评述。
⑨ 柴剑虹：《"模糊"的"敦煌文学"》，项楚主编：《敦煌文学论集》，四川人民出版社1997年版，第1—8页。颜廷亮：《敦煌文学概说》，台北：新文丰出版公司1995年版。
⑩ 张锡厚：《敦煌文学源流》，作家出版社2000年版。

究方法，探讨了敦煌诗赋、敦煌歌辞、敦煌讲经文与变文、敦煌话本及其他敦煌文学的源流及基本艺术面貌。

除了整体性的理论思考，"孝道文学""说唱文学""儿童文学"等分类资料整理和研究也受到了学者的重视。[1]

对各类敦煌文学作品的分类整理和个案研究，在新时期仍然是中国学者的工作重点[2]，出现了带总结性和开创性的著作。

一 敦煌变文

上一阶段出版的《敦煌变文集》，成为学界对变文进行研究、校勘的基础，尤其是改革开放之后，这一领域也取得巨大成就。除了若干单篇论文[3]，最重要的成果当属几部敦煌变文整理的专著。1983年出版的潘重规

---

[1] 郑阿财：《敦煌孝道文学研究》，台北："中国文化大学"中文研究所，博士学位论文，1982年；台北：石门图书公司1982年版。张鸿勋：《敦煌说唱文学概论》，台北：新文丰出版公司1993年版。雷侨云：《敦煌儿童文学》，台北：学生书局1985年版。

[2] 此章的名词介绍主要参考了：郝春文主编：《敦煌学概论》，高等教育出版社2010年版，第259—267页；荣新江：《敦煌学十八讲》，北京大学出版社2001年版，第251—260页。

[3] 以下仅选择有代表性的文章，以发表时间先后为序，罗列如下：张金泉：《重版〈敦煌变文集〉试议》，《杭州大学学报》1981年第4期。袁宾：《敦煌变文校勘零札》，《甘肃社会科学》1983年第6期。江蓝生：《〈敦煌变文集〉校记补议》，《敦煌学辑刊》1984年第1期。刘凯鸣：《〈敦煌变文集〉变文阙文试补》，《西北师大学报》（增刊），《敦煌学研究》1984年，第45—49页。袁宾：《〈敦煌变文集〉词语拾零》，《语文研究》1985年第3期。袁宾：《〈敦煌变文集〉校补》，《敦煌学研究》1984年，第38—45页；《华东师范大学学报》1985年第2期；《兰州大学学报》1986年第2期。周绍良：《〈敦煌变文集〉中几个卷子定名之商补》，《敦煌吐鲁番文献研究论集》第3辑，北京大学出版社1986年版，第20—27页。白化文：《对可补入〈敦煌变文集〉中的几则录文的讨论》，《敦煌学辑刊》1986年第1期。周一良：《"赐无畏"及其他（增订稿）——读〈敦煌变文集〉札记》，香港中文大学主办"国际敦煌吐鲁番学术会议"论文，1987年。蒋绍愚：《〈敦煌变文集〉（上册）校补》，《敦煌语言文学论文集》，浙江古籍出版社1988年版，第105—133页。项楚：《〈敦煌变文集〉校记散录》，《敦煌语言文学论文集》，浙江古籍出版社1988年版，第73—104页。蒋冀骋：《〈敦煌变文集〉校注拾零》，《江西师范大学学报》1988年第2期。蒋冀骋：《〈敦煌变文集〉校注拾遗——〈韩擒虎话本〉至〈燕子赋〉》，《浙江师范大学学报》1989年第3期。杨雄：《〈敦煌变文集〉校勘拾遗》，《敦煌研究》1990年第4期。胥洪泉：《〈敦煌变文集〉校记四十五则》，《敦煌学辑刊》1991年第2期。赵奎夫：《〈敦煌变文集〉第一卷六篇补校》，《兰州大学学报》1992年第2期。蒋冀骋：《〈敦煌变文集〉校记笺识》，《湖南师范大学学报》1992年第1期。汪维辉：《〈敦煌变文集〉校读散记》，《俗语言研究》1995年第2期。

《敦煌变文集新书》[1]，可谓《敦煌变文集》的修订版，作者针对《敦煌变文集》所收七十八种作品，一一核查原卷，在保存原校记的基础上，写出新的校记来订正错误和补充缺漏，同时又增补了俄藏、台北"中央图书馆"和日本龙谷大学等机构收藏的变文作品共八种，并按照自己对变文发展过程和形式内容的认识，对所有作品进行了重新编排。直至今日，潘氏一书仍代表着台湾学者在这一领域的最高成就。其后，周绍良、白化文、李鼎霞合编的《敦煌变文集补编》[2]于1989年出版，收录了新发表和补校的作品共十五篇，书末附所录各篇的全部照片。由于该书晚出，相较《敦煌变文集新书》所补资料更为完备。同年出版的还有项楚《敦煌变文选注》[3]，乃按《敦煌变文集》原编者关于"选注本"的设想编成，选编《敦煌变文集》辑录的敦煌变文二十七篇，除校订文本之外，本书最大的贡献在于疏解文义。郭在贻、张涌泉、黄征《敦煌变文集校议》，根据敦煌变文原卷缩微胶卷，对《敦煌变文集》以及此后一百余篇补校性论文进行了全面的订补和商榷，这一做法在其后黄征、张涌泉《敦煌变文校注》中得到了进一步的贯彻。《敦煌变文校注》在文字释录、字词释义和校勘等方面都比以前成果有不少进步，成为代表新时期中国学者在敦煌变文整

---

[1] 潘重规：《敦煌变文集新书》，台北："中国文化大学"中文研究所，1983年；台北：文津出版社1994年版。另需参阅同作者《〈敦煌变文集新书〉引言》，《敦煌学》第5辑，敦煌学会编印1981年，第63—69页；《〈敦煌变文集新书〉订补》，《敦煌学》第20辑，敦煌学会编印1995年，第1—22页。相关校议文章，可参阅郭在贻、张涌泉、黄征：《〈敦煌变文集新书〉校议》（上），《文献》1989年第2期；《〈敦煌变文集新书〉校议》（下），《文献》1989年第3期；《〈敦煌变文集新书〉读后》，《杭州师范学院学报》1989年第5期。

[2] 周绍良、白化文、李鼎霞：《敦煌变文集补编》，北京大学出版社1989年版，第二版北京大学出版社2016年版。另可参阅：迟闻、陈东：《〈敦煌变文集补编〉读后》，《中国敦煌吐鲁番学会研究通讯》1990年第1期；蒋礼鸿：《〈敦煌变文集补编〉校补》，《汉字文化》1991年第1期。

[3] 项楚：《敦煌变文选注》，巴蜀书社1989年版；《敦煌变文选注》（增订本），中华书局2006年版。另可参阅：吕叔湘、江蓝生：《评〈敦煌变文选注〉》，《中国语文》1990年第4期。潘重规：《读项注〈敦煌变文选注〉》，《敦煌学》第16辑，1990年，第1—8页。董希谦、马国强：《〈敦煌变文选注〉人地名指误》，《古汉语研究》1993年第2期。黄灵庚：《〈敦煌变文选注〉校释商兑》，《浙江师大学报》1993年第3期。刘瑞明：《项楚〈敦煌变文选注〉商补》，《社科纵横》1993年第5期。韩梅：《〈敦煌变文选注〉校勘拾零》，《文教资料》1999年第3期。

理领域的重要代表作。① 此书虽然在文字释录和校勘方面仍存在一些问题，但已逐渐代替了《敦煌变文集》而成为学界继续对变文进行研究、校勘的工作底本。

上述成果既对《敦煌变文集》释录和校勘之疏漏有所补正，又推进了敦煌变文研究的深入发展，尤其是大大减少了文字上的障碍，为进一步研究创造了良好条件。

文本整理之外，这一时期学者也注重变文的个案研究，逐步理清了诸种变文大致的内容结构、文学特色和历史背景。这类研究涉及《大目乾连冥间救母变文》（S.2614等）②、《王昭君变文》（P.2553）③、《张淮深变文》（P.3451）等④。相较佛经类变文，《李陵变文》《伍子胥变文》《张议潮变文》等有关民间故事和英雄人物的变文更受学界之瞩目，尤其是朱雷《敦煌两种写本〈燕子赋〉中所见唐代浮逃户处置的变化及其他——读〈敦煌变文集〉札记（一）》⑤《〈伍子胥变文〉〈汉将王陵变〉辨疑——读敦煌变文札记（二）》⑥《〈捉季布传文〉〈庐山远公话〉〈董永变文〉诸篇辨疑——读〈敦煌变文集〉札记（三）》⑦《〈舜子变〉〈前汉刘家太子传〉

---

① 黄征、张涌泉：《敦煌变文校注》，中华书局1997年版。程惠新：《〈敦煌变文校注〉评介》，《中国语文》1999年第6期。吴蕴慧：《〈敦煌变文校注〉校释札记》，《古汉语研究》2004年第3期。龚泽军：《〈敦煌变文校注〉读札》，《敦煌研究》2005年第2期。刘传鸿：《读〈敦煌变文校注〉札记三则》，《中国语文》2006年第2期。张秀清：《〈敦煌变文校注〉补注》（一）（二），《陕西师范大学学报》2006年第4期。赵家栋、付义琴：《〈敦煌变文校注〉识读语词散记》，《中国语文》2008年第3期。

② 可参阅童广侠《〈佛说盂兰盆经〉与〈目连救母变文〉》，《敦煌学辑刊》1990年第1期。

③ 郑文：《〈王昭君变文〉创作时间臆测》，《西北师大学报》1983年第4期。

④ 郑炳林认为该文写成于乾符元年（874），参见郑炳林《敦煌本〈张淮深变文〉研究》，《西北民族研究》1994年第1期。而伏俊琏根据P.3451号所记朝廷使者第一次到沙州的情景叙述及尚书攻打回鹘的时间，认为其中的"尚书"应为张议潮，而非张淮深，因此该号变文应题为"张议潮变文"。参见伏俊琏、王伟琴《敦煌本〈张淮深变文〉当为〈张议潮变文〉考》，《新疆师范大学学报》2010年第4期。

⑤ 朱雷：《敦煌两种写本〈燕子赋〉中所见唐代浮逃户处置的变化及其他——读〈敦煌变文集〉札记（一）》，《敦煌吐鲁番文书初探二编》，武汉大学出版社1990年版，第503—532页。

⑥ 朱雷：《〈伍子胥变文〉〈汉将王陵变〉辨疑——读〈敦煌变文集〉札记（二）》，《魏晋南北朝隋唐史资料》1985年第7期。

⑦ 朱雷：《〈捉季布传文〉〈庐山远公话〉〈董永变文〉诸篇辨疑——读〈敦煌变文集〉札记（三）》，《魏晋南北朝隋唐史资料》1986年第8期。

〈唐太宗人冥记〉诸篇辨疑——读〈敦煌变文集〉札记（四）》①《〈李陵变文〉〈张义潮变文〉〈破魔变〉诸篇辨疑——读〈敦煌变文集〉札记（五）》②等系列论文，从文史结合的角度，对敦煌变文进行历史学的考察，是这一时期变文研究领域别开生面的研究成果。

二 敦煌诗歌

这一时期敦煌诗歌领域的成果亦较丰富，除了项楚《敦煌诗歌导论》③一书对敦煌诗歌的价值作了分类介绍之外，学者关注的焦点主要集中在王梵志诗、《秦妇吟》、陷蕃诗、僧诗和边塞诗等方面，其中中国学者在王梵志诗和《秦妇吟》研究领域贡献比较显著。

1. 王梵志诗

20世纪80年代以后，进入了王梵志诗研究的繁盛期。④ 1983年，张锡厚《王梵志诗校辑》⑤出版，全书汇集28种不同的王梵志诗写卷，结合

---

① 朱雷：《〈舜子变〉〈前汉刘家太子传〉〈唐太宗人冥记〉诸篇辨疑——读〈敦煌变文集〉札记（四）》，《魏晋南北朝隋唐史资料》1988年第9、10期。

② 朱雷：《〈李陵变文〉〈张义潮变文〉〈破魔变〉诸篇辨疑——读〈敦煌变文集〉札记（五）》，《魏晋南北朝隋唐史资料》1994年第13期。

③ 项楚：《敦煌诗歌导论》，台北：新文丰出版公司1993年版，第2页。

④ 代表性的文章有：赵和平、邓文宽：《敦煌写本王梵志诗校注》，《北京大学学报》1980年第5期；赵和平、邓文宽：《敦煌写本王梵志诗校注（续）》，《北京大学学报》1980年第6期。项楚：《〈敦煌写本王梵志诗校注〉补正》，《中华文史论丛》1981年第4辑，第89—113页。何文广：《王梵志诗拾遗》，《文献》1982年第12辑，第254—256页。周一良：《王梵志诗的几条补注》，《北京大学学报》1984年第4期。唐长孺：《读王梵志诗偶见》，《中国文化与中国哲学》，东方出版社1986年版；后收入《唐长孺社会文化史论丛》，武汉大学出版社2001年版。都兴宙：《王梵志诗用韵考》，《兰州大学学报》1986年第1期。郭在贻：《王梵志诗校释拾补》，《中国语文》1987年第1期。郭在贻：《敦煌变文王梵志诗汇校》，杭州大学古籍研究所主编：《敦煌语言文学论文集》，浙江古籍出版社1988年版，第312—410页。

⑤ 张锡厚：《王梵志诗校辑》，中华书局1983年版。张锡厚于20世纪80年代对"王梵志诗"关注密切，成果斐然。期间，他发表十数篇相关文章，择要介绍如下：《敦煌写本王梵志诗浅论》，《文学评论》1980年第5期；《苏藏敦煌写本王梵志诗补正》，《甘肃社会科学》1982年第2期；《关于敦煌写本〈王梵志诗〉整理的若干问题》，《文史》第15辑，中华书局1982年版，第185—202页；《关于王梵志思想评价的几个问题》，《关陇文学论丛·敦煌学专集》，甘肃人民出版社1983年版，第31—57页；《唐初通俗诗人王梵志》，《光明日报》1984年1月31日；《整理〈王梵志诗集〉的新收获——L.1456与S.4227的重新缀合》，《敦煌学辑刊》1987年第2期（此文另载于《文学遗产》1988年第6期）；《王梵志和他的五言通俗诗》，《文史知识》1988年第8期。另可参阅张锡厚辑《王梵志诗研究汇录》，上海古籍出版社1990年版。该书共收1927—1984年在国内发表的有关王梵志诗的整理、校勘和研究论文18篇。

散见于唐宋诗话、笔记小说中的王梵志佚诗，进而整编出王梵志诗的全集。尽管学术界对《王梵志诗校辑》所收336首诗的作者归属和校释问题提出了一些质疑[①]，但该书毕竟是国内外对王梵志诗第一次全面的整理辑校，首创之功仍不可没。其后，朱凤玉《王梵志诗研究》[②]，增录了新见王梵志诗的内容，将王梵志其人及其诗作的研究进一步向前推进。新时期最重要成果当推项楚《王梵志诗校注》[③]。该书根据散藏于中、英、法、俄、日等国的30余件敦煌写本《王梵志诗》，以及唐宋诗话、笔记、禅宗语录中引用的王梵志诗，整理出王梵志诗达390首之多，剔除他人辑本中误收的17首，成为目前最完备可靠的王梵志诗"全辑本"。[④] 该书最大的特点是释文准确，解决了很多以往误读误释的文字，获得国内外学界的高度评价，并陆续出现了多篇题为读后、匡补、商榷的文章。[⑤]

[①] 潘重规：《简论〈王梵志诗校辑〉》，《明报》1984年第8期；项楚：《〈王梵志诗校辑〉匡补》，《中华文史论丛》1985年第1辑，上海古籍出版社1985年版；项楚：《〈王梵志诗校辑〉匡补》，《敦煌研究》1985年第2期；蒋绍愚：《〈王梵志诗校辑〉商榷》，《北京大学学报》1985年第5期；袁宾：《〈王梵志诗校辑〉校释补正》，《甘肃社会科学》1985年第5期；黄征：《〈王梵志诗校辑〉商补》，《敦煌研究》1988年第4期；蒋冀骋：《〈王梵志诗校辑〉校读记》，氏著《敦煌文书校读研究》，台北：文津出版社1993年版。

[②] 朱凤玉：《王梵志诗研究》（上、下），台北：学生书局1986—1987年版。朱氏发表的相关文章还有：《敦煌写本王梵志诗叙录》，《木铎——林景伊先生逝世周年纪念论文集》，1984年，第281—316页；《王梵志研究的两本专著评介——（一）戴密微〈王梵志诗附太公家〉（二）张锡厚著〈王梵志诗校辑〉》，《敦煌学》第11辑，敦煌学会编印1986年，第85—95页；《敦煌写卷S.4277号残卷校释》，《敦煌学》第12辑，敦煌学会编印1987年，第127—139页。

[③] 项楚：《王梵志诗校注》，上海古籍出版社1991年版。早于1987年6月，《敦煌吐鲁番文献研究论集》第4辑曾全文刊载该书初稿（北京大学出版社1987年版，第128—602页）。项楚自1981—1995年间发表的相关文章多达十数篇，现择要介绍如下：《王梵志诗释词》，《中国语文》1986年第4期；《王梵志诗十一首辨伪》，《中华文史论丛》1986年第2辑，199—204页；《王梵志诗论》，《文史》第31辑，中华书局1989年版，第209—233页；《敦煌写本斯4277王梵志诗校注》，《纪念陈寅恪先生百年诞辰学术论文集》，江西教育出版社1994年版，第250—275页；《王梵志诗中的他人作品》，《敦煌吐鲁番研究》第1卷，北京大学出版社1995年版，第91—100页。

[④] 平新谊：《读项楚〈王梵志诗校注〉》，《杭州大学学报》1992年第4期。作者评价《王梵志诗校注》的成就和特色主要有：以俗治俗，注重俗字、俗语词的考辨；以佛治佛，注重佛教典实、义理的诠解；广引博考，注重文献真貌、真意的探求。

[⑤] 有关此书的商榷文章有：张涌泉：《〈王梵志诗校注〉献疑》，《敦煌研究》1990年第2期。刘瑞明：《项楚〈王梵志诗校注〉商兑和补疑》，《敦煌学辑刊》1991年第1期；《项楚〈王梵志诗校注〉商兑和补遗（续）》，《敦煌学辑刊》1992年第1、2期；《项楚〈王梵志诗校注〉商兑及补遗（续）》，《敦煌学辑刊》1993年第2期；朱炯远：《〈王梵志诗校注〉商补》，《华东师大学报》1997年第3期；《〈王梵志诗校注〉商补（续）》，《上海大学学报》1999年第5期。张生汉：《〈王梵志诗校注〉拾遗》，《河南大学学报》1998年第5期。

除王梵志诗集整理之外，学界对王梵志的生平也有不少讨论，对于历史上王梵志的真实面目，学界未有统一的认识。具有代表性的是潘重规推定王梵志是隋代人，其诗是人世间真人真事真诗①，而项楚则认为王梵志的出生神话本是古老传说模式的变种，且考证出王梵志诗中夹杂了其他文人作品②。陈允吉《关于王梵志传说的探源与分析》③，认为王梵志传说系附会佛经"奈女降生"的故事而成，"梵志"其名也渊源于佛经原型中的人物④。此外，王梵志诗的内容特点、思想性和艺术性也受到了不少学者的关注。⑤

2. 《秦妇吟》

《秦妇吟》在新时期继续得到关注。文本整理方面，刘修业《〈秦妇吟〉校勘续记》⑥，梳理了《秦妇吟》写本的存世写本情况，并对各校本做了新的对勘。柴剑虹《〈秦妇吟〉敦煌写卷的新发现》⑦，将新发现的写本与已知写本做了成功缀合。潘重规增录了俄藏敦煌文献中所存的《秦妇吟》残片⑧。张涌泉《敦煌写本〈秦妇吟〉汇校》⑨在搜集当时所见绝大部分《秦妇吟》写本基础上全面汇校，对全诗重新做了细致的释录。黄永年《韦庄在广明元年至中和三年的行迹》⑩，从史学的角度探讨了黄巢占领

---

① 潘重规：《王梵志出生时代的新观察——解答〈全唐诗〉不收王梵志诗之谜》，《（台湾）中央日报》1985年4月11日。潘重规：《敦煌王梵志诗新探》，《汉学研究（敦煌学国际研讨会论文专号）》，1986年，第115—128页。
② 项楚：《王梵志诗校注》，上海古籍出版社1991年版，"前言"。
③ 陈允吉：《关于王梵志传说的探源与分析》，《复旦学报》1995年第6期。
④ 此外，顾浙秦提出更为综合性的看法，认为王梵志出生传奇是在中华传统感生神话的大背景下，根源于原始的巫术信仰，并深受中华传统医学和佛教文化影响形成。参阅《王梵志出生传奇探源》，《西藏民族学院学报》2003年第2期。
⑤ 任半塘：《〈王梵志诗校辑〉序》，《扬州学院学报》1982年第3期。张锡厚：《论王梵志诗的口语化倾向》，《文艺研究》1983年第1期。匡扶：《王梵志诗社会内容浅析》，《西北师院学报》1983年第4期。高国藩：《论王梵志诗的艺术性》，《江苏社会科学》1995年第5期。
⑥ 刘修业：《〈秦妇吟〉校勘续记》，载王重民《敦煌遗书论文集》，中华书局1984年版，第139—155页。
⑦ 柴剑虹：《〈秦妇吟〉敦煌写卷的新发现》，《光明日报》1983年6月7日。
⑧ 潘重规：《敦煌写本〈秦妇吟〉新书》，《敦煌学》第8辑，敦煌学会1984年，第1—73页。
⑨ 张涌泉：《敦煌写本〈秦妇吟〉汇校》，《中国典籍与文化论丛》第4辑，中华书局1997年版。
⑩ 黄永年：《韦庄在广明元年至中和三年的行迹》，《文史探微》，中华书局2000年版，第501—507页。

长安后的三年间韦庄的实际行踪。张锡厚①、秦方瑜②都对《秦妇吟》的文学价值进行了高度评价。高国藩《敦煌本〈秦妇吟〉新论》对该诗的思想进行了分析③。高平《〈秦妇吟〉的现实主义成就》④，将《秦妇吟》喻为"第一流的现实主义作品"。韦庄撰《家戒》自禁《秦妇吟》的原因何在，前此王国维、陈寅恪、冯友兰、徐嘉瑞等各有见解，这一阶段又重新引起了讨论。黄广生《韦庄自禁〈秦妇吟〉原因再析》⑤、俞平伯《读陈寅恪〈秦妇吟〉校笺》⑥，对于陈氏论说提出不同的看法，认为韦庄讳隐《秦妇吟》的缘由是韦庄写官军残暴胜过黄巢，指斥杨复光军极为严切，无奈后与杨复光官军同朝共事，只好选择自禁《秦妇吟》。马茂元等《韦庄讳言〈秦妇吟〉之由及其他》⑦，亦持类似看法。颜廷亮、赵以武《秦妇吟研究汇录》⑧，其内容包括《秦妇吟》原件的黑白图版和自1909年至1985年间所有关于《秦妇吟》研究的重要论文，并附有清吴任臣所作之《韦庄传》和《秦妇吟》研究论著选目。该书汇集了有关《秦妇吟》的研究资料和信息，为以后的研究提供了便利。

3. 其他唐诗

利用敦煌遗书中保存的唐诗以补《全唐诗》之缺，在沉寂十年以后，在新时期又活跃起来。王重民、刘修业《〈补全唐诗〉拾遗》⑨，补充了一些早年王重民《补全唐诗》未收的唐人诗歌。潘重规《〈补全唐

---

① 张锡厚：《浅谈敦煌写本〈秦妇吟〉》，《唐代文学》1982年第1期。
② 秦方瑜：《堪与〈长恨歌〉媲美的史诗——〈秦妇吟〉》，《西南民族学院学报》1985年第3期。
③ 高国藩：《敦煌本〈秦妇吟〉新论》，《许昌师专学报》1987年第3期。详细论述参见高国藩《敦煌俗文化学》，生活·读书·新知三联书店1999年版，第512—522页。
④ 高平：《〈秦妇吟〉的现实主义成就》，《阳关》1981年第4期。
⑤ 黄广生：《韦庄自禁〈秦妇吟〉原因再析》，《吉林大学学报》1979年第4期。
⑥ 俞平伯：《读陈寅恪〈秦妇吟〉校笺》，《文史》第13辑，中华书局1982年版，第233—238页。
⑦ 马茂元、刘初棠：《韦庄讳言〈秦妇吟〉之由及其他》，《文史》第22辑，中华书局1986年版，第225—232页。
⑧ 颜廷亮、赵以武：《秦妇吟研究汇录》，上海古籍出版社1990年版。
⑨ 王重民：《补全唐诗》，《中华文史论丛》第3辑，上海古籍出版社1963年版，第301—346页（另有王重民《补全唐诗》，台北：文史哲出版社1979年版）。王重民、刘修业：《〈补全唐诗〉拾遗》，《中华文史论丛》1981年第4辑，第159—182页。

诗〉新校》①，对《补全唐诗》中误认和难辨的字体一一详加校订，使其释文更加完善。王重民、孙望、童养年辑录的《全唐诗外编》②，前两编收录了王重民所辑之《补全唐诗》和《敦煌唐人诗集残卷》。黄永武《敦煌的唐诗》③及与施淑婷合著的《敦煌的唐诗续编》④，对敦煌唐诗做了全面搜集和释录。汪泛舟《敦煌僧诗校辑》⑤及相关论文，对敦煌僧诗做了全面的整理、校录和研究。胡大浚、王志鹏《敦煌边塞诗歌综论》，对描写边地社会生活和自然环境的边塞诗进行了整理和研究。⑥

至于唐诗写本的个案研究，最受关注的是P.2555《敦煌唐人诗集残卷》（或称"落蕃人诗"）。此件最早刊布于1977年。⑦其后，《全唐诗外编》也收录了此件。高嵩《敦煌唐人诗集残卷考释》⑧，分为释文、注释、作品系年表、字句补正、作者生平管窥、文学价值、作者押解路线图说、地名考略、史实考略八个部分，可说是对这份资料进行全面的综合性研究的最初成果。此后，又有多位学者从史学和文学两个角度对此件进行研究。关于此件的时代，潘重规⑨、柴剑虹⑩、阎文儒⑪和洪

---

① 潘重规：《〈补全唐诗〉新校》，《华冈文科学报》1986年第13期。
② 王重民、孙望、童养年：《全唐诗外编》，中华书局1982年版（另见王重民等《全唐诗外编》，台北：木铎出版社1983年版）。
③ 黄永武：《敦煌的唐诗》，台北：洪范书店1987年版。另可参阅王继如《〈敦煌的唐诗〉读后札存》，《中国典籍与文化》1999年第1期。
④ 黄永武、施淑婷：《敦煌的唐诗新编》，台北：文史哲出版社1989年版。
⑤ 汪泛舟：《敦煌僧诗校辑》，甘肃人民出版社1994年版（该书修订版《敦煌石窟僧诗校释》，香港和平图书有限公司2002年出版）。另可参阅同作者《敦煌僧诗补论》，《敦煌研究》1994年第3期；《论敦煌僧诗的功利性》，《敦煌研究》2000年第4期。
⑥ 胡大浚、王志鹏：《敦煌边塞诗歌综论》，《敦煌研究》1998年第1期。
⑦ 刊于《文物资料丛刊》第一辑（1977年12月），释文为王重民在中华人民共和国前抄录，后经舒学整理后发表。
⑧ 高嵩：《敦煌唐人诗集残卷考释》，宁夏人民出版社1982年版。
⑨ 潘重规：《敦煌唐人陷蕃诗集残卷作者的新探测》，《汉学研究》第3卷第1期，1985年；《续论敦煌唐人陷蕃诗集残卷作者的新探测》，香港中文大学主办《国际敦煌吐鲁番学术会议》，1987年，第25—27页。另可参阅潘重规《敦煌唐人陷蕃诗集残卷研究》，《敦煌学》第13辑，第79—111页。
⑩ 柴剑虹：《研究唐代文学的珍贵资料——敦煌P.2555号唐人写卷分析》，《1983年全国敦煌学术讨论会文集（文史·遗书编）》，甘肃人民出版社1987年版，第30—49页。
⑪ 阎文儒：《敦煌两个陷蕃诗人残诗集校释》，《向达先生纪念论文集》，新疆人民出版社1986年版，第174—219页。

艺芳①等都将陷蕃诗的创作年代推定在中唐时期，而作者身份应属落蕃的汉族人士。陈国灿则提出新说，认为《落蕃诗》59 首之作者为奉命出使吐蕃请兵抵御回鹘的金山国人。②

三 敦煌赋

与前一阶段相比，新时期在敦煌赋的文本整理方面取得了较为瞩目的成绩。伏俊琏《敦煌赋校注》③，收录敦煌赋类作品 25 篇，不仅数量多于上一阶段潘重规的《敦煌赋校录》，最重要的是对释文做了详细的校注，具有集校集注性质。张锡厚《敦煌赋汇》④，将英、法、俄所藏及散见于各地的敦煌赋类作品 46 个卷号，去同存异，共得 27 篇，其中有 20 篇为唐人作品，另 7 篇为唐以前或作者失考之作，是"迄今为止收录齐全、校勘精审、论述也颇具创见的一部敦煌赋集"⑤。

对敦煌赋的研究涉及文本的校勘、创作和流行时代探讨、审美价值和历史价值的阐发以及其与变文的关系等。校勘方面主要有江蓝生⑥、

---

① 洪艺芳：《敦煌陷蕃诗内容析论》，项楚主编：《敦煌文学论集》，四川人民出版社 1997 年版，第 177—219 页。

② 陈国灿：《敦煌五十九首佚名氏诗历史背景新探》，《敦煌吐鲁番研究》第 2 卷，北京大学出版社 1997 年版，第 87—100 页。

③ 伏俊琏：《敦煌赋校注》，甘肃人民出版社 1994 年版。相关述评参见张锡厚《探幽发微、佚篇荟萃——读〈敦煌赋校注〉》，《西北师大学报》1996 年第 1 期；另可参阅刘瑞明《〈敦煌赋校注〉评介》，《敦煌研究》1995 年第 4 期。此后，伏氏又不断完善了自己的研究，参见《〈敦煌赋校注〉补正》，《敦煌学》第 22 辑，敦煌学会编印 1999 年，第 35—40 页。另可参阅同作者《敦煌赋校补》（一），《社科纵横》1993 年第 3 期；《敦煌赋校补》（二），《江西师大大学学报》1993 年第 4 期；《敦煌赋校补》（三），《文教资料》1994 年第 1 期；《敦煌赋校补》（四），《西北民族学院学报》1994 年第 2 期；《敦煌赋校札》，《1994 年敦煌学国际研讨会论文集（宗教文史卷）》，甘肃民族出版社 2000 年版，第 120—123 页。《敦煌赋校注》后，伏氏又出版了《俗情雅韵——敦煌赋选析》（甘肃人民出版社 2000 年版），将不见于唐人诗文集而独存于敦煌写卷的 18 篇赋作，分别注释和评析，极便阅读。

④ 张锡厚：《敦煌赋汇》，江苏古籍出版社 1996 年版。

⑤ 颜廷亮：《张锡厚〈敦煌赋汇〉（书评）》，《敦煌吐鲁番研究》第 3 卷，北京大学出版社 1998 年版，第 419—425 页。另可参阅邵文实《佚篇总汇，博采众长——评〈敦煌赋汇〉》，《敦煌学辑刊》1998 年第 2 期。

⑥ 江蓝生：《敦煌写本〈燕子赋〉二种校注》（一），《关陇文学论集》，甘肃人民出版社 1982 年版，第 80—126 页。江蓝生：《燕子赋（乙）校释拾零》，《敦煌吐鲁番研究》第 1 卷，北京大学出版社 1996 年版，第 47—53 页。

张鸿勋[1]和项楚[2]等对《燕子赋》的文本整理。文本创作和流行时代的探讨有伏俊琏对《秦将赋》[3]产生和流传原因的分析。简涛则考证了两种版本《燕子赋》的创作者和创作时代,认为甲本的作者应是很有修养的文士,乙本则与讲唱伎艺密切相关;从创作年代看,甲本产生于唐开元时期,乙本产生于归义军时期,系对甲本的改编。[4] 这一说法得到学界的认同。李纯良从《韩朋赋》所述官阶、特殊用语、遣词用字等多个方面,推测《韩朋赋》的产生年代大致在北魏太和改制后至初唐中宗莅政之间,创作者乃末流文士或无名之辈。[5] 审美价值和历史价值的阐发则有伏俊琏对《丑女赋》之审美价值和文化意蕴的探索。[6] 而朱雷由《燕子赋》的故事情节入手,讨论了唐代不同时期对浮逃户处置方式变化的历史过程[7],堪称利用敦煌文学作品研究历史问题的佳作。关于敦煌赋与变文的关系,上一阶段程毅中就曾提出"变文"可能也存在中国传统源头,尤其可能受到杂赋的影响[8],而这种观点在其《敦煌俗赋的渊源及其与变文的关系》[9]一文中又有新发展。此外,还有江晓原对《天地阴阳交欢大乐赋》[10]的考察,认为该赋是古代色情文学史的重要资料。

---

[1] 张鸿勋:《敦煌〈燕子赋〉(甲本)研究》,《敦煌语言文学研究》,第177—198页。

[2] 项楚:《敦煌本〈燕子赋〉札记》,《敦煌吐鲁番文献研究论集》第5辑,北京大学出版社1990年版,第109—122页。

[3] 伏俊琏:《敦煌遗文〈秦将赋〉及其产生流传的原因》,《社科纵横》1994年第4期。

[4] 简涛:《敦煌本〈燕子赋〉考论》,《敦煌研究》1986年第3期。此外,简涛对《燕子赋》的体制作出系统考辩,参阅《敦煌本〈燕子赋〉体制考辩》,《敦煌学辑刊》1986年第2期。

[5] 李纯良:《敦煌〈韩朋赋〉创作时代考》,《敦煌研究》1989年第1期;《略谈〈乌鹊歌〉、〈紫玉歌〉及〈韩朋赋〉之关系》,《敦煌研究》1990年第1期。

[6] 伏俊琏:《敦煌本〈丑妇赋〉的审美价值和文化意蕴》,《社科纵横》1994年第1期;《敦煌本〈丑妇赋〉与丑妇文学》,《敦煌研究》2001年第2期。

[7] 朱雷:《敦煌两种写本〈燕子赋〉中所见唐代浮逃户处置的变化及其它——读〈敦煌变文集〉札记(六)》,《敦煌吐鲁番文书初探二编》,武汉大学出版社1990年版,第503—532页。

[8] 程毅中:《关于变文的几点探索》,《文学遗产增刊》第10辑,中华书局1962年版,第80—101页。

[9] 程毅中:《敦煌俗赋的渊源及其与变文的关系》,《文学遗产》1989年第1期。另可参阅同作者《再论敦煌俗赋的渊源》,《敦煌文献论集》,辽宁人民出版社2001年版,第248—255页。

[10] 可参阅江晓原《〈天地阴阳交欢大乐赋〉发微》,《汉学研究》第9卷第1期,1991年。另可参阅伏俊琏《〈天地阴阳交欢大乐赋〉校补》,《古汉语研究》1994年第4期;《〈天地阴阳交欢大乐赋〉初探》,《贵州大学学报》2003年第4期。

四　敦煌曲子词

曲子词的文本整理。新时期最重要的成果当推任半塘《敦煌歌辞总编》[1]，该书是作者积数十年之力，在其1955年出版的《敦煌曲校录》基础上扩编而成。全书分七卷，收录作品1221首，堪称敦煌歌辞的最丰富结集，为研究者提供了宝贵的资料。但该书对"曲子词"的界定范围很宽，很多作品是否"曲子词"存在不同认识。由于作者主要依据早年制作的缩微胶卷和文书的黑白图版释录文字，未能查阅原卷，往往将原卷并不存在，而是将自己主观的猜想强加给原文，未及使用20世纪90年代新印的比较清晰的黑白图版，所以其释文错误较多。因此，学界针对《敦煌歌辞总编》进行商榷校补的成果不断出现[2]，其中项楚《敦煌歌辞总编匡补》[3]系列成果贡献较大。任书之后，台湾学者林玫仪《敦煌曲子词斠证初编》[4]，是作者多年研究敦煌曲子词的又一力作。全书依据狭义"曲子词"定义，即合乎传统所谓"词"的性质者，总计收录的敦煌曲子词凡

---

[1]　任半塘：《敦煌歌辞总编》（上、中、下），上海古籍出版社1987年版；增订本，江苏凤凰出版社2014年版。

[2]　张涌泉：《敦煌歌辞总编误校二十例》，《古籍整理出版情况简报》1989年12月，第17—31页；《〈敦煌歌辞总编〉校议》，《语言研究》1992年第1期；《〈敦煌歌辞总编〉校释补正》，《敦煌学》18辑，1992年，第71—78页。黄征：《〈敦煌歌辞总编〉校释商榷》，《敦煌研究》1990年第2期。段观宋：《〈敦煌歌辞总编〉校订补正》，《俗语言研究》第2辑，1995年，第44—46页；《〈敦煌歌辞总编〉校议》，《湘潭大学学报》1994年第3期。蒋冀骋：《〈敦煌歌辞总编〉校读记》，《湖南师范大学学报》1994年第1期。曾良：《〈敦煌歌辞总编〉商补》，《敦煌吐鲁番研究》第2卷，第341—348页；同作者《〈敦煌歌辞总编〉校读札记》，《文献》1998年第3期。

[3]　项楚：《敦煌歌辞总编匡补》，《文史》第35辑，1992年，第187—200页；《文史》第36辑，中华书局1992年版，第171—184页；《文史》第37辑，1993年，第175—186页；《文史》第38辑，中华书局1994年版，第155—169页；《文史》第39辑，1994年，第231—246页；《文史》第40辑，中华书局1994年版，第185—193页。另可参阅同作者《S. 5588号写本之探索——〈敦煌歌辞总编〉"求因果"匡补》，《九州学刊》1992年第4卷第4期；《〈敦煌歌辞总编〉佛教歌辞匡补举例》，《敦煌学国际研讨会文集（石窟史地・语文编）》，辽宁美术出版社1995年版，第371—385页；同名文章后刊于《敦煌文薮（下）——第34届亚洲与北非研究国际学术会议敦煌组论文专集》，台北：新文丰出版公司1999年版，第49—68页。同作者《敦煌歌辞总编匡补》（敦煌丛刊二集），台北：新文丰出版公司1995年版；巴蜀书社2000年版。

[4]　林玫仪：《敦煌曲子词斠证初编》，台北：东大图书公司1987年版。

176首。

饶宗颐《敦煌曲续论》[①]，虽系论文集，但其中关于"曲子"与"词"之含义、性质之异同，词体发生、演进之历程，乐章之形成及整理之经过论述，都对进一步整理、研究敦煌曲子词具有重要理论价值。

吴肃森从艺术鉴赏与内容分析角度对敦煌歌辞的整理研究进行了新的探讨。[②] 王忠林《敦煌歌辞对妇女主题写作之分析》[③]《敦煌歌辞对孝道的歌颂与宣扬》[④]《敦煌歌辞中所表现的忠的思想》[⑤]《敦煌歌词与民俗活动》[⑥] 等则是从各个方面探讨敦煌曲的思想和文化内涵。

《云谣集》在新时期也仍然受到学界关注。孙其芳《〈云谣集〉概说》[⑦]《〈云谣集杂曲子〉校注》[⑧]，在前人整理的基础上，对该集每首词的调名进行溯源，并对唐人口语俚词、难懂字句，尽可能做出通俗浅显的注释。张锡厚《敦煌本〈云谣集〉的文学价值》，指出《云谣集》是现知最早的歌辞选集，其重新问世为研究歌辞的起源、内容和形式提供了珍贵资料。[⑨] 同作者《敦煌本〈云谣集〉的整理和时代考》[⑩]，对《云谣集》的整理和刊布过程及其时代做了探索。陈人之、颜廷亮主编的《云谣集研究汇录》[⑪]，以发表或出版时间先后为序，收录了国内学界关于《云谣集》的中文研究论著，为后学了解和研究该集提供了便利。

---

① 饶宗颐：《敦煌曲续论》（《敦煌丛刊二集》8），台北：新文丰出版公司1996年版。
② 吴肃森：《敦煌歌辞论略》，《甘肃社会科学》1982年第2期。同作者《敦煌歌辞探胜》，《敦煌研究》1986年第2期；《敦煌歌辞探胜（续篇）》，《敦煌研究》1987年第1期。
③ 王忠林：《敦煌歌辞对妇女主题写作之分析》，《高雄师大学报》1992年第3期。
④ 王忠林：《敦煌歌辞对孝道的歌颂与宣扬》，《高雄师大学报》1993年第4期。
⑤ 王忠林：《敦煌歌辞中所表现的忠的思想》，《高雄师大学报》1994年第5期。
⑥ 王忠林：《敦煌歌词与民俗活动》，嘉义中正大学中国文学系编：《全国敦煌学研讨会论文集》，1995年，第165—180页。
⑦ 孙其芳：《〈云谣集〉概说》，《敦煌学辑刊》1988年第1、2期。
⑧ 孙其芳：《〈云谣集杂曲子〉校注》，《甘肃社会科学》1981年第1期；《柳青娘〈云谣集杂曲子〉校注（续）》，《甘肃社会科学》1981年第3期。
⑨ 张锡厚：《敦煌本〈云谣集〉的文学价值》，《周一良先生八十生日纪念论文集》，中国社会科学出版社1993年版，第166—177页。
⑩ 张锡厚：《敦煌本〈云谣集〉的整理和时代考》，《九州学刊》第5卷第4期，1993年。
⑪ 陈人之、颜廷亮主编：《云谣集研究汇录》，上海古籍出版社1998年版。

五　讲经文、因缘、话本和词文

1. 讲经文

对讲经文的研究以个案研究为主，涉及文字校勘、时代、作者、文学性及史料价值等。文字校勘有杨雄、武晓玲对《维摩诘经讲经文》（S.4571、Φ101、S.3872等）①、王文才对《大方广佛报恩经讲经文》（又称作《双恩记》，Φ96）②，以及周绍良等对《长兴四年中兴殿应圣节讲经文》等文本文字释录的商榷。③ 探索讲经文时代和作者的论文有方南生《〈双恩记〉创作年代初探》④、张广达、荣新江《有关西州回鹘的一篇敦煌汉文文献——S.6551讲经文的历史学研究》⑤和杨雄《〈长兴四年中兴殿应圣节讲经文〉研究》⑥等。文学方面的探索有朱凤玉《羽153V〈妙法莲华经讲经文〉残卷考论——兼论讲经文中因缘譬喻之运用》⑦和张涌泉《以父母十恩德为主题的佛教文学艺术作品探源——介绍一部珍贵的〈父母恩重经〉写本》等。⑧ 史学价值的阐发方面。杨雄认为《长兴四年中兴殿应圣节讲经文》的主题在于为明宗祝寿颂德，其中所涉史事，大多可以在新旧《五代史》等史籍中找到记载。⑨ 张广达和荣新江则论证S.6551《佛说阿弥陀经讲经文》相

---

① 杨雄：《〈维摩诘经讲经文〉（S.4571）补校》，《敦煌研究》1987年第2期；《〈维摩诘经讲经文〉补校》，《敦煌研究》1989年第4期；武晓玲：《〈敦煌变文校注·维摩诘经讲经文〉商补》，《敦煌研究》2003年第3期。

② 王文才：《〈双恩记〉校记》，《扬州师院学报》1980年第3期。

③ 周绍良：《〈长兴四年中兴殿应圣节讲经文〉校证》，《绍良丛稿》，齐鲁书社1984年版；李明伟：《〈长兴四年中兴殿应圣节讲经文〉研究》，《甘肃社会科学》1988年第3期；杨雄：《〈长兴四年中兴殿应圣节讲经文〉补校》，《社科纵横》1989年第1期；郭在贻、张涌泉、黄征：《〈长兴四年中兴殿应圣节讲经文〉校议》，《敦煌学辑刊》1990年第1期。

④ 方南生：《〈双恩记〉创作年代初探》，《甘肃社会科学》1983年第5期。

⑤ 张广达、荣新江：《有关西州回鹘的一篇敦煌汉文文献——S.6551讲经文的历史学研究》，《北京大学学报》1989年第2期。

⑥ 杨雄：《〈长兴四年中兴殿应圣节讲经文〉研究》，《敦煌研究》1990年第1期。

⑦ 朱凤玉：《羽153V〈妙法莲华经讲经文〉残卷考论——兼论讲经文中因缘譬喻之运用》，《敦煌吐鲁番研究》第13卷，上海古籍出版社2013年版，第47—61页。

⑧ 张涌泉：《以父母十恩德为主题的佛教文学艺术作品探源——介绍一部珍贵的〈父母恩重经〉写本》，《原学》第2辑，中国广播电视出版社1995年版，第125—141页。

⑨ 杨雄：《〈长兴四年中兴殿应圣节讲经文〉研究》，《敦煌研究》1990年第1期。

当于一篇五代西州回鹘的传记，据此所载的官名和当地情况，可了解西州回鹘的官职、僧官制度、宗教信仰、统治民族等方面的历史。①

此外，杨雄对《金刚经》、"金刚经变"和"金刚经变文"做了比较研究。②

2. 因缘

杨青考证《丑女缘起》的故事内容取材于佛经《贤愚经》，其中的《波斯匿王女金刚品》就是它的佛经原型；《丑女缘起》对佛经原型从内容到形式都进行了改造，在追求世俗化、本土化、通俗化方面取得很大成功。③ 马世长通过敦煌文献与石窟壁画、唐卡等图像相互印证，认为《四兽因缘》可能是从藏文佛典中演化而来。④ 此说尚待藏文资料证实。

3. 话本

萧登福⑤、卞孝萱⑥都将《唐太宗入冥记》产生的时代推定在武则天时期，与武则天易唐为周的夺权活动有关。韩建瓴《敦煌写本〈韩擒虎话本〉初探（一）——"话本""足本"、创作与抄卷时代考辨》⑦，认为《韩擒虎话本》是据史传为线索，经过极大的想象虚构，再度创作而成。项楚则进一步考证出其中与使者赌射，本是贺若弼事（见于《隋书·贺若弼传》）；一射双雕则是长孙晟事（见于《隋书·长孙晟传》），由作者移花接木，移植于韩擒虎名下。⑧ 韩建瓴《敦煌写本〈庐山远公话〉初探》⑨，认为话本主人公与南朝时期的远公故事有密切关系，并据文本内容

---

① 可参阅张广达、荣新江《有关西州回鹘的一篇敦煌汉文文献——S.6551讲经文的历史学研究》，《北京大学学报》1989年第2期。另可参阅李正宇《S.6551讲经文作于西州回鹘国辨正》，《新疆社会科学》1989年第4期。

② 杨雄：《金刚经、金刚经变及金刚经变文的比较》，《敦煌研究》1986年第4期。

③ 杨青：《〈丑女缘起〉变文及其佛经原型》，《西北师大学报》1996年第6期。另可参阅史苇湘《关于〈丑女缘起〉故事（附波斯匿王丑女缘品）》，《阳关》1981年第2期。

④ 马世长：《〈四兽因缘〉考》，《敦煌研究》1989年第2期。

⑤ 萧登福：《敦煌写卷〈唐太宗入冥记〉之撰写年代及其影响》（上、下），原载《中华文化复兴月刊》1985年第18卷第5期至第6期；后载于《中国敦煌学百年文库文学卷》（五），甘肃文化出版社2000年版，第273—301页。

⑥ 卞孝萱：《〈唐太宗入冥记〉与"玄武门之变"》，《敦煌学辑刊》2000年第2期。

⑦ 韩建瓴：《敦煌写本〈韩擒虎话本〉初探（一）——"话本""足本"、创作与抄卷时代考辨》，《敦煌学辑刊》1986年第1期。

⑧ 项楚：《敦煌变文选注》，巴蜀书社1989年版，第297页。

⑨ 韩建瓴：《敦煌写本〈庐山远公话〉初探》，《敦煌学辑刊》1983年创刊号。

推测该话本最晚产生于晚唐时期，唐代净土信仰的广泛传播是唐代远公故事兴盛的重要原因。周维平《英藏2073号卷子敦煌话本故事探源》①，认为敦煌本《庐山远公话》是唐代民间艺人出于宣传佛教的需要，以东晋庐山东林寺慧远的生平事迹和上生兜率传说为基础，合并了隋代京师净影寺慧远撰写《涅槃疏》一事而创作出来的庐山远公故事。张鸿勋考出《叶净能诗》（S.6836）所述各节在唐人《集异记》《仙传拾遗》《河东记》《开天传信记》《广异记》等亦有记载，然非一人一时之事，而话本尽附会为叶净能所为，以炫耀道教之神力法术。② 郭在贻、黄征、张涌泉③、项楚④和刘瑞明⑤对上述多件话本做过精细的文字校勘。

4. 词文

李骞《谈谈敦煌本〈季布骂阵词文〉》⑥，比较了史传记载与词文内容的差异，将《季布骂阵词文》与《孔雀东南飞》《木兰辞》等同视为长篇叙事诗，但在艺术水平上相较后两种又有很大进步。张鸿勋《敦煌唱本〈百鸟名〉的文化意蕴及其流变影响》⑦，通过考察其深层的意蕴及流变，发现《百鸟名》渊源古老，蕴含着中华民族某些原始文化精神与深厚的历史文化积淀，而且其影响极为深远。

第三节　敦煌艺术

敦煌艺术研究以敦煌石窟艺术研究为主，也包括敦煌遗书中的书法资

---

① 周维平：《英藏2073号卷子敦煌话本故事探源》，《敦煌学辑刊》1996年第2期。
② 参阅张鸿勋《敦煌话本〈叶净能诗〉考辨》，《敦煌学论集》，甘肃人民出版社1985年版，第130—144页；《敦煌话本〈叶净能诗〉再探》，《1994年敦煌学国际研讨会文集——纪念敦煌研究院成立50周年（宗教文史卷）》，甘肃民族出版社2000年版，第270—290页。
③ 郭在贻、黄征、张涌泉：《〈庐山远公话〉校补》，《新疆文物》1988年第4期；《〈唐太宗入冥记〉补校》，《文献》1990年第4期；《〈韩擒虎话本〉补校》，《古典文献研究》，南京大学出版社1992年版，第470—482页。
④ 项楚：《〈庐山远公话〉补校》，《敦煌学论集》，甘肃人民出版社1985年版，第81—99页。
⑤ 刘瑞明：《〈唐太宗入冥记〉缺文补意与校释》，《文献》1987年第4期。
⑥ 李骞：《谈谈敦煌本〈季布骂阵词文〉》，《辽宁大学学报》1986年第3期。
⑦ 张鸿勋：《敦煌唱本〈百鸟名〉的文化意蕴及其流变影响》，《敦煌研究》1992年第1期。

料和乐舞资料的整理和研究。

敦煌石窟包括敦煌莫高窟、敦煌西千佛洞、瓜州榆林窟、东千佛洞、肃北五个庙石窟、肃北一个庙石窟、水峡口下洞子石窟和玉门昌马石窟。新时期的敦煌石窟艺术研究包括对以上石窟群的考古发掘、记录、保护及其历史背景、题材内容、艺术特征等方面的全面研究。

一 石窟考古

1. 石窟内容的调查与著录

新时期是敦煌石窟内容调查和著录相关成果的收获时期。首先是《敦煌莫高窟内容总录》[①]于1982年正式出版。该书著录了莫高窟全部492个洞窟的窟形、塑像、壁画、供养人题记等内容。所收洞窟齐全，内容完整，体例统一，定名和断代较为合理，并编制了索引以供检索，使用方便。对于某些尚无定论的内容，则尽量并列不同看法。十年以后，王惠民在吸收新的研究成果的基础上，对《敦煌莫高窟内容总录》做了全面校对和修订，并新增了敦煌西千佛洞、安西榆林窟、安西东千佛洞、肃北五个庙等处的内容总录，完成了《敦煌石窟内容总录》。[②]在此期间，经历多人长时间持续辑录修订的《敦煌莫高窟供养人题记》[③]一书，也由贺世哲整理成书稿，于1986年出版。该书辑录了莫高窟的全部汉文供养人题记，包括供养人画像题名、事佛发愿文、造窟功德记、窟檐题梁等，以及画工随笔和历代游人漫题。以上两种成果都是经过敦煌研究院几代学人多次调查，反复考证、复查、校勘和增补，是凝结几代人心血的重要成果。它"使敦煌石窟变得条理清楚，脉络分明，每个石窟的内容和布局，详细具体，一目了然"[④]，至今仍是了解和研究敦煌石窟无可替代的基本档案资料。

[①] 敦煌文物研究所编：《敦煌莫高窟内容总录》，文物出版社1982年版。

[②] 敦煌研究院编：《敦煌石窟内容总录》，文物出版社1996年版。其间的学术成果和修订体会，可参阅王惠民《十年来敦煌石窟内容的考证与研究》，敦煌研究院编：《敦煌石窟内容总录》，文物出版社1996年版，第259—274页。

[③] 敦煌研究院主编：《敦煌莫高窟供养人题记》，文物出版社1986年版。另可参阅王惠民《读莫高窟供养人题记札记》，《文献》1994年第3期。

[④] 樊锦诗：《敦煌石窟研究百年回顾与瞻望》，《敦煌研究》2000年第2期。

霍熙亮《榆林窟、西千佛洞内容总录》①、张伯元《安西榆林窟》②，均对榆林窟的洞窟数量、性质、年代、壁画内容作了介绍。张伯元《东千佛洞调查简记》③ 介绍了东千佛洞的位置与地理环境、洞窟分布等，著录了保存壁画和彩塑的八个洞窟的具体内容，并推断了开凿年代。该文附有石窟内外景照片和洞窟的平剖面示意图，但未记录相关内容的测量数据。后经王惠民进一步考证，第三窟当为清代窟，第七窟属于西夏窟，但在清代重修。④ 周维平《东千佛洞石窟述论》⑤ 将有壁画和彩塑的洞窟编为十个，与张文在石窟年代的判定上存在不同认识。《中国石窟·安西榆林窟》刊载了霍熙亮整理的"榆林窟、西千佛洞内容总录"⑥，文中洞窟编号乃霍氏自编窟号。霍氏编号，亦自西向东编次，共编为22窟。上述各家编号，在不同时期对于西千佛洞石窟调查、记录与研究中都发挥了一定的作用。但由于各家编号不统一，所以不可避免地出现编号使用混乱的现象。关于五个庙石窟的考察成果，主要有张宝玺《五个庙石窟壁画内容》⑦ 和王惠民《肃北五个庙石窟内容总录》⑧。因后者晚出，故在内容记录和时代判定上更为详细和准确。孙修身《肃北县一个庙石窟考察简记》⑨ 即该窟详细的勘查报告，包括对洞窟形制、壁画内容、始凿年代等的分析。

2. 石窟遗址和洞窟的清理发掘

新时期的莫高窟考古工作主要包括莫高窟南区洞窟窟前遗址的发掘，南区洞窟、崖面建筑遗迹的测绘和记录，莫高窟北区洞窟的清理和发

---

① 霍熙亮：《榆林窟、西千佛洞内容总录》，敦煌研究院编：《中国石窟·安西榆林窟》，文物出版社1997年版，第254—263页。
② 张伯元：《安西榆林窟》，四川教育出版社1995年版。
③ 张伯元：《东千佛洞调查简记》，《敦煌研究》1983年创刊号。
④ 王惠民：《安西东千佛洞内容总录》，《敦煌研究》1994年第1期。
⑤ 周维平：《东千佛洞石窟述论》，《社科纵横》1996年第3期。
⑥ 霍熙亮：《榆林窟、西千佛洞内容总录》，敦煌研究院编：《中国石窟·安西榆林窟》，文物出版社1997年版，第264—268页。另可参阅同书所刊张学荣、何静珍《西千佛洞概说》，文物出版社1997年版，第177—187页。
⑦ 张宝玺：《五个庙石窟壁画内容》，《敦煌学辑刊》1986年第1期。
⑧ 王惠民：《肃北五个庙石窟内容总录》，《敦煌研究》1994年第1期。后收入敦煌研究院编《敦煌石窟内容总录》，文物出版社1996年版，第225—226页。
⑨ 孙修身：《肃北县一个庙石窟考察简记》，《敦煌研究》1986年第2期。

掘等。

莫高窟南区窟前殿堂遗址的考古发掘，间断性地进行过多次。1979—1980年恢复了60年代中断的莫高窟南区窟前殿堂遗址发掘。此次为给莫高窟南区南段洞窟维修加固工程做准备的考古发掘，清理出第130窟窟前殿堂遗址和第493窟（龛）。在第130窟窟前清出上、下两层建筑遗址及主室地面遗迹，是莫高窟窟前规模最大的铺砖殿堂建筑遗址。[1]潘玉闪、马世长《莫高窟窟前殿堂遗址》[2]于1985年出版，该书包括三个方面的内容：其一，介绍了第61、55、53、130窟前地层堆积；其二，介绍了由南而北第108、100、98、85、61、55、467、53、46、45、44、39、38、35、30—27、22、21等窟窟前殿堂或其他遗址的发掘情况，包括窟前台基、殿基、出土遗物，并对修建与废弃年代及其相关问题做了探讨；其三，介绍了新发现的窟龛，即第487—493窟的位置、结构、遗物、时代及相关问题。

从1988年开始，敦煌研究院组织以彭金章为首的考古专业人员，对莫高窟北区洞窟进行了科学清理发掘，对现存洞窟逐一进行了编号、照相、测量、绘图。经过了长达数年的科学发掘，在北区石窟发现了大量重要遗迹和大批珍贵遗物。1994年，彭金章首次较为客观和全面地介绍和公布了北区石窟的考古工作成果[3]，1998年发表的《敦煌莫高窟北区洞窟清理发掘简报》[4]，初步向学界公布了北区石窟的相关资料。后来又陆续公布了北区洞窟编号的有关问题。[5]

莫高窟南区遗址和北区洞窟的全面清理，既揭示出了莫高窟在漫长的营建过程中外貌景观的变化，也揭示了莫高窟4—14世纪不仅持续不断地

---

[1] 潘玉闪、蔡伟堂：《敦煌莫高窟第130窟窟前遗址发掘报告》，《敦煌研究》（试刊）1982年第1期。

[2] 潘玉闪、马世长：《莫高窟窟前殿堂遗址》，文物出版社1985年版。

[3] 彭金章：《莫高窟北区洞窟清理发掘的主要收获》，《1994年敦煌学国际研讨会文集——纪念敦煌研究院成立50周年》，甘肃民族出版社2000年版，第200—214页；敦煌研究院编：《敦煌研究文集·敦煌石窟考古篇》，甘肃民族出版社2000年版，第486—498页。另可参阅同作者《敦煌莫高窟考古新发现》，《丝绸之路》1996年第1期。

[4] 彭金章、沙武田：《敦煌莫高窟北区洞窟清理发掘简报》，《文物》1998年第10期。

[5] 王建军、胡祯：《敦煌莫高窟北区洞窟新编窟号说明——兼谈以往北区洞窟诸家编号》，《敦煌研究》1999年第2期。

修建了众多的礼佛窟，而且还修建了僧众从事修行和生活的石窟。两种不同性质、功能的洞窟既作了分区布局，又组成了统一、完整的石窟寺群。这些考古发现有助于进一步探明莫高窟的性质、功能和营建历史等问题。[①]

3. 石窟的断代与分期研究

用考古学的方法对洞窟做分期与排年，是石窟考古的一项基础性研究工作。[②] 宿白是中国石窟考古的开创者，他关于敦煌石窟分期的代表论文主要有《敦煌莫高窟早期洞窟杂考》[③]《莫高窟现存早期洞窟的年代问题》[④] 等。在宿白指导下，樊锦诗、马世长、关友惠等分工合作，运用考古类型学等方法对莫高窟进行分期排年的研究。通过长期的调查分析，采用考古类型学与风格分析相结合的方法，以部分有纪年的洞窟为标尺，通过对洞窟的形制、塑像的特征、壁画的主题和表现形式，包括装饰图案的流行特征等多项要素进行分类排比，对现存莫高窟早期洞窟的时代作了排年。《敦煌莫高窟北朝洞窟的分期》[⑤] 将早期36个洞窟分为四期，大体与北凉、北魏、西魏、北周四个朝代相对应。其中第一期3个洞窟（第268、272、275窟）的开凿年代存在北凉说[⑥]、北魏说[⑦]、西凉说三种观

[①] 樊锦诗：《敦煌石窟研究百年回顾与瞻望》，《敦煌研究》2000年第2期。

[②] 大量没有纪年的洞窟，采用考古类型学和层位学的方法，对洞窟形制结构、彩塑和壁画的题材布局、内容等区分为若干不同类别，分类进行型式排比，排出每个类型自身的发展系列；又作平行不同类型系列的相互比较，从差异变化中找出时间上的先后关系。将类型相同的洞窟进行组合，从雷同相似中找出时间上的相近关系，并以遗迹的叠压层次关系，判断洞窟及其彩塑、壁画的相对年代。参阅樊锦诗《敦煌石窟研究百年回顾与瞻望》，第45页。

[③] 宿白：《敦煌莫高窟早期洞窟杂考》，先载于《大公报在港复刊三十周年纪念文集》（上），1978年；后收入《中国石窟寺研究》，文物出版社1996年版，第214—225页。

[④] 宿白：《莫高窟现存早期洞窟的年代问题》，先载于香港中文大学《中国文化研究所学报》第20卷，1989年；后收入《中国石窟寺研究》，文物出版社1996年版，第270—278页。

[⑤] 樊锦诗、马世长、关友惠：《敦煌莫高窟北朝洞窟的分期》，敦煌文物研究所编：《敦煌研究文集》，甘肃人民出版社1982年版，第365—383页。

[⑥] 除《敦煌莫高窟北朝洞窟的分期》持此说外，另可参阅殷光明《从北凉石塔看莫高窟早期三窟的建造年代》，敦煌研究院编《2000年敦煌学国际学术讨论会文集——纪念藏经洞发现暨敦煌学百年（石窟考古卷）》，甘肃民族出版社2003年版，第250—278页。

[⑦] 宿白持"北魏说"，该说也得到一些学者的证实。赵秀荣认为275北壁本生故事画的排列次序与《贤愚经》颇为一致，而《贤愚经》译于445年，时值北魏，所以275窟可能是北魏窟。参阅《试论莫高窟275窟北壁故事画的佛经依据——附275窟等年代再探讨》，《敦煌研究》1991年第3期。

点。李崇峰《敦煌莫高窟北朝晚期洞窟的分期与研究》[①] 对早期第四期的15个洞窟作了更进一步的分期排年，找出了这个时期十余个洞窟年代上的先后关系：第432、461、438窟为第一期窟，时代上下限为546—560年；第439、440、441、428、430、290、442、294、296窟为第二期窟，560—574年；第299、297、301窟为第三期窟，578—584年。赵青兰则对莫高窟中心塔柱窟作了分期和年代考证，还通过纵向和横向比较，探讨此类洞窟的渊源和性质。[②]《莫高窟隋代石窟分期》[③]《敦煌莫高窟唐前期洞窟分期》[④]《吐蕃占领时期莫高窟洞窟的分期研究》[⑤] 以相同的方法，分别对莫高窟隋代洞窟、唐前期洞窟、吐蕃管辖时期的洞窟进行了全面系统的分期与年代研究。樊锦诗《莫高窟唐前期石窟的洞窟形制和题材布局——敦煌莫高窟唐代洞窟研究之一》（摘要）[⑥]，通过分析探讨唐前期洞窟的形制和题材布局的特点及其变化，以纪年洞窟为标尺，对唐前期洞窟的时代作了更加细致的排年。作者将唐前期134个石窟的洞窟形制分作六型十五式：一型，四壁一龛窟，95个，约占唐前期全部洞窟的五分之四，其下又分为"凸"字形双层龛、浅方龛、浅圆券形佛坛龛、敞口龛、盝顶帐形龛等六式；二型，佛坛窟，下分三式；三型，中心柱窟，下分四式；四型，大像窟，下分二式；五型，四壁三龛窟；六型，佛坛双龛窟。刘玉权将莫高窟和榆林窟等一批过去认为是宋代的洞窟，甄别区分为西夏洞窟，

[①] 李崇峰：《敦煌莫高窟北朝晚期洞窟的分期与研究》，敦煌研究院编：《敦煌研究文集·敦煌石窟考古篇》，甘肃民族出版社2000年版，第29—111页。另可参阅同作者《敦煌莫高窟北朝晚期洞窟的分期与研究（二稿）》，《法藏文库·中国佛教学术论典》（84），高雄：佛光山文教基金会2003年版，第152—266页；《有关莫高窟北周洞窟研究的两个问题》，段文杰主编：《敦煌学国际研讨会文集（石窟考古编）》，辽宁美术出版社1995年版，第76—88页。

[②] 赵青兰：《敦煌莫高窟中心塔柱窟的分期研究》，敦煌研究院编：《敦煌研究文集·敦煌石窟考古篇》，甘肃民族出版社2000年版。

[③] 樊锦诗、关友惠、刘玉权：《莫高窟隋代石窟分期》，《中国石窟·敦煌莫高窟》（2），文物出版社1984年版，第171—186页。

[④] 樊锦诗、刘玉权：《敦煌莫高窟唐前期洞窟分期》，敦煌研究院编：《敦煌研究文集·敦煌石窟考古篇》，甘肃人民出版社2000年版，第143—181页。

[⑤] 樊锦诗、赵青兰：《吐蕃占领时期莫高窟洞窟的分期研究》，《敦煌研究》1994年第4期。

[⑥] 樊锦诗：《莫高窟唐前期石窟的洞窟形制和题材布局——敦煌莫高窟唐代洞窟研究之一》（摘要），《敦煌研究》1988年第2期。

并进一步做了排年和分期,为西夏石窟的确定做出了开拓性贡献。① 关于莫高窟130窟窟前殿堂建筑遗址的修建年代,传统意见一般认为是西夏时期,沙武田认为该殿堂建筑遗址应为宋时所建;通过分析供养人题记、历代洞窟营建的个人心理因素及曹氏诸节度使大量创建功德窟的事实,推测其为曹氏归义军晚期由曹宗寿所主持兴建。②

杜斗城《关于河西早期石窟的年代问题》③、暨远志《酒泉地区早期石窟分期试论》④、李国《河西几处中小石窟述论》⑤ 均对昌马石窟的洞窟形制、造像和壁画内容等进行介绍,只是详略有所不同,杜、暨侧重考证石窟的创建年代,杜文坚持"北凉说",暨文判定为490—538年。李文则对大坝石窟的一处窟顶题记做了录文。

除了利用考古学的类型学方法,利用传世典籍、洞窟题记和文书探讨洞窟的年代和莫高窟营建史,也取得了重要成果。史苇湘《丝绸之路上的敦煌与莫高窟》《世族与石窟》,在概略论述莫高窟兴衰历程的同时,着重阐发了其兴衰演变的历史背景。⑥ 同作者之《关于敦煌莫高窟内容总录》⑦,将敦煌文书和石窟壁画资料相结合,主要从佛教艺术角度,对石窟进行了分期研究,与考古分期相比较,两者的分期结果基本上一致,如莫高窟北朝洞窟也是分为四期,各期包括的洞窟编号完全一致。贺世哲《从敦煌莫高窟供养人题记看部分洞窟的营建年代》⑧,依据洞窟的供养人题

---

① 刘玉权:《敦煌莫高窟、安西榆林窟西夏洞窟分期》,《敦煌研究文集》,甘肃人民出版社1982年版,第273—318页;《关于沙州回鹘洞窟的划分》,敦煌研究院编:《1987年敦煌石窟研究国际讨论会文集(石窟考古编)》,辽宁美术出版社1990年版;《敦煌西夏洞窟分期再议》,《敦煌研究》1998年第3期。

② 沙武田:《关于莫高窟第130窟窟前殿堂建筑遗址的时代问题——兼及"藏经洞"封闭的年代关系》,《敦煌学辑刊》2000年第1期。另可参阅同作者《关于莫高窟窟前殿堂与窟檐建筑的时代问题》,《考古与文物》2003年第1期。

③ 杜斗城:《关于河西早期石窟的年代问题》,《敦煌学辑刊》1994年第2期。

④ 暨远志:《酒泉地区早期石窟分期试论》,《敦煌研究》1996年第1期。

⑤ 李国:《河西几处中小石窟述论》,《敦煌研究》1998年第3期。

⑥ 均见《敦煌研究文集》,甘肃人民出版社1982年版,第43—121、151—164页。

⑦ 史苇湘:《关于敦煌莫高窟内容总录》,敦煌研究院编:《敦煌莫高窟内容总录》,文物出版社1982年版,第227—258页。

⑧ 贺世哲:《从敦煌莫高窟供养人题记看部分洞窟的营建年代》,敦煌研究院编:《敦煌莫高窟供养人题记》,文物出版社1986年版,第194—236页。

记、敦煌文书、碑铭，并结合历史文献，考订出一批唐五代宋以及西夏时期洞窟的具体修建年代及其窟主。① 施萍亭《建平公与莫高窟》②，以文书题记和石窟题名相结合确定了第428窟为建平公窟。贺世哲、孙修身《瓜沙曹氏与莫高窟》③，考出了一批曹氏时期洞窟的窟主和修建年代。王惠民《独煞神与独煞神堂考》④ 考出了文书中记载的独煞神与独煞神堂。

马德根据莫高窟崖面的使用情况，将洞窟崖面排列顺序与窟内供养人题记、敦煌文书相结合，进行综合研究和断代排年，结论可与其他成果相互印证。⑤ 其论著《敦煌莫高窟史研究》⑥，在深入研究敦煌文献中的造像功德记及其他有关文书的基础上，运用石窟考古学上的崖面使用理论，结合供养人题记及史籍等多方面的相关资料，考出了一批洞窟的年代和施主；并对佛教石窟建筑的起源、莫高窟佛教活动的社会性等问题提出了自己的见解。同作者之《敦煌莫高窟"报恩吉祥窟"考》⑦，认为《报恩吉祥之窟记》创作时间在吐蕃统治敦煌晚期的840年左右，推测僧镇国所造窟可能是莫高窟第361窟。

敦煌研究院藏敦煌写本《腊八燃灯分配窟龛名数》（现编号为敦研三二二）⑧ 是考证莫高窟洞窟营建、洞窟称谓名号、洞窟崖面布局关系等相关历史的重要资料。该卷记述了当时莫高窟崖面上三十多个大中型窟龛名号及燃

---

① 另可参看贺世哲《敦煌莫高窟供养人题记校勘》，《中国史研究》1980年第3期。
② 施萍亭：《建平公与莫高窟》，《敦煌研究文集》，甘肃人民出版社1982年版，第144—150页。
③ 贺世哲、孙修身：《瓜沙曹氏与敦煌莫高窟》，《敦煌研究文集》，甘肃人民出版社1982年版，第220—271页。
④ 王惠民：《独煞神与独煞神堂考》，《敦煌研究》1995年第1期。
⑤ 可参阅马德《莫高窟崖面使用刍议》，《敦煌学辑刊》1990年第1期；《敦煌遗书莫高窟营建史料浅论》，《敦煌学国际研讨会文集（石窟考古编）》，辽宁美术出版社1995年版，第136—152页；《敦煌莫高窟吐蕃、归义军时代营建概况》，《九州学刊》第6期第4号，1995年；《敦煌写本〈营窟稿文范〉笺证》，《1994年敦煌学国际研讨会文集：纪念敦煌研究院成立50周年（石窟考古卷）》，甘肃民族出版社2000年版，第215—226页；《以史论窟 以窟证史——谈敦煌石窟与敦煌文献的结合研究》，《2000年敦煌学国际学术讨论会文集·历史文化卷》（下），甘肃民族出版社2003年版，第492—513页。
⑥ 马德：《敦煌莫高窟史研究》，甘肃教育出版社1996年版。
⑦ 马德：《敦煌莫高窟"报恩吉祥窟"考》，《敦煌研究》1999年第4期。
⑧ 此件系原收藏者吴曼公所捐，可参阅吴曼公《敦煌石窟腊八燃灯分配窟龛名数》，《文物》1959年第5期。

灯数量，名号分别依窟主、内容、形制而成，目前已有二十多个名号的洞窟得以考证和确认[①]，如北大像（96窟）、南大像（130窟）、司徒窟（94窟）、张都衙窟（108窟）、翟家窟（85窟）、文殊堂（61窟）、第二层阴家窟（231窟）、令狐社众窟（263窟）、何法师窟（196窟）、刹心佛堂（205窟）、七佛堂（365窟）、阴家窟（138窟）、李家窟（148窟）、张淮深功德窟（94窟）、大王天公主窟（98窟和100窟）、曹元深功德窟（454窟）、三圣龛（282窟）、三圣小龛（244窟）、刹心内龛（332窟）、内龛刹心窟（258、261等窟）、三圣刹心窟（427窟）、灵图寺窟（44窟）、吴和尚窟（16窟）、吴家窟（152、153、154窟一组）等。另有据所记位置进行推测的太保窟（428窟）、杜家窟（76窟）、宋家窟（72窟）、普门窟（288窟）、陈家窟（320窟）、王家窟（143窟）等。

新时期我国学者对敦煌石窟的分期和年代的研究，不仅确定了洞窟本身的时代，为敦煌石窟各项研究提供了时代的确凿依据，还为敦煌石窟的深入研究奠定了坚实的基础。[②]

这一阶段的石窟考古在内容调查、登录，石窟遗址和洞窟清理发掘，石窟的断代与分期等方面均取得长足的进步，有些是对中华人民共和国成立后石窟考古工作的继续，如莫高窟南区石窟的清理发掘等；有些则是进入新时期后首次开展的考古工作，如莫高窟北区石窟的清理发掘，属于新的突破。莫高窟之外的其他敦煌石窟，以榆林窟最受关注，东千佛洞次之，其余石窟相对关注较少。

二 敦煌艺术

1. 图像资料的刊布

石窟图像资料的编纂出版在新时期也取得了巨大成就。最早出版的是

[①] 具体可参阅马德《十世纪中期的莫高窟崖面概观——关于〈腊八燃灯分配窟龛名数〉的几个问题》，《敦煌研究》1988年第2期；《吴和尚·吴和尚窟·吴家窟——〈腊八燃灯分配窟龛名数〉丛识之一》，《敦煌研究》1987年第3期；《灵图寺、灵图寺窟及其它——〈腊八燃灯分配窟龛名数〉丛识之二》，《敦煌研究》1989年第2期；《都僧统之"家窟"及其营建——〈腊八燃灯分配窟龛名数〉丛识之三》，《敦煌研究》1989年第4期；《曹氏三大窟营建的社会背景》，《敦煌研究》1991年第1期；《三件莫高窟洞窟营造文书述略》，《敦煌研究》1994年第4期；《莫高窟张都衙窟及有关问题》，《敦煌研究》1996年第2期；《敦煌文书〈某使君造龛设斋赞文〉的有关问题》，《敦煌研究》1997年第2期；《同光四年马圣者造窟考》，《敦煌研究》1998年第4期。

[②] 樊锦诗：《敦煌石窟研究百年回顾与瞻望》，《敦煌研究》2000年第2期。

由敦煌文物研究所编纂的《中国石窟·敦煌莫高窟》[①] 1—5 卷，按照年代顺序收入 152 个洞窟有代表性的彩塑和壁画，以及 200 幅窟龛照片，每卷发表图版 192—300 幅，论文 2—5 篇，并有图版说明、大事年表和实测图，还附有各石窟群的内容总录。这五巨册系列图书在当时可谓鸿篇巨制，相当系统全面地刊布了莫高窟艺术的重要作品和论文等研究参考资料，反映了当时最新的研究水平。该书采用全彩色印刷，A4 版精装。和此前的同类图书相比，图版的清晰度上了一个台阶，无论内容、质量还是形式，都提升到了一个新的水平，为中外学术界了解和研究敦煌莫高窟提供了重要的图像和研究资料，出版以来为世界各国学术界所瞩目。由于当时国内的印刷条件有限，该书初版是 1980 年由日本平凡出版社出版。其后是段文杰主编的《中国美术全集·29·敦煌彩塑》和《中国美术全集·14·敦煌壁画》上、《中国美术全集·15·敦煌壁画》下[②]，也是较早出版的大型敦煌石窟彩塑和壁画的图集，并附有图版说明和相关论文。限于当时国内的印刷条件，该书虽亦为全彩色印制，但图版不如《中国石窟·敦煌莫高窟》清晰。1989 年开始编辑出版的《中国敦煌壁画全集》[③] 为《中国美术分类全集》系列之一，分时段介绍了敦煌佛教壁画的基本题材、绘画风格、洞窟景观、佛像及其服饰造型等，勾勒出敦煌佛教壁画的脉络。每集都精心择选这一时期的壁画代表作，附有简明扼要的文字说明，并编入了全面系统的论述性文章。

20 世纪 80 年代出版的敦煌石窟画册虽然比以前有了很大的进步，但仍远远不能满足研究者的需要。所以，进入 20 世纪 90 年代，敦煌研究院与江苏美术出版社合编了《敦煌石窟艺术》[④]，这套八开本巨型画册是以洞窟为单元，全景式收录莫高窟和榆林窟代表性洞窟的形制、彩塑和壁画图版，并附有图版说明和相关研究论文。而由商务印书馆（香港）有限公司

[①] 敦煌文物研究所编：《中国石窟·敦煌莫高窟》（1—5），中国·文物出版社、日本·平凡社合作出版 1982—1987 年版；文物出版社 2011—2013 年版。

[②] 《中国美术全集·绘画编》（14—15）《敦煌壁画》（上、下），上海人民出版社 1985 年版；《中国美术全集·雕塑编》（29）《敦煌雕塑》，上海人民美术出版社 1988 年版。

[③] 段文杰、樊锦诗主编：《中国敦煌壁画全集》（共 11 册），辽宁美术出版社、天津人民美术出版社 1989—2006 年版。

[④] 敦煌研究院、江苏美术出版社合编：《敦煌石窟艺术》（1—21），江苏美术出版社 1993—1998 年版。

从1999年开始陆续推出的26卷《敦煌石窟全集》①，分别由敦煌研究院的专家主编，该书除第一卷为总论外，其他各卷则是敦煌石窟壁画的分类画册。包括尊像画、本生因缘故事画、佛传故事画、阿弥陀经画、弥勒经画、法华经画、塑像、报恩经画、密教画、楞迦经画、佛教东传故事画、图案、飞天画、音乐画、舞蹈画、山水画、动物画、建筑画、石窟建筑、科学技术画、服饰画和藏经洞珍品图版等。这些以洞窟为单元和分类的画册为国内外研究者提供了基本研究资料。

与此同时，我国学者在敦煌壁画、彩塑、乐舞、书法等研究领域也都取得了丰硕的研究成果。

2. 对敦煌石窟艺术的综合研究

段文杰数十年潜心研究敦煌石窟艺术，在新时期先后发表《敦煌石窟艺术的内容及其特点简述》②《早期的莫高窟艺术》《十六国北朝时期的莫高窟艺术》《唐代前期的莫高窟艺术》《莫高窟晚期的艺术》等一系列论文，探讨了敦煌艺术的源流，各时期的艺术成就、风格的演变和特点，以及雕塑、绘画技法，后结集为《敦煌石窟艺术论集》③，展示了作者对敦煌艺术的宏观整体认识。史苇湘《信仰与审美——石窟艺术研究随笔之一》④《形象思维与法性——石窟艺术研究随笔之二》⑤《再论产生敦煌佛教艺术审美的社会因素》⑥等系列论文，开创了从美学视角探索敦煌艺术的路径，对敦煌艺术的社会根源、美学特征和思想作了阐发。宁强《敦煌佛教艺术——美术史的分析》⑦，主要从风格特征的总体演变来界定和描述各个时期的敦煌艺术，是国内较早尝试从美术史的视角观察敦煌佛教艺术的专著。

---

① 《敦煌石窟全集》（1—26），商务印书馆（香港）有限公司1999—2005年版。上海人民出版社于2001年出版了同名著作的简体版，专题编次均无不同。

② 段文杰：《敦煌石窟艺术的内容及其特点简述》，《敦煌学辑刊》1981年第2期。另可参阅同作者《敦煌石窟艺术的特点》，《敦煌研究》1995年第2期。

③ 上述研究成果，可参阅段文杰《敦煌石窟艺术论集》，甘肃人民出版社1988年版。该书于1994年增补再版，更名为《段文杰敦煌艺术论文集》；2007年修订再版，更名为《敦煌石窟艺术研究》。

④ 史苇湘：《信仰与审美——石窟艺术研究随笔之一》，《敦煌研究》1987年第1期。

⑤ 史苇湘：《形象思维与法性——石窟艺术研究随笔之二》，《敦煌研究》1987年第4期。

⑥ 史苇湘：《再论产生敦煌佛教艺术审美的社会因素》，《敦煌研究》1989年第1期。

⑦ 宁强：《敦煌佛教艺术——美术史的分析》，高雄图书覆文出版社1992年版。

3. 敦煌壁画和彩塑研究

不同于常书鸿对敦煌壁画所作的"六种分类"①，段文杰将敦煌壁画细分为七大类：尊像画、故事画、经变画、佛教史迹画、神怪画、供养人像、装饰图案。② 其中经变画成为新时期学界关注的焦点，成果最为丰富。

据统计，敦煌壁画和纸画、绢画中所存的经变画有 30 余种、1300余幅。③ 20 世纪 80 年代开始，以敦煌研究院为主力的一批学者陆续按专题对经变画作了系统整理和研究，尤其对维摩诘、法华、涅槃、弥勒、阿弥陀等长期盛行的大型经变的全面而深入的研究，均取得了令人瞩目的成果，无论深度和广度都超越了上一阶段。其中法华经变④、维摩诘经变⑤、金刚经变⑥、弥勒经变⑦、药师经变⑧、报恩经变⑨、福田

---

① 常书鸿所分的六大类包括经变画、故事、曼荼罗、佛像、供养人像、图案。参阅《敦煌艺术的源流与内容》，《文物参考资料》1951 年第 4 期。后收入张涌泉、陈浩主编《浙江与敦煌学——常书鸿先生诞辰一百周年纪念会》，浙江古籍出版社 2004 年版，第 88—108 页。

② 段文杰：《敦煌壁画概述》，《中国美术全集》"绘画编"14 卷"敦煌壁画"，上海人民美术出版社 1985 年版。

③ 施萍婷：《敦煌经变画略论》，敦煌研究院编：《敦煌研究文集·敦煌石窟经变篇》，甘肃民族出版社 2000 年版，第 1—6 页。

④ 贺世哲：《敦煌壁画中的法华经变初探》（与施萍婷合撰），《中国石窟·敦煌莫高窟》第三卷，文物出版社 1981 年版，第 177—191 页；《敦煌壁画中的法华经变》，敦煌研究院编：《敦煌研究文集·敦煌石窟经变篇》，甘肃民族出版社 2000 年版，第 127—217 页。罗华庆：《敦煌艺术中的〈观音普门品变〉和〈观音经变〉》，《敦煌研究》1987 年第 3 期。

⑤ 贺世哲：《敦煌壁画中的〈维摩诘经变〉》，敦煌研究院编：《敦煌研究文集·敦煌石窟经变篇》，甘肃民族出版社 2000 年版，第 8—67 页；《敦煌莫高窟壁画中的〈维摩诘经变〉》，《敦煌研究》1982 年第 2 期。

⑥ 史苇湘：《论敦煌佛教艺术的世俗性——兼论〈金刚经变〉在莫高窟的出现与消失》，《敦煌研究》1985 年第 3 期。杨雄：《金刚经、金刚经变及金刚经变文的比较》，《敦煌研究》1986 年第 4 期。

⑦ 李永宁、蔡伟堂：《敦煌壁画中的弥勒经变》，《1983 年全国敦煌学术讨论会文集·石窟艺术编》（上），甘肃人民出版社 1985 年版。施萍亭：《敦煌随笔之二》，《敦煌研究》1987 年第 1 期。

⑧ 罗华庆：《敦煌壁画中的〈东方药师净土变〉》，《敦煌研究》1989 年第 2 期；《敦煌地藏图像和"地藏十王厅堂"研究》，《敦煌研究》1993 年第 2 期。王惠民：《敦煌遗书中的药师经变榜题底稿校录》，《敦煌研究》1998 年第 4 期；《〈敦煌遗书中的药师经变榜题底稿校录〉补遗》，《敦煌研究》1999 年第 4 期。

⑨ 李永宁：《报恩经和莫高窟壁画中的报恩经变相》，敦煌文物研究所编：《敦煌研究文集》，甘肃人民出版社 1982 年版，第 189—219 页。马世长：《父母恩重经写本与变相》，载于《1987 年敦煌石窟研究国际讨论会文集·石窟考古编》，辽宁美术出版社 1990 年版；孙修身：《佛说报父母恩重经版本研究》，《段文杰敦煌研究五十年纪念文集》，世界图书出版公司 1993 年版，第 239—249 页；《大足宝顶与敦煌莫高窟佛说父母恩重经变相的比较研究》，《敦煌研究》1997 年第 1 期。

经变①、无量寿经变②和梵网经变③等成为学者关注的焦点。而密教类经变的研究成果，成为这一时期敦煌经变研究的重要突破。王惠民对佛顶尊胜陀罗尼经变、水月观音、千手千眼观音经变的研究④，宿白对敦煌莫高窟密教遗迹的探索⑤，彭金章对千手千眼观音经变、十一面观音经变、不空羂索观音经变、如意轮观音经变的研究⑥，刘玉权对榆林窟"千手经变"的研究⑦等都是这一领域的代表作。此外，一些以往未得到关注的经变亦受到了学界的重视，如目连变⑧、天请问经变相⑨、楞伽经变⑩和密严经变⑪。

樊锦诗、马世长对莫高窟北朝时期石窟本生因缘故事画做了再探讨。⑫孙修身、孙晓岗《从观音造型谈佛教中国化》，以观音造型的演变作为观

---

① 史苇湘：《敦煌莫高窟中的〈福田经变〉》，《文物》1980年第9期；《福田经变简论》，《向达先生纪念论文集》，新疆人民出版社1986年版。孙修身：《敦煌莫高窟第296窟"佛说诸德福田经变"》，《北朝研究》1991年第1期。

② 孙修身：《敦煌石窟中的〈观无量寿经变相〉》，载于《1987年敦煌石窟研究国际讨论会文集·石窟考古编》；另见于《敦煌研究文集·敦煌石窟经变篇》，甘肃民族出版社2000年版，第263—292页。施萍亭：《关于敦煌壁画中的无量寿经变》，《敦煌研究》2007年第2期。

③ 霍熙亮：《安西榆林窟第32窟的〈梵网经变〉》，《敦煌研究》1987年第3期；《敦煌石窟的〈梵网经变〉》，载于《1987年敦煌石窟研究国际讨论会文集·石窟考古编》。

④ 王惠民：《敦煌佛顶尊胜陀罗尼经变考释》，《敦煌研究》1991年第1期；《敦煌水月观音像》，《敦煌研究》1987年第1期；《敦煌千手千眼观音像》，《敦煌学辑刊》1994年第1期。

⑤ 宿白：《敦煌莫高窟密教遗迹札记》（上），《文物》1989年第9期；《敦煌莫高窟密教遗迹札记》（下），《文物》1989年第10期。

⑥ 彭金章：《莫高窟第14窟十一面观音经变》，《敦煌研究》1994年第2期；《千眼照见，千手护持——敦煌密教经变研究之三》，《敦煌研究》1996年第1期；《敦煌石窟十一面观音经变研究——敦煌密教经变研究之四》，《段文杰敦煌研究五十年纪念文集》，世界图书出版公司1996年版，第72—86页；《敦煌石窟不空羂索观音经变研究——敦煌密教经变研究之五》，《敦煌研究》1999年第1期。

⑦ 刘玉权：《榆林窟第3窟"千手经变"研究》，《敦煌研究》1987年第4期。

⑧ 樊锦诗、梅林：《榆林窟第19窟目连变相考释》，《段文杰敦煌研究五十年纪念文集》，世界图书出版公司1996年版，第46—55页。

⑨ 李刈：《敦煌壁画中的〈天请问经变相〉》，《敦煌研究》1991年第1期。王惠民：《关于〈天请问经〉和天请问经变的几个问题》，《敦煌研究》1994年第4期。

⑩ 王惠民：《敦煌石窟〈楞伽经变〉初探》，《敦煌研究》1990年第2期。

⑪ 王惠民：《敦煌〈密严经变〉考释》，《敦煌研究》1993年第2期。

⑫ 樊锦诗、马世长：《莫高窟北朝洞窟本生、因缘故事画补考》，《敦煌研究》1986年第1期；《莫高窟第290窟本生故事画》，《敦煌研究》1983年创刊号。马世长：《莫高窟第323窟佛教感应故事画》，《敦煌研究》1982年第1期。

察佛教中国化的例证，以小见大。① 孙修身还发表系列论文对莫高窟的全部佛教史迹故事画的内容做了考订。② 此外还有史苇湘、饶宗颐、霍熙亮对刘萨诃事迹与瑞像的研究。③ 关友惠《敦煌壁画中的供养人画像》④，择选具体洞窟画像为例，从美术史的角度简述了敦煌历代供养人画像的源流演变、时代风貌及其在古代人物画史上的价值。段文杰考察了供养人画像的身份，将其分为五类：帝王官吏、贵族妇女、宗教人物、少数民族、庶民百姓。⑤

敦煌图案方面。关友惠对敦煌壁画中各个时代的图案做了全面考察，其《敦煌莫高窟早期图案纹饰》⑥，就莫高窟早期（北魏、西魏、北周）石窟中所见的图案纹饰尤其是忍冬纹做了详尽分类和探究。同作者之《莫高窟隋代图案初探》⑦《莫高窟唐代图案结构分析》⑧ 分别探讨了隋代和唐代敦煌图案的结构、内容、风格的演变发展规律及其与中原、西域的关系。欧阳琳介绍了隋唐时代的敦煌藻井和彩塑服饰图案。⑨ 薄小莹对莫高窟6世纪末至9世纪中叶的装饰图案做了介绍和分期。⑩ 卢秀文、易雪梅探讨了敦煌唐代图

---

① 孙修身、孙晓岗：《从观音造型谈佛教中国化》，《敦煌研究》1995年第1期。
② 孙修身：《莫高窟佛教史迹故事画介绍》（一），《敦煌研究文集》，甘肃人民出版社1982年版，第332—353页。同作者《莫高窟佛教史迹故事画介绍》（二）（三）（四），《敦煌研究》1982年第1期；1982年总第2期；1983年创刊号。同作者《莫高窟佛教史迹故事画考释》（五），《敦煌研究》1985年第5期。同作者《莫高窟佛教史迹画内容考释》（六）（七）（八）（九），《敦煌研究》1986年第2期；1987年第3期；1988年第1期；1988年第4期。同作者《刘萨诃和尚事迹考》，《1983年全国敦煌学术讨论会文集·石窟艺术编》（上），第272—310页；《刘萨诃和尚因缘故事》，《阳关》1983年第1期；《从凡夫俗子到一代名僧的刘萨诃》，《文史知识》1988年第8期。
③ 史苇湘：《刘萨诃与敦煌莫高窟》，《文物》1983年第6期。饶宗颐：《刘萨诃事迹与瑞像图（摘要）》，《敦煌研究》1988年第2期。霍熙亮：《莫高窟第72窟及其南壁刘萨诃与凉州圣容佛瑞像史迹变》，《文物》1993年第2期。
④ 关友惠：《敦煌壁画中的供养人画像》，《敦煌研究》1989年第3期。
⑤ 段文杰：《供养人画像与石窟》，《敦煌研究》1995年第3期。
⑥ 关友惠：《敦煌莫高窟早期图案纹饰》，《兰州大学学报》1980年第1期。
⑦ 关友惠：《莫高窟隋代图案初探》，《敦煌研究》1983年创刊号。
⑧ 关友惠：《莫高窟唐代图案结构分析》，敦煌文物研究所编：《1983年全国敦煌学术讨论会文集·石窟艺术编》（下），甘肃人民出版社1985年版，第73—111页。
⑨ 欧阳琳：《谈谈隋唐时代的敦煌图案》，《敦煌学辑刊》1983年第1期。
⑩ 薄小莹：《敦煌莫高窟六世纪末至九世纪中叶的装饰图案》，《敦煌吐鲁番文献研究论集》第5辑，北京大学出版社1990年版，第50—112页。后收入马世长编《敦煌图案》，新疆美术摄影出版社1992年版，第1—49页。

案的民族特色。①

敦煌彩塑方面。段文杰《敦煌彩塑艺术》②，将敦煌彩塑发展史划分为早（发展期，包括北魏、西魏、北周三个时代）、中（极盛期，包括隋、唐两个时代）、晚（衰落期，包括五代、宋、西夏、元四个时代）三个阶段，概述了不同时段中敦煌彩塑的题材变化和艺术总貌。邓健吾《敦煌莫高窟彩塑的发展》③，以敦煌与其他地方的雕塑样式相比较，探讨了莫高窟彩塑的排年问题。孙纪元考察了敦煌彩塑的塑造技巧和泥塑敷彩环节的重要性。④ 贺世哲对十六国北朝时期的三世佛和三佛造像做了深入系统的研究。⑤

4. 敦煌乐舞

敦煌壁画乐舞的整理和研究。《中国音乐文物大系·甘肃卷》⑥，分时段收录敦煌石窟典型的乐舞壁画图版，并对其表现的壁画题材内容和乐舞表现形式做了详细说明。高金荣《敦煌石窟舞乐艺术》⑦，介绍了敦煌石窟壁画中的乐器和舞蹈资料，分析了这些图像的艺术特点。庄壮《敦煌石窟音乐》⑧，对敦煌壁画反映的乐舞图像、乐队组成、乐器种类、演奏态势等

---

① 卢秀文、易雪梅：《敦煌唐代图案的民族特色》，《西北民族研究》1996年第2期。

② 段文杰：《敦煌彩塑艺术》，《敦煌研究》试刊第1期，1982年。

③ 邓健吾：《敦煌莫高窟彩塑的发展》，《中国石窟·敦煌莫高窟》第3卷，文物出版社1987年版，第198—210页。

④ 孙纪元：《谈谈敦煌彩塑的制作》，《敦煌研究文集》，甘肃人民出版社1982年版，第354—364页；《敦煌早期彩塑》，《敦煌研究》试刊第1期，1982年；《略论敦煌彩塑及其制作》，《中国石窟·敦煌莫高窟》第3卷，文物出版社1987年版，第192—197页。

⑤ 贺世哲：《关于十六国北朝时期的三世佛与三佛造像诸问题》（一），《敦煌研究》1992年第4期；《关于十六国北朝时期的三世佛与三佛造像诸问题》（二），《敦煌研究》1993年第1期；《关于敦煌莫高窟的三世佛与三佛造像》，《敦煌研究》1994年第2期；《莫高窟北朝五佛造像试释》，《敦煌研究》1995年第3期。

⑥ 《中国音乐文物大系·甘肃卷》，大象出版社1998年版。

⑦ 高金荣：《敦煌石窟舞乐艺术》，甘肃人民出版社2000年版。

⑧ 庄壮：《敦煌石窟音乐》，甘肃人民出版社1984年版（曾于《阳关》1982年第3期至1983年第4期连载）。另可参阅同作者《〈敦煌石窟音乐〉简介》，《中国敦煌吐鲁番学会研究通讯》1985年第2期。相关书评有：陈应时《喜看敦煌学中的音乐世界——读庄壮〈敦煌石窟音乐〉》，《甘肃日报》1984年12月27日；百归《让敦煌音乐飞出莫高窟——读〈敦煌石窟音乐〉》，《中国音乐》1985年第2期；缪也《龙口宝珠的光彩——介绍〈敦煌石窟音乐〉一书》，《人民音乐》1987年第1期。另可参阅庄壮《丰富多采的敦煌音乐》，《中国音乐》1983年第4期。

进行了细致的整理和研究，系首次对敦煌石窟及敦煌文献所载音乐资料进行的全面论述。郑汝中将敦煌乐舞壁画划分为四个时期：早期——北凉、北魏、西魏，中期——北周、隋，盛期——唐、五代，晚期——宋、西夏、元，并认为这样的分期是由其自身的形态特征所决定的，符合敦煌乐舞图像的发展规律。①

郑汝中《敦煌壁画乐伎》②，将敦煌壁画中的乐伎分类为伎乐天和伎乐人两种类型。万庚育考察了早期洞窟中天宫乐伎的表现形式和特点。③ 段文杰简要梳理了敦煌壁画和塑像中的飞天形象，自十六国至元末共历时近千年的发展演变。④ 陈允吉考述了敦煌壁画飞天及其审美意识的历史变迁。⑤ 高德祥考察了敦煌壁画中的童子伎，认为敦煌壁画中所表现的儿童乐舞形式，具体地反映了古代儿童乐舞发展的真实情况。⑥

庄壮从音乐史的角度深入考察了敦煌壁画乐伎的演奏形式和排列形式，指出从演奏类型上说，有独奏、齐奏、重奏、合奏；从演奏姿势上说，有立奏、坐奏、行奏、且奏且舞四种。⑦ 敦煌壁画乐队的排列形式有其发展完善的过程，早期洞窟的乐队排列形式主要是零散式和平列式，唐以后多为组合式和复合式。⑧ 董锡玖以敦煌壁画中的乐舞资料为支撑，对传世文献中唐代舞蹈和音乐的记载进行了论证。⑨ 王克芬以五代以后敦煌壁画中的舞蹈形象为研究对象，着重对五代至元代时期壁画中舞具应用和舞蹈造型进行了研究。⑩

---

① 郑汝中：《敦煌乐舞壁画的形成分期和图式》，《敦煌研究》1997年第4期。
② 郑汝中：《敦煌壁画乐伎》，《敦煌研究》1989年第4期。
③ 万庚育：《敦煌早期壁画中的天宫伎乐》，《敦煌研究》1988年第2期。
④ 段文杰：《飞天——乾闼婆与紧那罗——再谈敦煌飞天》，《敦煌研究》1987年第1期。
⑤ 陈允吉：《敦煌壁画飞天及其审美意识之历史变迁》，《复旦学报》1990年第1期。
⑥ 高德祥：《敦煌壁画中的童子伎》，《中国音乐》1991年第2期。
⑦ 庄壮：《敦煌壁画乐伎形式》，《音乐研究》1993年第3期；《敦煌壁画乐伎形式及其价值》，《敦煌学国际研讨会文集（石窟艺术编）》，辽宁美术出版社1995年版，第228—251页。
⑧ 庄壮：《敦煌壁画乐队排列剖析》，《音乐研究》1998年第3期。
⑨ 董锡玖：《敦煌壁画和唐代舞蹈》，《文物》1982年第12期。另董锡玖编《敦煌舞蹈》（新疆美术摄影出版社1993年版），也对敦煌壁画中的舞蹈形象做了介绍和研究。
⑩ 王克芬：《晚期敦煌壁画舞蹈形象的考察与研究》，《文艺研究》1996年第2期；《元代敦煌壁画舞蹈形象的考察与研究》，《舞蹈》1996年第6期。

对不同区域乐舞资料进行比较研究的模式，也为这一时期不少学者所重视。霍旭初对比了龟兹与敦煌壁画伎乐之异同，认为在佛教艺术方面敦煌受龟兹影响更为直接。① 高金荣从敦煌壁画舞姿，探讨了古代西域对我国中原舞蹈的影响。② 黎蔷认为袄教、景教、摩尼教等古代西亚宗教，客观上促进了隋唐时期西域及中原乐舞文化的空前繁荣和发展。③ 姜伯勤《敦煌悉磨遮为苏摩遮乐舞考》④，指出"苏莫遮"（悉磨遮）是一种"踏舞"，是一种有面具、有宝帕头冠的化装舞蹈。"苏莫遮"乐舞与"踏舞"相联系地出现，对于认识9—10世纪敦煌乐舞有重要意义。

敦煌曲谱和舞谱的整理与研究。曲谱方面。叶栋《敦煌曲谱研究》和《敦煌唐人曲谱》，首次完成了对敦煌曲谱的全面破译工作，并以五线谱为形式试译出了25首曲子。⑤ 叶氏还指出敦煌曲谱25首属于琵琶谱类，是一系列不同分曲组成的唐大曲，已具备三种不同宫调，系宋代诸宫调的雏形。叶氏的工作突破了日本学者林谦三只是全音符的面貌，并用所译之谱，施以配器，使之成为可以演奏、有一定音乐效果的曲谱。叶氏对敦煌曲谱"破译"成功，打破了此项研究长期的沉寂局面。但《敦煌唐人曲谱》中出现大量中国传统音乐中极为罕见的"一板三眼"，令人费解。其后，对于叶氏译谱的质疑和商榷文章接踵而至，大大促进了敦煌曲谱的深入研究。⑥ 如陈

---

① 霍旭初：《龟兹与敦煌壁画伎乐之比较》，《敦煌学国际研讨会文集（石窟艺术编）》，辽宁美术出版社1995年版，第252—272页。

② 高金荣：《从敦煌壁画舞姿看古代西域对我国中原舞蹈的影响》，《敦煌学国际研讨会文集（石窟艺术编）》，辽宁美术出版社1995年版，第190—204页。

③ 黎蔷：《西亚诸教对敦煌乐舞影响之研究》（上、下），《交响》（西安音乐学院学报）1995年第3、4期。另可参阅同作者《论波斯诸教对敦煌乐舞之影响》，《敦煌学国际研讨会文集（石窟艺术编）》，辽宁美术出版社1995年版，第205—227页。

④ 姜伯勤：《敦煌悉磨遮为苏摩遮乐舞考》，《敦煌研究》1996年第3期。

⑤ 叶栋：《敦煌曲谱研究》，《齐鲁艺苑》1982年第S1期；《敦煌曲谱研究》，《音乐艺术》1982年第1期；《敦煌唐人曲谱》，《音乐艺术》1982年第2期。另可参阅同作者《敦煌琵琶曲谱》，上海文艺出版社1986年版。另可参看《唐乐古谱释读》，上海音乐出版社2001年版。

⑥ 相关的评述文章有：林友仁、孙克仁等：《〈敦煌曲谱研究〉给我们的启示》，《人民音乐》1982年第11期。赵维平：《唐传五弦琵琶谱二字音位及定弦的我见——兼与叶栋先生商榷》，《音乐艺术》1986年第4期。毛继增：《敦煌曲谱破译质疑》，《音乐研究》1982年第3期。唐朴林：《〈敦煌琵琶曲谱〉刍议》，《音乐艺术》1988年第1期。应有勤、林友仁等：《验证〈敦煌曲谱〉为唐琵琶谱》，《音乐艺术》1983年第1期。

应时①、何昌林②等学者也译出了新的曲谱。另外，席臻贯《敦煌古乐——敦煌乐谱新译》③，对敦煌古谱的破译提出了系列看法，得到敦煌学界和音乐学界的关注，但其在一些节拍时值的解释上，仍存在不同看法。

舞谱方面。李正宇发现 S.5613 为后梁开平三年（909）《南歌子》舞谱，有助于对敦煌古谱年代学和时代特征等问题的探讨。④ 姜伯勤认为 P.3501 号拟名为"上酒曲子谱"或"令舞曲拍谱"更为合适。⑤ 敦煌学界和舞蹈学界在对敦煌舞谱的研究上创获颇丰。⑥ 20世纪80年代，柴剑虹陆续发表《敦煌舞谱的整理与分析》系列文章⑦，提出舞谱由曲名、序词、字组三部分组成，并且列表整理了序词与字组，将部分舞谱不规则的字

---

① 陈应时：《解译敦煌曲谱的第一把钥匙——"琵琶二十谱字"介绍》，《中国音乐》1982年第4期；《评〈敦煌曲谱研究〉》，《中国音乐》1983年第1期；《应该如何评论〈敦煌曲谱研究〉——与毛继增同志商榷》，《广州音乐学院学报》1982年第4期；《论敦煌曲谱的琵琶定弦》，《广州音乐学院学报》1983年第2期。另可参阅林友仁《〈论敦煌曲谱的琵琶定弦〉质疑——与陈应时同志商榷》，《广州音乐学院学报》1984年第Z1期；陈应时《读〈论"敦煌曲谱的琵琶定弦"质疑〉——兼答林友仁同志》，《广州音乐学院学报》1984年第Z1期。

② 何昌林：《敦煌琵琶谱之考、解、译（附敦煌琵琶译谱）》，《1983年全国敦煌学术讨论会文集（石窟艺术编）》（下），甘肃人民出版社1987年版，第331—428页；《唐代舞曲〈屈柘枝〉——敦煌曲谱〈长沙女引〉考辨》，《敦煌学辑刊》1985年第1期。

③ 席臻贯：《敦煌古乐——敦煌乐谱新译》，敦煌文艺出版社1992年版。

④ 李正宇：《敦煌遗书中发现题年〈南歌子〉舞谱》，《敦煌研究》1986年第4期；《敦煌歌舞三札》，《敦煌研究》1992年第4期。

⑤ 姜伯勤：《敦煌"令舞"曲谱的再发现——兼论王朝"法度礼乐"与歌酒"乐章舞曲"的消长》，氏著《敦煌艺术宗教与礼乐文明》，中国社会科学出版社1996年版，第572页。

⑥ 有关敦煌舞谱的研究状况，可参阅［日］水原渭江著，席臻贯译《中国学术界在敦煌舞谱解读研究方面的最新动向》，《敦煌学辑刊》1990年第2期（此文译自日本《大谷女子大学学报》1989年第9期）。董锡玖《敦煌舞谱研究现状综述》，《舞蹈艺术》1992年第2期。葛晓音《敦煌舞谱的对舞结构试析——兼论谱字的解释》，《敦煌吐鲁番研究》第4卷，北京大学出版社1999年版，第509—527页。

⑦ 柴剑虹：《敦煌舞谱残卷〈南歌子〉的整理与分析——敦煌舞谱研究之一》，《舞蹈艺术》1984年第1期；《敦煌舞谱残卷〈双鹇子〉的整理与分析——敦煌舞谱研究之二》，《舞蹈艺术》1984年第4期；《敦煌舞谱的整理与分析》（一），《敦煌研究》1987年第4期；《敦煌舞谱的整理与分析》（二），《敦煌研究》1988年第1期。另可参阅王克芬、柴剑虹《敦煌舞谱的再探索》，中国敦煌吐鲁番学会编《敦煌吐鲁番学研究论文集》，汉语大词典出版社1990年版，第220—237页；《对敦煌舞谱研究若干问题的再认识》，敦煌研究院编：《2000年敦煌学国际学术讨论会文集——纪念藏经洞发现暨敦煌学百年》，甘肃民族出版社2003年版，第44—52页。

第六章　新时期的敦煌语言文学艺术研究　239

组，按序词规定的节奏，整理成整齐的舞句、舞段，初步探索了它们的节拍组合。王克芬注重从舞谱中记录舞蹈动作的字义本身，推测它们可能代表的动作，并参照中国传统舞蹈和唐五代遗存的舞蹈形象等，作了综合探索与研究。[①] 另外，董锡玖《解开"敦煌舞蹈"之谜》[②]、彭松《敦煌舞谱残卷破解》[③] 等文章，对敦煌舞谱的破译解读和敦煌舞蹈的复原推广均起到了促进作用。席臻贯亦曾发表有关唐乐舞和敦煌舞谱的系列论文[④]，对舞谱的句读、校勘及动作的解释提出独到的看法。

国内外有关敦煌曲谱和舞谱的"破译"虽多，但因敦煌曲谱舞谱中表示音节、韵律和动作的语言和符号没有留下时人的界定。所谓"破译"全凭破译者个人的理解和猜想，所以诸家"破译"结果往往差异很大，难以取得共识。

敦煌乐器。庄壮《敦煌石窟音乐》是第一部介绍敦煌石窟壁画中保存的我国古代乐器资料的著述。该书首次全面介绍了敦煌壁画中的乐器、乐队和乐舞形象，对各种乐器和乐队的排列组合形式都做了考证和解说，并附有50多幅图版。[⑤] 郑汝中将敦煌壁画中的乐器划分为三种类型：气鸣乐器、弦鸣乐器和打击乐器。[⑥] 高德祥、吕殿生考述了敦煌石窟壁画中的吹

[①] 王克芬：《敦煌舞谱残卷探索》，《舞蹈艺术》1985年第4期。

[②] 董锡玖：《解开"敦煌舞蹈"之谜》，1988年敦煌吐鲁番学会年会宣读论文。

[③] 彭松：《敦煌舞谱残卷破解》，《敦煌学辑刊》1989年第2期。

[④] 席臻贯：《唐乐舞"绝书"片前文句读字义析读——敦煌舞谱交叉研究考之一》，《中国音乐学》1987年第3期；《S.P三份〈南歌子〉片前文校析——敦煌舞谱交叉研究之二》，《艺术论文初集》1991年第3期；《S.P三谱对勘探微——敦煌舞谱交叉研究之三》，《艺术论文初集》1991年第3期；《唐传舞谱片前文"拍"之初探——敦煌舞谱交叉研究之四》，《中国音乐学》1990年第1期；《唐乐舞"慢二急三"（慢四急七）之谜钩玄——敦煌舞谱交叉研考之五》，《黄钟（武汉音乐学院学报）》1989年第4期；《"慢二急三"拍再探——敦煌舞谱交叉研究之六》，《黄钟（武汉音乐学院学报）》1991年第2期；《舞容序列顶真格、迭字格窥探——敦煌舞谱交叉研究之七》，《西北民族学院学报》1990年第3期；《谱字框图的序列美、形式美、对称美、曲式美——敦煌舞谱交叉研究之八》，《西北民族学院学报》1991年第4期。另可参阅同作者《古丝路音乐暨敦煌舞谱研究》，敦煌文艺出版社1990年版。

[⑤] 庄壮：《敦煌石窟音乐》，甘肃人民出版社1984年版。这方面的介绍还可参看牛龙菲《敦煌音乐史数据概论》，《新疆艺术》1986年第1期；《敦煌壁画乐史资料总录与研究》，敦煌文艺出版社1991年版。

[⑥] 郑汝中：《敦煌壁画乐器分类考略》，《敦煌研究》1988年第4期。另可参阅同作者《敦煌壁画中的乐器》，《文史知识》1988年第8期；另载于《1987年敦煌石窟研究国际学术讨论会文集（石窟艺术编）》，辽宁美术出版社1990年版，第277—294页。

奏乐器，包括笙、横笛、义觜篥、义觜笛、凤首笛、竖笛、筚篥、铜角、排箫，并对这些乐器的产生、发展和流传过程做了简要介绍。[1] 此外还有对方响[2]、箜篌[3]、义觜笛[4]、羯鼓[5]、篪[6]、鼓类[7]、异形笛[8]、琵琶[9]、角[10]、阮咸[11]等乐器的个案研究。

莫高窟之外，庄壮还详细调查了榆林窟、西千佛洞和东千佛洞壁画伎乐的分布情况，对伎乐图像类型、所用乐器做了统计和介绍。[12]

为了使敦煌壁画乐器获得重生，开拓敦煌学研究的新领域，敦煌研究院于1989年开始设立"敦煌壁画乐器仿制研究"科研项目小组。经过三年努力，由敦煌研究院研究设计，北京民族乐器厂制作[13]，一共系列性制成34种54件乐器，包括打击乐器15种22件、吹奏乐器7种12件，弹拨乐器11种19件，拉弦乐器1种1件。1992年3月，敦煌壁画仿制乐器通过了权威技术鉴定[14]，博得鉴定会专家们的高度赞赏[15]，并由专业演奏家举

---

[1]　高德祥、吕殿生：《敦煌石窟壁画中的吹奏乐器》，《乐府新声》（沈阳音乐学院学报）1989年第4期。

[2]　郝毅：《敦煌壁画中的古乐器——方响》，《敦煌研究》1985年第3期。

[3]　刘忠贵：《试论敦煌壁画中的箜篌》，《1983年全国敦煌学术讨论会文集（石窟艺术编）》，第479—494页；杨森：《敦煌石窟艺术中的箜篌乐器形态简析》，《敦煌研究》1991年第1期。

[4]　牛龙菲：《义觜笛考》，《1983年全国敦煌学术讨论会文集（石窟艺术编）》，第495—499页。

[5]　郝毅：《敦煌石窟壁画中的古乐器羯鼓》，《乐器》1986年第4期。

[6]　高德祥：《敦煌石窟壁画中的古乐器"篪"》，《中国音乐》1987年第2期。

[7]　高德祥：《敦煌石窟壁画中的各种鼓（正、续）》，《乐器》1988年第2、3期。

[8]　杨森：《敦煌壁画中的异形笛》，《敦煌研究》1988年第1期。

[9]　高德祥：《敦煌壁画中的反弹琵琶和反弹箜篌》，《音乐爱好者》1989年第5期。

[10]　杨森：《敦煌壁画中的"角"研究》，《敦煌研究》1994年第4期。

[11]　台建群：《敦煌壁画阮的研究》，《敦煌研究》1995年第1期。

[12]　庄壮：《榆林窟壁画中的音乐形象》，《中国音乐》1985年第3期；《榆林窟壁画伎乐》，《交响》（西安音乐学院学报）1988年第2期。庄壮：《敦煌西千佛洞壁画乐伎》，《敦煌研究》1998年第3期。庄壮：《西夏的胡琴和花盆鼓》，《敦煌研究》1997年第4期。

[13]　北京民族乐器厂：《敦煌壁画乐器制作报告》，《敦煌研究》1992年第3期。

[14]　《敦煌壁画乐器仿制研究项目鉴定意见书》，《敦煌研究》1992年第3期。中国艺术研究院音乐研究所乐声实验室《敦煌壁画乐器频谱测量报告》，《敦煌研究》1992年第3期。

[15]　樊祖荫：《敦煌学研究的新成果——贺敦煌壁画乐器研究仿制成功》，《敦煌研究》1992年第3期。刘东升：《敦煌学研究的新创作——敦煌壁画乐器仿制成功》，《敦煌研究》1992年第3期。林石城：《敦煌壁画乐器喜见复活》，《敦煌研究》1992年第3期。

行了敦煌仿古乐器演奏会。[1] 仿制的敦煌壁画乐器，既有学术价值，又有实用价值，它们对中国古代音乐史、乐器史研究，对现代民族乐队的建设和乐器改革工作都有重要意义。[2]

5. 敦煌书法

敦煌文献图版的相继出版，以及敦煌书法写卷的不断刊行[3]，促进了敦煌书法研究。郑汝中《敦煌书法管窥》[4]，将敦煌写卷的书体大致分为三个时期：魏晋南北朝、隋唐、吐蕃至宋。这一分期为敦煌书法历史分期研究定了基调，其后学者对这一分期看法既有沿袭，亦有细化和完善。沃兴华《敦煌书法艺术》[5]，对敦煌流行的法帖和书法教学、王羲之书法对敦煌的影响、敦煌的书法风气和书法家、敦煌遗书中的各种书体（篆书、隶书、楷书、草书等）、敦煌书法艺术及其特征价值等做了全面系统的考察，是第一部关于敦煌书法的专著。

赵声良《敦煌写卷书法》[6]《早期敦煌写本书法的分期研究》[7]，结合书法史的发展与作品的风格形态，将东晋南北朝视作敦煌写卷书法的早期，隋唐为中期，五代、宋为晚期，并分别分析了各个时期的特点。焦明晨《敦煌写卷书法研究》，亦分时期讨论了各时段的书法写卷情况。[8] 赵声良还对南北朝、隋代的敦煌写卷书法的风格做了进一步的深入考察，并对

---

[1] 李根万：《千年古器重放光华——听敦煌仿古乐器演奏会》，《敦煌研究》1992年第3期。

[2] 敦煌研究院音乐舞蹈研究室：《敦煌壁画乐器仿制研究技术报告》，《敦煌研究》1992年第3期。

[3] 徐祖蕃、秦明智、荣恩奇选编：《敦煌遗书书法选》，甘肃人民美术出版社1985年版；饶宗颐编：《敦煌书法丛刊》（全29册），东京：二玄社，1983—1986年；饶宗颐：《法藏敦煌书苑精华》（共8册），广东人民出版社1993年版；段文杰编：《敦煌书法库》（全4册），甘肃人民美术出版社1994—1995年；郑汝中、赵声良编：《敦煌写卷书法精选》，安徽美术出版社1995年版；马建华、赵吴成：《敦煌汉简书法精选》，甘肃人民美术出版社1995年版；刘墨：《敦煌写本书法精选系列》，辽宁美术出版社2000年版。

[4] 郑汝中：《敦煌书法管窥》，《敦煌研究》1991年第4期。

[5] 沃兴华：《敦煌书法艺术》，上海人民出版社1994年版。

[6] 赵声良：《敦煌写卷书法》（上），《文史知识》1997年第3期；《敦煌写卷书法》（下），《文史知识》1997年第5期。

[7] 赵声良：《早期敦煌写本书法的分期研究》，敦煌研究院编：《1994年敦煌学国际研讨会文集——纪念敦煌研究院成立50周年》（石窟艺术卷），甘肃民族出版社2000年版，第257—282页。

[8] 焦明晨：《敦煌写卷书法研究》，台北：文史哲出版社1997年版。

其源流进行追溯。① 郑汝中则提示由于敦煌写卷来源各异，又兼时代跨度较大，所以要确切地判断敦煌地区的书法风格特征，是十分困难的。② 此外，还有学者从书写者的角度讨论了敦煌写本书手身份多元性的问题。③

马大东较早关注到隋唐书法中的经生体。④ 杨森的《浅谈北朝经生体楷笔的演化》⑤《敦研0010（1号）〈佛说祝毒经〉书法风格——从北朝经生体书法谈起》⑥ 等文，探讨了北朝经生体的书法风格，认为敦煌的经生体代表了南北朝河西陇右乃至西域地区的书法流派。王元军《从敦煌唐佛经写本谈有关唐代写经生及其书法艺术的几个问题》⑦，探讨了写经生的身份，认为经生体往往是指楷书，敦煌书法之经生体与时风相契合，极具时代之特色。而林显杰则将历史时段进一步拉长，通过考察晋至唐长时段的写经来论述书法与佛教之间的关系，视野开阔。⑧ 周笃文对敦煌写本中发现的王羲之《瞻近帖》和《龙保帖》古临本做了书法艺术和书法史价值的探讨。⑨

敦煌硬笔书法研究是新时期敦煌书法研究的重要内容。20世纪80年代，李正宇开始关注中国古代的硬笔及硬笔书法问题。⑩ 1993年，李正宇

---

① 赵声良：《敦煌南北朝写本的书法艺术》，《敦煌研究》1991年第4期；《隋代敦煌写本的书法艺术》，《敦煌研究》1995年第4期。
② 郑汝中：《唐代书法艺术与敦煌写卷》，《敦煌研究》1996年第2期。
③ 顾吉辰：《唐代敦煌文献写本书手考述》，《敦煌学辑刊》1993年第1期。
④ 马大东：《简谈隋唐书法中的经生体》，《中国敦煌吐鲁番学会研究通讯》1989年第1期。
⑤ 杨森：《浅谈北朝经生体楷笔的演化》，《社科纵横》1994年第4期。
⑥ 杨森：《敦研0010（1号）〈佛说祝毒经〉书法风格——从北朝经生体书法谈起》，《敦煌研究》1995年第1期。
⑦ 王元军：《从敦煌唐佛经写本谈有关唐代写经生及其书法艺术的几个问题》，《敦煌研究》1995年第1期。另可参看同作者《唐代的经生与写经书法》，《大陆杂志》1993年第87卷第3期。
⑧ 林显杰：《从晋唐写经看书法与佛教的关系》，纪念陈寅恪教授国际学术讨论会秘书组主编：《纪念陈寅恪教授国际学术讨论会文集》，中山大学出版社1989年版，第512—525页。
⑨ 相关研究，可参阅周笃文《敦煌卷子中发现的王羲之二帖古临本——兼谈〈敕字本十七帖〉》，《文物》1980年第3期。
⑩ 可参阅李正宇《唐宋时代的敦煌用笔和制笔》，《丝路论坛》第2辑，1987年；《中国古代硬笔书法》，《"中国"文化大学中文学报》1993年第1期；《中国古代的硬笔》，《九州书坛报》（连载）1994年5月19日；《硬笔书法是中国笔的始祖》，《寻根》1994年第2期；《硬笔书法应当走自己独立发展的道路》，《九州书画报》1997年9月19日；《硬笔书法是中国书法的源头、母体和通脉》，《中国钢笔书法》2011年第2期。

《中国唐宋硬笔书法——敦煌古代硬笔书法写卷》[1] 出版。作者一方面对敦煌古代硬笔写本的文字品种、数量与流行情况作了介绍，并对硬笔书法的书写工具进行考察；另一方面从理论上对敦煌古代汉字硬笔书法的特点进行探索，还论述了敦煌古代硬笔书法在我国书法史上的地位及其意义。作者选释图片五十四幅，其中五十二幅为敦煌硬笔书法实物照片，计古粟特文一幅、梵文一幅、吐蕃文一幅、回鹘文一幅、于阗文一幅、汉文四十七幅。该书开辟了敦煌学研究的新领域，填补了中国书法史的空白，从理论上总结了古代汉字硬笔书法的特点。[2]

三　石窟保护

从20世纪70年代末或80年代初，莫高窟的文物保护工作进入了科学保护的新时期。[3] 樊锦诗提出科学保护时期的特点是：注重多种学科的交叉和先进科技手段的应用；注重对病害机理和修复技术的科学研究；从局部微观的保护发展到注重全局宏观的保护。而科学保护时期大体从石窟遗址的自然状况和开放管理两个方面开展工作。[4] 敦煌研究院编《敦煌研究文集·石窟保护篇》[5]，共收集有关石窟保护论文60篇，内容涉及石窟环境，石窟、壁画病害机理，壁画颜料、胶结剂及地仗材料分析，修复加固技术及材料。这是我国第一部系统研究石窟、壁画病害及保护技术的学术文集，集中体现了当时敦煌石窟保护的主要成就。

---

[1]　李正宇选释，李新编次：《中国唐宋硬笔书法——敦煌古代硬笔书法写卷》，上海文化出版社1993年版。

[2]　郝春文：《填补中国书法史空白，开拓敦煌学研究的新领域》，原载于《中国敦煌吐鲁番学会研究通讯》1993年第2期；后收入氏著《二十世纪的敦煌学》，上海古籍出版社2006年版，第145—149页。

[3]　段文杰指出三中全会、十三大精神和改革开放政策，推动了敦煌文物的保护工作沿着现代化科学保护的方向发展，使莫高窟的保护进入了一个新阶段，参阅《莫高窟保护工作进入新阶段》，《敦煌研究》1988年第3期；樊锦诗认为1980年以后进入了科学保护时期，参阅《敦煌石窟保护五十年》，《敦煌研究》1994年第2期；李最雄认为从20世纪70年代末开始，莫高窟文物保护工作进入了科学保护的新时期，参阅《敦煌石窟保护工作六十年》，《敦煌研究》2004年第3期。

[4]　樊锦诗：《敦煌石窟保护五十年》，《敦煌研究》1994年第2期。

[5]　敦煌研究院编：《敦煌研究文集·石窟保护篇》（上、下），甘肃民族出版社1993年版。

1. 石窟环境监测

石窟环境特征对石窟长期稳定地保存有至关重要的意义。敦煌莫高窟保护中的主要环境问题分自然和人为两类，不利于石窟文物保护的自然环境问题主要有洞窟围岩裂隙、洞窟壁画酥碱、风沙对壁画和塑像的磨蚀、积沙对洞窟的掩埋等；人为活动引起的不良环境问题主要有窟前绿化灌溉入渗水向底层洞窟的运移，生活垃圾、污水、烟尘排放，汽车尾气和游人进入洞窟引起窟内小气候的变化等。①

大气质量对莫高窟环境的影响。唐玉民、孙儒僩详细分析了莫高窟大气环境质量与壁画保护之间的密切关系，并提出相应的环境保护措施。②该研究认为，窟内温湿度稳定、日照度和紫外线强度弱，对保护洞窟文物是有利的。③李实、屈建军《敦煌莫高窟气候环境特征》④指出莫高窟具有温差大、降水量少、蒸发量大、气候干旱、风沙活动强烈的典型沙漠气候特征。屈建军、王旭东《敦煌莫高窟大气降尘的初步观测研究》⑤，依据1989—1991年大气降尘的观测数据，认为莫高窟大气降尘时空性与鸣沙山大风、沙尘暴的时空性相一致，反映了大气降尘主要来源于鸣沙山沙丘粉沙的近距离搬运。

温湿度变化对莫高窟环境的影响。李实、张拥军监测了1988年春的温湿度变化。⑥王宝义、张拥军等调查发现，莫高窟底层洞窟在夏季的绝对湿度比冬季的绝对湿度要高得多，也就造成夏季洞窟中的相对湿度要高

---

① 张明泉、李最雄等：《敦煌莫高窟保护中的主要环境问题分析》，《干旱区资源与环境》1997年第1期。
② 唐玉民、孙儒僩：《敦煌莫高窟大气环境质量与壁画保护》，《敦煌研究》1988年第3期。另可参阅同作者《敦煌壁画病害的环境因素及防治对策的研究》，《敦煌研究文集·石窟保护篇》（上），甘肃民族出版社1993年版，第76—92页。
③ 唐玉民、孙儒僩：《莫高窟小气候的初步观测》，《敦煌研究文集·石窟保护篇》（上），甘肃民族出版社1993年版，第21—33页。
④ 李实、屈建军：《敦煌莫高窟气候环境特征》，《敦煌研究文集·石窟保护篇》（上），甘肃民族出版社1993年版，第70—76页。
⑤ 屈建军、王旭东：《敦煌莫高窟大气降尘的初步观测研究》，《甘肃环境研究与监测》1992年第3期。
⑥ 李实、张拥军：《敦煌莫高窟的气象观测——1988年春的温湿度变化》，《敦煌研究》1990年第1期。

于冬季；莫高窟底层洞窟和中层洞窟的环境因素基本一致，底层洞窟和顶层洞窟的环境因素差异很大。①

地震危险性分析及防治措施。黄克忠《地震对莫高窟及附属建筑物的影响》②，从洞窟岩体的地质力学特征，地震活动对莫高窟的影响，附加建筑物与洞窟的关系作了初步探索。石玉成《未来地震灾害对敦煌莫高窟及其附属建筑物的影响》③，分析研究了影响洞窟及其附属建筑物地震稳定性的各种因素，并对洞窟及其附属建筑物的震害预测方法进行了探讨。

2. 石窟加固

敦煌莫高窟石窟岩体主要由酒泉组砾岩和戈壁砂砾石组成。李最雄等学者于新时期之初，即开展了对砂砾岩石窟风化机理的研究，并成功研制出 PS（高模数硅酸钾）加固材料。试验证明，PS 渗透到胶结泥质的砂砾岩后，可明显改变砂砾岩的胶结状态，使其具有较强的耐风蚀、雨蚀及抗风化性能，特别大幅度地提高了砂砾岩的水稳定性。这为我国西北地区泥质胶结的砂砾岩石窟加固找到了一个新的途径。④ 将 PS 应用在莫高窟的薄顶洞窟窟顶加固实验中，效果显著。⑤

裂隙灌浆是石窟加固工程中的另一项重要的工程措施，由李最雄领衔的科研团队成功研制出适合砂砾岩岩体裂隙的灌浆材料——PS—F（粉煤灰）。经试验，PS—F 灌浆材料具有强度适宜、耐高温、耐冻融、耐酸碱、抗崩解、无污染的优点，其和易性、流动性好，不易产生离析，浆液初凝速度及结石体的强度可通过调配 PS 的模数和浓度而得到控制，

---

① 王宝义、张拥军等：《敦煌莫高窟内温度湿度的观测与分析》，《敦煌研究文集·石窟保护篇》（上），甘肃民族出版社 1993 年版，第 43—53 页。

② 黄克忠：《地震对莫高窟及附属建筑物的影响》，《敦煌研究》1991 年第 3 期。

③ 石玉成：《未来地震灾害对敦煌莫高窟及其附属建筑物的影响》，《西北地震学报》1996 年第 3 期。

④ 李最雄：《敦煌莫高窟保护六十年》，第 14 页。有关 PS 加固材料的相关研究，可参阅李最雄《应用 PS—C 加固风化砂岩石雕的研究》，《敦煌研究》1985 年第 2 期；李最雄、西浦忠辉《PS 加固风化砂岩石雕的进一步研究》，《敦煌研究》1988 年第 3 期；《PS 加固土质石质文物的稳定性和强度问题》，《敦煌研究》1996 年第 3 期。

⑤ 李最雄、王旭东、Neville Agnew、林博明：《薄顶洞窟窟顶加固实验》，《敦煌研究》1995 年第 3 期。

有良好的可灌性且收缩小，灌浆加固效果好，是砂砾岩岩体裂隙理想的灌浆材料。①

3. 风沙防治

风沙灾害一直是困扰莫高窟完整保存的主要环境问题之一。正因为风沙会对莫高窟文物造成严重的毁损，以致曾有人怀疑莫高窟面临被流沙埋没的危险。②屈建军、董光荣等《敦煌莫高窟的风沙危害与防治问题》③，指出风沙对敦煌石窟、壁画和彩塑的危害形式主要表现在风蚀、积沙及风沙尘等，其形成与戈壁风沙流有关，主要物源来自鸣沙山，而沙山及前缘小沙丘虽有前移，由于平沙地和戈壁带的存在而使它转变成风沙流，并未构成沙丘直接埋压的威胁。屈建军、张伟民等揭示了莫高窟窟顶风沙运动规律，指出莫高窟顶是一个多风向地区，且主要由偏南风、偏西风和偏东风三组风向组成，沙丘为相对稳定型。沙丘移动方向为西南向东南方向移动，沙丘运动路径为旋回式运动。④

自20世纪80年代末开始，敦煌研究院与中科院兰州沙漠研究所、美国盖蒂保护所等国内外相关机构合作，开展了石窟文物保护区之风沙危害性质及其防治的一系列研究工作，主要的风沙防治科学试验分为工程治沙、化学固沙和生物固沙三个方面。

工程治沙指采用各种机械工程手段防治风沙危害的技术体系。屈建军、张伟民等试验指出，尼纶网防沙栅栏具有耐老化、易移动、价格低廉、防火性能好、施工工艺简便、使用年限长等多项优点，"A字形"结

---

① 相关成果，可参阅李最雄、易武志《PS—C对砂砾岩石窟岩体裂隙灌浆的研究》，《文物保护与考古科学》1989年第2期；李最雄、张鲁、王亨通《砂砾岩石窟岩体裂隙灌浆的进一步研究》，《敦煌研究》1993年第3期；李最雄、王旭东《榆林窟东崖的岩体裂隙灌浆及其效果的人工地震检测》，《敦煌研究》1994年第2期；李最雄、张虎元、王旭东《PS—F灌浆材料的进一步研究》，《敦煌研究》1996年第1期。

② 景爱：《敦煌莫高窟面临被流沙埋没的危险》，《文物工作》1986年第5期。

③ 屈建军、董光荣等：《敦煌莫高窟的风沙危害与防治问题》，《中国科学（D辑：地球科学)》1997年第1期。屈建军、张伟民等：《论敦煌莫高窟的若干风沙问题》，《地理学报》1996年第5期。

④ 屈建军、张伟民等：《敦煌莫高窟顶风沙运动规律的研究》，《敦煌研究文集·石窟保护篇》（上），甘肃民族出版社1993年版，第146—152页。

构的防沙体系，既能在主风向上阻沙，又能在次风向上导沙。①凌裕泉、屈建军等《莫高窟崖顶防沙工程的效益分析》②，认为三角形尼龙网栅栏防沙体系已经起到控制流沙、稳定砂砾质地表和保护石窟文物的重要作用。

化学固沙或可看作工程治沙的一种特例。李最雄、林博明等《莫高窟崖顶的化学固沙实验》③，认为 PS、AS 和 AC 都是较理想的固沙胶结剂。其中 PS 材料有较强的耐候性和很好的耐紫外线辐射性，固沙后的沙胶结体渗水速度快。且 PS 材料成本低廉，操作工艺简便，对环境无污染，对人体健康无损害，适合于对莫高窟崖顶的覆沙和风蚀严重的崖面进行化学加固。

生物固沙相较其他固沙措施具有先天优势。汪万福、李云鹤等认为在莫高窟顶砂砾地采用提水滴灌的办法栽植沙生植物成活率高，而耐寒、耐旱、抗风蚀、不怕沙割、沙打、耐沙埋、深根性、固沙性能好、防护效果高的植物种可以用作莫高窟防沙。④同作者之《莫高窟崖顶植物固沙实验研究》⑤，进一步指出莫高窟人工防风固沙林带建立的树种选择顺序依次为梭梭、花棒、柠条、红柳、沙拐枣等。

4. 壁画病害及修复

孙儒僩指出，石窟所处的自然环境，窟内外大气的温湿度、日照、通风等自然条件，壁画的制作方法及制作材料等都是产生壁画病害的重要因素，由于壁画、塑像遭受了风化和磨损，引起壁画的变褪色、起甲，甚至大面积脱落等多种病害。⑥

---

① 屈建军、张伟民等：《敦煌莫高窟顶尼纶网栅栏防沙效应试验研究》，《敦煌研究文集·石窟保护篇》（上），甘肃民族出版社 1993 年版，第 153—161 页。另可参阅同作者《莫高窟顶尼纶网栅栏防沙效应初步研究》，《干旱区研究》1993 年第 3 期。

② 凌裕泉、屈建军等：《莫高窟崖顶防沙工程的效益分析》，《中国沙漠》1996 年第 1 期。

③ 李最雄、Neville Agnew、林博明：《莫高窟崖顶的化学固沙实验》，《敦煌研究》1993 年第 1 期。

④ 汪万福、李云鹤等：《莫高窟地区生物固沙植物种选择试验报告》，《敦煌研究》1993 年第 3 期。

⑤ 汪万福、李云鹤等：《莫高窟崖顶植物固沙实验研究》，《敦煌研究》1996 年第 3 期。

⑥ 孙儒僩：《莫高窟壁画保护的若干问题》，《敦煌研究文集·石窟保护篇》（上），甘肃民族出版社 1993 年版，第 13—16 页。

莫高窟壁画的变褪色现象普遍存在于各个时期的洞窟中。[1] 对壁画和彩塑颜料的考察与分析是了解壁画变褪色的基础工作。《莫高窟壁画、彩塑无机颜料的 X 射线剖析报告》[2]，对莫高窟壁画的红、蓝、绿、白及棕黑色等颜料进行了剖析。段修业分析了莫高窟壁画制作材料[3]。王进玉等学者证实莫高窟壁画使用的颜料主要为无机矿物颜料。[4] 唐玉民、孙儒僩《壁画颜料变色原因及影响因素的研究》[5] 证明，太阳辐射、湿度变化、有害气体都能引起壁画颜料的变、褪色。李最雄等研究者选择若干洞窟，对壁画颜料变色的现状和变化原因做了探讨。一方面，用色度仪作一年两次的颜色监测，既作了壁画颜料颜色现状的科学记录，又持续作壁画颜料变褪色的定量监测，这些科学数据是衡量壁画保护措施得当与否的依据。另一方面，着重对红色颜料中的铅丹、朱砂、土红等颜料及其变色原因、机理进行反复研究。[6] 郭宏、段修业《东千佛洞壁画颜料色彩规律及壁画病害治理的研究》[7]，探讨了东千佛洞绘画颜料使用规律，并将东千佛洞颜料与莫高窟同时代颜料进行了比较，同时论及东千佛洞的壁画变色、烟熏及酥碱等病害的治理问题。

壁画酥碱病害是影响莫高窟洞窟壁画稳定性的严重病害之一。由于各个洞窟环境条件的差异，酥碱病害在洞窟中的表现也不尽相同，分别称作壁画大面积脱落、粉层起甲、龟裂起甲、粉化、疱疹状病患等。段宏业、

---

[1] 敦煌研究院等：《敦煌莫高窟壁画颜料变色原因探讨》，《敦煌研究》1988 年第 3 期。
[2] 徐位业、周国信等：《莫高窟壁画、彩塑无机颜料的 X 射线剖析报告》，《敦煌研究》1983 年创刊号。
[3] 段修业：《对莫高窟壁画制作材料的认识》，《敦煌研究》1988 年第 3 期。
[4] 王进玉：《敦煌壁画中使用的绛矾及其它含铁颜料》，《敦煌研究》1986 年第 4 期。王进玉、郭宏、李军：《敦煌莫高窟青金石颜料的初步研究》，《敦煌研究》1995 年第 3 期。
[5] 唐玉民、孙儒僩：《壁画颜料变色原因及影响因素的研究》，《敦煌研究文集·石窟保护篇》（上），甘肃民族出版社 1993 年版，第 199—218 页。
[6] 李最雄、Stefan Michalski：《光和湿度对土红、朱砂和铅丹变色的影响》，《敦煌研究》1989 年第 3 期。盛芬玲、李最雄、樊再轩：《湿度是铅丹变色的主要因素》，《敦煌研究》1990 年第 4 期。李最雄、樊再轩、盛芬玲：《铅丹朱砂和土红变色研究的新进展》，《敦煌研究》1992 年第 1 期。李最雄：《莫高窟壁画中的红色颜料及其变色机理探讨》，《敦煌研究》1992 年第 3 期。
[7] 郭宏、段修业：《东千佛洞壁画颜料色彩规律及壁画病害治理的研究》，《敦煌研究》1995 年第 3 期。

郭宏等认为促成泡疹状病害产生的因素有两个方面：一是自身材料，制作壁画使用的材料和颜料中含有大量的盐分；二是外界环境因素，加之窟内外的温湿度变化较大，加速了盐分的水解、聚集，导致泡疹状病害的产生。① 郭宏、段修业等以莫高窟第53窟酥碱壁画为样本，指出壁画地仗内的可溶盐和水分是造成酥碱病害的两个主要因素。② 张明泉、张虎元等《莫高窟壁画酥碱病害产生机理》③，探讨了壁画酥碱病害的成因及形成机理。郭宏、李最雄等有关《敦煌莫高窟壁画酥碱病害机理研究》④系列文章，对莫高窟壁画酥碱病害机理做了全面研究，证明壁画发生酥碱病变的主要原因是：壁画材料中的可溶盐被水溶解后迁移到地仗层中，又随洞窟中温湿度的变化及地仗层中水分含量的变化，频繁地溶解膨胀——结晶收缩——再溶解——再结晶。他们认为直接导致壁画发生酥碱病变的因素有三个：洞窟围岩中的可溶盐类、入渗到围岩中的水分以及洞窟小环境的温湿度频繁变化，这项研究为筛选酥碱壁画修复材料及工艺提供了可靠依据。

瓜州榆林窟也存在壁画大面积空鼓、起甲、酥碱等病害，严重危及壁画的保存。李树若《榆林窟第六窟整修报告》⑤，介绍了自1994年开始，采用锚固、边缘加固、灌浆等手段对空鼓壁画进行修复，用聚醋酸乙烯乳液对起甲酥碱壁画进行修复，取得了显著效果。

对壁画颜料有影响的还有微生物。刘春芳、王吉英等《敦煌霉变壁画霉菌的分离鉴定》⑥，鉴定出霉菌共六个属十五个种（青霉属、曲霉属、枝孢霉属、葡萄状穗霉属、交链孢属、根霉属），并发现有细菌和放线菌。

---

① 段修业、郭宏、付文丽：《莫高窟第3窟泡疹状病害的研究——温湿度观测和制作材料的分析》，《敦煌研究》1991年第1期。
② 郭宏、段修业等：《莫高窟53窟壁画酥碱病害原因的初步研究》，《敦煌研究》1992年第3期。
③ 张明泉、张虎元等：《莫高窟壁画酥碱病害产生机理》，《兰州大学学报》1995年第1期。
④ 郭宏、李最雄等：《敦煌莫高窟壁画酥碱病害机理研究之一》，《敦煌研究》1998年第3期；《敦煌莫高窟壁画酥碱病害的机理研究之二》，《敦煌研究》1998年第4期；《敦煌莫高窟壁画酥碱病害机理研究之三》，《敦煌研究》1999年第3期。
⑤ 可参阅李树若《榆林窟第六窟整修报告》，《敦煌研究》2000年第1期。
⑥ 刘春芳、王吉英等：《敦煌霉变壁画霉菌的分离鉴定》，《敦煌研究》1990年第3期。

冯清平、李最雄等发现微生物形成的可溶性色素直接造成壁画色度的改变，在生长代谢过程中形成大量的草酸盐，并使盐粒晶体的晶形发生变化，微生物的作用使铅丹的价态改变，在铅丹的色变中起着重要的作用。[1]

壁画制作时使用的胶结材料也会带来壁画病害。李最雄《敦煌壁画中胶结材料老化初探》[2]，指出部分胶结材料的老化，是导致壁画褪色的重要原因。而洞窟环境潮湿引起的霉烂老化是壁画胶结材料老化的主要原因之一，但是干燥炎热的气候所形成的热氧化和强烈光照所引起的光照老化也是不可低估的因素。李实先后发表《高速液相色谱技术在壁画胶结材料分析中的应用》[3]《对敦煌壁画中胶结材料的初步认识》[4]《敦煌壁画中胶结材料的定量分析》[5] 等文章，认为敦煌壁画在制作时，曾在颜料中使用了动物皮胶作黏合剂，这种皮胶以牛皮胶的可能性最大。弄清壁画颜料胶结材料的种类、含量、现存状况，对于壁画修复技术和修复材料的研究，对于古代壁画制作技术的总结都有重要意义。

针对以上病害，以敦煌研究院为主体的中国学术界在壁画和彩塑的修复和保护方面做了很多探索和尝试。包括对重层壁画的揭取和迁移、烟熏壁画的清洗、酥碱等病害壁画的修复等。李云鹤《重层壁画整体揭取迁移技术》[6]，介绍了重层壁画的整体揭取和迁移技术，同时述及甬道表层壁画的固定、甬道下层壁画的除尘与修复的步骤和过程。段修业、李云鹤《莫高窟七十一窟烟熏壁画清洗试验》[7]，认为 Na_2CO_3（碳酸钠）溶液在机理上对清洗烟熏壁画具有可取性。同作者之《莫高窟烟熏壁画清洗再分析》[8]，通过分析烟熏地仗层成分和烟熏层成分，寻找既能与烟熏成分起反

---

[1] 冯清平、李最雄等：《敦煌壁画色变中微生物因素的研究Ⅰ.色变壁画的微生物类群及优势菌的检测》，《微生物学报》1998年第1期；冯清平、张晓军等：《敦煌壁画色变中微生物因素的研究Ⅱ.微生物对模拟石窟壁画颜料的影响》，《微生物学报》1998年第2期。
[2] 李最雄：《敦煌壁画中胶结材料老化初探》，《敦煌研究》1990年第3期。
[3] 李实：《高速液相色谱技术在壁画胶结材料分析中的应用》，《敦煌研究》1992年第4期。
[4] 李实：《对敦煌壁画中胶结材料的初步认识》，《敦煌研究》1993年第1期。
[5] 李实：《敦煌壁画中胶结材料的定量分析》，《敦煌研究》1995年第3期。
[6] 李云鹤：《重层壁画整体揭取迁移技术》，《敦煌研究》1988年第3期。
[7] 段修业、李云鹤：《莫高窟七十一窟烟熏壁画清洗试验》，《敦煌研究》1982年第1期。
[8] 段修业：《莫高窟烟熏壁画清洗再分析》，《敦煌研究》1985年第2期。

应，又对壁画地仗及其颜料无破坏作用的试剂，并确定结晶碳酸钠作为清洗剂，柠檬酸作为中和剂。李云鹤、李实等《聚醋酸乙烯和聚乙烯醇在壁画修复中的应用研究》[①]《聚乙烯醇和聚醋酸乙烯在特殊环境中的光照老化试验》[②]等文章，证明聚乙烯醇和聚醋酸乙烯适宜于敦煌气候下的敦煌彩塑和壁画修复。经过测试，两种材料具有较强的抗氧化能力和耐酸性能、很强的抗光能力，对不同湿度的适应能力也较强。李云鹤分析了壁画起甲和大面积脱落病害产生的具体原因，并重点探讨了病害壁画的修复。[③] 段修业、孙洪才《莫高窟第108窟酥碱起甲壁画的修复报告》[④]，介绍了使用黏结剂直接将酥碱、起甲部分全部回帖至地仗层上的方法。

5. 石窟保护档案的编制

石窟保护档案是对石窟内容和变化的真实全面的记录，建立保护石窟档案是对石窟文物进行科学保护和管理的重要环节。张伯元《敦煌石窟的档案工作》[⑤]，介绍了石窟档案的编制内容应包括窟号，壁画塑像的原建年代和重修年代，统计数字，洞窟的位置，洞窟的形制，各部位壁画塑像内容的描述记录，供养人和壁画内容题记的抄录，洞窟平剖面示意图，全部照片资料，壁画塑像等采取保护措施前的记录，洞窟保护工程和一般保护工作的记载，自然气候如温湿度的记录等。

用计算机管理石窟保护档案能够使档案管理科学化，也为保护研究和石窟管理提供高科技手段。王宝义、侯文芳《莫高窟保护档案数据库系统》[⑥]，讨论了莫高窟保护档案数据库结构及其系统的建立模式，通过对数据库结构的分析，在实验规模范围内建立了莫高窟保护档案计算机管理系统，实现了从档案内容的输入到内容的输出，数据库内容的修改、增加、

---

① 李云鹤、李实等：《聚醋酸乙烯和聚乙烯醇在壁画修复中的应用研究》，《敦煌研究》1990年第3期。
② 李实、李云鹤等：《聚乙烯醇和聚醋酸乙烯在特殊环境中的光照老化试验》，《敦煌研究》1992年第4期。
③ 李云鹤：《莫高窟壁画修复初探》，《敦煌研究》1985年第2期。
④ 段修业、孙洪才：《莫高窟第108窟酥碱起甲壁画的修复报告》，《敦煌研究》1990年第3期。
⑤ 张伯元：《敦煌石窟的档案工作》，《敦煌研究》1988年第3期。
⑥ 王宝义、侯文芳：《莫高窟保护档案数据库系统》，《敦煌研究》1996年第2期。

删减等全过程微机化科学管理。张伯元总结了莫高窟石窟档案的制作过程大致分为三个阶段：资料的集结、石窟档案的建立、石窟档案的规范化。[1]而莫高窟保护档案的计算机管理系统包括石窟档案、工程档案、保护修复科学档案、照片管理和数据维护。[2]

---

[1] 张伯元：《浅谈莫高窟石窟档案的编制》，《敦煌研究》2000年第1期。
[2] 李最雄：《敦煌石窟保护工作六十年》，《敦煌研究》2004年第3期。

第 七 章

新时期关于敦煌宗教文献、古籍及科技文献的整理和研究

新时期关于敦煌宗教文献、古籍和科技文献整理与研究的主要特点是范围扩大,全面展开,几乎各类各种相关写本都被涉及,同时,分类的专题整理与研究成果比上一时期大为增多。

第一节 宗教文献与敦煌宗教史

李正宇《敦煌地区古代祠庙寺观简志》[1]依据敦煌文献及其他有关记载全面考察了敦煌地区古代出现过的每座祠庙、佛寺和道观的基本情况,奠定了进一步研究敦煌宗教史的基础。以下分佛教、道教和三夷教依次叙述相关成果。

一 佛教

袁德领最早对敦煌遗书中的佛教文书做了简要介绍。[2] 方广锠、许培玲亦对敦煌遗书中的佛教文献整体情况及其价值做过介绍。[3] 而概括性介

---

[1] 李正宇:《敦煌地区古代祠庙寺观简志》,《敦煌学辑刊》1980年第1、2期。
[2] 袁德领:《敦煌遗书中佛教文书简介》,《敦煌研究》1988年第1期。
[3] 方广锠、许培玲:《敦煌遗书中的佛教文献及其价值》,《西域研究》1996年第1期。

绍敦煌佛经的有王重民的遗稿《记敦煌写本的佛经》[①]、方广锠《敦煌遗书中的佛教著作》[②]、周丕显《敦煌佛教略考》[③]、曹文《从〈敦煌遗书〉看佛经写本》[④] 等。

对佛教典籍更加专门的介绍和整理，以方广锠的贡献为最大。其《敦煌文献中的〈金刚经〉及其注疏》[⑤]《敦煌遗书中的〈妙法莲华经〉及有关文献》[⑥]《敦煌遗书中的〈法华经〉注疏》[⑦]，以及和许培玲合作撰写的《敦煌遗书中〈维摩诘所说经〉及其注疏》[⑧]，对敦煌遗书中的上列几部佛典及其注疏做了全面介绍，并对佛典及各类注疏的研究价值做了分析和提示，为以后的研究提供了指南。在佛教典籍整理方面，他完成了《敦煌遗书中的〈般若心经〉译注》[⑨]《般若心经译注集成》[⑩]。并在他主编的《藏外佛教文献》第二、三两辑连载由黎明校勘整理的《净名经集解关中疏》[⑪]。其《佛教大藏经史》[⑫] 及相关论文，充分利用敦煌文献、传世文献和金石资料，将敦煌佛教文献和经录置于大藏经发展史中进行考察，尤其对写本时代大藏经发展历程进行了全面的讨论，系统考察了汉文大藏经的形成、发展过程，完全摆脱了以往仅仅依据传世资料叙述大藏经史的叙事

[①] 王重民：《记敦煌写本的佛经》，《敦煌吐鲁番文献研究论集》第 2 辑，北京大学出版社 1983 年版，第 1—25 页。

[②] 方广锠：《敦煌遗书中的佛教著作》，《文史知识》1988 年第 10 期。

[③] 周丕显：《敦煌佛经略考》，《敦煌学辑刊》1987 年第 2 期。

[④] 曹文：《从〈敦煌遗书〉看佛经写本》，《图书馆工作》1989 年第 2 期。

[⑤] 方广锠：《敦煌文献中的〈金刚经〉及其注疏》，《新疆文物》1995 年第 1 期。同文另刊于《世界宗教研究》1995 年第 1 期。

[⑥] 方广锠：《敦煌遗书中的〈妙法莲华经〉及有关文献》，《中华佛学学报》1997 年第 10 卷。

[⑦] 方广锠：《敦煌遗书中的〈法华经〉注疏》，《世界宗教研究》1998 年第 2 期。

[⑧] 方广锠、许培玲：《敦煌遗书中的〈维摩诘所说经〉及其注疏》，《敦煌研究》1994 年第 4 期。

[⑨] 方广锠：《敦煌遗书中的〈般若心经〉译注》，《法音》1990 年第 7 期。

[⑩] 方广锠：《般若心经译注集成》，上海古籍出版社 1994 年版。

[⑪] 黎明整理：《净名经集解关中疏》（上卷），收入方广锠主编《藏外佛教文献》第二辑，1996 年，第 175—292 页；同氏《净名经集解关中疏》（下卷），收入方广锠主编《藏外佛教文献》第三辑，1997 年，第 70—214 页。《藏外佛教文献》在新时期共出版了七辑，其中很多是敦煌藏外佛教文献。

[⑫] 方广锠：《佛教大藏经史》，中国社会科学出版社 1991 年版。

模式。周季文①、窦侠父②、杨雄③、杨曾文④和张勇⑤等多位学者亦曾从事对敦煌遗书中的《心经》和《金刚经》介绍和研究。杨富学则以出土文献为中心，对《法华经》在新疆、敦煌地区的传译情况进行了考察。⑥ 周绍良⑦和姚长寿⑧等则分别对《华严经》做了介绍或校勘。施萍婷对敦煌遗书中的《阿弥陀经》做了校勘。⑨ 黄明信、东主才让对藏文本和汉文本《大乘无量寿宗要经》做过勘对。⑩

对敦煌《坛经》的整理和研究，自20世纪30年代胡适首发其端，以后在中国大陆长期趋于沉寂。新时期再度得到学术界关注。拾文对学界过分重视敦煌本《坛经》而认为其系"最初"的"坛经"的观点提出质疑⑪；任继愈对敦煌本《坛经》中的"传法偈"以及敦煌本《坛经》对禅宗史的研究价值做了阐发⑫。郭朋《坛经校释》⑬是新时期我国第一部对敦煌写本《坛经》进行录校、注释的著作，书中还对胡适认为"《坛经》

---

① 周季文：《藏译汉音的〈般若波罗蜜多心经〉校注》，《语言研究》1982年第1期。
② 窦侠父：《散失在敦煌民间的唐写本〈金刚经〉》，《敦煌研究》1983年创刊号。
③ 杨雄：《〈金刚般若波罗蜜经讲经文〉补校》，《敦煌研究》1987年第4期。
④ 杨曾文：《净觉及其「注」般若波罗蜜多心经〉与其校本》，《中华佛学学报》1993年第6期。
⑤ 张勇：《〈梁朝傅大士颂金刚经〉版本源流考述》，项楚主编：《敦煌文学论集》，四川人民出版社1997年版，第403—426页。
⑥ 杨富学：《从出土文献看〈法华经〉在新疆、敦煌的传译》，《显密》1995年试刊号，此据《鸠摩罗什和中国民族文化——纪念鸠摩罗什诞辰1650周年国际学术讨论会文集》，新疆美术摄影出版社2001年版，第113—127页。
⑦ 周绍良：《五本普贤菩萨行愿品赞比勘》，敦煌研究院主编：《1990年敦煌学国际研讨会文集（石窟史地、语文编）》，辽宁美术出版社1995年版，第418—433页。
⑧ 姚长寿：《〈普贤行愿品〉与敦煌卷子中的相应资料》，白化文、邓文宽主编：《周绍良先生欣开九秩庆寿文集》，中华书局1997年版，第245—252页。
⑨ 施萍婷：《敦煌遗书〈阿弥陀经〉校勘记》，《敦煌研究》1989年第3期。
⑩ 黄明信、东主才让：《敦煌藏文写卷〈大乘无量寿宗要经〉及其汉文本的研究》，《中国藏学》1994年第2期。
⑪ 拾文：《敦煌写本坛经是"最初"的"坛经"吗？》，《法音》1982年第2期。
⑫ 任继愈：《敦煌〈坛经〉写本跋》，《1983年全国敦煌学术讨论会文集·文史遗书编》（下），辽宁美术出版社1987年版，第363—370页。
⑬ 郭朋：《坛经校释》，中华书局1983年版。代表郭氏较新思考的，可参阅《坛经导读》，巴蜀书社1987年版。

乃神会的作品"的观点提出不同看法，认为《坛经》乃慧能说法之记录，可据其研究慧能的思想。杨曾文《敦煌新本六祖坛经》①，首次对敦煌市博物馆收藏的《坛经》做了录校。但上述两部敦煌本《六祖坛经》的整理成果录文都不够完善，对敦煌写本俗字、借字等问题的处理还有不少地方有待商榷。②邓文宽《英藏敦煌本〈六祖坛经〉通借字》③，指出敦煌本《坛经》大量使用了通借字，要读懂此书，须用"敦煌学"的方法，而"确认通借字从而进行校理又是解决问题的关键"。潘重规《敦煌坛经新书》④，依据原件对敦煌本《坛经》释文做了校勘，并附有英藏、国图收藏品的图版。邓文宽《大梵寺佛音——敦煌莫高窟〈坛经〉读本》⑤，利用敦煌学方法完成了对敦煌本《六祖坛经》的整理。周绍良《敦煌写本坛经原本》⑥，公布了敦博本《坛经》的清晰图版。邓文宽、荣新江《敦博本禅籍录校》⑦，除了录文准确，校勘完备之外，还以附录的形式对俗体字、假借字作出详细说明。李申和方广锠对各种敦煌本《坛经》做了合校和简要注释。⑧

对《坛经》以外的禅宗典籍的整理以及对禅宗的研究，新时期也出现了很多成果。林世田、刘燕远、申国美将散在各处的敦煌禅宗文献集合影印出版，共收有三百件文书，但该书未有录文，且没有收录俄藏、国图藏、天津艺术博物馆藏、上海博物馆藏等敦煌文书中的禅宗文献。⑨李玉

---

① 杨曾文：《敦煌新本六祖坛经》，上海古籍出版社1993年版。修订版可参阅《新版敦煌新本六祖坛经》，宗教文化出版社2001年版。

② 相关评述，可参阅陈士强：《评〈敦煌新本六祖坛经〉》，《世界宗教研究》1994年第3期；[日]衣川贤次：《〈敦煌新本六祖坛经〉补校》，《俗语言研究》1996年第3期；邓文宽：《评〈敦煌新本六祖坛经〉》，《敦煌吐鲁番研究》第1卷，北京大学出版社1995年版，第395—409页。

③ 邓文宽：《英藏敦煌本〈六祖坛经〉通借字》，《敦煌研究》1994年第1期。

④ 潘重规：《敦煌坛经新书》，台北：财团法人佛陀教育基金会，1994年。

⑤ 邓文宽：《大梵寺佛音——敦煌莫高窟〈坛经〉读本》，台北：如闻出版社1997年版。

⑥ 周绍良：《敦煌写本坛经原本》，文物出版社1997年版。

⑦ 邓文宽、荣新江：《敦博本禅籍录校》，江苏古籍出版社1998年版。

⑧ 李申合校，方广锠简注：《敦煌坛经合校简注》，山西古籍出版社1999年版。

⑨ 林世田、刘燕远、申国美：《敦煌禅宗文献集成》（1—3卷），全国图书馆文献缩微复制中心1998年版。

昆认为敦煌遗书《泉州千佛新著诸祖师颂》是研究禅宗史和泉州佛教史的重要参考资料。① 杜斗城推测《历代法宝记》撰于唐大历年间，出自蜀地禅僧无住门人之手，并以此书为切入点，考察了蜀地禅学的有关问题。② 徐文明就蜀地智诜禅派的宗史和禅法做了探讨，提出了一些与杜斗城不同的看法，认为唐代有两位不同的处寂，唐姓处寂才是智诜的嫡传弟子。他还论述了无住禅风的南宗化特征。③ 徐文明还对禅宗第八代北宗弘正大师做了考论。④ 龙晦《论敦煌词曲所见之禅宗与净土宗》⑤，试图利用文学作品来考察禅宗的传播问题，别开生面。姜伯勤《论禅宗在敦煌僧俗中的流传》⑥，认为敦煌地区的禅宗呈现出南北宗混杂的特点。梅林对吐蕃归义军时期敦煌地区著名的禅僧所属寺籍做了考证。⑦

关于敦煌密教典籍的整理以及对敦煌密教的研究，有林世田、申国美《敦煌密宗文献集成》及其《续编》⑧，为敦煌密教的研究提供了文献的便利。宿白《敦煌莫高窟密教遗迹札记》⑨，利用敦煌考古资料探讨了唐代密教的发展情况。

牛汝极《回鹘佛教文献：佛典总论及巴黎所藏敦煌回鹘文佛教文献》⑩，全面介绍了回鹘文佛教文献的来源、分类、翻译及在世界各地的收

---

① 李玉昆：《敦煌遗书〈泉州千佛新著诸祖师颂〉研究》，《敦煌学辑刊》1995年第1期。
② 杜斗城：《敦煌本〈历代法宝记〉与蜀地禅学》，《敦煌学辑刊》1993年第1期。另可参阅同作者《敦煌本〈历代法宝记〉与蜀地禅宗》，释永寿主编：《峨眉山与巴蜀佛教——峨眉山与巴蜀佛教文化学术讨论会论文集》，宗教文化出版社2004年版，第326—337页。
③ 徐文明：《智诜与净众禅系》，《敦煌学辑刊》2000年第1期。
④ 徐文明：《禅宗第八代北宗弘正大师》，《敦煌学辑刊》1999年第2期。
⑤ 龙晦：《论敦煌词曲所见之禅宗与净土宗》，《世界宗教研究》1986年第3期。
⑥ 姜伯勤：《论禅宗在敦煌僧俗中的流传》，《九州学刊》1992年春季号。此据氏著《敦煌艺术宗教与礼乐文明》，中国社会科学出版社1996年版，第360—379页。
⑦ 梅林：《吐蕃和归义军时期敦煌禅僧寺籍考辨》，《敦煌研究》1992年第3期。
⑧ 林世田、申国美编：《敦煌密宗文献集成》（上、中、下），全国图书馆文献缩微复制中心1991年版；同作者《敦煌密宗文献集成续编》（上、下），全国图书馆文献缩微复制中心2000年版。
⑨ 宿白：《敦煌莫高窟密教遗迹札记》（上），《文物》1989年第9期；《敦煌莫高窟密教遗迹札记》（下），《文物》1989年第10期。
⑩ 牛汝极：《回鹘佛教文献：佛典总论及巴黎所藏敦煌回鹘文佛教文献》，新疆人民出版社2000年版。

藏情况，并对巴黎所藏回鹘文佛教文献做了整理和研究。

对敦煌文献中保存的三阶教文献的整理与研究，早期以日本学者矢吹庆辉成就最大。新时期中国学者有所贡献。方广锠主编的《藏外佛教文献》对三阶教文献进行了整理。① 郭朋《隋唐佛教》②、杨曾文《三阶教教义研究》③ 及《信行与三阶教典籍考略》④，都对"三阶教"的历史、教义有所研究。

敦煌写本疑伪经的整理与研究，新时期取得较大进展。方广锠主编的《藏外佛教文献》对《佛说孝顺子修行成佛经》《佛名经》《佛为心王菩萨说头陀经》《天公经》《佛母经》等部分疑伪经进行了录校。李正宇《唐宋敦煌世俗佛教的经典及其功用》⑤，通过《佛说天地八阳神咒经》写卷题记探究其在敦煌社会中的功用。才让、许得存等人考察了古藏文的《佛说天地八阳神咒经》。⑥ 方广锠对敦煌文献中的《佛说孝顺子修行成佛经》进行了校录，并对历代佛教经录中认定该经是伪经的说法进行了反驳，认为应该是有胡本依据的正典。⑦ 其后李丹禾对方氏的录文有所补正。⑧ 柴剑虹、白化文、郑阿财等都有专文对敦煌本《普贤菩萨说此证明经》进行研究，涉及此经的造作过程、语言等方面的问题。⑨ 李际宁《敦煌疑伪经典〈佛母经〉考察》⑩，认为《佛母经》的内容主要来源于《摩诃摩耶经》等涅槃类经典，受到了中亚传统祭祀仪礼的影响，并把佛教世界观和中国本

---

① 业露华：《佛性问答》，方广锠主编：《藏外佛教文献》第四辑，宗教文化出版社1998年版，第336—362页。方广锠：《大乘无尽藏法》，同氏主编《藏外佛教文献》第四辑，第363—372页。

② 郭朋：《隋唐佛教》，齐鲁书社1980年版。

③ 杨曾文：《三阶教教义研究》，《佛学研究》1994年第3期。

④ 杨曾文：《信行与三阶教典籍考略》，《世界宗教研究》1995年第3期。

⑤ 李正宇：《唐宋敦煌世俗佛教的经典及其功用》，《兰州教育学院学报》1996年第1期。

⑥ 许得存：《藏译佛典中的疑伪经》，《佛学研究》2000年第9期。

⑦ 方广锠：《敦煌写经〈佛说孝顺子修行成佛经〉简析》，《南亚研究》1988年第2期。

⑧ 李丹禾：《〈佛说孝顺子修行成佛经〉校录补正》，《古籍整理研究学刊》1998年第4、5期合刊。

⑨ 柴剑虹：《读敦煌写卷〈黄仕强传〉札记》，《敦煌语言文学研究》，北京大学出版社1988年版，第248—266页；此据氏著《敦煌吐鲁番学论稿》，浙江教育出版社2000年版，第84—101页；白化文、杨宝玉：《上海图书馆藏敦煌卷子812531号〈黄仕强传〉录文校注》，《敦煌学》第20辑，1995年，第23—30页。

⑩ 李际宁：《敦煌疑伪经典〈佛母经〉考察》，《北京图书馆馆刊》1996年第4期。

土的孝道思想结合在了一起。温玉成专文研究了《首罗比丘经》①。杜斗城《敦煌本〈佛说十王经〉校录研究》②及相关论文对反映敦煌地区宗教信仰、风俗习惯和民间生活的《佛说十王经》进行了录校，并着重对该件涉及的地狱问题做了探讨。

王书庆《敦煌佛学·佛事编》③，亦收集了敦煌文献中八十多篇有关佛事文，包括唐宋时期敦煌佛教与世俗社会互动的诸多方面。汪娟《敦煌礼忏文研究》④，首次对敦煌遗书中的各种礼忏文做了专题研究。杨富学利用敦煌文献结合其他资料探讨了佛教在回鹘中的兴衰情况。⑤ 谢重光考察了吐蕃时期和归义军时期敦煌的僧官系统和僧官活动的世俗化倾向。⑥ 荣新江考察了9—10世纪敦煌佛教的盛衰概况，并在日本学者研究的基础上，对归义军时期部分都僧统的生卒年代和生平事迹进行了考证。⑦ 姜伯勤讨论了敦煌文书和壁画题记中所见的"毗尼藏主"。⑧ 郑炳林、邢艳红对晚唐五代宋初敦煌文书所见"都师"的身份、地位、职责等问题进行了考察。⑨

利用敦煌资料探讨佛教信仰在新时期也取得了重要进展。龙晦《论敦煌词曲所见之禅宗与净土宗》⑩，考察了法照的词曲、释智俨的《大十二时》，以及其他一些作者无考但据内容可以断为净土宗的作品，指出净土宗重视民间演唱、讲求文学音乐。张先堂对净土五会念佛法门在敦煌的流传情况进行了梳理。⑪ 王静芬、孙修身等对观音、弥勒和文殊等

---

① 温玉成：《〈首罗比丘经〉若干问题探索》，《佛学研究》1999年第8期。
② 杜斗城：《敦煌本〈佛说十王经〉校录研究》，甘肃教育出版社1989年版。
③ 王书庆：《敦煌佛学·佛事编》，甘肃民族出版社1995年版。
④ 汪娟：《敦煌礼忏文研究》，台北：法鼓文化事业公司1998年版。
⑤ 杨富学：《佛教在回鹘中的传播》，柳存仁主编：《庆祝潘石禅先生九秩华诞敦煌学特刊》，台北：文津出版社1996年版。
⑥ 谢重光：《吐蕃占领期与归义军时期的敦煌僧官制度》，《敦煌研究》1991年第3期。另可参阅同作者《中古佛教僧官制度和社会生活》，商务印书馆2009年版。
⑦ 荣新江：《归义军史研究——唐宋时代敦煌历史考索》，上海古籍出版社1996年版。
⑧ 姜伯勤：《敦煌毗尼藏主考》，《敦煌研究》1993年第3期。
⑨ 郑炳林、邢艳红：《晚唐五代宋初敦煌文书所见都师考》，《西北民族学院学报》1999年第3期。
⑩ 龙晦：《论敦煌词曲所见之禅宗与净土宗》，《世界宗教研究》1986年第3期。
⑪ 张先堂：《晚唐至宋初净土五会念佛法门在敦煌的流传》，《敦煌研究》1998年第1期。

信仰进行了深入研究。① 杜斗城对敦煌五台山文献进行了系统搜集整理，并对相关的写卷年代以及文献涉及敦煌地区的五台山信仰、历史地理等问题进行了深入讨论。②

关于刘萨诃信仰，始于上一阶段陈祚龙的《刘萨诃研究——敦煌佛教文献解析之一》③。这个话题在新时期成为研究佛教信仰的一个热点。史苇湘《刘萨诃与敦煌莫高窟》④，对莫高窟壁画、塑像、绢画中有关刘萨诃的材料做了初步探讨。孙修身《莫高窟佛教史迹故事画介绍（三）》⑤《莫高窟佛教史迹故事画介绍（四）》⑥《斯坦因〈千佛图录〉图版十三的内容考释》⑦等文，对莫高窟壁画、绢画中的刘萨诃形象做了系统考察。同作者之《刘萨诃和尚事迹考》⑧，全面搜集排比了文字记载中有关刘萨诃生平的事迹。此外，孙氏在番禾故地进行实地调查时，发现一尊与莫高窟所见形象相同的番禾瑞像，经过比对，推测其为文献所记载番禾瑞像的原物。⑨结合这一发现，孙氏又对武威出土的拟名"凉州御山石佛瑞像因缘记"的石碑进行了解读。⑩孙氏的发现引起学术界的关注，张宝玺《圣容寺与"凉州山开瑞像现"》⑪、杜斗城《刘萨诃与凉州番禾望御山"瑞像"》⑫ 二

---

① 王静芬：《弥勒信仰与敦煌〈弥勒变〉的起源》，《敦煌研究》1988年第1期。孙修身：《四川地区文殊菩萨信仰述论》，《敦煌研究》1997年第4期。
② 杜斗城：《敦煌五台山文献校录研究》，山西人民出版社1991年版。
③ 陈祚龙：《刘萨诃研究——敦煌佛教文献解析之一》，《华冈佛学学报》1973年第3卷，第33—56页；后收入氏著《敦煌资料考屑》上册，台湾商务印书馆1979年版，第212—252页。
④ 史苇湘：《刘萨诃与敦煌莫高窟》，《文物》1983年第6期。另可参阅同作者《敦煌历史与莫高窟艺术研究》，甘肃教育出版社2002年版，第347—356页。
⑤ 孙修身：《莫高窟佛教史迹故事画介绍（三）》，《敦煌研究》1982年第2期。
⑥ 孙修身：《莫高窟佛教史迹故事画介绍（四）》，《敦煌研究》1983年第1期。
⑦ 孙修身：《斯坦因〈千佛图录〉图版十三的内容考释》，《西北史地》1984年第3期。
⑧ 孙修身：《刘萨诃和尚事迹考》，《1983年全国敦煌学术讨论会文集·石窟艺术编》（上），甘肃人民出版社1985年版，第272—310页。另可参阅同作者《刘萨诃和尚因缘故事》，《阳关》1983年第1期；孙修身：《从凡夫俗子到一代名僧的刘萨诃》，《文史知识》1988年第8期。
⑨ 孙修身：《古凉州番禾县调查记》，《西北民族文丛》1983年第3期。
⑩ 孙修身、党寿山：《〈凉州御山石佛瑞像因缘记〉考释》，《敦煌研究》1983年第1期。
⑪ 张宝玺：《圣容寺与"凉州山开瑞像现"》，《甘肃日报》1984年10月7日。
⑫ 杜斗城：《刘萨诃与凉州番禾望御山"瑞像"》，敦煌研究院主编：《段文杰敦煌研究五十年纪念文集》，世界图书出版公司1996年版，第162—166页。

第七章　新时期关于敦煌宗教文献、古籍及科技文献的整理和研究　261

文都是在孙修身的影响下写出的,但在认识上均未超过孙氏。马德《敦煌文书题记资料零拾》①,公布了《宋乾德六年修凉州感通寺记》,为研究宋代番禾瑞像的情况提供了资料。饶宗颐《刘萨诃事迹与瑞像图》②,进一步从史源学的角度分析了刘萨诃的相关文献文物资料。霍熙亮的《莫高窟第72窟及其南壁刘萨诃与凉州圣容瑞像史迹变》③,对莫高窟第72窟及其南壁刘萨诃与凉州圣容瑞像做了比较研究。此外,刘铭恕《刘萨诃与敦煌》④、张先堂《S.4654〈萨诃上人寄锡雁阁留题并序〉新校与初探》⑤、汪泛舟《〈萨诃上人寄锡雁阁留题并序呈献〉再校与新论》⑥ 等,都是对《因缘记》之外有关刘萨诃的敦煌文献的解读⑦。郑阿财《敦煌写本龙兴毗沙门天王灵验记与敦煌地区的毗沙门信仰》⑧ 对敦煌地区流行的毗沙门天王信仰进行了考察。罗世平《敦煌泗州僧伽经像与泗州和尚信仰》⑨,对泗州和尚信仰在敦煌的流传做了考察。王惠民《古代印度宾头卢信仰的产生及其东传》⑩,以敦煌遗书中的《请宾头卢疏》为例,说明请宾头卢事仪有一定的规范,宾头卢信仰有一定的规模。王惠民《独煞神与独煞神堂考》⑪,认为"独煞神"即千手千眼观音,"独煞"即观音之于阗语、藏语的音译,同时探讨了于阗与西藏佛教对敦煌佛教的影响。

利用敦煌文书研究寺院经济,中国学者在20世纪30年代曾做过一些工作,后来长期趋于沉寂。这一课题在新时期再度受到热捧。谢重光

---

① 马德:《敦煌文书题记资料零拾》,《敦煌研究》1994年第3期。
② 饶宗颐:《刘萨诃事迹与瑞像图》,《1987年敦煌石窟研究国际讨论会文集》,辽宁美术出版社1990年版,第336—349页。
③ 霍熙亮:《莫高窟第72窟及其南壁刘萨诃与凉州圣容瑞像史迹变》,《文物》1993年第2期。
④ 刘铭恕:《刘萨诃与敦煌》,《文史》1988年第1期。
⑤ 张先堂:《S.4654〈萨诃上人寄锡雁阁留题并序〉新校与初探》,敦煌研究院文献研究所编:《敦煌佛教文献研究》,兰州大学出版社1995年版,第32—46页。
⑥ 汪泛舟:《〈萨诃上人寄锡雁阁留题并序呈献〉再校与新论》,《敦煌研究》1997年第1期。
⑦ 相关研究综述,可参阅卢秀文:《刘萨诃研究综述》,《敦煌研究》1991年第3期。
⑧ 郑阿财:《敦煌写本龙兴毗沙门天王灵验记与敦煌地区的毗沙门信仰》,白化文、邓文宽主编:《周绍良先生欣开九秩庆寿文集》,中华书局1997年版,第253—264页。
⑨ 罗世平:《敦煌泗州僧伽经像与泗州和尚信仰》,《美术研究》1993年第1期。
⑩ 王惠民:《古代印度宾头卢信仰的产生及其东传》,《敦煌学辑刊》1995年第1期。
⑪ 王惠民:《独煞神与独煞神堂考》,《敦煌研究》1995年第1期。

《关于唐后期五代间沙州寺院经济的几个问题》[1]，对沙州寺院的等级结构和寺院经济的经营内容、特点等问题进行了初步探讨。姜伯勤《唐五代敦煌寺户制度》[2]及相关系列论文，主要对敦煌寺院依附阶层——寺户进行新的研究，探讨了吐蕃时期敦煌寺户的来源、寺户的管理人寺卿、寺户的编制、寺户的经济状况和政治地位等，以及归义军时期寺户制衰落过程中敦煌寺院的常住百姓、硙户、梁户等阶层的社会地位。作者虽以研究敦煌寺户制的各种表现形态及其衰落演变为中心，实际考察的范围牵涉敦煌佛教史的诸多方面，而作者的立意在于将此课题研究作为解剖中国3世纪以后部曲荫户制度衰落时中国封建社会经济结构变迁的一把钥匙。这种长时段考察的方法和思路，时至今日依然有很大的启发性。杨际平《吐蕃时期敦煌社会结构的某些变化》[3]，认为吐蕃时期敦煌寺院的寺户在受田与赋役负担方面和其他民户相同，但其地位应高于魏晋南北朝时期的部曲。寺户虽依附于寺院，同时亦受到政府的直接控制。张弓也讨论了敦煌寺户的来源及常住百姓的具体身份，并考察了寺户和常住百姓之间的联系和区别。[4] 同作者之《唐五代敦煌寺院的牧羊人》[5]，分析了寺院牧羊人的身份。姜伯勤[6]、唐耕耦[7]分别对寺院碾硙的经营方式和收入、硙户的性质等问题做过探讨。姜伯勤还对敦煌寺院的音声人及其身份地位进行了研究。[8]

利用敦煌寺院文书研究僧尼的社会生活在新时期取得了重要成就。郝春

---

[1] 谢重光：《关于唐后期五代间沙州寺院经济的几个问题》，韩国磐主编：《敦煌吐鲁番出土经济文书研究》，厦门大学出版社1986年版。

[2] 姜伯勤：《唐五代敦煌寺户制度》，中华书局1987年版。另可参阅谢重光：《敦煌学和经济史研究的新收获——读〈唐五代敦煌寺户制度〉》，《中国社会经济史研究》1989年第1期。

[3] 杨际平：《吐蕃时期敦煌社会结构的某些变化》，《敦煌吐鲁番出土经济文书研究》，厦门大学出版社1986年版。

[4] 张弓：《南北朝隋唐寺观户阶层述略——兼论贱口依附制的演变》，《中国史研究》1984年第2期。

[5] 张弓：《唐五代敦煌寺院的牧羊人》，《兰州学刊》1984年第2期。

[6] 姜伯勤：《敦煌寺院碾硙经营的两种形式》，《历史论丛》第3辑，1983年。

[7] 唐耕耦：《关于敦煌寺院水硙研究中的几个问题》，《文献》1988年第1期。

[8] 姜伯勤：《敦煌音声人略论》，氏著《敦煌艺术宗教与礼乐文明》，中国社会科学出版社1996年版，第509—526页。

文《唐后期五代宋初敦煌僧尼的社会生活》[①]及其相关系列论文[②]，依据具体文书资料探讨了敦煌地区僧尼的出家和受戒、生活方式、与寺院常住财产的关系、宗教活动、宗教收入、遗产的处理与丧事操办等社会生活的各个方面，揭示了与经律记载不同的图景，开创了一个新的研究领域。谢重光通过把普通僧众私有经济和世俗自耕小农经济进行比较分析，指出僧侣私有经济具有世俗化特点。[③] 李德龙《敦煌遗书所反映的寺院僧尼财产世俗化》[④]，通过分析僧尼个人财产的占有、僧尼遗产处理方式的变化说明当时敦煌僧尼经济已与世俗经济融为一体，寺院的实际经济生活在很大程度上脱离了佛教的清规戒律，寺院经济与世俗封建经济趋于同步，世俗化程度进一步加强。郝春文则从敦煌僧尼的生活方式说明其世俗化的特点，认为敦煌僧尼有住寺和住家两种生活方式。住家僧尼和亲属"合活"的方式是多种多样的，住寺僧尼也是各自独自生活。[⑤] 马德认为莫高窟是敦煌佛教教团的禅修之地，敦煌佛教教团在莫高窟所从事的各种佛教活动是僧俗共建的、圆融各宗各派的、社会化和世俗化的"入世

[①] 郝春文：《唐后期五代宋初敦煌僧尼的社会生活》，中国社会科学出版社1998年版。另可参阅荣新江：《〈唐后期五代宋初敦煌僧尼的社会生活〉评介》，《中国史研究》2000年第1期。

[②] 郝春文：《唐后期五代宋初沙州僧尼的宗教收入（一）——兼论儭司》，柳存仁等编：《庆祝潘石禅先生九秩华诞敦煌学特刊》，台北：文津出版社1996年版，第287—302页；《唐后期五代宋初沙州僧尼的宗教收入（二）——儭状初探》，敦煌研究院编：《段文杰敦煌研究五十年纪念文集》，世界图书出版公司1996年版，第449—461页；《唐后期五代宋初沙州僧尼的宗教收入（三）——大众仓试探》，《敦煌学辑刊》1996年第2期；《唐后期五代宋初沙州僧尼的宗教收入（四）——为他人举行法事活动之所得》，《敦煌学辑刊》1997年第1期；《关于唐后期五代宋初沙州僧俗的施舍问题》，荣新江主编：《唐研究》第3卷，北京大学出版社1997年版，第19—40页；《唐后期五代宋初敦煌僧人的税役负担》，《敦煌学辑刊》1998年第2期；《唐后期五代宋初敦煌寺院常住什物的数量及与僧人的关系》，《敦煌研究》1998年第2期；《唐后期五代宋初敦煌僧尼遗产的处理与丧事的操办》，《敦煌研究》1998年第3期；《关于唐后期五代宋初沙州僧团的"出唱"活动》，本书编委会编：《首都师大史学研究》第1期，首都师范大学出版社1999年版，第108—117页。

[③] 谢重光：《关于唐后期至五代间沙州寺院经济的几个问题》，《敦煌吐鲁番出土经济文书研究》，厦门大学出版社1986年版，第487—504页。

[④] 李德龙：《敦煌遗书所反映的寺院僧尼财产世俗化》，《山西大学学报》1995年第2期。

[⑤] 郝春文：《唐后期五代宋初敦煌僧尼的社会生活》，中国社会科学出版社1998年版，第76—94页。

佛教"①。

在敦煌寺院经济管理方面，唐耕耦对寺院会计文书作了介绍，分析了这些文书的重要价值②；《敦煌寺院会计文书研究》③ 对敦煌寺院入破历、常住什物历等会计文书做了缀合、复原和研究；《四柱式诸色入破历算会牒的解剖——诸色入破历算会稿残卷复原的基础研究》④ 一文详细解剖了四柱式诸色入破历算会牒的结构，为此类文书的缀合复原提供了范例。在此基础上，他又在《净土寺六件诸色入破历算会稿缀合》⑤ 一文中对净土寺的六件诸色入破历算会稿进行了缀合，为学者利用这些文书所蕴含的信息提供了便利。韩国磐《也说四柱结账法》亦对几件寺院四柱会计文书进行了研究。⑥

关于寺院的财产，郝春文考证了敦煌各寺常住什物的名目和数量、常住什物与僧人的关系、常住什物的来源等问题，并说明了敦煌僧尼和寺院常住斛斗的关系。⑦ 王尧、陈践在《榆林寺庙产牒译释》⑧ 一文中，介绍了瓜州榆林大寺所属的寺户、奴仆、牲畜、公产物品等寺庙财产。关于寺院的收入，姜伯勤认为在吐蕃时期，"田收"在寺院收入中仍占有重要地

---

① 马德：《莫高窟与敦煌佛教教团》，《敦煌吐鲁番研究》第 1 卷，北京大学出版社 1996 年版，第 161—176 页；《论莫高窟佛教的社会性》，《敦煌佛教文化研究》，甘肃社科纵横编辑部 1996 年版，第 135—143 页。

② 唐耕耦：《敦煌寺院会计文书》，《北京图书馆馆刊》1996 年第 1 期。

③ 唐耕耦：《敦煌寺院会计文书研究》，台北：新文丰出版公司 1997 年版。

④ 唐耕耦：《四柱式诸色入破历算会牒的解剖——诸色入破历算会稿残卷复原的基础研究》，《周绍良先生欣开九秩庆寿文集》，中华书局 1997 年版，第 126—141 页。

⑤ 唐耕耦：《净土寺六件诸色入破历算会稿缀合》，《敦煌吐鲁番研究》第 2 卷，北京大学出版社 1997 年版，第 259—284 页。

⑥ 韩国磐：《也说四柱结账法》，《敦煌吐鲁番出土经济文书研究》，厦门大学出版社 1986 年版，第 188—198 页。

⑦ 郝春文：《唐后期五代宋初敦煌寺院常住什物的数量及与僧人的关系》，《敦煌研究》1998 年第 2 期；《唐后期五代宋初敦煌僧人与寺院常住斛斗的关系》（上），《首都师范大学学报》1998 年第 3 期；《唐后期五代宋初敦煌僧人与寺院常住斛斗的关系》（下），《首都师范大学学报》1998 年第 4 期。亦可参阅同作者《唐后期五代宋初敦煌僧尼的社会生活》，中国社会科学出版社 1998 年版，第 123—189 页。

⑧ 王尧、陈践：《榆林寺庙产牒译释》，《敦煌吐蕃文书论文集》，四川民族出版社 1988 年版，第 1—9 页。

位，高利贷收入尚未对地产收入形成压倒性优势；而在归义军时期，沙州各寺收支帐中"利润入"增加，这时的寺院经济结构以高利贷、地产和加工业作为支撑。① 唐耕耦《乙巳年（公元九四五年）净土寺诸色入破历算会牒稿残卷试释》②，对 P.2032 号文书做了研究，分析了净土寺于 944 年收入的构成。郝春文认为新受具戒者要交纳一定数量的粮食，这是都司的经济来源之一；施舍是敦煌寺院常住什物的重要来源之一；施物在都司、寺院的经济收入中所占的地位不同。关于寺院的支出，郝春文研究了敦煌寺院的支出用途，说明了供应僧人饭食的条件。③ 唐耕耦认为敦煌报恩寺的财务管理相当健全，其经济审计制度具有现实意义。④ 郝春文除了对倪司、大众仓等机构的经济职能作了详细的说明之外⑤，还认为寺院的财产管理存在着漏洞，僧人通过两种手段侵蚀常住斛斗⑥。

二 道教

敦煌遗书中保存的道教文献计有 800 多件，但前两个阶段中国学者仅对其中个别文献做过整理和研究，如《老子化胡经》和《老子想尔注》。而日本学者如大渊忍尔等在敦煌道教文献的整理和研究方面却作出了世所瞩目的贡献。进入新时期以后，中国敦煌道教研究也逐渐赶了上来。尚林《敦煌道教文书概观》⑦、邵文实《敦煌道教试述》⑧、周维平《敦煌道教钩玄》⑨

---

① 姜伯勤：《唐五代敦煌寺户制度》，中华书局 1987 年版，第 122—126、311—328 页。
② 唐耕耦：《乙巳年（公元九四五年）净土寺诸色入破历算会牒稿残卷试释》，中国敦煌吐鲁番学会编：《敦煌吐鲁番学研究论文集》，汉语大辞典出版社 1996 年版，第 238—267 页。
③ 郝春文：《唐后期五代宋初敦煌僧尼的社会生活》，中国社会科学出版社 1998 年版，第 61—64、163—164、167—178、240—269 页。
④ 唐耕耦：《敦煌寺院会计文书研究》，台北：新文丰出版公司 1997 年版，第 281—335 页。
⑤ 郝春文：《唐后期五代宋初敦煌僧尼的社会生活》，中国社会科学出版社 1998 年版，第 283—332 页；《〈勘寻永安寺法律原庆与老宿绍建相争根由状〉及相关问题考》，《戒幢佛学》第二卷，岳麓书社 2002 年版，第 79—84 页。
⑥ 郝春文：《唐后期五代宋初敦煌僧尼的社会生活》，中国社会科学出版社 1998 年版，第 178—186 页。
⑦ 尚林：《敦煌道教文书概观》，《中国道教》1993 年第 4 期。
⑧ 邵文实：《敦煌道教试述》，《世界宗教研究》1996 年第 2 期。
⑨ 周维平：《敦煌道教钩玄》，《中国海洋大学学报》1999 年第 4 期。

都对敦煌道教文献做了概括性介绍。朱越利《道经总论》①，虽是对道经起源、产生与发展的总论性论述，但也涉及敦煌道经、藏外道经等内容。

真正具有研究性质的论文有卢国龙之《论理贯重玄之〈昇玄内教经〉》②和《将示重玄义　开发众妙门——〈本际经〉研读》③，两文主要以《昇玄内教经》和《本际经》为研究对象，对唐代道教重玄义学和哲学思想进行了分析。姜伯勤则重点以《本际经》为考察目标，对《本际经》与敦煌道教发展的关系、《本际经》所反映的道性论的问题做了阐发。④

万毅是新时期研究敦煌道教典籍的新锐。其陆续发表的系列论文和2000年完成的博士论文《敦煌本道教〈昇玄内教经〉与〈本际经〉研究》，不仅运用年代学、文献学和文书学的研究方法对《昇玄内教经》和《本际经》的文本、成书与流行年代进行了考证，并对《昇玄内教经》的教理体系，思想内容和渊源，与北周武帝宗教意识形态的关系，以及对隋代造作的《本际经》思想的影响进行了探讨，同时还对一件日本藏的《本际经》写卷做了说明。⑤

另一位在新时期就敦煌道教典籍发表系列论文的新锐是刘屹。其《敦煌十卷本〈老子化胡经〉新探》⑥，将十卷本现存的四个残卷作为一个整

---

① 朱越利：《道经总论》，辽宁教育出版社1995年版。
② 卢国龙：《论理贯重玄之〈昇玄内教经〉》，《中国道教》1992年第2期。
③ 卢国龙：《将示重玄义　开发众妙门——〈本际经〉研读》，《中国道教》1993年第4期。
④ 姜伯勤：《〈本际经〉与敦煌道教》，《敦煌研究》1994年第3期；《论敦煌本〈本际经〉的道性论》，《道家文化研究》第7辑（道教研究专号），上海古籍出版社1995年版，第221—243页。亦可参阅同作者《敦煌艺术宗教与礼乐文明——敦煌心史散论》，中国社会科学出版社1996年版，第199—252页。
⑤ 万毅的相关系列论文包括：《昇玄内教经》方面：《敦煌本〈昇玄内教经〉试探》，《唐研究》第1卷，北京大学出版社1995年版，第67—86页；《敦煌本〈昇玄内教经〉解说》《敦煌本〈昇玄内教经〉补考》，《道家文化研究》第13辑（敦煌道教文献专号），生活·读书·新知三联书店1998年版，第267—294页；《敦煌本道教〈昇玄内教经〉的文本顺序》，《敦煌研究》2000年第4期。《本际经》方面：《日本天理图书馆藏卷敦煌本〈本际经〉论略》，饶宗颐主编：《华学》第1辑，中山大学出版社1995年版，第164—180页；《敦煌道教文献〈本际经〉录文及解说》，《道家文化研究》第13辑（敦煌道教文献专号），生活·读书·新知三联书店1998年版，第367—484页。
⑥ 刘屹：《敦煌十卷本〈老子化胡经〉新探》，《唐研究》第2卷，北京大学出版社1996年版，第101—120页。

体来考察，提出了《化胡经》和"化胡经系"的研究理路，并探讨了《化胡经》的发展与李唐皇室的关系；《试论〈化胡经〉产生的时代》①，对《化胡经》产生及流行的时代提出了新的看法；《敦煌本〈老子变化经〉研究之一——汉末成书说质疑》②，对《老子变化经》产生于汉末的成说提出了质疑；《敦煌本〈昇玄内教经〉的卷次问题》③，就该经之卷次向万毅提出商榷；《广说品考》④，考订该品即《太上妙法本相经》卷二十一《广说普众舍品》，同时解决了该品的产生时代。

此外，马承玉以敦煌写本为主，结合史籍的记载，认为《洞渊神咒经》可能与东晋初年蜀汉道士的造作有关，当是永嘉丧乱后北方天师道与李家道合流的产物，并对东晋南北朝以至隋唐时期的流传情况进行了讨论。⑤

与对道教典籍的整理和研究相比，对敦煌道教史的研究成果相对较少。姜伯勤《沙州道门亲表部落释证》⑥，对《大番故敦煌郡莫高窟阴处士公修功德记》中所见"沙州道门亲表部落"做了考证，认为此群体是8世纪末吐蕃管辖沙州后由道士、女官及其有关内亲、外亲所组成的一个千户，其得以建立是吐蕃著名宰相尚绮心儿在沙州所推行的政策之产物。胡恩厚《敦煌莫高窟道教史迹考察》⑦、邵文实《敦煌道教试述》⑧、姜伯勤《道释相激——道教在敦煌》⑨ 等，分别对敦煌的道教史迹和敦煌的道教史做了介绍或初步考察。颜廷亮主要从文化的角度对敦煌地区的道教及其文

---

① 刘屹：《试论〈化胡经〉产生的时代》，《道家文化研究》第13辑（敦煌道教文献专号），生活·读书·新知三联书店1998年版，第87—109页。

② 刘屹：《敦煌本〈老子变化经〉研究之一——汉末成书说质疑》，潘重规主编：《庆祝吴其昱先生八秩华诞敦煌学特刊》，台北：文津出版社2000年版，第281—306页。

③ 刘屹：《敦煌本〈昇玄内教经〉的卷次问题》，《北京理工大学学报》2000年第2期。

④ 刘屹：《广说品考》，《首都师范大学学报》1999年第6期。

⑤ 马承玉：《从敦煌写本看〈洞渊神咒经〉在北方的传播》，《道家文化研究》第13辑（敦煌道教文献专号），生活·读书·新知三联书店1998年版，第200—225页。

⑥ 姜伯勤：《沙州道门亲表部落释证》，《敦煌研究》1986年第3期。

⑦ 胡恩厚：《敦煌莫高窟道教史迹考察》，《宗教学研究》1988年第1期。

⑧ 邵文实：《敦煌道教试述》，《世界宗教研究》1996年第2期。

⑨ 姜伯勤：《道释相激——道教在敦煌》，《道家文化研究》第13辑（敦煌道教文献专号），生活·读书·新知三联书店1998年版，第25—78页。

化进行了讨论。① 由于材料所限，以上成果大多停留在介绍的层面。

新时期中国学者在敦煌道教典籍整理，利用敦煌文献研究道教思想、文化和道教历史等方面都取得了一些重要成果。已经出现试图将敦煌道教文献置于中古时期的历史社会背景之下讨论，改变过去以考证敦煌道书为主要研究模式的积极尝试。并且也开始对敦煌道教文献进行集中整理。如《中华道藏》中所收敦煌道教佚经的释录成果和李德范所编的《敦煌道藏》等。② 但从整体上看，与国外的研究仍有差距，特别在敦煌道教文献整理方面，未能出现像大渊忍尔《敦煌道经》（目录编、图录编）那样的巨著。

三 三夷教

对敦煌三夷教文献的整理和研究，我国学者在20世纪30年代和50年代都出现过比较重要的成果，"文化大革命"时期趋于停滞，新时期这方面的研究亦取得了重要进展。

荣新江对敦煌长城烽燧下发现的粟特文古信札进行了释读和研究，证明祆教早在4世纪初期就由粟特商人带入中国，北朝隋唐文献中的"天神"即指祆教之神。③ 林梅村《从考古发现看火祆教在中国的初传》④，将斯坦因自藏经洞所获 Or. 8212/84 认作粟特语祆教残经，并以之讨论了祆教在中国的传播情况。但此说遭到质疑。林悟殊从佛教文献中钩稽出祆教内容，证明了敦煌有粟特祆教徒的存在。⑤ 张广达等对9—10世纪敦煌粟特人的祆教信仰作了细致考察。⑥ 郑炳林《唐五代敦煌的粟特人与佛教》⑦，通过爬梳敦煌文献中的零散记载，说明吐蕃和归义军时期的粟特人不但信仰佛教，还在佛教界

---

① 颜廷亮：《敦煌文化中的道教及其文化》，《敦煌研究》1999年第1期。
② 李德范编：《敦煌道藏》（五册），全国图书馆文献缩微复制中心1999年版。
③ 荣新江：《祆教初传中国年代考》，袁行霈主编：《国学研究》第3卷，北京大学出版社1995年版，第339页；后收入氏著《中古中国与外来文明》，生活·读书·新知三联书店2001年版，第277—300页。
④ 林梅村：《从考古发现看火祆教在中国的初传》，《西域研究》1996年第4期。
⑤ 林悟殊：《火祆教的葬俗及其在古代中亚的遗痕》，《西北民族研究》1990年第1期。
⑥ F. Grenet & Zhang Guangda, "The Last Refuge of the Sogdian Religion: Dunhuang in the Ninth and Tenth Centuries", *Bulletin of Asia Institute*, *New Series*, 10（Studies in Honor of Vladimir A. Livshits）, 1996, pp. 175–180.
⑦ 郑炳林：《唐五代敦煌的粟特人与佛教》，《敦煌研究》1997年第2期。

具有一定势力。姜伯勤《论高昌胡天与敦煌祆寺——兼论其与王朝祭礼的关系》①，利用敦煌文书中的相关记载论证敦煌的祆祠赛神已被纳入中国的传统祭祀活动中。

姜伯勤《敦煌白画中的粟特神祇》②，成功地考辨出敦煌白画中的持犬女神和持日月蛇蝎女神都是与祆教有关的粟特神祇。张广达进一步论证这幅敦煌白画上的形象很可能是善恶对立的祆教神祇妲厄娜和妲厄娲。③ 就神祇的定名而言，将右侧女神比定为妲厄娜，目前学界已达成共识；对于左侧女神的具体身份，上述两家的结论不尽相同。目前来看，将画面左侧女神的解读无论设定哪种方案，都还缺乏足够的证据，对这一问题的彻底解决或许仰赖于未来新材料的发现。谭蝉雪《敦煌祈赛风俗》④，简要论及赛祆时要设供、燃灯，还要用数十张画纸来描绘祆神。

张德麟《敦煌景教文献〈尊经〉中的一些问题》⑤，认为《尊经》与崇拜仪式无关。吴其昱《景教三威蒙度赞研究》⑥，将汉文写本的内容和叙利亚文的《荣归上帝颂》一一比较，确认了该经是叙利亚文的汉译。同氏《唐代景教之法王与〈尊经〉考》⑦，就 P.3847 中出现的法王名称及经目进行了考释，将该等名目在还原中世汉音的基础上，考证其叙利亚文或希伯来文、希腊文之原名。该文在佐伯好郎的基础上将该经的研究向前大大

---

① 姜伯勤：《论高昌胡天与敦煌祆寺——兼论其与王朝祭礼的关系》，《世界宗教研究》1993年第1期；后收入氏著《敦煌吐鲁番文书与丝绸之路》，文物出版社1994年版；收入氏著《敦煌艺术宗教与礼乐文明》，中国社会科学出版社1996年版，第477—508页。
② 姜伯勤：《敦煌白画中的粟特神祇》，《敦煌吐鲁番学研究论文集》，第296—309页。
③ 张广达：《祆教对唐代中国之影响三例》，《法国汉学》第1辑（谢和耐先生纪念专号），清华大学出版社1996年版，第143—154页；《唐代祆教图像再考——P.4518（24）的图像是否祆教神祇妲厄娜和妲厄娲》，《唐研究》第3卷，第1—17页。两文后收入氏著《文本、图像与文化流传》，广西师范大学出版社2008年版。
④ 谭蝉雪：《敦煌祈赛风俗》，《敦煌研究》1993年第4期；《敦煌的粟特居民及祆神祈赛》，梁尉英主编：《2000年敦煌国际学术讨论会——纪念藏经洞发现暨敦煌学百年：1900—2000（历史文化卷）》下册，甘肃民族出版社2003年版，第56—73页。
⑤ 张德麟：《敦煌景教文献〈尊经〉中的一些问题》，《孔孟月刊》第27卷第11期，1989年。
⑥ 吴其昱：《景教三威蒙度赞研究》，《史语所集刊》第57本第3分，1986年。
⑦ 吴其昱：《唐代景教之法王与〈尊经〉考》，《敦煌吐鲁番研究》第5卷，北京大学出版社2000年版，第13—58页。

地推进了一步。林悟殊《敦煌景教写本伯 3847 之再研究》①，指出《大秦景教三威蒙度赞》和《尊经》字体一模一样，显然出自同一人之手，虽同属同一写卷，但它们不仅内容和表达形式有别，而且各有本源，前者译自叙利亚文，后者则是直接用汉语撰成；二者均是独立写本，非同一经文。陈增辉对《志玄安乐经》的文本进行了释录和考证，对前人研究多有补充②。翁绍军将《志玄安乐经》作为唐代景教本色化的一个重要论据加以阐发，并认为经文中宣扬的"无"和"安乐"的思想源自道家，而该经是辑录道佛义理撰写而成。③ 黄夏年则从《志玄安乐经》中举出了数十个佛教术语，指出包括该经在内的很多景教经典都采用了大量的佛教术语，认为景教是以佛教为载体，主要通过佛教的教义来宣传自己的教义。④ 林悟殊对敦煌文书中的《大秦景教宣元本经》做了校录，并论证该经应是西安景教碑作者景净的作品，且撰作年代要早于景教碑。⑤ 20 世纪 40 年代末始公布于世的"小岛文书"，即《大秦景教宣元至本经》和《大秦景教大圣通真归法赞》，曾在学界引起很大关注。林悟殊和荣新江分别从景教教义和敦煌学两方面进行考证，确定小岛文书为伪⑥，近年洛阳景教经幢面世，为二人的判断提供了新的证据。⑦ 林悟殊对富冈文书（羽 460）和高楠文书（羽 459）也提出了质疑，他据两件文书的内容与内涵之矛盾，即文书卷面漂亮整洁、书写认真，但其经文内容存在明显纰缪、次序混乱、

---

① 林悟殊：《敦煌景教写本伯 3847 之再研究》，《敦煌吐鲁番研究》第 5 卷，北京大学出版社 2000 年版，第 59—77 页。
② 陈增辉：《敦煌景教文献〈志玄安乐经〉考释》，《1983 年全国敦煌学术讨论会文集·文史遗书编（下）》，第 371—384 页。
③ 翁绍军：《论汉语景教经文的传述类型》，《世界宗教研究》1996 年第 4 期。
④ 黄夏年：《中国唐代景教的再认识》，敦煌研究院编：《段文杰敦煌研究五十年纪念文集》，世界图书出版公司 1996 年版，第 521—535 页；同氏《景教与佛教关系之初探》，《世界宗教研究》1996 年第 1 期。
⑤ 林悟殊：《敦煌遗书〈大秦景教宣元本经〉考释》，《九州学刊》第 6 卷第 4 期，1995 年。
⑥ 林悟殊、荣新江：《所谓李氏旧藏敦煌景教文献二种辨伪》，《九州学刊》第 4 卷第 4 期，1992 年。
⑦ 冯其庸：《〈大秦景教宣元至本经〉全经的现世及其他》，葛承雍主编：《景教遗珍——洛阳新出土唐代景教经幢研究》，文物出版社 2009 年版，第 60—66 页。另可参阅张乃翥《跋河南洛阳新出土的一件唐代景教石刻》，《西域研究》2007 年第 1 期；后又发表该文《补正说明》，《西域研究》2007 年第 2 期。罗炤：《洛阳新出土〈大秦景教宣元至本经及幢记〉石幢的几个问题》，《文物》2007 年第 6 期；《再谈洛阳唐朝景教经幢的几个问题》，《世界宗教研究》2007 年第 4 期。

题文脱节等现象，怀疑经文是由教外人根据一些杂乱的经文，抄录凑合而成，完全不是当为一部神圣的经典来制作，而是现代人的精抄赝品。①

摩尼教的研究，林悟殊贡献最大。1987年，林悟殊出版了大陆首部关于摩尼教的论文集《摩尼教及其东渐》。②其《摩尼教入华年代质疑》③，重新讨论了摩尼教传入中国的情况，认为摩尼教大约在4世纪初已传入我国，在民间私下流传。《〈摩尼教残经一〉原名之我见》④，对《摩尼教残经》进行了研究，讨论了这部残经的本名及出于摩尼何典的问题，认为《摩尼教残经》的原名很可能是摩尼本人第五部经典《钵迦摩帝夜》，即《证明过去教经》。但迄今尚未发现任何可确认二者关系的其他语种译本，尚待新资料的佐证。他根据敦煌本《摩尼光佛教法仪略》所署年代论证了该经典的产生背景，指出汉文《摩尼光佛教法仪略》具有依托佛教和攀附道教的特点，不可能译自中亚语摩尼教经典，而是在华摩尼教法师为了适应唐代尊道重佛的气氛，直接用汉语撰写的说明其教整体概况的一份解释性文件。⑤他还考察了《下部赞》的汉译年代，指出在武后时期，汉文《下部赞》还未流行于世；而其汉译的时间下限不会迟于会昌年间；并指出《下部赞》的汉译流行必定是摩尼教借助回鹘重新入传中国内地的时期，具体为大历三年（768）至会昌二年（842）。⑥

---

① 林悟殊：《富冈谦藏氏藏景教〈一神论〉真伪存疑》，《唐研究》第6卷，北京大学出版社2000年版，第67—86页。

② 林悟殊：《摩尼教及其东渐》，中华书局1987年版；增订版，台北：淑馨出版社1997年版。

③ 林悟殊：《摩尼教入华年代质疑》，《文史》第18辑，中华书局1983年版，第69—81页。

④ 林悟殊：《〈摩尼教残经一〉原名之我见》，《文史》第21辑，中华书局1983年版，第89—99页。

⑤ 林悟殊：《敦煌本〈摩尼光佛教法仪略〉的产生》，《世界宗教研究》1983年第3期。另可参阅同作者《〈摩尼光佛教法仪略〉残卷的缀合》，《敦煌吐鲁番文献研究论集》第5辑，北京大学出版社1990年版，第179—201页；《英法藏〈摩尼光佛教法仪略〉敦煌写本原件考察》，初刊氏著《摩尼教及其东渐》，台北版，第203页，后收入氏著《敦煌文书与夷教研究》，上海古籍出版社2011年版，第27—29页。

⑥ 林悟殊：《摩尼教〈下部赞〉汉译年代之我见》，《文史》第22辑，中华书局1984年版，第91—96页；《伦敦藏敦煌写本〈下部赞〉原件考察》，李铮、蒋忠新主编：《季羡林教授八十华诞纪念论文集》，江西人民出版社1991年版，第871—900页；《敦煌摩尼〈下部赞〉经名考释——兼论该经三首音译诗》，《敦煌吐鲁番研究》第3卷，北京大学出版社1998年版，第45—51页。

第二节 敦煌古籍

这里的"敦煌古籍",指以上各学科学术史未涉及的古代典籍,按经、史、子、集顺序介绍。

一 经部

经部文献在新时期也开始出现从一般性介绍和个案整理研究向分类整理研究的转向。如顾颉刚、顾廷龙《〈尚书〉文字合编》[1],汇集历代不同字体《尚书》为一编,其中收录敦煌写卷35号之影本,是新时期收录敦煌本《尚书》写卷材料最全者。吴福熙《敦煌残卷古文尚书校注》[2],录校27个《尚书》残卷,是大陆学界对敦煌写本《尚书》的第一次全面整理。但由于作者对敦煌写本了解不够,存在收录不全、释文粗疏等问题。[3]而且,书名虽名"校注",但实际上并未作注。评论者认为此书"不足之处甚多,而发明极少"[4]。其中最具代表性的分类整理著作当推王素的《唐写本论语郑氏注及其研究》。[5] 该书分为上下两卷,上卷为"郑注"校录,择选9件为底本,其他20余件作为校本,另以敦煌本《论语集解》《论语白文》、刊本《论语集解》《论语义疏》《论语疏》,以及前人辑本或校勘本等作为参校本,对写本"郑注"残存的《为政》第二至《宪问》第十四各篇分别进行释录和校勘,恢复了半部唐代"郑注"的原貌;下卷汇集唐写本《论语郑氏注》之重要的研究成果。这一时期有关《论语郑氏注》的另一专题研究成果是陈金木的《唐写本〈论语郑氏注〉研究——以考

---

[1] 顾颉刚、顾廷龙:《〈尚书〉文字合编》,上海古籍出版社1996年版。
[2] 吴福熙:《敦煌残卷古文尚书校注》,甘肃人民出版社1992年版。
[3] 商榷文章如徐在国:《〈敦煌残卷古文尚书校注〉校记》,《古籍研究整理学刊》1996年第6期;《敦煌残卷〈古文尚书校注〉字型摹写错误例》,《敦煌研究》1998年第3期。
[4] 许建平:《敦煌出土〈尚书〉写卷研究的过去与未来》,《敦煌吐鲁番研究》第7卷,中华书局2004年版,第223—240页。
[5] 王素:《唐写本论语郑氏注及其研究》,文物出版社1991年版。

据、复原、诠释为中心的考察》①，该书分研究篇、实证篇和复原篇三个部分。其中研究篇从"三个层面"（考据、复原、诠释）和"十项主题"（该书所论十章）入手，对唐写本"郑注"进行了全面深入地总结性研究；实证篇以前篇为理论基础，对唐写本"郑注"现存《为政》至《公冶长》四篇进行了具体验证；复原篇则以前篇为验证样板，对唐写本"郑注"现存《雍也》至《宪问》八篇作了宏观推拟。李方《敦煌〈论语集解〉校证》②，对所收集的70号《论语集解》残卷做了释录，按《论语》二十篇次序编排，加上何晏《论语序》，总计二十一篇，每篇择用良本作底本，用其他敦煌本和传世本校勘，是对敦煌写本《论语集解》的第一次全面系统的整理。限于当时的条件，该书所收敦煌写本《论语集解》尚不完备，有些断裂的写本也未能缀合。③此外，许建平针对敦煌本《礼记音》陆续发表系列论文，对其作者及著作年代进行深入考察，认为该写卷并非徐邈所作，应该是5世纪的某位北方作者所为。④林平和就敦煌本《周易·王弼注》亦先后发表三篇论文⑤，用敦煌本与传世本相互比勘，并对其价值加以申说。以上许、林的研究亦可以看作对某类敦煌古籍的专题研究。

---

① 陈金木：《唐写本〈论语郑氏注〉研究——以考据、复原、诠释为中心的考察》，台北：文津出版社1996年版。另可参阅王素的书评，载于荣新江主编：《唐研究》第3卷，北京大学出版社1997年版，第475—482页。

② 李方可谓敦煌写本《论语集解》整理与研究的集大成者，其成果除《敦煌〈论语集解〉校证》（江苏古籍出版社1997年版）之外，另有《伯希和3271号写本〈论语集解〉的性质和意义》，《敦煌研究》1995年第4期；《唐写本〈论语集解〉校读零拾》，《出土文献研究》第3辑，1998年，第217—227页。

③ 参阅许建平书评，载于《敦煌吐鲁番研究》第5卷，北京大学出版社2000年版，第327—343页。

④ 以发表时间先后排序：《唐写本〈礼记音〉考》，《敦煌研究》1991年第2期；《唐写本〈礼记音〉著作时代考》，《中国典籍与文化论丛》第3辑，中华书局1995年版，第364—380页；《唐写本〈礼记音〉所见方音考》，《俗语言研究》第4辑，1997年，第72—75页；《〈礼记音〉补考》，《敦煌研究》1998年第3期。

⑤ 林平和：《敦煌伯2619、3872号唐写本周易王弼注残卷书后》，《"国立中央"大学人文学报》1993年第11期；《敦煌〈周易王弼注〉写卷佐证先贤校勘之学术价值》，《中国学术研讨会论文集——纪念高明先生八秩晋六冥诞》，台北：大安出版社1994年版，第23—38页；《敦煌〈周易王弼注〉写卷校订宋后刊抄本之学术价值》，《第二届近代中国学术研讨会论文集》，台北：万卷楼图书公司1999年版。

专题性整理和研究之外，一般性的介绍和单篇的个案考察在这一时期也不乏佳作。

陈红彦对新 881 号（BD14681）《尚书》做了校勘，并推测该件抄写于唐高宗时期，是卫包改字前的今字本《尚书》。① 伏俊琏《敦煌〈诗经〉残卷叙录》②，介绍了 29 种写本，增补陈铁凡未收的三种，却遗漏了陈氏已收的俄藏两种 L 编号的写本。黄瑞云对敦煌古写本《诗经》部分文字做了校释。③ 宁可《敦煌遗书散录二则》④，据原卷对 S.10V 的《毛诗音隐》重新释文，得出共计 144 字之音，补正了潘重规释文的漏录和误识。王松木《试论敦煌写本〈礼记音〉与徐邈音的同异关系》⑤，亦不同意向达、王重民等学者将《礼记音》定为徐邈所著，认为《礼记音》大体反映了北方文读系统，但在标音形式上多参照徐邈音的音注形式，其抄写时间应在 7 世纪初期。荣新江《〈唐写本论语郑氏注及其研究〉拾遗》⑥，揭出前列王书未收之唐抄本残片三件，包括上海博物馆藏本、66TAM：3/7、S.11910。王素也又拣出其前著未收录的 S.7003B《郑玄论语注》。⑦ 李方《唐写本〈论语皇疏〉的性质及其相关问题》⑧，将敦煌本与日本武内义雄校刊本《论语义疏》逐一对勘，认为该写本并非真正意义上的《皇疏》原形，应为讲经师为讲经需要而作的义疏提纲。许建平《北图藏殷 42〈论语音义〉残卷跋》⑨，对 BD10610（L0809）+ BD09521（殷 42）

---

① 陈红彦：《北京图书馆藏敦煌新 881 号〈尚书〉残卷校勘后记》，《北京图书馆馆刊》1997 年第 4 期。
② 伏俊琏：《敦煌〈诗经〉残卷叙录》，《第三届诗经国际学术研讨会论文集》，香港：天马图书有限公司 1998 年版，第 361—370 页。
③ 黄瑞云：《敦煌古写本〈诗经〉校释札记》，《敦煌研究》1986 年第 2、3 期；1987 年第 1、2 期。
④ 宁可：《敦煌遗书散录二则》（之一——《英藏 S.10 号〈毛诗郑笺〉卷背字音录补》），《敦煌吐鲁番研究》第 1 卷，北京大学出版社 1996 年版，第 313—315 页。
⑤ 王松木：《试论敦煌写本〈礼记音〉与徐邈音的同异关系》，《敦煌学》第 21 辑，敦煌学会编印 1999 年，第 71—78 页。
⑥ 荣新江：《〈唐写本论语郑氏注及其研究〉拾遗》，《文物》1993 年第 2 期。
⑦ 王素：《S.7003B 郑玄〈论语注〉（雍也、述而）解读——中国社会科学院历史研究所等编〈英藏敦煌文献〉的贡献》，黄正建主编：《中国社会科学院敦煌学研究回顾与前瞻学术研讨会论文集》，上海古籍出版社 2013 年版。
⑧ 李方：《唐写本〈论语皇疏〉的性质及其相关问题》，《文物》1988 年第 2 期。
⑨ 许建平：《北图藏殷 42〈论语音义〉残卷跋》，《敦煌吐鲁番研究》第 2 卷，北京大学出版社 1997 年版，第 337—340 页。

《论语音义》作了释录和解说。李丹禾对敦煌本《尔雅》残卷做了初步释录。①

二 史部

敦煌遗书中保存的史部典籍相对比较零散，所以，除保存的写本相对较多的《春秋后语》在新时期出现了专题性整理文本外，其他正史、编年史和杂史仍以介绍和个案整理与研究居多。

康世昌在20世纪70年代郑良树工作的基础上，发表系列论文对敦煌本《春秋后语》作了进一步的收集和释录，并对有关问题做了研究。② 王恒杰《春秋后语辑考》③，将敦煌本、清人辑本及散见的《春秋后语》集为一册，是对该书最全面系统的集录，然犹未完备。李际宁在该书之外发现国图藏原"味青斋敦煌秘籍"中有一件《春秋后语·秦语》（编号为新865，现编为BD14865）④，并作了释录和考释⑤。S.1439《春秋后语释文》残卷为今存唯一之《春秋后语》注本，罗振玉疑为五代人所注，王重民推测为唐人卢藏用所作，康世昌认为残卷与诸书所引之注不同，乃是另一种唐人注本。⑥ 许建平认为其体例与陆德明《经典释文》极为相似，以注音为主，兼及释义、辨字、收录异文⑦，在引用书籍和校勘、辑佚方面都有重要价值⑧。岑仲勉《跋敦煌抄本唐人作品两种》⑨，对P.2668和P.2501

---

① 李丹禾：《敦煌本〈尔雅〉残卷初释》，《古文献研究》第4辑，1989年，第252—254页。
② 康世昌：《孔衍〈春秋后语〉试探》，《敦煌学》第13辑，台北：新文丰出版公司1988年版，第112—131页；《〈春秋后语〉辑校》（上），《敦煌学》第14辑，台北：新文丰出版公司1989年版，第97—187页；《〈春秋后语〉辑校》（下），《敦煌学》第15辑，台北：新文丰出版公司1990年版，第9—86页；《〈春秋后语〉研究》，《敦煌学》第16辑，台北：新文丰出版公司1990年版，第61—116页。
③ 王恒杰：《春秋后语辑考》，齐鲁书社1993年版。
④ 李际宁：《味青斋敦煌秘籍佚卷存目点勘及其价值》，《敦煌学辑刊》1995年第1期。
⑤ 李际宁：《春秋后语拾遗》，《敦煌吐鲁番研究》第1卷，北京大学出版社1996年版，第335—338页。
⑥ 康世昌：《〈春秋后语〉研究》，《敦煌学》第16辑，第61—116页。
⑦ 许建平：《〈春秋后语释文〉校证》，《敦煌研究》1995年第4期。
⑧ 许建平：《〈春秋后语释文〉校读记》，《杭州大学学报》1996年第2期。
⑨ 岑仲勉：《跋敦煌抄本唐人作品两种》，《中华文史论丛》第1辑，上海古籍出版社1981年版，第152—156页。

保存的《阃外春秋》做了新的探索，指出唐人多"荃""筌"不分，否定了王重民早年认为"李荃"和"李筌"是两个人的说法。郭锋《简谈敦煌写本斯二五〇六号等唐修史书残卷的性质和价值》①，对该史书的性质做了新的探索，不赞同王国维的"盖占家所用历"②之说，认为该件系唐修史书，性质上属于春秋年历类编年史，大约作于唐中后期，名称似为古今年代历或年纪一类。他还用该史书与正史的相关记载做了比勘。同作者之《敦煌写本〈天地开辟以来帝王纪〉成书年代诸问题》③，对各写卷的抄写年代、原卷成书年代、作者及内容特色等有所讨论，认为此书的作者是宗显，原书约成书于东晋十六国时期。林聪明《虞世南帝王略论两写本校记》④，对敦煌本《帝王略论》做了校释。瞿林东《〈帝王略论〉——唐初史论的杰作》⑤，结合敦煌写本补充的资料，分析了《帝王略论》在中国历史评论发展史中的重要地位。

三 子部

敦煌遗书中保存的子部文献内容庞杂，很多内容已在相关学科介绍，这里重点介绍对敦煌类书的整理和研究，兼及少量对小说家、兵家和杂家的探索。

敦煌文献中保存了多种后世散佚的类书写本，新时期这类写本得到了学术界的关注，并取得了巨大的成就。其中用力最多、贡献最大的是王三庆。他最早对这类文本进行专题研究。其《敦煌本古类书〈语对〉研究》⑥，对敦煌本 P.2524《语对》进行了深入探讨，认为《语对》上承《类林》，另有

---

① 郭锋：《简谈敦煌写本斯二五〇六号等唐修史书残卷的性质和价值》，《敦煌学辑刊》1992年第 Z1 期。
② 王国维：《观堂集林》第四册，中华书局 1959 年版，第 1011—1012 页。
③ 郭锋：《敦煌写本〈天地开辟以来帝王纪〉成书年代诸问题》，《敦煌学辑刊》1988 年第 1、2 期合刊。
④ 林聪明：《虞世南帝王略论两写本校记》，《唐代研究论集》三辑，台北：新文丰出版公司 1992 年版，第 117 页。
⑤ 瞿林东：《〈帝王略论〉——唐初史论的杰作》，氏著《唐代史学论稿》，北京师范大学出版社 1989 年版，第 124—141 页。
⑥ 王三庆：《敦煌本古类书〈语对〉研究》，台北：文史哲出版社 1985 年版。

增编，下启《篡金》，在私家编纂类书史上占有重要的地位。其后，他又接连发表论文，对《事林》[①]《类林》[②]《励忠节钞》[③] 等类别分别进行整理和考释。在此基础上，将敦煌写本《修文殿御览》《励忠节钞》《类林》《事林》《事森》《雕玉集》《勤读书抄》《应机抄》《新集文词教林》《新集文词九经抄》《语对》《篡金》《北堂书钞》《蒙求》《兔园策府》《古贤集》《珠玉抄》等类书汇编为《敦煌类书》[④]，上下两巨册，分研究篇、录文篇、校笺篇、索引篇及图版篇五个部分，虽然录文尚不完善，但该书是对敦煌类书第一次全面系统的整理成果，为后来的进一步工作奠定了基础。

新时期还有一些其他学者关注敦煌类书的研究。黄维忠、郑炳林《敦煌本〈修文殿御览残卷〉考释》[⑤]，分析了该写本的定名、性质和作用等问题，推翻了以往研究者将其指为《华林遍略》的结论，肯定其乃《修文殿御览》无疑，为该卷的定名之争画上了句号。方南生《唐抄本类书〈励忠节抄〉残卷考》[⑥]，主要对英法所藏五个写卷做了全面考察，推测其成书年代当在唐太宗至高宗时期，与王三庆的推测有所不同[⑦]。郭长城《敦煌写本〈兔园策府〉研究》[⑧]，将 P.2573 和 S.1722 相缀合，使这一缀合本成为目前所知最完整的写本，包括书名、作者、序文及卷第一之辨天地、正历数、议封禅、征东夷、均州壤。同时对失去原注的 S.614、P.2573、S.1722 等进行补注。又对成书、流传、作者、引书等问题进行考察，他认为此书成书年代的上限当在唐太宗时期，下限不会晚于唐昭宗时期。周

[①] 王三庆撰，林艳枝助理：《敦煌古类书研究之一——〈事林一卷〉（伯4052号）研究》，《敦煌学》第12辑，敦煌学会编印1987年，第99—108页。
[②] 王三庆：《敦煌本〈类林〉校笺及其研究》（上），《敦煌学》第16辑，第117—166页；《敦煌本〈类林〉校笺及其研究》（下），《敦煌学》第17辑，第51—98页。
[③] 王三庆：《敦煌本〈励忠节抄〉研究》，《九州学刊》第4卷第4期，1992年。
[④] 王三庆：《敦煌类书》，台湾：丽文文化事业股份有限公司1993年版。
[⑤] 黄维忠、郑炳林：《敦煌本〈修文殿御览残卷〉考释》，《敦煌学辑刊》1995年第1期。
[⑥] 方南生：《唐抄本类书〈励忠节抄〉残卷考》，《文献》1994年第1期。
[⑦] 王三庆：《敦煌本〈励忠节抄〉研究》，《九州学刊》第4卷第4期，1992年。
[⑧] 郭长城：《敦煌写本〈兔园策府〉研究》，台北："中国文化大学"中文研究所，硕士学位论文，1985年。另可参阅同作者《敦煌写本〈兔园策府〉叙录》，《敦煌学》第8辑，敦煌学会编印1984年，第47—64页；《敦煌写本〈兔园策府〉逸注补》，《敦煌学》第9辑，敦煌学会编印1984年，第83—106页。

丕显《敦煌古钞〈兔园策府〉考析》[①]，认为《兔园策府》并非一般性质的蒙书，其正文、注文蕴含着丰富的文化史、文明史内容。刘进宝则重点分析了《兔园策府·征东夷》产生的历史背景，认为其与唐太宗、高宗时期中原王朝对高丽用兵有关。[②] 韩建瓴《敦煌写本〈古贤集〉研究》[③]，是较早专门研究《古贤集》的论文，介绍了《古贤集》的抄卷情况，并对《古贤集》进行全文校录，认为其可能创作于盛唐后期至中唐前期，应该是在当时科举制度、蒙学教育和文学创作的共同影响下产生的。吴枫、郑显文《〈珠玉抄〉考释》[④]，考证《珠玉抄》的成书年代上限为唐中宗神龙三年（707），下限为唐肃宗宝应元年（762），并据与之关系密切的《杂纂》和《杂纂》作者李商隐，推测《珠玉抄》成书于河南地区。王喆《〈珠玉抄〉成书年代及作者考》[⑤]，其观点和材料与吴、郑之文雷同。郑阿财《敦煌写本〈新集文词九经抄〉研究》[⑥]，搜罗英、法、俄等国藏本16件写本进行整理勘校，并论述了其内容、性质、引书、成书年代等问题。

敦煌遗书中保存的小说家类写本不多，新时期这类写本也得到了学术界的关注，既有理论性的探索，也有个案研究。柴剑虹《敦煌古小说浅谈》[⑦]，对"敦煌古小说"的概念进行探讨，认为该概念即敦煌莫高窟藏

[①] 周丕显：《敦煌古钞〈兔园策府〉考析》，《敦煌学辑刊》1994年第2期。后收入氏著《敦煌文献研究》，甘肃文化出版社1995年版，第142—165页。

[②] 刘进宝：《敦煌本〈兔园策府·征东夷〉产生的历史背景》，《敦煌研究》1998年第1期。又载《1994年敦煌学国际研讨会文集·纪念敦煌研究院成立50周年》（宗教文史卷上），甘肃民族出版社2000年版，第333—342页。

[③] 韩建瓴：《敦煌写本〈古贤集〉研究》，《敦煌语言文学研究》，北京大学出版社1988年版。

[④] 吴枫、郑显文：《〈珠玉抄〉考释》，黄约瑟、刘健明合编：《隋唐史论集》，香港大学亚洲研究中心1993年版，第214—221页。后收入《吴枫学术文存》，中华书局2005年版，第346—357页。

[⑤] 王喆：《〈珠玉抄〉成书年代及作者考》，《松辽学刊》（社会科学版）1996年第2期。

[⑥] 郑阿财：《敦煌写本〈新集文词九经抄〉研究》，台北：文史哲出版社1989年版。另可参阅同作者《敦煌写本〈新集文词九经抄〉校录》，《敦煌学》第12辑，第109—126页；《敦煌写本〈新集文词九经抄〉研究》，《汉学研究》1992年第4期。

[⑦] 柴剑虹：《敦煌古小说浅谈》，《敦煌学国际研讨会文集（石窟史地·语文编）》，辽宁美术出版社1995年版，第272—285页。后收入氏著《敦煌吐鲁番学论稿》，浙江教育出版社2000年版，第102—115页。

经洞所出小说类写本的总称，其范畴应该是敦煌写本中所有关于历史传闻、人物故事、鬼神灵异的文学作品，可分为志人类、志怪类、传奇类和幽默类四种。《搜神记》归入志人类下列的佛传、僧传故事；《冤魂志》（或称《还冤志》）属于志怪类下列的冥报、感应、灵验故事；《周秦行纪》属于唐人传奇小说；而《启颜录》属于幽默类。

张锡厚《敦煌写本〈搜神记〉考辨——兼论二十卷本、八卷本〈搜神记〉》①，是系统考究敦煌本《搜神记》的第一篇论文。他对敦煌本《搜神记》的写卷进行排比整理，考辨了它与今传二十卷本、八卷本（《稗海》本）《搜神记》的关系，认为《搜神记》残卷即是从干宝《搜神记》节选而成的抄本；敦煌本所有而今本未载的佚文，可以补入作为干氏书的一部分。但项楚认为敦煌本《搜神记》和《稗海》本《搜神记》存在某种联系，但和干宝所撰《搜神记》完全不相干。② 林聪明《敦煌本〈还冤记〉考校》③，将敦煌本与传世本做了比勘。高国藩《论敦煌本〈冤魂志〉》④，从民间文学的角度解读了其中十五则故事。林聪明将敦煌本与《太平广记》本《周秦行纪》进行了对勘。⑤ 邝庆欢对《周秦行纪》做了集校，并考察了其版本系统。⑥

王利器最早将敦煌本《启颜录》收入《历代笑话集》。⑦ 张鸿勋《谈敦煌本〈启颜录〉》⑧《敦煌本〈启颜录〉发现的意义及其文学价值》⑨，对《启颜录》的故事来源、成书时间做了探讨，指出《启颜录》中的大部

---

① 张锡厚：《敦煌写本〈搜神记〉考辨——兼论二十卷本、八卷本〈搜神记〉》，《文学评论丛刊》第16辑，1982年。后收入氏著《敦煌文学源流》，作家出版社2000年版，第501—528页。
② 项楚：《敦煌本句道兴〈搜神记〉本事考》，《敦煌学辑刊》1990年第2期。另可参阅同作者《敦煌本句道兴〈搜神记〉补校》，《文史》第26辑，中华书局1986年版。
③ 林聪明：《敦煌本〈还冤记〉考校》，《书目季刊》第15卷第1期，1981年。
④ 高国藩：《论敦煌本〈冤魂志〉》，《固原师专学报》1988年第4期。
⑤ 林聪明：《敦煌写本〈周秦行纪〉校记》，《大陆杂志》第57卷第5期，1978年。
⑥ 邝庆欢：《敦煌抄本〈周秦行纪〉残卷——集校及版本系统》，《中国古典小说研究专集》（五），台北：联经出版公司1982年版。
⑦ 王利器：《历代笑话集》，上海古籍出版社1981年版。
⑧ 张鸿勋：《谈敦煌本〈启颜录〉》，《学林漫录》第11辑，中华书局1985年版。
⑨ 张鸿勋：《敦煌本〈启颜录〉发现的意义及其文学价值》，柳存仁主编：《庆祝潘石禅先生九秩华诞敦煌学特刊》，台北：文津出版社1996年版，第133—159页。

分故事在最初应是口头创作，然后才由文人整理写定，集结成书的时间当在唐高宗显庆元年至唐玄宗开元十一年（656—724）。

敦煌遗书中保存的杂家类典籍只有《刘子》。该书亦称《新论》或《刘子新论》。林其锬、陈凤金将刘希亮影写刘幼云（廷琛）旧藏本敦煌本《刘子》残卷与法藏本做了对校。① 同作者《刘子集校》，自敦煌卷子中辑得五种《刘子》写本作为校勘材料，即 P. 3562、P. 2546、P. 3704、罗振玉和傅增湘校录的何穆忞旧藏本、傅增湘校录的刘希亮影写刘幼云旧藏本。后林、陈二氏《敦煌遗书〈刘子〉残卷集录》②，又增加了 P. 3636《残类书》引《刘子》残卷，并刊出六种《刘子》残卷的影印件，且附有详细的校勘记。许建平先后发表《敦煌遗书〈刘子〉残卷校证》③《敦煌本〈刘子残卷〉举善》④《敦煌遗书〈刘子〉残卷校证补》⑤《〈残类书〉所引〈刘子〉残卷考略》⑥，对前人探讨不足的 P. 3636《残类书》引《刘子》残卷进行了较为全面的释录和考证。荣新江《两种流散的敦煌〈刘子〉写本下落》⑦，考察了罗、刘二氏藏本的流传踪迹，指出罗本原件现存于日本东京国立博物馆，刘本原件现存中国国家图书馆（现编号为 BD14488）。同作者后在英国图书馆发现未刊之《刘子》残片 S. 12042。⑧

敦煌遗书中保存的兵家类写本仅见有《六韬》（P. 3454），且非完本，仅存 200 行。王继光《敦煌唐写本〈六韬〉残卷校释》⑨，推测该件为贞观初年之写本，是北宋删定之前的原本。其价值在于既可据之校勘传世本

---

① 林其锬、陈凤金：《一种未被著录的〈刘子〉敦煌残卷附校记》，《敦煌学辑刊》1984 年第 2 期；《一种未被著录的〈刘子〉敦煌残卷附校记勘误表》，《敦煌学辑刊》1985 年第 2 期。
② 林其锬、陈凤金：《敦煌遗书〈刘子〉残卷集录》，上海书店出版社 1988 年版。另可参阅顾廷龙《〈敦煌遗书刘子残卷集录〉序》，《文献》1988 年第 3 期。
③ 许建平：《敦煌遗书〈刘子〉残卷校证》，《杭州师范学院学报》1989 年第 5 期。
④ 许建平：《敦煌本〈刘子残卷〉举善》，《敦煌研究》1989 年第 3 期。
⑤ 许建平：《敦煌遗书〈刘子〉残卷校证补》，《杭州师范学院学报》1992 年第 1 期。
⑥ 许建平：《〈残类书〉所引〈刘子〉残卷考略》，《浙江社会科学》1993 年第 4 期。
⑦ 荣新江：《两种流散的敦煌〈刘子〉写本下落》，《书窗》1993 年第 1 期；另收入氏著《鸣沙集：敦煌学学术史和方法论的探讨》，台北：新文丰出版公司 1999 年版，第 295—300 页。
⑧ 荣新江：《英国图书馆藏敦煌汉文非佛教文献残卷目录（S. 6981—S. 13624）》，台北：新文丰出版公司 1994 年版，第 228 页。
⑨ 王继光：《敦煌唐写本〈六韬〉残卷校释》，《敦煌学辑刊》1984 年第 2 期。

的错误,又可借之窥见太公原本的面目。

四 集部

敦煌文献中保存的集部文献少于经、史、子部,但亦有重要价值。以下依文集的时代次序分别介绍其研究情况。

敦煌文献中的《文选》抄本有近 30 号,抄写时代均在隋唐时期,是现知时代最早的一批抄本。包括昭明原编白文无注本、流传至今的李善注本、李善注本之前佚名注本、《文选音》。李永宁《本所藏〈文选·运命论〉残卷介绍》①,确定敦煌研究院藏 0356 与 P.2645 实为一卷之裂,可相直接缀合。傅刚认为永隆本《西京赋》(P.2528)乃弘济寺僧"合成本",所依据的是薛综和李善两种底本。② 罗国威探讨了俄藏敦煌写本 Φ242 号《文选注》的文献价值。③ 其《敦煌本〈昭明文选〉研究》④,首次对敦煌本《文选》做了全面收集和校录,但搜罗不全,所收写卷仅达全部敦煌《文选》写卷的一半略强,释文也问题较多。同作者之《敦煌本〈文选注〉笺证》⑤,对天津艺术博物馆和日本永青文库所藏缀合本《文选注》做了释录、校勘和注释。饶宗颐《敦煌吐鲁番本〈文选〉》⑥,包括敦煌吐鲁番本《文选》的叙录,并影印刊布了全部文书图版。

敦煌写本《玉台新咏》(P.2503)存诗 10 首,其中不少是《文选》没有的作品,亦有与《文选》互见的作品。汪泛舟《〈玉台新咏〉杂考》⑦,对

---

① 李永宁:《本所藏〈文选·运命论〉残卷介绍》,《敦煌研究》1983 年第 3 期。
② 傅刚:《永隆本〈西京赋〉非尽出李善本说》,《中华文史论丛》第 60 辑,上海古籍出版社 1999 年版,第 210—221 页。
③ 罗国威:《俄藏敦煌写本 Φ242〈文选注〉的文献价值》,《古籍整理研究学刊》1998 年第 2 期。
④ 罗国威:《敦煌本〈昭明文选〉研究》,黑龙江教育出版社 1999 年版。
⑤ 罗国威:《敦煌本〈文选注〉笺证》,巴蜀书社 2000 年版。另可参阅同作者《永青文库藏敦煌本〈文选注〉补笺》,《新国学》,1999 年,第 346—357 页;《六朝文学典六朝文献》,巴蜀书社 2010 年版。
⑥ 饶宗颐:《敦煌吐鲁番本〈文选〉》,中华书局 2000 年版。
⑦ 汪泛舟:《〈玉台新咏〉杂考》,《敦煌研究》1987 年第 3 期。

P.2503《玉台新咏》的诗文、作者、版本体例、前人注释等分别作了考证和辨析，并推测该件为盛唐写本。

敦煌写本唐人文集有《王绩集》《故陈子昂集》《甘棠集》。张锡厚在王重民、吴其昱研究的基础上，分别对《王绩集》《故陈子昂集》做了进一步的校勘和考释。[①] 张锡厚《敦煌本〈甘棠集〉及刘邺生年新证》[②]，在上一时期吴其昱研究的基础上，对敦煌本《甘棠集》的文体特征、文学艺术性及其文献价值做了分析。指出《甘棠集》虽题为"集"，却与见诸书目著录的"别集"类作品有着截然不同的特点，它不是编集包括刘邺诗文的全部著述，而是专门选录表状笺启之类的文字。按其行文格式和表现手法，明显缺乏文学的艺术特性，与其说是文学作品，不如说是更接近表现官私事务的公文之一体。赵和平《敦煌表状笺启书仪辑校》[③]，第一次全文校录《甘棠集》，并作初步考释。其后发表《〈甘棠集〉的性质及传入敦煌的时间再探讨》[④]《刘邺年谱简编》[⑤]，对前著中言之不详的写本性质、传入敦煌的时间等问题作了深入探讨，认为《甘棠集》编撰的目的在为写"表状书启"等公文时参考之用，即表状笺启类书仪，在咸通中流入敦煌的可能性最大。已上成果后来结集为《敦煌本〈甘棠集〉研究》[⑥]。

敦煌写本唐人诗集主要有《王梵志诗》《高适诗集》《珠英集》《瑶池新咏集》，因《王梵志诗》具有显著的俗文学性质，其研究情况已在"敦煌文学"部分介绍。20世纪80年代伊始，有关高适诗的研究成果相继出现，如孙钦善以传世本（明覆宋分体十卷本为底本，参校清影宋抄本、明铜活字本）对勘敦煌写卷[⑦]，在其《高适集版本考》中区分了"高适诗

---

① 张锡厚：《敦煌写本〈王绩集〉残卷校补》，《甘肃社会科学》1986年第1期；《敦煌本〈故陈子昂集〉补说》，《敦煌学辑刊》1994年第2期。
② 张锡厚：《敦煌本〈甘棠集〉及刘邺生年新证》，《中国文化》1992年第10期，后收入氏著《敦煌本唐集研究》，台北：新文丰出版公司1995年版，第275—316页。
③ 赵和平：《敦煌表状笺启书仪辑校》，江苏古籍出版社1997年版。
④ 赵和平：《〈甘棠集〉的性质及传入敦煌的时间再探讨》，《北京图书馆馆刊》1999年第2期。
⑤ 赵和平：《刘邺年谱简编》，《北京理工大学学报》1999年第1期。
⑥ 赵和平：《敦煌本〈甘棠集〉研究》，台北：新文丰出版公司2000年版。
⑦ 孙钦善：《〈高适集〉校敦煌残卷记》，《文献》1983年第3期。

集"与"高适诗选"①。吴肃森注释高适佚诗三首,并对思想内容、艺术特点等进行探讨。② 施萍婷《敦煌写本〈高适诗〉研究》③ 指出,敦煌本《高适诗集》存有13种抄本,去其重复,共得79题104首(含1赋),除了P.3862所存36题50首全为"高适诗",另外P.2567、P.2552等写本所抄的高适诗49首亦当源自高适诗集,其他卷号保存的高适诗均散见于唐诗文选集内。敦煌本《高适诗集》中有8题8首不见于传世本,其他见于传世本的因时代较早,所存内容必然更接近于唐人原编《高适诗集》之原貌,因此具有重要文献价值和校勘价值。张锡厚《敦煌本〈高适诗集〉考述》④,梳理了敦煌文献所存高适诗的著录情况。

吴其昱《敦煌本〈珠英集〉两残卷考》《敦煌本〈珠英集〉中的14位诗人》⑤,对该集的编纂及作者进行了考证,并对该集在美学、文学史、史学和语言学等多方面的价值做了阐发。徐俊指出该集卷次排列上似乎大致遵循了官班为次的原则,并推测《珠英集》的编纂时间略晚于《三教珠英》成书时间,或在长安二年(702),其散佚当在宋元之际。⑥ 余欣则选取《珠英集》所载刘知几佚诗三首加以笺证。⑦

荣新江、徐俊《新见俄藏敦煌唐诗写本三种考证及校录》⑧,考出俄藏Дх.03861、Дх.03872+Дх.03874为唐蔡省风编《瑶池新咏》,是敦煌文献中保存的又一个久已佚失的唐人选唐诗残本。

---

① 孙钦善:《高适集校注》,上海古籍出版社1984年版。
② 吴肃森:《敦煌残卷高适佚诗初探》,《敦煌研究》1985年第3期。
③ 施萍婷:《敦煌写本〈高适诗〉研究》,黄永武、施萍婷合著:《敦煌的唐诗续编》,台北:文史哲出版社1989年版。
④ 张锡厚:《敦煌本〈高适诗集〉考述》,《文献》1995年第3期(注:同样内容另刊于《敦煌研究》1996年第1期)。
⑤ 吴其昱:《敦煌本〈珠英集〉两残卷考》《敦煌本〈珠英集〉中的14位诗人》,《法国学者敦煌学论文选萃》,中华书局1993年版,第476—521页。
⑥ 徐俊:《敦煌本〈珠英集〉考补》,《文献》1992年第4期。
⑦ 余欣:《敦煌本〈珠英集〉残卷所见刘知几佚诗三首笺证》,《敦煌学辑刊》1999年第1期。
⑧ 荣新江、徐俊:《新见俄藏敦煌唐诗写本三种考证及校录》,《唐研究》第5卷,北京大学出版社1999年版,第59—67页。另可参阅徐俊《敦煌诗集残卷辑考》,中华书局2000年版,第673—685页。

第三节　敦煌科技文献

敦煌藏经洞文献和莫高窟壁画中，保存了不少敦煌古代科学技术方面的珍贵资料，涉及医药卫生、天文历算、纸张印刷、手工织造、酿制技术等，其中尤以实用性的医书药方、算书、日历等为多，为研究4—10世纪之间科技史提供了新资料。前两个阶段，虽已有学者撰写论文关注这方面的材料，但未及开始全面的整理和系统的研究。新时期这方面资料的整理和研究也进入了分类整理的新阶段。周丕显《敦煌科技书卷丛谈》[①]，最早对敦煌遗书中的古本草、古历日、印刷术资料做了比较全面的介绍。孙国华《敦煌遗书中的科技文献》[②]，将山川地理、农业水利文献均纳入科技文献类，将星占、相书等归为"与迷信杂糅之科技资料"，甚至关注到字书、类书、童蒙文献、官文书中包含的科技因素。以下择要介绍对医药文献、天文历法、算术科技、纸张印刷，以及纺织技艺、农业技艺和冶炼技术等方面资料的整理研究情况。

一　医药文献

敦煌藏经洞发现的百余件医药文献，大多是隋唐五代时期的手抄本，是现存较早的医药文献之一。马继兴总结了敦煌医药文献具有五个方面的文献价值：极大丰富了隋唐前后医学典籍宝藏，为古籍的校勘和辑佚提供了重要资料，古佚"经方"的重要发现，多方面的医药学术成就，解决了在医史研究中若干长期争议的问题。[③] 他主编的《敦煌古医籍考释》[④]，收

[①] 周丕显：《敦煌科技书卷丛谈》，《敦煌学辑刊》1981年创刊号。
[②] 孙国华：《敦煌遗书中的科技文献》，《中国科技史料》1990年第2期。
[③] 马继兴主编：《敦煌医药文献辑校》，江苏古籍出版社1998年版，第28—52页。
[④] 马继兴主编：《敦煌古医籍考释》，江西科学技术出版社1988年版。马氏近年出版的《中国出土古医书考释与研究》（上海科学技术出版社2015年版）一书，其书中卷"敦煌古医书考释"部分收录的敦煌医药写卷部分（兼收个别吐鲁番等地出土的医学残卷及两种药值文书）共111种，沿袭在《敦煌古医籍考释》中所用的分类、体例，内容也大体相同，可以说是《敦煌古医籍考释》的增补再版。

集了敦煌古医籍写卷80余种，对每种医籍从书名、提要、原文、校注、按语及备考六个项目进行叙述。该书系统介绍了我国出土医学卷子的保存情况与敦煌医学卷子的来源、时代，敦煌医药文献的整理研究、文献学特征、学术价值等，是第一部整理研究敦煌医学文献的专著。次年，赵健雄等编著的《敦煌医粹——敦煌遗书医药文选校释》[1]出版，选取15种敦煌医药文献，以原文、校勘、注释、按语的体例进行校释。马继兴在《敦煌古医籍考释》的基础上补充资料，完成了《敦煌医药文献辑校》[2]，收录敦煌吐鲁番古医籍达84种，按题解、释文、校注等项目进行校录，影响颇广。丛春雨《敦煌中医药全书》[3]，收录的敦煌医药文献基本没有超出《敦煌古医籍考释》，且释文错误较多。同作者之《敦煌中医药精粹发微》[4]，系在《敦煌中医药全书》的基础上筛选出部分医经、诊法、本草和方剂进行解释，并说明其临床应用价值。王淑民《敦煌石窟秘藏医方——曾经散失海外的中医古方》[5]，从敦煌医学文献中选录较为完整的医方475首，按主治疾病分类，每类的解题介绍了古文献对该病的相关记述及方剂源流等内容。

在医药文献的分类方面，诸家多不相同，而且同一家在不同时期也有变化。如马继兴《敦煌古医籍考释》将敦煌古医籍写卷分为医经，五脏论，诊法，伤寒论，医术，医方，本草，针灸，辟谷，服石，杂禁方，佛教、道家医方，医史资料共十一类；《敦煌医药文献辑校》又分作医经诊法、医书医方、针灸疗法、其他医术四大类。赵健雄则分为医经诊法类、医术医方类、针灸药物类、养生辟谷类和佛教医方类五种类型。[6]《敦煌中

---

[1] 赵健雄等编著：《敦煌医粹——敦煌遗书医药文选校释》，贵州人民出版社1989年版。
[2] 马继兴等：《敦煌医药文献辑校》，江苏古籍出版社1997年版。
[3] 丛春雨主编：《敦煌中医药全书》，中医古籍出版社1994年版。相关校补文章，可参阅陈增岳：《读〈敦煌中医药全书〉杂识》，《古籍整理研究学刊》1997年第3期；《〈敦煌中医药全书〉补识》，《天津中医学院学报》1999年第3期；《〈敦煌中医药全书〉校理拾正》，《中医文献杂志》2002年第1期。
[4] 丛春雨：《敦煌中医药精粹发微》，中医古籍出版社2000年版。
[5] 王淑民：《敦煌石窟秘藏医方——曾经散失海外的中医古方》，北京医科大学中国协和医科大学联合出版社1999年版。
[6] 赵健雄、苏彦玲：《敦煌遗书医学卷考析》，《敦煌研究》1991年第4期。

医药全书》分为医理类、古藏医药类、针灸类、诊法类、本草类、医方类、道医资料类、佛医资料类、医事杂论九类。其著者后撰文又将敦煌古医籍分为医理类、古藏医药类、针灸类、诊法类、本草类、医方类和形象医学七个类型①。以下将从医经、本草、针灸、医方、形象医学五个方面来回顾敦煌医药文献研究在新时期的学术成就。

医经类。赵健雄《敦煌写本〈伤寒论·辨脉法〉考析》②，考订S.202与宋本《伤寒论》"辨脉法第一"相同，是现存最早的《伤寒论》传本。钱超尘《伤寒论文献通考》③，对S.202与P.3287残卷《伤寒论》的版本进行了考证。王淑民《敦煌卷子〈辅行诀脏腑用药法要〉考》④，对写本作者、成书时代进行了初步考察，并探讨了其与《汤液经法》《伤寒杂病论》三书方剂的关系。⑤ 谭宗达《敦煌本〈张仲景五脏论〉校勘》⑥，参以现存于朝鲜《医方类聚》之《无名撰五脏论》，对四件敦煌写本进行对校和注释，推测其作者乃托名张仲景以自重，并为版本溯源提供了的线索。同作者还对比了《张仲景五脏论》与《黄帝内经》五脏理论的相关内容。⑦ 杜雨茂等持不同观点，认为《张仲景五脏论》符合张仲景的学术观点，可能是梁《七录》所载之《张仲景评病要方》一卷的异名同书。⑧ 在成书和抄写年代的考证方面，赵健雄推测敦煌本《张仲景五脏论》乃隋唐时所作，收集了当时流行国内外民间的医疗经验，以脏象为核心，阐述病因病理、脏腑辨证、疾病诊断、药物炮

---

① 丛春雨：《谈敦煌古医籍的学术成就和文献价值》，《中医文献》1997年第4期。
② 赵健雄：《敦煌写本〈伤寒论·辨脉法〉考析》，《敦煌研究》1989年第4期。同文另刊于《甘肃中医》1989年第1期。
③ 钱超尘：《伤寒论文献通考》，学苑出版社1993年版。另可参阅同作者《伤寒论文献新考》，北京科学技术出版社2018年版。
④ 王淑民：《敦煌卷子〈辅行诀脏腑用药法要〉考》，《甘肃中医学院学报》1990年第4期；同文另刊于《上海中医药杂志》1991年第3期。
⑤ 王淑民：《〈辅行诀脏腑用药法要〉与〈汤液经法〉〈伤寒杂病论〉三书方剂关系的探讨》，《中医杂志》1998年第11期。
⑥ 谭宗达：《敦煌本〈张仲景五脏论〉校勘》，《敦煌研究》1986年第2期。
⑦ 谭宗达、王君：《敦煌本〈张仲景五脏论〉辑考》，《自然杂志》1986年第12期。
⑧ 杜雨茂、张喜奎：《敦煌张仲景〈五脏论〉残卷刍议》，《甘肃中医院学报》1990年第4期。

灸等知识，是易学易诵的医学基础读物。① 马继兴认为 P.2378 和 P.2755《张仲景五脏论》成书和抄写于唐初。② 谭宗达则认为 P.2378 乃晚唐至五代初曹议金时期的写本，而 P.2755 为吐蕃末期、归义军早期的写本。朱定华则将敦煌本《明堂五脏论》"明堂"解释为"形躯"与"人体"，提出将"明堂五脏论"直接译为"人体五脏论"③。王淑民、庞莎莎《敦煌吐鲁番出土古本〈五脏论〉的考察》④，将《明堂五经论》《张仲景五脏论》《耆婆五脏论》的内容及价值做了对比研究。张侬《敦煌〈脉经〉初探》⑤，分析了《脉经》内容；《敦煌〈脉经〉针灸学术浅述》⑥，主要讨论《脉经》的针灸部分的内容；《敦煌〈脉经〉七方考》⑦，考证了敦煌写本《脉经》中保存完整的七首古方，都是世人前所未闻的医史资料。王淑民对《玄感脉经》作了探析。⑧

本草类。谭宗达《敦煌本〈无名本草〉残卷考》⑨，对 P.3822 的时代、所载内容进行考证，认为该卷与《新修本草》联系密切。后来的研究证明此"无名本草"即《新修本草》。陈湘萍从文献学的角度对敦煌残卷《新修本草》进行了考察。⑩ 梁茂新《本草经集注写本年代考异》⑪，对现存于日本龙谷大学图书馆的敦煌本《本草集注》⑫ 的年代进行考证。尚志钧《敦煌出土〈本草经集注序录〉的考察》⑬《梁·陶弘景〈本草经集注〉

---

① 赵健雄：《敦煌写本张仲景〈五脏论〉简析》，《敦煌研究》1987 年第 4 期。
② 马继兴：《敦煌古医籍考释》，江苏古籍出版社 1998 年版，第 16—27 页。
③ 朱定华：《敦煌医学卷子〈明堂五脏论〉初探》，《上海中医药杂志》1987 年第 7 期。
④ 王淑民、庞莎莎：《敦煌吐鲁番出土古本〈五脏论〉的考察》，《中华医史杂志》1995 年第 1 期。
⑤ 张侬：《敦煌〈脉经〉初探》，《甘肃中医》1990 年第 2 期。
⑥ 张侬：《敦煌〈脉经〉针灸学浅述》，《甘肃中医》1991 年第 3 期。
⑦ 张侬：《敦煌〈脉经〉七方考》，《敦煌研究》1991 年第 4 期。
⑧ 王淑民：《敦煌脉书〈玄感脉经〉初探》，《上海中医药杂志》1987 年第 8 期。
⑨ 谭宗达：《敦煌本〈无名本草〉残卷考》，《敦煌研究》1987 年第 4 期。
⑩ 陈湘萍：《敦煌残卷〈新修本草〉文献学考察》，《上海中医药杂志》1988 年第 2 期。
⑪ 梁茂新：《本草经集注写本年代考异》，《中华医史杂志》1983 年第 3 期。
⑫ 可参由上山大峻整理影印本，刊于《敦煌写本本草集注序录·比丘含注戒本》，京都：法藏馆 1997 年版。
⑬ 尚志钧：《敦煌出土〈本草经集注序录〉的考察》，《中国医药学报》1986 年第 2 期。

对本草学的贡献》[1]等，对敦煌本《本草经集注》的序录及该件对本草学的贡献进行了论说，并推出了一个较为完善的新辑本[2]。对于敦煌遗书中保存的本草类写本的整理，先有谢海洲等辑佚《食疗本草》[3]，在敦煌本《食疗本草》（S.76）基础上对该书做了初步辑佚。其后谢海洲领衔重新辑复该书，收食物药260种。[4]郑金生、张同君《〈食疗本草〉译注》[5]，对该书做了白话翻译和注释。谭真《敦煌本〈食疗本草〉残卷初探》[6]、范新俊《敦煌遗书〈食疗本草〉残卷初探》[7]，亦对《食疗本草》做了释录和介绍。

针灸类。马继兴认为敦煌本《灸经图》（S.6168、S.6262，乃同一卷之裂）的绘成年代在10世纪以前，对校勘唐代古医籍具有参考价值。[8]赵健雄对P.2675《新集备急灸经》做了初步考察。[9]张侬《敦煌石窟秘方与灸经图》[10]，精选300余首医方，按方名、原文、简释、功效、主治、方解、应用、按语、歌诀等分类阐释。同作者之《敦煌〈灸经图〉残图及古穴的研究》[11]，着重考证《灸经图》的古代穴点，指出敦煌《灸经图》具有《内经》时代的针灸学痕迹和唐代早期的灸法特点，同时融入了敦煌地区化的针灸学特色。

医方类。王冀青在大英图书馆考察敦煌写本时发现S.3347＋S.3395＋

---

[1] 尚志钧：《梁·陶弘景〈本草经集注〉对本草学的贡献》，《北京中医药大学学报》1999年第3期。
[2] 尚志钧集校：《本草经集注》，人民卫生出版社1994年版。
[3] 谢海洲、马继兴、翁维健、郑金生辑佚：《食疗本草》，人民卫生出版社1984年版。
[4] 谢海洲：《中国烹饪古籍丛书》，中国商业出版社1992年版。
[5] 郑金生、张同君：《〈食疗本草〉译注》，上海古籍出版社1993年版。另可参阅李明：《〈食疗本草译注〉商补》，《河南师范大学学报》2013年第5期。
[6] 谭真：《敦煌本〈食疗本草〉残卷初探》，《1983年全国敦煌学术讨论会文集·文史遗书编》（上），甘肃人民出版社1987年版，第89—405页。
[7] 范新俊：《敦煌遗书〈食疗本草〉残卷初探》，《甘肃中医》1991年第3期。
[8] 马继兴：《敦煌出土的古针灸图》，《中国针灸》1985年第5期。
[9] 赵健雄：《敦煌写本〈新集备急灸经〉初探》，《中国针灸》1986年第1期。
[10] 张侬：《敦煌石窟秘方与灸经图》，甘肃文化出版社1995年版。
[11] 张侬：《敦煌〈灸经图〉残图及古穴的研究》，《敦煌研究》1995年第2期。相关考论，另可参阅同作者《敦煌遗书中的耳穴与耳孔灸法》，《中华医史杂志》1995年第3期。

S. 9987B$_2$ + S. 9987A 四残片，内容、纸质、书法、字体、格式、墨色等完全相同，为同一件之裂，作者认为该卷收集著录单验药方108首，是一部患者"依用自取"的救急手册。① 张瑞贤发现敦煌本《备急单验药方卷》与《龙门药方》有密切联系。② 谭真《敦煌古药方〈神仙粥〉剖析》③，认为《神仙粥》（P.3810）在医食同源、药味特性、辨正用膳、配伍得当、药理、剂型、炮制比例等诸多方面具有医学道理。李应存、柳长华将敦煌医学文献中记载的疗治五劳七伤等钟乳散养生方（Ф356）、治上气咳嗽吐血食疗方（Дx.10298）、赤白痢食疗方（P.2666V）、道家养生升仙方（S.6052）等做了阐发，比较了其与《千金方》在养生食疗上的联系。④ 史正刚对敦煌美容医方进行了探索，指出其在用药上以香药、脂药为主，重视养护。⑤ 招萼华讨论了敦煌医方中的男性学因素。⑥ 郑益民考察了治疗男性疾病方。⑦

形象医学资料。除医药文献外，敦煌石窟还保留了不少与古代医疗有关的壁画，被称作"形象医学"资料。丛春雨对"形象医学"做了说明。⑧ 王惠民对敦煌壁画"刷牙图"做了考察。⑨ 赵健雄介绍了壁画中反映古代运动健身和美容的内容。⑩ 见于莫高窟第272、428、205等窟的

---

① 相关缀合辑录及研究，可参阅王冀青：《敦煌唐人写本〈备急单验药方卷〉在英国首次发现》，《中华医史杂志》1991年，第71—75页；同作者《英国图书馆藏〈备急单验药方卷〉（S. 9987）的整理复原》，《敦煌研究》1991年第4期。

② 张瑞贤、王滨生、先静等：《洛阳龙门石窟药方与敦煌卷子〈备急单验药方卷〉同源》，《中华医史杂志》1998年第2期。

③ 谭真：《敦煌古药方〈神仙粥〉剖析》，《敦煌研究》1991年第2期；同作者《敦煌古药方〈神仙粥〉》，《体育文史》1992年第2期（文字系摘自上述《敦煌研究》一文）。另可参阅王进玉：《敦煌藏经洞"神仙粥"及其食疗价值》，《上海中医药杂志》1993年第11期。

④ 李应存、柳长华：《敦煌医学卷子中与〈千金方〉有关的养生食疗内容释要》，《西部中医药》2013年第3期。

⑤ 史正刚、虞舜：《敦煌美容医方特色述评》，《甘肃中医》1998年第6期。

⑥ 招萼华：《敦煌医方中的男性学浅述》，《上海中医药杂志》1991年第1期。

⑦ 郑益民：《敦煌石窟秘方中治疗阳痿方初探》，《福建中医药》1996年第2期。

⑧ 丛春雨：《论敦煌石窟艺术〈经变画〉中的情志因素与形象医学》，《甘肃中医学院学报》1990年第4期；《敦煌壁画"形象医学"的历史贡献》，《中医文献杂志》1998年第4期；《敦煌壁画"形象医学"的历史贡献》（续完），《中医文献杂志》1999年第1期。

⑨ 王惠民：《敦煌壁画刷牙图考论》，《敦煌研究》1990年第4期。

⑩ 相关介绍，可参赵健雄、徐鸿达等：《敦煌石窟医学史料辑要》，《敦煌学辑刊》1985年第2期。

菩萨、金刚力士的低腹大脐造型，则被认为与"气功"有关。①

医学界还对敦煌古医方的使用价值进行了探索。李永新《敦煌医学卷子疗鼓胀病方探析》②，就敦煌古方中治疗鼓胀的疗蛊水遍身洪肿方、葶苈六味饮、葶苈大枣泻肺汤、葶苈杏仁丸等方剂组方用药特色、制方特色进行了讨论。

二 天文历法文献

邓文宽《敦煌文献中的天文历法》③，对敦煌天文历法文献做了概要介绍。席宗泽《敦煌卷子中的星经和玄象诗》④，认为P.2512"星经"保存了二十八宿次位经和石甘巫三家星经。邓文宽指出《玄象诗》用通俗的诗句来描述星躔方位，反映了唐初天文知识的普及情况。⑤ 至于敦煌星图，上一阶段席宗泽已经做过研究，新时期继续得到中外学者的关注。⑥ 李约瑟《中国科学技术史》⑦复制刊布了这件星图，并且给予高度的评价。马世长《〈敦煌星图〉的年代》⑧，根据卷中"民"字避唐太宗讳缺末笔、不避唐睿宗"旦"字讳、卷后接着描绘的电神图中人物服饰的特征，认为该图抄绘于唐

---

① 张弘强、杜文杰：《敦煌石窟"脐密"初释》，《敦煌研究》1990年第2期；同作者：《敦煌石窟气功：一分钟脐密功》，甘肃科学技术出版社1990年版。另可参阅马德福、李重申、李金梅：《敦煌气功史料初探》，《社科纵横》1994年第4期；李重申、李金梅、李小唐：《敦煌石窟气功钩沉》，《敦煌学辑刊》2001年第2期。

② 李永新：《敦煌医学卷子疗鼓胀病方探析》，《甘肃中医》1997年第2期。

③ 邓文宽：《敦煌文献中的天文历法》，《文史知识》1988年第8期。

④ 席宗泽：《敦煌卷子中的星经和玄象诗》，薄树人主编：《中国传统科技文化探胜》，科学出版社1992年版，第45—66页。

⑤ 可参阅邓文宽：《比〈步天歌〉更古老的通俗识星作品——〈玄象诗〉》，《文物》1990年第3期。

⑥ [法]让-马克·博奈-比多、弗朗索瓦丝·普热得瑞、魏泓著，黄丽平译，邓文宽审校：《敦煌中国星空：综合研究迄今发现最古老的星图》（上），《敦煌研究》2010年第2期；《敦煌中国星空：综合研究迄今发现最古老的星图》（下），《敦煌研究》2010年第3期。

⑦ [英]李约瑟：《中国科学技术史》，中译本第四卷天学分册，科学出版社1975年版，第211—213页。

⑧ 马世长：《〈敦煌星图〉的年代》，《1983年全国敦煌学术讨论会文集·文史遗书编》（上），甘肃人民出版社1987年版，第367—372页。另可参阅同作者《敦煌星图的年代》，《中国古代天文文物论集》，文物出版社1989年版，第195—198页。

中宗时期。潘鼐从同卷所抄"占云气书"之"臣淳风言",及星图分野与《乙巳占》相同,认为不排除星图为李淳风所撰的可能。① 潘鼐认为敦煌市博物馆藏星图(编号076号)底本的绘制年代早在初唐时期,大抵总在开元、天宝以前星象体系转变的过渡时期。② 马世长则认为该星图既有与"全天星图"相似之点,也有和《新仪象法要》星图近似之处,这意味着该星图正处于"全天星图"和《新仪象法要》星图之间变化过渡的位置上。③

张培瑜《试论新发现的四种古历残卷》④,确定了现存最早的敦煌本太平真君历日的历法依据是《景初历》。刘操南对该残历做了录文和考订。⑤ 邓文宽对刘氏录文错误做了逐条辨析。⑥ 由于敦煌遗书中的历日多为残本,所以确定这些残历的年代是文献学整理的重要工作。日本天文学史专家薮内清找出了解决残历年代的科学方法,从而将残历的定年工作建立在坚实可信的基础上。⑦ 藤枝晃将薮内清的方法具体运用到敦煌残历年代的判定上。⑧ 施萍婷《敦煌历日研究》⑨,又取得新的进展,不仅详细解说了敦煌古历的定年方法和依据,还纠正了前人的某些疏失。席宗泽、邓文宽《敦煌残历定年》⑩,综合利用前人的定年方法,考订了多数敦煌历日的年代。严敦杰《跋敦煌唐乾符四年历书》⑪,补充了利用二十四节气和七十二物候

---

① 潘鼐:《中国古代恒星观测史》,学林出版社1989年版,第149、157页。
② 潘鼐:《中国古代恒星观测史》,学林出版社1989年版,第159页。
③ 马世长:《敦煌写本紫薇垣星图》,《中国古代天文文物论集》,文物出版社1989年版,第199—210页。
④ 张培瑜:《试论新发现的四种古历残卷》,《中国天文学史文集》第5集,科学出版社1989年版,第104—125页。
⑤ 刘操南:《北魏太平真君十一年十二年残历读记》,《敦煌研究》1992年第1期。
⑥ 邓文宽:《关于敦煌历日研究的几点意见》,《敦煌研究》1993年第1期。
⑦ [日]薮内清:《斯坦因敦煌文献中的历书》,《东方学报》(京都版)1964年第35期。中译本题为《研讨推定斯坦因收集的敦煌遗书中的历书年代的方法》,载于《西北史地》1985年第2期。
⑧ [日]藤枝晃:《敦煌历日谱》,《东方学报》1973年第45期。
⑨ 施萍婷:《敦煌历日研究》,《1983年全国敦煌学术讨论会文集·文史遗书编》(上),甘肃人民出版社1987年版,第305—366页。
⑩ 席宗泽、邓文宽:《敦煌残历定年》,《中国历史博物馆馆刊》1989年第12期。
⑪ 严敦杰:《跋敦煌唐乾符四年历书》,《中国古代天文文物论集》,文物出版社1989年版,第243—251页。另可参阅同作者《敦煌残历刍议》,《中华文史论丛》1989年第1期。

判定残历年代的方法。邓文宽《敦煌古历丛识》①，提出了利用纪日地支和建除十二客对应关系判定残历星命月份的方法。

新时期对敦煌天文历法进行整理成就最大者当推邓文宽。其《敦煌天文历法文献辑校》②《敦煌吐鲁番出土历日》③《敦煌吐鲁番天文历法研究》④《邓文宽敦煌天文历法考索》⑤ 和相关系列论文，全面系统地校录了敦煌天文历法文献，在这类文本定年和价值阐发方面也做了很多工作。如其《敦煌本北魏历书与中国古代月蚀预报》⑥，揭出了"北魏太平真君十二年历日"曾做过两次准确的月食预报，为迄今出土历日所仅见。

三 算书

藏经洞发现的写本算书（S.19、S.930V、S.4569、S.8336V、P.2490、P.2667、P.3349、Дx.02145V等），虽多为残卷，但内容丰富，是我国也是世界上迄今所见最古老的纸本算书。许康介绍了敦煌算书蕴含着的丰富的社会、经济、政治、军事、文化等多方面的信息，认为其数学水平已不亚于《孙子算经》《五曹算经》《夏侯阳算经》。⑦ 李并成《从敦煌算经看我国唐宋时代的初级数学教育》⑧，从计数教授、几何问题等方面分析了初级数学教育的状况。王进玉《敦煌遗书中的数学史料及其研究》⑨、王渝生《敦

---

① 邓文宽：《敦煌古历丛识》，《敦煌学辑刊》1989年第1期。
② 邓文宽：《敦煌天文历法文献辑校》，江苏古籍出版社1996年版。后来，作者本人又作出详细的补正，参阅《〈敦煌天文历法文献辑校〉零拾》，《庆祝吴其昱先生八秩华诞敦煌学特刊》，台北：文津出版社2000年版，第141—156页。
③ 邓文宽：《敦煌吐鲁番出土历日》，收入《中国科学技术典籍通汇·天文卷》第一册，河南教育出版社1997年版。
④ 邓文宽：《敦煌吐鲁番天文历法研究》，甘肃教育出版社2002年版。
⑤ 邓文宽：《邓文宽敦煌天文历法考索》，上海古籍出版社2010年版。
⑥ 邓文宽：《敦煌本北魏历书与中国古代月蚀预报》，《敦煌吐鲁番学研究论集》，书目文献出版社1996年版，第360—372页。
⑦ 许康：《敦煌算书透露的科学与社会信息》，《敦煌研究》1989年第1期。
⑧ 李并成：《从敦煌算经看我国唐宋时代的初级数学教育》，《数学教学研究》1991年第1期。
⑨ 王进玉：《敦煌遗书中的数学史料及其研究》，李迪主编：《数学史研究文集》第2辑，内蒙古大学出版社1991年版，第58—65页。

煌算书》① 均提要式地介绍了敦煌文献中保存的数学资料。

四　纸张及刻印技术

潘吉星自上一阶段即开始研究敦煌的写经纸，新时期出版的《中国造纸技术史稿》②，设专章讨论了敦煌石室写经纸的尺寸和原料，对写经纸的制造和加工技术也做了探讨。

白化文《敦煌汉文遗书中雕版印刷资料综述》③，分雕版印刷实物和文字记录两大类别，总结和概述了敦煌汉文文献中的雕版印刷资料。值得注意的是，白文"文字记录"列举的"京中李家印""西川过家真印本""西川印出本""重印本""发愿雕印"等，证明除敦煌印刷品外，还有唐朝都城长安、四川成都等地产品，都为我国早期印刷史提供了实物和史料证据。杨富学考察敦煌研究院所藏回鹘文木活字。④ 1988—1995 年，彭金章主持敦煌莫高窟北区石窟的发掘，新发现了数十枚回鹘文木活字，受到学界的高度重视。⑤ 莫高窟北区发现的回鹘文木活字上尚残存墨迹，表明莫高窟北区曾经有过印经活动，而北区石窟出土的活字版回鹘文文献中，有一些很可能就是在北区印刷的。⑥ 罗树宝《回鹘文木活字与印刷术的西传》⑦，认为回鹘文木活字的发现证明了维吾尔族的先民在传播印刷术上的贡献，也部分地说明了敦煌、吐鲁番出土大批回鹘文印刷品佛经的原因。

---

①　王渝生：《敦煌算书》，郭书春主编：《中国科学技术典籍通汇》（数学卷），河南教育出版社 1993 年版，第 401—420 页。

②　潘吉星：《中国造纸技术史稿》，文物出版社 1979 年版。

③　白化文：《敦煌汉文遗书中雕版印刷资料综述》，《大学图书馆通讯》1987 年第 3 期；舒学：《敦煌汉文遗书中雕版印刷资料综述》，中国敦煌吐鲁番学会语言文学分会编纂：《敦煌语言文学研究》，北京大学出版社 1988 年版，第 280—299 页。

④　杨富学：《敦煌研究院藏回鹘文木活字——兼谈木活字的发明》，《敦煌研究》1990 年第 2 期；《敦煌吐鲁番文献所见古代回鹘的印刷术》，《敦煌学国际研讨会论文集》，北京图书馆出版社 2005 年版，第 244—251 页。

⑤　彭金章、沙武田：《敦煌莫高窟北区洞窟清理发掘简报》，《文物》1998 年第 10 期。另可参阅彭金章《敦煌莫高窟北区洞窟的发掘及其意义》，甘肃省文物局、丝绸之路杂志社主编：《甘肃文物工作五十年》，甘肃文物出版社 1999 年版。

⑥　彭金章、王建军：《敦煌莫高窟北区洞窟所出多种民族文字文献和回鹘文木活字综述》，《敦煌研究》2000 年第 2 期。

⑦　罗树宝：《回鹘文木活字与印刷术的西传》，《印刷杂志》1998 年第 6 期。

五 其他科技史资料

除上述四个方面，敦煌发现的科技史资料还包括如纺织技艺、农业技艺和冶炼技术等。

纺织技艺方面。王进玉、赵丰《敦煌文物中的纺织技艺》[①]，从纺织原料、纺织器具、纺织品种、纺织图案等方面论述了唐代敦煌地区纺织业技艺的发达。

农业技艺方面。王进玉《敦煌壁画中农作图实地调查》[②]，著录了敦煌壁画保存的农作图近八十幅。同作者之《敦煌壁画中的粮食加工工具》[③]，依托敦煌壁画的实物资料，探讨了敦煌民众在粮食加工中对石磨、足踏碓的使用情况；《敦煌壁画中的粮食脱粒及扬场工具》[④]，则介绍了打场工具（连枷）、扬场工具（杈、木锨、簸箕、扫帚）等；《敦煌莫高窟四五四窟壁画中发现三脚耧播种图》[⑤]，介绍了敦煌壁画中留存的古代播种工具。

冶炼技术方面。赵承泽指出榆林窟第3窟的"锻铁图"，对于了解我国古代冶炼手工业利用风扇鼓风的情况具有一定价值。[⑥]

[①] 王进玉、赵丰：《敦煌文物中的纺织技艺》，《敦煌研究》1989年第4期。另可参阅王进玉《阳关内外的桑蚕业和纺织品》，《阳关》1983年第6期；《敦煌壁画纺车织机浅谈》，《丝绸史研究》1984年第3期。

[②] 王进玉：《敦煌壁画中农作图实地调查》，《农业考古》1985年第2期。

[③] 王进玉：《敦煌壁画中的粮食加工工具》，《农业考古》1988年第2期。另可参阅同作者《敦煌文物中的农史资料》，《古今农业》1991年第2期。

[④] 王进玉：《敦煌壁画中的粮食脱粒及扬场工具》，《农业考古》1994年第1期。

[⑤] 王进玉：《敦煌莫高窟四五四窟壁画中发现三脚耧播种图》，《农业考古》1986年第1期。

[⑥] 赵承泽：《敦煌学和科技史》，《1983年全国敦煌学术讨论会文集·文史遗书编》（上），甘肃人民出版社1987年版，第406—416页。

下 篇

转型期的敦煌学——21世纪的中国敦煌学（2001—2019）

本书中篇的叙述表明，中国的敦煌学在新时期（1978—2000年）实现了腾飞。至20世纪末，中国学者不仅在敦煌学诸多重要领域都达到了世界领先的水平，同时也掌握了国际敦煌学的主导权和话语权。在这样的背景下，新世纪的中国敦煌学应该如何发展，逐渐成为中国敦煌学家思考的问题。所以，敦煌学的转型，逐渐成为21世纪中国敦煌学的核心词。读者将会从本篇叙述看到，虽然敦煌学的研究在新时期也还是以传统题目和传统方法、范式为主，但新的视角、新的范式和新的方法已经越来越多地出现了。所以，我们将21世纪的中国敦煌学称为转型期的敦煌学。这一时期有两大特色：一是研究更加国际化；二是研究内容和研究方法更加多元化。

研究更加国际化一方面体现在中国敦煌学者的研究内容更多地可以与国际敦煌学者最前沿的研究接轨和对话；另一方面体现在国际敦煌学研究中中国学者有了更多的话语权甚至是主导权。基本上可以认为中国的敦煌学已与国际敦煌学融为一体。最近二十年，中国敦煌学界联络世界各国知名学者，相继在英、法、俄、日、美，以及中国的大陆、香港、台湾地区策划并组织了二十多次国际学术会议，成为推动国际敦煌学继续向前发展的核心力量。

二是研究内容和研究方法更加多元化。这一方面体现为传统的政治史、经济史等领域，在这一时期继续取得了丰硕成果；另一方面也突出体现在有更多的学者延续了上一阶段社会文化史研究思潮，继续在社会史、区域史、文化史等领域开拓和深耕；与此同时，从新的视角观察传统题目，以及积极开拓新领域的成果也日益增多。

本篇亦分四章按专题简要介绍转型期中国敦煌学的主要成就。

第八章

转型期的敦煌学理论与概说

本章分为五节，第一节是回顾对敦煌学学科理论的研究历程；第二节是介绍新兴的写本学兴起的历史；第三节和第四节是叙述有关敦煌学史和敦煌学概说的研究；第五节是关于中西文化交流史研究的回顾。前两节讨论的问题，均非始于转型期，但都是到转型期才成为重要问题，并有了基本共识。所以，关于敦煌学学科理论和写本学的叙述，有关成果的追述将根据需要向前延伸，不限于2001—2019年间。第五节因相关成果有限，分阶段叙述难以独立成节，故叙述的时间范围亦未限于2001—2019年间。

第一节 关于敦煌学内涵、定义及其性质的探索

一 作为名词、术语和学科名的"敦煌学"

长期以来，中国学者一直认为"敦煌学"一词是陈寅恪在1930年首先提出的。他在《敦煌劫余录序》指出："一时代之学术，必有其新材料与新问题。取用此材料，以研求问题，则为此时代学术之新潮流。……敦煌学者，今日世界学术之新潮流也。"[①] 直到1989年，池田温在《敦煌学与日本人》一文中，指出日本学者石滨纯太郎在1925年就已使用"敦煌学"一词。[②] 2000年，

---

① 陈寅恪：《敦煌劫余录序》，《中央研究院历史语言研究所集刊》1930年第1卷第2期。
② 可参阅［日］池田温《敦煌学与日本人》，1989年日文初刊；译文载《国际汉学》第1期，商务印书馆1995年版。

王冀青用具体材料证实了池田温的说法①，提出"敦煌学"一词的首创权应该归于日本学者，而不是中国的陈寅恪。需要说明的是，石滨纯太郎虽然在1925年大阪怀德堂的夏期讲座上多次提到了"敦煌学"，其讲座笔记亦被整理为《敦煌石室的遗书》，单行本于同年出版。但因大阪并非当时日本的学术中心，而《敦煌石室的遗书》则属于非卖品，印数很少。所以，石滨纯太郎的"首创"不仅在国际学术界影响不大，在日本也是知者寥寥。缘于这样的情况，郝春文在2011年发表的《论敦煌学》一文中提出，没有证据表明陈寅恪使用"敦煌学"一词是否受到了石滨纯太郎的影响。② 2014年，秦桦林在《"敦煌学"一词的术语化过程》一文中，提出石滨纯太郎和陈寅恪是分别独立地提出"敦煌学"一词③，这应该是符合历史实际的判断。

秦桦林还对"敦煌学"作为名词和专业术语进行了区分，并认为敦煌学的术语化过程是在20世纪40年代主要由中国学者推动完成的。④

其实，不论是名词还是术语，陈寅恪所起的作用都是决定性的。第一，陈先生的《敦煌劫余录序》首先发表于《史语所集刊》，该刊当时在国内外都具有很大影响。第二，《敦煌劫余录》作为北京图书馆藏敦煌遗书的第一部馆藏目录，是国内外研究者了解敦煌遗书必须参考的目录，而使用目录的人一般都会阅读陈序。第三，陈寅恪在国内外学术界的人气远大于石滨纯太郎。所以，就时间先后而言，石滨纯太郎虽然在1925年就使用了"敦煌学"一词，但并未导致该名词的流行，因而仅具有掌故意义。陈先生创造的"敦煌学"比日本人晚了几年，但经其振臂一呼，遂使这一名词在中国学术界不胫而走，并激励几代中国人发奋从事斯学研究。

实际上，直到20世纪80年代，多数研究者都是模糊地使用"敦煌学"一词，未遑探讨其内涵、性质及意义。最早把"敦煌学"当作学科名来探索的，是周一良。虽然周一良并不同意把"敦煌学"看作一个学科，但他是依据学科命名的理论来考察敦煌学的。这和以往的研究者模糊地使

---

① 王冀青：《论"敦煌学"一词的词源》，《敦煌学辑刊》2000年第2期。方广锠：《从"敦煌学"词源谈起——兼为王冀青先生补白》，《敦煌学辑刊》2001年第2期。
② 郝春文：《论敦煌学》，《光明日报》2011年2月17日11版。
③ 秦桦林：《"敦煌学"一词的术语化过程》，《敦煌研究》2014年第6期。
④ 秦桦林：《"敦煌学"一词的术语化过程》，《敦煌研究》2014年第6期。

用"敦煌学"大不相同。① 在此基础上,郝春文在《论敦煌学》一文中正式把"敦煌学"区分为名词和学科名两个概念进行讨论。②

可见,"敦煌学"一词在敦煌学史上,曾以名词、专业术语和学科名三种形式存在。直到今天,仍然是多数学者逐渐把敦煌学看作一门学科,同时有部分学者不同意把敦煌学当作一门学科,也有学者继续模糊地使用着"敦煌学"一词。

二 敦煌学的内涵

早期的"敦煌学"只是一个学术名词,所指仅为以研究敦煌文献为中心的新的学问或新的学术潮流。随着时间的推延,敦煌学的研究领域不断扩大。20世纪80年代以后,学术界方开始对其内涵、定义和性质等敦煌学理论问题进行探索。

现知最早对敦煌学的内涵进行阐述的也是日本的石滨纯太郎,他在前述大阪讲座中把"敦煌学"区分为狭义和广义两种。狭义的敦煌学仅限于研究敦煌文物,广义的敦煌学则包括吐鲁番、库车、和阗等地的文物。③ 中国学者最早关注这一问题的是姜亮夫。他在《敦煌学之文书研究》指出:"敦煌学之内涵,当以千佛岩、榆林窟诸石窟之造型艺术与千佛洞所出诸隋唐以来写本、文书为主。而复及古长城残垣、烽燧遗迹、所出简牍,及高昌一带之文物为辅。"④ 刘进宝则把敦煌学的内容归纳为敦煌遗书、敦煌石窟艺术、敦煌学理论和敦煌史地四项。⑤ 李正宇更认为:敦煌学就是研究敦煌古代文明(如政治、法律、语言、宗教、文学、艺术、风俗等)和物质文明(如山、河、大地、自然环境、衣食住行等)的学问。它以敦煌人群、敦煌社会、敦煌史地、敦煌石窟、敦煌文献、敦煌汉晋简

---

① 王重民:《敦煌遗书论文集》(周一良所作"序"),中华书局1984年版;周一良:《何谓"敦煌学"》,《文史知识》1985年第10期;后收入同作者《魏晋南北朝史论集续编》,北京大学出版社1991年版。
② 郝春文:《论敦煌学》,《光明日报》2011年2月17日11版。
③ 王冀青:《论"敦煌学"一词的词源》,《敦煌学辑刊》2000年第2期。
④ 姜亮夫:《敦煌学之文书研究》,《敦煌吐鲁番文献研究论集》第2辑,北京大学出版社1983年版,第26—42页。
⑤ 刘进宝:《试论敦煌学及其研究对象》,《(甘肃)社会科学》1988年第5期。

牍及敦煌同内地、周边往来关系为依托，植根敦煌，以地名学，四外辐射，溯古通今，具体实在而又博大精深。①

上文已经提到，郝春文在《论敦煌学》一文中，首次将其分为两种不同属性的对象来进行讨论。一种是作为历史名词或历史概念的敦煌学，一种是作为学科概念的敦煌学。作为一个名词或历史概念的敦煌学，其内涵具有不确定性，每个使用者在遵守命名学原则的基础上，都可以有自己的界定，每个读者也可以有自己的理解，可以见仁见智、人见人殊。对敦煌学而言，命名的原则就是它的空间范围必须限定在历史时期的敦煌，包括历史时期敦煌管辖的地区。如果某个地区曾经一度归敦煌管辖，这个地区在敦煌管辖的时间内可以划入敦煌学的范围。反之则不可。如果把历史时期不属于敦煌的地区划入敦煌学的范围，就违背了敦煌学因地名学的基本原则。所以，作为一个名词或历史概念的敦煌学也是有前提的，即它的空间范围不能跨越敦煌及其管辖地区。只有在这个前提下，使用者才可以对敦煌学各说各话。比如吐鲁番地区，历史上曾经隶属敦煌，在这样的时期吐鲁番地区当然可以划入敦煌学的范围。但在更长的历史时期吐鲁番并不隶属敦煌，包括吐鲁番文书所归属的主要时代。这样看来，把古代的吐鲁番和吐鲁番文书整体划入敦煌学的看法就不妥当了。当然，把新疆、西藏甚至更远的地方划入敦煌学的范围就更缺乏依据了。②

依据这样的认识，刘进宝、李正宇对敦煌学内涵的归纳虽表述不同，但其实质都是以古代敦煌管辖的空间和遗存为中心，应该都可自成一说，但刘的概括更为简明。而姜亮夫的定义则稍嫌宽泛。

总之，敦煌学的空间范围应该限于历史时期的敦煌，这一点现在已经成为学界的共识了。

三 敦煌学的学科性质

上文已经提到，最早对敦煌学的性质进行探讨的学者是周一良。他在王重民《敦煌遗书论文集》"序"中提出："敦煌资料是方面异常广泛、

---

① 李正宇：《敦煌学导论》，甘肃教育出版社2008年版，第1页。
② 郝春文：《论敦煌学》，《光明日报》2011年2月17日11版。

内容无限丰富的宝藏，而不是一门有系统成体系的学科。如果概括地称为敦煌研究，恐怕比'敦煌学'的说法更为确切，更具有科学性吧。"[1] 此后，他在《何谓"敦煌学"》一文中再次强调："'敦煌学'不是有内在规律、成体系、有系统的一门科学，用固有名词构成的某某学又给人不太愉快的联想，所以最好就让它永远留在引号之中吧。"[2] 林家平等认为"周一良先生等人的观点，比较多地强调了敦煌资料各部分之间的差异性，否定了这些资料本身是一个有机的整体"。敦煌"文物文献资料，大都产生于古代敦煌，共同的时空范围，使它们之间必然地存在着内在的联系。遗书与遗书之间、遗书与遗画以及佛窟之间、佛窟与佛窟之间、佛窟与墓葬以及建筑之间、遗书与古城遗址之间、木简与古碑以及遗书之间紧密交错地联系在一起，形成一个不可分割的有机体，比较全面而真实地反映着古代敦煌特有的历史风貌，同时也可窥见中国古代史、中西陆上交通史、中亚史的一些侧影"。关于敦煌学的性质，林氏等首先提出其属于"交叉学科"，认为"它不仅与其他相关学科部分地重叠交叉，而且敦煌学各部类之间也存在着交叉重叠关系"[3]。季羡林在《敦煌学大辞典》的"敦煌学"词条中，主要依据敦煌学的研究对象，确定敦煌学是"一门新兴的""综合性的学科"[4]。李正宇则认为敦煌学"是包容了诸多单体学科，兼有人文科学、自然科学及意识形态科学的特殊学科"[5]。以上关于"交叉学科""综合性学科"和"特殊学科"的定性，都是为了回答敦煌学的学科面貌与历史学、宗教学等依据内容分类的学科存在差异的问题，其中"交叉学科"的定性最具有启示意义。遗憾的是以上学者均未能在学理上对他们提出的学科定性进行论证，把敦煌学何以成立当作了不证自明的问题，因而也就未能有力地回应敦煌学不能成为一个学科的质疑。

---

[1] 王重民：《敦煌遗书论文集》（周一良所作"序"），中华书局1984年版，第3页。
[2] 周一良：《何谓"敦煌学"》，《文史知识》1985年第10期；后收入同作者《魏晋南北朝史论集续编》，北京大学出版社1991年版，第300—308页。
[3] 林家平、宁强、罗华庆：《试论敦煌学的概念、范围及其特点》，《兰州学刊》1984年第1期；又见《中国敦煌学史》，北京语言学院出版社1992年版，第2—7页。
[4] 季羡林主编：《敦煌学大辞典》，上海辞书出版社1998年版，第17页。
[5] 参看李正宇《敦煌学导论》第一章"绪论"，甘肃人民出版社2008年版。

四 敦煌学的定义及对其何以成立的理论论证

作为一门学科概念的敦煌学，与作为一个名词或专业术语的敦煌学有很大区别，其内涵应该有更加明确和具体的规定，不仅要证明它能够满足一门学科概念所需要的基本条件，还要对反对者提出的理由作出合理的分析。如上所述，认为敦煌学不能成为一门学科者最重要的理据就是：以地名学的敦煌学与依据内容分类的历史学、宗教学等学科相比，学科面貌不同，不是一门有系统成体系的知识体系。针对这一认识，郝春文在《论敦煌学》一文中将敦煌学的性质确定为新兴交叉学科，而交叉学科的特点就是与传统学科的面貌不同。如化学与物理学交叉形成了物理化学学和化学物理学，等等。[①] 物理化学学和化学物理学的学科面貌当然会与传统的物理学科和化学学科不同。

按现代学科分类，敦煌学的研究对象的内容不仅涉及宗教、历史、语言、文学、艺术、民族等文科的诸多学科，还涉及医学、数学、天文学等自然科学的一些学科。所以，多科性或多学科交叉是敦煌学的本质特征。但是，敦煌学不是其所涉及的十几个学科的简单综合，更不是把它所涉及的那十几个学科的全部内容统统包揽收容，变成一个多种学科的联合体[②]，而是由各学科与敦煌有关的部分组成的新兴交叉学科。作为交叉学科的敦煌学，与我们一般所说的交叉学科也有明显的不同。一般所说的交叉学科是指不同学科在认识世界过程中，用不同的角度和方法为解决共同问题产生的学科交融，经过反复论证和试验产生的新的学科领域。其核心和实质是两门以上不同学科的理论和方法互相渗透，渗透是为了解决同一问题。而敦煌学的多学科交叉则只是不同学科的材料在同一地域空间（敦煌）的交叉。因为诸多不同学科的资料都是在敦煌发现的，所以敦煌也就成了敦煌学的特定空间范围，是敦煌学区别于其他学科的特点和标志。如历史学是一门独立的学科，

---

① 郑晓瑛：《交叉学科的重要性及其发展》，《北京大学学报》2007年第3期。

② 李正宇认为敦煌学"是包容了诸多单体学科、兼有人文科学、自然科学及意识形态科学的特殊学科"，参见李正宇：《敦煌学导论》，甘肃人民出版社2008年版，第1页。李并成等也认为敦煌学"实际上是一门包括许多学科的群体性学问"。李并成主编：《敦煌学教程》，商务印书馆2007年版，第12页。

从整体上看，这门学科不属于敦煌学。但如果用敦煌出土的资料或研究敦煌地区古代的历史问题，就属于敦煌学的范围；当然，用敦煌出土的资料或研究敦煌地区的古代历史问题也还仍然属于历史学的范围。这样，敦煌学就与历史学产生了交叉。其他如宗教、语言、文学等学科的情况可以此类推。所以，以地名学的敦煌学是由与敦煌有关的诸多学科的相关部分组成的集合体（见图8-1，下图为寇志刚绘）。

因这个集合体与历史学、宗教学等单体学科面貌完全不同，所以，才有学者认为敦煌学不是一门学科。但是，敦煌学并不是简单集合体，而是具有内在联系、具有独特理论和方法的有机集合体，是一门有内在规律、自成体系、自成系统的由新材料发现而产生的新兴交叉学科。① 以上论证最终从理论上解决了敦煌学何以成立的问题。

关于敦煌学的定义，如上文所述，林家平等最早提出敦煌学是交叉学科，而季羡林则认为敦煌学是新兴的综合性的学科。这些论断主要是对敦煌学的定性，也可以看作是敦煌学的定义。但一般来说，一个学科的定义应该包括该学科的性质、研究对象与目的等要素。按照这样的要求，第一个定义敦煌学的学者是刘进宝。他指出："所谓敦煌学，就是指以敦煌遗书、敦煌石窟艺术、敦煌学理论为主，兼及敦煌史地为研究对象的一门学科。"② 这个定义对敦煌学的研究对象做了高度概括，至今看来仍是相对比较准确的概括。当然，这个定义也有明显的不

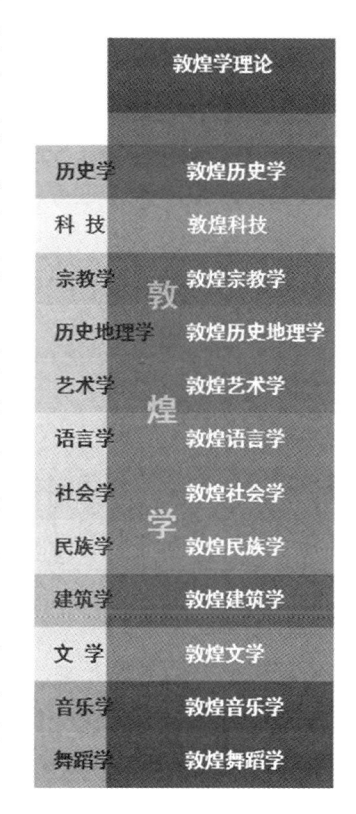

图 8-1

---

① 郝春文：《论敦煌学》，《光明日报》2011年2月17日11版。
② 刘进宝：《试论敦煌学及其研究对象》，《甘肃社会科学》1988年第5期。

足，即没有突出敦煌学的交叉学科特性，而交叉性恰恰是敦煌学带有根本性的特点。在此基础上，郝春文在《论敦煌学》中将敦煌学定义为：敦煌学是以敦煌遗书、敦煌石窟艺术、敦煌史迹和敦煌学理论等为主要研究对象，包括上述研究对象所涉及的历史、地理、社会、哲学、宗教、考古、艺术、语言、文学、民族、音乐、舞蹈、建筑、科技等诸多学科的新兴交叉学科。[1] 这个定义既包括了敦煌学的研究对象及所涉及的学科，也强调了其学科属性为新兴交叉学科。[2]

第二节　新兴的敦煌写本学

写本学是转型期新出现的敦煌学分支或研究领域。毫无疑问，明确提出敦煌写本学并对其理论加以探讨是2001年以后的事。但属于敦煌写本学领域的具体研究却早在20世纪70年代就已经出现了，如关于敦煌俗字的研究。虽然这类研究当时没有使用写本学的概念，但肯定应该属于敦煌写本学史观察的对象。

潘重规《敦煌俗字谱》[3]，是第一部从字型差异角度展示写本特点的工具书。此后，又有金荣华编《敦煌俗字索引》[4]、张涌泉《汉语俗字研究》[5]《敦煌俗字研究》[6]《汉语俗字丛考》[7]、黄征《敦煌俗字典》[8] 等，这些成果都对揭示敦煌写本的文字特征作出了贡献。但这些成果都仅限于探讨敦煌写本的一个方面的特征，尚无写本学的意识。

1991年，林聪明出版了《敦煌文书学》[9]，这是第一部系统探讨敦煌

---

[1] 郝春文：《论敦煌学》，《光明日报》2011年2月17日11版。
[2] 郝春文：《关于敦煌学之命名、内涵、性质及定义的探索历程》，《敦煌研究》2019年第4期。
[3] 潘重规：《敦煌俗字谱》，台北：石门图书公司1978年版。
[4] 金荣华编：《敦煌俗字索引》，台北：石门图书公司1980年版。
[5] 张涌泉：《汉语俗字研究》，岳麓书社1995年版；商务印书馆2010年增订本。
[6] 张涌泉：《敦煌俗字研究》，上海教育出版社1996年版。
[7] 张涌泉：《汉语俗字丛考》，中华书局2000年版。
[8] 黄征：《敦煌俗字典》，上海教育出版社2005年版。
[9] 林聪明：《敦煌文书学》，台北：新文丰出版公司1991年版。

写本特点的专著。2013年，张涌泉出版了《敦煌写本文献学》[1]，是探索敦煌写本文献特点的集大成之作。这两部专著虽然侧重点不同，但都是系统探讨敦煌写本特点的著作，应可称之为"学"了。正如上列书名所示，二者的核心词是不同的，一为"文书学"，一为"写本文献学"。需要说明的是，两部核心词不同的专著，其研究对象却是基本重合的。林聪明定义的"敦煌文书"，是包括写本、印本、拓本在内的所有敦煌遗书。他在《敦煌文书学》第一章"绪论"中，单设第一节"敦煌文书总名的商榷"，专门论证了"敦煌文书"一词应为敦煌遗书的总名。张涌泉的"敦煌写本文献"虽然不能包括印本和拓本，但在六万多件敦煌遗书中，印本和拓本仅有几十件，可以忽略不计。张涌泉虽然没有正面回应林聪明的"敦煌文书学"，却另外使用了"敦煌写本文献学"，这应该是考虑到敦煌遗书的主体部分是佛经，此外还包括大量的道教经典和儒家经典，这些典籍很难用"文书"名之。"敦煌写本文献学"这一名称应该受到了以刻本文献为研究对象的"版本学"的影响，其意图是从"版本学"中分化出一门独立的"写本文献学"[2]。此外，荣新江在《敦煌学十八讲》中则提出了"敦煌写本学"的概念。[3] 郑阿财和方广锠则都提出建立"写本学"[4]。

对于以上"敦煌文书学""敦煌写本文献学""敦煌写本学"，郝春文做了比较和分析。他认为：林聪明的"敦煌文书学"，对"文书"一词有自己的界定，并依据这一界定展开讨论，可以自成一说。但"文书"一词，无论是现代还是唐宋时期的定义，都很难包括全部敦煌遗书。所以，用"敦煌文书学"来概括以敦煌写本为主要研究对象的学问，不免会让人产生以偏概全的印象。而且，林聪明的"敦煌文书学"还会和近年流行的"中国古代文书学"中之"敦煌文书学"混淆，造成概念混乱。"敦煌写本文献学"一词，当然比"敦煌文书学"更加准确，但给人的感觉是偏重写本书写内容特

---

[1] 张涌泉：《敦煌写本文献学》，甘肃教育出版社2013年版。
[2] 张涌泉：《敦煌写本文献学》，甘肃教育出版社2013年版，第22页。
[3] 荣新江：《敦煌学十八讲》，北京大学出版社2001年版，第302—313页。
[4] 郑阿财：《论敦煌俗字与写本学之关系》，《敦煌研究》2006年第6期；方广锠：《遐思敦煌遗书》，氏著《随缘做去 直道行之——方广锠序跋杂文集》，国家图书馆出版社2011年版，第145—146页。

点的研究。而该书的内容也确实是围绕敦煌写本内容之特点展开的。但关于写本的研究，内容或文字之特点固然是重要的方面，但其材料和形式等也应该是重要的方面。其中包括写本的物质形态（质料等）和装帧形态等，这些都不是写本文献学所能容纳的。比较而言，荣新江提出的"敦煌写本学"似乎更恰当一些，可以涵括有关写本研究各个方面的内容。①

郝春文还对中国古代写本学和敦煌写本学的含义、研究对象、分期及研究内容做了界定，指出敦煌写本学是研究敦煌手写文本的学问。关注的是写本的特点，如写本的材料、书写工具、书写者，以及写本的形态和文本内容方面具有的一般性问题和方法问题，其关注重点不在某件具体写本，而是众多写本存在的一般问题和解决以上问题的方法。其目标是把敦煌写本的特点揭示出来，为人们准确地理解敦煌写本，正确地利用敦煌写本提供方便。其具体研究内容包括对写本学理论的探讨，涉及写本学定义、研究对象、研究方法等；关于写本的种类、来源、数量等问题的综合探讨；关于书写材料的探讨，如纸的制作、材料的来源和加工过程等；对书写工具和材料的探讨，包括对毛笔、硬笔和墨的探讨；对写本抄写者和对写本来源的探讨，即写本为何人所抄、抄于何地，使用或发出者属于何地、何人或何机构等；对写本形态的考察，包括写本的物质形态和装帧形态；对写本文本形态及抄写格式、抄写体例与各种标识符号、字体及其演变、俗语词、俗字、异文、印记、签押、款缝、题记的研究；对写本的二次加工及多次加工情况的研究；对写本内容的校勘以及名称、年代和性质的考证；关于写本正背关系研究；关于写本的断裂与缀合的研究；关于写本的辨伪方法的探索；等等。②

以下据以上界定，对中国写本学写本符号、写本断代、写本特征、写本辨伪、写本缀合等方面的成果略作回顾。

一 写本符号

1979年，曾荣汾《敦煌写卷书写符号用例试析》，对敦煌文献中出

---

① 郝春文：《敦煌写本学与中国古代写本学》，《中国高校社会科学》2015年第2期。
② 郝春文：《敦煌写本学与中国古代写本学》，《中国高校社会科学》2015年第2期；《中国古代写本学的特点》，《光明日报》2019年4月8日第13版。

现的删省、倒乙、重叠等符号进行分析，论证了"义有删节""句有重复""叠字叠词""文有倒乙""衍文删省"等多种作用的符号，揭开了敦煌写卷标点符号研究的序幕。① 李正宇《敦煌遗书中的标点符号》介绍了敦煌文献中的17种常见标点符号；② 后增录至21种，形体多达100多形。③ 张涌泉《敦煌写本标识符号研究》，举例探讨了敦煌写本中的删字号、钩乙号、重文号、省代号、句读号、层次号、勘验号、画押号等多种标识符号。作者指出敦煌写本符号繁多，形式多样，已形成比较完善的标识符号系统，但当时的标识符号还没有完全定型，一符多用或一号多符的现象都很普遍。④ 方广锠《略谈敦煌遗书的二次加工及句读》，指出敦煌遗书卷面上的二次加工，大体分为两类：第一类属于对文献内容的校对加工；第二类属于为便于阅读、理解而对文献内容所作的深加工，具体方法有句读、科分、点标、批注等。⑤ 王晶波等在全面普查敦煌文献的基础上，将敦煌文献中的书写符号按照性质和作用分为标识性符号、应用性符号、校改性符号和表意性符号四个大类，总结了各类符号的源流、特点和使用情况，并分析了敦煌文献书写符号在符号发展历史中的作用和意义。⑥

专门针对某种写本符号的研究成果也有不少。邓文宽《敦煌吐鲁番文献重文符号释读举隅》，指出敦煌吐鲁番文献中常见的重文现象有单字重文、双字重文、三字及以上重文、整句重文。⑦ 张涌泉《敦煌写本重文号研究》，考察了敦煌写本重文符号的形状与用法，追溯了其渊源流变，列

---

① 曾荣汾：《敦煌写卷书写符号用例试析》，《木铎》1979年第8期。
② 李正宇：《敦煌遗书中的标点符号》，《文史知识》1988年第8期。
③ 李正宇：《敦煌古代的标点符号》，《寻根》2010年第3期；《敦煌遗书标点符号及其价值意义》，《文献研究》第2辑，学苑出版社2011年版，第90—99页。
④ 张涌泉：《敦煌写本标识符号研究》，《汉语史学报》第10辑，上海教育出版社2010年版，第238—260页。增订版参阅同作者《敦煌写本文献研究》第十四章"标识符号"，第451—495页。
⑤ 方广锠：《略谈敦煌遗书的二次加工及句读》，氏著《方广锠敦煌遗书散论》，上海古籍出版社2010年版，第219—233页。
⑥ 王晶波、邹旭、张鹏：《敦煌文献书写符号的普查与分类研究》，《敦煌研究》2014年第5期。
⑦ 邓文宽：《敦煌吐鲁番文献重文符号释读举隅》，《文献》1994年第1期。

举辨析了敦煌写本中与重文号相关的疏讹例证。① 张小艳从考察写卷中的"卜"号使用的场合入手，揭示了"卜"号下所隐含的汉字相误的缘由：汉字的形近、音近、义近关系，固定词语的习惯作用，上下文语词及书写位置的影响，字迹不清等；论证这些"错"字对解读敦煌文献所具有的意义和作用：辨字释词、考察方音、校读写卷。② 张涌泉也对敦煌写本中的删字号及后人的误读举例做了说明。③ 张涌泉《敦煌写本省代号研究》，讨论了写本省代号的形状、用法、来源及与重文号的区别，阐述了省代号研究对古书校读的重要性。④ 同作者还详细探究了敦煌写本中的省书和省文问题，指出习见省书之词句，包括习语、套语、重句、引语等；常见的省文有省虚词和复名单称两类。⑤ 王晓平通过考证日本和朝鲜写本中的省代号，认为对敦煌文献乃至中国写本中的省代号在东邻的演化之研究，有利于东亚写本学的研究和构建。⑥ 张涌泉、陈瑞峰《古代写本钩乙号研究》，指出古书在流传中字句出现颠倒错乱是不可避免的，而常见的改正措施就是在颠倒的字词右侧标注钩乙号，钩乙符号通常是钩形、乙字形，另有用顿号或线形符号表示的实例等。⑦

二 写本断代

对敦煌写本的断代理论进行研究，国外学者关注较早。⑧ 自新时期以

---

① 张涌泉：《敦煌写本重文号研究》，《文史》2010年第1辑。
② 张小艳：《删字符号"卜"与敦煌文献的解读》，《敦煌研究》2003年第3期。
③ 张涌泉：《说"卜煞"》，《文献》2010年第4期。另可参阅同作者《敦煌写本文献学》第十章之"衍文和卜煞"，甘肃教育出版社2013年版，第322—352页。
④ 张涌泉：《敦煌写本省代号研究》，《敦煌研究》2011年第1期。另可参阅同作者《敦煌文献习见词句省书例释》，《浙江师范大学学报》2011年第1期。
⑤ 张涌泉：《敦煌写本文献学》第十三章之"省代、省书和省文"，甘肃教育出版社2013年版，第408—450页。
⑥ 王晓平：《从日本朝鲜写本看敦煌文献省代号研究》，《敦煌研究》2012年第6期。
⑦ 张涌泉、陈瑞峰：《古代写本钩乙号研究》，《浙江社会科学》2011年第5期。另可参阅同作者《敦煌写本文献学》第十一章之"错乱和钩乙"，甘肃教育出版社2013年版，第354—374页。
⑧ [法]戴仁：《敦煌和吐鲁番写本的断代研究》，耿昇译，《法国学者敦煌学论文选萃》，中华书局1993年版，第522—547页；[法]苏远鸣：《敦煌汉文写本的断代》，耿昇译，《法国学者敦煌学论文选萃》，中华书局1993年版，第548—561页。

来，中国学者开始关注这方面的问题。施安昌《敦煌写经断代发凡——兼论递变字群的规律》，指出以敦煌文献的字体及书法为依据，大致可推断写本的书写年代。① 窦怀永、许建平探讨了依据敦煌写本的避讳特点来进行写本断代的可行性及局限。② 陈国灿提出可依据出土背景、书法、书风、不同时代的制度以及特定时期特殊用词、文献本身的特征等因素判断敦煌吐鲁番文献的年代。③ 张秀清从纸张、书法、文字、正背面、形制、品相、写卷内容、出土地等八个要素考察了敦煌文献断代方法不能唯一的原因。④ 张涌泉则从内容、书法、字形、纸质和形制四个大的方面对敦煌写本断代问题进行了综合考察，指出其中可用作断代的写本内容包括纪年、题记、名物、历史事件等，并认为避讳字、武周新字和俗字是以字形特点来判断写本年代的重要参考。⑤

三　写本特征

林聪明《敦煌吐鲁番文书解诂指例》⑥，专题探讨包括敦煌写本特征在内的影响理解文书文本的因素，并示以正确理解的例证。荣新江从纸张和形制、字体和年代、写本的正背关系三个方面论述了敦煌写本的外部特征。⑦ 张涌泉总结了敦煌文献具有分卷不定、符号不定、内容不定、用字不定、文多疏误五个方面的写本特征。⑧ 方广锠提出"主题文献、非主题

---

① 施安昌：《敦煌写经断代发凡——兼论递变字群的规律》，《故宫博物院院刊》1985年第4期。另可参阅同作者《论汉字演变的分期——兼谈敦煌古韵书的书写时间》，《故宫博物院院刊》1987年第1期。
② 窦怀永、许建平：《敦煌写本的避讳特点及其对传统写本抄写时代判定的参考价值》，《敦煌研究》2004年第4期。
③ 陈国灿：《略论敦煌吐鲁番文献研究中的史学断代问题》，《敦煌研究》2006年第6期。
④ 张秀清：《敦煌文献断代方法综述》，《敦煌学辑刊》2008年第3期。
⑤ 张涌泉：《敦煌写本断代研究》，《中国典籍与文化》2010年第4期。
⑥ 林聪明：《敦煌吐鲁番文书解诂指例》，台北：新文丰出版公司2001年版。
⑦ 荣新江：《敦煌学十八讲》，北京大学出版社2001年版，第302—313页。
⑧ 张涌泉：《敦煌文献的写本特征》，《敦煌学辑刊》2010年第1期。另可参阅郭在贻、张涌泉、黄征《敦煌写本书写特征发微》，《敦煌吐鲁番学研究论文集》，汉语大词典出版社1990年版，第333—339页；后收入张涌泉《旧学新知》，浙江大学出版社1999年版，第244—248页。

文献与多主题遗书"的命题，并认为"可以采用分析文献类型的方式解决这个问题"①，并作了敦煌遗书中多主题遗书的类型研究。② 作者还在《敦煌遗书中写本的特异性——写本学札记》中进一步指出敦煌遗书具有唯一性和流变性的特点，从四个方面概括了敦煌遗书的特异性：反向抄写，错乱行款；正面可缀，背不可缀；爪剖旧卷，组新卷；后人著录，误作原题。③

郝春文《敦煌写本〈六十甲子纳音〉相关问题补说》，是运用写本学方法研究敦煌写本"六十甲子纳音"的个案，该文在通检各写本具体情况的基础上，将敦煌写本"六十甲子纳音"区分为正式文本和随意抄写的文本等四类，借以说明对个体性很强的敦煌写本来说，即使是内容完全相同的文本，由于抄写目的的差异，其性质和用途也可能判然有别。④ 这一认识对判定敦煌写本的性质和用途都具有理论价值，是通过研究实践展示写本的特征。段真子《国家图书馆藏"八相变"的写本学考察——以BD3024号为中心》⑤，考订BD3024号《八相变》是由具有不同版本来源、抄写时间不一的六组写本粘贴而成的内容连贯的完整文本。这一案例展示了敦煌写本生成的复杂性，也是用研究实践揭示了写本的特征。伏俊琏《写本时期文学作品的结集——以敦煌写本 Дх.3871 + P.2555 为例》⑥，通过分析文学写本内容的构成框架来探寻结集者的思想、情绪和心灵世界，是用写本学范式研究敦煌写本的另一种尝试。

---

① 方广锠：《漫谈敦煌遗书》，《学习与探索》2008年第3期。
② 方广锠：《敦煌遗书中多主题遗书的类型研究（一）——写本学札记》，《中国社会科学院敦煌学回顾与前瞻学术研讨会论文集》，上海古籍出版社2012年版，第67—79页。
③ 方广锠：《敦煌遗书中写本的特异性——写本学札记》，《敦煌吐鲁番研究》第14卷，上海古籍出版社2015年版，第181—191页。
④ 郝春文：《敦煌写本〈六十甲子纳音〉相关问题补说》，《文史》2012年第4辑。另请参看郝春文：《〈六十甲子纳音〉及同类文书的释文、说明和校记》，《敦煌学辑刊》2011年第4期。
⑤ 段真子：《国家图书馆藏"八相变"的写本学考察——以BD3024号为中心》，《敦煌吐鲁番研究》第17卷，上海古籍出版社2018年版，第35—47页。
⑥ 伏俊琏：《写本时期文学作品的结集——以敦煌写本 Дх.3871 + P.2555 为例》，《文学评论》2018年第6期。

四 写本辨伪

敦煌文献的辨伪问题受到国际敦煌学界的高度重视。[①] 张涌泉概括敦煌伪卷一般包括五种情况：全卷伪、内容伪、题记伪、收藏印章伪、其他写卷混入。[②] 府宪展利用编辑《敦煌吐鲁番文献集成》的机会大量接触原件，针对一些写本是否为敦煌文献、是否为藏经洞文献等问题提出疑伪的依据和理由。[③] 杜伟生通过比对纸张、糨糊痕迹、界栏的划法、墨迹、书法风格等要素，将北京图书馆收藏的八件敦煌文献赝本甄别出来。[④] 荣新江《所谓李氏旧藏敦煌景教文献二种辨伪》[⑤]《李盛铎写卷的真与伪》[⑥]《敦煌写本辨伪示例——以法成讲〈瑜伽师地论〉学生笔记为中心》[⑦] 等文，从实例出发，论证了敦煌写本的真伪鉴别的方法。他认为写本内容、题记和收藏印是三个应当分别考虑的因素，有的三者全是真的；有的写本是真，而题记、印章是假；有的印章是真，而写本是假；有的三者全是伪造。作者认为：判断敦煌写本的真伪，要明了清末民国的历史和相关人物的事迹、弄清藏卷的来历、弄清文书的格式。辨伪的步骤是最好能先证明其来历和传承经过，再对纸张、书法、印章等外观加以鉴别，而重要的一点是从内容上加以判断，用写卷本身所涉及的历史、典籍等方面的知识来

[①] 可参阅［法］戴仁《敦煌写本中的赝品》，《法国汉学》第 5 辑敦煌学专号，刘冰译，中华书局 2000 年版，第 1—13 页。［日］池田温《敦煌写本の真伪鉴别》，《讲座敦煌 5・敦煌汉文文献》，东京：大东出版社 1992 年版，第 727—731 页（汉译本《敦煌写本的真伪鉴别》，张铭心、郝轶君译：《敦煌文书的世界》，中华书局 2007 年版，第 199—210 页）；《敦煌写本伪造问题管见》，《百年敦煌学：历史　现状　趋势》，甘肃人民出版社 2009 年版，第 265—283 页。

[②] 张涌泉：《敦煌写本文献学》，甘肃教育出版社 2013 年版，第 647—651 页。

[③] 府宪展：《敦煌文献辨伪录》，《敦煌研究》1996 年第 2 期。

[④] 杜伟生：《北京图书馆藏敦煌遗书赝本八种概述》，《文献》1998 年第 3 期。

[⑤] 林悟殊、荣新江：《所谓李氏旧藏敦煌景教文献二种辨伪》，《九州学刊》第 4 卷第 4 期敦煌学专号，1992 年。

[⑥] 荣新江：《李盛铎写卷的真与伪》，《敦煌学辑刊》1997 年第 2 期。后改题为《李盛铎藏敦煌写卷的真与伪》，收入氏著《辨伪与存真——敦煌学论集》，上海古籍出版社 2010 年版，第 47—73 页。

[⑦] 荣新江、余欣：《敦煌写本辨伪示例——以法成讲〈瑜伽师地论〉学生笔记为中心》，《敦煌学・日本学——石塚晴通教授退职纪念论文集》，上海辞书出版社 2005 年版，第 65—74 页；收入氏著《辨伪与存真——敦煌学论集》，上海古籍出版社 2010 年版，第 91—101 页。

检验它。① 窦怀永《敦煌写本题记的甄别》，探讨了通过内容和笔迹特征来甄汰伪造题记的有效方法。② 张涌泉基于字形角度的分析，特别强调字体（字形）对于判别敦煌写卷真伪的重要意义。他指出汉字的写法会随着时代的变迁而不断发生变化，某一特定历史时期汉字的构形甚至一笔一画都会受到时代的约束，都会带上浓重的时代痕迹。这种时代特征可以给我们提供卷子书写时间方面的许多重要信息，也是我们判定敦煌卷子真伪的最重要的手段。③

余欣从文书纸质、书法特征、印鉴特征、题跋内容等方面详加考证，确认了浙敦065文书系据《沙州文录补》中S.2199录文伪造的。④ 赵和平通过仔细分类和比定宫廷写经卷尾的"校经列位"，发现北图0623刘幼云藏《金刚般若经》和日本三井八郎右卫门藏《妙法莲华经》卷第二均属赝品。⑤ 方广锠《伪敦煌遗书〈般若波罗蜜菩萨教化经〉考》从文献内容、所谓李盛铎题跋两个方面，考证北京瀚海拍卖有限公司"2007年春季拍卖会"出现的《般若波罗蜜菩萨教化经》乃现代人伪造的赝品。⑥

在其他文献阑入藏经洞出土文献的鉴别方面，学界也取得显著的成就，较有代表性的成果如方广锠《敦煌遗书鉴别三题》⑦、荣新江《俄藏〈景德传灯录〉非敦煌写本辨》⑧《〈俄藏敦煌文献〉中的黑水城文献》⑨、邰惠莉《甘肃藏非敦煌文献的真伪、来源及相关问题》⑩等。

---

① 荣新江：《敦煌学十八讲》之第十八讲"敦煌写本的真伪辨别"，北京大学出版社2001年版，第314—324页。
② 窦怀永：《敦煌写本题记的甄别》，《文献》2009年第2期。
③ 张涌泉：《敦煌卷子辨伪——基于字形分析角度的考察》，《文史》2003年第4期。
④ 余欣：《浙敦065文书伪卷考——兼论敦煌文献的辨伪问题》，《敦煌研究》2002年第3期。
⑤ 赵和平：《两件高宗、武则天时代"敦煌藏经洞出宫廷写经"辨伪》，《敦煌研究》2006年第6期。
⑥ 方广锠：《伪敦煌遗书〈般若波罗蜜菩萨教化经〉考》，《敦煌研究》2015年第3期。
⑦ 方广锠：《敦煌遗书鉴别三题》，王尧主编：《佛教与中国传统文化》，宗教文化出版社1997年版，第251—271页。
⑧ 荣新江：《俄藏〈景德传灯录〉非敦煌写本辨》，敦煌研究院主编：《段文杰敦煌研究五十年纪念文集》，世界图书出版公司1996年版，第250—253页。
⑨ 荣新江：《〈俄藏敦煌文献〉中的黑水城文献》，《黑水城人文与环境研究——黑水城人文与环境国际学术讨论会文集》，中国人民大学出版社2007年版，第534—548页；收入氏著《辨伪与存真——敦煌学论集》，上海古籍出版社2010年版，第165—180页。
⑩ 邰惠莉：《甘肃藏非敦煌文献的真伪、来源及相关问题》，《敦煌学辑刊》2000年第2期。

当然，伪卷并非毫无价值。方广锠指出，伪卷作为研究作伪的依据，包括纸张、书写、行款、界栏、风格、底本，乃至偷盗者的作案手法等，可以丰富我们对于伪卷的认识，增长鉴别真伪的能力。①

五 写本缀合

张涌泉、罗慕君《敦煌佛经残卷缀合释例》，从理论上总结了他们残卷缀合的 12 个关键因素，包括内容相连、碴口相合、字体相同、书风近似、抄手同一、持诵者同一、藏家同一、行款近同、校注相涉、污损类同、版本相同、形制相同等②，这些因素成为进行残卷缀合的重要参考标准。近年，张涌泉等学者利用以上方法在敦煌本疑伪经③、《大般若经》④《大般涅槃经》⑤《大集经》⑥《八阳经》⑦《大乘无量寿经》⑧《大智度论》⑨《瑜伽师地论》⑩《金光明经》⑪《妙法莲华经》⑫《四分律》⑬《佛说大乘稻芉经》⑭ 等

---

① 方广锠：《国家图书馆藏敦煌遗书北敦 00337 号小考》，《文献》2006 年第 1 期。
② 张涌泉、罗慕君：《敦煌佛经残卷缀合释例》，《浙江大学学报》2016 年第 3 期。
③ 张小艳：《敦煌本〈父母恩重经〉残卷缀合研究》，《安徽大学学报》2015 年第 3 期；《敦煌疑伪经四种残卷缀合研究》，《敦煌研究》2016 年第 1 期；《敦煌疑伪经三种残卷缀合研究》，《浙江大学学报》2016 年第 5 期；《敦煌疑伪经六种残卷缀合研究》，《文献》2017 年第 1 期。
④ 徐浩、张涌泉：《〈国家图书馆藏敦煌遗书〉误级四题》，《文献》2017 年第 1 期。
⑤ 景盛轩：《公元五世纪敦煌本〈大般涅槃经〉写卷缀合研究》，《浙江师范大学学报》2014 年第 6 期；景盛轩、陈琳：《英藏敦煌〈大般涅槃经〉残卷初步缀合》，《敦煌研究》2017 年第 3 期。
⑥ 张磊、周小旭：《敦煌本〈大方等大集经〉残卷缀合研究》，《浙江大学学报》2016 年第 3 期；张炎：《英藏敦煌本〈大集经〉残卷缀合研究》，《中国典籍与文化》2017 年第 1 期。
⑦ 张涌泉、罗慕君：《敦煌本〈八阳经〉残卷缀合研究》，《中华文史论丛》2014 年第 2 期。
⑧ 张磊、左丽萍：《俄藏敦煌文献〈大乘无量寿经〉缀合研究》，《安徽大学学报》2015 年第 3 期；《国家图书馆藏敦煌写本〈大乘无量寿经〉缀合研究》，《文献》2017 年第 1 期。
⑨ 张磊、郭晓燕：《俄藏楷书〈大智度论〉写本残片缀合研究》，《复旦学报》2015 年第 6 期。
⑩ 张涌泉、徐键：《〈瑜伽师地论〉系列敦煌残卷缀合研究》，《安徽大学学报》2015 年第 3 期。
⑪ 张涌泉、朱若溪：《俄藏〈金光明经〉敦煌残卷缀合研究》，《复旦学报》2015 年第 6 期；《敦煌本〈金光明经〉残卷缀合研究》，《敦煌研究》2016 年第 1 期。
⑫ 张炎：《敦煌佛经残卷的缀合与定名——以〈妙法莲华经〉为例》，《敦煌研究》2017 年第 5 期。
⑬ 张涌泉、胡方方：《敦煌本〈四分律〉残卷缀合研究》，《浙江社会科学》2015 年第 6 期；黄沚青、胡方方：《敦煌本〈四分律比丘戒本〉残卷缀合研究》，《古汉语研究》2018 年第 4 期。
⑭ 张涌泉、刘明：《敦煌本〈佛说大乘稻芉经〉及其注疏残卷缀合研究》，《浙江师范大学学报》2017 年第 2 期。

残卷的缀合研究方面，取得了丰硕成果。其他学者也在敦煌遗书的缀合方面做了很多探索，如黄正建对占卜文书的缀合①、郑炳林、徐晓丽对《新集文词九经抄》的缀合②、许建平对儒家经典文献残卷的缀合③、邰惠莉对《俄藏敦煌文献》第17册部分写经残片的定名与缀合④、赵鑫晔对斋文写本的缀合⑤等。

总之，敦煌写本学作为敦煌学的新兴领域，正处于方兴未艾的发展之势。

第三节　敦煌学史

2000年是藏经洞发现一百周年，以此为契机，中国敦煌学界乃至世界敦煌学界都开展了对百年敦煌学学术成就和历程的总结。并先后召开了多次国际性敦煌学术史会议，其中尤以2001年11月在日本京都举办的"草创期の敦煌学"研讨会，以及2002年8月、2019年5月在北京和杭州召开的两次以"敦煌学学术史"为主题的国际研讨会为代表。三次研讨会中均有不少学者提交了从各个领域回顾敦煌学研究的论文。这些论文集中收录在了《草创期の敦煌学》《2000年敦煌学国际学术讨论会文集》《敦煌研究》《敦煌学辑刊》以及中国敦煌吐鲁番学会会刊《敦煌吐鲁番研究》中。"草创期の敦煌学"是为纪念敦煌学开创者罗振玉、王国维东渡日本

---

① 黄正建：《关于〈俄藏敦煌文献〉第11至第17册中占卜文书的缀合与定名等问题》，《敦煌研究》2002年第2期。

② 郑炳林、徐晓丽：《俄藏敦煌文献〈新集文词九经抄〉写本缀合与研究》，《兰州大学学报》2002年第3期。

③ 许建平：《〈俄藏敦煌文献〉儒家经典类写本的定名与缀合——以第11—17册未定名残片为重点》，《姜亮夫、蒋礼鸿、郭在贻先生纪念文集（汉语史学报专辑总第三辑）》，上海教育出版社2003年版，第302—315页。

④ 邰惠莉：《〈俄藏敦煌文献〉第17册部分写经残片的定名与缀合》，《敦煌研究》2007年第2期。

⑤ 赵鑫晔：《俄藏敦煌文献缀合四则》，《文献》2008年第3期；《俄藏敦煌残卷缀合八则》，《艺术百家》2008年第3期。

九十周年举办,故其会议和其后发表的论文以讨论20世纪初敦煌学发轫期学术发展为主题,集中讨论了罗振玉、王国维、陈寅恪、狩野直喜、那波利贞等的早期学术成果以及彼此之间的学术交往。① 其他两次会议主题是回顾敦煌学的百年发展,所以主题更加宏阔,相关讨论也更加丰富。孙彦、萨仁高娃、胡月平选编《敦煌学研究》1—4册②,收录民国期刊中所见的敦煌学著述,分编为综述、书目、语言文字、宗教、经史典籍、文学、艺术、社会经济、科技等类。共收录文章220余篇,涉及民国期刊70余种。基本揭示出民国时期敦煌学研究的面貌,是早期中国敦煌学的资料汇编。刘进宝主编的《百年敦煌学:历史·现状·趋势》③,收录了几十位与敦煌学有关的专家和出版人的文章,其内容既涉及敦煌学史的回顾,也有对当时敦煌学现状的分析及对未来的展望。

有关敦煌学史的成果可以分为两大类:一是梳理敦煌学发展脉络;二是对从事敦煌学研究的地区、机构和学人进行总结的学术史。以下分为:对敦煌学发展脉络的总结、对各地区敦煌学研究成果的总结、对敦煌学组织结构和研究单位的学术史总结、对中外敦煌学家的学术史总结四方面对相关讨论略作介绍。

一 对敦煌学发展脉络的总结

这方面的成果,也可分为两类:一是从整体上对敦煌学史进行梳理和回顾。2003年台湾商务印书馆出版了高国藩的《敦煌学百年史述要》④,此书虽称"敦煌学百年史",但内容庞杂,并非系统介绍敦煌学史,有关中国大陆的敦煌学介绍尤为简略。该书对港台敦煌学的介绍稍多,但亦不

---

① [日]高田时雄主编:《草创期的敦煌学》,东京:知泉书馆2002年版;相关会议综述,参见郝春文《"草创期的敦煌学"学术研讨会综述》,《敦煌吐鲁番研究》第6卷,北京大学出版社2002年版,第359—362页;柴剑虹《盛衰与共,切磋增谊》,《敦煌吐鲁番研究》第6卷,北京大学出版社2002年版,第363—365页;赵和平《他山之石,可以攻玉》,《敦煌吐鲁番研究》第6卷,北京大学出版社2002年版,第365—368页;方广锠《"草创期的敦煌学"研讨会散记》,《敦煌吐鲁番研究》第6卷,北京大学出版社2002年版,第368—373页。
② 孙彦、萨仁高娃、胡月平选编:《敦煌学研究》1—4册,国家图书馆出版社2009年版。
③ 刘进宝主编:《百年敦煌学:历史·现状·趋势》,甘肃人民出版社2009年版。
④ 高国藩:《敦煌学百年史述要》,台湾商务印书馆2003年版。

系统。杨际平《对敦煌学研究的回顾与展望》，重点介绍了如何认识敦煌文献的特点并在具体的研究中加以运用，同时也提出希望学界可以多做一些诸如分类辑校敦煌文献的工作。[1] 黄征《敦煌学翻天覆地三十年》，回顾了改革开放以后中国敦煌吐鲁番学会和敦煌研究院的创立与发展以及姜亮夫、蒋礼鸿先生创办"敦煌学讲习班"的过程和影响。[2] 王旭东、朱立芸《近代中国敦煌学研究述评》，重点回顾了1949年以前中国敦煌学的发展过程，认为在中华人民共和国成立前的近50年中中国敦煌学研究已经呈现出了"学术性""国际性"和"综合性"的特点，成果丰硕，但也存在着重辑录整理、少综合研究等缺点。[3]

二是对某一学科或研究领域的相关敦煌学成就进行总结。

白化文《中国敦煌学目录和目录工作的创立与发展》，对2004年前各个时期的重要目录做了介绍和评价，最后强调未来的敦煌遗书目录应该由计算机专家、敦煌学家和图书馆编目工作者三方合作共同编制，使之成为一种可以包括原卷、各种图版、目录著录、多文种以及可多种检索的目录。[4] 黄正建《敦煌占卜文书研究回顾与展望》，重点回顾了敦煌占卜类文献的研究史，并以不同时期对占卜文献的认识而将学术史划分为四个阶段，文章也提出在今后的研究中要重视文献整理、扩大研究领域等发展方向。[5] 邓文宽《敦煌历日文献研究的历史追忆》，总结了自20世纪20年代以至21世纪初的历日文献研究成果，对各篇文章的得失均有评说。[6] 张涌泉、窦怀永《敦煌小说整理研究百年——回顾与思考》，围绕"敦煌小说范围"的界定，回顾了学界相关讨论，提出敦煌小说可以分为古体小说和通俗小说，并以此为依据确定了敦煌文献中保存的小说篇目；文章还围绕小说文本的整理，论述了学界

---

[1] 杨际平：《对敦煌学研究的回顾与展望》，《社会科学战线》2009年第9期。
[2] 黄征：《敦煌学翻天覆地三十年》，《艺术百家》2009年第3期。
[3] 王旭东、朱立芸：《近代中国敦煌学研究述评》，《甘肃社会科学》2011年第6期。
[4] 白化文：《中国敦煌学目录和目录工作的创立与发展简述》，《敦煌吐鲁番研究》第7卷，中华书局2004年版，第156—173页。
[5] 黄正建：《敦煌占卜文书研究回顾与展望》，《敦煌吐鲁番研究》第7卷，中华书局2004年版，第298—310页。
[6] 邓文宽：《敦煌历日文献研究的历史追忆》，《敦煌吐鲁番研究》第7卷，中华书局2004年版，第290—297页。

以往的成果，认为以往的整理是局部的、不全面的，并且录文错误较多，且不重视核对原卷。① 朱凤玉《百年来敦煌文学研究之考察》，则以《敦煌变文集》《敦煌变文集新书》《敦煌变文校注》为范围，将变文分为佛教变文及非佛教变文两大类，对百年来敦煌变文研究成果从方法上进行了总结。② 李并成《百年来敦煌地理文献及历史地理的研究》，以"敦煌历代行政军事建制"等问题为中心对百年来敦煌历史地理研究成果进行了回顾，并提出如"南山部族居住地""明代关西七卫城址"等一些有待继续探索的问题。③ 陈明《敦煌西域出土胡语医学文书研究述略》，分类梳理了包括敦煌在内的广义"西域"范围出土的胡语医学文书研究史，并对相关成果的得失多有评判。④

刘进宝《敦煌学术史：事件、人物与著述》⑤，虽为作者1988—2009年发表论文的结集，但其中多篇文章是从整体上对某一时段或某一专题的敦煌学学术史进行回顾。

此外，林悟殊⑥、郑阿财⑦、湛如⑧、刘屹⑨、赵青山⑩、杨富学⑪等分

---

① 张涌泉、窦怀永：《敦煌小说整理研究百年：回顾与思考》，《文学遗产》2010年第1期。
② 朱凤玉：《百年来敦煌文学研究之考察》，民族出版社2012年版。
③ 李并成：《百年来敦煌地理文献及历史地理的研究》，《敦煌学辑刊》2010年第2期。
④ 陈明：《敦煌西域出土胡语医学文书研究述略》，《敦煌吐鲁番研究》第7卷，中华书局2004年版，第311—326页。
⑤ 刘进宝：《敦煌学术史：事件、人物与著述》，中华书局2011年版。
⑥ 林悟殊：《敦煌汉文景教写本研究述评》，《欧亚学刊》第3辑，中华书局2001年版，第251—287页。
⑦ 郑阿财：《敦煌蒙书研究的回顾与前瞻》，《敦煌吐鲁番研究》第7卷，中华书局2004年版，第254—276页。
⑧ 湛如：《敦煌佛教律仪文书研究的回顾》，《敦煌吐鲁番研究》第7卷，中华书局2004年版，第192—198页。
⑨ 刘屹：《论20世纪的敦煌道教文献研究》，《敦煌吐鲁番研究》第7卷，中华书局2004年版，第199—222页。
⑩ 赵青山：《70年来敦煌寺院经济研究概述》，《敦煌学辑刊》2006年第4期。
⑪ 杨富学、盖佳择：《敦煌吐鲁番摩尼教文献研究述评》，《吐鲁番学研究》2015年第2期；杨富学、盖佳择：《敦煌祆教研究述评》，郝春文主编：《2016敦煌学国际联络委员会通讯》，上海古籍出版社2016年版，第60—85页；杨富学：《20世纪国内敦煌吐蕃历史文化研究述要》，《中国藏学》2002年第3期；杨富学、樊丽莎：《新世纪初国内敦煌吐蕃历史文化研究述要》，《西夏研究》2012年第1期。

别对百年来的景教、蒙书、佛教律仪文书研究、道教文献、敦煌寺院经济、摩尼教文献等各个领域的研究进行了专门的回顾与梳理。其中，刘屹《论20世纪的敦煌道教文献研究》一文提到了在敦煌学经历百年研究之后面临的一种困境，即某些专业和专题研究在现阶段的认识水平和研究手段下已经达到或接近极限而暂时难有新的突破，所以一些敦煌学者开始转移自己的学术领域，以不同的方式表达了"告别"敦煌学之意。其实，这种困境也推动了很多学者深入反思敦煌学的转型。

总结敦煌学学术史的文章多刊登在《敦煌学辑刊》《敦煌研究》《敦煌吐鲁番研究》等专业学术刊物上。此外，郝春文主编的敦煌学国际联络委员会会刊《敦煌学国际联络委员会通讯》①，在学术回顾与总结方面也贡献颇多。该刊创刊于2002年，并自2006年以来每年一卷定期发行，内容以刊布国际敦煌学学术信息为主，并逐年对上一年的敦煌吐鲁番学研究进行追踪和回顾，有利于学界集中了解每一年敦煌学研究的动态以及热点问题。该刊物已成为当前了解敦煌学术发展动态最重要的刊物之一。

二 对各地区敦煌学研究成果的总结

敦煌学已经成为国际显学，相关研究人员也分布世界各地，但因为一些特殊原因，一些地区的敦煌学研究者比较集中，成果也比较显著，所以也有一些学者以某地某机构为单位对相关学术成就进行了总结。其中最受瞩目的便是甘肃、浙江和台湾，敦煌研究院、兰州大学敦煌研究所、浙江大学古籍研究所等。

敦煌在甘肃，所以甘肃地区学者从事敦煌研究有着天然的学术使命和研究便利条件，其中尤以敦煌研究院、甘肃省社科院、兰州大学、西北师范大学等高校和研究机构最为集中，高千、章彦、徐晓卉等都有专门文章对在陇学者的研究成果和特点进行回顾。②

---

① 郝春文主编：《国际敦煌学联络委员会通讯》（2003—2018年），上海古籍出版社2003—2018年版。
② 高千：《陇上敦煌学的回顾和思考》，《敦煌研究》2002年第1期；章彦：《让敦煌学研究在敦煌的故乡开花结果——记蓬勃发展的甘肃敦煌学学会》，《社科纵横》2005年第2期；徐晓卉：《上世纪90年代甘肃敦煌学发展特征考析》，《社科纵横》2007年第12期。

浙江省的敦煌学始自罗振玉、王国维两位名家"导夫先路",经由姜亮夫、蒋礼鸿、郭在贻、卢向前、张涌泉等几代学者薪火相传,其成就在百年敦煌学研究中令人瞩目。① 而浙江大学也成为当前敦煌学研究中心之一,尤其是1984年受教育部委托,杭州大学古籍研究曾举办敦煌学讲习班,为后来的敦煌学发展培养了一批研究骨干。《浙江学者丝路敦煌学术书系》序言总结了浙江敦煌学者的独特贡献:对敦煌写本语言文字的研究及敦煌文献的分类整理,在全世界居于领先地位;在历史学研究方面,对以丝路文明为主的中西文化交流史暨敦煌吐鲁番文书的研究,走在了全国的前列;在以计算机技术为主的工科应用领域,则与敦煌研究院、新疆文物局精诚合作,在敦煌石窟艺术和丝路文物、文献的数字化方面,取得了举世瞩目的成就,拓展了敦煌学和丝绸之路的研究领域。②

台湾地区敦煌学的起步于20世纪50年代,除胡适等最早一批研究敦煌学的学者外,苏莹辉等人也在这一时期作出了大量贡献。20世纪七八十年代,在潘重规大力推动下,台湾地区涌现出一批卓有成绩的青年学者,如王三庆、郑阿财、朱凤玉、罗宗涛、林聪明等,他们在经学、文学、佛学、语言文字等方面都作出了重要贡献。而黄永武主编刊行的《敦煌宝藏》、郑阿财和朱凤玉合编的《敦煌学研究论著目录》等,都是每个敦煌学研究者必读的资料或信息参考书。关于台湾地区敦煌学的发展状况,陈友冰、朱凤玉等都做过梳理和总结。③

其他省份,诸如江苏、巴蜀等地区敦煌学,黄征、伏俊琏等也都有专文进行回顾。④

---

① 赵和平:《试论浙江敦煌学研究的特色》,《汉语史学报》第3辑,上海教育出版社2003年版,第424—428页。
② 《〈浙江学者丝路敦煌学术书系〉总序》,柴剑虹、张涌泉、刘进宝主编:《浙江学者丝路敦煌学术书系》。
③ 陈友冰:《台湾五十年来敦煌学研究历程及其特征》,《中国文化研究》2002年春之卷,第158—165页;朱凤玉:《台湾地区敦煌文学研究的回顾与前瞻》,《敦煌吐鲁番研究》第7卷,中华书局2004年版,第276—289页。
④ 黄征:《江苏与敦煌学》,《敦煌学研究》第4期,首尔出版社2007年版,第28—50页;伏俊琏:《敦煌学与巴蜀》,《光明日报》2016年8月1日16版。

三 对敦煌学组织机构和研究单位的学术史总结

对敦煌学组织机构和研究单位的考察，亦属敦煌学史的范畴。中国敦煌吐鲁番学会是中国最重要的敦煌学研究组织，自1983年8月成立以来，举办了多次具有国际影响的学术会议，并组织和推动了世界各地敦煌遗书的整理与出版，对推动我国乃至世界敦煌吐鲁番学研究和国际交流起到了重要的作用。关于学会的成立和工作，近年也逐渐有学者追忆和总结。如刘全波详细回顾了中国敦煌吐鲁番学会成立过程，并总结了中国敦煌学研究在学会领导下取得的巨大成就。[1] 刘进宝追忆了学会的定名以及1983年全国敦煌学术研讨会的举办时间。[2]

对敦煌学研究单位的历史的考察，以有关敦煌研究院的研究成果最多。敦煌研究院是我国管理、保护和研究敦煌石窟和敦煌学的最大实体机构。七十多年来，先后经历敦煌艺术研究所、敦煌文物研究所和敦煌研究院三个阶段，数代敦煌学人为保护敦煌石窟、研究敦煌学作出了巨大贡献。段文杰回顾了1944—1994年五十年间敦煌研究院的发展历程，并将这一发展历程分为"四十年代创业期""新中国成立后的十七年""改革开放十三年"三个阶段，认为五十年来，国际敦煌学发生了很大变化，原来落后的中国敦煌学，特别是敦煌研究院的研究工作，在改革开放的精神鼓舞下，蓬勃发展，在石窟文化研究上放出了特殊的光彩。[3] 樊锦诗也回顾了从1944年国立敦煌艺术研究所到中华人民共和国成立后的敦煌文物研究所，再到1984年敦煌研究院三个时期的七十年的发展史，并对敦煌研究院的未来走向提出新的希望。[4] 关友惠追忆了20世纪50年代末至60年代初的敦煌文物研究所生活往事和人物。[5] 刘玉权回顾了敦煌石窟考古

---

[1] 刘全波：《从匹马孤征到团结起来 开启敦煌吐鲁番学研究新篇章——"中国敦煌吐鲁番学会成立大会、1983年全国敦煌学术研讨会"回顾与总结》，《2014敦煌学国际联络委员会通讯》，上海古籍出版社2014年版，第260—280页。

[2] 刘进宝：《中国敦煌吐鲁番学会成立初期的点滴回忆》，《中国文化遗产》2015年第3期。

[3] 段文杰：《敦煌研究院五十年》，《敦煌研究》1994年第2期。

[4] 樊锦诗：《守护敦煌艺术宝藏，传承人类文化遗产——敦煌研究院七十年》，《敦煌研究》2014年第3期。

[5] 关友惠：《莫高窟人的生活往事》，《敦煌研究》2014年第3期。

工作早期的一个片段。① 孙儒僴近年连续发表了《莫高轶事——我的敦煌生涯》系列文章，记述了20世纪40年代在莫高窟敦煌艺术研究所人们的真实生活状况②；回忆了莫高窟石室宝藏牌坊和慈氏之塔的来历、拆迁和复原等敦煌文物的保护历程③；还原了千相塔残塑的整理（关于王园禄所建千相塔的拆除时间以及后来对塔中残塑的处理）和第17窟洪辩像的迁移（藏经洞中的洪辩真身原本存放于第362窟中）的历史④。李永宁、马德等作为亲历者回顾了敦煌文物研究所编辑第一本文集和《敦煌研究》创刊号编辑出版前后的艰辛历程。⑤ 刘进宝评价1980—1998年是我国敦煌学蓬勃发展的18年，也是敦煌研究院学术进步、走向世界、机构建设的黄金时期。其间段文杰高度重视学术研究，创办《敦煌研究》、创建敦煌研究院和中国敦煌石窟保护研究基金会，并大力延揽和培养人才，为敦煌研究院的发展作出了巨大贡献。⑥

此外，郑炳林等回顾了《敦煌学辑刊》、兰大敦煌学研究所的创办与发展。⑦ 刘再聪、朱斌权、李亚栋等以西北师范大学敦煌学教学史为中心回顾了西北师范大学的敦煌学发展历程，以及师资培养。⑧

四 对中国敦煌学家的研究

与新时期相比，转型期对中国敦煌学家的研究成果更多，也更加深

---

① 刘玉权：《遗失的画稿——纪念敦煌研究院成立七十周年》，《敦煌研究》2014年第3期。
② 孙儒僴：《我的敦煌生涯（之一）——踏上敦煌之路》，《敦煌研究》2004年第3期；《莫高轶事——我的敦煌生涯》（3），《敦煌研究》2013年第3期；《莫高轶事——我的敦煌生涯》（4），《敦煌研究》2014年第3期。
③ 孙儒僴：《莫高轶事·我的敦煌生涯（6）——关于石室宝藏牌坊和慈氏之塔的拆迁与复原记事》，《敦煌研究》2015年第5期。
④ 孙儒僴：《莫高轶事·我的敦煌生涯（7）——千相塔残塑的整理及第17窟洪辩像的迁移》，《敦煌研究》2015年第6期。
⑤ 李永宁：《敦煌研究院第一本论文集和〈敦煌研究〉的诞生》，《敦煌研究》2013年第3期；马德：《艰难的起步——〈敦煌研究〉创刊记忆》，《敦煌研究》2013年第3期。
⑥ 刘进宝：《段文杰与敦煌研究院》，《敦煌研究》2014年第3期。
⑦ 郑炳林：《〈敦煌学研究文库〉缘起》《当代敦煌学者自选集编纂缘起》等。
⑧ 刘再聪、朱斌权：《二十世纪前半期西北师范大学敦煌学教学史述评——以学者任教期间的活动为中心》，《西北成人教育学报》2012年第1期；刘再聪、李亚栋：《西北师范大学敦煌学教学史》（1—3），《丝绸之路》2012年第18—22期。

入。限于篇幅，本书只介绍对已经去世的敦煌学家的相关研究。

对罗振玉、王国维、许国霖、胡适、陈寅恪、陈垣、王重民等的研究，在新时期基础上继续有新的进展。王冀青对敦煌学史上第一篇学术文章——罗振玉《敦煌石室书目及发见之原始》之发表时间进行了考证①；周常林介绍了罗振玉在学部藏敦煌文献保护过程中起到的作用②。孟宪实考察了1908年伯希和与罗振玉等人的交往，说明了罗振玉在伯希和公布藏经洞的藏品时所起的作用以及此举在中日引发的反响。③ 柴剑虹对王国维早期有关敦煌写本的研究做了回顾④，荣新江则介绍了王国维在日本与狩野直喜等人的交往⑤。蔡渊迪利用罗振玉、王国维等人之间的通信，介绍了《流沙坠简》的编撰、出版过程。⑥ 林世田利用国图资料重点叙述了许国霖在敦煌遗书资料汇编过程中所做的工作。⑦ 余欣对许国霖的敦煌学成就做了全面介绍，并总结了他在敦煌学术史上的贡献。⑧ 伏俊琏通过对胡适敦煌学著作的分析，认为在胡适的研究过程中始终贯穿了疑古的态度，并强调对敦煌"原料"的考证，站在史家的科学立场去审视史料。⑨ 赵和平《陈寅恪先生与敦煌学》对陈寅恪有关敦煌学著述做了详细介绍，指出其不仅提出了"敦煌学"的学术概念，而且在敦煌学的草创时期，熟练运用敦煌发现的新材料研究了许多新问题，包括对隋唐政治史、佛教史、文学史和中外关系史等诸多方面的重大问题，发前人未发之覆，成为

---

① 王冀青：《罗振玉〈敦煌石室书目及发见之原始〉版本问题研究》，《敦煌研究》2012年第1期。
② 周常林：《罗振玉与学部藏敦煌文献》，《敦煌学辑刊》2010年第4期。
③ 孟宪实：《伯希和、罗振玉与敦煌学之初始》，《敦煌吐鲁番研究》第7卷，中华书局2004年版，第1—12页。
④ 柴剑虹：《王国维对敦煌写本的早期研究》，《敦煌研究》2006年第6期。
⑤ 荣新江：《狩野直喜与王国维——早期敦煌学史上的一段佳话》，《敦煌学辑刊》2003年第2期。
⑥ 蔡渊迪：《〈流沙坠简〉考论》，中西书局2017年版。
⑦ 林世田：《许国霖与敦煌遗书资料汇编工作》，初刊《文津流觞》，2008年，此据氏著《敦煌遗书研究论集》，中国藏学出版社2015年版，第267—271页。
⑧ 余欣：《许国霖与敦煌学》，《敦煌吐鲁番研究》第7卷，北京大学出版社2004年版，第66—98页。
⑨ 伏俊琏：《胡适敦煌学研究的思维理路——纪念胡适诞辰120周年》，《敦煌研究》2013年第2期。

其时学术潮流的引领者,认为陈寅恪的敦煌学研究方法与成就,对于当今敦煌学的发展仍然具有重要指导意义。① 荣新江对陈寅恪的《陈垣敦煌劫余录序》进行笺证式解读,勾勒了陈先生在20世纪30年代的敦煌学认知深度以及其国际性视野。② 罗德运、王桂兰等则分别围绕王重民对敦煌文献整理、目录学等方面的工作做了介绍。③ 徐雁平利用通信对1943—1948年间王重民和胡适之间的学术交往做了介绍,其中就涉及二人在敦煌学研究方面的交流。④

转型期也出现了对一些在上一阶段未得到关注人物的研究。车振华对关德栋的敦煌俗文学研究进行了系统梳理和总结。⑤ 方广锠、刘波利用国家图书馆藏当年敦煌遗书保管记录,重点考证了俞泽箴等人编目工作,重新评价了他们在敦煌学术史上的贡献。⑥ 刘波还利用郑振铎与赵万里等人的通信,介绍了郑先生对敦煌学研究挚爱和热情。⑦ 刘进宝等则利用《郑振铎日记》等考察了郑振铎1957年的甘肃行记以及敦煌考察过程和收获。⑧ 荣新江重点考察了向达的1942—1944年间两次敦煌考察的过程,介绍了向达考察的成绩,并阐发了这次考察在中国学术史上的意义。⑨ 傅杰

---

① 赵和平:《陈寅恪先生与敦煌学》,《唐宋史评论》第4辑,社会科学文献出版社2018年版,第82—105页转249页。

② 荣新江:《陈寅恪先生〈陈垣敦煌劫余录序〉读后》,《中西学术名篇精读·陈寅恪卷》,中西书局2014年版,第34—74页。

③ 罗德运:《王重民:中国敦煌学界的一代泰斗》,《王重民先生百年诞辰纪念文集》,北京图书馆出版社2003年版,第113—122页。王桂兰:《论王重民对敦煌文献整理研究的贡献》,《王重民先生百年诞辰纪念文集》,北京图书馆出版社2003年版,第123—130页。

④ 徐雁平:《王重民和胡适学术交往考述:1943—1948》,《王重民先生百年诞辰纪念文集》,北京图书馆出版社2003年版,第185—196页。

⑤ 车振华:《关德栋先生的敦煌俗文学研究》,《敦煌吐鲁番研究》第9卷,中华书局2006年版,第473—476页。

⑥ 方广锠:《北京图书馆藏敦煌遗书勘查初记》,《敦煌学辑刊》1991年第2期;《中国国家图书馆藏敦煌遗书六种目录述略》,《上海师范大学学报》2013年第4期。刘波:《俞泽箴与京师图书馆敦煌遗书编目工作》,《敦煌吐鲁番研究》第14卷,上海古籍出版社2014年版,第79—94页。

⑦ 刘波:《郑振铎先生关于敦煌的两通书信》,《敦煌学学术史研讨会论文集》,杭州,2019年5月。

⑧ 王睿颖、刘进宝:《郑振铎1957年甘肃行记暨敦煌考察报告》,《丝绸之路》2009年第4期。

⑨ 荣新江:《惊沙撼大漠——向达的敦煌考察及其学术意义》,《敦煌吐鲁番研究》第7卷,北京大学出版社2004年版,第99—127页。

将姜亮夫的治学特点归纳为"以小学立根基,以史学致宏大,而尤湛深于楚辞学与敦煌学",注重综合与贯通。① 柴剑虹称姜先生的《敦煌——伟大的文化宝藏》是普及敦煌文化的开创之作②;《敦煌学概论》,是中华人民共和国第一部敦煌学通论性质的著作。③ 方一新评价蒋礼鸿《敦煌变文字义通释》是近代汉语研究领域的扛鼎之作。④ 张涌泉在《郭在贻先生传略》指出郭著《王梵志诗校释拾补》《敦煌变文校勘拾遗》等文章以及"敦煌学三书"第一种《敦煌变文集校议》取得了很高的学术成就。⑤ 樊锦诗总结了常书鸿先生在敦煌研究院创建、发展过程中的卓越贡献,以及常先生的艺术创作和学术研究⑥;赵声良探索了常先生早年的艺术创作思想⑦。樊锦诗对段文杰投身敦煌保护和研究的六十余年历程进行了回顾,强调了段先生在敦煌艺术临摹和研究方面的开创性贡献以及在敦煌研究院工作方面的杰出领导。⑧ 马德对史苇湘先生对敦煌学发展的贡献进行了梳理,并重点介绍了史苇湘先生在壁画临摹方面的理论。⑨ 朱雷《唐长孺师与敦煌文书的整理》以亲炙弟子的身份回顾了唐先生自20世纪50年代以至70年代收集、抄录敦煌文书的艰辛过程。⑩ 荣新江《才高四海,学贯八

---

① 傅杰:《姜亮夫先生传略》,《汉语史学报》第3辑,上海文化出版社2003年版,第1—5页。

② 柴剑虹:《普及敦煌文化的开创之作——重新认识〈敦煌——伟大的文化宝藏〉的历史价值》,《汉语史学报》第3辑,上海文化出版社2003年版,第35—39页。

③ 柴剑虹:《〈敦煌学概论〉前言》,姜亮夫:《敦煌学概论》,北京出版社2004年版,第1—4页。

④ 方一新:《蒋礼鸿先生传略》,《汉语史学报》第3辑,上海文化出版社2003年版,第6—13页。

⑤ 张涌泉:《郭在贻先生传略》,《汉语史学报》第3辑,上海文化出版社2003年版,第14—17页。

⑥ 樊锦诗:《纪念常书鸿先生》,《敦煌研究》2004年第3期。

⑦ 赵声良:《常书鸿先生早年艺术思想探微》,《敦煌研究》2004年第3期。

⑧ 樊锦诗:《慕法情深,忘身为道——段文杰先生从事敦煌艺术研究60周年》,《敦煌研究》2007年第4期;同氏《段文杰先生对敦煌研究事业的贡献》,《敦煌研究》2011年第3期。

⑨ 马德:《史苇湘先生与敦煌学》,《敦煌吐鲁番研究》第5卷,北京大学出版社2001年版,第277—280页。

⑩ 朱雷:《唐长孺师与敦煌文书的整理》,《魏晋南北朝隋唐史资料》第21辑,2004年,第41—44页。

书——周一良先生与敦煌学》，重点介绍了周先生在变文溯源、佛典翻译文学、写经题记、词语字义考释、书仪研究、"敦煌学"定义等方面的研究成果和方法。① 《通向义宁之学——王永兴先生纪念文集》②，收录了诸多纪念王先生的文章。其中不少文章都回顾了王先生在敦煌学领域的成就与特色以及在培育敦煌学人才方面的方法与贡献。杨富学回顾了孙修身先生的治学生涯，并重点介绍和评价了孙先生在佛教东传史迹画、中国与南亚历史文化关系、莫高窟经变画等多方面的研究成果和特色。③

《敦煌吐鲁番研究》第12卷是"季羡林先生纪念专号"，在卷首语中，郝春文全面总结了改革开放以来季羡林在推动中国敦煌吐鲁番学的发展方面所做的工作，高度评价了季先生的学术贡献。该卷收有多篇纪念文章，如段晴从印度学领域回顾了季羡林的学术渊源和成就，王邦维以《大唐西域记校注》为中心总结了季羡林对西域研究的贡献。方广锠从佛教学等方面对季先生的学术成就和特点进行总结，认为季先生的佛教研究属于语言学派，并且特别注重原始佛教语言问题，在初期佛教研究等多方面贡献卓著。④ 柴剑虹、赵和平、王素等也撰写了回忆季先生奖掖后学、推动学术发展的文章。⑤

荣新江曾全面归纳了饶宗颐的敦煌学研究，将其研究分为道教研究、文学和乐舞研究、历史语文研究、书法绘画研究四大类，认为饶先生的敦煌学研究之着眼点往往是汉学领域中的大问题，但所论又往往不限于汉文材料，古今中外，取材随心应手，多有创新之论。⑥ 白化文以弟子身份回顾了周绍良前后约六十年的敦煌学成就，总结了周先生的研究特点，并重

---

① 荣新江：《才高四海，学贯八书——周一良先生与敦煌学》，《敦煌吐鲁番研究》第6卷，北京大学出版社2002年版，第26—37页。
② 《王永兴先生纪念文集》编委会编：《通向义宁之学——王永兴先生纪念文集》，中华书局2010年版。
③ 杨富学：《孙修身先生与敦煌学》，《敦煌吐鲁番研究》第5卷，北京大学出版社2001年版，第281—286页。
④ 方广锠：《季羡林与佛教研究》，《敦煌研究》2002年第1期。
⑤ 饶宗颐主编：《敦煌吐鲁番研究》第12卷，上海古籍出版社2011年版。
⑥ 荣新江：《他生愿作写经生——饶宗颐教授与敦煌学研究》，初刊香港《信报财经月刊》1993年5月号；修订本刊于《中国唐代学会会刊》1993年第4期，此据《佛学研究》2018年第1期。

点回顾了他本人在周绍良的指导下进行的敦煌学研究和整理工作。① 郝春文、刘屹对宁可在史学理论、中国古代社会经济史、敦煌学方面的种种学术贡献进行了系统归纳总结，并重点强调了宁先生利用敦煌文献等材料对社邑问题进行的深入研究，高度评价了宁先生在中国敦煌吐鲁番学会中的领导贡献，以及在《英藏敦煌文献（汉文佛经以外部分）》《敦煌学大辞典》《敦煌文献分类录校丛刊》等大型项目中的组织、协调和具体实施工作中的贡献。② 邵军总结了金维诺在宗教美术，尤其是敦煌美术研究、新疆地区石窟寺调查研究等方面的开拓之功，以及在有关美术文献特别是书画史籍方面的研究价值和重要意义，并概括了金先生在美术教育思想方面的特点。③

除了以上概述的总结中外敦煌学家成就的文章外，1998 年出版的由季羡林先生主编的《敦煌学大辞典》④，也特设"近现代人物"以介绍近代以来在敦煌学领域卓有建树的学者。陆庆夫、王冀青合撰《中外著名敦煌学家评传》⑤，也对中、日、欧、美的 29 位敦煌学家的生平和主要的敦煌学成就做了介绍。

转型期有关中国敦煌学家的研究成果，总体上看，以介绍居多，对相关学者的学术地位、学术价值、学术理路以及所取得成就的原因等方面的分析，尚待加强。郝春文《改革开放前敦煌学的成就与反思》分析了向达、王重民、饶宗颐和潘重规等中国一流学者取得高水平成果的原因，提示了对敦煌学家进行研究应该致力的方向。⑥

---

① 白化文：《周绍良先生的敦煌学研究》，《敦煌吐鲁番研究》第 9 卷，中华书局 2006 年版，第 461—467 页。

② 郝春文：《宁可先生与敦煌学》，《首都师范大学学报》2008 年第 6 期；郝春文、刘屹：《宁可先生的学术贡献》，《光明日报》2014 年 2 月 26 日 14 版。关于宁可先生的纪念文章，还可参看郝春文主编：《永远的怀念——宁可先生追思集》，上海古籍出版社 2015 年版。

③ 邵军：《筚路蓝缕，学林馨香——纪念金维诺先生的学术贡献和教育思想》，《敦煌吐鲁番研究》第 18 卷，上海古籍出版社 2018 年版，第 63—71 页。

④ 季羡林主编：《敦煌学大辞典》，上海辞书出版社 1998 年版。

⑤ 陆庆夫、王冀青：《中外著名敦煌学家评传》，甘肃教育出版社 2002 年版。

⑥ 郝春文：《改革开放前中国敦煌学的成就与反思》，《光明日报》2019 年 7 月 22 日 11 版。

第四节　敦煌学概说

一　围绕藏经洞封闭原因的新讨论

关于藏经洞封闭原因，转型期仍有学者关注。既有学者试图证实旧说，也有学者尝试提出新的看法。

荣新江在上一阶段《敦煌藏经洞的性质及其封闭原因》的基础上，对"避难说"做了补充论证，通过对斯坦因首次进洞的相关记录和照片的考察，指出藏经洞文物最初的摆放是相当整齐的，所藏佛经基本上多为完好的，同时在藏经洞发现的经帙、卷轴、绢画、刺绣等也是完好精美的，所以他认为藏经洞的佛典和供养具，原是敦煌三界寺的藏经和资产。而三界寺就在莫高窟，距藏经洞第17窟不会太远。在听到信奉伊斯兰教的黑韩王朝将要进攻敦煌的消息以后，道真与三界寺的僧人一道把本寺的藏经及其他圣物一并藏入此窟，并在外面画壁画作为掩蔽。[1]

文正义提出了"佛教供养物说"。他认为藏经洞是佛教徒供养佛教法物的地方，封闭藏经洞是宗教仪式中常见的现象，是敦煌当地佛教教团自行决定的结果，是一种极其虔敬的宗教行为，与外来势力的压迫无关。[2]这一说法其后得到了一些学者的认同。李并成、李玉林也认为藏经洞是在"三宝崇拜"基础上供奉佛经、外典之处所，藏经主体乃是佛教的供养经，也有如典籍、官私文书、幡画等外藏，藏经与敦煌自古以来的敬惜字纸、收藏字纸的习俗有一定渊源。[3]张先堂通过梳理佛教经典中的法供养——佛经供养观念，指出大乘佛教对法供养特别重视，由此形成了诸种供养中法供养为上、为最的观念，并利用佛教史籍考察了南北朝隋唐五代时期佛

---

[1] 荣新江：《再论敦煌藏经洞的宝藏——三界寺与藏经洞》，郑炳林主编：《敦煌佛教艺术文化国际学术研讨会论文集》，兰州大学出版社2002年版，第14—29页。

[2] 文正义：《敦煌藏经洞封闭原因新探》，《戒幢佛学》第2卷，岳麓书社2002年版，第241—246页。

[3] 李并成、李玉林：《"三宝崇拜"与敦煌藏经洞——莫高窟藏经洞的性质再探》，《五邑大学学报》2008年第1期。

经崇拜现象的演变及特点，在此基础上论证了敦煌莫高窟藏经洞藏经的来源、结构及其封闭都与佛教法供养密切相关，是法供养的产物。[1] 崔峰则推测藏经洞的封闭与北宋时期盛行的建塔修寺崇奉"舍利"之风密切相关，大量的旧佛经被作为"舍利"予以封藏，绢画、刺绣、纸画、社会文书、法器等物则作为舍利供养物而封闭。[2]

沙武田则提出了"末法思潮说"，他把封闭藏经洞的外层壁画即莫高窟第16窟所绘千佛变作为破解藏经洞封闭之谜的关键因素，认为莫高窟第16窟所绘千佛变反映的是末法思想，应是受到辽代"末法住世"思潮的影响。敦煌曹氏与辽有所交往，至曹宗寿、曹贤顺时代与辽的关系更为密切，因此辽代的末法思潮传入敦煌，并与敦煌原有的末法思想相结合，于是敦煌佛教教团采取了以绘画表示"末法度人"的千佛变、藏经洞"存经以备法灭"等一系列活动，来表达对末法的恐慌与"佛法将灭尽"的忧虑。藏经洞的封闭时间应在末法思潮对敦煌影响最大的时期，即曹贤顺统治初期（1014—1020）。[3]

这一时期对藏经洞的发现者王道士也有新的研究。如关于王道士之名，方广锠考证应作"王园禄"，俗名王福琳。[4] 方莉指出"福琳"可能并不是王道士之名，而只是一位佛教人士之名。[5] 关于藏经洞发现之经过，一般认为是王道士与伙计在修葺莫高窟第16窟洞口甬道的积沙时于不经意间发现的，李正宇则认为这是王道士编造的谎言。[6]

二 敦煌学通论著作

随着中国敦煌学的飞速发展，这一时期又有多部敦煌学通论性质著作出版。

---

[1] 张先堂：《古代佛教法供养与敦煌莫高窟藏经》，《敦煌研究》2010年第5期。
[2] 崔峰：《敦煌藏经洞封闭与北宋"舍利"供养思想》，《宗教学研究》2012年第3期。
[3] 沙武田：《敦煌藏经洞封闭原因再探》，《中国史研究》2006年第2期。另可参阅同作者《莫高窟第16窟整体重修时供养人画像的缺失与藏经洞的封闭》，《西夏研究》2012年第2期。
[4] 方广锠：《王道士名称考》，《敦煌研究》2016年第4期。
[5] 方莉：《"福琳"似非王道士本名》，《敦煌研究》2018年第5期。
[6] 李正宇：《莫高窟藏经洞是怎样发现的》，《寻根》2007年第5期。

转型期中国学者推出的最重要的通论性著述是 2013 年由甘肃教育出版社推出的"敦煌讲座书系",一共 21 册,包括:吴丽娱《敦煌书仪与礼法》、李小荣《敦煌变文》、王惠民《敦煌佛教与石窟营建》、刘屹《敦煌道经与中古道教》、陈怀宇、姚崇新、王媛媛《敦煌三夷教与中古社会》、林世田、杨学勇、刘波《敦煌佛典的流通与改造》、杨富学《回鹘与敦煌》、陆离《敦煌的吐蕃时代》、郑炳林、李军《敦煌历史地理》、窦怀永《敦煌文献避讳研究》、赵声良《敦煌石窟艺术总论》、屈直敏《敦煌文献与中古教育》、王晶波《敦煌占卜文献与社会生活》、郑阿财《敦煌佛教文学》、郝春文、陈大为《敦煌的佛教与社会》、伏俊琏《敦煌文学总论》、张涌泉《敦煌写本文献学》、赵丰、王乐《敦煌丝绸》、荣新江、朱丽双《于阗与敦煌》、冯培红《敦煌的归义军时代》、余欣《敦煌的博物学世界》。这套丛书全面介绍了敦煌各个学科各个领域的资料和研究状况,合而观之,是一部多卷本集成型的敦煌学通论,取代并超过了 20 世纪日本人编纂的《讲座敦煌》书系。

另一套值得一提的带有通论性质的丛书是柴剑虹、荣新江主编的"走近敦煌丛书"。包括王克芬、柴剑虹《箫管霓裳——敦煌乐舞》[1]、谭蝉雪《盛世遗风——敦煌民俗》[2]、高启安《旨酒羔羊——敦煌的饮食文化》[3]、李重申、李金梅《忘忧清乐——敦煌的体育》[4]、刘进宝《遗响千年——敦煌的影响》[5]、赵声良《艺苑瑰宝——莫高窟壁画和彩塑》[6]、郝春文《石室写经——敦煌遗书》[7]、荣新江《华戎所交——敦煌民族与中西交通》[8]、王冀青《国宝流散——藏经洞纪事》[9]、王惠民《三危佛光——莫高窟的营建》[10]、

---

[1] 王克芬、柴剑虹:《箫管霓裳——敦煌乐舞》,甘肃教育出版社 2007 年版。
[2] 谭蝉雪:《盛世遗风——敦煌民俗》,甘肃教育出版社 2008 年版。
[3] 高启安:《旨酒羔羊——敦煌的饮食文化》,甘肃教育出版社 2007 年版。
[4] 李重申、李金梅:《忘忧清乐——敦煌的体育》,甘肃教育出版社 2007 年版。
[5] 刘进宝:《遗响千年——敦煌的影响》,甘肃教育出版社 2007 年版。
[6] 赵声良:《艺苑瑰宝——莫高窟壁画和彩塑》,甘肃教育出版社 2007 年版。
[7] 郝春文:《石室写经——敦煌遗书》,甘肃教育出版社 2007 年版。
[8] 荣新江:《华戎所交——敦煌民族与中西交通》,甘肃教育出版社 2008 年版。
[9] 王冀青:《国宝流散——藏经洞纪事》,甘肃教育出版社 2007 年版。
[10] 王惠民:《三危佛光——莫高窟的营建》,甘肃教育出版社 2007 年版。

郑炳林、李军《丝路明珠——敦煌》[①]，郑阿财、朱凤玉：《开蒙养正——敦煌的学校教育》[②]，一共十二册。这套丛书是融通俗性、知识性和科学性为一体，每本介绍敦煌的一个方面，合而观之，也是概括而全面地介绍了敦煌的历史和文化，亦属于丛书型通论著述。这套丛书很受社会欢迎，曾于2019年整套再版。有的如《石室写经——敦煌遗书》还单独另出了新版。其中之《旨酒羔羊——敦煌的饮食文化》《石室写经——敦煌遗书》《华戎所交——敦煌民族与中西交通》被译成日文出版，《石室写经——敦煌遗书》还出了英文版和韩文版。

李正宇《敦煌学导论》[③]，则是转型期全面系统阐述敦煌学性质、内容、价值意义、敦煌艺术、敦煌遗书、学科结构、研究简史、各分支学科研究概况、敦煌学工具书及敦煌学研究法等的通论性著述。

教材性质的通论性著述有荣新江《敦煌学十八讲》[④]，在全面介绍敦煌简史、藏经洞的发现和文物流散及研究史、敦煌文献的内容及价值、石窟艺术、写本辨伪等方面的同时，也全面地介绍了相关国际研究学术史和前沿，在众多敦煌学概论著作中颇具特色和影响力。

2010年由高等教育出版社出版的《敦煌学概论》（郝春文主编）是高等教育历史学专业系列教材之一，该书分为"绪论""上篇敦煌的历史""中篇石窟艺术""下篇敦煌遗书"四个部分对敦煌学及其主要内容做了概要介绍。该书第一次全面地界定了敦煌学的概念，厘清了敦煌学的研究范畴。在有关敦煌学、敦煌的历史和敦煌遗书部分全面收集现阶段已有的原始材料和最新的研究信息，从中提炼出结论明确、知识点清晰的成果；敦煌石窟部分也较全面地吸收了已得到学术界公认的成果。

李并成主编的《敦煌学教程》[⑤] 和褚良才《敦煌学简明教程》[⑥]，都是在大学讲授敦煌学基本知识的教材，分专题介绍敦煌的历史和文化。

[①] 郑炳林、李军：《丝路明珠——敦煌》，甘肃教育出版社2008年版。
[②] 郑阿财、朱凤玉：《开蒙养正——敦煌的学校教育》，甘肃教育出版社2007年版。
[③] 李正宇：《敦煌学导论》，甘肃人民出版社2008年版。
[④] 荣新江：《敦煌学十八讲》，北京大学出版社2001年版。
[⑤] 李并成主编：《敦煌学教程》，商务印书馆2007年版。
[⑥] 褚良才：《敦煌学简明教程》，中华书局2001年版。

三 敦煌资料的公布、著录、整理和研究

敦煌遗书图版刊布方面。任继愈主编《国家图书馆藏敦煌遗书》（1—146册），终于刊布了世界四大藏家最后一家的全部敦煌遗书图版。[①] 该书的编纂工作实际上是由方广锠主持，和以往的大型敦煌遗书图集相比，该书最大的创造是在图版后附有条记目录，著录所收每件敦煌遗书的文物、文献和文字信息，具体著录的内容多达 40 多项。所以，该书具有定名准确、图版清晰、著录内容齐全、编排方式科学、价格合理等特点，是一部高质量的大型敦煌遗书图录。广西师大出版社还正在陆续出版方广锠主编的《英国图书馆藏敦煌遗书》（已出 50 册）。[②] 因上一阶段出版的《英藏敦煌文献》只收录了社会历史文献，未包括佛教典籍，而《敦煌宝藏》虽然包括英藏的社会历史文献和佛经，但一是其图版不够清晰；二是未能包括斯 7600 号以后的内容。现在正在陆续出版的方广锠主编《英国图书馆藏敦煌遗书》，则计划出版全部英图馆藏敦煌遗书。美中不足的是此次出版的图版底版并非用现代技术新近拍照的图版，而是 20 世纪 50 年代拍照的缩微胶片底版，只是少量不清晰的图版使用了新照片，这当然会影响该书的图版质量。其实按现在的技术水平和条件，再印制黑白图版的敦煌遗书已经跟不上时代的步伐了，现在应该编纂和印制全彩印的敦煌遗书图版。

转型期出版的散藏敦煌遗书图版还有《中国书店藏敦煌文献》[③]《中国文化遗产研究院藏西域文献遗珍》[④]《敦煌秘笈》[⑤]《"中央研究院"史语所傅斯年图书馆藏敦煌遗书》[⑥]《务本堂藏敦煌遗书》[⑦]《滨田德海蒐

[①] 任继愈主编：《国家图书馆藏敦煌遗书》（1—146 册），国家图书馆出版社 2005—2012 年版。
[②] 方广锠主编：《英国图书馆藏敦煌遗书》（已出 50 册），广西师范大学出版社 2011—2019 年版。
[③] 《中国书店藏敦煌文献》编辑委员会编《中国书店藏敦煌文献》，中国书店 2007 年版。
[④] 赫俊红主编：《中国文化遗产研究院藏西域文献遗珍》，中华书局 2011 年版。
[⑤] 武田科学振兴财团杏雨书屋：《敦煌秘笈·目录册》，《敦煌秘笈·影片册》（1—9 册），大阪：武田科学振兴财团 2009—2013 年版。
[⑥] 方广锠主编：《"中央研究院"历史语言研究所傅斯年图书馆藏敦煌遗书》，台北：文盛彩艺事业有限公司 2013 年版。
[⑦] 方广锠编：《务本堂藏敦煌遗书》，广西师范大学出版社 2013 年版。

藏敦煌遗书》①《青岛市博物馆藏敦煌遗书》②《首都博物馆藏敦煌文献》③《天津图书馆藏敦煌文献》④《世界民间藏中国敦煌文献》（二辑）⑤ 等。

除了上述敦煌汉文文献图录出版外，《法国国家图书馆藏敦煌藏文文献》⑥《英国国家图书馆藏敦煌西域藏文文献》⑦《甘肃藏敦煌藏文文献》⑧ 等也在陆续影印出版过程中。

目录的编纂和刊布。目录编纂方面最重要的成果是方广锠主编的《中国国家图书馆藏敦煌遗书总目录》中之《新旧编号对照表卷》和《馆藏目录卷》（8册）的出版。⑨《馆藏目录卷》是该目录的主体部分，是以条记目录的方式按新的编号体系即北敦号依次著录国图藏全部敦煌遗书保留的文物、文献、文字等诸种研究信息，其具体著录的内容多达四十多项。该目录设计的著录内容总结了一百年来敦煌遗书编目的经验，是敦煌遗书馆藏目录的集大成之作，也为以后英藏、法藏、俄藏等馆藏目录的编纂提供了著录范式。

申国美《中国散藏敦煌文献分类目录》⑩，收录国内32个单位收藏的敦煌文献2414种，按佛经内容及道教、四部古籍、社会文书、杂写、民族文字等分为28类排列，为敦煌学研究者提供了一个较为完整的国内散

---

① 方广锠：《滨田德海蒐藏敦煌遗书》，国家图书馆出版社2016年版。
② 青岛市博物馆编：《青岛市博物馆藏敦煌遗书》，北京大学出版社2018年版。
③ 荣新江主编：《首都博物馆藏敦煌文献》，燕山出版社2019年版。
④ 万群、刘波主编：《天津图书馆藏敦煌文献》，学苑出版社2019年版。
⑤ 翁连溪主编：《世界民间藏中国敦煌文献》第1辑，中国书店2014年版；于华刚主编：《世界民间藏中国敦煌文献》第2辑，中国书店2017年版。
⑥ 西北民族大学、上海古籍出版社、法国国家图书馆编：《法国国家图书馆藏敦煌藏文文献》（已出版21册），上海古籍出版社2006—2018年版。
⑦ 西北民族大学、上海古籍出版社、英国国家图书馆编：《英国国家图书馆藏敦煌西域藏文文献》（已出版9册），上海古籍出版社2011—2017年版。
⑧ 马德主编：《甘肃藏敦煌藏文文献》（已出版3册），上海古籍出版社2018年版。
⑨ 方广锠主编：《中国国家图书馆藏敦煌遗书总目录·新旧编号对照表卷》，中国人民大学出版社2013年版；《中国国家图书馆藏敦煌遗书总目录·馆藏目录卷》1—8册，中国人民大学出版社2016年版。
⑩ 申国美：《中国散藏敦煌文献分类目录》，北京图书馆出版社2007年版。另可参阅柴剑虹《〈中国国内散藏敦煌文献分类目录〉序》，氏著《敦煌学与敦煌文化》，上海古籍出版社2007年版，第244—247页。

藏敦煌文献联合目录。该目录对各地已经刊布的敦煌文献（主要是汉文，也有少量藏文及其他民族文字文献）目录进行了整合和编纂，也为读者提供了方便。

此外，王倚平、唐刚卯《湖北省博物馆藏敦煌经卷概述》[1]，曾雪梅《甘肃省图书馆藏敦煌藏文文献叙录》[2]，荣新江、王素、余欣《首都博物馆藏敦煌吐鲁番文献经眼录》[3]，孟嗣徽《故宫收藏的敦煌吐鲁番遗画》[4]，邰惠莉《兰山范氏藏敦煌写经目录》[5]，王素、任昉、孟嗣徽《故宫博物院藏敦煌吐鲁番文献目录》[6]，张延清等《敦煌研究院藏敦煌古藏文写经叙录》[7]，郑亚萍《安定区博物馆馆藏唐代敦煌写经简述》[8]，刘雪平《湖南省图书馆藏敦煌写经叙录》[9]，陈宝林《重庆宝林博物馆藏敦煌写经》[10]，王保东《酒泉博物馆藏敦煌写经》[11]，张延清、李毛吉《西北民族大学图书馆藏敦煌藏文文献叙录》[12]，于芹《山东博物馆藏敦煌遗书叙录》[13]，林

---

[1] 王倚平、唐刚卯：《湖北省博物馆藏敦煌经卷概述》，《敦煌吐鲁番研究》第5卷，中华书局2001年版，第269—276页。

[2] 曾雪梅：《甘肃省图书馆藏敦煌藏文文献叙录》，《敦煌研究》2003年第5期。

[3] 荣新江、王素、余欣：《首都博物馆藏敦煌吐鲁番文献经眼录》，《首都博物馆丛刊》第18辑，北京燕山出版社2004年版，第166—174页；《首都博物馆藏敦煌吐鲁番文献经眼录（续）》，《首都博物馆丛刊》第21辑，北京燕山出版社2007年版，第126—137页。另可参阅余欣《博望鸣沙——中古写本研究与现代中国学术史之会通》之第三章"'顾二郎'与'护陇使者'：首都博物馆藏敦煌吐鲁番文献经眼录"，上海古籍出版社2012年版，第124—153页。叶渡《馆藏敦煌写卷三事》，《首都博物馆论丛》，北京燕山出版社2015年版，第192—199页。

[4] 孟嗣徽：《故宫收藏的敦煌吐鲁番遗画》，《敦煌学国际研讨会论文集》，北京图书馆出版社2005年版，第277—283页。

[5] 邰惠莉：《兰山范氏藏敦煌写经目录》，《敦煌研究》2006年第3期。

[6] 王素、任昉、孟嗣徽：《故宫博物院藏敦煌吐鲁番文献目录》，《敦煌研究》2006年第6期。

[7] 张延清等：《敦煌研究院藏敦煌古藏文写经叙录》，《敦煌研究》2006年第3期。

[8] 郑亚萍：《安定区博物馆藏唐代敦煌写经简述》，《丝绸之路》2011年第12期。

[9] 刘雪平：《湖南省图书馆藏敦煌写经叙录》，《敦煌研究》2012年第3期。

[10] 陈宝林：《重庆宝林博物馆藏敦煌写经》，《敦煌研究》2012年第5期。

[11] 王保东：《酒泉博物馆藏敦煌写经》，《敦煌研究》2012年第5期。

[12] 张延清、李毛吉：《西北民族大学图书馆藏敦煌藏文文献叙录》，《西藏民族学院学报》2012年第2期。

[13] 于芹：《山东博物馆藏敦煌遗书叙录》，《敦煌研究》2012年第5期。

玉、董华峰《四川博物院藏敦煌吐鲁番写经叙录》等①，分别介绍了国内图书馆、博物馆以及高校等收藏单位收藏敦煌遗书的情况。

文字释录方面。中篇的叙述表明，至20世纪末，中国学者完成的分类释录文本已经基本涵盖了敦煌遗书的所有重要类别。所以，转型期在敦煌遗书文字释录方面的主要工作其实是再释录。

转型期对敦煌文献的再释录主要有三种路径。一是张涌泉策划组织的《敦煌文献合集》工程，这项工程是拟将全部敦煌社会历史文献（汉文翻译佛经以外部分）按传统的四部分类法整理编排，分类进行新的文字释录。即通过对现已公布的所有敦煌文献的全面普查，在分类、汇聚、定名、缀合、汇校等工作的基础上，把所有相关写卷及其校录成果全部类聚一处，并进行汇校，目前已经完成了《敦煌经部文献合集》。②该书分为"群经类""小学类"两大部分。"群经类"包含《周易》《尚书》《诗经》《礼记》《左传》《穀梁传》《论语》《孝经》《尔雅》九经；"小学类"包含韵书、训诂、字书、群书音义、佛经音义五类。书末附有卷号索引，方便读者检索查阅。该书将现在所知的敦煌经部文献几乎网罗殆尽，文书释文也比以前有了很大提高，是一百年来敦煌经部文献释录的集大成之作。

第二种整理路径是郝春文策划组织的按收藏地馆藏流水编号对敦煌文献中的非佛经文献进行释录，并在释录一件文书时将全部敦煌文书中的同一文书也进行汇校，这一工作可以最大限度避免遗漏，也弥补了分类释录的不足。这项工作启动于上一阶段，选择《英藏敦煌社会历史文献释录》工程作为《敦煌社会历史文献释录》的第一期工程。《英藏敦煌社会历史文献释录》自2001年起出版第一卷，目前已经出版了16卷。该书将一千多年前的手写文字释录成通行的繁体字，并对原件的错误加以校理，尽可能地解决所涉及文书的定性、定名、定年等问题，每件文书一般包括文书的标题、释文、说明、校记和参考文献等几个部分。为了提高释文的准确性，《英藏敦煌社会历史文献释录》整理团队几乎每年都到英国国家图书馆核查原卷，解决依据文书图版无法辨识的文字及其他问题。该书释文的

---

① 林玉、董华峰：《四川博物院藏敦煌吐鲁番写经叙录》，《敦煌研究》2013年第2期。
② 张涌泉主编：《敦煌经部文献合集》（1—11册），中华书局2008年版。

整体质量已经超越了日本学者的成就。

采用这样一种路径校录敦煌遗书的还有黄征、张崇依编著《浙藏敦煌文献校录整理》（全二册）[1]，收录了浙江省境内公家所藏东晋至宋初的敦煌写本201件，全书分"全文校录""著录解题""校注考证"三部分，从文献整理、训诂校勘和佛教研究、书法研究等角度校录了全部图版中的文字，提供了一个完整的《浙藏敦煌文献》标点校注本。

第三种路径是按过去分类录校的办法对某类敦煌文献进行再释录。这些释录成果将分别在学科、领域的分类成果中介绍。这里主要提一下王淑民《英藏敦煌医学文献图影与注疏》[2] 和沈澍农主编的《敦煌吐鲁番医药文献新辑校》[3]。这两部分类整理成果除了释文外，都附有所收录文书的全部高清彩色图版，印制则采用全彩印的方式，这个方式特别便于读者依据高清图版核对释文，因而给研究者提供了极大的便利。该书可以说是图文对照本，但并未采用图文混排的格式。从实际效果看，图文混排虽然更方便读者核对图版，但如果图书开本太小，就会导致图版缩小，致使图版的文字变小而难辨。[4]

所以，王淑民和沈澍农分类整理代表了未来分类整理方向。未来的分类整理本都应该附有高清彩色图版并采用全彩印，再加上精校和核查原卷。

敦煌遗书之外，学界盼望已久的敦煌悬泉汉简的整理和刊布，在转型期也取得重大进展。胡平生、张德芳《敦煌悬泉汉简释萃》[5] 和中国文物研究所、甘肃省文物考古研究所编《敦煌悬泉月令诏条》[6]，都仅仅公布了部分释文。近年，由甘肃简牍博物馆等编纂的《悬泉汉简》，则拟收录全部图版和释文，该书拟分8辑出版。每辑收录原简约2300枚，彩色图版

---

[1]　黄征、张崇依编著：《浙藏敦煌文献校录整理》（全二册），上海古籍出版社2012年版。
[2]　王淑民：《英藏敦煌医学文献图影与注疏》，人民卫生出版社2012年版。
[3]　沈澍农主编：《敦煌吐鲁番医药文献新辑校》，高等教育出版社2016年版。
[4]　如袁仁智、潘文主编《敦煌医药文献真迹释录》虽然也采用了全彩印，但因图文混排，导致一些图版太小，图版上的文字很难辨认，没有达到预期的效果。袁仁智、潘文主编：《敦煌医药文献真迹释录》，中医古籍出版社2015年版。
[5]　胡平生、张德芳：《敦煌悬泉汉简释萃》，上海古籍出版社2001年版。
[6]　中国文物研究所、甘肃省文物考古研究所编：《敦煌悬泉月令诏条》，中华书局2001年版。

和红外图版同时呈现，并附有释文和简牍形制尺寸表，第一辑（上、下册）已于2019年出版。[1]

四 敦煌资料的数字化和数据库、知识库建设

敦煌资料的数字化和数据库、知识库建设始于20世纪末，真正兴起是进入21世纪以后。所以这一部分的介绍也会适当涉及20世纪晚期的成果。

1. 敦煌遗书的数字化和数据库知识库建设

进入21世纪以后，数字图书馆建设发展很快，电子图书、中外文数据库均呈日新月异之势。这些电子图书包括很多有关敦煌学的图书，各种数据库也都包含有关敦煌学的期刊和论文。敦煌学如何利用数字化技术，在转型期成为一些学者思考的问题。2005年，郝春文在上海师范大学举办了"敦煌学知识库国际学术研讨会"，与会学者就敦煌资料的数字化和建设敦煌数据库、知识库等问题进行了集中讨论。[2] 韩春平《敦煌学数字化问题研究》[3]，是从理论上探讨敦煌学数字化的专著，涉及敦煌学数字化理论研究综述、敦煌学数字化的背景、敦煌学数字化的历程、敦煌学数字化的技术保障、敦煌学数字化的经费保障、敦煌学数字化的其他问题等内容。

在实践方面，1998年，英国国家图书馆的魏泓博士开始策划组织国际敦煌学项目（International Dunhuang Project，IDP），计划把全世界各地收藏的敦煌遗书彩色图版上网。中、英、法、俄四大藏家及日本龙谷大学、法国集美博物馆、英国维多利亚与阿尔伯特博物馆、匈牙利学院图书馆等陆续加入了这一项目。截至现在，法国国家图书馆全部敦煌遗书的高清彩色图版都已上网，而中国国家图书馆和英国国家图书馆的藏品也都有差不多三分之一已经上网，俄国的藏品也有一部分已经上网。读者可以通过互联网检索、阅览。这些高清彩色图版使得原来黑白图版上模糊不清或完全看

---

[1] 甘肃简牍博物馆等编：《悬泉汉简》壹（上、下册），中西书局2019年版。

[2] 相关成果，参见郝春文主编《敦煌学知识库：国际学术研讨会论文集》，上海古籍出版社2006年版。

[3] 韩春平：《敦煌学数字化问题研究》，民族出版社2012年版。

不到的朱书文字，现在绝大部分都变得清晰可辨了。那些墨迹脱落或污损严重的文本，高清彩色图版的清晰度也远优于过去的黑白图版。所以，彩色摄影和扫描技术的应用，为学术界阅读、整理和研究敦煌遗书提供了进一步的便利。

2005年，上海师范大学域外古文献研究中心曾将《英藏敦煌社会历史文献释录》1—5卷的电子文本上网。但规模最大的数据库群要属敦煌研究院官网上的"资源总库"，里面包括多种敦煌学专业数据库和电子图书，如"敦煌学期刊全文数据库""敦煌学研究期刊目录数据库""敦煌学报纸全文数据库""敦煌学博士学位论文全文数据库""敦煌电子书数据库"等。该官网还有"数字敦煌"窗口，里面的内容主要是代表性洞窟的塑像和壁画影像。以上数据库都可以通过互联网检索、阅读，为研究者查找相关资料提供了巨大的方便。敦煌研究院官网还设有"敦煌百科""敦煌学术""多媒体专区""藏经洞"等窗口，这些应该属于敦煌学知识库的范畴，读者通过阅览这些窗口可以了解敦煌学各方面的知识。

爱如生数据库中正在开发"敦煌文献库"，收录敦煌汉文文献共3万件，分为5集出版，现已经出版初集：包括官文书、私文书、寺院文书和经、史、子、集四部写本，共计3031件。每件均据原件照片或复印件制成高精度的数码影像，并以爱如生独有的录排技术制成数码化全文，逼真再现敦煌文献的各种复杂书式，包括眉批、夹注、怪僻字、重叠字、翻转字、涂抹字及图表、标记等；同时配备强大的检索系统和完备的功能平台，实现毫秒检索只字不差，图文对照逐行可勘。如能全部出版，将为学术界利用敦煌文献提供极大方便。

另外，2012年方广锠和马德还分别获得"敦煌遗书数据库建设"国家社科基金重大招标项目，这两个项目的主要内容都是计划将敦煌遗书的图版、文本和目录纳入数据库，如能实现，必将为学术界了解、利用、整理和研究敦煌遗书提供巨大的方便。但这两个项目的最终成果目前均未上网。

2. 石窟文物数字化

利用计算机图像处理技术实现敦煌壁画图像数字化存贮，为有效记录、管理和保护敦煌壁画提供了新途径。最早对这一问题进行探索的是李震、孙文新等,他们以莫高窟第45窟为研究对象,进行壁画的数字图像获取、处理、存贮及管理实验,为获得大规模敦煌壁画存贮与管理系统做准备。① 陈建明、井晓平等介绍了平面型壁画和佛龛塑像进行彩色近景摄影测量与图像处理试验的工作情况,通过模数转换和数字图像的摄影测量处理及色彩失真的校正,实现了平面型壁画和塑像的数字图像存贮。② 敦煌壁画计算机贮存和管理要求准确真实地表现壁画图像的颜色,因此对壁画图像信息的颜色还原和矫正具有较高的标准。周丰昆、陈淑芳等进行了色彩矫正和还原试验,并制定了具体有效的矫色措施。③ 上述研究探索了利用计算机进行复杂文物信息获取和保存的技术路线,表明使用计算机技术记录敦煌壁画是一项可行且富有前景的技术。刘刚、李实详细说明了系统软硬件平台的选购等问题。④ 他们还指出敦煌壁画计算机存贮与再现系统最终的目标是能方便查找有关莫高窟壁画洞窟的资料信息,可以真实再现洞窟壁画和进行壁画的复制等。⑤ 刘刚、鲁东明则尝试利用多媒体与智能技术集成,解决敦煌壁画的色彩虚拟复原、敦煌风格图案创作以及敦煌石窟漫游的问题。⑥ 吴健、俞天秀介绍了建设敦煌艺术图像数据库对于敦煌艺术的保护、研究和弘扬具有的重要意义。⑦ 樊锦诗等《中美合作研制敦煌数字图像档案》,指出其目标是为敦煌石窟的壁画及相关文物、文献制作高质量的数字图像,并将其并入一个学术性的电子档案。⑧ 刘刚、张俊等结合莫高窟第45、196、158等窟的三维数字化获取和处理的工作实践,概述了石窟三维数字化的技术方法和应用。⑨

---

① 李震、孙文新等:《敦煌壁画的计算机存贮与管理》,《敦煌研究》1996年第1期。
② 陈建明、井晓平等:《莫高窟壁画近景摄影测量与图像数字处理》,《敦煌研究》1996年第3期。
③ 周丰昆、陈淑芳等:《敦煌壁画计算机存贮与管理中的颜色还原矫正》,《敦煌研究》1996年第3期。
④ 刘刚、李实:《敦煌壁画计算机存贮与再现系统的平台建设》,《敦煌研究》2000年第1期。
⑤ 刘刚、李实:《敦煌壁画计算机存贮与再现系统的目标与实现》,《敦煌研究》2000年第1期。
⑥ 刘刚、鲁东明:《敦煌壁画的数字化》,《敦煌研究》2003年第4期。
⑦ 吴健、俞天秀:《敦煌艺术图像数据库的建设》,《敦煌研究》2008年第6期。
⑧ William G. Bowen、樊锦诗:《中美合作研制敦煌数字图像档案》,《敦煌研究》2002年第4期。
⑨ 刘刚、张俊等:《敦煌莫高窟石窟三维数字化技术研究》,《敦煌研究》2005年第4期。

如今，数字技术在敦煌莫高窟的研究与保护中已得到广泛应用。樊锦诗指出应用数字技术对敦煌石窟艺术的全部信息进行记录，同时也应用于洞窟壁画现状调查、日常监测等保护工作，又为美术临摹工作的线描稿起稿提供技术支持。采用数字无线传感器网络技术在洞窟实时监测和管理方面发挥了独特作用，为莫高窟的开放管理水平提升提供了技术支持。三维激光扫描的数字技术应用于洞窟考古测绘工作中，测量精度和准确性得到提高。利用数字技术，建成了高效的图书管理系统和文献资料数据库，实现信息资源共享。采用数字技术，充分扩展了敦煌石窟艺术展示的场所和空间。通过敦煌莫高窟游客服务中心项目，可以使观众欣赏到高分辨率、高清晰度的洞窟建筑、彩塑和壁画，同时也使洞窟得到有效保护。[①]

2016年4月29日，"数字敦煌"资源库平台第一期正式上线，首次向全球发布敦煌石窟30个经典洞窟的高清数字化内容及全景漫游节目。截至目前，敦煌研究院已完成采集精度为300DPI的洞窟近200个以及110个洞窟的图像处理、140个洞窟的全景漫游节目制作工作。数字敦煌资源库建设被认为是传统文化资源和信息技术有机结合的典范。运用数字化技术手段，融合文化遗产资源的文化信息，构建跨区域的文化资源库，尤其是石窟图像资源和文献资源，能够让人们更多地了解敦煌文化资源的历史价值、文化价值、社会价值、科技价值和艺术价值。

第五节　中西文化交流史研究

古代敦煌是中国和世界接触的窗口。所以，敦煌文献中保存了不少反映中西经济文化交流的资料。特别是在唐代，敦煌汇聚了中国、希腊、印度、中亚、西亚等不同系统的文化，这些在敦煌文献和敦煌石窟中都有不同程度的反映。站在中古时期世界文化交流的高度，全面系统地发掘敦煌文化遗产中有关这方面的信息，无疑应该成为敦煌学的一个重要研究领域。本节的内容具有跨学科性质，难以放到任何一个学科或领域，故将本

---

① 樊锦诗：《敦煌石窟保护与展示工作中的数字技术应用》，《敦煌研究》2009年第6期。

节的内容视为概说，置于敦煌学理论与概说章。

姜伯勤《敦煌吐鲁番文书与丝绸之路》①，以敦煌吐鲁番文书的研究为中心，探讨与"东西方贸易担当者"——粟特人有关的丝路实况，并考察了波斯通往敦煌吐鲁番的"白银之路"和敦煌吐鲁番通往印度的"香药之路"以及曾在敦煌流行的波斯文化和天竺文化。孙修身《敦煌与中西交通研究》②，对古代敦煌在中西交通的历史地位及唐代与印度及其属国的交通路线和交往情况做了介绍。李明伟《丝绸之路与西北经济社会研究》《隋唐丝绸之路》等论著及相关论文③，在探讨胡商、商品、物价、商镇、商路和丝路贸易商业制度等问题也涉及了中西文化交流。张国刚对包括敦煌在内的丝路城市，在中西文化交流史上的作用作了概述。④ 荣新江也对丝路在中西文化交流中的作用以及敦煌在丝路上的节点意义做了阐发。⑤ 概述性的成果之外，各学科各领域都出现了一些探讨中西交流的实证性研究。

历史方面，陈金生提出两汉西域质子在促进中国文化与民族文化的交流方面发挥了独特的优势和显著的作用。⑥

文学方面，张先堂论述了以汉族文学为主体的敦煌文学与回鹘、于阗、吐蕃等周边民族文学，以及与印度、中亚等域外文学之间相互交流、吸收、影响、融汇的关系。⑦ 李明伟从唐诗、敦煌曲子词和敦煌变文三个方面研究了丝绸之路的中西经济文化交流对唐代文学嬗变的影响。⑧ 王志鹏、朱瑜章则认为变文是中外文化交流发展的产物。⑨

---

① 姜伯勤：《敦煌吐鲁番文书与丝绸之路》，文物出版社1994年版。
② 孙修身：《敦煌与中西交通研究》，甘肃教育出版社2002年版。
③ 李明伟：《丝绸之路与西北经济社会研究》，甘肃人民出版社1992年版；《隋唐丝绸之路》，甘肃人民出版社1994年版。
④ 张国刚：《丝绸之路与中西文化交流》，《西域研究》2010年第1期。
⑤ 荣新江：《丝绸之路是一条活的道路——关于丝绸之路与中西文化交流研究中的几个问题》，《月读》2017年第6期。
⑥ 陈金生：《两汉西域质子与敦煌的密切关系——兼谈质子与中西文化交流》，《敦煌学辑刊》2011年第1期。
⑦ 张先堂：《敦煌文学与周边民族文学、域外文学关系述论》，《敦煌研究》1994年第1期。
⑧ 李明伟：《唐代文学的嬗变与丝绸之路的影响》，《敦煌研究》1994年第3期。
⑨ 王志鹏、朱瑜章：《敦煌变文的名称及其文体来源的再认识》，《敦煌研究》2010年第5期。

艺术方面，史苇湘由敦煌壁画《微妙比丘尼变》发掘出中国和印度、西域文化交流的痕迹，认为莫高窟蕴藏着中印古代文化艺术交流的丰富资料。[①] 王钺从亚欧大陆东西方文化交流的角度，探讨了印度造型艺术中的外来因素这一重要课题。[②] 姜伯勤从图像学视角追溯了隋代敦煌莫高窟第244窟壁画与后期犍陀罗艺术并粟特画派的东渐。[③] 他还将莫高窟隋代供养人胡服服饰与乌兹别克斯坦巴拉雷克捷佩等地壁画中的图像进行比较研究，探寻了其间的历史联系及敦煌与中亚地区频繁的文化交流状况。[④] 张元林考察了藏经洞出土的50余件作品中的日、月图像来源的多元性和融合性特征，从一个侧面揭示敦煌在中西交流史上曾经扮演过的"融汇多元文化"的历史角色。[⑤] 封钰指出敦煌莫高窟早期的雕塑像与莫高窟其他艺术一样，其中蕴含了大量西方元素，所以可谓一部中西艺术交流史。[⑥] 陈明集中关注了图像中所蕴含的佛教神话在丝路上的传播，如对"曜母鬼""一角仙人""须达拏太子本生故事""搅长河为酥酪""三条鱼"等故事和图像的专题考察，以之为依据讨论了印度文化在中国以及波斯等东西方向的传播。[⑦] 卢秀文、徐会贞认为敦煌吐鲁番地区发掘的披帛是通过丝绸之路传入中国的西亚文化，与中国服饰发展的内因相结合而流行开来的一种"时世妆"的形式。[⑧]

宗教方面，季羡林将文化流出去又流回来的现象称为倒流，并对中印

[①] 史苇湘：《从敦煌壁画〈微妙比丘尼变〉看历史上的中印文化交流》，《敦煌研究》1995年第2期。

[②] 王钺：《印度造型艺术的外来因素问题》，《敦煌学辑刊》1994年第2期。

[③] 姜伯勤：《莫高窟说法图中龙王与象王的图像学研究——兼论有联珠纹边饰的一组说法图中晚期犍陀罗派及粟特画派的影响》，《敦煌吐鲁番研究》第1卷，北京大学出版社1996年版，第139—160页。

[④] 姜伯勤：《敦煌莫高窟隋代供养人胡服服饰研究》，郝春文主编：《敦煌文献论集》，辽宁人民出版社2001年版，第354—368页。

[⑤] 张元林：《敦煌藏经洞所出绘画中的日、月图像研究》，《敦煌吐鲁番研究》第12卷，上海古籍出版社2011年版，第245—268页。

[⑥] 封钰：《敦煌莫高窟早期雕塑源流》，《东南文化》2012年第3期。

[⑦] 陈明这方面的系列论文，结集汇总于《印度佛教神话：书写与流传》一书中，参陈明《印度佛教神话：书写与流传》，中国大百科全书出版社2016年版。

[⑧] 卢秀文、徐会贞：《披帛与丝路文化交流》，《敦煌研究》2015年第3期。

之间的佛教倒流现象进行了比较系统的阐释,用大量的证据证明,佛教从印度传入中国后中国人并没有墨守成规,原封不动地把它保留下来,而是加以改造和提高,加以发扬光大,并将中国对佛教的新发展"倒流"回印度。① 方广锠则提出了"文化汇流"的观点,认为佛教作为一种历史文化形态,其发展过程并非印度文化的自我演化,而是包括中国文化、西亚文化等广大亚洲文化共同汇流的结果,通过对一些原始经论的考据,可以看出这种汇流不仅表现为印度的佛教文化进入中土进行融汇,也表现为中国本土文化流入印度,影响印度的佛教文化,再以佛教文化的形式回流到中国。他通过对《刘师礼文》《般若心经》等的研究,对此观点有进一步阐释。如《试论佛教发展中的文化汇流——从〈刘师礼文〉谈起》,认为《刘师礼文》虽然是佛教文献,却含有大量的中国文化元素,而这种元素又见诸大量翻译佛经,这种现象是文化汇流的表现。② 又如《再谈佛教发展中的文化汇流》,从佛典翻译入手,先后探讨了两种文化交流中的格义现象、佛典翻译中的文化反浸现象、佛典编译中的文化加工现象,从而加深了对文化汇流背景的研究。③《〈般若心经〉——佛教发展中的文化汇流之又一例证》,以《般若心经》传译过程为例再次论证了"佛教发展中的文化汇流"④。伍小劼则以《灌顶拔除过罪生死得度经》的传译为例再度印证佛教发展中文化汇流现象。⑤ 但王飞鹏质疑《灌顶拔除过罪生死得度经》的真伪,认为目前的证据尚不能确认该经一定就是中国人撰述,所以用该经论证"汇流",尚有疑问。⑥

郝春文通过敦煌寺院保存的文化典籍、敦煌寺院追悼亡故僧人的仪式和敦煌寺院流行的节日考察了中国传统文化和印度佛教文化在敦煌寺院的

---

① 《季羡林文集》第七卷《佛教》,江西教育出版社1998年版,第405—444页。
② 方广锠:《试论佛教发展中的文化汇流——从〈刘师礼文〉谈起》,《华东师范大学学报》2007年第1期。
③ 方广锠:《再谈佛教发展中的文化汇流》,《敦煌研究》2011年第3期。
④ 方广锠:《〈般若心经〉——佛教发展中的文化汇流之又一例证》,《深圳大学学报》2013年第4期。
⑤ 伍小劼:《〈灌顶拔除过罪生死得度经〉与"文化汇流"》,《南亚研究》2010年第2期。
⑥ 王飞鹏:《〈药师经〉真伪问题新论》,《四川大学学报》2017年第1期。

交汇和融合。① 荣新江通过中印之间僧侣的往来、经本的流通探讨了中印之间佛教文化交流。② 他还对敦煌文献以及西域考古文物中出现的汉化佛寺进行了系统梳理，认为随着唐军的西进，在西域地区建立了一系列汉化佛寺，这些佛寺不仅仅是宗教传播的据点，也是中原文化传播的据点。③ 陈国光以对"和尚"一词的分析为例，认为古代"西域"在初期中印文化交流中具有重要的桥梁作用，而且当时西域佛教也是汉传佛教的重要来源之一。④ 陈明讨论了唐代社会的胡语学习以及使用风气，并分析了佛教双语字书以及音义著作形成的原因和对当时人的价值。⑤

科技方面，季羡林全面考察了 P.3033 记录印度制糖法的残卷，涉及甘蔗的写法、甘蔗的种类、造砂糖法与糖的种类、造煞割令（石蜜）法、砂糖与煞割令的差别、甘蔗酿酒、甘蔗栽种等，认为此卷书写者应该是敦煌本地人，在展现敦煌人对制糖兴趣的同时，也展示了该写卷蕴含的深刻的中印文化交流意义。⑥ 王继如对此卷的释录有所补正，并认为印度制糖法是经过沙州、高昌而传往中国内地的（但不一定是唯一的途径）。⑦ 杨宝玉认为该卷出自张球之手。⑧

余欣通过对敦煌文献和图像中的罗睺、计都的考察，说明历法星占所见之东西文明交流史与"交错的文化史"⑨。

关于中西医药文化交流的研究，贡献最大者当属陈明，其《敦煌出土

---

① 郝春文：《唐后期五代宋初中印文化对敦煌寺院的影响》，项楚、郑阿财主编：《新世纪敦煌学论集》，巴蜀书社2003年版，第331—337页。
② 荣新江：《敦煌文献所见晚唐五代宋初中印文化交往》，《季羡林教授八十华诞纪念论文集》，江西人民出版社1991年版，第955—968页。
③ 荣新江：《慧超所记唐代西域的汉化佛寺》，《冉云华先生八秩华诞寿庆论文集》，台北：法光出版社2003年版，第399—407页；《唐代西域的汉化佛寺系统》，《龟兹文化研究》第1辑，香港：天马出版有限公司2005年版，第130—137页。
④ 陈国光：《释"和尚"——兼谈中印文化交流初期西域佛教的作用》，《西域研究》1995年第2期。
⑤ 陈明：《佛教双语字书与隋唐胡语风气》，《四川大学学报》2009年第2期。
⑥ 季羡林：《一张有关印度制糖法传入中国的敦煌残卷》，《历史研究》1982年第1期。
⑦ 王继如：《P.3303号印度制糖法的释读》，《敦煌研究》2000年第4期；同氏《伯3303号印度制糖法释读商榷》，《中国典籍与文化》2001年第2期。
⑧ 杨宝玉：《印度制糖法文书重校及其独存敦煌原因新探》，《敦煌研究》2019年第4期。
⑨ 余欣：《敦煌文献与图像中的罗睺、计都释证》，《敦煌学辑刊》2011年第3期。

胡语医典耆婆书研究》①，对敦煌出土的梵文于阗文双语医书《耆婆书》（Jāvaka-pustaka）进行了专门研究，分析了耆婆从人间医生到天神的形象转变，揭示了曾经在西域流行过并影响我国的耆婆信仰现象，并将《耆婆书》与中医典籍中的耆婆医药方进行比较，阐明了耆婆医药方在中印医学交流史上的意义。《印度梵文医典〈医理精华〉研究》②，对敦煌出土的于阗文印度医典《医理精华》，结合梵文等文本，进行了深入考察，认为该书在印度古代医学文化向外传播史上具有极其重要的地位，并依据敦煌发现的残卷，认为印度古典医学在敦煌曾经确实被学习和实践。《殊方异药——出土文书与西域医学》③，以西域出土胡语文书，尤其是梵语文献为依据，系统地论述了我国医学界长期隐而未彰的西域医学问题，尤其是这些胡语医学文献所反映的中印医学交流问题。《敦煌的医疗与社会》④，其中也有专门章节讨论了敦煌吐鲁番与印度等地的医学文化交流。

---

① 陈明：《敦煌出土胡语医典耆婆书研究》，台北：新文丰出版社1994年版。
② 陈明：《印度梵文医典〈医理精华〉研究》，商务印书馆2014年版。
③ 陈明：《殊方异药——出土文书与西域医学》，北京大学出版社2005年版。
④ 陈明：《敦煌的医疗与社会》，中国大百科全书出版社2018年版。

第 九 章

转型期关于历史文书与敦煌历史的研究

第一节 历史文书与敦煌历史

转型期利用敦煌文献研究唐前期历史的成果较少。陆离结合史籍中有关贞观年间唐太宗君臣论治的记载,讨论了《百行章》所反映的唐初统治思想。① 王斐弘《敦煌法论》②,从法学角度对敦煌遗书中的部分法律文书做了解读。雷闻对俄藏敦煌 Дx.06521 残卷进行了考察,认为它可能就是与开元二十五年(737)规定律令格式同时编纂的刑部《格式律令事类》之断简,具有重要的史料价值。③ 刘安志依据敦煌文书及相关文献中的沙州长官称谓、六曹设置和官员名称、吏员设置及其称谓,以及官员钤印等因素,确定开元天宝以前沙州的行政建制是刺史州(太守郡建制),而非都督州(郡)建制。并据文渊阁四库全书本《唐会要》的记载,确定沙州升为都督府的时间是在唐代宗永泰二年(766)五月,而非唐高宗的永徽二年(651)五月。④ 其后,他又在比对现知国内外所藏十数种《唐会要》抄本的基础上,进一步确认"永泰二年五月"的记载准确无误。⑤ 他还利用敦煌研究院藏张君义文

---

① 陆离:《敦煌本〈百行章〉所反映的唐初统治思想》,《敦煌研究》2001 年第 2 期。
② 王斐弘:《敦煌法论》,法律出版社 2008 年版。
③ 雷闻:《俄藏敦煌 Дx.06521 残卷考释》,《敦煌学辑刊》2001 年第 1 期。
④ 刘安志:《关于唐代沙州升为都督府的时间问题》,《敦煌学辑刊》2004 年第 2 期。
⑤ 刘安志:《唐代沙州升为都督府时间考定——以〈唐会要〉版本考察为中心》,《史学集刊》2017 年第 4 期。

书探讨了唐中宗景龙年间西域政局的变化。① 李方考出西州及敦煌县除设有传世典籍与出土文书中明确记载的司法、司户二曹外，还存在不见于典籍记载的司兵。她还讨论了县尉分判诸司及县诸司佐史的职责。②

这一阶段有关吐蕃管辖敦煌时期和归义军史的研究较多，以下分别述之。

一 吐蕃时期

关于吐蕃政治史，王东对敦煌古藏文的"投毒"信息进行了考察，指出其中透露吐蕃政治生活中的赞普与外戚、大臣之间的权力斗争，而这些斗争中隐含着吐蕃社会生活中佛苯之间的矛盾。③ 任小波结合吐蕃早期的历史信息，对《吐蕃赞普传记》中最难通解的赎尸仪轨段落提出新的理解及新的译文。④ 刘凤强指出藏族史书在某些词汇运用上，严格区分等级，在史料取舍与编排上，惩恶扬善，塑造德政形象，这种编纂方法明显具有汉族史书"春秋笔法"的特征，反映出吐蕃时期藏族史书的编纂深受内地的影响，史学与社会政治之间有着密切的关系。⑤ 任小波重新转录和译释了敦煌吐蕃文书中的"人马盟誓"段落，将其与纳西族东巴经《献冥马》作了文本比较，并对其中的誓词和盟誓仪式作了解析。⑥ 陆离对 P. 2255、P. 2326 号《祈福发愿文》等 6 件有关吐蕃皇太子的佛教祈愿文的写作年代进行了考辨，认为文书中出现的太子应是赤祖德赞的长兄藏玛，藏玛出家为僧后王位为赤祖德赞继承，进而讨论了吐蕃王位继承制度及王统世系

---

① 刘安志：《敦煌所出张君义文书与唐中宗景龙年间西域政局之变化》，《魏晋南北朝隋唐史资料》第 21 辑，2004 年，第 269—295 页。
② 李方：《西州诸县及敦煌县县属机构"司"（曹）探讨》，郝春文主编：《敦煌文献论集》，辽宁人民出版社 2001 年版，第 140—168 页。
③ 王东：《"投毒"与唐代吐蕃政治——以敦煌文献为中心的考察》，《中国藏学》2014 年第 1 期。
④ 任小波：《赞普葬仪的先例与吐蕃王政的起源——敦煌 P. T. 1287 号〈吐蕃赞普传记〉第一节新探》，《敦煌吐鲁番研究》第 13 卷，上海古籍出版社 2013 年版，第 419—440 页。
⑤ 刘凤强：《敦煌吐蕃历史文书的"春秋笔法"》，《中国藏学》2014 年第 1 期。
⑥ 任小波：《敦煌吐蕃文书中的"人马盟誓"情节新探——IOL. TIBJ731 号藏文写卷研究释例》，《中国藏学》2011 年第 3 期。

和吐蕃占领时期河陇僧官制度等方面的问题。① 马德利用羽77号《本阐为宰相就灵龛祈愿文》等记载,考出尚纥儿一生前后三次到敦煌,晚年在敦煌建造了圣光寺。② 赵晓星分析了786—848年吐蕃时期落蕃官阶层出现的原因、地位、心理、事迹、历史作用等问题,认为生活在这一阶层的人都曾是唐王朝的官吏,不幸身陷吐蕃,他们身着蕃装,却又心向大唐。③ 陆离探明吐蕃时期敦煌等地的官田有官员的俸禄田和以其收入支付官府日常开支的公廨田,分析这一做法应当是模仿了唐朝的职田、公廨田制度。④

陆离是转型期研究吐蕃历史的新锐,他的《敦煌的吐蕃时代》及相关系列论文⑤,运用敦煌汉藏文献与传统史籍相综合的研究方法,详细探讨了吐蕃管辖敦煌时期的政治制度、军事制度、法律制度、经济制度、文化教育、宗教活动,以及唐人和唐蕃关系等重要问题,代表了转型期有关这一课题的最新成果。

陆离、陆庆夫分析吐蕃告身制度是吐蕃王朝在其自身传统做法的基础上,对唐朝官员的服饰制度和告身制度进行借鉴模仿而成。⑥ 陆离探讨了吐蕃时期颁发给当地居民的木质告身——牌子,并讨论了敦煌寺户制度的运行和寺户户籍的管理。⑦ 他还指出吐蕃统治敦煌的官府牧人来自当地居民,放牧马、驴、羊等牲畜,每年向官府上交毛、皮、肉等畜产品,并提供畜力。官府则给其一定口粮,对他们放牧的官府畜群进行定期检查。这一做法源自吐蕃本部,并对后来河西归义军政权的官营畜牧业产生了重要影响。⑧ 陈继宏认为吐蕃时期敦煌的奴婢除原有奴婢、杂户外,主要有两

---

① 陆离:《有关吐蕃太子的文书研究》,《敦煌学辑刊》2003年第1期。
② 马德:《吐蕃国相尚纥心儿事迹补述——以敦煌本羽77号为中心》,《敦煌研究》2011年第4期。
③ 赵晓星:《吐蕃统治敦煌时期的落蕃官初探》,《中国藏学》2003年第2期。
④ 陆离:《论吐蕃统治敦煌时期的官田和营田》,《南京师大学报》2009年第3期。
⑤ 陆离:《敦煌的吐蕃时代》,甘肃教育出版社2013年版。另可参阅氏著《吐蕃统治河陇西域时期制度研究——以新疆出土文献为中心》,中华书局2011年版。
⑥ 陆离、陆庆夫:《关于吐蕃告身制度的几个问题》,《民族研究》2006年第3期。
⑦ 陆离:《关于吐蕃统治敦煌时期户籍制度的几个问题——兼谈吐蕃统治敦煌的部落设置》,《中国经济史研究》2014年第2期。
⑧ 陆离:《吐蕃统治敦煌时期的官府牧人》,《西藏研究》2006年第4期。

大来源：一是唐蕃战争中的唐朝战俘以及被抄掠为奴的普通民众；二是民间人口买卖中沦为奴婢的贫苦百姓。①

关于吐蕃时期敦煌的基层组织。苏航比较了敦煌藏文文书 Ch. 73. xv. frag. 12 和 P. t. 2218 中关于 tshar 的记录和有关唐朝军队中的基层组织"队"的记载，认为两者之间存在着一定的相似性，是吐蕃统治敦煌以后对原来当地的组织方式的一种借鉴。② 陆离考察了吐蕃时期敦煌的基层组织的设置及职能，指出敦煌吐蕃文文书中的"岗"的本义应与西藏近现代封建农奴制社会中"岗"的含义相同，为一定面积的耕地；吐蕃统治敦煌的基层组织负责人"将头"的另一称谓"五十岗"，即管理承种 50 岗耕地民户的负责人，又被称为百户长；五岗即管理承种 5 岗耕地民户的负责人。吐蕃统治敦煌的基层组织对归义军政权有一定的影响。③ 他还考察了部落之内的组织结构，认为是吐蕃将其本部的将、十户制与唐代的乡、里、邻、保制相结合，实行了将、团头下制。④ 陈继宏判断吐蕃占领敦煌后，来自本土的擘三部落曾入驻瓜沙一带，并将一部分敦煌居民纳入麾下，以居住地的左、右区域为据分上、下二部以造籍纳税，其行政级别为擘三部落下辖的二级部落，规模小于同期的行人、丝绵等部落。此二部落百姓仍以农耕为业，并可与当地其他部落自由通婚。⑤

卓玛才让考察了吐蕃时期沙州百姓借还粮食和缴纳贡粮的状况。⑥ 陈国灿推测吐蕃统治者曾在鼠年下令民间契约一律用吐蕃文书写，同时下令收回佛教信众供养给佛寺的所有农田、草地、林苑，重新分配给百姓为口分地，并将其称为鼠年的变革。⑦ 其说尚待进一步证明。

关于吐蕃的军事制度，陆离也发表了系列论文。其《吐蕃统治敦煌基

---

① 陈继宏：《从出土文献看蕃占时期敦煌的奴婢》，《敦煌学辑刊》2013 年第 4 期。
② 苏航：《试析吐蕃统治敦煌时期的基层组织 Tshar——以 Ch. 73. xv. frag. 12 和 P. t. 2218 为中心》，《中国藏学》2003 年第 2 期。
③ 陆离：《吐蕃统治敦煌的基层组织》，《西藏研究》2006 年第 1 期。
④ 陆离：《关于吐蕃统治敦煌时期部落使的几个问题》，《唐史论丛》2014 年第 2 期。
⑤ 陈继宏：《蕃占时期敦煌"上""下"部落考论》，《求索》2016 年第 2 期。
⑥ 卓玛才让：《英藏敦煌古藏文文献中三份相关经济文书之解析》，《西域研究》2014 年第 3 期。
⑦ 陈国灿：《试论吐蕃占领敦煌后期的鼠年变革——敦煌"永寿寺文书"研究》，《敦煌研究》2017 年第 3 期。

层兵制新考》，认为敦煌阿骨萨部落军队由充当作战主力之"射手"（vphongs）和负责承担"射手"的一些杂务并参与作战的"护持"（dgon）两部分组成，这一组合实际上来源于吐蕃军队中的"桂"（rgod 武士）、"庸"（g·yung 仆役）制度①；《关于吐蕃统治敦煌时期的基层组织——十将、将》，认为吐蕃统辖敦煌地区的将源自本部十将（tshan bcu），又对唐朝军队的十将、左右将制度进行了模仿②；《吐蕃统治敦煌的监军、监使》，认为吐蕃统治敦煌时期的大监军使是仅次于敦煌乞利本（khri dpon，万户长）的当地第二号军政长官，主管军事、司法、农业生产等事务③；《敦煌藏文 P. T. 1185 号〈军需调拨文书〉及相关问题研究》，认为吐蕃统治下吐谷浑王国的军政事务除了由吐谷浑小王管理外，同样受到吐蕃东道节度使、安抚论等的直接管理，吐蕃统治下河陇等地的党项部族则多被编入吐蕃、孙波、通颊部落④。巴桑旺堆《一份新发现的敦煌古藏文吐蕃兵律文书初步解读》，则为学界提供了一件较为完整，且极具价值的吐蕃兵律史料。⑤ 陆离认为吐蕃统治河陇时期的司法制度既继承和发展了本民族法律传统，又对唐朝司法制度进行了一定程度的模仿和借鉴，对后世河西归义军政权和藏族社会的司法制度也产生了深远影响。⑥

关于吐蕃在河西地区与其他政治势力的关系，也有不少成果。胡小鹏、杨惠玲对敦煌古藏文写本《吐谷浑（阿豺）纪年》残卷作了再探索，涉及唐初吐谷浑与唐及吐蕃之间的关系。⑦ 魏文斌、吴荭对炳灵寺石窟保留的反映唐蕃关系的史料做了介绍。⑧ 陆离、陆庆夫指出吐蕃曾在敦煌等

---

① 陆离：《吐蕃统治敦煌基层兵制新考》，《中国史研究》2003 年第 4 期。
② 陆离：《关于吐蕃统治敦煌时期的基层组织——十将、将》，《中国边疆史地研究》2015 年第 2 期。
③ 陆离：《吐蕃统治敦煌的监军、监使》，《中国藏学》2010 年第 2 期。
④ 陆离：《敦煌藏文 P. T. 1185 号〈军需调拨文书〉及相关问题研究》，《西藏研究》2016 年第 2 期。
⑤ 巴桑旺堆：《一份新发现的敦煌古藏文吐蕃兵书残卷解读》，《中国藏学》2014 年第 3 期；《一份新发现的敦煌古藏文吐蕃兵律文书（下卷）初步解读》，《中国藏学》2015 年第 1 期。
⑥ 陆离：《吐蕃统治河陇时期司法制度初探》，《中国藏学》2006 年第 1 期。
⑦ 胡小鹏、杨惠玲：《敦煌古藏文写本〈吐谷浑（阿豺）纪年〉残卷再探》，《敦煌研究》2003 年第 1 期。
⑧ 魏文斌、吴荭：《炳灵寺石窟的唐蕃关系史料》，《敦煌研究》2001 年第 1 期。

地举行释放唐朝战俘等活动，敦煌蕃汉官员与唐朝中央政权也曾发生过一些联系与接触。① 陆离考察了 P.3885 号中记载的吐蕃赞普率军进攻唐朝河西陇右地区的进军路线，吐蕃军队与唐军交战地点以及唐朝河西陇右节度使的军事布防等方面的具体情况。② 叶拉太从民族史视野审视古藏文吐蕃地名，认为其与古代氏族名、部落名有直接或间接的关系，同时与唐朝及其他周边民族政权的关系和政治地理格局演变有密切的关联，是一种人地关系的反映。③ 赵心愚认为古藏文写卷中的 vjang 是唐代割据云南一带的南诏。④ 马德讨论了敦煌藏文《吐蕃史》中记载的 8 世纪时南诏与吐蕃的关系。⑤ 杨铭利用藏文文献探讨了南诏与吐蕃两个政权之间一些人物、事件及政治、军事联系。⑥ 他还深入地探讨了唐代吐蕃与苏毗的关系，并进一步揭示了隋唐时期苏毗在西北的分布、活动及其融合于吐蕃的轨迹。⑦ 杨富学利用敦煌吐鲁番文献分析了吐蕃与回鹘之间的文化关系，以及二者在文化方面的相互影响问题，探讨了吐蕃与回鹘的两次大规模接触。⑧

陈于柱认为 P.T.127 文本隐喻着吐蕃移民利用地方秩序语言，在区域社会中以提升自身地位、建立身份认同的族群历史变迁。⑨ 王东分析了唐宋之际的吐蕃移民对河陇社会文化变迁带来的巨大影响，认为吐蕃移民不仅影响到其他民族，同时也受到了先进文化的影响。⑩ 郑炳林提出敦煌地区的吐蕃居民主要来源于吐蕃统治时期的官员、驻军及其家属等，归义军

---

① 陆离、陆庆夫：《吐蕃统治下的敦煌社会及其与唐朝中央政权关系管窥》，《中国边疆史地研究》2009 年第 1 期。
② 陆离：《敦煌文书 P.3885 号中记载的有关唐朝与吐蕃战事研究》，《中国藏学》2012 年第 2 期。
③ 叶拉太：《敦煌古藏文吐蕃地名的分类及其结构特点探析》，《西藏大学学报》2014 年第 2 期；同氏《敦煌古藏文吐蕃地名由来及对藏族地名的影响》，《青海民族大学学报》2014 年第 4 期。
④ 赵心愚：《敦煌古藏文写卷中的"vjang"》，《中国藏学》2006 年第 3 期。
⑤ 马德：《敦煌文书所记吐蕃与南诏的关系》，《西藏民族学院学报》2004 年第 6 期。
⑥ 杨铭：《敦煌藏文文献所见南诏及其与吐蕃的关系》，《敦煌研究》2008 年第 2 期。
⑦ 杨铭：《敦煌、西域古藏文文献所见苏毗与吐蕃关系史事》，《西域研究》2011 年第 3 期。
⑧ 杨富学：《敦煌吐鲁番文献所见吐蕃回鹘之文化关系》，《首都师范大学学报》2001 年第 1 期。
⑨ 陈于柱：《敦煌文书 P.T.127〈人姓归属五音经〉与归义军时期敦煌吐蕃移民社会研究》，《民族研究》2011 年第 5 期。
⑩ 王东：《吐蕃移民与唐宋之际河陇社会文化变迁》，《敦煌学辑刊》2012 年第 4 期。

时期敦煌吐蕃人改用汉姓并使用吐蕃名，主要由退浑部落进行管理，部分生活在敦煌诸乡的吐蕃居民成为归义军管理下的编户。①

二 归义军时期

冯培红《敦煌的归义军时代》②，在总结百年归义军史研究成果的基础上，全面梳理了将近二百年的归义军史。郑炳林主编《敦煌归义军史专题研究续编》及三编、四编③，均为有关归义军史研究的论文集，内容涉及到政治经济宗教文化等各个方面。荣新江、余欣《沙州归义军史事系年》系列论文④，将有关归义军时期的政治、经济、军事、外交、宗教等各类敦煌文献与传统史料爬梳整理，考订排比，以年月系之。但这项工作目前只完成了一部分。

关于张议潮起义的具体时间，李正宇曾推测发生在大中二年（848）三、四月间。⑤ 陆离、陆庆夫《张议潮史迹新探》，对李说提出了不同看法。⑥ 张延清考证张议潮曾随吐蕃高僧——翻译家、校阅大师法成学习藏文，因而藏汉文兼通，并认为张议潮有很深的吐蕃情结。⑦ 同作者之《归义军节度使张淮深称号问题再探》，推测张淮深在归义军内部并未自称过常侍，而是曾使用与常侍相搭配的宪衔之简称"大夫"作为自己的称号，光启三年（887）五月至九月间开始在归义军内部使用仆射称号；虽然归义军在张承奉时期一度不再使用司徒指代张淮深，但到了曹议金统治时

---

① 郑炳林：《晚唐五代敦煌地区的吐蕃居民初探》，《中国藏学》2005年第2期。
② 冯培红：《敦煌的归义军时代》，甘肃教育出版社2013年版。
③ 郑炳林主编：《敦煌归义军史专题研究续编》，兰州大学出版社2003年版；《敦煌归义军史专题研究三编》，兰州大学出版社2005年版；《敦煌归义军史专题研究四编》，兰州大学出版社2009年版。
④ 荣新江、余欣：《沙州归义军史事系年示例》，《华学》第7辑，中山大学出版社2004年版，第223—252页。荣新江、余欣：《沙州归义军史事系年（大中六年—咸通二年）》，《敦煌吐鲁番研究》第8卷，中华书局2005年版，第71—88页；《沙州归义军史事系年（咸通三年—六年）》，白化文主编：《周绍良先生纪念文集》，北京图书馆出版社2006年版；《沙州归义军史事系年（咸通十四年—中和四年）》，《敦煌学》27辑，台北：乐学书局2008年版，第255—273页。
⑤ 李正宇：《张议潮起义发生在大中二年三、四月间》，《敦煌学辑刊》2007年第2期。
⑥ 陆离、陆庆夫：《张议潮史迹新探》，《中国边疆史地研究》2011年第1期。
⑦ 张延清：《张议潮与吐蕃文化》，《敦煌研究》2005年第3期。

期，张淮深的司徒称号又得以恢复并沿用。① 杨宝玉利用法藏敦煌文书P.2913背《张淮深墓志铭》及从《张淮深碑》抄件卷背诗文中相关记述，对张淮深被害事件做出了不同的解释。② 郑怡楠《新出〈唐敦煌张淮澄墓志铭并序〉考释》，推测张孝嵩任北庭节度使在开元六年（718）五月或者开元七年（719）十月之后，开元十二年（724）其迁任太原尹；张议潮之兄张议潭去世当在咸通元年（860）；张议潮在咸通九年（868）七月之后到十三年（872）称司徒。③ 王庆卫则更加具体地确定张议潭的卒年在咸通元年二月至十二月间，张议潮使用"司空"称号至少至张淮澄去世之时。④ 李军认为归义军第三任节度使张淮鼎掌权时间虽然甚短，却是唐末归义军政治动乱之肇端。⑤ 李正宇据P.2569背所载三首《儿郎伟》中之线索，推测索勋和张承奉更迭在当年岁末。⑥ 杨秀清据傅斯年图书馆藏《辛酉年二月刘善通牒》（拟），进一步证实901年唐廷使者到达敦煌授张承奉归义军节度使的史实，并探讨了张承奉时期敦煌归义军政权同灵武（朔方）节度使的关系。⑦ 鲍娇、郑炳林依据五德相生、相克的规律，推测金山国建国时间应在天复十年（910）七月末。⑧ 而杨宝玉、吴丽娱则认为立国时间是909年。⑨ 冯培红对以往诸说作了逐一的评说，也认为唯有"909年说"最为有据。⑩ 冯培红还对金山国与楼兰之间战争的发生时间等问题提出了不同看法。⑪

---

① 李军：《归义军节度使张淮深称号问题再探》，《敦煌研究》2014年第4期。
② 杨宝玉：《〈张淮深墓志铭〉与张淮深被害事件再探》，《敦煌研究》2017年第2期。
③ 郑怡楠：《新出〈唐敦煌张淮澄墓志铭并序〉考释》，《敦煌学辑刊》2017年第1期。
④ 王庆卫：《新出唐代张淮澄墓志所见归义军史事考》，《敦煌学辑刊》2017年第1期。
⑤ 李军：《晚唐归义军节度使张淮鼎事迹考》，《敦煌学辑刊》2009年第2期。
⑥ 李正宇：《索勋、张承奉更迭之际史实考》，郝春文主编：《敦煌文献论集》，辽宁人民出版社2001年版，第114—128页。
⑦ 杨秀清：《光化三年（900）张承奉领节事钩沉》，《敦煌研究》2005年第1期。
⑧ 鲍娇、郑炳林：《从五德相生看金山国的立国时间》，《社会科学战线》2015年第12期。
⑨ 杨宝玉、吴丽娱：《归义军朝贡使张保山生平考察与相关历史问题》，《中国史研究》2007年第4期。杨宝玉：《金山国建立时间再议》，《敦煌学辑刊》2008年第4期。杨宝玉、吴丽娱：《梁唐之际敦煌地方政权与中央关系研究——以归义军入贡活动为中心》，《敦煌学辑刊》2010年第2期。
⑩ 冯培红：《敦煌的归义军时代》第六章"西汉金山国与敦煌国"，甘肃教育出版社2013年版，第200页。
⑪ 可参阅冯培红《敦煌的归义军时代》第六章"西汉金山国与敦煌"之第三节"对外扩张与东西征战"，第209—215页。

关于曹氏归义军统治者的族属问题，因 P.4638《曹良才邈真赞》言及出自亳州谯郡，这一说法被早期学者所引用，在此后的数十年间，虽有人对亳州谯郡郡望持疑，如史苇湘认为曹氏归义军统治者"与汉世曹姓恐非出自一系"[①]，但未曾怀疑其汉族族属。直到2001年，《历史研究》同期刊载了荣新江、冯培红关于曹氏归义军族属的探讨文章。荣新江注意到粟特人在张氏归义军时期的崛起，联系曹氏家族与甘州回鹘、于阗之间的通婚史实，以及曹氏归义军政权中的粟特文化要素，提出"敦煌归义军曹氏统治者为粟特后裔说"[②]。冯培红则立足于汉宋间敦煌汉族、粟特两类曹氏的系统梳理，同时对敦煌文献中所见的曹氏人物族属进行细致甄别，推测曹议金家族极可能是源自中亚的粟特人，曹氏归义军很可能就是以粟特后裔为主建立的胡汉联合政权。[③] 但李并成、解梅利用《曹通神道碑》结合《曹良才邈真赞》的相关记载，提出曹议金家族可能源于隋及唐初的曹通家族。[④] 李、解以敦煌石窟中曹议金等族人的供养人画像显现的汉人面貌进行佐证，但对于其"图像证史"的逻辑弊端，沙武田撰有专文予以辨正。[⑤] 此后，黄京又以正史对曹氏之死称"卒"不称"薨"的现象为线索，通过对比其他同级别的汉官与少数民族官员的死后之称，结合古代中国传统礼法，认为归义军节度使曹氏应为少数民族。[⑥]

杜海分析了曹议金巩固政权的措施，认为其一方面联合敦煌地区的实力派家族获得支持，同时大力扶持佛教，利用佛教在敦煌百姓中的影响巩固政权，另外还提拔普通家族的子弟以巩固基层统治。[⑦] 郑炳林、杜海考察了曹议金时期曹元德与天公主之子"尚书"围绕节度使继承权的争夺，

---

① 史苇湘：《世族与石窟》，敦煌文物研究所编：《敦煌研究文集》，甘肃人民出版社1982年版，第154页。
② 荣新江：《敦煌归义军曹氏统治者为粟特后裔说》，《历史研究》2001年第1期。
③ 冯培红：《敦煌曹氏族属与曹氏归义军政权》，《历史研究》2001年第1期。
④ 李并成、解梅：《敦煌归义军曹氏统治者果为粟特后裔吗？——与荣新江、冯培红先生商榷》，《敦煌研究》2006年第6期。
⑤ 沙武田：《敦煌石窟归义军曹氏供养人画像与其族属之判别》，《西部考古》，三秦出版社2012年版，第204—233页。
⑥ 黄京：《从归义军节度使曹氏死后称"卒"看其族属》，《敦煌研究》2013年第4期。
⑦ 杜海：《曹议金权力枝系考》，《敦煌学辑刊》2013年第2期。

认为最终天公主生子"尚书"在政治斗争中被清洗。① 杜海考证曹元德在长兴四年（933）以节度副使检校司空，至939年自称司徒，而其太保称号是在其去世后中央王朝诏赠的。② 荣新江《敦煌历史上的曹元忠时代》，探讨了在相对稳定的历史时期，一些地方官员为历史进步所做的贡献。③ 杜海提出由于地理、姻亲、政治等因素，导致归义军政权内部形成了瓜州派系，而沙州府衙试图限制瓜州派系势力，两个集团之间的矛盾难以调和，成为曹氏归义军衰亡的重要原因。④

对归义军制度的研究，冯培红分析了敦煌职官文献对唐五代敦煌藩镇官制研究的价值。⑤ 他还考察了归义军治所沙州的上佐官制。⑥ 赵贞对归义军押衙兼职他官的情况进行了梳理，认为押衙是归义军职官系统的核心和基础，押衙在归义军的军政、民事、外交、文化、宗教等方面均扮演着极为重要的角色，其主要职责覆盖了归义军内政外交的方方面面。⑦ 冯培红对唐代前期以至归义军时期敦煌营田制度、营田使职官体系的发展演变以及不同时期营田的性质进行了考述。⑧ 刘进宝认为归义军政权设立了支度营田使、管内营田使、都营田使、营田使和都渠泊使、水官等职官，对土地和水利进行管理。⑨

关于归义军行政区划制度与司法等，郑炳林考证了归义军政权管辖的州一级政区设置的情况，考明其设置数量是随着归义军的疆域变化而变化的。⑩ 冯培红将归义军镇制放在整个中古时期镇制演变的大背景下

---

① 郑炳林、杜海：《曹议金节度使位继承权之争——以"国太夫人"、"尚书"称号为中心》，《敦煌学辑刊》2013年第4期。
② 杜海：《曹元德称司徒考》，《敦煌研究》2014年第4期。
③ 荣新江：《敦煌历史上的曹元忠时代》，《敦煌研究》2006年第6期。
④ 杜海：《敦煌曹氏归义军时期的"瓜、沙之争"》，《敦煌学辑刊》2018年第2期。
⑤ 冯培红：《敦煌文献中的职官史料与唐五代藩镇官制研究》，《敦煌研究》2001年第3期。
⑥ 冯培红：《晚唐五代宋初沙州上佐考论》，国家图书馆善本特藏部敦煌吐鲁番资料研究中心编：《敦煌学国际研讨会文集》，北京图书馆出版社2005年版，第216—231页。
⑦ 赵贞：《归义军押衙兼知他官略考》，《敦煌研究》2001年第2期。
⑧ 冯培红：《唐五代敦煌的营田与营田使考》，《兰州大学学报》2001年第4期。
⑨ 刘进宝：《归义军时期敦煌的营田及其管理系统》，《西北师大学报》2004年第2期。
⑩ 郑炳林：《晚唐五代敦煌归义军性质区划制度研究》（之一），《敦煌研究》2002年第2期；《晚唐五代敦煌归义军性质区划制度研究》（之二），《敦煌研究》2002年第3期。

进行考察，并以沙、瓜二州为中心，逐一考释归义军管内所置诸镇。① 陈菊霞对冯培红的观点进行了讨论，认为归义军政权建立后即恢复了唐的县乡里制度，并对从张议潮至 10 世纪 30 年代间敦煌县的乡里规划演变进行了梳理。② 李正宇对 P.3257《后晋开运二年（945）寡妇阿龙诉讼案卷》的原件重新校录，并就案卷在我国法学史、档案史方面的价值做了阐发。③ 陈永胜则认为此件文书对进一步全面认识中国传统法律文化，深刻观察其特征提供了佐证。④ 李并成介绍了敦煌遗书中保存有一批唐宋时期有关民法方面的写卷及其价值。⑤

关于归义军政权与中央的关系，杨宝玉和吴丽娱的探讨最为集中，其《归义军政权与中央关系研究——以入奏活动为中心》⑥，以不同时期归义军面向中原王朝的入奏活动为切入点，探讨了双方往来的具体情况和政治影响，并对一些存在不同理解和解释的材料做了辨析。该书分上下两篇，上篇具体考察自大中年间至五代整个归义军时期所有重要的入奏活动，下篇是对与入奏相关的重要问题的专题论述。赵贞利用 P.2748 文书及有关史籍和地理志书，对大中二年沙州遣使中原的交通路线进行了考察，勾勒出了使节可能行走的大致路线。⑦ 李宗俊以新出李行素墓志及敦煌文书张议潮奏表为中心，认为李行素单车西使说服张议潮奉笏入朝，实现了唐中央对归义军的羁縻控制，并通过分割凉州而实际削弱了归义军，进而利用嗢末势力实现了牵制归义军的目的。⑧ 李军认为自咸通二年（861）至唐

---

① 冯培红：《归义军镇制考》，《敦煌吐鲁番研究》第 9 卷，中华书局 2006 年版，第 245—294 页。
② 陈菊霞：《归义军中后期敦煌县非十乡制》，《敦煌研究》2008 年第 3 期。
③ 李正宇：《敦煌遗书一宗后晋时期敦煌民事诉讼档案》，《敦煌研究》2003 年第 2 期。
④ 陈永胜：《〈后晋开运二年（945）寡妇阿龙地产诉讼案〉若干法律问题析论》，《兰州大学学报》2003 年第 2 期。
⑤ 李并成：《敦煌遗书中的民法文卷考》，《社科纵横》2004 年第 3 期。
⑥ 杨宝玉、吴丽娱：《归义军政权与中央关系研究——以入奏活动为中心》，中国社会科学出版社 2015 年版。
⑦ 赵贞：《大中二年（848）沙州遣使中原路线蠡测》，《中国边疆史地研究》2002 年第 3 期。
⑧ 李宗俊：《晚唐张议潮入朝事暨归义军与嗢末的凉州之争再探——以新出李行素墓志及敦煌文书张议潮奏表为中心》，《敦煌研究》2017 年第 4 期。

亡，凉州在唐政府、归义军、嗢末三种势力之间，存在几次控制权的转换。① 他还考察了张淮深与唐中央政府关系演变及其对河陇政局的影响。② 吴丽娱《试论晚唐五代的客将、客司与客省》，论证了唐后期五代藩镇体制下中央和地方在礼仪职司方面的对等与互接作用。③ 冯培红《敦煌本〈国忌行香文〉及相关问题》，认为它们均属于晚唐张氏归义军时期，是节度使张议潮、张淮深为唐朝先圣皇帝、皇后忌日举办行香纪念活动的发愿文，并对其在敦煌出现的原因做了推测。④ 李永《由P.3547号敦煌文书看唐中后期的贺正使》，考出唐代中后期地方政府贺正使团的人员组成，在京城长安的活动情况与活动空间，其所具有的中央与地方两种属性及其在中央与地方信息交流过程中发挥的作用等问题。⑤

此外，吴丽娱从信息传播的角度研讨敦煌书仪的制作与传入问题，认为这些书仪的传入有着特殊的背景和需要，其传入乃至制作都受到西北政局及地方政权与中央关系的影响。⑥ 钟书林认为S.4654《赠悟真等法师诗抄》折射出光复后的敦煌与大唐中央政权的微妙关系。⑦

第二节 西北地区和敦煌的民族

陆庆夫将包括民族信息的敦煌汉文文书划归十类，按类概要介绍了这

---

① 李军：《晚唐（公元861—907年）凉州相关问题考察——以凉州控制权的转移为中心》，《中国史研究》2006年第4期。

② 李军：《敦煌的张淮深时代——以归义军与唐中央之关系为中心》，《敦煌吐鲁番研究》第16卷，上海古籍出版社2015年版，第215—229页。

③ 吴丽娱：《试论晚唐五代的客将、客司与客省》，《中国史研究》2002年第4期。

④ 冯培红：《敦煌本〈国忌行香文〉及相关问题》，郑炳林主编：《敦煌归义军史专题研究四编》，三秦出版社2009年版，第232—265页。

⑤ 李永：《由P.3547号敦煌文书看唐中后期的贺正使》，《史学月刊》2012年第4期。

⑥ 吴丽娱：《关于唐五代书仪传播的一些思考——以中原书仪的西行及传播为中心》，《敦煌学辑刊》2018年第2期。

⑦ 钟书林：《敦煌遗书S.4654〈赠悟真等法师诗抄〉探赜——兼论光复后的敦煌与大唐中央政权的微妙关系》，《中国典籍与文化》2018年第3期。

些资料的分布情况。①

下面分别对转型期有关回鹘、于阗、粟特等民族的研究进行回顾。

一 回鹘

关于回鹘的研究，杨富学的成就最为显著。其《回鹘文献与回鹘文化》②，分上、中、下三篇，上篇系统介绍了佛教、摩尼教、景教、文学作品和社会经济文书等各类回鹘文献；中篇考察回鹘文化，包括语言文字、宗教、文学和科学技术等方面的成就；下篇则探讨回鹘与汉、吐蕃、契丹、西夏、金、蒙古等周边民族的文化交流。他的《回鹘与敦煌》③，利用传世史料、敦煌遗书以及石窟考古资料，对回鹘与敦煌的历史、文化做了全面考察。他与朱悦梅合著的《甘州回鹘史》④，涉及漠北回鹘的兴衰，甘州回鹘的族源、立国、疆域，可汗世系，宗教信仰，文化成就，与归义军政权的关系，与中原王朝的关系，与西夏吐蕃的关系，甘州回鹘的灭亡和离散等诸多方面。

陈炳应认为西夏对敦煌实行羁縻统治，允许瓜沙二州拥有自己的部落组织、军队等权力，瓜沙回鹘的力量有限并未攻占瓜沙二州，所以并不存在瓜沙二州的"回鹘汗国"。⑤ 劳心依据敦煌文献探讨了西州回鹘的建立、扩张与衰落过程。⑥ 徐晓丽推测天复四年（904）文书中的"公主"正是指曹议金的回鹘夫人天公主，"夫人"则指其原配宋氏，因而曹议金与甘州回鹘结亲时间应在天复四年。⑦ 她还对敦煌石窟所见的七位天公主具体

---

① 陆庆夫：《敦煌汉文文书中的民族资料分布概述》，《敦煌学辑刊》2011年第1期。
② 杨富学：《回鹘文献与回鹘文化》，民族出版社2003年版。
③ 杨富学：《回鹘与敦煌》，甘肃教育出版社2013年版。评介文章有：张海娟：《敦煌学、回鹘学、裕固学新撰——杨富学著〈回鹘与敦煌〉评介》，《河西学院学报》2015年第3期。
④ 朱悦梅、杨富学：《甘州回鹘史》，中国社会科学出版社2013年版。相关评介，可参阅赵旭国《回鹘研究新硕果——读朱悦梅、杨富学〈甘州回鹘史〉》，《吐鲁番研究》2014年第2期。
⑤ 陈炳应：《11世纪存在过统治瓜沙二州的回鹘汗国吗？——西夏统治瓜沙始年考》，《敦煌研究》2001年第2期。
⑥ 劳心：《从敦煌文献看9世纪后的西州——简论吐鲁番出土回鹘文杮文书年代和沙州回鹘的兴衰》，《敦煌研究》2002年第1期。
⑦ 徐晓丽：《曹议金与甘州回鹘天公主结亲时间考——以P.2915卷为中心》，《敦煌研究》2001年第4期。

身份进行了考辨，认为这些供养画像的出现是曹氏归义军时期民族关系的产物。① 王艳明认为曹氏政权与甘州回鹘政权两次和亲的可汗分别是天睦和仁美，曹议金娶天睦可汗女为曹氏政权立足瓜沙创造了条件；嫁女给仁美可汗的第二次和亲则使归义军政权彻底摆脱了甘州回鹘的控制，为两地间赢得了长期相对和平的社会环境。② 杜海认为曹延禄时期的沙州回鹘与归义军关系良好，但随着沙州回鹘的壮大，曾干预归义军内政，并最终取而代之。③ 沙武田认为回鹘天公主供养像着本民族的服饰出现在洞窟中，反映了曹氏作为粟特人后裔的文化心理和民族认同。④

赵贞考证回鹘归义军是会昌二年（842）六月唐中央为表彰嗢没斯的慕义归化之举而建立起来的，在讨伐乌介可汗的过程中力量有所扩大，至会昌三年（843）二月解体。⑤ 荣新江《大中十年唐朝遣使册立回鹘史事新证》，结合传世的诏令、史籍、敦煌发现的《张义潮变文》和西安新出《李浔墓志》，对这次事件的全貌，特别是使团被"背乱回鹘"劫夺国信的具体情况做了考察。⑥

徐晓丽通过曹议金的回鹘天公主夫人在敦煌的种种佛事活动讨论了她作为当时重要的政治人物的内心世界及其婚姻实质。⑦ 杨富学认为9世纪中叶随着甘州回鹘王国的建立，回鹘宗教信仰发生重大变化，原来被奉为国教的摩尼教势力渐弱，佛教取代摩尼教成为甘州回鹘国最为流行的宗教，同时萨满教的遗俗继续存在。⑧ 牛汝极介绍了回鹘佛教的来源、回鹘佛教文献的书籍形式、翻译家，并对已经整理刊布的90余种回鹘佛教文献做了分类和定名。⑨

---

① 徐晓丽：《敦煌石窟所见天公主考辨》，《敦煌学辑刊》2002年第2期。
② 王艳明：《瓜州曹氏与甘州回鹘的两次和亲始末——兼论甘州回鹘可汗世系》，《敦煌研究》2003年第1期。
③ 杜海：《敦煌归义军政权与沙州回鹘关系述论》，《敦煌学辑刊》2014年第4期。
④ 沙武田：《五代宋敦煌石窟回鹘女供养像与曹氏归义军的民族特性》，《敦煌研究》2013年第2期。
⑤ 赵贞：《回鹘归义军始末》，《西域研究》2006年第2期。
⑥ 荣新江：《大中十年唐朝遣使册立回鹘史事新证》，《敦煌研究》2013年第3期。
⑦ 徐晓丽：《回鹘天公主与佛教》，郑炳林主编：《敦煌佛教艺术与文化论文集》，兰州大学出版社2002年版。
⑧ 杨富学：《甘州回鹘宗教信仰考》，《敦煌研究》2011年第3期。
⑨ 牛汝极：《敦煌吐鲁番回鹘佛教文献与回鹘语大藏经》，《西域研究》2002年第2期。

二 于阗

荣新江、朱丽双《于阗与敦煌》[1]，是关于于阗史和于阗与敦煌关系的通论性著述，全面介绍了于阗国的兴亡及与敦煌的关系，其中颇多是两位作者有关这一专题的新成果。王使臻对曹元忠、曹延禄与于阗的联姻线索做了考证，并分析双方联姻的政治因素。[2] 张小刚、杨晓华、郭俊叶对于阗太子李从德母亲、嫁到敦煌的曹皇后的画像和生平进行了系统梳理。[3] 杨森认为敦煌文献及石窟题记所见太子基本都是于阗太子，敦煌文书中的"太子宅"和"太子庄"是归义军官府设置的供留居敦煌的于阗太子们生活起居和休息的场所，同时也是于阗人在敦煌的活动中心。[4] 沙武田、赵晓星则认为这些太子一部分是于阗太子，一部分是曹氏归义军府主的太子。[5]

荣新江讨论了敦煌与于阗之间存在的密切的丝绸贸易往来。[6] 荣新江、朱丽双《从进贡到私易：10—11世纪于阗玉的东渐敦煌与中原》，进一步论述了10—11世纪于阗玉输入敦煌和中原的情况。[7]

此外，朱丽双对敦煌藏文文书P.T.960《于阗教法史》做了新的译注和研究。[8]

---

[1] 荣新江、朱丽双：《于阗与敦煌》，甘肃教育出版社2013年版。
[2] 王使臻：《曹元忠、曹延禄父子两代与于阗政权的联姻》，《敦煌学辑刊》2014年第2期。
[3] 张小刚、杨晓华、郭俊叶：《于阗曹皇后画像及生平事迹考述》，《西域研究》2014年第1期。
[4] 相关研究，可参阅杨森《五代宋时期于阗皇太子在敦煌的太子庄》，《敦煌研究》2003年第4期。
[5] 沙武田、赵晓星：《归义军时期敦煌文献中的太子》，《敦煌研究》2003年第4期。
[6] 荣新江：《绵绫家家总满——谈十世纪敦煌于阗间的丝织品交流》，包铭新主编《丝绸之路·图像与历史论文集》，东华大学出版社2011年版。改订后收入《于阗与敦煌》第八章"于阗与敦煌间的丝织品交流"，第221—241页。
[7] 荣新江、朱丽双：《从进贡到私易：10—11世纪于阗玉的东渐敦煌与中原》，《敦煌研究》2014年第3期。
[8] 朱丽双：《敦煌藏文文书P.T.960所记于阗佛寺的创立——〈于阗教法史〉译注之一》，《敦煌研究》2011年第1期；同氏《敦煌藏文文书P.T.960所记于阗建国传说——〈于阗教法史〉译注之二》，《敦煌研究》2011年第2期；同氏《敦煌藏文文书P.T.960所记守护于阗之神灵——〈于阗教法史〉译注之三》，《敦煌研究》2011年第4期；同氏《敦煌藏文文书P.T.960所记佛法灭尽之情形——〈于阗教法史〉译注之四》，《敦煌吐鲁番研究》第12卷，上海古籍出版社2011年版，第123—136页。

三　粟特及其他部族

荣新江《中古中国与粟特文明》①，深入探讨了古代中国粟特文明的各个方面，包括入华粟特人的迁徙路线和聚落分布；粟特人在农牧交界地带的生活形态，从聚落到乡里的社会变迁；粟特商队的构成、商队首领萨保如何转变为聚落首领并入仕中国；袄祠的社会功能；安禄山的种族、宗教信仰及其叛乱基础；入华粟特人的多元文化特性。郑炳林、徐晓丽指出晚唐五代敦煌地区的粟特妇女信仰佛教并参与建窟施舍商业、手工业、农业等社会等活动，可与敦煌地区的汉族及其他民族通婚。②

冯培红考察了唐后期五代宋初以瓜、沙二州为中心的河西及河西东境的吐谷浑人的聚落分布、职业特征、汉化情况及其与归义军政权之间的关系。③ 陈明则认为吐谷浑人进入河西走廊后，加深了汉化程度，在畜牧业之外，从事农林业的人数增多，另有不少充当卜师和从军作战者。吐谷浑王族慕容氏在归义军政权中累仕高官，地位显赫，莫高窟第256窟即慕容氏家窟。④ 徐晓丽、郑炳林从女性的角度考察了晚唐五代时期敦煌地区吐谷浑妇女的婚姻状况、宗教信仰、社会生活和家庭地位等问题。⑤

陆离判断敦煌古藏文文书P.T.1089号中吐蕃凉州节度使衙署中的lung dor dmag pon（迁移之龙家将军）应为管理定居于凉州、甘州地区的龙家部族的吐蕃官员，晚唐五代时期龙家在西州、焉耆、凉州地区也有分布，宋代陇右等地的龙家部族则融合于当地的吐蕃部族之中，但仍保持有龙、龙家、陇逋、陇波等称号。⑥

早年王忠提出嗢末或为"gyog"，出自吐蕃军队基层编制中的仆役，

---

① 荣新江：《中古中国与粟特文明》，生活·读书·新知三联书店2015年版。
② 郑炳林、徐晓丽：《晚唐五代敦煌地区粟特妇女生活研究》，《新疆师范大学学报》2004年第2期。
③ 冯培红：《从敦煌文献看归义军时代的吐谷浑人》，《兰州大学学报》2004年第1期。
④ 陈明：《慕容家族与慕容氏出行图》，《敦煌研究》2006年第4期。
⑤ 徐晓丽、郑炳林：《晚唐五代敦煌吐谷浑与吐蕃移民妇女研究》，《敦煌学辑刊》2002年第4期。
⑥ 陆离：《关于唐宋时期龙家部族的几个问题》，《西域研究》2012年第2期。

称贞嗢（byon-gyog），炊事兵以下似即称嗢末，所谓"奴号"是也①，这一时期国内学者又有"赞普"（mi nyag）、"蕃兵"（bod dmag）②、"侄、甥"（dbon po）③等多种解读。杨铭从藏文的对音规律考证"嗢末"对应藏文的 vbangs vog ma（与古藏文凉州 leng cu 一词搭配时简称为 vog mar），为"下层庶民"之意。④ 陆离认为嗢末实际是吐蕃文 vbangs myi 的音译，其含义是庶民、属民百姓、奴隶，嗢即 vbangs，末即 myi。该称号表明这一部族正是由吐蕃统治崩溃后河陇地区的原吐蕃王朝下等属民百姓组成的，他们实际上是当地汉族等被吐蕃征服民族的普通百姓，也包含一些从吐蕃本部随主人迁居河陇地区的奴隶，被称为吐蕃奴部。⑤

此外，陆离提出敦煌汉文文书中的"南波"与"南山"应是指 9—10 世纪活动于瓜、沙、肃州南部祁连山中含有原月氏等血统的民族，南波、南山也有可能被称为 Lho bal（蛮貊），但并不能完全代表 P. t. 1089 号文书中的 Lho bal。⑥

第三节　西北地区与敦煌的经济问题

李炳泉以敦煌悬泉简材料和传世文献相互参证，认为西汉时期西域的渠犁屯田性质为军屯，并对其组织和管理系统进行了分析。⑦ 李宝通《敦煌索劢楼兰屯田时限探赜》，对正史缺载的敦煌人索劢在魏晋之际屯田楼兰及相关史实进行了考证。⑧ 翟麦玲、谢丽通过分析历史文献以及敦煌文

---

① 王忠：《新唐书吐蕃传笺证》，科学出版社 1958 年版，第 165—166 页。
② 甘曲、谢建华：《甘肃藏族史》，民族出版社 2003 年版，第 91 页。
③ 金雷：《嗢末新考》，《西藏研究》2007 年第 4 期。
④ 杨铭：《"嗢末"古藏文对音考》，敦煌研究院编：《敦煌吐蕃文化学术研讨会论文集》，甘肃民族出版社 2009 年版，第 288—294 页。
⑤ 陆离：《嗢末音义考》，《敦煌研究》2009 年第 4 期。
⑥ 陆离：《关于敦煌文书中的"Lho bal"（蛮貊）与"南波"、"南山"》，《敦煌学辑刊》2010 年第 3 期。
⑦ 李炳泉：《西汉西域渠犁屯田考论》，《西域研究》2002 年第 1 期。
⑧ 李宝通：《敦煌索劢楼兰屯田时限探赜》，《敦煌研究》2002 年第 1 期。

书中有关屯田与营田的材料，对唐代屯田与营田的异同进行了辨析。①

关于唐宋时期敦煌土地和户籍、赋税制度，仍是这一阶段不断得到关注的话题，而贡献最大者当属刘进宝。其《唐宋之际归义军经济史研究》及相关系列论文②，重新考察了唐宋之际敦煌归义军政权的各项经济制度（包括土地制度、赋税制度、徭役制度）及敦煌地区的种植业发展状况等，勾勒出了唐宋之际敦煌地区经济发展的基本脉络，即归义军政权推行的土地制度为请田制，赋税制度则遵循根据请田制拟定的据地出税政策，地税的主要内容为地子、官布、税草和税柴，徭役的征发则具有鲜明的时代和地方特色。作者的研究揭示了归义军政权的经济制度既受中原王朝的深刻影响，又保持了因地制宜的地方特色的历史事实。杨际平《论唐末五代宋初敦煌地权的集中与分散》，认为唐末五代宋初敦煌地区的土地兼并形式的确比以前严重，但大土地所有制并未占据绝对支配地位。③ 张新国《唐代吐鲁番与敦煌地区受田差异初探——以敦煌吐鲁番文书为中心》，通过比较两地"受田情况"的个案差异，揭示两地在"受田方面"的整体差异，认为这种差异是吐鲁番地区水资源匮乏、可耕地较少的体现。④ 姜伯勤《论敦煌"守庄农作"型外庄与"合种"制经营》，指出敦煌土地文书中可以见到"居城"与"庄野"的对立。拥有田庄的田主"居城"，而"为客"者"常遣守庄农作"。敦煌又发现一种"田主"与"犁牛主"的合种契或分种契，其经营形式与《隋书·食货志》所记"佃户与大家量分"及宋代的"火客""分种"的制度一脉相承。庄客或庄夫虽不是奴婢，但却是"抚恤类若家僮"而自有农具的依附性的"分种"户。⑤

张新国探讨了唐前期女户户主的特征与称谓、女户的家庭架构、户

---

① 翟麦玲、谢丽：《辨析唐代的屯田与营田》，《中国农史》2008 年第 1 期。

② 刘进宝：《唐宋之际归义军经济史研究》，中国社会科学出版社 2007 年版。相关介评，可参阅杨宝玉《刘进宝著〈唐宋之际归义军经济史研究〉评介》，《中国史研究动态》2008 年第 4 期。

③ 杨际平：《论唐末五代宋初敦煌地权的集中与分散》，段文杰、茂木雅博主编：《敦煌学与中国史研究论集：纪念孙修身先生逝世一周年》，甘肃人民出版社 2001 年版，第 192—200 页。

④ 张新国：《唐代吐鲁番与敦煌地区受田差异初探——以敦煌吐鲁番文书为中心》，《中国历史地理论丛》2014 年第 1 期。

⑤ 姜伯勤：《论敦煌"守庄农作"型外庄与"合种"制经营》，《敦煌研究》2006 年第 6 期。

等、赋役以及受田情况等问题。① 孙继民指出归义军"户状"文书跨越唐五代宋初,揭示了唐代民户申报文书由手实到户状,由唐代户籍到宋代地籍的发展轨迹和演变线索,反映了唐代籍帐制度演变的最终归宿。② 刘进宝通过传世文献与敦煌文献中关于"大户""小户"记载的考察,认为唐五代的"大户"是指地方的豪强或大族人户,一般聚族合户,人多势众;"小户"指平民百姓,一般人口较少,比较贫穷。晚唐五代归义军时期的"大户"有可能已逐渐向宋初的"官户"演变。③ 赵大旺认为敦煌写本《索铁子牒》中之"观子户"乃"馆子户"之音讹。④ 乜小红认为敦煌文献中所见唐、五代时敦煌的音声人,其身份不是姜伯勤所说的贱人,而是自由的平民百姓,社会地位往往要比一般平民要高。⑤ 刘进宝则提出沙州归义军政权的乐营由乐营使、乐营副使、都史组成,其演艺人员就是音声。音声是分番执役的,当上番执役时,由官府提供衣粮。但他们也占有部分土地,以供其下番时生活。⑥

张萍对敦煌西魏文书残卷的定名及西魏赋税等方面作了新的探讨。⑦ 王义康《敦煌文献所见唐代轻税州》,考出唐前期的轻税州是指岭南诸州,它因汉人编户按户税米的税收特点而命名。⑧ 陆离认为吐蕃时期敦煌征收的户税即"突税",田亩税即"地子";至归义军时期,向民户征收的"地子"仍为田亩税,征收的"地税"则从吐蕃时期的"突税"演变而来,其性质还是户税。⑨ 赵大旺提出归义军政权对徭役荫庇的限制与中原地区的政策是一致的,归义军时期官员等官府人员出现于官斋及其他杂役

---

① 张新国:《唐前期的女户及相关问题——以敦煌吐鲁番文书为中心》,《中国边疆史地研究》2014年第1期。
② 孙继民:《唐宋之际归义军户状文书演变的历史考察》,《中国史研究》2012年第2期。
③ 刘进宝:《敦煌文献中的"大户"与"小户"》,《中国历史文物》2004年第6期。
④ 赵大旺:《"观子户"还是"馆子户"——敦煌写本〈索铁子牒〉再探》,《敦煌研究》2014年第5期。
⑤ 乜小红:《唐五代敦煌音声人试探》,《敦煌研究》2003年第3期。
⑥ 刘进宝:《唐五代"音声人"略论》,《南京师大学报》2006年第2期;《归义军时期的"音声人"》,《敦煌研究》2006年第1期。
⑦ 张萍:《敦煌西魏文书残卷研究》,《西南民族学院学报》2002年第5期。
⑧ 王义康:《敦煌文献所见唐代轻税州》,《敦煌研究》2004年第4期。
⑨ 陆离:《也谈敦煌文书中的唐五代"地子"、"地税"》,《历史研究》2006年第4期。

中，显示其限制政策得到了的落实。①

侯文昌《敦煌吐蕃文契约文书研究》②，将吐蕃文契约文书分雇佣契约、租佃契约、买卖契约和借贷契约四种，并对每类契约之程序及内容作了深入细致的考证。乜小红发表了有关契约的系列论文。其《俄藏敦煌契约文书研究》③，将俄藏契约文书分为买卖契、借贷便物历、租赁回换契、雇佣契、养子契、家产遗书契、放书婚约、社贴投状等，并逐件校录、注释和解说；《从吐鲁番敦煌雇人放羊契看中国7—10世纪的雇佣关系》，认为敦煌和吐鲁番地区所表现的雇佣关系并不相同，一种是带有承包责任形式的雇用，一种是纯粹出卖劳动力的雇工，随着时间的推移，承包因素越来越大，人身奴役性的雇佣成分在减少，反映了历史的进步④；《再论敦煌农业雇工契中的雇佣关系》，认为唐五代及宋初时期的敦煌农业雇工契，是雇主与被雇人双方平等自愿订立的约定，其雇佣关系是一种平等的价值交换关系。⑤ 徐秀玲依据敦煌吐鲁番文书中之雇佣契，考察了这类契约的性质及发生原因、雇价、雇用双方的权利与义务、违约赔偿、女性担保人等，分析了隋唐至宋初雇佣契约的发展变化。⑥ 她还对敦煌所出雇佣文书中记载唐宋之际农业领域受雇人的工价进行了分析，并对普通农户的生活收支等问题做了考察。⑦ 陈永胜对敦煌吐鲁番文书中的契约形式和契约制度做了考察。⑧ 陈丽萍对日本杏雨书屋、中国国家图书馆所藏的契约文书

---

① 赵大旺：《归义军政权对徭役影庇的限制——以P.3231〈平康乡官斋籍〉为主》，《敦煌研究》2014年第2期。

② 侯文昌：《敦煌吐蕃文契约文书研究》，法律出版社2014年版。

③ 乜小红：《俄藏敦煌契约文书研究》，上海古籍出版社2009年版。另可参阅王维莉、赵小明《乜小红〈俄藏敦煌契约文书研究〉评介》，《牡丹江大学学报》2011年第4期。

④ 乜小红：《从吐鲁番敦煌雇人放羊契看中国7—10世纪的雇佣关系》，《中国社会经济史研究》2003年第1期。

⑤ 乜小红：《再论敦煌农业雇工契中的雇佣关系》，《中国经济史研究》2011年第4期。

⑥ 徐秀玲：《隋唐五代宋初雇佣契约研究：以敦煌吐鲁番出土文书为中心》，中国社会科学出版社2017年版。

⑦ 徐秀玲：《唐宋之际敦煌农业领域受雇人的生活》，《敦煌研究》2012年第5期。

⑧ 陈永胜：《敦煌吐鲁番契约中的契约形式与契约制度》，《2000年敦煌学国际学术讨论会文集：纪念敦煌藏经洞发现暨敦煌学百年·历史文化卷（上编）》，甘肃民族出版社2003年版，第222—236页。

做了系统梳理和介绍。① 杨惠玲讨论了契约中的保人、口承人、同取人、同便人等，认为这些名目均为履约的担保人，保人年龄8—60岁，身份复杂，多为被保人之亲属，反映了当时浓厚的家族观念和宗法思想。② 张可辉通过考察唐宋之际的敦煌吐鲁番契约文书，认为中人角色的划分与中人秩序的形成成为一种需要，其责任、权益与秩序有其内在的一致性。③

转型期敦煌的农业受到了学术界的进一步关注。阮海峰《从壁画墓看魏晋时期敦煌农业》，认为敦煌地区众多的魏晋时期壁画墓直观展示了魏晋时期敦煌农业发展状况的图像，通过这些图像的细节，可以看出当时胡汉之间存在交流和融合、女性是重要的农业劳动力等历史信息。④ 宋家钰指出敦煌地区的主要粮食作物包括麦、大麦、粟、豌豆、荜豆、燕麦、青麦、小麦、糜等，并推算出唐代每户农民大约平均实际种植四五十亩土地，同时也认为唐代亩产量大大超过前代。⑤ 苏金花推测唐五代敦煌地区农业劳动力除自耕农、佃人及作儿等自由身份劳动力外，还存在大量非自由的隶属人口奴婢和依附性的农奴式劳动力。⑥ 她也考察了敦煌唐代粮食作物的种类、品种以及种植结构，认为唐代的技术与前代相比有很大的变化。⑦ 郝二旭在广泛收集敦煌壁画和文献中保存的大量当时所用农具的形象资料和文字记载的基础上，依据传统农业生产步骤对其进行了详细的分类和考证。⑧ 郝二旭还系统地梳理了敦煌文书中的相关水稻种植和消费的记载，并将唐五代时期敦煌地区的水稻种植划分为三个阶段，考察了敦煌地区水稻种植的起止时间、原

---

① 陈丽萍：《杏雨书屋藏敦煌契约文书汇录》，《隋唐辽宋金元史论丛》第4辑，2014年，第169—200页；《中国国家图书馆藏敦煌契约文书汇录》（一），《隋唐辽宋金元史论丛》第5辑，2015年，第83—98页。
② 杨惠玲：《敦煌契约文书中的保人、见人、口承人、同便人、同取人》，《敦煌研究》2002年第6期。相关研究尚有敏春芳《敦煌契约文书中的"证人"、"保人"流变考释》，《敦煌学辑刊》2004年第2期；等等。
③ 张可辉：《从敦煌吐鲁番文书看中人与地权交易契约关系》，《西域研究》2011年第2期。
④ 阮海峰：《从壁画墓看魏晋时期敦煌农业》，《农业考古》2018年第4期。
⑤ 宋家钰：《敦煌文献所见唐代农业生产》，郝春文主编：《敦煌文献论集——纪念敦煌藏经洞发现一百周年国际学术研讨会论文集》，辽宁人民出版社2001年版，第169—177页。
⑥ 苏金花：《唐五代敦煌农业劳动力的身份结构探析》，《中国经济史研究》2004年第3期。
⑦ 苏金花：《唐五代敦煌的粮食作物结构及其变化》，《中国经济史研究》2012年第2期。
⑧ 郝二旭：《略论唐五代敦煌地区的农业生产工具》，《敦煌学辑刊》2008年第2期。

因、种植规模、稻田性质以及稻米消费等问题。①

针对上一阶段郑炳林提出晚唐五代敦煌地区已有棉花种植的看法,刘进宝提出异议。他认为晚唐五代敦煌地区的緤是毛织品,《官布籍》中的官布是毛布,而非棉布或麻布,从而做出"唐五代时不仅敦煌,就是内地也还没有棉花种植"的判断。②郑氏则进一步通过对"内接"的辨析,说明昌褐是毛布,但官布和緤都是棉布,仍然坚持晚唐五代敦煌地区已有棉花种植的看法。③徐晓卉则对"官布"来源做了考察,认为敦煌文献所载"官布"属于棉质布,来自于西州,敦煌归义军政权把这种棉质官布当作通用货币向民众征纳"官布税",由此敦煌社会把这种尺寸规格的棉布演变成了棉质布的一个品种——"官布",这也说明9、10世纪时的敦煌地区没有普遍种植棉花。④徐晓卉还考察了敦煌地区麻的种植品种,考证出当时的麻主要有:黄麻(今胡麻,即油用亚麻)、油麻(今芝麻)和大麻(苴麻和枲麻)。⑤王乐认为绫在西北地方的用途非常广泛,常用于制作服饰和日常用品,在敦煌地区还大量用于制作寺院法器以及作为财礼、吊礼、贺礼和社邑成员身亡纳赠的物品。⑥

乜小红对唐五代宋初敦煌地区畜牧业做了专题探索,包括敦煌的自然环境与畜牧区域分布、畜牧业的经营管理、发展水准以及当时的毛纺、皮革产业等。⑦她还对敦煌地区牧羊业的经营形式、羊在社会生活中的用途、牧子向羊司纳税等问题做了探讨。⑧

陆离指出吐蕃占领敦煌之后采取与唐朝政府不同的措施来发展当地酿酒

---

① 郝二旭:《唐五代敦煌地区水稻种植略考》,《敦煌学辑刊》2011年第1期。
② 刘进宝:《唐五代敦煌棉花种植研究——兼论棉花从西域传入内地的问题》,《历史研究》2004年第6期。
③ 郑炳林:《晚唐五代敦煌种植棉花辨析——兼答刘进宝先生》,《历史研究》2005年第5期。
④ 徐晓卉:《归义军时期敦煌的"官布"》,《中国农史》2014年第1期。另可参阅同作者《晚唐五代宋初时期棉布在敦煌地区充当货币考论》,《天水师范学院学报》2014年第2期。
⑤ 徐晓卉:《唐五代宋初敦煌地区麻的种植品种试析》,《敦煌研究》2004年第2期;《唐五代宋初敦煌地区麻研究——种植规模和亩产量研究》,《中国经济史研究》2010年第1期。
⑥ 王乐:《魏唐时期敦煌吐鲁番地区的绫织物》,《敦煌学辑刊》2017年第2期。
⑦ 乜小红:《唐五代宋初敦煌畜牧业研究》,台北:新文丰出版公司2003年版。
⑧ 乜小红:《唐五代敦煌牧羊业述论》,《敦煌研究》2001年第1期。

业，使其酿酒业有着鲜明的特点，并对归义军时期酿酒业的发展有着重要影响。①冯培红《唐五代敦煌的酒行、酒户和酒司》，认为唐前期粟特人垄断了敦煌的酿酒业及销售市场，并组成了酒行，吐蕃时期佛寺中首先出现了从事酿酒业的特殊寺户，归义军时期既在官府中设置酒司机构，也在寺院中继续从事酿酒，有官酒户和寺院酒户之分，寺院的酒户由常住库司管辖。②

郑炳林、徐晓丽认为晚唐五代的敦煌贸易市场具有国际贸易市场的性质，其国际化程度主要表现在三个方面，即从事商业贸易主体商人的国际化、商品的国际化和使用货币的国际化。③郑炳林还进一步讨论了这一时期敦煌地区的商业贸易市场与商品生产、贸易区域以及贸易对经济的影响。④他还提出晚唐五代时期敦煌的贸易市场上虽用金银钱币布帛等支付物价，但因为上述物品分割困难，所以对于一般的市面交易仍多使用麦粟等粮食。⑤周尚兵的考察显示敦煌文书 P.3723 中的鲁地礼物列表与唐代山东贡品列表互为补充，较全面地展示了唐代山东特色物产。⑥

第四节　地理文献和敦煌历史地理

郑炳林、李军《敦煌历史地理》⑦，系统介绍了敦煌的地理环境、生态环境，敦煌的建置沿革及其与敦煌的地理交通、水利工程、区域经济、军事地位的关系，是敦煌历史地理的通论性著作。

李并成、李正宇继续通过实地踏勘的方式对地理文书与其他文书以及史籍记载的瓜沙地区古城、关、道路、驿站、渠道等进行实地踏勘，各自都取得了新的进展。李并成发表的系列论文和论著调查考证的范围包括古

---

① 陆离：《吐蕃统治时期敦煌酿酒业简论》，《青海民族学院学报》2004 年第 1 期。
② 冯培红：《唐五代敦煌的酒行、酒户和酒司》，《青海社会科学》2001 年第 3 期。
③ 郑炳林、徐晓丽：《论晚唐五代敦煌贸易市场的国际化程度》，《中国经济史研究》2003 年第 2 期。
④ 郑炳林：《晚唐五代敦煌商业贸易市场研究》，《敦煌学辑刊》2004 年第 1 期。
⑤ 郑炳林：《晚唐五代敦煌贸易市场的等价物》，《中国史研究》2002 年第 3 期。
⑥ 周尚兵：《P.3723 鲁地礼物清单所示唐代山东社会生产》，《敦煌研究》2015 年第 4 期。
⑦ 郑炳林、李军：《敦煌历史地理》，甘肃教育出版社 2013 年版。

城址、关址、军镇和戍址、驿址、置和骑置址、古道路、水系等，并对古代瓜、沙与河西的开发史和绿洲变迁、沙漠化等具有现实意义的问题进行了探索。① 李正宇则进一步调查考证了瓜州汉唐渠系网络和玄奘在瓜州、伊吾的行进路线等。② 陆离认为敦煌吐蕃文书中出现的地名色通（Se tong）应该是敦煌汉文文书中的西同，即敦煌吐鲁番文书中记载的墨离川、墨离海地区，今甘肃省阿克塞哈萨克斯坦族自治县境内的苏干湖及其附近地区。③ 李宗俊提出寿昌县的废置与唐的整个西域形势息息相关，在唐前期至建中初年的一百多年里，石城、播仙二镇地区大部分时间在唐沙州寿昌县的控制之下。④ 赵贞指出敦煌通使中原文书可证归义军时期灵州道对于维系两地之间联系的关键意义，韩氏家族把持灵州 40 年间所推行的措施，对保证中西交通的顺畅起到了积极作用。⑤

关于图经和地志，李并成考察了《沙州都督府图经》⑥《始平县图经》⑦ 所载地理名物、内容特点、纂修时代、历史功用等问题。仓修良、陈仰光利用敦煌文书中的《沙州伊州地志》和《沙州都督府图经》讨论了隋唐时期图经发展的情况。⑧ 李宗俊依据《李无亏墓志》判定《沙洲都督府图经》撰成于武周长寿元年（692），在武周证圣元年（695）和

---

① 李并成：《汉悬索关考》，《敦煌研究》2004 年第 4 期；《新玉门关位置再考》，《敦煌研究》2008 年第 4 期；《汉敦煌郡境内置、骑置、驿等位置考》，《敦煌研究》2011 年第 3 期；《沙漠历史地理研究中若干理论问题再议》，《天津师范大学学报》2013 年第 1 期；《汉酒泉郡十一置考》，《敦煌研究》2014 年第 1 期；《玉门关历史变迁考》，《石河子大学学报》2015 年第 3 期。
② 李正宇：《玉门关名义新探——金关、玉门二名互匹说》，《敦煌学辑刊》2005 年第 1 期；《玄奘瓜州、伊吾经行考》，《敦煌研究》2006 年第 6 期；《玄奘瓜州、伊吾经行再考》，《敦煌学辑刊》2010 年第 3 期；《甘肃瓜州县古瓜州城汉唐渠系网络遗存》，《丝绸之路》2011 年第 18 期。
③ 陆离：《敦煌吐蕃文书中的"色通（Se tong）"考》，《敦煌研究》2012 年第 2 期。
④ 李宗俊：《敦煌寿昌县的废置与唐前期对西域石城、播仙二镇地区的经营》，《中国边疆史地研究》2008 年第 2 期。
⑤ 赵贞：《敦煌所出灵州道文书述略——兼论朔方韩氏对灵州道的经营》，《敦煌研究》2003 年第 4 期。
⑥ 朱悦梅、李并成：《〈沙州都督府图经〉纂修年代及其相关问题考》，《敦煌研究》2003 年第 5 期。
⑦ 李并成：《唐〈始平县图经〉残卷（S.6014）研究》，《敦煌研究》2005 年第 5 期。
⑧ 仓修良、陈仰光：《从敦煌图经残卷看隋唐五代图经的发展》，《文史》2001 年第 2 辑，第 117—139 页。

开元初年（约719）两次少有补续。① 郑炳林、陈双印对《诸山圣迹志》等地理文书进行了进一步探讨，认为敦煌写本《诸山圣迹志》撰写时间大约是五代后梁末年到后唐同光、天成年间，撰写者可能是敦煌名僧范海印和尚。② 张伟然、聂顺新则对《诸山圣迹志》的资料性质、记载内容以及可靠程度进行了分析。③ 郑炳林、徐晓丽比定仅存六行的 P.3973 是一篇通往五台山的行记残片，推测该件与《诸山圣迹志》很可能是同一作者，指出残卷反映了敦煌和中原之间存在着一条北路。④ 郑炳林还考出俄藏敦煌文献中保存了已佚的唐义净和尚《西方记》抄本残卷（Ф29）和王玄策《中天竺国行记》（Дх.00234）。⑤ 马德参照《入唐求法巡礼行记》中圆仁所记出入路线，进一步讨论了敦煌壁画《五台山图》中表现的交通路线与交通工具等问题。⑥ 陈双印以敦煌文献 S.529 背的记载为依据，利用古籍记载和考古数据，考证了五代时期扬州城的规模和城门数等。⑦ 陈涛《日本杏雨书屋藏敦煌本〈驿程记〉地名及年代考》，对该件涉及的地名做了考证，并推测其成书年代应在唐宣宗大中五年（851）。⑧ 王使臻从晚唐五代宋初四川、陕西、甘肃之间的交通路线着眼，主要依据敦煌文献探讨了唐宋时期信息传递的具体过程，并借以观察唐宋时期社会生活风貌。⑨

此外，郝春文、武绍卫通过对敦煌遗书中的外来写本的系统梳理，分

---

① 李宗俊：《〈沙州都督府图经〉撰修年代新探》，《敦煌学辑刊》2004 年第 1 期。
② 郑炳林、陈双印：《敦煌写本〈诸山圣迹志〉作者探微》，《敦煌研究》2005 年第 1 期。
③ 张伟然、聂顺新：《也谈唐代佛教寺院分布的辑补——兼析敦煌文书〈诸山圣迹志〉的史料价值》，《世界宗教研究》2008 年第 2 期。
④ 郑炳林、徐晓丽：《敦煌写本 P.3973〈往五台山行记〉残卷研究》，《敦煌学辑刊》2002 年第 1 期。
⑤ 郑炳林：《俄藏敦煌写本唐义净和尚〈西方记〉残卷研究》，《兰州大学学报》2004 年第 2 期。
⑥ 马德：《敦煌〈五台山图〉中的道路交通简论》，段文杰、茂木雅博主编：《敦煌学与中国史研究论集：纪念孙修身先生逝世一周年》，甘肃人民出版社 2001 年版，第 41—46 页。
⑦ 陈双印：《五代时期的扬州城考》，《中国历史地理论丛》2005 年第 3 期。
⑧ 陈涛：《日本杏雨书屋藏敦煌本〈驿程记〉地名及年代考》，《南都学坛》2014 年第 5 期。
⑨ 王使臻：《晚唐五代宋初川甘陕之间的交通与文化交流——以敦煌文献为主的考察》，《成都大学学报》2014 年第 4 期。

析了从南北朝以至五代宋初外来文本的空间分布，并对文本分布时空演变所反映的敦煌与中原以及周边关系的演变背景做了分析。①

第五节　敦煌文献与社会生活史

一　人口、婚姻与家庭

郑炳林探讨了吐蕃时期、张氏归义军时期、张承奉归义军时期及西汉金山国时期、曹氏归义军时期的人口变化情况及原因。②郝二旭讨论了敦煌陷蕃前夕的人口数量变化，认为在吐蕃攻占敦煌之初，当地的大量非军事人口被迫逃亡至相对安全的伊、西、庭州等地，此时的敦煌人口数量较天宝年间出现了明显的萎缩。③但也有学者认为敦煌陷蕃前后的人口数量有一定的增加趋向。④郑炳林判断汉族居民是河西地区的主体民族，少数民族方面，敦煌主要是粟特人，瓜州是吐谷浑人和吐蕃人，肃州以达怛为主，伊州是回鹘和龙家，甘州主要是回鹘，凉州是吐蕃和嗢末部落，这样的居民结构是历史移民的结果。⑤

谭蝉雪《敦煌民俗——丝路明珠传风情》⑥，包括对敦煌地区的婚姻制度、婚姻观念、婚姻类别、婚俗礼仪、离异等几个方面的考察。郑炳林以归义军节度使为考察对象，探讨了敦煌地区多妻现象的原因和形式。⑦陈丽萍陆续发表了有关婚姻和女性的系列论文：《中古时期敦煌地区财婚风气略论》，认为中古时期敦煌地区盛行婚姻论财，在实际运作中，时人将传统婚仪加以变动，重新诠释后转化为自我认定的财婚礼仪，

---

① 郝春文、武绍卫：《敦煌遗书中所见敦煌与外地之文本流通》，《华林》，2019年。
② 郑炳林：《晚唐五代敦煌地区人口变化研究》，《江西社会科学》2004年12期。另收入郑炳林主编《敦煌归义军史专题研究三编》，兰州大学出版社2005年版，第462—465页。
③ 郝二旭：《敦煌陷蕃前夕人口变化浅析》，《敦煌学辑刊》2012年第4期。
④ 汪永臻：《从人口变化看唐代河陇地区农业经济的开发》，《西北人口》2009年第1期。
⑤ 郑炳林：《晚唐五代河西地区的居民结构研究》，《兰州大学学报》2006年第2期。
⑥ 谭蝉雪：《敦煌民俗——丝路明珠传风情》，甘肃教育出版社2006年版。
⑦ 郑炳林、徐晓丽：《晚唐五代敦煌归义军节度使多妻制的研究》，《西北民族学院学报》2003年第4期。

并奉守执行①;《敦煌籍帐中夫妻年岁差距过大现象初探》,分析了敦煌户籍中夫妻年岁差距过大现象出现的原因以及造成的后果,并推测中古时期敦煌民间社会可能存在收继婚②;《敦煌吐鲁番出土社会文书中所见之妾》,分析了妾的身世来源、纳娶方式与缘由③;《敦煌文书所见婚变现象初探》,分析了中古时期敦煌百姓的婚变现象,并对丧偶、守寡及再嫁进行了考察④;《唐宋时期敦煌地区非正式婚姻子女现象略考》,对唐宋时期敦煌百姓婚姻家庭中的子女构成状况、财产继承与分割原则以及家庭生活的伦理观等进行了探讨⑤;《敦煌女性写经题记及反映的妇女问题》,以写经题记为切入点,考察了敦煌女性的社会生活、宗教信仰以及社会心理等。⑥ 石小英对唐五代宋初婚姻开放性的表现及其原因进行了系统探讨。⑦ 她还对唐五代宋初敦煌地区的婚嫁年龄做了统计,结果和唐前期敦煌地区的婚龄与法定年龄一致,归义军时期的婚龄则晚于法定年龄。⑧ 陈丽提出唐代敦煌地区虽然存在早婚现象,但大多数女性的婚姻年龄不晚于21—30岁,出现许多大龄女性未嫁现象。⑨ 段塔丽认为敦煌文献表明当时生活中的夫妻关系是相对平等的。⑩ 张艳云认为敦煌本的婚书既可以看作唐代婚书的样文,也可以看作法律规定互报婚书、订立私约、接纳聘财作为衡量婚姻关系是否成立的实施范例。⑪ 刘文锁《敦煌"放妻书"研究》,讨论了与此时期有关的婚姻法和离婚问题,并就财产关系方面与尼雅和穆

---

① 陈丽萍:《中古时期敦煌地区财婚风气略论》,《麦积山石窟艺术文化论文集》,兰州大学出版社2002年版。
② 陈丽萍:《敦煌籍帐中夫妻年岁差距过大现象初探》,《首都师范大学学报》2006年第2期。
③ 陈丽萍:《敦煌吐鲁番出土社会文书中所见之妾》,《兰州大学学报》2008年第4期。
④ 陈丽萍:《敦煌文书所见婚变现象初探》,《敦煌学辑刊》2005年第2期。
⑤ 陈丽萍:《唐宋时期敦煌地区非正式婚姻子女现象略考》,《敦煌研究》2006年第4期。
⑥ 陈丽萍:《敦煌女性写经题记及反映的妇女问题》,郑炳林主编:《敦煌佛教艺术与文化论文集》,兰州大学出版社2002年版,第429—449页。
⑦ 石小英:《唐五代宋初婚姻开放性初探——以敦煌妇女为中心考察》,《敦煌学辑刊》2015年第4期。
⑧ 石小英:《唐五代宋初敦煌婚龄考》,《延安大学学报》2004年第5期。另可参阅同作者《由敦煌籍帐文书引发的对魏晋南北朝时期婚龄问题的探讨》,《商丘师范学院学报》2005年第1期。
⑨ 陈丽:《唐代敦煌妇女婚姻生活探微》,《敦煌研究》2004年第5期。
⑩ 段塔丽:《从夫妻关系看唐代妇女家庭地位的变化》,《兰州大学学报》2001年第6期。
⑪ 张艳云:《从敦煌的婚书程式看唐代许婚制度》,《敦煌研究》2002年第6期。

格山等地出土的相关文书进行了比较。①

此外，黄正建《敦煌占婚嫁文书与唐五代的占婚嫁》，从敦煌文献中涉及的占婚嫁文书入手，结合唐五代有关占婚嫁的记载，提示古代婚姻中占卜的重要性。②

与婚姻相关的还有儿童问题。据统计，莫高窟、榆林窟的数百个洞窟中有儿童图像1000余身，杨秀清发表《敦煌石窟壁画中的古代儿童生活》等系列论文，汇集了儿童生活的方方面面，其中包括儿童出生、教育、游戏等场景，体现了家庭生活对于儿童成长的重要性。③石小英总结出敦煌地区古代流行丑名贱名的成因有：民风淳朴、生产力低下、父母希望子女易于成活、恶其人而恶其名、体现古人幽默感等七种原因。④

张国刚依据S.3774《丑年（公元821）十二月沙州僧龙藏牒》，探讨了唐时分家析产后的"同居共活"现象，认为中古时期的大家和小家具有一种似分似合、亦分亦合的特殊关系。⑤郑显文利用敦煌文书中诸如遗嘱、财产分割等文书，对唐代家庭财产继承制度进行了研究。⑥刑铁认为从敦煌文书中所见唐代家产的继承方式都遵循了家庭利益为上的原则。⑦

二 家族与基层组织

郑炳林、安毅对敦煌写本P.2625《敦煌名族志》的撰写时间和张氏

---

① 刘文锁：《敦煌"放妻书"研究》，《中山大学学报》2005年第1期。
② 黄正建：《敦煌占婚嫁文书与唐五代的占婚嫁》，项楚、郑阿财主编：《新世纪敦煌学论集——潘重规教授九五华秩并研究敦煌学一甲子纪念》，巴蜀书社2003年版，第274—293页。
③ 杨秀清：《敦煌石窟壁画中的古代儿童生活研究》（一），《敦煌学辑刊》2013年第1期；《敦煌石窟壁画中的古代儿童生活》（二），《敦煌学辑刊》2013年第2期；《敦煌石窟壁画中的古代儿童生活》（三），《敦煌学辑刊》2013年第3期。另可参阅同作者《敦煌石窟中的儿童图像考察简报》，《敦煌学辑刊》2013年第4期。
④ 石小英：《敦煌古代丑名贱名的成因》，《文史杂志》2004年第5期。
⑤ 张国刚：《唐代家庭与家族关系的一个考察——一份敦煌分家析产文书的学习札记》，《中国社会历史评论》第3卷，中华书局2001年版，第107—116页。
⑥ 郑显文：《唐代家庭财产继承制度初探》，《中国文化研究》2002年第3期。
⑦ 刑铁：《唐代家产继承方式述略》，《河北师范大学学报》2002年第3期。

的族源做了再探讨。① 陈菊霞《敦煌翟氏研究》②，全面搜集和整理了敦煌文献中有关敦煌翟氏的资料，运用社会学个案分析的方法对敦煌翟氏的来源、分布状况、婚宦等情况进行专题研究。冯培红陆续发表系列论文，先后考察了汉晋、前凉、前秦、后凉、西凉、北凉诸时代的敦煌大族从形成、发展走向鼎盛的历程③，关注到敦煌大族与不同时期政治变迁的密切关系。他还从政治史角度考察了敦煌大族与前秦、西凉、后凉的关系④，以及敦煌大族在北凉时期从大族到名士的转变等⑤。

有关敦煌民间团体社邑的研究，转型期取得了带有总结性的成果。郝春文《中古时期社邑研究》⑥，既是对作者自 20 世纪 80 年代以来有关敦煌社邑文书研究的总结，也包含了新世纪以来的诸多拓展。一些是对原来的问题做了再研究，如敦煌私社的"春秋坐局席"问题和社邑与佛教的关系问题等。其中佛教与社邑的关系问题，20 世纪作者是用阶级分析的方法分析这一问题，转型期作者则试图从文化的冲突与融合的角度重新解读中古时期社邑与佛教的关系。新的拓展如对敦煌私社的教育与教化功能的探讨等。作者新世纪对敦煌社邑文书研究的转型不仅体现在研究视角的变换，研究方法也有所创新，使用了计量统计和图表等新的论证方法。孟宪实《敦煌民间结社研究》⑦，利用社会史方法，重点从结构、功能视角重新解读敦煌社邑文书和敦煌的社邑及其活动。余欣重点对社条中涉及的"走

---

① 郑炳林、安毅：《敦煌写本 P.2625〈敦煌名族志〉残卷撰写时间和张氏族源考释》，《敦煌学辑刊》2007 年第 1 期。

② 陈菊霞：《敦煌翟氏研究》，民族出版社 2012 年版。并参陈菊霞《〈大唐伊吾郡司马上柱国浔阳翟府君修功德碑记〉考辨》，《敦煌研究》2003 年第 2 期；《敦煌翟氏郡望和族源新探》，《敦煌研究》2004 年第 2 期；《敦煌翟氏与敦煌土族间的通婚》，《敦煌学辑刊》2007 年第 2 期；《西域、敦煌粟特翟氏及相关问题研究》，《中国边疆史地研究》2008 年第 3 期。

③ 冯培红：《汉晋敦煌大族略论》，《敦煌学辑刊》2005 年第 2 期。

④ 冯培红：《敦煌大族与前秦、后凉》，《南京师大学报》2012 年第 2 期；冯培红：《敦煌大族与西凉王国关系新探》，《敦煌吐鲁番研究》第 13 卷，上海古籍出版社 2013 年版，第 141—158 页。

⑤ 冯培红：《敦煌大族、名士与与北凉王国——兼论五凉后期儒学从大族到名士的转变》，《敦煌吐鲁番研究》第 14 卷，上海古籍出版社 2014 年版，第 233—244 页。

⑥ 郝春文：《中古时期社邑研究》，台北：新文丰出版公司 2006 年版；此书大陆版由上海古籍出版社 2019 年出版。

⑦ 孟宪实：《敦煌民间结社研究》，北京大学出版社 2009 年版。

桥"风俗进行了探讨，别具一格。①

三 社会生活和民俗

书仪方面的研究，如中篇所述，新时期的主要贡献在文本整理方面，只有几篇论文属于历史学的研究范畴。21世纪的书仪整理和研究完全实现了转型，将书仪放到魏晋南北朝唐五代的广阔背景下进行考察已经成为主流，其中贡献最大的当属吴丽娱。其《唐礼摭遗——中古书仪研究》及相关系列论文②，深入探索了书仪与社会的关系，包括书仪自身发展的背景（渊源、发展和流变及其原因），书仪与礼、政治、制度、习俗的交互影响，在这样的研究范式下，敦煌书仪已经从被整理的文本资料转换成了历史学的研究资料。史睿《敦煌吉凶书仪与东晋南朝礼俗》，从吉凶书仪的起源、书仪中的称谓、仪式等方面论证了其与东晋南朝礼俗的关系，认为敦煌吉凶书仪是继承了东晋南朝礼学、书仪与家训发展的成果。③

从文献学的整理到历史学的研究之转变，敦煌书仪是一个很好的个案，可供其他领域借鉴。

关于社会风俗，高国藩认为在民间婚俗中有五种酒文化形态，即纳采饮酒、荣亲饮酒、闹房饮酒、合卺饮酒和障车饮酒。④ 祁晓庆对敦煌石窟壁画婚礼图中的镜子图像进行了分析，认为镜子是当地婚礼仪俗中的常用之物，具有辟邪的功用，也可作为神圣之物，供新婚夫妇在婚礼仪式中加以参拜。⑤ 宋雪春运用敦煌文书有关婚礼的记载来说明青卢在唐人婚礼中功能的变化及其所反映的唐代社会的变迁。⑥ 赵和平从梳理奠雁礼节的文献记载及其形成过程入手，将传世典籍、敦煌文献、敦煌壁画中的奠雁图

---

① 余欣：《唐宋敦煌妇女结社研究——以一件女人社社条文书考释为中心》，东京都立大学《人文学报》325号，2002年，第177—200页。
② 吴丽娱：《唐礼摭遗——中古书仪研究》，商务印书馆2002年版。
③ 史睿：《敦煌吉凶书仪与东晋南朝礼俗》，郝春文主编：《敦煌文献论集》，辽宁人民出版社2001年版，第394—421页。
④ 高国藩：《敦煌民间婚俗酒文化考述》，《宁夏师范学院学报》2008年第5期。
⑤ 祁晓庆：《敦煌壁画婚礼图中的镜》，《敦煌研究》2015年第6期。
⑥ 宋雪春：《洞房、喜帐：唐人婚礼用"青卢"之再探讨》，《首都师范大学学报》2011年第2期。

以及生物学上雁的自然属性结合起来相互印证,说明奠雁这一传统习俗所具有的社会学意义以及奠雁在中国古代婚礼中起到的文化符号作用。①

高国藩对敦煌本《悉达太子修道因缘》反映的敦煌民间妇女怀孕巫术等问题进行了分析。②李翎、马德指出敦煌印本《救产难陀罗尼》和写本《难月文》《佛顶心观世音经》都是佛教对于人类生育问题的关注,也是民间观世音信仰的重要内容之一。③梁丽玲梳理了佛典、讲经文、佛曲歌赞中与孕产有关的《难月文》、经咒符印等,考察了古代怀孕和届临难月时祈神保护、免除产难的情况。④郭俊叶认为敦煌壁画中的婴偶像与文献中的"摩睺罗"是乞子风俗在敦煌佛教中的反映。⑤

关于丧葬风俗,刘传启《敦煌丧葬文书辑注》⑥,将敦煌丧葬文书分为遗嘱类、社邑丧葬互助文书、为亡人舍施疏、追念设供请僧疏、阴阳类葬书、丧葬书仪、祭文七类,每类挑选部分文本录校,包括题解、录文和校记,题解著录原卷正背、残缺和书法等。该书因所收各类文书均只是挑选了一部分,所以资料价值有限。同作者之《"劝孝"与敦煌丧仪》,认为敦煌地区"劝孝"仪式上多讲唱十恩德、父母恩重赞、孝顺乐、行孝文、劝善文、董永变、舜子变、目连变等孝敬父母为主题的作品,另外五会念佛赞文、佛本生故事、太子故事,以及历史故事、民间传说等也是劝孝仪式上常见的讲唱内容。⑦金身佳考述了敦煌写本葬书所载的葬俗、禁忌、坟墓形制等民俗。⑧陈烁梳理了唐五代宋初敦煌丧葬时的各种祭祀活动和习俗,分析了敦煌丧葬仪式及其文化背景。⑨乔

---

① 赵和平:《奠雁——两千年婚礼仪式的变与不变》,《敦煌研究》2017年第5期。
② 高国藩:《论敦煌本〈悉达太子修道因缘〉中国化及其妇女怀孕巫术》,《宁夏社会科学》2009年第3期。
③ 李翎、马德:《敦煌印本〈救产难陀罗尼〉及相关问题研究》,《敦煌研究》2013年第4期。
④ 梁丽玲:《敦煌文献中的孕产习俗与佛教信仰》,《敦煌吐鲁番研究》第15卷,上海古籍出版社2015年版,第395—408页。
⑤ 郭俊叶:《敦煌壁画、文献中的"摩睺罗"与妇女乞子风俗》,《敦煌研究》2013年第6期。
⑥ 刘传启:《敦煌丧葬文书辑注》,巴蜀书社2017年版。
⑦ 刘传启:《"劝孝"与敦煌丧仪》,《敦煌学辑刊》2017年第4期。
⑧ 金身佳:《敦煌写本葬书中的古代丧葬民俗》,《湖南科技大学学报》2006年第1期。
⑨ 陈烁:《敦煌遗书中的丧葬仪式与丧俗文之关系探究》,《西夏研究》2013年第2期。

辉、张小涓结合相关礼书对敦煌《丧礼服制度》写本的内容及杜佑礼图进行了考释。[1] 黄正建对唐人如何选择丧葬祭祀的良辰吉日进行了探讨。[2] 武汉强认为敦煌祭文与传世的文人案头之作不同，是中古之世在佛教思想影响下的民间应用文，直接用于祭祀活动。[3] 杜斗城从《十王经》入手，详细论述了敦煌"七七斋"的各种类型。[4] 此外，张海博通过对敦煌魏晋至唐代墓葬中出土的各种龟的形象进行分析，说明敦煌与中原在对龟的崇拜和运用上一脉相承。[5]

岁时风俗方面，丛振通过敦煌文献及莫高窟壁画中有关寒食、清明节游艺活动资料探究唐代寒食、清明节日中的游艺风格。[6] 他还通过分析敦煌文献和莫高窟壁画中上元节、寒食清明节、端午节、七夕节及其他具有代表性节日的游艺活动资料，借以探究敦煌节日中的游艺风俗。[7] 陈烁则对敦煌岁末驱傩仪式做了新的探讨。[8]

高国藩提出敦煌唐人祭祀土地神的特点是三教齐尊的新儒学，寄托着汉民族对和平安宁永恒的祝愿和祈求。[9] 赵玉平认为赛袄是祈雨的重要形式，并认为莫高窟第23窟雨中耕作图实为一幅粟特文化特征鲜明的赛袄祈雨图。[10]

余欣《神道人心——唐宋之际敦煌民生宗教社会史研究》及其系列

---

[1] 乔辉、张小涓：《法藏敦煌西域文献〈丧礼服制度〉写本残卷考索》，《西藏大学学报》2014年第1期。

[2] 黄正建：《试论唐人的丧葬择日——以敦煌文书为中心》，刘进宝、高田时雄主编：《转型期的敦煌学》，上海古籍出版社2007年版，第241—251页。

[3] 武汉强：《敦煌祭文研究二题》，《敦煌研究》2007年第4期。

[4] 杜斗城：《"七七斋"之源流及敦煌文献中有关资料的分析》，《敦煌研究》2004年第4期。

[5] 张海博：《试析敦煌古代墓葬中龟的形象》，《丝绸之路》2012年第5期。

[6] 丛振：《唐代寒食、清明节中的游艺活动——以敦煌文献为中心》，《敦煌学辑刊》2011年第4期。

[7] 丛振：《敦煌岁时节日中的游艺文化——以上巳、端午、七夕为中心》，《敦煌学辑刊》2016年第1期。

[8] 陈烁：《敦煌民间驱傩仪式与驱傩词》，《第三届中国俗文化国际学术研讨会暨项楚教授七十华诞学术讨论会论文集》，成都，2009年，第23—38页。

[9] 高国藩：《敦煌本土地神考述》，《西夏研究》2012年第1期。

[10] 赵玉平：《敦煌壁画"雨中耕作图"与唐五代赛袄祈雨活动》，《新疆艺术学院学报》2009年第3期。

论文①，提出并论证了"民生宗教"概念，尝试利用敦煌占卜文献探索敦煌地区的卜宅安居等社会生活片段，试图通过这些片段来诠释唐宋之际敦煌民众的信仰世界：包括灶神信仰、出行信仰、社祭的变迁、墓葬神煞的延续等。

敦煌占卜文献和占卜习俗的研究，在上一阶段未得到充分关注，在转型期无论是文献的著录，还是文本的整理与研究，都取得了引人注目的成果。黄正建《敦煌占卜文书与唐五代占卜研究》及相关论文②，在全面搜集敦煌占卜文书的基础上，力图将敦煌占卜文书放到唐五代的历史背景下进行考察，分别介绍了敦煌占卜文书与当时内地使用的占卜书、与书目著录的占卜书、与现存占卜书的异同，以及与当时社会政治文化的关系等。王晶波《敦煌占卜文献与社会生活》③，亦属全面介绍敦煌占卜文献的著述。该书就敦煌卜法文献、敦煌式占类文献、敦煌占候类文献、敦煌相术类文献、敦煌宅经、敦煌葬书、敦煌禄命文献、敦煌梦书、敦煌选择时日宜忌文献、敦煌杂占卜文献等做了全面介绍，并就上述各类文献的特点及社会认识意义作了解说。郑炳林、陈于柱《敦煌占卜文献叙录》④，亦对敦煌占卜文献做了全面介绍。

敦煌占卜文献的文本整理，只有梦书在上一阶段完成了全面释录，其他占卜文书如相书、宅经、葬书等均未完成文本整理工作。转型期进入了对其文本进行全面整理的阶段，并取得了总结性成果。郑炳林、王晶波《敦煌写本相书校录研究》⑤，首次对十多件写本相书作了全面的搜

---

① 余欣：《神道人心——唐宋之际敦煌民生宗教社会史研究》，中华书局2006年版。另需参阅赵和平《余欣〈神道人心——唐宋之际敦煌民生宗教信仰社会史研究〉》（书评），《敦煌吐鲁番研究》第10卷，中华书局2007年版，第439—444页。游自勇《书评：〈神道人心——唐宋之际敦煌民生宗教社会史研究〉》，《中国学术》第28辑，2011年，第368—372页。
② 黄正建：《敦煌占卜文书与唐五代占卜研究》，学苑出版社2001年版；（增订版）中国社会科学出版社2014年版。另可参阅赵贞《（书评）黄正建〈敦煌占卜文书与唐五代占卜研究〉》，《唐研究》第8卷，北京大学出版社2002年版，第517—523页；同作者《敦煌占卜文书残卷拾零》，《敦煌吐鲁番研究》第8卷，中华书局2005年版，第207—218页。
③ 王晶波：《敦煌占卜文献与社会生活》，甘肃教育出版社2013年版。
④ 郑炳林、陈于柱：《敦煌占卜文献叙录》，兰州大学出版社2014年版。
⑤ 郑炳林、王晶波：《敦煌写本相书校录研究》，民族出版社2004年版。

集、整理和校录，并对这些文本所涉及的问题做了进一步的讨论。郑炳林《敦煌写本解梦书校录研究》[①]，对上一阶段他和羊萍整理的解梦书做了再校录，补充了新发现的文本，释文也有所改进。陈于柱《敦煌写本宅经校录研究》[②]，分研究和校录两篇，研究篇就写本宅经的分类、占卜与唐五代社会以及阴阳宅、五姓宅、镇宅法等进行了探讨；释录篇将20余件敦煌写本宅经残卷分成7类，首次对其做了录校。金身佳《敦煌写本宅经葬书校注》[③]，对宅经葬书做了全面校录，其中葬书是首次全面校录。该书的特点是不仅有校勘，还有注释。并附有多篇论文对其中涉及的神煞、墓葬等问题进行了讨论。王祥伟《敦煌五兆卜法文献校录研究》[④]，首次对敦煌五兆卜法文献做了校录，并对五兆卜法的产生与消亡等问题作了考察。陈于柱《区域社会史视野下的敦煌禄命书研究》[⑤]，首次对41件敦煌禄命书做了系统校录，并尝试用区域社会史的视角对这批文献做了初步研究。关长龙《敦煌本堪舆文书研究》[⑥]，实际是对敦煌宅经和葬书的再整理和再研究，因所谓"堪舆文书"实际上指的就是宅经和葬书。该书分上下两篇，上篇对唐五代的堪舆信仰和堪舆术进行了考察，下篇分十类对堪舆文书文本做了再整理，在缀合、分类、定名和文字释读方面都有较大进步。陈于柱《敦煌吐鲁番出土发病书整理研究》[⑦]，对发病书做了首次录校，并尝试从区域的医疗社会史视角探索这批文书。关长龙《敦煌本数术文献辑校》[⑧]，实际是全部敦煌占卜文献的

---

① 郑炳林：《敦煌写本解梦书校录研究》，民族出版社2005年版。另可参阅同作者《敦煌文献中的解梦书和相面书》，《敦煌与丝绸之路文化学术讲座》第1辑，北京图书馆出版社2003年版，第153—174页。

② 陈于柱：《敦煌写本宅经校录研究》，民族出版社2007年版。另可参阅陈于柱、魏万斗《唐宋阴阳宅宗初探——以敦煌写本宅经为考索》，《敦煌学辑刊》2002年第2期。陈于柱《关于敦煌写本宅经分类问题的再讨论》，《敦煌学辑刊》2003年第2期。

③ 金身佳：《敦煌写本宅经葬书校注》，民族出版社2007年版。另可参阅同作者《敦煌写本葬书中的六甲八卦冢》，《敦煌学辑刊》2005年第2期。

④ 王祥伟：《敦煌五兆卜法文献校录研究》，民族出版社2011年版。

⑤ 陈于柱：《区域社会史视野下的敦煌禄命书研究》，民族出版社2012年版。

⑥ 关长龙：《敦煌本堪舆文书研究》，中华书局2013年版。

⑦ 陈于柱：《敦煌吐鲁番出土发病书整理研究》，科学出版社2016年版。

⑧ 关长龙：《敦煌本数术文献辑校》，中华书局2019年版。

释文合集，不仅包括上述已有全面录校本的相书、梦书、宅经、葬书、禄命书，还收录了以前没有全面整理过的阴阳占、易占、栻占、占候、杂占、巫祝等。所以，这部释文合集既有对以往释文的再整理，也有很多文本是首次录校。此书在文献的搜集、定名、缀合等方面都比前人有较大进步，特别是释文质量有了极大的提高，是敦煌占卜文献带有总结性的整理成果。

对敦煌占卜文献的文本整理工作，某种意义上可以说是偿还上一阶段未能完成的旧帐，因为其他类别敦煌文献的文本整理基本上在20世纪末都完成了。进入21世纪以后，中国学者终于完成了这批文献的文本整理工作，有的如宅经、葬经等甚至有不止一种整理本。但由于占卜文书数量较大，内容庞杂，对其进行文献学整理的难度相对也较大，再加上占卜文书释录者多数未能前往收藏地核查原卷，所以，即使是后出转精的《敦煌本数术文献辑校》，释文也仍有提高的空间。

就整理方式而言，和敦煌医药文献的释文配高清彩色图版，以及图文对照的全彩印模式相比，敦煌占卜文献的文本整理模式也显得陈旧了。所以，未来敦煌占卜文献的文本整理需要升级换代，跟上时代的步伐。

对敦煌写本的整理工作和研究工作往往不易区分，占卜文献也是如此。以上提到的一些占卜文献整理本，有的就明确分为校录篇和研究篇。即使不做这样的区分，一般的敦煌遗书释文本也都会有对该类文本的研究。但也有一些学者是将研究的部分单独出版的，王晶波《敦煌写本相书研究》就是一例。[1] 该书对敦煌写本相书的保存情况、分类及相书身体符号体系、占相内容与命相类别、相书的文化内涵和价值观念以及相术与佛教、社会生活的关系等都做了深入探索。

转型期有关敦煌占卜文献的个案研究也有很多进展。邓文宽、刘乐贤《敦煌天文气象占写本概述》，推测 Дх.1336V 与 S.2729V 缀合本"悬象西秦五州占"之"悬象"或作"玄像""玄象"，意思是指天象；其"西秦五州"是指当时的敦煌、酒泉、晋昌、张掖、武威五郡；其编写时间可能

---

[1] 王晶波：《敦煌写本相书研究》，民族出版社2010年版。

是安史之乱后吐蕃侵占河西地区的前后。① 赵贞连续发表论文探讨敦煌的星占文献:《敦煌遗书中的唐代星占著作:〈西秦五州占〉》,认为该件似是当时一种比较实用的占星手册,主要流行于中唐以后的河西地区,其中包含了大量社会历史资料,对揭示唐代社会的细微变化、唐末五代西北地区的历史变动等研究具有重要意义②;《"九曜行年"略说——以 P.3779 为中心》,认为"九曜行年"的推命方式是伴随佛经的译介而传入中国的,至唐宋时期已经相当普遍③;《敦煌文书中的"七星人命属法"释证——以 P.2675 bis 为中心》,认为该件吸收了《佛说北斗七星延命经》和《梵天火罗九曜》两部佛经有关七星特征的内容,因而在世人命运的推占中渗透着浓烈的佛教因素。④ 余欣主要以辰星占辞为例,对五星占在唐宋之际的变迁做了论析。⑤ 许子滨《敦煌〈占云气书〉残卷与云雷兴象》,除采用传统的从科技史和从谶纬角度对该件进行阐释外,又增加了与"诗兴"的比较。⑥ 陈于柱、张福慧指出羽 42 背《云气占法抄》写本与此前已知的敦煌本云气占书均不同,但和多部传世本天文气象占典籍有着共同的卜辞来源,其创制时间很可能是在汉代。⑦ 两位作者还对两件敦煌藏文本杂占文献做了译释和研究:《敦煌藏文本 S.6878 V〈出行择日吉凶法〉考释》,对该件做了汉译和解说⑧;《敦煌藏文写卷 S.6878 V〈金龟择吉占走失法〉研究》,指出这件文书的内容不仅弥补了相关敦煌汉文文献的缺陷和不足,

---

① 邓文宽、刘乐贤:《敦煌天文气象占写本概述》,《敦煌吐鲁番研究》第 9 卷,中华书局 2006 年版,第 409—423 页。

② 赵贞:《敦煌遗书中的唐代星占著作:〈西秦五州占〉》,《文献》2004 年第 1 期。

③ 赵贞:《"九曜行年"略说——以 P.3779 为中心》,《敦煌学辑刊》2005 年第 3 期。

④ 赵贞:《敦煌文书中的"七星人命属法"释证——以 P.2675 bis 为中心》,《敦煌研究》2006 年第 2 期。

⑤ 余欣:《唐宋之际"五星占"的变迁:以敦煌文献所见辰星占辞为例》,《史林》2011 年第 5 期。

⑥ 许子滨:《敦煌〈占云气书〉残卷与云雷兴象》,《九州学林》2007 年春季,复旦大学出版社 2008 年版,第 160—186 页。

⑦ 陈于柱、张福慧:《日本杏雨书屋藏敦煌文献羽 42 背〈云气占法抄〉整理研究》,《天水师范学院学报》2014 年第 1 期。

⑧ 陈于柱、张福慧:《敦煌藏文本 S.6878 V〈出行择日吉凶法〉考释》,《首都师范大学学报》2012 年第 6 期。

而且再现了唐宋时代龟占图文的完整样貌。① 王祥伟分别对羽 44 号《百怪图》中"狐鸣占""釜鸣占"做了校录和推补复原，追溯了此类占法的产生与流传情况。②

教育方面，郑阿财、朱凤玉《敦煌蒙书研究》③，是关于敦煌蒙书的通论性著述，对敦煌文献中的蒙书做了比较全面的介绍，大部分附有释文，对蒙书的概念、特质及价值也有所论说。屈直敏《敦煌文献与中古教育》④，主要对中古敦煌学校教育的概况，敦煌官学的设置与传承，敦煌职能技术教育，中古教学内容、制度、教材、士子学风和中古教育思想等作了系统的梳理和阐释。该书亦具有通论性质。

姜伯勤认为敦煌所出的一切儒学经书实际上都是科举教育用书，一些诗赋文章则是启发士子准备科举考试的进士文学。⑤ 赵楠则提示敦煌遗书中的童蒙读物表明唐代的庶民教育具有通俗性、综合性和实用性的特点。⑥ 赵贞评价融入童蒙教材中的"时用要字"，显示了沙州官学童蒙教育较强的实用性和通识性特点。⑦ 王使臻认为归义军政权在敦煌地区实行的文化教育以实用性教育为主，尤以服务于归义军政权的文书教育是其最突出的特征。⑧ 僧海霞提出敦煌文书资料反映了唐代下层社会平民女子家教遵从封建社会礼教、维持男尊女卑观念、抹杀女性独立人格、限制女性自主权利的本质，说明唐代平民女子家教具有保守禁锢的一面。⑨ 郭丽对唐代中

---

① 陈于柱、张福慧：《敦煌藏文写卷 S. 6878V〈金龟择吉占走失法〉研究》，《中国典籍与文化》2014 年第 1 期。

② 王祥伟：《一件罕见的"狐鸣占"文献及相关问题》，《中国典籍与文化》2014 年第 1 期；王祥伟：《日本杏雨书屋藏敦煌文书羽044 之〈釜鸣占〉研究》，《文献》2015 年第 4 期。

③ 郑阿财、朱凤玉：《敦煌蒙书研究》，甘肃教育出版社 2002 年版。另可参阅郑阿财《敦煌蒙书研究的回顾与前瞻》，《敦煌吐鲁番研究》第 7 卷，中华书局 2004 年版，第 254—275 页。

④ 屈直敏：《敦煌文献与中古教育》，甘肃教育出版社 2013 年版。

⑤ 姜伯勤：《敦煌科举文书的社会功能——兼论敦煌写本中的社会史料》，《中山大学学报》2001 年第 3 期。

⑥ 赵楠：《从敦煌遗书看唐代庶民教育》，《社会科学评论》2008 年第 4 期。

⑦ 赵贞：《杏雨书屋藏羽41R〈杂字一本〉研究——兼谈归义军时期的童蒙识字教育》，《敦煌学辑刊》2014 年第 4 期。

⑧ 王使臻：《晚唐五代宋初敦煌地区的文书教育》，《陕西理工学院学报》2015 年第 4 期。

⑨ 僧海霞：《从敦煌文书看唐代下层社会女子家教》，《许昌学院学报》2005 年第 6 期。

原与敦煌地区的教育进行了比较和解说。① 黑晓佛通过对敦煌蒙书中道德规范与思想的考察,探讨了其大众化倾向的生成背景、思想的流变过程。② 武绍卫通过分析 S.3046 + P.3053 和 S.1920 两件《百行章》抄本,讨论了学童在学习的不同阶段知识和技能的运用问题。③

郑炳林、徐晓丽针对以往研究中标号及拼接有误的《俄藏敦煌文献》中八片《新集文词九经抄》作专门比对,不仅纠正了六个误定为《百行章》的残片为《新集文词九经抄》,还将八号残片拼接缀合成三块,并与英法藏本作内容的比较研究,认为俄藏写本与英法藏本没有渊源关系,且俄藏写本较精。④

衣食住行方面。黄正建《走进日常——唐代社会生活考论》⑤,充分利用敦煌文献对唐代衣食住行做了深入细致的考察。胡同庆、王义芝《敦煌古代衣食住行》⑥,用通俗的语言介绍了古代敦煌的衣饰、饮食、居住、出行等情况。

竺小恩《敦煌服饰文化研究》⑦,专题研究了敦煌壁画中的服饰,认为从十六国到蒙元时期的敦煌石窟壁画中,既有褒衣博带的汉族衣冠服饰,也有西北、北方少数民族的衣冠服饰,还有南亚、中亚、西亚等西域诸国,以及东邻诸国,甚至非洲黑人的衣冠服饰。这些衣冠服饰荟萃于敦煌,既反映了多民族国家衣冠服饰丰富多彩的特点,也反映了各民族服饰文化相互交流、相互融合的关系。谭蝉雪主编的《敦煌石窟全集》第 24 册集中收录了敦煌壁画中的服饰图片。⑧ 徐会贞、卢秀文依据不同时期的

---

① 郭丽:《比较学视域下的唐代教育研究——以唐中原与敦煌地区童蒙教育为考察对象》,《求索》2011 年第 3 期。
② 黑晓佛:《教育价值取向的大众化及其思想流变——对敦煌蒙书中道德规范与思想的考察》,《敦煌研究》2011 年第 4 期。
③ 武绍卫:《进阶学习中学生的知识构成与积累:敦煌蒙学教育观察之一例》,《敦煌写本研究年报》12 号,2018 年,第 85—99 页。
④ 郑炳林、徐晓丽:《俄藏敦煌文献〈新集文词九经抄〉写本缀合与研究》,《兰州大学学报》2002 年第 3 期。
⑤ 黄正建:《走进日常——唐代社会生活考论》,中西书局 2016 年版。
⑥ 胡同庆、王义芝:《敦煌古代衣食住行》,甘肃人美术出版社 2013 年版。
⑦ 竺小恩:《敦煌服饰文化研究》,浙江大学出版社 2011 年版。
⑧ 谭蝉雪主编:《敦煌石窟全集》24 册《服饰画卷》,商务印书馆 2005 年版。

洞窟壁画，梳理了男供养人所戴幞头形制的变化脉络。① 陈琛认为唐前期莫高窟壁画中俗人的鞋履形制具有真实性和多样性。② 贾玺增对莫高窟第285窟男供养人所戴之笼冠图像做了解读。③ 沈雁探讨了敦煌壁画中的回鹘男贵族供养人的服饰。④ 李薏主要探讨了晚唐莫高窟壁画中所绘贵妇供养人的服饰特点。⑤ 卢秀文通过梳理敦煌文献和图像材料，对敦煌妇女眉妆、唇饰、红粉妆、面靥妆、花钿妆做了系列研究，描绘和再现了敦煌女性生活和妆饰的多彩画面。⑥ 曲小萌对榆林窟第29窟西夏武官之冠帽、发式、袍服等具体形制加以考察，认为西夏武官服饰既体现了党项族的民族特色，也包含了中原汉族服饰的诸多元素，反映了民族融合的历史潮流。⑦

高启安《唐五代敦煌饮食文化研究》⑧，是作者多年研究成果的结集，也是敦煌饮食文化方面带有总结性的成果。该书分别从食物原料、饮食结构、饮食加工、饮食器具、食物品种、宴饮活动、婚丧仪式饮食、饮酒习俗、僧人饮食以及饮食胡风十个方面，系统讨论了唐五代时期敦煌人饮食文化的诸多方面，揭示了敦煌饮食文化农牧结合、东西荟萃、内承中原外融西域的多彩饮食风俗，构建了中古时期敦煌饮食文化的基本框架和体系。安忠义《敦煌文献中的酒器考》，认为榼是一种中国传统的盛酒器，而曲卮和叵罗都与唐代传入中国的粟特金银酒器有关。⑨

---

① 徐会贞、卢秀文：《敦煌供养人幞头的形制变化》，《宁夏师范学院学报》2015年第5期。
② 陈琛：《唐代前期敦煌莫高窟壁画中俗人的鞋履形制研究》，《敦煌研究》2005年特刊，第45—49页。
③ 贾玺增：《莫高窟第285窟男供养人所戴之笼冠研究》，《敦煌研究》2005年特刊，第40—44页。
④ 沈雁：《敦煌壁画中的回鹘男贵族供养人服饰研究》，《敦煌研究》2005年特刊，第7—9页。
⑤ 李薏：《晚唐莫高窟壁画中所绘贵妇供养人的服饰研究》，《敦煌研究》2005年特刊，第25—29页。
⑥ 卢秀文：《敦煌壁画中的古代妇女唇饰——妆饰文化研究之二》，《敦煌研究》2004年第6期；《敦煌壁画中的妇女红粉妆——妆饰文化研究之三》，《敦煌研究》2005年第6期；《敦煌壁画中的妇女面靥妆——妆饰文化研究之四》，《敦煌研究》2005年特刊，第57—63页；《敦煌壁画中的妇女花钿妆——妆饰文化研究之五》，《敦煌研究》2006年第5期。
⑦ 曲小萌：《榆林窟第29窟西夏武官服饰考》，《敦煌研究》2011年第3期。
⑧ 高启安：《唐五代敦煌饮食文化研究》，民族出版社2004年版。另可参阅王义芝《〈唐五代敦煌饮食文化研究〉简评》，《中国文物报》2005年9月28日4版。
⑨ 安忠义：《敦煌文献中的酒器考》，《敦煌学辑刊》2008年第2期。

赵贞考察了晚唐五代宋初的沙州城形制及城坊，确定该城设有释教坊、儒风坊、大贤坊、永宁坊、修文坊、旌坊、兴善坊、怀安坊、钦贤坊、乘安坊、临池坊、政教坊、修仁坊、博望坊、定难坊、渌水坊、龙马坊十七坊。①宋翔判断沙州部分城居百姓可以拥有一座一院式或两院式的完整宅院，而更多的则仅有一两间屋舍，与别人合院的现象也十分普遍。②他还尝试对唐五代敦煌百姓城外园宅地的空间布局进行了复原。③盛会莲认为一般百姓获得宅舍的途径是随着土地制度的变化而变化的，确定晚唐五代的主要变化是政府要向百姓征收房屋税。④

杨森《敦煌壁画家具图像研究》⑤，将敦煌壁画中的家具分为南北朝、中唐和五代宋三个阶段，并将其分为床榻类、坐具类、几案类、杂项类等，然后叙述其图像内容及其发展变化情况，同时与敦煌以外地区同类家具的形态进行比较。高启安考察了敦煌地区传统的坐具功能和造型的变化，指出两个方面均在继承传统的基础上有所发展和创新。⑥邵晓峰利用敦煌壁画中家具图像，从低坐风尚的延续、本土家具的发展、高坐家具的进入和外来家具的汉化四个方面，探讨了中国古代家具从低坐向高坐的嬗变过程，阐述了敦煌壁画在古代家具史研究中特有的资料价值。⑦暨远志则对敦煌壁画中的坐具之绳床、金狮床、胡床等分别进行了考察。⑧

---

① 赵贞：《唐宋时期沙州城形制及城坊略论》，《出土文献研究》第9辑，中华书局2010年版，第309—324页。另可参阅濮仲远《唐宋时期沙州城坊考》，《兰州学刊》2005年第2期。
② 宋翔：《唐宋时期沙州的城市形态与居住空间》，《中国社会经济史研究》2015年第1期。
③ 宋翔：《唐五代时期敦煌城外园宅地的空间布局》，《敦煌研究》2017年第6期。
④ 盛会莲：《唐五代百姓房舍的分配及相关问题之试析》，《敦煌研究》2002年第6期。
⑤ 杨森：《敦煌壁画家具图像研究》，民族出版社2010年版。另可参阅同作者《敦煌壁画中的胡床家具》（一），《敦煌研究》2005年第5期；《敦煌五代交椅家具考》，《敦煌研究》2016年第4期。
⑥ 高启安：《从莫高窟壁画看唐五代敦煌人的坐具和饮食坐姿》（上），《敦煌研究》2001年第3期；高启安：《从莫高窟壁画看唐五代敦煌人的坐具和饮食坐姿》（下），《敦煌研究》2001年第4期。
⑦ 邵晓峰：《敦煌壁画在中国古代家具嬗变中的独特价值探微》，《南京艺术学院学报》2004年第4期；《敦煌壁画中特色家具设计的创制与发展》，《艺术百家》2019年第1期。
⑧ 暨远志：《绳床及相关问题考——敦煌壁画家具研究之一》，《考古与文物》2004年第2期；《金狮床考——敦煌壁画家具研究之二》，《考古与文物》2004年第3期；《胡床杂考——敦煌壁画家具研究之三》，《考古与文物》2004年第4期。

马德介绍了敦煌壁画中现存的唐代所绘四轮车、多轮车和轿椅，以及6—10世纪的辇舆图像，推翻了四轮车的使用不过百余年之旧说。[1] 车佐贤讨论了敦煌壁画中与军事用途有关的四轮车。[2]

体育方面，陈康《敦煌体育研究》[3]，利用敦煌莫高窟壁画、雕塑及藏经洞文献和敦煌及其周边地区考古发现的体育遗物和遗迹，探讨了古代敦煌的角斗、射术、剑术、徒手格斗、相扑、武舞、围棋、气功等体育项目以及体育器械、场地、规则等问题。李重申、李金梅《忘忧清乐——敦煌的体育》[4]，是有关敦煌体育的通俗性著述，用深入浅出的语言对敦煌的竞技体育、博弈、武术、休闲娱乐、养生保健几个方面做了介绍。耿彬通过敦煌文书、壁画中的资料，考察了当时敦煌地区吐蕃与汉族文化交流形式，揭示了敦煌地区吐蕃与汉族文化交流。[5]

段小强、陈康从徒手格斗、武舞、剑术三个方面对敦煌武术的发展脉络做了考察。[6] 陈康从北朝政权的射礼发展、北方民族的射术、唐代的射箭活动三个方面分析了敦煌北朝壁画中的射箭图像。[7] 田桂菊考察了敦煌壁画倒立图像的演变历史，并分析了倒立对人体生理功能的影响，以及与体育融合的过程。[8] 李金梅、陈炜、李重申《敦煌角抵考》，考察了角抵演变的轨迹。[9] 郝招认为敦煌"相扑"不同于角抵和摔跤，而是源于中国古代一种用来欣赏和娱乐的乐舞表演形式。[10] 李金梅、郑志刚利用汉代"打马球画像砖"和敦煌的相关资料，考察了古代马球的源流。[11] 段小强、陈

---

[1] 马德：《敦煌壁画中的多轮车与轿椅》，《敦煌研究》2001年第2期。
[2] 车佐贤：《輨辐与敦煌壁画中的四轮车》，《敦煌研究》2002年第1期。
[3] 陈康：《敦煌体育研究》，中国社会科学出版社2012年版。
[4] 李重申、李金梅：《忘忧清乐——敦煌的体育》，甘肃教育出版社2007年版。
[5] 耿彬：《中晚唐五代时期敦煌地区的民间体育活动———以吐蕃为例》，《宁夏社会科学》2012年第3期。
[6] 段小强、陈康：《敦煌武术史料考略》，《敦煌研究》2004年第1期。
[7] 陈康、刘可：《敦煌北朝壁画中的射箭图像研究》，《敦煌研究》2004年第1期。
[8] 田桂菊：《敦煌壁画"倒立"图像考析》，《体育文化导刊》2008年第1期。
[9] 李金梅、陈炜、李重申：《敦煌角抵考》，段文杰、茂木雅博主编：《敦煌学与中国史研究论集：纪念孙修身先生逝世一周年》，甘肃人民出版社2001年版，第64—70页。
[10] 郝招：《敦煌"相扑"之管见》，《敦煌研究》2004年第1期。
[11] 李金梅、郑志刚：《中国古代马球源流新考》，《敦煌学辑刊》2015年第1期。

康通过剖析敦煌本《杖前飞》的内容,对唐代马球比赛运动的器具、场地和竞技规则等问题进行了探索,认为该活动的性质是集竞技与娱乐于一体。[1] 高原据《捉季布传文》提出击鞠至少在东汉已经流行。[2]

李重申、李金梅、李小唐利用敦煌莫高窟所存气功资料分析了气功的功理、功法以及养生价值。[3]

丛振利用敦煌吐鲁番文献和图像资料,对双陆游戏的起源和游戏规则进行讨论,还原双陆在丝绸之路盛行的场景。[4] 路志峻讨论了敦煌壁画中所反映的两种儿童游戏:弹弓和堆沙。[5] 胡朝阳、王义芝对敦煌壁画中保存的儿童骑竹马的图像进行了分析和解读。[6] 萧巍对敦煌唐墓出土的围棋子及其发展历史进行了探究。[7] 丛振提出敦煌狩猎活动已从最初的经济目的逐渐演变为游艺活动,带有显著的休闲娱乐色彩,尤其是鹰猎游艺更成为当时敦煌上层社会的身份象征。[8]

---

[1] 段小强、陈康:《从敦煌本〈杖前飞〉谈唐代马球运动》,《敦煌研究》2002年第6期。

[2] 高原:《〈捉季布传文〉与汉代击鞠——兼论中国古代马球的起源》,《敦煌学辑刊》2015年第2期。

[3] 李重申、李金梅、李小唐:《敦煌石室气功钩沉》,《敦煌学辑刊》2001年第2期。

[4] 丛振:《古代双陆游戏小考——兼论敦煌、吐鲁番的双陆游戏》,《吐鲁番学研究》2015年第2期。

[5] 路志峻:《论敦煌文献贺壁画中的儿童游戏与体育》,《敦煌学辑刊》2006年第4期。

[6] 胡朝阳、王义芝:《敦煌壁画中的儿童骑竹马图》,《寻根》2005年第4期。

[7] 萧巍:《浅论敦煌出土的唐代围棋子——兼谈围棋的发展历史》,《丝绸之路》2011年第1期。

[8] 丛振:《古代敦煌狩猎生活小考》,《敦煌学辑刊》2015年第1期。

第 十 章

转型期的敦煌语言文学艺术研究

第一节 敦煌语言文字

由于语言文字资料的文本整理工作在新时期已经基本完成,所以转型期的敦煌语言文字研究一方面是沿着传统的理路进行更加细致的整理和研究;另一方面是扩大语言文字研究的语料范围,将书仪、社会经济文书、社邑文书、法律文书宗教文书等扩充为语言文字研究的材料,这也是敦煌学转型的一个重要体现。

一 音韵

张涌泉主编的《敦煌经部文献合集》之"小学类韵书之属""小学类群书音义之属"和"小学类佛经音义之属"[1],对敦煌韵书和音义类文本做了再整理,包括定名、题解、录文、校勘等项,是转型期具有总结性的整理文本。张磊探讨了《中国文化遗产研究院藏西域文献遗珍》和《大谷文书集成》第四卷收录的六件新公布图版的敦煌吐鲁番所出写本韵书音义书残片。[2] 张涌泉在全面普查的基础上,将40件玄应《一切经音义》残卷

---

[1] 张涌泉主编、审定,关长龙、张涌泉、许建平撰:《敦煌经部文献合集》第5—11册,中华书局2008年版。

[2] 张磊:《新出敦煌吐鲁番写本韵书、音义书考》,《浙江社会科学》2014年第3期。

缀合为 17 件，分别做了著录。① 许建平对杏雨书屋藏羽 56 号玄应《一切经音义》做了校释。②

张小艳《唐五代韵书与敦煌文献的解读》③，指出唐五代韵书不仅真实地收载了当时流行的各种异体俗字，记录了时人习用的通俗语词，而且还对它们进行了准确的训释，并认为它们蕴藏有丰富的文字训诂信息，对正确解读敦煌文献大有裨益。

徐朝东、唐浩利用敦煌韵书 P.2014、2015 不同于其他韵书的异常反切，推求唐五代时期敦煌所在的西北地区的方音现象。④ 孙伯君指出 P.3861 号文献中梵汉对音资料所呈现的语音规律，反映了 8、9 世纪吐蕃占领敦煌时期河西方音的特点，且西夏与敦煌河西方音有明显的继承关系。⑤ 邓文宽利用河西方音通假的规律对敦煌写本邈真赞进行再释读。⑥

黑维强尝试以陕北方言解释敦煌文献中的十几条词语。⑦ 安忠义则利用陇右方言考证敦煌文献词语。⑧ 崔容讨论了敦煌俗文学作品中所见山西方言的韵摄分合现象⑨，说明山西方言在一定程度上保存了唐五代西北方

---

① 张涌泉：《敦煌本玄应〈一切经音义〉叙录》，《汉语史研究集刊》第 10 辑，巴蜀书社 2007 年版，第 564—579 页。增订版收入氏著《张涌泉敦煌文献论丛》，上海古籍出版社 2012 年版，第 18—36 页。
② 关于羽 56 号的校释成果，可参阅许建平《杏雨书屋藏玄应〈一切经音义〉残卷校释》，《敦煌研究》2011 年第 5 期。
③ 张小艳：《唐五代韵书与敦煌文献的解读》，《敦煌研究》2008 年第 5 期。
④ 徐朝东、唐浩：《敦煌韵书 P.2014、2015 异常反切考察》，《语言学论丛》2015 年第 1 期。
⑤ 孙伯君：《法藏敦煌 P.3861 号文献的梵汉对音研究》，《语言研究》2008 年第 4 期。另可参阅同作者《西夏译经的梵汉对音与汉语西北方音》，《语言研究》2007 年第 1 期。
⑥ 邓文宽：《敦煌邈真赞中的唐五代河西方音通假字例释》，《出土文献研究》第 7 辑，文物出版社 2005 年版，第 309—318 页。
⑦ 黑维强：《敦煌文献词语陕北方言证》，《敦煌研究》2002 年第 1 期；《敦煌文献词语陕北方言证》（续），《敦煌研究》2005 年第 1 期。另可参阅同作者《敦煌文献词语方言考》，《西北民族大学学报》2005 年第 2 期。
⑧ 安忠义：《敦煌文献中的陇右方言》，《敦煌研究》2008 年第 3 期。
⑨ 崔容：《敦煌俗文学所见山西方言的韵摄分合现象》，《山西大学学报》2012 年第 2 期。

言的语音特点。邓文宽试图利用山西方言解读敦煌文献中的一些疑难词。[1]以上几位学者都认为当今方言的口语中还可寻觅到古代词语的影踪,并有助于理解和解释敦煌文书中的一些词语,但这样一种论证方法是否可行,在学界尚存在不同认识。

周季文、谢后芳《敦煌吐蕃汉藏对音字汇》[2],搜集能反映8—10世纪时古代汉语和古代(敦煌)藏语语音面貌的敦煌文献中的注音本与译音本写卷17种,加上《唐蕃会盟碑》共18种语料,分别以"汉字—藏文—转写"和"藏文—转写—汉字"对照排列(出现的汉字共7689"字次")。并根据这些材料,制成按汉语拼音次序排列的《汉—藏古今字音对照表》(不同的汉字共1432个)和按藏文字母次序排列的《藏—汉古今字音对照表》(不同的藏字共1169个)。表中汉字的现代音用汉语拼音方案注出,中古音用传统音韵学的"声韵呼等调"注出,同时注出用国际音标的构拟音;藏文用国际音标分别注出吐蕃时代的藏语古音与现代藏语的拉萨音和安多音。此书对研究古代西北方音和古代汉藏语比较研究都具有重要参考价值。此外,史淑琴对汉藏对音材料中溪母字的藏文译音进行了整理,发现存在部分溪母字的藏文译音与见母字的相同,认为可能是那时当地汉语方言中部分溪母字与见母字的读音混同。[3]

二 字书

《敦煌经部文献合集》"小学类字书之属"对敦煌字书做了进一步整理和校勘。张涌泉还将现知九件敦煌本《字宝》缀合归并为六件:S.6204、P.3906、P.2058、P.2717＋Дх.5260V＋Дх.5990V＋Дх.10259、S.619、BD03390(雨90),另有S.6189仅存两行。作者分别介绍了各卷的写本情况和所存内容、抄录格式及定名情况,考订敦煌本《字宝》的成书年代约

---

[1] 邓文宽:《敦煌本〈开蒙要训〉三农具解析》,《敦煌吐鲁番研究》第十七卷,上海古籍出版社2017年版,第1—4页;邓文宽:《释敦煌本〈启颜录〉中的"落喹"》,《敦煌吐鲁番研究》第18卷,上海古籍出版社2019年版,第261—263页。

[2] 周季文、谢后芳:《敦煌吐蕃汉藏对音字汇》,中央民族大学出版社2006年版。

[3] 史淑琴:《敦煌汉藏对音中部分溪母字读见母音的现象》,《南开语言学刊》2013年第1期。

在公元9世纪中期。① 丁治民《敦煌残卷〈时要字样〉考述》②，对三件"时要字样"作了介绍和分析。马德对敦煌新本《杂集时用要字》（Дx.02822）进行了整理和研究。③ 聂志军发现S.5514号是对《杂集时要用字》进行系统注音的敦煌文书，可定名为"杂集时要用字音"④，纠正了前人关于《杂集时要用字》没有音义注解的成说。

三 俗字与语词

转型期敦煌俗字领域最重要成果当属黄征编纂的《敦煌俗字典》⑤。该书广泛收录敦煌写本文献异体俗字，兼收隶古字、避讳字、武周新字、合文等，隶、楷、草、行之书体不限，是整理和研究敦煌文献的重要工具书。该书的缺点是所收字例不全，不少疑难俗字未能收入。黄氏还撰有敦煌俗字研究方面的系列论文⑥，对俗字的定义、分类及其研究的实用价值等都做了深入研究。其《敦煌语言文字学研究》⑦，以敦煌俗字、俗语词等为研究重心，所收《敦煌写本异文综析》⑧借助敦煌写本异文来分析阐述俗字、俗音、俗语词等。赵红《敦煌写本汉字论考》⑨，也是讨论俗字的专著，选择二百多

---

① 张涌泉：《敦煌本〈字宝〉叙录》，《中国典籍与文化论丛》第十辑，北京大学出版社2008年版，第122—130页。另可参阅同作者《俄敦18974号等字书碎片缀合研究》，《浙江大学学报》2007年第3期。

② 丁治民：《敦煌残卷〈时要字样〉考述》，《文献》2004年第1期。

③ 马德：《敦煌新本Дx.02822〈杂集时要用字〉刍议》，《兰州学刊》2006年第1期。另可参阅濮仲远《Дx.02822号文书再探》，《宁夏师范学院学报》2010年第1期。

④ 聂志军：《关于敦煌文书S.5514之定名》，《首都师范大学学报》2011年第5期。

⑤ 黄征：《敦煌俗字典》，上海教育出版社2005年版。该书第二版于2019年由上海教育出版社出版，在第一版基础上做了诸多修订。

⑥ 黄征：《敦煌俗字研究要论》，《敦煌研究》2005年第1期。另可参阅同作者《敦煌俗字例释——恶与腮》，《敦煌学》第25辑，2004年，第451—458页；《敦煌俗字例释》，《敦煌吐鲁番研究》第8卷，中华书局2005年版，第249—258页；《敦煌俗字重类考辨》，《敦煌学·日本学：石塚晴通教授退职纪念论文集》，上海辞书出版社2005年版；《敦煌俗音考辨》，《浙江社会科学》1993年第4期。

⑦ 黄征：《敦煌语言文字学研究》，甘肃教育出版社2002年版。

⑧ 黄征：《敦煌写本异文综析》，载于《敦煌吐鲁番学论集》，书目文献出版社1996年版。增订后收入《敦煌语言文字学研究》，第37—58页。

⑨ 赵红：《敦煌写本汉字论考》，上海古籍出版社2012年版。

个字作研究重点。以楷体为主,引用、考辨字形真迹七百个,考证和辨析了百余个,纠正了一批俗字、讹字的识读错误,但讨论的深度不够。

转型期的敦煌语词研究的一个重要变化是语料范围逐渐扩大,不再限于对敦煌变文中所见口语词的考察。最早在这方面进行探索的是曾良。他考察的敦煌文献词语的范围不仅包括变文,还扩大到经济文献、社会文献和佛教文献①。其《敦煌文献字义通释》②,对敦煌文献中的一些词语和俗讹字进行了梳理和考证,既注意收集敦煌文献本身的材料,又尽可能选用一些同时代的其他资料来佐证,有的还进行了历时性的考源。此后,专门研究某一类敦煌文书语词的论著不断涌现。如陈秀兰《敦煌变文词汇研究》③,对敦煌变文词汇的系统特点做了专题研究。王启涛《中古及近代法制文书语言研究——以敦煌文书为中心》④,专门对法制文书的词语进行了考察。洪艺芳《敦煌社会经济文书中之量词研究》⑤,运用现代语法研究的理论与方法,对敦煌经济文献中的唐五代量词之语义、词法与句法、量词与名词的搭配和演化等,进行了静态的描写和动态的分析。张小艳《敦煌书仪语言研究》⑥,对敦煌书仪的语言进行全面系统的考索和探究。作者除了对书仪语言的详细考察外,还从书仪的语料性质出发,举例论证了书仪语言研究对古籍整理和辞书编纂的实际参考价值。同作者之《敦煌社会经

---

① 曾良:《敦煌变文字词考》,《中国语文》2006年第5期;《敦煌文献字词零释》,《敦煌学辑刊》2008年第4期;《佛经疑难字词考》(与赵铮艳合撰),《古汉语研究》2009年第1期;《俗写与疑难字词考订举例》,《中国语文》2013年第6期。另请参看曾良《敦煌文献丛札》,浙江古籍出版社2010年版;《敦煌佛经字词与校勘研究》,厦门大学出版社2010年版。

② 曾良:《敦煌文献字义通释》,厦门大学出版社2001年版。另可参阅叶贵良《〈敦煌文献字义通释〉释义商榷举例》,《敦煌研究》2002年第3期。

③ 陈秀兰:《敦煌变文词汇研究》,四川民族出版社2002年版。

④ 王启涛:《中古及近代法制文书语言研究——以敦煌文书为中心》,巴蜀书社2003年版。

⑤ 洪艺芳:《敦煌社会经济文书中之量词研究》,台北:文津出版社2004年版。另可参阅同作者《敦煌社会经济文书中的唐五代新兴量词研究》,《敦煌学》第24辑,83—114页。

⑥ 张小艳:《敦煌书仪语言研究》,商务印书馆2005年版。张氏对敦煌书仪语言的考释成果斐然,可参阅《敦煌写本书仪词选释》,《湖州师范学院学报》2004年第3期;《试论敦煌书仪的语料价值》,张涌泉、陈浩主编:《浙江与敦煌学——常书鸿先生诞辰一百周年纪念文集》,浙江古籍出版社2004年版,第542—561页;《敦煌书仪误校示例》,《文史》2005年第2辑;《敦煌写本书仪的文体特色及其在近代汉语词汇研究上的价值》,《敦煌吐鲁番研究》第8卷,中华书局2005年版,第219—248页。

济文献词语论考》①，对敦煌社会经济文献中的130余条词语做了精细的考释。黑维强《敦煌、吐鲁番社会经济文献词汇研究》②，从敦煌吐鲁番社会经济文献中选取1264个词语，分析其中词语的构成和来源，借助大量的文例并结合传世文献考释疑难词语，同时注重援引现代方言来参证文献词语的考释，但有的证据略显牵强。陈晓强《敦煌契约文书语言研究》③，对契约文书的词语做了系统研究，全书分前言、《契约》勘正、敦煌契约文书词语考释、敦煌契约文书选注四个部分。于淑健《敦煌佛典语词和俗字研究——以敦煌古逸和疑伪经为中心》④，深入分析了敦煌佛典语词和俗字对佛教典籍的校勘与整理、字典辞书的编纂与完善、推动近代汉字研究的不断深入等方面所具有价值和意义，并具体考释了一批词语和俗字。叶贵良《敦煌道经词语考释》⑤，对敦煌道经中的疑难词进行了考释。田启涛亦对敦煌道经词语做过考释。⑥ 单篇论文涉及的词语考释对象尚有社邑文书⑦、佛教文献⑧、地理

---

① 张小艳：《敦煌社会经济文献词语论考》，上海人民出版社2013年版。张氏对敦煌社会经济文献词语的考释成果十分丰硕，可参阅《敦煌社会经济文书词语辑考》，《出土文献与古文字研究》第1辑，复旦大学出版社2006年版；《敦煌籍帐文书释词》，《出土文献与古文字研究》第2辑，复旦大学出版社2008年版，第1—15页；《敦煌籍帐文书字词笺释》，《敦煌吐鲁番研究》第12卷，上海古籍出版社2011年版，第463—483页。

② 黑维强：《敦煌、吐鲁番社会经济文献词汇研究》，民族出版社2010年版。另可参阅同作者《敦煌社会经济文献词语考释》，《江西社会科学》2004年第12期。

③ 陈晓强：《敦煌契约文书语言研究》，人民出版社2012年版。对敦煌契约文书语词的考释成果，尚有余欣《敦煌吐鲁番契约文书词语辑释·套语篇》，《敦煌学》第22辑，1999年，第41—54页。苏旸：《敦煌契约中的量词》，《江南大学学报》2003年第4期。贺雪梅：《敦煌契约文书词语例释》，《敦煌学研究》2009年第2期。

④ 于淑健：《敦煌佛典语词和俗字研究——以敦煌古逸和疑伪经为中心》，上海古籍出版社2012年版。

⑤ 叶贵良：《敦煌道经词语考释》，巴蜀书社2009年版。

⑥ 田启涛：《敦煌道经词语例释》，《敦煌研究》2013年第5期。

⑦ 张小艳：《敦煌社邑文书词语辑考》，《敦煌吐鲁番研究》第13卷，上海古籍出版社2012年版，第97—124页。有关社邑文书词语的考释，另可参阅叶贵良《敦煌社邑文书词语选释》，《敦煌研究》2004年第5期。敏春芳：《敦煌社邑文书量词"事""笙"辨》，《敦煌学辑刊》2005年第2期。王建军：《敦煌社邑文书词语补释》，《古籍整理研究学刊》2007年第3期。赵静莲：《敦煌社邑文书词语考释七则》，《四川教育学院学报》2009年第12期。

⑧ 于淑健：《敦煌古佚和疑伪经词语新探》，《语言研究》2013年第3期。另可参阅同作者《敦煌佛经俗字误读释正》，《文献》2008年第2期。

第十章　转型期的敦煌语言文学艺术研究　393

文书①、碑铭赞②、《王梵志诗》③ 和《搜神记》等④。

　　杜朝晖《敦煌文献名物研究》⑤，首次对敦煌文献里的器物词汇做了较为全面的梳理和探讨，将其分为服饰、布帛、饮食、宫室、舟车、器用、武备、佛器八类，然后分条逐一考证辨析。该书图文并茂，将清晰的图像与详尽的考证相结合，使敦煌名物的"名"与"实"得到形象充分的阐释。叶娇《敦煌文献服饰词研究》⑥，首次对敦煌文献中的服饰词作了全面系统的整理和研究。该书分上下两编，上编全面总结和阐述敦煌文献所见服饰词的用字特征、文化特征，服饰词的构成和应用及其研究价值；下编为考释篇，分作头衣、体衣、足衣、饰物四个系列，对敦煌文献中的服饰词进行了较为详尽的考释，试图真实反映唐五代时期语言使用的原貌和百姓的着装风情。以上两种著作不仅对名物训诂具有重要价值，对了解当时的社会生活也具有重要价值；但有的词语尚有深化或完善的空间。

　　吴福祥在上一阶段曾推出《敦煌变文语法研究》，在这一阶段又推出

---

　　① 施谢捷：《〈敦煌石室地志残卷考释〉匡补》（一），《南京师范大学文学院学报》2003年第2期；《〈敦煌石室地志残卷考释〉匡补》（二），《古籍研究》2003年第2期；《〈敦煌石室地志残卷考释〉匡补》（三），《敦煌学研究》2006年第1期；《〈敦煌石室地志残卷考释〉匡补》（四），《敦煌学研究》2006年第2期。杜爱华《〈敦煌地理文书会辑校注〉刍议（一）——兼议〈敦煌石室地志残卷考释〉》，《南京林业大学学报》2005年第1期；《〈敦煌地理文书会辑校注〉校议》（二），《敦煌学研究》2006年第1期；《〈敦煌地理文书会辑校注〉校议》（三），《敦煌学研究》2006年第2期。

　　② 杨晓宇：《敦煌碑铭赞词语诂解》，《兰州大学学报》2009年第3期；刘瑶瑶：《敦煌碑铭赞佛教词语诂解》，《甘肃社会科学》2013年第1期；另可参阅杨晓宇、刘瑶瑶《敦煌写本碑铭赞词语疏解》，《敦煌学辑刊》2015年第1期；同作者《敦煌写本碑铭赞释录勘补》，《敦煌研究》2015年第1期。叶爱国：《释"基考"》，《敦煌研究》2008年第2期；同作者《"纳毡场"解》，《敦煌研究》2008年第4期。

　　③ 黄家全：《〈王梵志诗一卷〉中的否定副词》，《敦煌研究》1985年第2期；王三庆：《从〈王梵志诗〉的记号系统论其否定词的内涵意义》，《周一良先生八十生日纪念论文集》，中国社会科学出版社1993年版，第178—189页；曹小云：《〈王梵志诗〉词法特点初探》，《社会科学战线》1999年第6期；张慧欣：《王梵志诗中的俗语词初探》，《黑龙江教育学院学报》2008年第5期。

　　④ 崔送达：《从三种〈搜神记〉的语言比较看敦煌本的语料价值》，《敦煌研究》2004年第4期。

　　⑤ 杜朝晖：《敦煌文献名物研究》，中华书局2011年版。

　　⑥ 叶娇：《敦煌文献服饰词研究》，中国社会科学出版社2012年版。

了《敦煌变文 12 种语法研究》[1]，以《敦煌变文校注》新增变文 12 种为考察对象，对其中出现的语法现象作定量分析和分类描写。

第二节　敦煌文学

伏俊琏《敦煌文学总论》[2]，重点考察敦煌文学作品的创作背景和创作主体，兼及敦煌文学写卷的形态、抄写、题记、来源，并关注敦煌文学的类型学、传播学研究，高度评价了敦煌文学在中国文学史上的地位。陈烁《敦煌文学：雅俗文化交织中的仪式呈现》[3]，从敦煌文献及图像记载的各种民间仪式入手，阐释不同种类的仪式及其文化内涵，重点探讨敦煌民间仪式与敦煌文学的互动互渗关系，试图从新的视角揭示敦煌文学的形态、起源与流变。钟海波《敦煌讲唱文学叙事研究》[4]，从叙事学的视角分析了敦煌词文、变文、故事赋和话本的情节、结构、人物、语言、叙述者和修辞等。邵文实《敦煌边塞文学研究》[5]，对唐前期及吐蕃、归义军时期的敦煌边塞文学作者及其作品做了全面考察。

《项楚学术文集》[6] 于 2019 年由中华书局出版，该文集收录了项楚有关敦煌学的全部重要论著，包括《敦煌诗歌导论》（一册）、《敦煌歌辞总编匡补》（一册）、《敦煌文学丛考》（一册）、《王梵志诗校注》（上、下册）、《敦煌变文选注》（上、下册）。项楚是敦煌文献整理和研究的大家，他在敦煌诗歌、歌词和变文的文字释读和校勘方面都作出了卓越的贡献。其学术文集将其有关敦煌学的论著集中再版，是转型期中国敦煌文学的重要收获。

同时，敦煌变文、诗歌和赋的整理与研究也取得了新的进展。

---

[1] 吴福祥：《敦煌变文 12 种语法研究》，河南大学出版社 2004 年版。
[2] 伏俊琏：《敦煌文学总论》，甘肃教育出版社 2013 年版。
[3] 陈烁：《敦煌文学：雅俗文化交织中的仪式呈现》，中国社会科学出版社 2013 年版。
[4] 钟海波：《敦煌讲唱文学叙事研究》，陕西人民出版社 2008 年版。
[5] 邵文实：《敦煌边塞文学研究》，甘肃教育出版社 2007 年版。
[6] 项楚：《项楚学术文集》，中华书局 2019 年版。

一 敦煌变文

鉴于对敦煌变文的文本整理在新时期已经基本完成,所以转型期的主要工作是在以往整理的文本基础上做更加深入的研究。李小荣《变文讲唱与华梵宗教艺术》[1],讨论了变文的生成与衍变,变文讲唱与中印美术、音乐与戏剧之关系以及儒、道、释思想对变文讲唱的影响。富世平《敦煌变文口头传统研究》[2],以变文口头性为突破点,探讨了变文之"变"的渊源和变文的分类,追溯了变文的口头性历史传统,认为变文是一种口头性文学,对变文的文本类型、文本特点、审美风格与审美特征等进行了分析,并具体论证了变文中的时间程式、情感程式、引导性程式和典型情节,进一步说明了变文的程式化特点和程式在变文中的广度和频度。侯冲《敦煌变文:佛教斋供仪式角度的解读》[3],则从佛教斋供仪式出发,对变文的功能属性作了新的解释。于向东《敦煌变相与变文研究》[4],全面探讨了敦煌各类变相与变文的关系。胡连利《敦煌变文传播研究》[5],从传播学视角考察了敦煌变文作为一种特殊的文学样式在文学传播史上具有的独特意义,由此探讨变文的传播所反映的文化意义。

对有关历史人物的变文形成背景的考察在转型期得到一定的关注。黄亚平认为敦煌本《伍子胥变文》的形成展现了伍子胥故事在民间口耳相传系统、史传系统在流传过程中相互渗透、取长补短,在交织发展中故事不断趋于完善。[6] 陈筱芳《〈伍子胥变文〉的历史真实性及其价值取向》[7],

---

[1] 李小荣:《变文讲唱与华梵宗教艺术》,台湾佛光山文教基金会2001年版;生活·读书·新知三联书店2002年版。

[2] 富世平:《敦煌变文口头传统研究》,中华书局2009年版。

[3] 侯冲:《敦煌变文:佛教斋供仪式角度的解读》,《敦煌吐鲁番研究》第14卷,上海古籍出版社2015年版,第79页。另可参阅侯冲《中国佛教仪式研究——以斋供仪式为中心》第三章《唱导研究》,上海古籍出版社2019年版。

[4] 于向东:《敦煌变相与变文研究》,甘肃教育出版社2009年版。

[5] 胡连利:《敦煌变文传播研究》,人民出版社2008年版。

[6] 黄亚平:《伍子胥故事的演变——史传系统与敦煌变文为代表的民间系统的对比》,《敦煌研究》2003年第2期。

[7] 陈筱芳:《〈伍子胥变文〉的历史真实性及其价值取向》,《西南民族学院学报》2002年第12期。

以史载为本，指出《伍子胥变文》的内容多与历史事实相违，算是七虚三实。单芳利用长时段的考察方法，以《伍子胥变文》和杂剧《伍员吹箫》为中心，对伍子胥故事在唐元时代发展演变轨迹进行了讨论。① 钟书林将一些历时性和共时性史料进行有机结合，通过运用比较、例证等多种方法，推断李陵故事的渊源流变与《史记》《汉书》、唐代诗文的咏唱及其唐代安史之乱后的社会风气等，有着密切的联系。② 张鸿勋从叙事学视角对《舜子变》做了新的解读③，刘惠萍则对《舜子变》口承故事性做了探讨。④ 朱利华认为《王昭君变文》创作于吐蕃时期，是河西人在蜀地或中原"昭君转变"底本之上加工而成，通过描述王昭君的落蕃遭遇，来映射河西人陷蕃的身世之悲。⑤

二 敦煌诗歌

2006 年出版的张锡厚主编《全敦煌诗》⑥ 是转型期敦煌诗歌领域最重要的成果。全书共二十册，收录敦煌写卷中所谓的"诗歌"作品 4600 余首。辑录诗歌作品分为三大类：诗歌类，包括《诗经》《文选》《唐人选唐诗》残卷及散见的诗歌抄本所载诗篇，共 2900 首；曲词类，包括佛曲、俗曲、俚词，共 1200 多首；偈颂类，包括诗体劝善文、邈真赞，共 400 多首。此书对"敦煌诗歌"定义似太宽泛，尤其将佛曲、俗曲、俚词等所谓"曲词类"及邈真赞等所谓"偈赞类"作品，笼统涵盖在"敦煌诗"下，难以得到学界认同。该书文字释录，亦嫌粗糙，多系抄录旧的释文而成。徐俊《敦煌写本诗歌续考》⑦，补充了一批《敦煌诗集

---

① 单芳：《〈伍子胥变文〉与〈伍员吹箫〉杂剧比较》，《敦煌研究》2008 年第 5 期。
② 钟书林：《敦煌〈李陵变文〉的考原》，《西北大学学报》2007 年第 2 期。
③ 张鸿勋：《神圣与世俗：〈舜子变〉的叙事学解读——兼论敦煌变文与口承故事的关系》，《敦煌学》第 25 辑，2004 年，第 377—394 页。
④ 刘惠萍：《在书面与口头传统之间——以敦煌本〈舜子变〉的口承故事性为探讨对象》，《民俗研究》2005 年第 3 期。
⑤ 朱利华：《敦煌本〈王昭君变文〉考述》，《中国古代小说戏剧研究》第 10 辑，2014 年，第 323—330 页。
⑥ 张锡厚主编：《全敦煌诗》，作家出版社 2006 年版。
⑦ 徐俊：《敦煌写本诗歌续考》，《敦煌研究》2002 年第 2 期。

残卷辑考》① 出版后漏收和新见敦煌诗歌。

随着俄藏以及杏雨书屋藏敦煌文献的渐次公布，学者们在发现新的《秦妇吟》写本，并在缀合和校勘上取得可喜的成绩。徐俊列举了新发现或新拼接的《秦妇吟》残卷（俄藏4568、10740、6176等）。② 张新朋对俄藏10740号中的七件《秦妇吟》残片与俄藏4758号做了成功缀合。③ 张涌泉《敦煌写本〈秦妇吟〉汇校》④，进一步将杏雨书屋新刊布羽57R与S.0692相缀接，并提供了新的校本。田卫卫对目前已知的11件《秦妇吟》写本按照装帧方式分别进行了条列叙述和分析，并对相关写本的题记、杂写、正背文字所属文献等情况进行了梳理。这是用写本学的方法来重新整理和研究《秦妇吟》，也可说是研究转型的表现之一。⑤ 她还考察了《秦妇吟》在敦煌和中原的传播及其兴衰原因。⑥

项楚在继王梵志诗研究之后，大力倡导以敦煌文献为基础的唐代白话诗研究。《唐代白话诗派研究》⑦ 展现了敦煌白话诗与唐代白话诗派研究上的丰富成果。张子开较为全面地介绍了敦煌文献中的白话禅诗。⑧ 朱凤玉则考察了劝善类白话诗歌，提出通俗白话诗歌不仅对唐代文学发展有着相当的影响，更推动了白话通俗文学的演进。⑨

武绍卫考出过去长期被人视作"随手杂写"的S.3046文本实为一首回文诗⑩，这个发现不仅为敦煌诗歌研究增加了新的资料，也纠正了长期

---

① 徐俊：《敦煌诗集残卷辑考》，中华书局2000年版。
② 徐俊：《隋魏澹〈鹰赋〉校订——敦煌文学文献零札之一》，《文献》2003年第2期。
③ 张新朋：《敦煌诗赋残片拾遗》，《敦煌研究》2011年第5期。
④ 张涌泉：《敦煌写本〈秦妇吟〉汇校》（修订本），氏著《张涌泉敦煌文献论丛》，上海古籍出版社2011年版，185—217页。
⑤ 田卫卫：《〈秦妇吟〉敦煌写本新探——文本概观与分析》，《敦煌研究》2015年第5期。
⑥ 田卫卫：《〈秦妇吟〉在中原的传播——兴衰原因新探》，《唐研究》第20卷，北京大学出版社2014年版，第505—522页；田卫卫：《〈秦妇吟〉之敦煌传播新探——学士郎、学校与诗学教育》，《文献》2015年第5期。
⑦ 项楚、张子开、谭伟、何剑平：《唐代白话诗派研究》，巴蜀书社2005年版。另可参阅项楚《唐代的白话诗派》，《江西社会科学》2004年第2期。
⑧ 张子开：《敦煌文献中的白话禅诗》，《敦煌学辑刊》2003年第1期。另可参阅同作者《敦煌佛教文献中的白话诗》，《宗教学研究》2003年第4期。
⑨ 朱凤玉：《敦煌劝善类白话诗歌初探》，《敦煌学》第26辑，2005年，第75—92页。
⑩ 武绍卫：《一首新破解的敦煌回文诗——S.3046性质新考》，《文献》2018年第1期。

以来人们对这篇文字的误解。

三　赋

伏俊琏在对敦煌赋做了全面文本整理的基础上，进一步开展了对敦煌俗赋的深入研究[①]，他将敦煌俗赋划分为两类：一类是民间故事赋，如《燕子赋》《韩朋赋》《晏子赋》《茶酒论》《舜子变》等；另一类为一般的通俗俳谐杂赋，如《驾幸温泉赋》《酒赋》《丑女赋》《秦将赋》《祭驴文》《天地阴阳交欢大乐赋》等。除了敦煌俗赋的整体性研究之外，伏俊琏还对《天地阴阳交欢大乐赋》[②]和《丑女赋》[③]等作了个案考察。

受新时期朱雷从历史学视角研究敦煌变文相关成果的启发，楚永桥从司法角度考察了《燕子赋》反映的法律实施的特点，认为《燕子赋》比较完整地描述了诉讼、受理、传唤、讯问、押禁、审理、判决、结案等一系列司法过程，同时描写了法律纠纷的产生、案件审结的余波，从中反映出丰富的法律文化、法律观念和社会心理。[④]李文洁从写本学、文书学等角度出发对《晏子赋》同卷书写情况作了考述。[⑤]

四　讲经文、曲子词、话本和词文

圣凯将讲经仪轨分为九个次第：打钟、入堂、礼佛、登座，作梵，唱经题、散花，开题讲经，誓愿，论义，正式讲经，回向梵呗，解座。[⑥]郑阿财《试论敦煌"唱导文学"与"俗讲文学"之名义》[⑦]，考察了敦煌

[①] 伏俊琏：《俗赋研究》，博士学位论文，西北师范大学，2001年；《敦煌俗赋的文学史意义》，《中州学刊》2002年第2期；《敦煌赋及其作者、写本诸问题》，《南京师范大学文学院学报》2003年第2期。

[②] 可参阅伏俊琏《〈天地阴阳交欢大乐赋〉初探》，《贵州大学学报》2003年第4期。

[③] 伏俊琏：《敦煌本〈丑妇赋〉与丑妇文学》，《敦煌研究》2001年第2期。

[④] 楚永桥：《〈燕子赋〉与唐代司法制度》，《敦煌研究》2002年第6期。此文另载于《文学遗产》2002年第4期。

[⑤] 李文洁：《敦煌写本〈晏子赋〉的同卷书写情况》，《文献》2006年第1期。

[⑥] 圣凯：《论唐代的讲经仪轨》，《敦煌学辑刊》2001年第2期。

[⑦] 郑阿财：《试论敦煌"唱导文学"与"俗讲文学"之名义》，《敦煌吐鲁番研究》第13卷，上海古籍出版社2013年版，第29—45页。

"唱导文学"与"俗讲文学"的含义和关系。

在敦煌讲经文的个案研究方面,程兴丽、许松对《长兴四年中兴殿应圣节讲经文》的性质和作者提出新的推断,认为该文并非讲经的稿本,而是骈雅化的案头文学而非通俗的说唱文本;至于作者,当是秦王李从荣及身边人在云辩所用《仁王护国般若波罗蜜多经》的讲经文原稿基础上,进行了集体润色加工。[1] 黄艳秋通过对 S.6551《佛说阿弥陀经讲经文》写卷时代的考察,推测该件的写作年代在 774—780 年间,正值回纥牟羽可汗执政之时,其作者当是出于唐朝与于阗之间的某个西域国人。[2] 朱凤玉对杏雨书屋藏卷羽 153V《妙法莲华经讲经文》文学表达手法做了分析。[3] 计晓云对羽 153V《妙法莲华经讲经文》中九色鹿王本生故事的源流进行了考证。[4]

敦煌歌辞方面最重要的成果是吴肃森《敦煌歌辞通论》[5],该书深入考察了敦煌歌辞的渊源与文化背景、思想内容、艺术特色、风格的形成和发展、影响与评价等问题,并与汉魏乐府、唐宋词、金元北曲及明清小曲做了比较,极大地深化了学术界对敦煌歌辞的理论认识。王志鹏《敦煌佛教歌辞研究》[6],对敦煌佛教歌辞与民间歌唱、佛教杂曲歌辞、释门偈颂歌赞、变文中的佛教歌辞等进行了细致、全面的考察和辨析。张福通对项楚《敦煌歌辞总编匡补》的一些条目提出了不同意见。[7] 董艳秋《敦煌宫词研究》[8],对敦煌歌辞中的 39 首宫词做了校勘,并对其内容、写作时代和价值等做了考察。

---

[1] 程兴丽、许松:《〈长兴四年中兴殿应圣节讲经文〉性质、作者与用韵研究》,《敦煌研究》2015 年第 3 期。
[2] 黄艳秋:《〈佛说阿弥陀经讲经文〉写作时代考》,《敦煌研究》2004 年第 1 期。
[3] 朱凤玉:《羽 153V〈妙法莲华经讲经文〉残卷考论——兼论讲经文中因缘譬喻之运用》,《敦煌吐鲁番研究》第 13 卷,上海古籍出版社 2013 年版,第 52—61 页。
[4] 计晓云:《羽 153V〈妙法莲华经讲经文〉中九色鹿王本生故事源流考》,《敦煌学辑刊》2017 年第 3 期。
[5] 吴肃森:《敦煌歌辞通论》,黄山书社 2010 年版。
[6] 王志鹏:《敦煌佛教歌辞研究》,高等教育出版社 2013 年版。
[7] 张福通:《〈敦煌歌辞总编匡补〉零拾》,《汉语史学报》,2014 年。
[8] 董艳秋:《敦煌宫词研究》,辽海出版社 2007 年版。

这一时期敦煌话本文本整理出现了总结性的著作，窦怀永、张涌泉汇辑校注的《敦煌小说合集》①，对敦煌文献中包括话本在内的小说类文献进行了全面的整理和校注。王昊《敦煌小说及其叙事艺术》②，用叙事学理论对敦煌小说做了深入细致的分析。

程毅中提出《季布骂阵词文》与长篇弹词和子弟书有承继关系，体现了叙事诗从民间词话到文人拟作，又回到场上演唱的历史过程。③

此外，钟书林、张磊《敦煌文研究与校注》④，是对敦煌文（散文）的专题校录和研究。该书分上、下两册。上册考察敦煌文的文学风格、所用文体、语词训诂、民俗文化等方面；下册是敦煌文校录，包括表、启、书信、传、记、论、序、题记、箴、铭、遗令、祭文12类，收文300多篇。

第三节 敦煌艺术

一 石窟考古

1. 石窟遗址和洞窟的清理发掘

2001年以后，敦煌研究院除了继续对莫高窟南区洞窟和窟前殿堂遗址进行考古发掘外，还对西千佛洞未编号的洞窟做了彻底的考古清理。

沙武田《敦煌莫高窟第72—76窟窟前殿堂遗址发掘报告》，介绍了1999年6—7月，敦煌研究院考古所为配合莫高窟南区中段木栈道维修加固工程，发掘出了莫高窟第66—78窟窟前遗址，发现了第72—76窟窟前殿堂建筑遗址。作者指出，通过三次莫高窟窟前殿堂遗址的发掘，对莫高窟底层窟前五代、宋、西夏、元几代殿堂建筑的修建有了一个基本的总体

---

① 窦怀永、张涌泉汇辑校注：《敦煌小说合集》，浙江文艺出版社2010年版。
② 王昊：《敦煌小说及其叙事艺术》，安徽人民出版社2005年版。
③ 程毅中：《〈季布骂阵词文〉与词话的发展》，《敦煌吐鲁番研究》第13卷，上海古籍出版社2013年版，第1—8页。
④ 钟书林、张磊：《敦煌文研究与校注》，武汉大学出版社2014年版。

轮廓。① 敦煌研究院在 1999 年 11 月铺设电缆工程的施工过程中，于莫高窟第 96 窟前发现下层建筑遗迹，包括唐代至清代 4 个层位的窟前建筑遗址和地面，考古人员将其时代依次排列为唐、西夏、元、清。后经学者考订，原定第二层西夏遗址应为宋代遗址。② 2002 年 7 月 8—15 日，敦煌研究院考古研究所组织专人对莫高窟第 476 窟进行了考古清理，发现了陶灯、文书残片、木构件、织物等遗物。发掘者认为第 476 窟最初的功能应该是用于宗教活动，可能曾经作为禅窟和影窟，用作生活或工作洞窟当是其宗教功能消失以后的事情。③

2013 年 7—10 月，为配合敦煌西千佛洞崖体抢险加固工程，敦煌研究院考古所对西千佛洞未编号的洞窟进行彻底清理发掘，共清理未编号的洞窟 42 个，包括禅窟 15 个、僧房窟 11 个、礼佛窟 2 个、瘗窟 1 个，性质不明的洞窟 13 个。此次清理发掘还在崖顶发现疑似塔基的建筑遗迹，最深处 30 厘米，最浅处几厘米，但其功能和时代尚待进一步研究。石窟因近代有过使用，部分改变了石窟的形制，出土遗物也很少。此次清理确定了石窟数量，弄清了石窟的形制和性质，为石窟研究提供了新资料。④

2. 石窟考古报告的编撰

彭金章、王建军《敦煌莫高窟北区石窟》⑤，是关于莫高窟北区洞窟考古工作的报告，是目前为止记录莫高窟北区石窟最为全面和最为详细的资料。该书以单个洞窟为体例，逐一描述洞窟现存状态，同时公布了洞窟中出土和发现的文物，附有大量图片和精美线描图，将北区石窟清晰直观地呈现给世人。第一卷结语论述了莫高窟北区石窟的类型、性质以及石窟遭

---

① 沙武田：《敦煌莫高窟第 72—76 窟窟前殿堂遗址发掘报告》，《考古学报》2002 年第 4 期。
② 马德：《宋乾德四年重修敦煌北大像的"二期工程"——关于莫高窟第 96 窟前第 2 层遗址的时代及相关问题》，《敦煌研究》2003 年第 5 期。
③ 张小刚、王建军：《莫高窟第 476 窟考古清理报告》，《敦煌研究》2004 年第 3 期。
④ 王建军、张小刚、刘永增：《敦煌西千佛洞未编号洞窟清理简报》，《敦煌研究》2016 年第 6 期。另可参阅敦煌研究院考古研究所（执笔：王建军、张小刚、刘永增）《西千佛洞考古工作新收获》，《2016 敦煌论坛：交融与创新——纪念莫高窟创建 1650 年国际学术研讨会论文集》，敦煌研究院 2016 年版，第 353—358 页。
⑤ 彭金章、王建军：《敦煌莫高窟北区石窟》（1—3），文物出版社 2000—2004 年版。

到破坏的主要原因；第二卷结语论述了莫高窟北区石窟出土遗物的类别、数量、价值及意义；第三卷结语则着重论述莫高窟北区石窟的开凿时代和使用时代。这是学界第一次从理论的高度全面认识敦煌莫高窟北区石窟的开始。[1]

敦煌石窟考古报告第一卷的编撰工作于2002年正式启动，基础编撰工作于2010年完成，并于2011年正式出版了《莫高窟第266—275窟考古报告》。[2] 报告采用多学科的记录手段，以文字、测绘图和摄影图版等多种形式，完整、科学、系统地记录了莫高窟第266—275窟共11个编号洞窟的全部遗迹。报告的编写体例，是根据敦煌石窟的特点，以独立的单个洞窟，或以成组洞窟为单位分别设章；每个洞窟由窟外而窟内，先洞窟位置，后洞窟结构，再分层分壁叙述彩塑、壁画、坍塌破坏和近现代遗迹等；分别依次设节记录阐述各种遗迹的迹象。各种遗迹对其所在位置、内容、特征、尺寸、制作技术、颜色、保存状况都加以详细叙述，有的还辅以表格说明。每章之后，概述洞窟营建历史和内容特征作为小结。最后一章为结语，综述本卷各窟的内容、性质、功能、特点，重点阐明早期三窟受到来自西域影响和基于本地传统的各种因素，以及分析各洞窟的时代。附录是对本卷石窟考古报告的重要补充：附录一，本卷洞窟调查记录文献摘录；附录二，本卷洞窟历史照片选辑；附录三，本卷洞窟相关论著、资料目录；附录四，本卷洞窟碳十四（^{14}C）年代测定报告；附录五，三维激光扫描技术在敦煌石窟考古测绘中的应用；附录六，莫高窟早期三窟壁画彩塑制作材料分析。[3]《莫高窟第266—275窟考古报告》以科学的形式整理和公布石窟文物资料，取代了20世纪50年代规划的"记录性图录"的形式，在记录内容和表达形式方面都有

---

[1] 荣新江：《〈敦煌莫高窟北区石窟（第1卷）〉评介》，《敦煌研究》2000年第4期。对于《敦煌莫高窟北区石窟》第一卷的评介文章，另可参阅陈悦新《〈敦煌莫高窟北区石窟（第1卷）〉评介》，湛如主编：《华林》第一卷，中华书局2001年版，第373—375页。

[2] 樊锦诗、蔡伟堂、黄文昆主编：《莫高窟第266—275窟考古报告》（敦煌石窟全集·第一卷），文物出版社2011年版。

[3] 樊锦诗：《〈敦煌石窟全集〉考古报告编撰的探索》，《敦煌研究》2013年第3期。

很多创新①，采用了三维激光扫描技术和 GPS 定位等新的技术。这部报告是对数十年来中国石窟考古工作者记录石窟经验的总结，同时创造了石窟考古报告的新范式，为以后编制其他洞窟和其他石窟群的报告提供了模板。

3. 石窟的断代与分期研究

沙武田《吐蕃统治时期敦煌石窟研究》②及相关系列论文，对吐蕃时期敦煌石窟的特点、年代及窟主等进行专题探索。作者提出吐蕃时期石窟的整体特点是"重构"，并对这一特点作了比较深入的论证。③ 他认为第

---

① 第一，通过敦煌早期三窟的主题内容——坐禅修行与弥勒信仰之密切关系，确认这种单纯的弥勒信仰源自犍陀罗传来的佛像体系，而与以云冈石窟为代表的典型的北魏石窟图像不尽一致，敦煌所体现的相对要早一些。第二，通过比对早期三窟窟形、龛形、塑像、壁画内容、故事画构图、凹凸画法，以及一些细部特征，确认早期三窟明显受到西域的影响，又为敦煌北朝二期石窟所继承，给予敦煌以东的河西北魏石窟以强烈的影响；又通过对比阙形方龛和阙形建筑形象，揭示了第 275 窟的阙形方龛体现出敦煌及河西走廊的本地因素，与大同云冈石窟并无直接关联。第三，过去认为第 275 窟原建、重建、重绘有五个时代，经过深入调查研究，确认原建、重建、重绘只有北凉、隋、五代三个时代，没有宋代和西夏。第四，确认第 266 窟现有的塑像、壁画是隋代完成，但是考察发现其洞窟形制与早期第 272 窟十分相似，穹隆形的窟顶具有早期的特点，窟内的图像布局亦与早期第 272 窟相当一致，存在早期开窟隋代补绘的可能性。第五，通过对壁画的仔细观察，揭示了北凉、隋至曹氏归义军时期从起稿、敷色、晕染、线描的全过程及其特点，比过去的敦煌艺术更加细致，阐述更加明确。另外，《莫高窟第 266—275 窟考古报告》特色鲜明，刊出了包括测绘图版、摄影图板和数码全景摄影拼图。采用了三维激光扫描测量技术和计算机软件绘图的方法。通过三维激光扫描测量仪，又集成使用全站仪、全球定位仪、水准仪等多种测绘技术，如利用三维激光扫描仪的高精度坐标系，利用点云影像校正下的纹理图像绘制矢量线图，在石窟文物测绘图上以水平和垂直的方格线作控制示意，各窟以平立面关系图校正夹角误差，利用 GPS 技术取得测量图基点的大地坐标数值，为完成绘图提供了准确的测量数据。绘图则采用微工作站（Microstation）、赛孔（Cyclone）、AutoCAD 等计算机辅助软件，使绘图人员在电脑中准确地完成了本卷考古报告的全部测绘图。考古报告还采用了敦煌莫高窟近景摄影立面图、塑像等值线图、壁画数码全景摄影拼图、碳十四年代测定、采用无损多光谱分析、接入性的剖面分析与 X 射线分析技术，对壁画和塑像制作材料和颜料做了科学分析，试图采用更多不同学科的技术与方法，进一步提升考古报告的科技含量。参阅赵声良《樊锦诗对敦煌学术和事业的贡献》，《甘肃社会科学》2014 年第 5 期。

② 沙武田：《吐蕃统治时期敦煌石窟研究》，中国社会科学出版社 2013 年版。

③ 相关介评，可参阅张善庆《〈吐蕃统治时期敦煌石窟研究〉介评——兼论石窟艺术研究方法》，《敦煌研究》2014 年第 1 期；刘瑞刚《沙武田所著〈吐蕃统治时期敦煌石窟研究〉评介》，《中国藏学》2014 年第 6 期。

161窟可能是吐蕃译经三藏法师法成在莫高窟营建的功德窟[1]；第158窟可能是粟特人安氏营建的洞窟[2]；第359窟当属粟特石氏家族的功德窟。[3]

沙武田结合写本所记洞窟基本信息，认为莫高窟第234窟极有可能即是此"报恩吉祥窟"。[4] 张先堂提出以往从塑像探求八大菩萨的思路不符合莫高窟实际，应从壁画中探求。他依据对壁画和洞窟中其他因素的考察，推测报恩吉祥窟可能是莫高窟第153窟。[5] 李国、沙武田通过重新梳理题记题写的习惯，将第156窟的营建时间确定为大中五年至十年间（851—856）。[6] 陈菊霞主要依据对供养人画像的分析，提出以翟法荣及其弟翟承庆为代表的翟氏家族于咸通三年（862）至咸通八年（867）在莫高窟兴建第85窟。曹议金担任节度使的五代时期，嫁到翟家的曹议金长女又组织重修了第85窟。[7] 李军根据第九窟内李氏家族供养人题记的情况，结合张承奉称号的变化情况，认为该窟应建成于乾宁四年（897）二月至光化元年（898）之间。[8] 杨富学认为莫高窟第464窟甬道与前室为元代末期的回鹘窟，而后室壁画可以确定为元代遗墨，但早于甬道与前室之壁画，可定为元代早期遗存。对于第465窟的开窟年代之考察，目前存在吐蕃说、蒙元说、西夏说三种观点[9]，尚未达成共识。[10] 霍巍从石窟中保存的题记入手，结合敦煌第465窟本身各窟室之间关系及其与周围石窟相互间的关系，认为此窟现存遗迹并非同一时代形成，而是同时保存有吐蕃、西夏、

---

[1] 沙武田：《敦煌吐蕃译经三藏法师法成功德窟考》，《中国藏学》2008年第3期。
[2] 沙武田：《敦煌莫高窟第158窟与粟特人关系试考》（上），《艺术设计研究》2010年第1期；《敦煌莫高窟第158窟与粟特人关系试考》（下），《艺术设计研究》2010年第2期。
[3] 沙武田：《莫高窟第359窟供养人画像再研究——兼谈粟特九姓胡对吐蕃统治的态度》，《敦煌研究》2010年第5期。
[4] 沙武田：《莫高窟"报恩吉祥窟"再考》，《敦煌研究》2008年第2期。
[5] 张先堂：《敦煌莫高窟"报恩吉祥之窟"三考——P.2991〈报恩吉祥之窟记〉新解》，《敦煌研究》2008年第5期。
[6] 李国、沙武田：《莫高窟第156窟营建史再探》，《敦煌研究》2017年第5期。
[7] 陈菊霞：《从莫高窟第85窟供养人看其营建和重修》，《敦煌研究》2011年第3期。
[8] 李军：《从供养人题记看莫高窟第9窟的建成时间》，《西部考古》第5辑，2011年。
[9] 杨富学：《敦煌莫高窟第464窟的断代及其与回鹘之关系》，《敦煌研究》2012年第6期。
[10] 敖特根：《敦煌莫高窟第465窟断代研究综述》，《敦煌研究》2003年第5期。

蒙元各个时期的因素，反映出完整的建窟史迹。① 沙武田、李国通过对窟内史小玉题记的辨析，结合窟内壁画内容及其艺术风格特征，对以往将敦煌莫高窟第 3 窟定于元代一说提出质疑，提出该窟乃西夏时期的洞窟。②

莫高窟之外，榆林窟等营建时代在转型期得到了更多的关注。榆林窟第 25 窟的营建时代，沙武田认为是吐蕃占领沙州前在瓜州营建的一所洞窟，属瓜州榆林窟"盛唐吐蕃期"洞窟，具体营建于 776—786 年之间。③他还认为该窟是瓜州节度使、沙州作战前沿总指挥尚乞心儿的功德窟，或者说是与他有密切关系的洞窟，而吐蕃人建窟主要是为了"纪念"对瓜州的占领，又是为了通过佛教手段向瓜沙地区的汉人表示友好，因此该窟实为一个"纪念碑性"洞窟。④ 马俊锋、沙武田提出榆林窟第 25、15 窟是为纪念 783 年唐蕃清水会盟而建的双窟。⑤ 陈菊霞依据榆林窟第 35 窟后甬道南壁曹延禄、曹延瑞的供养人题记和后甬道北壁于阗公主和阴氏夫人的排列次序，将第 35 窟的重修年代推定在端拱元年（988）至咸平五年（1002）之间。⑥ 谢继胜撰写系列论文论证了敦煌莫高窟 465 窟壁画是西夏时期作品的观点，进而对吐蕃与西夏历史文化相互交流的情况进行了分析。⑦ 罗瑶认为榆林窟第 20 窟新发现的供养人为瓜州归义军曹氏后期的节度使曹延禄夫妇供养像。⑧ 刘永增对瓜州榆林窟第 3 窟开凿于西夏的观点

---

① 霍巍：《敦煌莫高窟第 465 窟建窟史迹再探》，《中国藏学》2009 年第 3 期。
② 沙武田、李国：《敦煌莫高窟第 3 窟为西夏洞窟考》，《敦煌研究》2013 年第 4 期。
③ 沙武田：《关于榆林窟第 25 窟营建时代的几个问题》，《藏学学刊》第 5 辑，2009 年，第 79—104 页。
④ 沙武田：《一座反映唐蕃关系的"纪念碑"式洞窟（上）——榆林窟第 25 窟营建的动机、思想及功德主试析》，《艺术设计研究》2012 年第 4 期；《一座反映唐蕃关系的"纪念碑"式洞窟（下）——榆林窟第 25 窟营建的动机、思想及功德主试析》，《艺术设计研究》2013 年第 1 期。
⑤ 马俊锋、沙武田：《唐蕃清水会盟在敦煌石窟中的图像遗存——瓜州榆林窟第 25 窟婚嫁图绘制年代再探》，《石河子大学学报》2015 年第 5 期。另可参阅同作者《唐蕃清水会盟在敦煌石窟中的历史遗迹——瓜州榆林窟第 25 窟功德主新解》，《西藏研究》2015 年第 3 期。
⑥ 陈菊霞：《榆林窟第 35 窟营建年代与功德主辨析》，《敦煌研究》2016 年第 3 期。
⑦ 谢继胜：《敦煌莫高窟第 465 窟壁画双身图像辨识》，《敦煌研究》2001 年第 3 期；《吐蕃西夏李历史文化渊源与西夏藏传绘画》，《西藏研究》2001 年第 3 期；《莫高窟第 465 窟壁画绘于西夏考》，《中国藏学》2003 年第 2 期。
⑧ 罗瑶：《榆林窟第 20 窟新发现"供养人像"考》，《敦煌研究》2004 年第 2 期。

提出了质疑，提出该窟壁画当绘制在元代中晚期的新观点。①

张先堂对瓜州东千佛洞第2、5窟供养人图像、题记进行了新的探索，揭示第2窟甬道南壁供养人身份系西夏时期瓜州地方具有边检校官职的中级武官，北壁供养人为其女性家眷；第5窟是由身为寺主、名叫智远的和尚监督指导，由来自多个不同党项族、汉族姓氏的武官、文官家族的男女成员共同出资营造的功德窟。②

二 石窟艺术

1. 图像资料的刊布及对敦煌石窟艺术的综合研究

2001年出版的《中国石窟雕塑全集》③首卷"敦煌雕塑"，主要内容包括论文、图版、图版说明和敦煌莫高窟大事纪年表等几个部分。其中段文杰《敦煌彩塑艺术》，对敦煌彩塑做了概要介绍和分析。图版说明和大事年表由梁尉英撰写。图版部分选取典型洞窟的典型彩塑图版197幅，图版数量与新时期出版的《中国美术全集》中之《敦煌彩塑》相当，但所选取的塑像和拍摄的部位既有重合，也有差异。2010年，金维诺主编的《中国美术全集》④之《石窟寺壁画》《石窟寺雕塑》，收录了一些敦煌石窟壁画和雕塑。2013年，由文物出版社编辑出版的《中国古代壁画经典高清大图系列》⑤，第一册就是敦煌壁画，刊布了敦煌莫高窟不同时期典型洞窟的壁画的高清大图，便于读者观察壁画的细部。2015年《中国美术全集》修订再版⑥，其中有关敦煌的三册（敦煌壁画两册，敦煌彩塑一册），相对于1989年版的初版，除了文字校订外，一些图版也被更换为更清晰的版

---

① 刘永增：《瓜州榆林窟第3窟的年代问题》，《艺术设计研究》2014年第4期。
② 张先堂：《瓜州东千佛洞第2窟供养人身份初探》，《敦煌学辑刊》2006年第4期；《瓜州东千佛洞第2窟供养人身份新探》，《丝绸之路》2011年第18期；《瓜州东千佛洞第5窟西夏供养人初探》，《敦煌学辑刊》2011年第4期。
③ 段文杰主编，梁尉英副主编：《中国石窟雕塑全集·1 敦煌》，重庆出版社2001年版。
④ 金维诺主编：《中国美术全集》之《石窟寺壁画》（套装共3册）、《石窟寺雕塑》（套装共3册），黄山书社2010年版。
⑤ 《中国古代壁画经典高清大图系列》，文物出版社2013年版。
⑥ 《中国美术全集·绘画编》（15—16）《敦煌壁画》（上、下），《中国美术全集·雕塑编》（29）《敦煌雕塑》，人民美术出版社2015年版。

本，图版的编次亦有调整。

总体来看，转型期的20年，中国学术界在敦煌石窟图像资料的刊布方面，乏善可陈。而图版的刊布对国内外的研究者来说都是十分重要的。

综合研究方面。史苇湘著《敦煌历史与莫高窟艺术研究》①，集中反映了作者对敦煌与敦煌石窟艺术的理解：一是敦煌历史的传统色彩；二是敦煌佛教艺术受敦煌本土社会历史的强烈影响；三是怎样通过敦煌艺术所反映的地方与本土特色进行敦煌艺术审美；四是佛教艺术的地方化、世俗化、中国化的过程。

赵声良《敦煌石窟艺术十讲》②《敦煌石窟艺术总论》③《敦煌石窟艺术简史》④及赵声良等《敦煌石窟美术史：十六国北朝卷》（上、下卷）⑤等著作及相关论文，都是从美术史的角度对敦煌艺术的探索。如果说前几个阶段我国学者对敦煌石窟研究的重点是解决敦煌石窟"是什么"，赵声良研究的重点则是解决敦煌石窟"为什么这样"。其最终目标将敦煌石窟艺术按十六国北朝、隋代、唐代前期、唐代后期、五代宋西夏元五个时期，对敦煌石窟不同时期的艺术特征，从洞窟形制、彩塑艺术、壁画艺术等几个方面做全面系统的研究。《敦煌石窟艺术简史》可以说是这项研究纲要式的成果，而《敦煌石窟美术史：十六国北朝卷》（上、下卷）则是其阶段性成果。由于与以往的研究重点不同，赵声良及其团队的成果具有视野更加开阔，注重中外艺术风格样式的分析比较和与中国美术史相关画家的比较研究等特点。

---

① 史苇湘：《敦煌历史与莫高窟艺术研究》，甘肃教育出版社2002年版。
② 赵声良：《敦煌艺术十讲》，上海古籍出版社2007年初版；文物出版社2017年再版。
③ 赵声良：《敦煌石窟艺术总论》，甘肃教育出版社2013年版。
④ 赵声良：《敦煌石窟艺术简史》，中国青年出版社2015年版。另可参阅同作者《十六国北朝的敦煌石窟艺术》（一），《艺术品》2015年第11期；《十六国北朝的敦煌石窟艺术》（二），《艺术品》2015年第12期；《十六国北朝的敦煌石窟艺术》（三），《艺术品》2016年第1期；《十六国北朝的敦煌石窟艺术》（四），《艺术品》2016年第2期；《五代至元代的敦煌石窟艺术》（上），《艺术品》2016年第3期；《五代至元代的敦煌石窟艺术》（中），《艺术品》2016年第4期；《五代至元代的敦煌石窟艺术》（下），《艺术品》2016年第5期。
⑤ 赵声良等：《敦煌石窟美术史：十六国北朝卷》（上、下卷），高等教育出版社2014年版。

樊锦诗主编"敦煌研究院学术文库"之一种《敦煌吐蕃统治时期石窟与藏传佛教艺术研究》①，内容涉及对敦煌吐蕃石窟艺术样式的研究、社会政治背景探讨、造像思想研究、吐蕃密教文献研究、石窟经变画与图像专题研究、密教尊像研究、西藏考古与艺术研究、毗沙门天王像研究、莫高窟第465窟研究等多个领域，是有关吐蕃统治时期敦煌石窟与敦煌藏传佛教专题研究的第一本论著。

此外，郑炳林、沙武田《敦煌石窟艺术概论》②，宁强《敦煌石窟寺研究》③，也都在全面吸收最新研究成果的基础上对敦煌石窟艺术做了全面介绍。2016—2018年，由兰州大学敦煌学研究所选编，甘肃教育出版社编辑出版"敦煌与丝绸之路石窟艺术丛书"共二十册，迄今已出版十八册，直接论述敦煌石窟者计十二册。④ 涵括民族服饰、本生图像、佛教造像、绘画品史、壁画样式、彩塑艺术等诸多方面的系统研究。

2. 敦煌壁画和彩塑研究

壁画方面。经变画研究、本生故事画研究和供养人画像研究构成了这一时期敦煌壁画研究的主体，其中供养人画像研究成为这一时期新的学术增长点。

这一时期经变画研究中，既有对新时期已经探讨过的如金刚经变⑤、

---

① 樊锦诗主编：《敦煌吐蕃统治时期石窟与藏传佛教艺术研究》，甘肃教育出版社2012年版。
② 郑炳林、沙武田：《敦煌石窟艺术概论》，甘肃文化出版社2005年版。
③ 宁强：《敦煌石窟寺研究》，甘肃人民美术出版社2012年版。
④ 郑炳林、张景峰：《敦煌石窟彩塑艺术概论》，甘肃教育出版社2016年版；顾淑彦：《敦煌十六国至隋石窟艺术》，甘肃教育出版社2016年版；谢静：《敦煌石窟中的少数民族服饰研究》，甘肃教育出版社2016年版；邹清泉：《文殊堂：曹元忠时代佛教文化与视觉形象个案研究》，甘肃教育出版社2016年版；郭俊叶：《敦煌莫高窟第454窟研究》，甘肃教育出版社2016年版；袁婷：《敦煌藏经洞出土绘画品研究史》，甘肃教育出版社2016年版；吴荭：《北周石窟造像研究》，甘肃教育出版社2017年版；张元林：《北朝—隋时期敦煌法华图像研究》，甘肃教育出版社2016年版；张景峰：《敦煌阴氏与莫高窟研究》，甘肃教育出版社2017年版；高海燕：《舍身饲虎本生与睒子本生图像研究》，甘肃教育出版社2017年版；杨郁如：《敦煌隋代石窟壁画样式与题材研究》，甘肃教育出版社2017年版；李金娟：《敦煌莫高窟索义辩窟研究》，甘肃教育出版社2018年版。
⑤ 贺世哲：《敦煌壁画中的金刚经变研究》，《敦煌研究》2006年第6期；《敦煌壁画中的金刚经变研究》（续），《敦煌研究》2007年第4期。张景峰：《敦煌莫高窟第85窟与塑绘结合的金刚经变》，《敦煌学辑刊》2007年第4期。

无量寿经变①的再探讨，也有对新时期未得到关注的如金光明最胜王经变②、劳度叉斗圣变③和贤愚经变④等的新探索。而考察经变使用的方法，除了延续以前常用的经变图像和佛教经文对勘的方法之外，也不断尝试从历史、社会、宗教、文化、民俗等多学科和多角度思考经变画的成因和发展。⑤ 如罗世平《身份认同：敦煌吐蕃装人物进入洞窟的条件、策略和时间》，以身份认同为视角对敦煌莫高窟吐蕃时期洞窟中蕃装人物的出现年代和历史背景进行了分析。⑥ 对于劳度叉斗圣变缘何消失和再现的原因，李晓青、沙武田⑦和顾淑彦⑧皆从社会历史背景的角度进行了阐释。米德昉从宗教功能和社会背景的角度分析了西方净土变与药师净土变对置成因。⑨ 针对密教图像的流行和发展，赵晓星、寇甲利用历史、宗教、图像相结合的方法对吐蕃时期密教的特点、定位、源流、艺术风格等开展了系列研究。⑩

---

① 施萍婷：《关于敦煌壁画中的无量寿经变》，《敦煌研究》2007 年第 2 期。张景峰：《莫高窟第 431 窟初唐观无量寿经变与善导之法门在敦煌的流传》，《敦煌研究》2010 年第 4 期。
② 沙武田：《金光明最胜王经变在敦煌吐蕃时期洞窟首次出现的原因》，《兰州大学学报》2006 年第 3 期。
③ 李晓青、沙武田：《劳度叉斗圣变未出现于敦煌吐蕃时期洞窟原因试析》，《西藏研究》2010 年第 2 期。顾淑彦：《敦煌石窟中牢度叉斗圣变消失与再现原因再探》，《敦煌研究》2016 年第 3 期。
④ 顾淑彦：《晚唐五代宋时期敦煌石窟贤愚经变研究》，《敦煌学辑刊》2010 年第 4 期；《敦煌莫高窟第 146 窟贤愚经变屏风画考》，《敦煌研究》2014 年第 2 期。
⑤ 关于敦煌经变画研究的学术史回顾，亦可参看：王惠民：《敦煌经变画的研究成果与研究方法（附敦煌经变画研究论著目录）》，《敦煌学辑刊》2004 年第 2 期。
⑥ 罗世平：《身份认同：敦煌吐蕃装人物进入洞窟的条件、策略和时间》，《美术研究》2011 年第 4 期。
⑦ 李晓青、沙武田：《劳度叉斗圣变未出现于敦煌吐蕃时期洞窟原因试析》，《西藏研究》2010 年第 2 期。
⑧ 顾淑彦：《敦煌石窟中牢度叉斗圣变消失与再现原因再探》，《敦煌研究》2016 年第 3 期。
⑨ 米德昉：《敦煌壁画西方净土变与药师净土变对置成因分析》，《敦煌研究》2013 年第 5 期。
⑩ 赵晓星：《吐蕃统治敦煌时期的密教特点与定位——吐蕃统治敦煌时期的密教研究之一》，《边疆考古研究》，2006 年，第 114—125 页；寇甲、赵晓星：《莫高窟"天王堂"初探——吐蕃统治敦煌时期的密教研究》，《兰州大学学报》2007 年第 2 期；赵晓星、寇甲：《吐蕃统治敦煌时期的密教源流与艺术风格——吐蕃统治敦煌时期的密教研究之三》，《敦煌学辑刊》2007 年第 4 期；寇甲、赵晓星：《吐蕃统治时期敦煌的密教与其他信仰之关系——吐蕃统治敦煌时期的密教研究》，《敦煌研究》2008 年第 1 期；赵晓星：《莫高窟吐蕃时期塔、窟垂直组合形式探析——吐蕃统治敦煌时期的密教研究之五》，《中国藏学》2012 年第 3 期。

罗世平、罗简则对敦煌壁画《观无量寿经变》中《十六观》所反映的自然观及敦煌画家将自然景物移入佛教绘画的过程进行了讨论，并指出自然的心象是中国艺术绵延发展的内在动力。①

佛教本生故事画的产生及其社会功能研究也成为不少学者关注的问题。如在对睒子本生故事画②、鹿王本生故事画③和须达拏太子本生故事画④等的研究中，学者们开始思考图像产生的社会、宗教背景，以及图像背后的宗教功能，体现出了将艺术史和宗教学、社会学紧密结合的研究范式逐步得到应用。阮立《唐敦煌壁画女性形象研究》⑤，对敦煌壁画中的菩萨、飞天、乐舞伎及女供养人等女性形象造型分别做了分析，阐释了敦煌壁画女性造型的美学意义。

以上探索，既是转型期的新变化，也是转型期的标志。

对敦煌石窟中保存的于阗有关的绘画资料，这一时期引起了学术界的关注。陈粟裕认为这些具有于阗因素的图像主要分为两类：一类是从于阗传入敦煌的固有造像样式，如于阗瑞像、于阗守护神、毗沙门天王等，这些图像在传入敦煌之后虽然经过了部分的改变，但是原有样式的特点依然明显；另一类则是与于阗相关的经典以及由此产生的图像，这些图像在一定程度上来自汉地民众对于阗的想象，如新样文殊中于阗王牵狮子的图像即是此类。⑥ 张小刚从图像学的角度比较详细地介绍了敦煌石窟中于阗瑞像和八大守护神的具体位置分布和基本图像特征等。⑦ 荣新江、朱丽双则

---

① 罗世平、罗简：《自然的心象——敦煌壁画〈十六观〉反映的自然观》，《美术研究》2015年第4期。
② 蔡伟堂：《敦煌壁画中的睒子本生故事画——从俄藏莫高窟第433窟睒子本生故事画谈起》，《敦煌研究》2004年第5期。
③ 崇秀全：《敦煌莫高窟第257窟壁画〈鹿王本生〉释读》，《敦煌学辑刊》2008年第1期；《敦煌莫高窟第257窟壁画〈鹿王本生〉新读》，《世界宗教研究》2008年第2期。
④ 张景峰：《敦煌莫高窟第294窟须达拏太子本生故事画研究及相关问题》，《敦煌研究》2010年第2期。
⑤ 阮立：《唐敦煌壁画女性形象研究》，武汉大学出版社2012年版。
⑥ 陈粟裕：《唐宋时期敦煌石窟中的于阗因素研究》，博士学位论文，中央美术学院，2012年。
⑦ 张小刚：《敦煌瑞像图中的于阗护国神王》，《敦煌研究》2005年第1期；《敦煌所见于阗牛头山圣迹及瑞像》，《敦煌研究》2008年第4期；《敦煌壁画中的于阗装饰佛瑞像及其相关问题》，《敦煌研究》2009年第2期。

结合文献记载和图像材料，考察了于阗八大守护神在于阗文、藏文和汉文文献中名称、身份的变化及其在敦煌石窟的分布情况和形象特征。①

梁晓鹏《敦煌莫高窟千佛图像研究》②，分析了千佛图像的结构和特点，从莫高窟佛教石窟的整体出发探讨了千佛图像的地位和功能。殷光明《敦煌壁画艺术与疑伪经》③，对敦煌壁画艺术中与疑伪经有关的图像作了梳理，并对二者的关系做了深入分析。赵声良《敦煌壁画风景的研究》④，在对敦煌石窟自北朝到元代壁画中的风景因素进行全面调查的基础上，对说法图中圣树样式与源流、风景壁画空间构成与唐代画风、水墨山水与文人意识关系、榆林窟第三窟所体现的宋元山水画风对敦煌的影响等做了全面考察。竺小恩《敦煌服饰文化研究》⑤，分时段分别考察了十六国至元敦煌壁画中的各族服饰文化。易存国《敦煌艺术美学》⑥，以敦煌壁画艺术为中心，探讨了敦煌艺术精神和美学追求。

这一时期不少学者尝试以供养人图像为研究对象，努力揭示出世俗与宗教信仰的关系。张先堂概括地论述了莫高窟供养人画像的历史分期，根据不同的时代特征划分为四大阶段。⑦ 沙武田从多个角度阐释了供养人画像与唐宋敦煌世俗佛教的密切关系。⑧ 他考察了敦煌石窟中的粟特九姓胡人供养人画像，认为莫高窟第158窟极有可能是粟特人安氏的功德窟、第

---

① 荣新江、朱丽双：《图文互证——于阗八大守护神新探》，樊锦诗、荣新江、林世田主编：《敦煌文献·考古·艺术综合研究——纪念向达先生诞辰110周年国际学术研讨会论文集》，中华书局2011年版，第190—218页。
② 梁晓鹏：《敦煌莫高窟千佛图像研究》，民族出版社2006年版。
③ 殷光明：《敦煌壁画艺术与疑伪经》，民族出版社2006年版。
④ 赵声良：《敦煌壁画风景的研究》，中华书局2005年版。
⑤ 竺小恩：《敦煌服饰文化研究》，浙江大学出版社2011年版。
⑥ 易存国：《敦煌艺术美学》，上海人民出版社2005年版。
⑦ 张先堂：《莫高窟供养人画像的发展演变——以佛教史考察为中心》，《敦煌学辑刊》2008年第4期。同作者的相关研究成果尚有《古代敦煌供养人的造像供养活动》，《敦煌研究》2007年第4期；《史实考索与模拟复原：敦煌莫高窟第61窟供养人画像的史学研究》，《形象史学研究》，2013年。
⑧ 沙武田：《供养人画像与唐宋敦煌世俗佛教》，《敦煌研究》2007年第4期。同作者相关研究成果尚有《吐蕃统治时期敦煌石窟供养人画像考察》，《中国藏学》2003年第2期；《莫高窟第138窟智惠性供养像及相关问题研究》，《敦煌学辑刊》2006年第3期。

359窟为吐蕃统治时期粟特九姓胡石姓家族营建的功德窟。① 张元林和李国、沙武田还分别对粟特人及其艺术对敦煌石窟艺术的影响做了论说。②

近年来，学界对敦煌壁画图像的考察角度趋向多元化，并取得诸多新的成果。赵声良分析了敦煌早期壁画中"中原式"人物造型和"西域式"人物造型的发展演变。③ 罗世平《谁主沉浮：敦煌莫高窟〈维摩变〉的图式与语境》④，对唐宋时期敦煌莫高窟壁画《维摩变》的"贞观样""吐蕃样""归义军样"三种图式所包含的图像要素和历史语境进行了还原。谢继胜等以莫高窟和榆林窟吐蕃样式壁画为研究对象，对唐蕃时期汉藏艺术传承和交融、相关政治文化背景进行了研究。⑤ 王中旭在考证敦煌吐蕃晚期《普贤行愿图》《普贤并万菩萨化现图》的基础上，探讨了普贤信仰与五台山信仰之间的关系，以及礼忏佛事对普贤像的流行所起的推动作用。⑥

关友惠主编的《敦煌石窟全集·图案卷》⑦，以图文并茂的形式全面介绍了敦煌图案的内容。敦煌研究院编辑《敦煌图案摹本》⑧ 和常沙娜编著

---

① 沙武田：《敦煌石窟粟特九姓胡人供养像研究》，《敦煌学辑刊》2008年第4期；《莫高窟第322窟图像的胡风因素——兼谈洞窟功德主的粟特九姓胡人属性》，《故宫博物院院刊》2011年第3期；《敦煌莫高窟第158窟与粟特人关系试考》（上），《艺术设计研究》2010年第1期；《敦煌莫高窟第158窟与粟特人关系试考》（下），《艺术设计研究》2010年第2期；《敦煌的粟特胡人画像——莫高窟第359窟主室东壁门上新释读一身石姓男供养像札记》，《敦煌文献·考古·艺术综合研究——纪念向达教授诞辰110周年国际学术研讨会》，第262—276页。

② 张元林：《粟特人与莫高窟第285窟的营建——粟特人及其艺术对敦煌艺术的贡献》，《2005年云冈国际学术研讨会论文集·研究卷》，文物出版社2005年版，第394—406页。另可参阅李国、沙武田《粟特人及其美术影响下的敦煌壁画艺术成分》，《丝绸之路》2012年第20期。

③ 赵声良：《敦煌早期壁画中中原式人物造型》，《敦煌研究》2008年第3期；《敦煌早期壁画中"西域式"人物造型》，《民族艺术》2009年第1期。

④ 罗世平：《谁主沉浮：敦煌莫高窟〈维摩变〉的图式与语境》，《长江学术》2020年第1期。

⑤ 谢继胜、黄维忠：《榆林窟第25窟壁画藏文题记释读》，《文物》2007年第4期。谢继胜：《榆林窟15窟天王像与吐蕃天王图像演变分析》，《装饰》2008年第6期。谢继胜、赵媛：《莫高窟吐蕃样式壁画与绢画的初步分析》，《西北民族大学学报》2010年第4期。

⑥ 王中旭：《敦煌吐蕃晚期〈普贤行愿图〉、〈普贤并万菩萨化现图〉与相关问题研究》，《中国国家图书馆馆刊》2013年第10期。

⑦ 关友惠主编：《敦煌石窟全集·图案卷》，商务印书馆2002年版。

⑧ 敦煌研究院编：《敦煌图案摹本》，江苏古籍出版社2000年版。

的《中国敦煌历代装饰图案》①，以及欧阳琳所著《敦煌图案解析》②，均可作为认识和了解敦煌图案的重要参考。对于敦煌图案的研究主要集中于早期洞窟，如赵声良探讨了敦煌早期敦煌石窟藻井图案、忍冬纹样、天宫建筑及天人形象的特征及样式源流等问题。③ 莫殿霞关注到北朝至隋唐时期莲花纹样造型的变化。④ 李敏对北朝时期敦煌图案的纹样造型、装饰特征和装饰风格作了新的探析。⑤ 另外，李敏还对北凉、北魏、西魏、北周石窟龛楣图案演变和装饰特征有详细的探讨。⑥ 邵强军、张铭考察了莫高窟早期平棋图案。⑦

沙武田《敦煌画稿研究》⑧，在中外学者以往研究的基础上，对敦煌画稿做了全面的再探讨，在画稿内容和考释、定名及与敦煌壁画的比对方面，都比前人有很大的进步。

敦煌彩塑。张景峰所著《敦煌石窟彩塑艺术概论》⑨，是为数不多的关于敦煌彩塑的通论性著述。该书就敦煌石窟，尤其是莫高窟的洞窟形制与彩塑类型、敦煌石窟彩塑的艺术形象及其所表达的主题思想等诸多问题作了深入研究。

刘永增《莫高窟北朝期的石窟造像与外来影响（上下）——以第275窟为中心》⑩，对早期石窟造像中经常出现的阙形龛、倚坐像、半跏坐思惟菩萨、仰月冠、狮子座等问题作了考述。蔡伟堂从造像比例、塑像制作、

---

① 常沙娜编著：《中国敦煌历代装饰图案》，清华大学出版社2004年版。相关评介，可参阅李砚祖《装饰的敦煌艺术——读〈中国敦煌历代装饰图案〉有感》，《装饰》2006年第2期。
② 欧阳琳：《敦图案解析》，甘肃文化出版社2007年版。
③ 赵声良：《天国的装饰——敦煌早期石窟装饰艺术研究之一》，《装饰》2008年第6期。
④ 莫殿霞：《敦煌石窟藻井井心莲花图案的探析——北朝至隋唐时期莲花纹样造型的变化》，《文物世界》2006年第6期。
⑤ 李敏：《敦煌北凉、北魏壁画装饰图案》，《敦煌研究》2008年第3期；李敏：《莫高窟西魏北周装饰图案研究》，《敦煌研究》2010年第1期。
⑥ 李敏：《敦煌北朝龛楣图案演变及其装饰特征》，《敦煌研究》2011年第3期。
⑦ 邵强军、张铭：《莫高窟早期平棋图案艺术研究》，《天水师范学院学报》2016年第6期。
⑧ 沙武田：《敦煌画稿研究》，中央编译出版社2007年版。
⑨ 张景峰：《敦煌石窟彩塑艺术概论》，甘肃教育出版社2016年版。
⑩ 刘永增：《莫高窟北朝期的石窟造像与外来影响（上）——以第275窟为中心》，《敦煌研究》2004年第3期；《莫高窟北朝期的石窟造像与外来影响（下）——以第275窟为中心》，《敦煌研究》2004年第4期。

形象特征、衣冠服饰等方面，探讨了莫高窟早期三窟的佛教造像。[①] 他还认为敦煌佛教造像从外形到内涵都表现出外来文化和中土传统文化影响的迹象，带有汉族化、世俗化的形成特征。[②]

赖文英认为莫高窟的唐代洞窟造像均由华严含摄，在这样的洞窟中，无论是西壁开龛的佛殿窟或中心佛坛窟，各壁的内容与主尊形成一定的含摄关系。[③] 她还分析了中唐敦煌石窟造像的涅槃思想。[④] 于向东指出第46窟三个佛龛造像总体上呈现出比较浓郁的法华思想。[⑤] 赖鹏举《敦煌石窟造像思想研究》[⑥]，是目前为止对敦煌石窟造像思想进行集中研究的唯一专著，其内容包括北凉三窟承袭炳灵寺的造像思想，莫高窟在为"千佛"造像寻找主尊，北朝合"净土"与"千佛"造像形成中心柱窟，初盛唐莫高窟主尊"卢舍那"性格的形成，盛唐"佛顶尊胜陀罗尼经变"的出现与中唐中印密法的进入，晚唐五代华严主尊对胎、金两界密法的含摄。穆纪元《敦煌艺术哲学》[⑦]，从"存在论"的观点出发，将敦煌艺术绘制的佛"涅槃图"（以莫高窟第158窟为例）作为中心范畴和逻辑起点，尝试分析敦煌艺术形式背后所隐含的人的生存状况。

此外，赵声良对敦煌石窟北朝菩萨头冠的类型和源流进行了探讨。[⑧] 沙武田认为第159窟造像表现出吐蕃时期敦煌石窟彩塑艺术的新特征。[⑨] 张景峰《莫高窟祥瑞白狼塑像考察》[⑩]，对现藏于俄罗斯埃尔米

[①] 蔡伟堂：《莫高窟早期三窟佛像比例探讨》，《敦煌研究》2005年第3期。
[②] 蔡伟堂：《敦煌佛教造像汉族化与世俗化的形成》，《敦煌学辑刊》2005年第1期。
[③] 赖文英：《唐代莫高窟多重"华严"结构与"中心坛场"的形成》，《圆光佛学学报》2002年第7期。
[④] 赖文英：《中唐敦煌石窟造像的涅槃思想》，《敦煌学辑刊》2007年第1期。
[⑤] 于向东：《莫高窟第46窟佛龛造像的关系——兼谈该窟佛教造像中的法华思想》，《敦煌学辑刊》2007年第1期。
[⑥] 赖鹏举：《敦煌石窟造像思想研究》，文物出版社2009年版。
[⑦] 穆纪元：《敦煌艺术哲学》，商务印书馆2007年版。
[⑧] 赵声良：《敦煌石窟北朝菩萨的头冠》，《敦煌研究》2005年第3期。
[⑨] 沙武田：《敦煌石窟彩塑艺术试论——对莫高窟第159窟彩塑造像的几点认识》，中国古迹遗址保护协会石窟专业委员会主编：《石窟寺研究》第一辑，文物出版社2010年版，第137—151页。
[⑩] 张景峰：《莫高窟祥瑞白狼塑像考察》，《敦煌研究》2013年第5期。

塔什博物馆的莫高窟第321窟的两尊动物原塑以及该窟现存塑像做了新的解读。

转型期对敦煌壁画和彩塑的研究，以赵声良、罗世平、谢继胜的成果最值得关注。他们的研究重点是不注重某一洞窟或某一时代洞窟的时代和特点的考察，而主要关注的是某一式或某一型的综合考察。这样一种视角和方法，正是中国学者需要加强的方面。赖鹏举、赖文英等对造像思想背景的研究，以及穆纪元从哲学视角对敦煌艺术的分析，也拓展了敦煌石窟艺术的研究领域。

吴军、刘艳燕《敦煌古代石刻艺术》[1]，全面介绍了敦煌古代的摩崖石刻、岩画、碑、石雕造像、石塔等石刻的基本信息、分类、艺术特色和历史价值。

3. 敦煌乐舞

敦煌壁画乐舞。郑汝中《敦煌壁画乐舞研究》[2]，是其多年研究敦煌壁画乐舞资料的总结之作。作者在几乎穷尽敦煌壁画乐舞图像资料的基础上，采用音乐考古学的方法，从图像音乐学的视角，对敦煌壁画中的音乐图像进行统计、分类、比较、分析，进而诠释其中的史学价值和文化内涵，其重点是音乐图像的比对和界定。庄壮把敦煌壁画音乐的主要特点归纳为：独创性、开放性、融合性、民族性和现实性。[3]

《敦煌石窟全集：音乐画卷》[4]，收录了敦煌石窟中的典型音乐图像，并结合历史资料详细解说了敦煌壁画中的音乐人物、乐器演变及组合形式。陈明推测张议潮出行图中的音乐是西凉乐，舞蹈是《万年丰》《永世乐》等。[5] 朱晓峰通过仪仗乐队的功能、乐器属性等方面的归类，考证了晚唐时期归义军节度使统军出行仪仗乐队的编制、乐器以及乐舞配置，重

---

[1] 吴军、刘艳燕：《敦煌古代石刻艺术》，甘肃人民出版社2016年版。
[2] 郑汝中：《敦煌壁画乐舞研究》，甘肃教育出版社2002年版。另可参阅姜伯勤《〈敦煌壁画乐舞研究〉序》，《敦煌研究》2003年第4期。
[3] 庄壮：《敦煌音乐的主要特点》，《音乐周报》2006年12月15日第007版。另可参阅同作者《试论敦煌壁画音乐艺术的美学观》，《敦煌研究》2000年第4期。
[4] 郑汝中主编：《敦煌石窟全集：音乐画卷》，商务印书馆2002年版。
[5] 陈明：《张议潮出行图中的乐舞》，《敦煌研究》2003年第5期。

点分析了出行图中出现的各类乐器的沿革、形制、材料和演奏形式，并对归义军时期的音乐机构做了探讨。① 李宝杰通过对敦煌壁画经变图礼佛乐队与唐代坐部伎乐的比较研究，认为"礼佛乐队"的形式、规模、乐器使用、乐队组合等，似与唐宫廷的坐部伎乐在形式上有关联。② 曾金寿提出敦煌乐舞与印度佛教乐舞有着不可分割的渊源联系。③

王克芬对敦煌壁画中的舞蹈形象资料做过系统的调查和深入研究。④ 金秋探讨了敦煌舞蹈的源头。⑤ 高金荣长期探索将敦煌壁画的舞蹈画面搬上舞台，其《敦煌舞教程》⑥ 是其实践经验的总结。该书第一部分是呼吸、眼神、肋、胯、膝、肢体曲线等元素训练；第二部分是手、臂、单脚、双脚、腿、腰、步法、旋转、舞琵琶等基本动作训练；第三部分是性格组合训练，包括思维菩萨、莲花童子、舞绸伎乐、武伎、飞天五种。并附敦煌舞基本训练教学大纲和伴奏乐曲。贺燕云考察了敦煌舞的体系。⑦ 她所编著的《敦煌舞蹈训练与表演教程》⑧，将对表演实践的总结提炼和适于课堂教学的具体训练有机结合，使古老而年轻的敦煌舞进入大学殿堂。史敦宇等编著《敦煌舞乐》⑨，将敦煌壁画中最引人注目的飞天和千姿百态的音乐舞蹈形象用线描的形式加以整理归纳，展现了从北凉到元代一千年间的乐舞形象。

敦煌曲谱和舞谱。转型期中国学术界对敦煌曲谱和舞谱的关注较少。

---

① 朱晓峰：《〈张议潮统军出行图〉仪仗乐队乐器考》，《敦煌研究》2015年第4期。
② 李宝杰：《敦煌壁画经变图礼佛乐队与唐代坐部伎乐的比较研究》，《交响》（西安音乐学院学报）2014年第1期。
③ 曾金寿：《敦煌乐舞与印度佛教乐舞的渊源关系》，《交响》（西安音乐学院学报）2013年第4期。
④ 王克芬：《敦煌舞蹈壁画研究》，项楚、郑阿财主编：《新世纪敦煌学论集——潘重规教授九五华秋并研究敦煌学一甲子纪念》，巴蜀书社2003年版，第745—756页；《图说敦煌舞蹈壁画》（一）（二），《敦煌与丝路文化学术讲座》（1），北京图书馆出版社2003年版，第266—309页；《多元荟萃，归根中华——敦煌舞蹈壁画研究》，《敦煌研究》2005年第3期。
⑤ 金秋：《寻找敦煌舞蹈的源头》，《敦煌研究》2001年第2期。
⑥ 高金荣：《敦煌舞教程》，上海音乐出版社2011年版。
⑦ 贺燕云：《对敦煌舞体系的认识》，《北京舞蹈学院学报》2009年第1期。
⑧ 贺燕云：《敦煌舞蹈训练与表演教程》，上海音乐出版社2009年版。
⑨ 史敦宇、欧阳琳、史苇湘、金洵瑨编著：《敦煌舞乐》，甘肃人民出版社2014年版。

比较重要著作是陈应时《敦煌乐谱解译辨证》[1]，该书包括敦煌乐谱的介绍，对其各个方面问题进行的辨证、乐曲校译、同名乐谱的比较研究和译谱，尤其对敦煌乐谱谱字定位、琵琶定弦、节拍节奏等做了深入分析论证。以敦煌乐谱自身证明了林谦三推定的定弦法和作者提出的"掣拍说"的合理性，解决了对敦煌乐谱记录音高和节拍、节奏的疑问，这是继林谦三之后在敦煌乐谱的解读方面最重要的进展。附录包括《敦煌乐谱的词曲组合》和作者整理的从1938—2003年间发表的有关敦煌乐谱论著的书录解题，具有敦煌乐谱的学术史价值。此外，刘文荣以敦煌乐谱中的《伊州》《倾杯乐》为例，以乐谱的乐器属性、曲谱的谱名出现与表现为视点，集中探讨了敦煌乐谱的谱属、谱用等问题。[2]

蔡渊迪发现杏雨书屋藏羽49号为敦煌舞谱，至此已知敦煌舞谱的写本即有S.5643、S.5613、S.785、BD10691、Дх.10264、杏雨书屋藏羽49号等。[3]

敦煌乐器。庄壮在新时期《敦煌石窟音乐》的基础上，对敦煌壁画中的乐器图像做了进一步调查，查明敦煌壁画中共有乐器图像6300多件，涉及不同乐器70多种。[4] 他分别就打击乐器[5]、吹奏乐器[6]、弹拨乐器[7]、本土乐器[8]的种类、数量、材质、形制进行分门别类地详细探讨。他还从乐器源地和乐器分类两个方面概括了敦煌壁画乐器的组合类型。[9] 郑汝中

---

[1] 陈应时：《敦煌乐谱解译辨证》，上海音乐学院出版社2005年版。相关评介文章，可参阅林亚雄《解读敦煌乐谱的里程碑——评陈应时先生的〈敦煌乐谱解译辨证〉一书》，《音乐艺术》（上海音乐学院学报）2005年第4期；李勤：《〈敦煌乐谱解译辨证〉读后》，《中国音乐》2006年第1期；黎冬霞：《对陈应时〈敦煌乐谱解译辨证〉的介绍》，《音乐时空》2011年第6期。

[2] 刘文荣：《敦煌乐谱解读的视点（一）——以〈伊州〉为例》，《新疆艺术学院学报》2018年第1期；《敦煌乐谱解读的视点（二）：曲名的视角——以P.3808V〈伊州〉〈倾杯乐〉为例》，《新疆艺术学院学报》2018年第4期。

[3] 蔡渊迪：《杏雨书屋藏敦煌舞谱卷子校录并研究》，《敦煌研究》2012年第1期。

[4] 庄壮：《敦煌壁画乐器组合艺术》，《交响》（西安音乐学院学报）2008年第1期。

[5] 庄壮：《敦煌壁画上的打击乐器》，《交响》（西安音乐学院学报）2002年第4期。

[6] 庄壮：《敦煌壁画上的吹奏乐器》，《交响》（西安音乐学院学报）2003年第4期。

[7] 庄壮：《敦煌壁画上的弹拨乐器》，《交响》（西安音乐学院学报）2004年第4期。

[8] 庄壮：《敦煌壁画上的本土乐器》，《音乐周报》2006年2月24日第007版。

[9] 庄壮：《敦煌壁画乐器组合艺术》，《交响》（西安音乐学院学报）2008年第1期。

统计敦煌壁画中的弹拨乐器共 11 种①,与庄壮统计的 19 种存在差异。敦煌壁画中乐器的个案研究涵盖排箫②、瑟③、葫芦琴④、弦鼗⑤等。

　　庄壮还对榆林窟和东千佛洞壁画上出现的拉弦乐器之形制、构造、称谓、来源和时代进行了系统论述,他指出胡琴的出现为敦煌壁画乐器增添了拉弦乐器的类型,使敦煌壁画乐器打击、吹奏、弹拨、拉弦四大门类俱全,这在中外石窟艺术中是罕见的。⑥郑炳林、朱晓峰从"胡琴"的内涵演变入手,进一步就这五件拉弦乐器的历史、名称和源流继续加以分析和论证,在乐器定名、断代和归类方面提出了新的看法。⑦

　　4. 敦煌书法

　　影印敦煌书法作品的选编本,在转型期继续不断出版。《坚净居丛帖》珍藏辑之十《敦煌写经残片》⑧,影印启功珍藏敦煌写经墨迹,并有启功对每件写经书法风格的描述和年代判定。沈乐平编著《敦煌书法精粹》⑨,涵盖南北朝、隋唐、五代至北宋共长达七个世纪的书法精品,每件作品后附有作品信息和书法点评。此外,还有一些纯鉴赏性质的图集出版,如由西泠印社编选出版的《敦煌写经》系列⑩、《敦煌书法精品选》⑪等。

---

①　郑汝中:《敦煌壁画中的弹拨乐器》,《中央音乐学院学报》2019 年第 1 期。
②　王福生:《敦煌壁画中的部分乐器考辨》,《中国音乐学》2006 年第 4 期。
③　李村:《敦煌壁画中的横卧类弹弦乐器》,《交响》(西安音乐学院学报)2014 年第 1 期。
④　刘文荣:《敦煌壁画中所见"葫芦琴"图像考释》,《交响》(西安音乐学院学报)2013 年第 2 期;《莫高窟隋唐壁画"葫芦琴"图像再考》,《音乐研究》2015 年第 1 期;《莫高窟隋唐壁画"葫芦琴"乐器的真实性问题探讨》,《新疆艺术学院学报》2015 年第 2 期。
⑤　朱晓峰:《弹拨乐器流变考——以敦煌莫高窟壁画弦鼗图像为依据》,《中央音乐学院学报》2015 年第 4 期。
⑥　庄壮:《榆林窟、东千佛洞壁画上的拉弦乐器》,《交响》(西安音乐学院学报)2003 年第 2 期。
⑦　郑炳林、朱晓峰:《榆林窟和东千佛洞壁画上的拉弦乐器研究》,《敦煌学辑刊》2014 年第 2 期;《壁画音乐图像与社会文化变迁——榆林窟和东千佛洞壁画上的拉弦乐器再研究》,《东北师大学报》2016 年第 1 期。
⑧　《启功珍藏敦煌写经残片》,北京师范大学出版社 2006 年版。
⑨　沈乐平编著:《敦煌书法精粹》(南北朝卷、隋唐卷上下、五代北宋卷),上海书画出版社 2014 年版。
⑩　马世晓、江吟主编:《历代小楷精选——敦煌写经》,西泠印社 2004 年版。
⑪　黄征、江吟主编:《敦煌书法精品选》(一至四),西泠印社 2002、2003、2005 年版。

沈乐平《敦煌书法综论》[1]，是第二部通论敦煌书法的专著。该书将敦煌书法划分为八个时段，书体则分为写经体、篆书、行书、草书、俗字、硬笔书法和古美术字等分别加以论说。该书还对名作在敦煌流行及其影响，以及书写工具及书写者用印等做了考察。毛秋瑾《墨香佛音：敦煌写经书法研究》[2]，对4—11世纪有题记的佛经做了较全面的考察和分析，以期在准确把握文献和实物资料的基础上，勾画出自晋至宋敦煌写经书法的整体风貌和发展演变的过程。[3] 翁利《敦煌书法研究》[4]，打破断代界限，按隶书、草书、楷书、行书等书体分章介绍敦煌的书法作品。楚默执笔《敦煌书法史》之"写经篇""简牍篇"[5]，从书法史的角度研究了敦煌所出的写经和简牍写本，一定意义上扩大了敦煌书法的材料范围。秦川《敦煌书法》[6]，用通俗的文字简要介绍了自汉简至敦煌书法的重要作品。

总体来看，转型期的几部通论敦煌书法的著述，除毛秋瑾的《墨香佛音：敦煌写经书法研究》视角有所不同外，其他都是大同小异，和上一阶段沃兴华《敦煌书法艺术》相比，均未能取得实质性突破。看来，敦煌书法研究需要在研究范式和研究视角方面进行更多的思考。

针对某一特定历史时期敦煌写卷的书法研究，在转型期得到了关注。王菡薇、陶小军《敦煌南朝写本书法研究》[7]，运用风格分析的研究方法考察了67件南朝写本书风的异同，系首次对敦煌南朝书法文献进行专题研究的著作。王菡薇还考察了敦煌南北朝写本的书风差异及其原因。[8] 王高

---

[1] 沈乐平：《敦煌书法综论》，上海古籍出版社2009年版。
[2] 毛秋瑾：《墨香佛音：敦煌写经书法研究》，北京大学出版社2014年版。
[3] 相关评介文章，可参阅华人德《〈墨香佛音——敦煌写经书法研究〉序言》，《中国书法》2015年第2期；邱文颖《以书通禅——评〈墨香佛音：敦煌写经书法研究〉》，《中国书画》2015年第9期。
[4] 翁利：《敦煌书法研究》，化学工业出版社2018年版。
[5] 楚默：《敦煌书法史·写经篇》，浙江古籍出版社2019年版。相关评介，可参阅宋祖楼《评楚默〈敦煌书法史〉》，《中国书法》2019年第23期。
[6] 秦川：《敦煌书法》，清华大学出版社2019年版。
[7] 王菡薇、陶小军：《敦煌南朝写本书法研究》，人民出版社2011年版。相关评介，可参阅黄征《一部填补敦煌书法研究空白的新著——评〈敦煌南朝写本书法研究〉》，《艺术百家》2011年第8期；李娜《〈敦煌南朝写本书法研究〉的评论及研究》，《艺术百家》2011年第8期。
[8] 王菡薇：《敦煌南北朝写本书风差异及其原因》，《文艺研究》2011年第10期。

升以国博藏《增一阿含经·高幢品》为例，探析了北朝敦煌写经书法的风格与特点，并认为其书体呈现出明显的多元融合特征，对于考察过渡期的书法流变具有重要意义。①

行草和草书写卷在转型期得到了不少学者的关注。郑汝中《行草书法与敦煌写卷》②，将敦煌写卷与楼兰纸文书相结合，探讨了行草书法的形成、演变、特征等问题。同作者所编《敦煌写卷行草书法集》③，收录了《维摩义记》（北魏）、《摄论章卷第一》（隋）、《温泉铭》（唐）、《蒋善进临真草千字文》（唐）等不同时代的28种行书、草书字帖。对草书写本的文字校释可为草书研究提供文字基础，黄征《敦煌草书写卷〈大乘起信论略述卷上〉考订》④《法藏敦煌草书写本P.2063净眼〈因明入正理论略抄〉残卷校录整理》⑤等文，从书法考辨入手，对写卷中的疑难字形的书写、校订情况作了论述。马德对国内仅存的唐人手抄草书《大乘百法明门论疏》进行了整理和校录。⑥

硬笔书法研究领域出现了总结性的成果。2003年，李正宇《敦煌遗书硬笔书法研究》⑦出版，该书收入敦煌遗书汉文及古民族文字硬笔书法作品共计六十七件，敦煌与周边地区发现的古代硬笔五种；附编选载作者关于上古书体、古代硬笔及书史分期的重要论文三篇，被誉为中国硬笔书法史的开创性著作。⑧

---

① 王高升：《从国博藏〈增一阿含经·高幢品〉卷看北朝敦煌写经书法》，《中国书法》2019年第17期。

② 郑汝中：《行草书法与敦煌写卷》，《敦煌研究》2000年第4期。同名文章另刊于《书法之友》2001年第5期。

③ 郑汝中：《敦煌写卷行草书法集》，甘肃人民出版社2000年版。

④ 黄征：《敦煌草书写卷〈大乘起信论略述卷上〉考订》，《南京师范大学文学院学报》2003年第2期。

⑤ 黄征：《法藏敦煌草书写本P.2063净眼〈因明入正理论略抄〉残卷校录整理》，《艺术百家》2014年第2期。

⑥ 马德：《新见敦煌本唐人草书〈大乘百门法明门论疏〉残卷述略》，《敦煌研究》2005年第5期。

⑦ 李正宇：《敦煌遗书硬笔书法研究》，台北：新文丰出版公司2003年版。

⑧ 白化文：《中国硬笔书法史的开创性著作——读李正宇〈敦煌古代硬笔书法〉》，《敦煌研究》2008年第3期。

敦煌书法史和印章史在转型期受到关注。陈琪依据敦煌文献考察了汉代到晚唐五代的部分书法人物及其书法形式。① 刘江《中国印章艺术史》②，援引敦煌文献中具有代表性的印章来论证魏晋南北朝及隋唐时期的印章艺术发展相关问题，视野比较开阔。沈乐平重点考察了敦煌文献中印鉴的艺术特性。③

三　石窟保护

关于21世纪敦煌石窟保护的顶层设计，樊锦诗做过明确的阐述：加强遗址管理工作，制定一套科学切实可行的遗址管理规划；加强遗址的日常维护工作；进一步扩大与国内外一些文物保护科研机构的合作；在保护文物的同时要重视文物环境的保护；培养一批有奉献精神、高素质、掌握现代文物管理经验和保护技术的复合型人才；遗址的管理者与文物保护技术人员密切配合，解决遗址在发展过程中出现的问题。④

1. 石窟环境监测

气候和空气监测。李红寿、汪万福分析了莫高窟地形地貌、植被、小地形结构、水系统等环境因子对莫高窟小气候的影响。⑤ 郭青林、薛平等从榆林窟的区域地质环境、地形地貌、地层特征、岩石特征、窟区气象环境及窟内微气象环境等方面论述了环境对榆林窟长期保存的影响。⑥ 汪万福、王涛等利用1996—2001年在莫高窟区及敦煌农区的同步监测资料，分析了对敦煌壁画有害成分的SO_2、NO_x和TSP质量浓度的年际变化、年变化及季节变化特征。⑦ 张二科、曹军骥等通过在节假日前后对莫高窟室内外总悬浮颗粒物的理化特征、污染气体的浓度水平作连续监测，考察了

---

① 陈琪：《唐代敦煌书法人物辑考》，《敦煌学辑刊》2007年第2期；同文另刊于《甘肃社会科学》2007年第3期。
② 刘江：《中国印章艺术史》，西泠印社出版社2005年版。
③ 沈乐平：《敦煌遗书印鉴丛考》（上），《书法》2012年第12期；《敦煌遗书印鉴丛考》（下），《书法》2013年第1期；《敦煌遗书印鉴丛考》，《诗书画》2015年第3期。
④ 樊锦诗：《敦煌莫高窟的保护与管理》，《敦煌研究》2000年第1期。
⑤ 李红寿、汪万福：《影响莫高窟小气候的环境因子对比分析》，《干旱气象》2008年第2期。
⑥ 郭青林、薛平等：《安西榆林窟环境特征》，《敦煌研究》2002年第4期。
⑦ 汪万福、王涛等：《敦煌莫高窟区大气环境成分的监测分析》，《高原气象》2000年第6期。

敦煌莫高窟室内外大气环境的质量状况。[1]

水系统对莫高窟环境的影响。郑彩霞、秦全胜等研究了莫高窟窟区林地土壤水分的入渗规律，估算了树木蒸腾的耗水量。[2] 李红寿对莫高窟附近园林用水的水源和水量做了考察。[3] 李红寿、汪万福等提出水系统和地形结构等的综合作用使莫高窟小气候具有"自组织空调"性能，冬暖夏凉，温度稳定，非常有利于文物保护。[4] 张正模、刘洪丽等分析了突发性强降雨对莫高窟洞窟微环境的影响。[5]

日照通风对莫高窟环境的影响。张国彬、汪万福等《敦煌莫高窟典型洞窟空气交换速率的对比分析》[6]，指出洞窟内空气交换速率除受洞窟内外温度差、窟外风场（风向、风速）的影响外，还与洞窟所在层位、洞窟形制、主室大小、有无甬道及大小、有无游客参观密不可分（有无游客参观及游客数量、参观批次及其频率等）。近年来，还有学者致力于对特定洞窟一段时间内的温湿度监测数据和空气交换率监测数据进行分析，以观察某个洞窟文物保存的环境现状及变化规律。[7]

温湿度变化对莫高窟环境的影响。王亚军、张艳杰等对特定或典型洞窟的温湿度进行观测。[8] 王亚军、郭青林等《敦煌莫高窟环境温度特征分析》[9]，揭示了莫高窟地区环境温度变化的规律。王江丽、闫增峰等于2014年9月对第131窟、第138窟及第172窟的窟内温湿度及气流速

---

[1] 张二科、曹军骥等：《敦煌莫高窟室内外空气质量的初步研究》，《中国科学院研究生院报》2007年第5期。

[2] 郑彩霞、秦全胜等：《敦煌莫高窟窟区林地土壤水分的入渗规律》，《敦煌研究》2001年第3期；秦全胜、郑彩霞等：《敦煌莫高窟窟区树木蒸腾耗水量的估算》，《敦煌研究》2002年第4期。

[3] 李红寿：《敦煌莫高窟园林用水资源调查及园林用水分析》，《敦煌研究》2005年第4期；《用耗散结构理论对莫高窟园林用水的分析》，《生态学报》2006年第10期。

[4] 李红寿、汪万福等：《水系统对莫高窟小气候的影响》，《敦煌研究》2009年第3期。

[5] 张正模、刘洪丽等：《突发性强降雨对莫高窟洞窟微环境影响分析》，《敦煌研究》2013年第1期。

[6] 张国彬、汪万福等：《敦煌莫高窟典型洞窟空气交换速率的对比分析》，《敦煌研究》2009年第6期。

[7] 侯文芳、薛平等：《莫高窟第217窟微环境监测分析》，《敦煌研究》2007年第5期；樊夏玮、闫增峰等：《敦煌莫高窟区室外下垫面温湿度现场实测研究》，《建筑与文化》2016年第11期。

[8] 王亚军、张艳杰：《敦煌莫高窟第87窟温湿度特征》，《兰州大学学报》2014年第1期。

[9] 王亚军、郭青林等：《敦煌莫高窟环境温度特征分析》，《敦煌研究》2014年第4期。

度进行了测试。① 杜建君、刘洪丽等分别从温度、相对湿度、露点和降水四个方面分析了瓜州榆林窟微环境特征及其随窟区大环境的变化规律，进而探讨了洞窟微环境变化所引起的病害特点。②

地震危险性分析及防治措施。石玉成、徐晖平等《敦煌莫高窟地震安全性评价》③，列举的不同概率水准的地震动参数可作为莫高窟动力分析和抗震加固设计的理论依据。袁道阳、石玉成等《敦煌莫高窟地区断裂新活动特征及其对石窟的影响》④，指出莫高窟地区属构造相对稳定的区域，但其周缘发育了多组大型活动断裂带，具有发生大震的构造条件，存在遭受大震影响和破坏的潜在危险性。

以上回顾表明，转型期莫高窟已经建成了全面系统的环境检测体系。

2. 石窟病害及加固

转型期的石窟加固工作，在延续新时期采用的有效办法的同时，又发明了一些新的办法。对石窟和岩体病害及加固方面的理论研究也取得了新的进展。

崖体加固。王旭东、张虎元等按照病害与地貌部位的组合关系，将敦煌莫高窟崖体风化病害划分为9种形式、3种程度，确定不同病害的空间展布特征。依据"综合性高、成熟度高、有效性强"的工程技术遴选原则，选择出PS渗透固化、裂隙注浆、锚索锚固、薄顶加固、局部清除等具体加固措施，论证各项措施的可靠性，从而建立了莫高窟加固工程设计的框架结构。⑤ 张虎元、刘平等证明PS花管注浆形成的固化柱能将表面防风化加固层连成一体，将会提高莫高窟强风化层的加固

---

① 王江丽、闫增峰等：《莫高窟洞窟自然通风测试研究》，《敦煌研究》2015年第4期。另可参阅同作者《敦煌莫高窟洞窟自然通风实验研究》，《西安建筑科技大学学报》2015年第5期。
② 杜建君、刘洪丽等：《瓜州榆林窟微环境特征及其对壁画病害影响的初步分析》，《敦煌研究》2009年第6期。
③ 石玉成、徐晖平等：《敦煌莫高窟地震安全性评价》，《敦煌研究》2000年第1期。
④ 袁道阳、石玉成等：《敦煌莫高窟地区断裂新活动特征及其对石窟的影响》，《敦煌研究》2000年第1期。
⑤ 王旭东、张虎元等：《敦煌莫高窟崖体风化特征及保护对策》，《岩石力学与工程学报》2009年第5期。

效果。①

岩体裂隙的加固。瓜州榆林窟存在岩体开裂、崖面风化、冲沟发育、大气降水入渗等问题。②针对榆林窟特殊的工程地质条件和岩土工程问题，现使用锚索技术加固裂隙基岩。樊锦诗、李传珠指出采用锚索技术对石窟崖体进行加固，对裂隙则采用灌浆、充填和坡面防护技术，可使破碎的崖体联为整体，确保在发生6级地震的情况下窟区岩体的稳定，外貌基本保持原状，并可防止窟内已有病害的继续发展。③

李最雄等对PS—F浆液结石体进行水稳定性、抗冻融性、安定性和耐碱性测试，并检测了PS—F灌浆材料在逐步失水条件下的强度特征。④他们还发现中国传统的古建筑材料阿嘎土和料礓石经高温焙烧改性后可作为一种很好的砂砾岩石窟岩体裂隙灌浆材料。⑤赵林毅等提出以烧料礓石为胶凝材料，以偏高岭土、石英砂为填料的浆液是一种较为适宜的砂岩石窟裂隙灌浆材料。⑥

在莫高窟北区洞窟的崖面和岩体病害的研究方面，樊锦诗、彭金章等调查认为，北区洞窟内和崖面上有多处洪水和大气降水对洞窟及洞窟所在崖体造成破坏，而造成崖体崩塌的自然因素主要是大泉河的洪水和骤降的暴雨以及重力和地震力的作用。⑦张国军、李最雄指出，莫高窟北区崖体的主要地质病害包括风蚀、雨蚀、洪水冲刷、裂隙发育、岩体坍塌和环境

---

① 张虎元、刘平等：《莫高窟崖顶强风化层PS花管注浆加固试验研究》，《敦煌研究》2009年第6期。
② 王旭东、李最雄：《安西榆林窟的岩土工程问题及防治对策》，《敦煌研究》2000年第1期。
③ 樊锦诗、李传珠：《锚索新技术在榆林窟岩体加固工程上的应用》，《敦煌研究》2000年第1期。
④ 杨涛、李最雄、谌文武：《PS—F灌浆材料的物理力学性能》，《敦煌研究》2005年第4期；李最雄、杨涛、汪万福：《PS—F系列灌浆材料的强度特性》，《敦煌研究》2009年第6期。
⑤ 李最雄、赵林毅、李黎：《砂砾岩石窟岩体裂隙灌浆新材料研究》，《敦煌研究》2011年第6期。
⑥ 赵林毅、王旭东、李黎等：《基于仰韶水泥的砂岩石窟裂隙灌浆材料物理力学特性研究》，《文物保护与考古科学》2018年第1期。
⑦ 樊锦诗、彭金章等：《敦煌莫高窟北区洞窟及崖面崩塌原因探讨》，《敦煌研究》2004年第3期。另可参阅姚鲁烽、彭金章《敦煌大泉河的河床演变及其对莫高窟崖体的影响》，《敦煌研究》2007年第5期。樊锦诗、彭金章、王旭东：《从莫高窟的历史遗迹探讨莫高窟崖体的稳定性》，《宿白先生八秩华诞纪念文集》，文物出版社2002年版。

沙漠化等多种。①

3. 风沙防治

汪万福、张伟民对敦煌莫高窟顶的风沙运动规律、沙丘力学以及风沙防护效应等方面所取得的进展进行了较为全面的阐述。评价了现已实施的九种防沙治沙试验工程，阐述了治理流沙的必要性和紧迫性，提出了莫高窟崖顶风沙危害防治的途径与对策。② 张伟民、王涛等提出要根据莫高窟崖体风向、风速、风沙流运动的规律和特征，因地制宜，因害设防，建立"以固为主，固、阻、输、导相结合"的防护原则，以切断或削弱鸣沙山沙漠风沙危害并固定流沙，建立一个由工程、生物、化学措施组成的多层次、多功能的综合防护体系。③

2003 年 10 月至 2004 年 4 月在中小沙丘、砂砾质戈壁地带实施的麦草方格、棉花秸方格、蜂巢式塑料网沙障和砾石压沙实验。监测结果表明，麦草方格沙障等半隐蔽沙障的实施，切断了沙源，使进入林带和窟顶戈壁的流沙大为降低，防效显著。砾石压沙增大了地表粗糙度，阻止了地表起沙，为最终解决莫高窟风沙危害探索出一条经济、有效之路。④

汪万福、王涛等指出灌木林带是敦煌莫高窟崖顶风沙防治综合防护体系中不可缺少的重要组成部分，灌木林带的建立，可使其周围的气流场重新分布，改变近地表风沙流结构，窄行多带的灌木林带的叠加作用使其阻固流沙的作用更加明显。⑤

---

① 张国军、李最雄：《莫高窟北区崖体病害》，《敦煌研究》2005 年第 4 期。
② 汪万福、张伟民：《敦煌莫高窟窟顶风沙环境综合治理回顾与展望》，《敦煌研究》2007 年第 5 期。
③ 张伟民、王涛等：《敦煌莫高窟风沙危害综合防护体系探讨》，《中国沙漠》2000 年第 4 期。另可参阅汪万福、张伟民、李云鹤《敦煌莫高窟的风沙危害与防治研究》，《敦煌研究》2000 年第 1 期；汪万福、王涛等《敦煌莫高窟风沙危害综合防护体系涉及研究》，《干旱区地理》2005 年第 5 期。
④ 李最雄：《敦煌石窟保护工作六十年》，《敦煌研究》2004 年第 3 期。
⑤ 汪万福、王涛等：《敦煌莫高窟崖顶灌木林带防风固沙效应》，《生态学报》2004 年第 11 期。相关风洞模拟试验及野外观测结果，可参阅汪万福、李最雄等《敦煌莫高窟顶灌木林带防护效应研究》，《中国沙漠》2004 年第 3 期；汪万福、安黎哲等《敦煌莫高窟窟前林带防护效应的风洞实验》，《中国沙漠》2008 年第 1 期。

2018年5月，汪万福《敦煌莫高窟风沙危害及防治》① 出版，全书凡十一章，通过翔实的图文、精准的数据，探讨了莫高窟风沙危害与防治的问题。作者以文化遗产保护相关学科理论为基础，揭示了莫高窟风沙运动规律，研发了防治戈壁地表风沙流新技术，试验成功了滴灌技术生物固沙，明确了水分、根系、沙尘、盐分等对石窟的影响，阐述了防护体系的综合防护效应，具有重要的理论和实践价值。

4. 壁画病害及修复

2005年，李最雄编著的《丝绸之路石窟壁画彩塑保护》② 出版，该书系统论述了丝绸之路石窟壁画彩塑的概况，石窟壁画的地仗、彩塑的制作材料及结构；壁画彩塑颜料及颜料的稳定性；壁画颜料中的胶结材料；壁画的主要病害及病害机理；昆虫及微生物对壁画的危害与防治；石窟环境对壁画的影响；壁画塑像的修复、修复材料及工艺；壁画的揭取、搬迁和复原等。孙儒僴将有关石窟保护的研究成果结集为《敦煌石窟保护与建筑》③，涵盖莫高窟壁画保护、榆林窟的病害及保护、莫高窟石窟加固工程等内容。

壁画病害的类型、成因及防治。王进玉采用扫描电镜（SEM）及其电子探针（EPMA）对清代群青颜料的显微形貌、晶粒或颗粒大小、晶界情况、物相组成、晶相、微量元素等进行了分析。④ 陈港泉等选择莫高窟第351窟为样本，对壁画的疱疹状病害及其成因进行探讨。⑤ 马赞峰、汪万福对莫高窟第44窟壁画材质及工艺进行了详细的分析，并对起甲病害做了探索。⑥ 杨善龙、王旭东等研究指出，壁画酥碱病害的产生与崖体中盐分的运移有关，崖体砂砾中水分分布的首次确定，为研究壁画病害和莫高

---

① 汪万福：《敦煌莫高窟风沙危害及防治》，科学出版社2018年版。
② 李最雄编著：《丝绸之路石窟壁画彩塑保护》，科学出版社2005年版。
③ 孙儒僴：《敦煌石窟保护与建筑》，甘肃人民出版社2007年版。
④ 王进玉：《敦煌石窟合成群青颜料的研究》，《敦煌研究》2000年第1期。
⑤ 陈港泉、于宗仁：《莫高窟第351窟壁画疱疹和壁画地仗可溶盐分析》，《敦煌研究》2008年第6期。另可参阅陈港泉《引起莫高窟第351窟壁画疱疹病害发生的水分来源分析及疱疹病害初步模拟试验》，《敦煌研究》2010年第6期。
⑥ 马赞峰、汪万福：《敦煌莫高窟第44窟壁画材质及起甲病害研究》，《敦煌研究》2014年第5期。

窟保护提供重要依据。① 他们还首次从较大范围内对莫高窟崖体砂砾岩中盐分的分布特征进行了研究，为以后莫高窟壁画盐害分析研究提供重要的数据支持。②

马旭、汪万福等考察了莫高窟第 16 窟一年内空气微生物群落组成、时间和空间分布动态。结果表明，空气真菌和细菌呈现明显的季节分布，夏秋季空气微生物较多，冬春季较少；在五一、国庆及暑假等旅游旺季，空气微生物数量增加，与游客数量显著相关。③ 汪万福、马赞峰等从石窟中昆虫种类的分离、鉴定、分布规律、危害方式与程度、综合防治试验等方面进行了探讨。④ 汪万福、蔺创业指出危害敦煌石窟的昆虫以仿爱夜蛾为绝对优势种。⑤ 仿爱夜蛾成虫对不同颜料壁画的选择偏好存在差异，其中在靛蓝、铁红和墨壁画色块上的数量最多，其次为铅丹和石绿色块，而壁画颜料明度是影响仿爱夜蛾成虫对不同颜料趋性的重要因素之一。⑥ 仿爱夜蛾成虫排泄物对不同颜料的影响有差异，对白色和蓝色影响较大，对红色和褐色的影响较小。排泄物不仅直接污染壁画表面，而且残余物中含有的酸性物质在与壁画颜料、地仗及空气的作用过程中均对壁画产生腐蚀。⑦

壁画、彩塑的修复和保护。范宇权、李最雄等阐明在莫高窟特殊的干燥环境中，聚醋酸乙烯乳液和实验中选择的聚丙烯酸乳液是适宜、有效的壁画修复材料。⑧ 但在冻融情况下需要另择材料，在零下 17°C 时，聚醋酸乙烯乳

---

① 杨善龙、王旭东等：《敦煌莫高窟崖体中水分分布初步分析》，《水文地质工程地质》2009 年第 5 期。

② 杨善龙、王旭东等：《敦煌莫高窟崖体中盐分分布特征研究》，《敦煌研究》2017 年第 4 期。

③ 马旭、汪万福：《敦煌莫高窟第 16 窟空气微生物动态变化研究》，《敦煌研究》2010 年第 5 期。

④ 汪万福、马赞峰：《昆虫对石窟壁画的危害与防治研究》，《敦煌研究》2002 年第 4 期。

⑤ 汪万福、蔺创业：《损坏敦煌莫高窟壁画的害虫——仿爱夜蛾的生活习性与防治研究》，《昆虫知识》2001 年第 4 期。

⑥ 汪万福、武发思等：《仿爱夜蛾成虫对敦煌莫高窟模拟洞窟壁画的选择趋性》，《昆虫学报》2014 年第 10 期。

⑦ 汪万福、蔺创业等：《仿爱夜蛾成虫排泄物对敦煌石窟壁画的损害及其治理》，《昆虫学报》2005 年第 1 期；吉志红、汪万福等：《仿爱夜蛾在敦煌莫高窟模拟壁画表面的附着力研究》，《敦煌研究》2015 年第 1 期。

⑧ 范宇权、李最雄等：《修复加固材料对莫高窟壁画颜料颜色的影响》，《敦煌研究》2002 年第 4 期。

液和聚乙烯醇易失去胶结作用，因而在较寒冷环境中不宜使用，而ROY—6260和AC—3444具有较好抗冻融性。①莫高窟用高分子材料修复的洞窟壁画已经历了数十年的自然环境考验，至今修复后的壁画状况稳定。②

酥碱壁画的修复工艺在转型期得到质的提升。段修业、付鹏等指出采用换新地仗、加支撑体的方法来修复酥碱壁画的地仗层，有效防止了崖体及地下水分对壁画的侵蚀。修复工作应在窟内温度较高时进行，否则会造成由于新加地仗干燥慢而导致壁画表层盐分聚集而再次酥碱。③樊再轩详细介绍了空鼓壁画可采用灌浆加固和脱盐工艺，起甲壁画的修复分为四个步骤：除尘、注射黏结剂、回帖和滚压加固，有效避免了颜料层脱落的危险，保持了壁画的完整性。④樊再轩、陈港泉等《莫高窟第98窟酥碱壁画保护修复试验研究》⑤，指出传统绘画材料明胶具有无色无味、无毒无腐蚀、无眩光、透明度高、透水透气性好、黏结强度适中和兼容性好的特点，并且具备可再修复的条件，是修复酥碱壁画的理想材料。汪万福、马赞峰等将壁画保护修复设计程序分为前期保护研究、保护修复工程设计及后期维护设计三个阶段。前期保护研究是保护修复工程设计的基础，工程设计是保护工程实施的依据，后期维护是保护的延续和成果的巩固。三者相辅相成、循序渐进。⑥

5. 旅游因素对莫高窟环境的影响

目前，旅游与文物保护的矛盾日益突出。樊锦诗指出，游客的迅速增多给莫高窟的保护和管理带来许多问题，具体有：洞窟空间狭小、壁画材质脆弱、年久多病与旅游开放的矛盾；过量的游客参观造成了一些洞窟过度"疲劳"；游客的增多打破了洞窟恒定的小环境；为开放所增加的游客

---

① 汪万福、苏伯民等：《几种壁画修复材料物性指数的实验测试》，《敦煌研究》2000年第1期。
② 苏伯民、张化冰等：《高分子材料应用于莫高窟壁画保护的历史、现状与研究》，《敦煌研究》2018年第1期。
③ 段修业、付鹏：《莫高窟第16窟酥碱悬空壁画的修复》，《敦煌研究》2005年第4期。
④ 樊再轩、史迪文：《敦煌莫高窟第85窟壁画修复技术研究》，《敦煌研究》2008年第6期。
⑤ 樊再轩、陈港泉等：《莫高窟第98窟酥碱壁画保护修复试验研究》，《敦煌研究》2009年第6期。
⑥ 汪万福、马赞峰等：《壁画保护修复工程设计程序的理论实践与应用》，《敦煌研究》2008年第6期。

设施对洞窟的壁画保护可能带来负面作用。① 张国彬、薛平等指出,游客会造成窟内的二氧化碳、温度以及相对湿度升高,打破洞窟长期以来形成的稳定环境的平衡,势必对壁画彩塑的保存带来潜在威胁。水汽的增多还会为某些微生物的滋生提供条件,也会给壁画和彩塑的保护带来不利影响。② 张学超、张虎元等指出游客呼吸是导致壁画发生盐害、粉层翘起、颜料层脱落的主要原因。过度的旅游开放会对文化遗产造成损害和破坏。③ 面对旅游开放热给遗产地带来的挑战,樊锦诗强调"在保护好的前提下开放,在开放中加强保护",坚持可持续保护和可持续利用、保护和开放协调发展的原则。④

---

① 樊锦诗:《莫高窟保护和旅游的矛盾以及对策》,《敦煌研究》2005 年第 4 期。
② 张国彬、薛平等:《游客流量对莫高窟洞窟内小环境的影响研究》,《敦煌研究》2005 年第 4 期。
③ 张学超、张虎元等:《游客呼吸对敦煌壁画白粉层的损害机理研究》,《科学技术与工程》2015 年第 3 期。
④ 樊锦诗:《坚持敦煌莫高窟文物管理体制不动摇》,《敦煌研究》2015 年第 4 期。另可参阅同作者《〈敦煌莫高窟保护与管理总体规划〉的制定与收获》,《敦煌研究》2002 年第 4 期;《认真学习贯彻〈条例〉,依法保护敦煌莫高窟》,《敦煌研究》2004 年第 1 期;《〈中国文物古迹保护准则〉在莫高窟项目中的应用——以〈敦煌莫高窟保护总体规划〉和〈莫高窟第 85 窟保护研究〉为例》,《敦煌研究》2007 年第 5 期。由赵声良编选《陇上学人文存·樊锦诗卷》(甘肃人民出版社 2014 年出版)共收录樊锦诗的 18 篇代表作,这些论文基本上反映了樊锦诗在敦煌石窟考古和文化遗产保护与管理方面的成果和理想,对解决文化遗产的保护与管理工作具有重要的参考意义。

第十一章

转型期的敦煌宗教、古籍及科技文献的整理与研究

第一节 宗教文献与宗教史

一 佛教

与上一阶段相比，转型期对敦煌佛教典籍的整理与研究，重点和视角发生明显变化。传统的佛教典籍整理虽然仍在继续，但已经不再是重点。

景盛轩《〈大般涅槃经〉异文研究》①，研究了敦煌写本《大般涅槃经》中的异文类型、成因和意义。杨本加《敦煌藏文写卷〈根本萨婆多部律摄〉研究》（藏汉对照）②，对藏文本《根本萨婆多部律摄》做了专题研究。才让指出 P. T. 449 号《般若心经》与汉文异本《心经》最为接近，但有些地方又有明显的不同，而且 P. T. 449 号中一些较为独特的语句和表达形式却与现存的一些梵文本惊人的一致。③ 曹凌认为敦煌流行的《十方千五百佛名经》的祖本可能是《出三藏记集》等经录中记载的《千五百佛名经》。④ 张磊、左丽萍即通对俄藏敦煌文献中《大乘无量寿经》残片内

---

① 景盛轩：《〈大般涅槃经〉异文研究》，巴蜀书社 2009 年版。
② 杨本加：《敦煌藏文写卷〈根本萨婆多部律摄〉研究》（藏汉对照），民族出版社 2012 年版。
③ 才让：《法藏敦煌文书 P. T. 449 号〈般若心经〉研究》，《敦煌学辑刊》2012 年第 2 期。
④ 曹凌：《敦煌本〈十方千五百佛名经〉杂考》，《敦煌研究》2014 年第 4 期。

容、断痕、行款、字体等方面的分析，成功地将其中29个残片缀合成16组。① 方广锠《敦煌本〈坛经〉校释疏义》②，是对《坛经》的进一步整理和研究，包括正文、校记并诸家录校复议、注释、分段标点复议、疏义、原始资料等六部分组成，目前已经完成首章—十二章。郭富纯、王振芬整理刊布了旅博本《坛经》③。此件《坛经》乃是敦煌本《坛经》中最神秘也是最传奇的版本，因为此本最早为学界所知晓，却最晚面世。它的公布对进一步推进《坛经》研究极具价值。沈剑英《敦煌因明文献研究》④，对藏于法、英等国敦煌遗书中有关因明的文献做了全面的搜集整理和录校，该书分考论篇、释文篇、校补篇三部分，并附录敦煌写卷精彩的草书图版。荣新江介绍了目前所见各国的九件《历代法宝记》写本，并对日本石井光雄积翠轩文库的藏本进行了校录⑤，认为该件是从S.516等原本简化而成的，该卷的一些优点对校勘大有帮助。张子开考述了敦煌写本《历代法宝记》所列"外书"的目录。⑥

对敦煌文献中保存的佛教经论的研究，20世纪日本学者贡献颇巨，进入21世纪之后，中国学者逐渐加入。如荣新江、余欣对敦煌写本《瑜伽师地论》的讨论⑦，黄征对《大乘起信论》的考述⑧，刘显对敦煌本《大

---

① 张磊、左丽萍：《俄藏敦煌文献〈大乘无量寿经〉缀合研究》，《安徽大学学报》2015年第3期。
② 方广锠：《敦煌本〈坛经〉校释疏义》，分刊于《藏外佛教文献》第十、十一、十二、十六辑，宗教文化出版社2008—2011年版。
③ 郭富纯、王振芬整理：《旅顺博物馆藏敦煌本六祖坛经》，上海古籍出版社2011年版；另可参王振芬《旅博本〈坛经〉的再发现及其学术价值》，《敦煌吐鲁番研究》第12卷，上海古籍出版社2011年版，第367—380页。
④ 沈剑英：《敦煌因明文献研究》，上海古籍出版社2008年版。
⑤ 荣新江：《有关敦煌本〈历代法宝记〉的新资料——积翠轩文库旧藏"略出本"校录》，《戒幢佛学》第2卷，岳麓书社2002年版，第94—105页。
⑥ 张子开：《〈历代法宝记〉所引"外书"考》，《敦煌吐鲁番研究》第14卷，上海古籍出版社2014年版，第523—536页。
⑦ 荣新江、余欣：《敦煌写本辨伪示例——以法成〈瑜伽师地论〉学生笔记为中心》，《敦煌学·日本学：石塚晴通教授退职纪念论文集》，上海辞书出版社2005年版，第65—74页。
⑧ 黄征：《敦煌草书写卷〈大乘起信论〉略述卷上考订》（三），国家图书馆善本特藏部郭煌吐鲁番学资料研究中心主编：《敦煌学国际研讨会论文集》，北京图书馆出版社2005年版，第100—109页。

智度论》的整理①等。另外，张磊、郭晓燕对俄藏楷书《大智度论》写本残片进行了缀合。②

方广锠主编的《藏外佛教文献》③，在转型期又出版了第八辑至第十六辑，又录校刊布了一批包括敦煌藏外佛教文献的古逸佛教典籍。

利用敦煌佛教典籍探讨佛经的流传与传播，是转型期新出现的研究视角。邹清泉将藏经洞约1173件《维摩诘经》写卷看作一个整体，通过中古敦煌《维摩诘经》的翻译、书写、流传与庋藏情况来考察该经的传播史。作者认为，佛教功德思想贯穿中古敦煌《维摩诘经》书写的始终，并主要呈现为课业或功德、供养或受持以及祈福禳灾三种形式。④ 李海峰对敦煌文献中早期《华严经》及其相关文献进行了细致的梳理和数量统计，并借由相关题记反映的时代问题，进而对当时《华严经》的翻译、流行、信仰者的心理状况和抄经人的情况进行了讨论。⑤ 利用敦煌文献资料对早期《华严经》传播史的考察，揭示出《华严经》的流行要比一般佛教史的说法更早，而敦煌写本中早期华严文献对于研究初期华严学僧思想、《六十华严》思想，以及华严宗重要人物法藏的前后期思想等，都具有极其重要的意义。张小艳、傅及斯以文献学的方法对敦煌文献中保存的377件写本《华严经》从写卷叙录、残卷缀合、分卷辨析、写本定名、疑伪写卷考辨等方面作了较为全面、系统的研究，为将来华严学的研究提供了便利。⑥ 杨富学、王书庆认为敦煌文献中出现的大量的《金刚经》写本以及唐代莫高窟壁画中出现的金刚经变，与以《金刚经》为主旨的顿悟禅法思想在敦

---

① 刘显：《敦煌写本〈大智度论〉研究》，中国社会出版社2011年版。
② 张磊、郭晓燕：《俄藏楷书〈大智度论〉写本残片缀合研究》，《复旦学报》2015年第6期。
③ 方广锠主编：《藏外佛教文献》第八辑、第九辑，宗教文献出版社2003年版；第十至十二辑，中国人民大学出版社2008年版；第十三辑、第十四辑、第十五辑，中国人民大学出版社2010年版；第十六辑，中国人民大学出版社2011年版。
④ 邹清泉：《中古敦煌〈维摩诘经〉的书写——以藏经洞维摩写卷为中心》，《敦煌学辑刊》2012年第1期。
⑤ 李海峰：《敦煌遗书中的早期〈华严经〉及其相关文献》，《中国文化研究》2008年第3期。
⑥ 相关成果，可参阅张小艳、傅及斯《敦煌本"晋译五十华严"残卷缀合研究》，《浙江师范大学学报》2014年第6期；《敦煌本唐译"八十华严"残卷缀合研究》，《浙江社会科学》2015年第6期。

煌的流行有关。①

佛经题记当然也是了解佛经传播的重要资料，转型期也受到学术界的关注。朱瑶《敦煌汉文文献题记整理与研究》②，对题记的结构类型、内容特点及形制特征进行分析，并将题记按所依附的文献分为佛教文献、道教及三夷教文献、四部文献三类进行研究，通过对题记中所包含的写造者身份、所写经典、祈愿对象等信息的分析，探讨敦煌民间各种宗教信仰的发展和融合，以及敦煌官私学校教育的发展状况。杜斗城、吴通探讨了独孤皇后造经的建造者、造写地点，以及组织机构、所据底本、造经数量、写经流传情况与历史影响等。③ 杨君以敦煌唐人写经题记为基础，结合笔记小说等材料，对写经活动流行的原因及参与者做了考察。④ 杨宝玉依据P.2094《持诵金刚经灵验功德记》的题记推测《金刚经》经文的分段、添加分目以及据菩提流支译本增补鸠摩罗什译本等事件均发生于唐末五代时期。⑤ 赵青山对吐蕃时期的写经活动、抄经道场、写经制度、纸张管理、写经社邑等问题进行了讨论。⑥ 张延清对吐蕃时期的抄经费用和纸张、抄经坊、抄经生等问题进行了考察。⑦ 马德则通过对西藏山南隆子县卓卡寺保存的吐蕃时期专供赞普御用的《喇蚌经》进行了研究，指出该经与敦煌藏

---

① 杨富学、王书庆：《〈金刚经〉与南宗禅——以敦煌文献为中心》，《敦煌研究》2009年第1期。
② 朱瑶：《敦煌汉文文献题记整理与研究》，中国社会科学出版社2016年版。
③ 杜斗城、吴通：《敦煌遗书中隋独孤皇后施造"一切经"及有关问题》，《兰州大学学报》2013年第1期。
④ 杨君：《从敦煌写经看佛经在唐朝民间的来源其流传》，《甘肃教育学院学报》2003年第4期。
⑤ 杨宝玉：《P.2094〈持诵金刚经灵验功德记〉题记的史料价值》，《甘肃社会科学》2009年第2期。
⑥ 赵青山：《吐蕃统治敦煌时期的写经制度》，《西藏研究》2009年第3期；同氏《5件文书所反映的敦煌吐蕃时期写经活动》，《中国藏学》2013年第4期；同氏《敦煌写经道场纸张的管理》，《敦煌学辑刊》2013年第4期；同氏《隋唐宋初写经社邑考略》，《敦煌研究》2014年第1期；同氏《佛经抄写制式的确立及其意义》，《世界宗教研究》2019年第5期。
⑦ 张延清：《敦煌古藏文佛经中的报废经页》，《西藏研究》2009年第1期；同氏《吐蕃王妃贝吉昂楚及其敦煌校经题记》，《西藏民族学院学报》2009年第5期；同氏《甘藏吐蕃阐布敦煌校经题记》，《敦煌学辑刊》2010年第1期；同氏《吐蕃敦煌抄经坊》，《敦煌学辑刊》2011年第3期；同氏《吐蕃时期的抄经纸张探析》，《中国藏学》2012年第3期；并同氏《吐蕃敦煌抄经研究》，民族出版社2016年版。

经洞所出藏文写经《十万般若颂》内容和形式完全一致，部分抄经生与校经师的姓名也相吻合，据相关的背景资料可知这批经页为吐蕃时期在敦煌抄写并运送至吐蕃本土供奉于赞普的。① 陈楠在全面调查《甘肃敦煌藏文文献叙录》所收藏文文献的基础上，对吐蕃统辖敦煌时期的抄经活动进行全方位的探讨，涉及内容主要有抄经内容、抄经人身份、校经制度及校经人身份、报废制度以及抄经活动对当时的社会影响等。② 王兰平《敦煌写本 Дx.06062 归义军时期〈大般若经〉抄写纸历及其相关问题考释》③，利用归义军时期的官方组织抄经，讨论了敦煌当地佛经的抄写与流通过程。

　　在前几个阶段很少受到关注的佛经注疏，在转型期也逐渐受到学术界的关注。如胡垚④、吴建伟⑤、黄焕平⑥等都对部分敦煌本《法华经》注疏进行了个案考察。曾晓红对敦煌文献中的《维摩诘经》注疏进行了全面搜集。⑦ 王晓燕对几件断裂的《维摩诘经》注疏做了缀合。⑧ 袁德领对现存九件《维摩诘经注》写本现状、来源、以往定名等做了初步考察和残本的缀合工作。⑨ 陶家骏、苗昱认为敦煌研究院藏佚本《维摩诘经注》时代上系北朝写本，属于《维摩诘经》罗什译本的早期注本，以大字为标目，小字书写注文，其体例应属单注，而非"子母注"或集注⑩，陶氏还对该件

---

① 马德：《西藏发现的〈喇蚌经〉为敦煌写经》，《敦煌研究》2009 年第 5 期。
② 陈楠：《吐蕃统辖敦煌时期之藏文抄经活动考述》，《中国藏学》2013 年第 2 期。
③ 王兰平：《敦煌写本 Дx.06062 归义军时期〈大般若经〉抄写纸历及其相关问题考释》，郑炳林主编：《敦煌佛教艺术与文化论文集》，兰州大学出版社 2002 年版。
④ 胡垚：《敦煌本〈法华义记〉考辨》，《敦煌学辑刊》2010 年第 1 期。
⑤ 吴建伟：《〈大正藏〉本〈法华义疏〉校疑十七例——以 P.2346 号为对校本》，《图书馆杂志》2010 年第 9 期；《再论英藏 S.2700 号写卷的定名问题》，《历史文献研究》2015 年第 2 期。
⑥ 黄焕平：《北 6204 号〈法华经解〉实为〈妙法莲华经讲经文〉押座文考辨》，《绵阳师范学院学报》2016 年第 4 期。
⑦ 曾晓红：《敦煌本〈维摩经〉注疏研究概述》，郝春文主编：《2007 敦煌学国际联络委员会通讯》，上海古籍出版社 2007 年版，第 70—97 页。另可参阅同作者《敦煌本〈维摩经〉注疏叙录》，硕士学位论文，上海师范大学，2008 年。
⑧ 王晓燕：《敦煌写本〈维摩诘经〉注疏残卷的缀合》，《敦煌吐鲁番研究》第 16 卷，上海古籍出版社 2016 年版，第 353—366 页。
⑨ 袁德领：《敦煌研究院藏〈佚本《维摩诘经注》〉的几个问题》，《敦煌研究》2008 年第 3 期。
⑩ 陶家骏、苗昱：《敦煌研究院藏佚本〈维摩诘经注〉写卷再探——兼及"子母注"问题》，《敦煌研究》2012 年第 3 期。

第十一章　转型期的敦煌宗教、古籍及科技文献的整理与研究　435

中的部分俗字进行了辑录和考释。① 值得重视的是，该件写卷背面文献乃抄者对正面内容所作的补充，也应属于对《维摩诘经》的注解，应当与正面一起被视作一个整体对待。② 何剑平认为BD00950（昃050，北1321背）《维摩经解》应撰作于中唐时期，其释经素材除了摄取前贤维摩经疏之外，还融合了大量佛教因缘故事、作家诗歌、民间传说以及民间俗信仰等多种因素，显示了维摩经疏向民间通俗讲唱的过渡。③ 达照通过《梁朝傅大士颂金刚经》的整理，把佛典异本演化的研究向前推进一步，并对《金刚经赞》的思想作了深入的研究。④ 定源除了对斯1087号《金刚般若义记》的作者进行考述之外⑤，其重要贡献则是对敦煌文献中道氤《御注金刚般若经宣演》进行的全面研究。⑥ 董大学主要依据题记考察了《金刚经》注疏的流布情况，指出不同时期的《金刚经》注疏写本在内容、书法特点、抄写介质、装帧形式、抄经题记等各个方面鲜明地反映出各个时代的特色。⑦ 他还对《魏晋隋唐残墨》第36号《夹注金刚经》进行了个案研究，认为其可能系唐晚期禅宗僧人的作品。⑧

疑伪经方面，郑阿财《〈父母恩重经〉传布的历史考察——以敦煌本为中心》⑨，全面考察了目前所见经录、写本、石刻、变文中的《父母恩重经》，认为伪经是为了调和佛教与中国传统思想而出现的，因此在流传过程中不断中国化，故而能在民间广为传抄，敦煌本伪经的发现就是最好的例证。安忠义《甘

---

① 陶家骏：《敦煌佚本〈维摩诘经注〉写卷俗字辑考》，《苏州大学学报》2011年第5期。
② 陶家骏、苗昱：《敦煌研究院藏佚本〈维摩诘经注〉写卷再探——兼及"子母注"问题》，第91—96页。
③ 何剑平：《北1321v（昃050）〈维摩经解（拟）〉考——兼论其俗信仰特色》，《敦煌学辑刊》2011年第4期。另请参看何剑平《中国中古维摩诘信仰研究》，巴蜀书社2009年版。
④ 达照：《〈金刚经赞〉研究》，宗教文化出版社2002年版。
⑤ 定源：《敦煌遗书S.1087号〈金刚般若义记〉作者考述》，郝春文主编：《2009敦煌学国际联络委员会通讯》，上海古籍出版社2009年版，第183—201页。
⑥ 定源：《敦煌本〈御注金刚般若经宣演〉の复元について》，《印度学佛教学研究》第59卷第2号，2011年，第1040—1043页。另可参阅同作者《敦煌本〈御注金刚般若经宣演〉の文献学的研究》，大东出版社2013年版。
⑦ 董大学：《敦煌本〈金刚经〉注疏的流布——以题记为中心的考察》，《文献》2014年第1期。
⑧ 董大学：《〈魏晋隋唐残墨〉第36号〈夹注金刚经〉研究》，《敦煌学辑刊》2012年第2期。
⑨ 郑阿财：《〈父母恩重经〉传布的历史考察——以敦煌本为中心》，项楚、郑阿财主编：《新世纪敦煌学论集》，巴蜀书社2003年版，第27—48页。

肃省博物馆藏〈报父母恩重经变〉研究》①，认为这类作品的出现是儒佛斗争的产物，与当时敦煌地区特殊的政治背景有关，并对五代及两宋的四川地区产生了一定影响。王友奎指出敦煌文献中的《咒魅经》在文本的形成和流传过程中受到中国本土文化和佛教陀罗尼经咒及《佛说佛名经》等巨大影响，体现出时人对魅蛊、天堂地狱等信仰世界的态度，而驱鬼治病、消灾祈福是此经最主要的实用功能。②张小艳《敦煌本〈盂兰盆经赞述〉两种辨正》③，认为法藏本《赞述》的作者并非前人所谓的慧净，而是慧沼；上图本《赞述》乃慧净所撰，并对宗密《疏》产生了较大的影响。张涌泉、罗慕君通过普查《俄藏敦煌文献》第11—17册未定名残片，共计发现《八阳经》残片63件，对其逐件加以定名并作叙录。④

利用敦煌遗书研究佛教史，在转型期也取得了很多重要成果。方广锠依据敦煌文献中众多中华撰著及汉译典籍，提出隋唐时期敦煌存在"佛教十宗"，并通过对敦煌佛教文献的整体性分析，判断敦煌汉传佛教并没有明显的宗派性。⑤

杨富学、王书庆指出敦煌文献对唐初创立的禅宗东山法门多有反映，证明该法门对敦煌禅修影响很大。⑥李尚全认为敦煌本《修心要论》表明四祖道信和五祖弘忍师徒在湖北黄梅创立的禅法，顿悟与渐修合一，是由发菩提心、藉教悟宗、打坐实修和事上磨炼四大环节组成的修学体系，并把儒家"内圣外王"理论佛教化，标志着禅宗的创立。⑦杨富学、王书庆也依据敦煌文献对道信禅法的内容以及流传进行了考察。⑧方广锠对敦煌

---

① 安忠义：《甘肃省博物馆藏〈报父母恩重经变〉研究》，《丝绸之路》2003年，第48—51页。
② 王友奎：《敦煌写本〈咒魅经〉研究》，《敦煌研究》2012年第2期。
③ 张小艳：《敦煌本〈盂兰盆经赞述〉两种辨正》，《文献》2014年第6期。
④ 张涌泉、罗慕君：《俄藏未定名〈八阳经〉残片考》，《敦煌研究》2014年第3期。
⑤ 方广锠：《隋唐敦煌汉传佛教的宗派问题》，《西南民族大学学报》2017年第6期。
⑥ 杨富学、王书庆：《东山法门及其对敦煌禅修的影响》，《中国禅学》第2卷，中华书局2003年版，第67—76页。同参氏著《敦煌佛教与禅宗研究论集》，香港天马出版有限公司2006年版，第151—168页。
⑦ 李尚全：《敦煌本〈修心要论〉：禅宗创立的文献根据》，《南京晓庄学院学报》2014年第1期。
⑧ 杨富学、王书庆：《从敦煌文献看道信禅法》，段文杰、茂木雅博主编：《敦煌学与中国史研究论集——纪念孙修身先生逝世一周年》，甘肃人民出版社2001年版，第416—420页。

遗书中发现的8世纪上半叶写本《成唯识论述记解前杂叙（拟）》进行了探讨，指出当时僧人"讥谤"达摩的方法之一，认为可能正是达摩传法的合法性在当时受到了质疑，达摩不得不以"教外别传"应之。① 王志鹏和王定勇分别从以敦煌佛曲和歌辞为代表的文学作品中发现了不少反映唐代禅宗传播史的重要资料，并对唐代敦煌地区禅宗的流传和发展进行了讨论。②

宗舜依据 BD00791（月091，北7119）中涉及的吐蕃赞普、弥勒禅法等信息，认为8世纪左右敦煌受吐蕃的影响，曾流行吐蕃地区特有的弥勒禅法。③ 张亚莎对禅宗在吐蕃统治区的传播进行了梳理，认为吐蕃禅宗传承活动的中心区域在藏语称作"玛域"（青海东部之黄河流域），即吐蕃时期称作"宗哥"（讼割）的地方，10世纪以后，该地遂成为后弘期下路弘法传承的策源地。④ 朱丽霞依据8—9世纪禅宗僧人摩诃衍入吐蕃弘传佛法，而敦煌出土的藏文禅宗文献也集中形成于这一时期，判断禅宗在吐蕃时期很活跃。她还考证了8—9世纪传入吐蕃的禅宗派别。⑤ 牛宏依据敦煌藏文禅宗文献探讨"吐蕃禅宗"的说法，并通过禅宗文献翻译、整理及应用的材料，进一步分析了"吐蕃禅宗"的表现形式及其内部关系，从文献角度揭示藏汉佛教文化交流、融合的历史过程。⑥ 杨富学、王书庆《蜀地禅宗之禅法及其特点——以敦煌写本〈历代法宝记〉为中心》⑦《〈传法宝记〉所见达摩祖衣传承考辨》⑧ 和《〈传法宝记〉的作者及其禅学思想》⑨

---

① 方广锠：《一条达摩入华的另类资料》，《敦煌研究》2017年第5期。
② 王志鹏：《从敦煌歌词看唐代敦煌地区禅宗的流传和发展》，《敦煌研究》2005年第6期。王定勇：《从敦煌佛曲看唐代禅宗的传播》，《宗教学研究》2005年第3期。
③ 宗舜：《敦煌写卷所揭"弥勒禅"之初探——北京图书馆藏月091（7119）号卷子解读之一》，《戒幢佛学》第二卷，岳麓书社2002年版，第130—144页。
④ 张亚莎：《吐蕃时期的禅宗传承》，《西藏民族学院学报》2004年第1期。
⑤ 朱丽霞：《8—9世纪流传于吐蕃的禅宗派别考——兼论宁玛派与禅宗的思想渊源》，《西藏研究》2004年第2期。
⑥ 牛宏：《论敦煌藏文禅宗文献中的"吐蕃禅宗"》，《宗教学研究》2014年第1期。
⑦ 杨富学、王书庆：《蜀地禅宗之禅法及其特点——以敦煌写本〈历代法宝记〉为中心》，《周绍良先生纪念文集》，北京图书馆出版社2006年版，第435—443页。
⑧ 杨富学、王书庆：《〈传法宝记〉所见达摩祖衣传承考辨》，《敦煌学辑刊》2006年第3期。
⑨ 杨富学、王书庆：《〈传法宝记〉的作者及其禅学思想》，《敦煌研究》2006年第5期。

分别就禅宗的特点、传承脉络和思想等方面进行了讨论。

关于戒律和律宗的研究，转型期开始出现带总结性的成果。湛如《敦煌佛教律仪制度研究》[1]，通过对敦煌文书中的小乘律典、大乘律典以及相关佛教文书的文本分析，着重从教制史研究的视角出发，来探讨国际佛学界所关注的律仪制度问题，并对佛教中国化、印度佛教与中国文化思想的关系等重大问题，提出许多富有启发性的论点。白文固利用敦煌文献中的戒牒重点对唐宋时期的戒牒和六念牒管理制度进行考述。[2] 黄征和宗舜对王伯敏所藏敦煌唐写本道宣《四分律删繁补阙行事钞》的拟题、传承、真伪、抄写时间等问题作了较为充分的考察。[3] 湛如以 P.2984V 号卷子为中心，讨论了该戒律的主要受戒对象，并以该卷的五戒仪轨为底本对照其他卷子的受戒形式，分析其差异，该文还从受戒时间、内容上分析了受戒仪轨存在差异的原因。[4] 彭瑞花根据李华撰《荆州南泉大云寺故兰若和尚碑》对惠真的律学行迹加以考证，论证了敦煌本《佛说善信菩萨二十四戒经》为惠真编写并流传于世，并探讨了他在不同时期所研习弘扬的不同戒律和主要律学思想。[5] 近年，张涌泉、张磊、胡方方还对敦煌本《四分律》和国图藏敦煌本《四分比丘尼戒本》残卷进行了缀合。[6]

在僧团的持戒方面，魏迎春《晚唐五代敦煌佛教教团的戒律和清规研究》[7]，认为敦煌佛教戒律与清规的制定和施行有其自身原因和特点。郑炳

---

[1] 湛如：《敦煌佛教律仪制度研究》，中华书局 2011 年版。
[2] 白文固：《唐宋时期戒牒和六念牒管理制度》，《青海社会科学》2005 年第 2 期。
[3] 黄征：《王伯敏先生藏敦煌唐写本〈四分律小抄一卷〉（拟）残卷研究》，段文杰、茂木雅博主编：《敦煌学与中国史研究论集——纪念孙修身逝世一周年》，甘肃人民出版社 2001 年版，第 163—167 页。宗舜：《〈王伯敏先生藏敦煌唐写本《四分律小抄一卷》（拟）残卷研究〉商榷》，《戒幢佛学》第三卷，岳麓书社 2005 年版，第 416—434 页。
[4] 湛如：《居家律范——从 P.2984V 看敦煌的檀越戒仪形态》，《敦煌研究》2017 年第 1 期。
[5] 彭瑞花：《惠真与敦煌本〈佛说善信菩萨二十四戒经〉及其他律学行迹考》，《西北民族大学学报》2014 年第 3 期。
[6] 张涌泉、胡方方：《敦煌残卷缀合研究——敦煌本〈四分律〉残卷缀合研究》，《浙江社会科学》2015 年第 6 期。张磊、胡方方：《国图藏敦煌〈四分比丘尼戒本〉残卷缀合研究》，《宗教学研究》2015 年第 4 期。
[7] 魏迎春：《晚唐五代敦煌佛教教团的戒律和清规研究》，上海古籍出版社 2015 年版。另可参阅郑炳林、魏迎春《晚唐五代敦煌佛教教团的戒律和清规》，《敦煌学辑刊》2004 年第 2 期。

林、魏迎春对晚唐五代敦煌教团的科罚制度研究做了具体考察。[1] 魏迎春、郑炳林分析了晚唐五代敦煌僧尼违戒蓄财的社会原因。[2] 高启安指出唐五代的敦煌僧人在饮食方面虽有与佛教戒律相违背的行为，但尚能保证持不食肉戒。[3] 潘春辉则对唐宋敦煌僧人违戒原因进行了探讨。[4]

密宗方面，李小荣《敦煌密教文献论稿》[5]，主要以敦煌文献为中心对唐代密宗信仰进行了讨论，几乎囊括了所有敦煌密教文献的介绍和研究，以至于有"敦煌文献密宗信仰研究的开创之作"之赞誉。赵晓星《吐蕃统治时期敦煌密教研究》[6]，整理了吐蕃统治敦煌时期的持明经典，并将其分为佛顶、宿曜、诸菩萨、金刚明王天部、诸陀罗尼法、诸经仪轨六个类别，在每种经典后列出了敦煌文献编号，最后总结了蕃占时期敦煌流行的持明密典的特点。侯冲认为《坛法仪则》和敦煌抄本《金刚顶迎请仪》《金刚顶修习瑜伽仪》的组合，是密教中国化的表现，奠定了宋代以后汉地瑜伽教的格局。[7] 这一思路是将藏经洞保存的密宗信仰文献置于一个更长时段的历史背景中去讨论，对原有仅就唐代密宗传播与影响进行讨论的做法是一个很大的突破，使得我们清晰地看到敦煌佛教仪式文献并不是孤立的，而是与宋代以后佛教的发展密切相关。这也提示我们应该将更多的敦煌佛教文献置于更广阔的历史背景下去进行研究，才能更清晰而全面地看出敦煌文献在中国佛教发展史上的地位。

关于三阶教的研究，在转型期也出现了带有总结性的成果。张总由对陕西淳化金川湾三阶教刻经石窟的关注而进入三阶教史的研究领域[8]，其

---

[1] 郑炳林、魏迎春：《晚唐五代敦煌教团的科罚制度研究》，《敦煌研究》2004年第2期。
[2] 魏迎春、郑炳林：《晚唐五代敦煌佛教教团僧尼违戒蓄财研究》，《敦煌学辑刊》2013年第2期。
[3] 高启安：《唐五代敦煌僧人饮食戒律初探——以"不食肉戒"为中心》，郑炳林主编：《敦煌佛教艺术与文化论文集》，兰州大学出版社2002年版。
[4] 潘春辉：《唐宋敦煌僧人违戒原因述论》，《西北师大学报》2005年第5期。
[5] 李小荣：《敦煌密教文献论稿》，人民文学出版社2003年版。张涌泉：《敦煌文献密宗信仰研究的开创之作——再读〈敦煌密教文献论稿〉》，《敦煌研究》2004年第2期。
[6] 赵晓星：《吐蕃统治时期敦煌密教研究》，甘肃教育出版社2017年版。
[7] 侯冲：《密教中国化的经典分析——以敦煌本〈金刚顶迎请仪〉和〈金刚顶修习瑜伽仪〉为切入点》，吕建福主编：《密教的思想与密法》，中国社会科学出版社2012年版。
[8] 张总、王保平：《陕西淳化金川湾三阶教刻经石窟》，《文物》2003年第5期。

所撰《中国三阶教史——一个佛教史上湮灭的教派》①是中国学者在三阶教研究领域的第一部专著。作者在过去已有研究的基础上，充分利用敦煌文献中的相关资料，并结合近年来新发现的有关考古文物和作者本人田野调查搜集到的材料对三阶教进行了比较系统的研究，全书从历史梳理到思想分析，从修行实践到社会影响，对三阶教做了总结性的研究，为中国三阶教研究者赢得了国际声誉。杨学勇也发表了有关三阶教的系列论文：《三阶教典籍的流传与演变》②，以时间和空间为序，对三阶教典籍的流传情况进行了论述，并从三阶教典籍的内容、版本、性质及引用三阶教教义阐释其他典籍等角度论述了三阶教典籍的演变情况；《法藏敦煌文献P.2550号与三阶教的斗争问题》③，利用P.2550号所载三阶教某禅师行状的内容，对三阶教遭受佛教内部非难的史实以及三阶教内部党争的问题进行了详细分析，指出僧邕派与裴玄证派之间的差异；《也谈〈佛说要行舍身经〉与三阶教的关联》④，认为三阶教典籍目录乃至相关资料未曾提及类似《舍身经》的典籍，而且三阶教教义中没有对舍身的相关论述，没有任何证据能证明《舍身经》是一部宣传三阶教教义的经典，就目前资料看来其与三阶教没有什么关联。梁旭澍、王海云、王惠民认为敦煌研究院藏D135是三阶教文献，但其内容不能与现存的三阶教文献相对应，并推测D135可能是《三阶观法略释》的一部分。⑤王惠民围绕P.2550《略说禅师本末》所反映的三阶教教徒的宗教活动进行论述，并结合其他文献讨论三阶院的结构与功能，为三阶教遭到禁断提供了的背景资料。⑥陈明、王惠民对敦煌龙兴寺等寺院藏的三阶教经典进行了统计和研究。⑦

---

① 张总：《中国三阶教史——一个佛教史上湮灭的教派》，社会科学文献出版社2013年版。相关书评，参阅严耀中《汇集着多科知识和探索空间的〈中国三阶教史〉》，《世界宗教研究》2013年第5期。
② 杨学勇：《三阶教典籍的流传与演变》，《敦煌学辑刊》2011年第2期。
③ 杨学勇：《法藏敦煌文献P.2550号与三阶教的斗争问题》，《宗教学研究》2013年第1期。
④ 杨学勇：《也谈〈佛说要行舍身经〉与三阶教的关联》，《敦煌学辑刊》2016年第3期。
⑤ 梁旭澍、王海云、王惠民：《敦煌研究院藏三阶教文献〈三阶观法略释〉残卷》，《敦煌研究》2013年第4期。
⑥ 王惠民：《P.2550〈略说禅师本末〉所反映的三阶教实践活动》，《敦煌吐鲁番研究》第十五卷，上海古籍出版社2014年版，第231—256页。
⑦ 陈明、王惠民：《敦煌龙兴寺等寺院藏三阶教经籍》，《敦煌研究》2014年第2期。

宗教仪式的研究在转型期取得重要进展。侯冲《中国佛教仪式研究——以斋供仪式为中心》①及相关系列论文，在将佛教仪式分为修持仪式和斋供仪式的基础上，结合调查资料，挖掘佛藏经律、敦煌遗书、俄藏黑水城遗书以及传世佛教仪轨文本中相关材料，通过将道安三例、唱导、水陆法会、预修斋供等放在斋僧平台之上进行考察，研究中国佛教斋供仪式的起源、组成、核心内容、分类和程序、最有代表性的斋供仪式和宋代以后影响最深远的斋供仪式。

此外，侯冲还对汉地佛教论义进行了初步探讨。②何剑平认为敦煌遗书中保存的论义文献有助于重构唐代佛教论义的历史面貌。③

敦煌文献中保存的水陆法会资料也在转型期得到了关注。谢生保、谢静利用敦煌文献资料对水陆法会的渊源和形成，以及唐五代时期敦煌地区水陆法会的状况作了论述。④他们还介绍了水陆画的用途、内容及其发展，并用敦煌文献和明清时期的水陆画为资料，论证了敦煌遗画和水陆画的关系。⑤戴晓云对敦煌文献中的水陆法会资料进行了比较系统的梳理，分析了唐五代时期水陆法会的功能特点，认为这一时期的法会与梁武帝时期以及宋以后的法会都有所不同。⑥

王惠民提出《请宾头卢疏》主要在为亡人设斋祈福仪式时使用。⑦王招国考察了敦煌遗书中的道氤《设斋赞愿文》与唐僧一行生前事迹及其与玄宗之关系、道氤生平与著作，以及在唐代斋会等方面的价值。⑧刘传启讨论了十王斋活动的规模、营办者的身份、营办的流程以及儒释道三家在

---

① 侯冲：《中国佛教仪式研究——以斋供仪式为中心》，上海古籍出版社2018年版。
② 侯冲：《汉地佛教的论义——以敦煌遗书为中心》，《世界宗教研究》2012年第1期。
③ 何剑平：《佛教论义的记录本及其东传——以敦煌遗书及日本的维摩会为中心》，《敦煌吐鲁番研究》第十六卷，上海古籍出版社2016年版，第35—57页。
④ 谢生保、谢静：《敦煌文献与水陆法会——敦煌唐五代时期水陆法会研究》，《敦煌研究》2006年第2期。
⑤ 谢生保、谢静：《敦煌遗画与水陆画——敦煌唐五代时期水陆法会研究之二》，《敦煌研究》2006年第4期。
⑥ 戴晓云：《水陆法会的功能在唐五代的嬗变》，《敦煌学辑刊》2019年第2期。
⑦ 王惠民：《敦煌写本〈请宾头卢疏〉考察》，《敦煌学辑刊》2006年第2期。
⑧ 王招国：《敦煌遗书所见道氤〈设斋赞愿文〉及其研究价值》，《华东师范大学学报》2016年第1期。

十王斋活动中扮演的角色等问题。① 黄维忠对8—9世纪的敦煌藏文发愿文的分类、内容及与汉文发愿文和敦煌法事活动的关系进行了考察。②

佛教信仰方面，湛如讨论了敦煌文献中的净土教赞文，尤其对赞文反映出净众法门和法照思想之间的联系做了详细的说明。③ 张先堂在上一阶段探索净土念佛法门在敦煌流行的基础上，进一步对创立、弘传净土五会念佛法门的主要人物唐代净土教宗师法照做了研究。④ 杨明芬《唐代西方净土礼忏法研究：以敦煌莫高窟净土信仰为中心》⑤，重点探讨了西方净土礼忏法及其在敦煌的流行情况，并进而深入考察了净土礼忏法、净土思想和莫高窟壁画的关系。盛会莲对《礼阿弥陀佛文》作了校勘，指出《大正藏》本和敦煌本应该有共同的底本，为净土思想的探讨提供了文献基础。⑥ 何剑平由敦煌文物材料入手，从写经和礼忏仪式等方面，对民间的维摩诘信仰进行了考察。⑦

党燕妮先后发表系列论文⑧，分别考察了敦煌的十王信仰、文殊信仰、宾头卢信仰、毗沙门天王信仰、海龙王信仰、药师佛信仰等的源流、传播

---

① 刘传启：《敦煌十王斋的营办》，《乐山师范学院学报》2018年第1期。
② 黄维忠：《从敦煌藏文文献看发愿文的界定》，《敦煌学辑刊》2005年第2期；同氏《敦煌藏文发愿文研究综述》，《敦煌学辑刊》2007年第1期；同作者《8—9世纪藏文发愿文研究——以敦煌藏文发愿文为中心》，民族出版社2007年版。
③ 湛如：《敦煌净土教赞文考辨》，同氏主编《华林》第1卷，中华书局2001年版，第183—203页。另可参阅同作者《论净众禅门与法照净土思想的联系——以大乘净土赞为中心》，郝春文主编：《敦煌文献论集——纪念敦煌藏经洞发现一百周年国际学术研讨会论文集》，辽宁人民出版社2001年版，第508—525页。
④ 张先堂：《唐代净土教宗师法照与五台山、并州关系新探》，《敦煌研究》2003年第3期；《观相念佛：盛唐至北宋一度流行的净土教行仪——敦煌写本〈佛说相好经〉新探》，《敦煌研究》2005年第5期。
⑤ 杨明芬：《唐代西方净土礼忏法研究：以敦煌莫高窟净土信仰为中心》，民族出版社2007年版。
⑥ 盛会莲：《〈礼阿弥陀佛文〉校勘记》，《敦煌研究》2005年第2期。
⑦ 何剑平：《作为民间写经和礼忏仪式的维摩诘信仰》，《敦煌学辑刊》2005年第4期。
⑧ 党燕妮：《晚唐五代敦煌的十王信仰》，《麦积山石窟艺术文化论文集（下）——2002年麦积山石窟艺术与丝绸之路佛教文化国际学术研讨会论文集》，兰州大学出版社2004年版；《五台山文殊信仰及其在敦煌的流传》，《敦煌学辑刊》2004年第1期；《宾头卢信仰及其在敦煌的流传》，《敦煌学辑刊》2005年第1期；《毗沙门天王信仰在敦煌的流传》，《敦煌研究》2005年第3期；《晚唐五代敦煌地区的海龙王信仰》，郑炳林主编：《敦煌归义军史专题研究三编》，甘肃文化出版社2005年版，第271—291页；《中古时期敦煌地区的药师佛信仰》，《南京晓庄学院学报》2013年第6期。

及在敦煌地区的流传情况。这些研究揭示出在佛教中国本土化、社会化、民间化的大环境下，敦煌佛教信仰具有广泛的普遍性和兼容性，且带有鲜明的实用性和功利性特点。

刘萨诃信仰继续得到关注。尚丽新认为，刘萨诃的材料是史实与传说的混合物，而且越到后期，传说的成分越大。① 吴浩军则将刘萨诃信仰的研究扩展到酒泉地区进行讨论，并针对其中文化资源的利用提出了看法。② 方广锠通过收集敦煌遗书乃至现代流传本《刘师礼文》及其后代变种16种，梳理其异本，探讨其演化。③ 钟静美为《刘萨诃和尚因缘记》提供了一个新校本——羽698号。④

郑炳林提出当时敦煌地区《大般若经》信仰风气是由官府推动下形成，认为这是敦煌的世俗佛教经典信仰的特点——从实用功利的角度对待作为镇国之宝的佛教经典，而不是以纯粹信仰的心理供奉经典。⑤ 董大学通过对敦煌遗书等出土文献中《金刚经》及其相关的资料的梳理，指出《金刚经》信仰存在仪式化倾向，而且此种倾向至少可以追溯至唐代中后期。⑥ 李翎、马德通过译经和敦煌地区当时流行的白伞盖抄本印画，认为至少在8世纪汉地白伞盖信仰就已经广泛传播。⑦

公维章认为唐宋时期作为专指敦煌城的"城隍"在社会生活中占有重要地位，这是因为敦煌城及周边城市不时地遭到外族入侵所致。而敦煌的城隍神信仰并不甚流行，原因是敦煌盛行毗沙门天王信仰，毗沙门天王已

---

① 尚丽新:《"敦煌高僧"刘萨诃的史实与传说》，《西南民族大学学报》2007年第4期。另可参阅同作者《刘萨诃信仰解读——关于中古民间佛教信仰的一点探索》，《东方丛刊》2006年第3期；《高僧刘萨诃的传说》，《文史知识》2006年第5期。
② 吴浩军:《酒泉刘萨诃资料辑释》，《敦煌学辑刊》2008年第2期；《河西刘萨诃佛教文化资源及其经营发展策略》，《河西学院学报》2013年第1期。
③ 方广锠:《谈〈刘师礼文〉的后代变种》，《华东师范大学学报》2016年第1期。
④ 钟静美:《敦煌写本〈刘萨诃和尚因缘记〉》，《鸭绿江》2016年第5期。
⑤ 郑炳林:《晚唐五代敦煌地区〈大般若经〉的流传与信仰》，《敦煌归义军史专题研究三编》，第148—176页。
⑥ 董大学:《论唐代〈金刚经〉信仰之仪式化倾向——以敦煌文献为中心的考察》，《华东师范大学学报》2017年第1期。
⑦ 李翎、马德:《敦煌白伞盖信仰及相关问题》，《敦煌学辑刊》2013年第3期。

经代替了城隍神，担当起了护卫敦煌平安的使命，成为敦煌的保护神。①

一些疑伪经中反映出的民间信仰等问题也得到了关注。张子开依据《普贤菩萨说证明经》等资料认为敦煌地区的普贤信仰与当时的民族组成、政治气候、民众文化水平、民间信仰等方面有着密切关系，经过了民族化、政治化、通俗化和信仰本土化后的敦煌普贤信仰已然在一定程度上民间化，成为具有浓郁中土色彩的中国佛教信仰了。②张子开、张琦认为敦煌文献《救助众生一切苦难经》并非产生于吐蕃占领敦煌之后，而是诞生于安史之乱时期的相魏之地，目的是祛除面临的战祸。③

冀志刚认为敦煌地区的燃灯活动具有广泛的社会性，其中尤以正月的建福燃灯、上元燃灯和腊月的腊八燃灯最为重要，这些燃灯仪式与民间辞旧迎新、欢庆娱乐的喜庆活动联系在一起，对佛教信仰的进一步普及和深化起到了推动作用。④张先堂对敦煌研究院藏 D0218 号残卷做了释录，考证其为唐五代敦煌俗家弟子诵经录，反映了唐五代俗家弟子的结社诵经、试经活动。⑤

佛教灵验记是反映佛教信仰的重要资料。杨宝玉《敦煌本佛教灵验记校注并研究》⑥，将抄写于 60 多个卷子上的 17 种灵验记分类逐一做了校录与注释，为人们使用这些文本提供了方便。

关于敦煌佛教与社会的关系，郝春文、陈大为《敦煌佛教与社会》⑦，是第一部通论敦煌佛教与社会的专著，主要依据敦煌藏经洞出土资料和敦煌石窟资料考述了敦煌的佛教概况和僧团、寺院、僧尼、寺院依附人口以及敦煌石窟与社会的关系等问题。马德、王祥伟从敦煌佛教的社会性质、社会活动、社会内容、社会功能、社会作用、社会意义等各个方面，深入

---

① 公维章：《唐宋间敦煌的城隍与毗沙门天王》，《宗教学研究》2005 年第 2 期。
② 张子开：《敦煌普贤信仰考论》，《山东大学学报》2006 年第 4 期。
③ 张子开、张琦：《映照安史之乱的唐代民间弥勒信仰实物——敦煌写本〈救助众生一切苦难经〉新探》，《西南民族大学学报》2009 年第 1 期。
④ 冀志刚：《燃灯与唐五代敦煌民众的佛教信仰》，《首都师范大学学报》2003 年第 5 期。
⑤ 张先堂：《一件珍贵的唐五代敦煌俗家弟子诵经录——敦煌研究院藏 D0218 号残卷新探》，《敦煌研究》2013 年第 6 期。
⑥ 杨宝玉：《敦煌本佛教灵验记校注并研究》，甘肃人民出版社 2009 年版。
⑦ 郝春文、陈大为：《敦煌佛教与社会》，甘肃教育出版社 2013 年版。

探讨了古代敦煌石窟佛教的社会化性质及其发展。① 杨发鹏试图通过对当时敦煌僧尼人口和其他地区僧尼人口的比较来评估敦煌佛教在全国的地位。② 陈双印、赵世金主要从敦煌地区军事阶层（将领、士卒）与佛教信仰的关系作为出发点，讨论了他们信仰佛教的目的、方式以及信仰的对象。③ 杜正乾结合敦煌文献对唐代病坊的设置时间、职掌、渊源与佛教的关系等问题进行了讨论。④

对寺院的研究，这一阶段也有所进展，以陈大为的成果为多。其专著《唐后期五代宋初敦煌僧寺研究》⑤ 和相关系列论文⑥，将敦煌僧寺放到中古社会佛教发展的大历史背景中，以敦煌净土寺和龙兴寺为重点，对唐后期五代宋初敦煌僧寺在经济、宗教、公共服务及与世俗政权的关系等问题做了全面考察。对尼寺及僧寺和尼寺的关系，陈大为亦有所关注。其《唐后期五代宋初敦煌僧寺/僧与尼寺/尼贫富状况的比较》⑦，对唐后期五代宋初敦煌僧寺和僧与尼寺和尼贫富状况做了比较，以揭示二者在经济状况乃至生存状态方面的差异；《敦煌僧寺与尼寺之间的往来关系》⑧，从僧寺藏尼经、女尼潜居僧寺、女尼布施僧寺、相互纳赠与助葬、僧团的集体活动等几个方面探讨了敦煌僧寺与尼寺之间的往来关系；《唐后期五代宋初敦煌僧寺、尼寺人口数量的比较》⑨，从多个方面讨论了造成女尼人数众多以

---

① 马德、王祥伟：《中古敦煌佛教社会化论略》，中国社会科学出版社2010年版。另可参看马德《从敦煌看佛教的社会化》，《敦煌学辑刊》2007年第4期。

② 杨发鹏：《论晚唐五代敦煌地区佛教在全国佛教中的地位——以僧尼人口为中心》，《敦煌研究》2011年第1期。

③ 陈双印、赵世金：《归义军时期敦煌地区的佛教与军事关系研究》，《西北民族大学学报》2016年第3期。

④ 杜正乾：《唐病坊表徵》，《敦煌研究》2001年第1期。

⑤ 陈大为：《唐后期五代宋初敦煌僧寺研究》，上海古籍出版社2014年版。

⑥ 陈大为：《论敦煌净土寺对归义军政权承担的世俗义务》（一），《敦煌研究》2006年第3期；《论敦煌净土寺对归义军政权承担的世俗义务》（二），《敦煌研究》2006年第5期；《敦煌龙兴寺与其他寺院的关系》，《敦煌学辑刊》2009年第1期。

⑦ 陈大为：《唐后期五代宋初敦煌僧寺/僧与尼寺/尼贫富状况的比较》，《中国社会经济史研究》2009年第4期。

⑧ 陈大为：《敦煌僧寺与尼寺之间的往来关系》，《敦煌研究》2010年第3期。

⑨ 陈大为：《唐后期五代宋初敦煌僧寺、尼寺人口数量的比较》，《中国经济史研究》2012年第1期。

至僧尼比例差距拉大的原因。陈大为和陈卿还对敦煌金光明寺做了个案考察。①

对敦煌僧官进一步考察，以王祥伟成果最为集中。其《吐蕃归义军时期敦煌寺院纲管新论》②，认为僧官设立以后逐渐向寺院纲管体系渗透，伴随着僧政、法律、判官等僧官的寺职化，吐蕃归义军时期敦煌寺院的纲管由原来的寺主、上座、维那组成的三纲体制演变为由寺级僧政、法律、判官、寺主、上座、维那组成的新的六纲体制；《敦煌都司的设置考论》③，认为都司是吐蕃统治敦煌早期，在蕃汉民族矛盾突出、吐蕃推行宗教制度改革等的背景下，为了更好地管理敦煌地区的佛事事务及对当地蕃汉军民进行有效的管理而设置的一个机构；《吐蕃归义军时期敦煌寺院的"司"名机构探论》④，认为吐蕃归义军时期敦煌寺院中设立的诸"司"，其中有的机构等同于寺院仓司机构负责管理着寺院的斛斗等财物，有的机构虽然掌管着寺院的部分斛斗等财物，但其与仓司有别而主要是负责其他相关事宜。陆离则重新考察了吐蕃时期的僧官制度。⑤ 赵青山对作为僧职的判官做了考察，认为这一职务对于认识敦煌僧官体系特色和中国僧官制度具有重要意义。⑥

关于寺院经济，张久献、段小强提出吐蕃和归义军的寺院田庄模式与中原极为相似，为不完全之田庄。⑦ 罗彤华探讨了敦煌便物历的形式和性质、便物历所反映的便物人与寺院放贷、借贷数量与寺院放贷、借贷利率与寺院放贷等问题。⑧ 荣新江《于阗花毡与粟特银盘——九、十世纪敦煌

---

① 陈大为、陈卿：《唐宋时期敦煌金光明寺考》，《敦煌学辑刊》2016年第2期；陈大为、陈卿：《敦煌金光明寺与世俗社会的关系》，《敦煌研究》2017年第5期。
② 王祥伟：《吐蕃归义军时期敦煌寺院纲管新论》，《甘肃社会科学》2008年第6期。
③ 王祥伟：《敦煌都司的设置考论》，《敦煌研究》2013年第2期。
④ 王祥伟：《吐蕃归义军时期敦煌寺院的"司"名机构探论》，《敦煌研究》2014年第1期。
⑤ 陆离：《吐蕃僧官制度试探》，《华林》第3卷，中华书局2004年版，第77—90页。
⑥ 赵青山：《唐末宋初僧职判官考——以敦煌文献为中心》，《敦煌学辑刊》2013年第1期。
⑦ 张久献、段小强：《晚唐五代敦煌寺院与中原田庄比较研究》，《西北民族研究》2005年第2期。
⑧ 罗彤华：《从便物历论敦煌寺院的放贷》，郝春文主编：《敦煌文献论集》，辽宁人民出版社2001年版，第436—475页。

寺院的外来供养》①，用列表的方式介绍了敦煌寺院的外来供养物。郑炳林以敦煌文书P.3047《吐蕃占领敦煌时期乾元寺科香帖》②为中心，对晚唐五代敦煌寺院对香料的科征和寺院香料消费情况进行了探讨。苏金花则探讨了唐五代敦煌寺院畜牧业发展的特点。③ 江岚指出吐蕃归义军时期敦煌尼寺赚取的物品种类主要以粮食作物为主，油、布等粗加工产品都很少，尼寺所能获取的施舍和法事收入都很少，并对其原因进行了讨论。④ 陈双印、张郁萍对晚唐五代敦煌僧人利用出使于阗、西州和敦煌南山以及张掖甘州回鹘政权的机会从事经商牟利的情况做了考察。⑤ 袁德领《归义军时期莫高窟与敦煌寺院的关系》⑥ 和郭永利《晚唐五代敦煌佛教寺院的纳赠》⑦ 分别对敦煌寺院的"纳官"和"纳赠"做了考察。

王祥伟《吐蕃至归义军时期敦煌佛教经济研究》⑧ 及相关系列论文对吐蕃和归义军政权对敦煌寺院经济的管制⑨、敦煌寺院中的管理运营（包括管理机构、管理方式、合算等经济手段）做了专题研究⑩。郁晓刚对敦

---

① 荣新江：《于阗花毡与粟特银盘——九、十世纪敦煌寺院的外来供养》，《寺院财富与世俗供养——佛教物质文化国际学术研讨会论文集》，上海书画出版社2003年版，第246—260页。

② 郑炳林：《晚唐五代敦煌寺院香料的科征与消费——读〈吐蕃占领敦煌时期乾元寺科香帖〉札记》，《敦煌学辑刊》2011年第2期。

③ 苏金花：《试论唐五代敦煌寺院畜牧业的特点》，《中国经济史研究》2014年第4期。

④ 江岚：《试论吐蕃归义军时期敦煌尼寺常住财产的收入》，《敦煌学辑刊》2008年第1期。

⑤ 陈双印、张郁萍：《晚唐五代敦煌僧人在中西经济活动中的作用》，《敦煌学辑刊》2014年第4期。

⑥ 袁德领：《归义军时期莫高窟与敦煌寺院的关系》，《敦煌研究》2000年第3期。

⑦ 郭永利：《晚唐五代敦煌佛教寺院的纳赠》，《敦煌学辑刊》2005年第4期。

⑧ 王祥伟：《吐蕃至归义军时期敦煌佛教经济研究》，中华书局2015年版。

⑨ 王祥伟：《试论吐蕃政权对敦煌寺院经济的管制——敦煌世俗政权对佛教教团经济管理研究之一》，《敦煌学辑刊》2010年第3期；《吐蕃归义军时期敦煌僧侣的占田及税役负担：敦煌世俗政权对佛教教团经济管理研究之二》，《敦煌学辑刊》2011年第2期；《从两件敦煌文书残卷管窥节度使张议潮对寺院经济的管理——敦煌世俗政权对佛教教团经济管理研究之三》，《宁夏社会科学》2011年第4期。

⑩ 王祥伟：《归义军时期敦煌寺院的财产管理研究》，《中国社会经济史研究》2004年第4期；《四柱结算法登载外欠账的方式及其演变》，《中国经济史研究》2019年第3期；《试论吐蕃归义军时期敦煌寺院经济发展的不平衡性——敦煌寺院经济发展规模的量化考察》，《兰州财经大学学报》2009年第1期；《归义军时期敦煌净土寺的财产管理——敦煌寺院财产管理的个案研究》，《中国社会经济史研究》2010年第1期。

煌寺院的判、施舍疏、取抄署、契据等几种会计凭证的形制特点及其在会计核算活动中的使用状况进行了具体辨析，指出敦煌寺院十分重视会计凭证的制作、整理、审核与保管。①

自上一阶段郝春文提出敦煌僧团有居家现象后，转型期这一问题仍得到学界关注。李正宇将相关现象定义为敦煌世俗佛教，并做了系列论证。其《晚唐至北宋敦煌僧尼普听饮酒》②，认为当时敦煌社会僧尼公开饮酒是敦煌佛教世俗化的一大体现；《晚唐至宋敦煌听许僧人娶妻生子——敦煌世俗佛教系列研究之五》③，认为敦煌僧人可以娶妻生子、收养义子等，亦是敦煌世俗佛教特有的内容；《8—11世纪敦煌僧人从政从军》④，指出8—11世纪敦煌僧人可以参与政事、从军征战，认为这种局面的出现是因僧尼皆籍入乡司，悉为编民之故；《再论晚唐五代北宋时期的敦煌佛教》⑤，将敦煌世俗佛教的性质、特点基本上概括为：入世合俗、戒律宽松，既求来世，尤重今生，亦显亦密、亦禅亦净、和合众派、兼容诸宗，诸经皆奉、无别伪真。至于僧尼居家的原因，李正宇从吐蕃佛教、禅宗思想、世俗思想等角度对寺众居家现象的出现原因做了解释。⑥ 石小英则从尼僧多胡人、佛教戒律松弛导致世俗化加重等两个角度思考居家现象的出现。⑦ 武绍卫则提出僧尼居家更多的是僧团严重膨胀、寺院经济衰退，以及地方僧众与世俗家庭关系不曾分割等多种因素合力的结果。⑧

---

① 郁晓刚：《敦煌寺院会计凭证考释》，《敦煌研究》2015年第5期。
② 李正宇：《晚唐至北宋敦煌僧尼普听饮酒——敦煌世俗佛教系列研究之二》，《敦煌研究》2005年第3期。另，李文才《从饮酒看晚唐五代宋初敦煌佛教的世俗化——以S.6452-5号文书为中心的考察》(《陕西师范大学学报》2013年第2期)，亦持类似看法。潘春辉《晚唐五代敦煌僧尼饮酒原因考》(《青海社会科学》2003年第4期)则分析了敦煌僧尼饮酒的原因。
③ 李正宇：《晚唐至宋敦煌听许僧人娶妻生子——敦煌世俗佛教系列研究之五》，《敦煌吐鲁番研究》第9卷，中华书局2006年版，第339—352页。
④ 李正宇：《8至11世纪敦煌僧人从政从军——敦煌世俗佛教系列研究之七》，《敦煌研究》2008年第1期。
⑤ 李正宇：《再论晚唐五代北宋时期的敦煌佛教》，《南京晓庄学院学报》2013年第6期。
⑥ 李正宇：《晚唐至宋敦煌听许僧人娶妻生子——敦煌世俗佛教系列研究之五》，《敦煌吐鲁番研究》第九卷，第339—352页。
⑦ 石小英：《浅析8至10世纪敦煌尼僧居家生活》，《宗教学研究》2016年第2期。
⑧ 武绍卫：《从社会经济角度看唐后期五代宋初敦煌寺众居家原因——兼论唐后期寺众居家现象出现原因》，《中国社会经济史研究》2018年第3期。

沙武田、梁红梳理了第156窟供养像的图像和历史信息，提出该窟洪辩像后的随从是同为敦煌名僧的弟子悟真供养像。① 石小英《八至十世纪敦煌尼僧研究》②，从佛教在敦煌的传播与发展、敦煌尼僧及其教团组织的形成、敦煌尼僧的佛事活动等八个方面对8—10世纪的敦煌尼僧进行专题探讨。霍巍重点对敦煌莫高窟北区石窟的禅窟、僧房窟、瘗窟三种类型石窟的考古发掘情况及其反映出的僧侣生活进行了阐述。③

二　道教

转型期在道教文献整理方面贡献最大者当属王卡。其《敦煌道教文献研究——综述·目录·索引》④和相关系列论文⑤，比定出了很多道教佚经，所著录的道经数量远远超过了大渊忍尔的目录。在《中华道藏》⑥中，还收录了很多经王卡录校或审订的敦煌道经释文。叶贵良《敦煌本〈太玄真一本际经〉辑校》⑦《敦煌本〈太上洞玄灵宝无量度人上品妙经〉辑校》⑧，分别对这两部道经重新做了释录，每件包括提要、录文和校记三个部分，释文比以往有较大提高。结合对道经的整理，叶贵良还对敦煌道经写本语词的来源、系统、构成及其词义的演变做了专题研究，这项工作也

---

① 沙武田、梁红:《敦煌石窟归义军首任都僧统洪辩供养像考——兼论中古佛教僧人生活中的随侍现象》,《敦煌学辑刊》2016年第2期。
② 石小英:《八至十世纪敦煌尼僧研究》,人民出版社2013年版。
③ 霍巍:《荒漠青灯苦行僧——敦煌莫高窟北区石窟考古发掘所见僧侣生活》,《历史教学》2014年第12期。
④ 王卡:《敦煌道教文献研究——综述·目录·索引》,中国社会科学出版社2004年版。
⑤ 王卡:《敦煌道经校读三则》,陈鼓应主编:《道教文化研究》第13辑（敦煌道教文献专号）,第110—129页;《敦煌道经残卷缀合与考订三则》,郝春文主编:《敦煌文献论集》,第581—594页;《唐代道女冠诗歌的瑰宝——敦煌本〈瑶池新咏集〉校读记》,《中国道教》2002年第4期;《中国国家图书馆藏敦煌道教遗书研究报告》,《敦煌吐鲁番研究》第7卷,中华书局2004年版,第345—380页;《敦煌道教综述》,《敦煌与丝路文化学术讲座》2,北京图书馆出版社2005年版,第371—386页;《〈敦煌道教文献研究·目录〉补正》,《敦煌学辑刊》2006年第3期;《两件敦煌道教残片的定名》,《文献》2009年第3期。
⑥ 张继禹主编、王卡常务副主编:《中华道藏》（全49册）,华夏出版社2004年版。
⑦ 叶贵良:《敦煌本〈太玄真一本际经〉辑校》,巴蜀书社2010年版。
⑧ 叶贵良:《敦煌本〈太洞玄灵宝无量度人上品妙经〉辑校》,四川大学出版社2012年版。

有助于敦煌写本道经的整理。①

与其他类别的敦煌文献相比，敦煌道教文献至今未能出现一部囊括全部道教文献的释文集，这是敦煌道教整理的一个缺憾，也是未来应该致力的方向。

窦怀永《敦煌道教文献避讳研究》②，对敦煌道教文献中有明确纪年题记者的避讳情况进行了分析，并尝试用利用写本上避讳文字对无纪年道教文献进行了断代。张泽洪以敦煌道经写本为中心，讨论了唐代《道藏》的编纂与道经的撰写及经法传授的问题。③

在对道教经典的研究方面，新时期冒出的几位新锐在转型期继续发力。④转型期万毅研究的重心是《升玄内教经》所体现的道教"三一"思想。⑤提出《升玄内教经》的"三一"新说反映出南北朝末期道教由注重"炼养身形"的"升仙度世"的昔教目的论，向注重"智慧解脱"的"升玄得道"的"内教"目的论的转变。他还对敦煌本《升玄内教经》与有关佚文进行了讨论，并对文本的顺序进行了排列，考察了该经的南朝道教渊源。⑥

刘屹则主要关注敦煌本《灵宝经目录》所记录的"旧经"和"新经"两组经典成书的时间先后问题。此前，学界的看法大体一致，即21卷已

---

① 叶贵良：《敦煌道经写本与词汇研究》，巴蜀书社2007年版。叶氏的相关论文有《〈俄藏敦煌文献〉道经残卷考述》，张涌泉、陈浩主编：《浙江与敦煌学——常书鸿先生诞辰一百周年纪念文集》，浙江古籍出版社2004年版，第356—370页；《敦煌道经形误字例释》，《敦煌研究》2009年第3期。田启涛也对敦煌道经词语做过研究，参看《也谈道经中的"搏颊"》，《敦煌研究》2012年第4期；《再谈道经中的"搏颊"》，《现代语文》（语言研究版）2012年第10期；《敦煌道经词语例释》，《敦煌研究》2013年第5期。

② 窦怀永：《敦煌道教文献避讳研究》，《敦煌研究》2009年第3期。

③ 张泽洪：《唐代〈道藏〉与敦煌道经》，《西南师范大学学报》2001年第2期。

④ 值得一提的是，集中展现中国学者在敦煌道教文献方面的贡献和风采的是陈鼓应编《道家文化研究》第13辑所收入的诸篇论文。最新的综合性介绍，可参阅刘屹《敦煌道经与中古道教》，甘肃教育出版社2013年版。

⑤ 万毅：《道教〈升玄内教经〉所见"三一"论浅析》，冯达文、张先主编：《信仰·运思·悟道》，中山大学出版社2003年版，第526—551页；《敦煌本〈升玄内教经〉与南北朝末期道教的"三一"新论》，《敦煌研究》2007年第2期；《隋代道教"三一"观新解——敦煌本〈升玄内教经〉与〈玄门大论三一诀〉》，《敦煌研究》2007年第4期。

⑥ 万毅：《敦煌本道教〈升玄内教经〉的文本顺序》，郝春文主编：《敦煌文献论集》，第595—613页；《敦煌本〈升玄内教经〉的南朝道教渊源》，《中山大学学报》2001年第4期。

出"旧经"的成书，要早于 11 卷"新经"。① 刘屹则认为"新经"的成书在整体上要早于"旧经"，并撰写了十余篇相关论文做了系统论证。② 对刘屹的质疑，国内另一位研究古灵宝经的新锐王承文也发表了系列论文回应③，再次从新的方面和角度，论证了传统观点，即"旧经"从东晋隆安

---

① 见大渊忍尔《道教よその经典》，第 116 页；王承文《敦煌本〈太极左仙公请问经〉考论》，收入王承文《敦煌古灵宝经与晋唐道教》，中华书局 2002 年版，第 86—156 页。

② 刘屹：《"元始系"和"仙公系"灵宝经的先后问题——以"古灵宝经"中的"天尊"和"元始天尊"为中心》，《敦煌学》第 27 辑，2008 年，第 275—291 页；《敦煌本"灵宝经目录"研究》，《文史》2009 年第 2 期；《"元始旧经"与"仙公新经"的先后问题——以"篇章所见"古灵宝经为中心》，《首都师范大学学报》2009 年第 3 期；《敦煌本"通门论卷下"（P. 2861.2 + 2256）定名再议》，《文献》2009 年第 4 期；《古灵宝经"未出一卷"考论》，《中华文史论丛》2010 年第 4 期；《古灵宝经出世论——以葛巢甫和陆修静为中心的考察》，《敦煌吐鲁番研究》第 12 卷，上海古籍出版社 2011 年版，第 157—178 页；《向达先生摹抄本〈上元金箓简文〉残卷重识》，《敦煌文献·考古·艺术综合研究——纪念向达先生诞辰 110 周年国际学术研讨会论文集》，中华书局 2011 年版，第 535—548 页；《如何修得上仙？——以古灵宝经中的太极左仙公葛玄为例》，载余欣主编《中古时代的礼仪、宗教与制度》，上海古籍出版社 2012 年版，第 375—391 页；《古灵宝经中的三洞说》，载《庆贺饶宗颐先生九十五华诞敦煌学国际学术研讨会论文集》，中华书局 2012 年版，第 638—651 页；《论古灵宝经"出者三分"说》，载《国学的传承与创新——冯其庸先生从事教学与科研六十周年庆贺学术文集》，上海古籍出版社 2013 年版，第 1249—1261 页；《符文、真文与天文——论"灵宝"概念的不同表现》，《敦煌吐鲁番研究》第 13 卷，上海古籍出版社 2013 年版，第 457—473 页；《敦煌道经断代：道教史研究的新契机》，《中国社会科学报》2014 年 1 月 8 日；《论古灵宝经的神话时间模式——以新经和旧经中"劫"字的使用为中心》，《文史》2011 年第 3 期。同参氏著《六朝道教古灵宝经的历史学研究》，上海古籍出版社 2018 年版。

③ 王承文：《古灵宝经与〈大方广佛华严经〉等佛经关系考释》，《文史》2011 年第 3 期；《古灵宝经"元始旧经"和"新经"的主神考释》，《魏晋南北朝隋唐史资料》第 27 辑，2012 年，第 170—198 页；《敦煌本〈灵宝经目〉与古灵宝经的分类及其内在关系考释——以〈灵宝五篇真文〉与〈道德经〉的关系为中心》，《敦煌学辑刊》2012 年第 3 期；《敦煌本〈灵宝经目〉与古灵宝经的分类及内在关系考释之二——以"三洞经书"观念的传承为中心》，《敦煌学辑刊》2013 年第 2 期；《古灵宝经"元始旧经"和"新经"出世先后考释——兼对刘屹博士系列质疑的答复》，《中山大学学报》2013 年第 2 期；《中古道教"步虚"仪的起源与古灵宝经的分类考释》，《中山大学学报》2014 年第 4 期；《敦煌本〈灵宝经目〉与古灵宝经分类时间逻辑问题论考》，《魏晋南北朝隋唐史资料》第 33 辑，2016 年，第 177—210 页；《敦煌本〈灵宝经目〉与古灵宝经出世论考——兼对古灵宝经出世时间下限的考定》（上篇），《敦煌学辑刊》2016 年第 2 期；《敦煌本〈灵宝经目〉与古灵宝经出世论考——兼对古灵宝经出世时间下限的考定》（下篇），《敦煌学辑刊》2016 年第 3 期；《论六朝道教"葛氏道"与"元始旧经"的关系——对刘屹博士〈六朝道教古灵宝经的历史学研究〉的商榷》，《学术研究》2019 年第 12 期。另可参看其《敦煌古灵宝经与晋唐道教》，中华书局 2002 年版；《汉晋道教仪式与古灵宝经研究》，中国社会科学出版社 2017 年版。

(397—401）年间开始出世并由此延续，而"新经"出世则相对较晚，但在刘宋元嘉十四年（437）陆修静整理古灵宝经之前则已全部出世。目前看两人的看法各有其依据，难分伯仲，但这样的学术讨论无疑加深了人们对古灵宝经的认识。

刘屹还对《太上妙法本相经》的形成过程及其反映的南北道教传统做了探索①，并对《老子化胡经》《老子变化经》《昇玄经》、灵宝经等敦煌道经也做了讨论。②

朱大星《敦煌本〈老子〉研究》③，以敦煌藏经洞所发现的《老子》汉文写卷白文本和注疏本为研究对象，探讨了敦煌本《老子》的文本特征、传本系统、注疏、流传及成书等问题。刘昭瑞《〈老子想尔注〉导读与译注》④，深入浅出地介绍了老子、《老子》及《老子想尔注》的基本情况，并对《老子想尔注》做了详尽的注释和现代汉语翻译。

杨富学、李永平重点分析了甘博所藏《十戒经传授盟文》的内容和性质，认为该件属于道教科戒仪轨文献，作者还对神泉观位置提出了新的推断。⑤ 吴羽以敦煌写本伯2347号为中心对《十戒经》传授盟文的问题源流及其在传授仪式中的功能进行了考论，认为这些盟文在文体上沿

---

① 刘屹：《敦煌本〈太上妙法本相经〉所见南北道教传统之异同》，《出土文献研究》第8辑，上海古籍出版社2007年版，第190—212页。刘屹、刘菊林：《论〈太上妙法本相经〉的北朝特征——以对佛教因素的吸收为中心》，《首都师范大学学报》2007年第3期。

② 刘屹：《唐代道教的"化胡"经说与道本论》，《唐代宗教信仰与社会》，上海辞书出版社2003年版，第84—124页；《试论敦煌本〈化胡经序〉的时代》，《2000年敦煌学国际学术讨论会文集——纪念敦煌藏经洞发现暨敦煌学百年·历史文化卷》（上），甘肃民族出版社2003年版；《化佛与化胡——晋宋道教眼中的佛道关系》，《首都师范大学史学研究》第3辑，首都师范大学出版社2005年版，第139—153页；《敦煌本〈老子变化经〉研究之二——成书年代考订》，《敦煌研究》2001年第4期；《论〈昇玄经〉的文本差异问题》，《文津学志》第1辑，北京图书馆出版社2003年版，第191—206页；《敦煌本〈昇玄经〉经箓传授仪式研究》，《敦煌学》第25辑，2004年，第465—482页；《论〈昇玄经〉的"内教"与"昔教"的关系》，《敦煌吐鲁番研究》第八卷，中华书局2005年版，第45—70页。上列一些论文后收入刘屹《经典与历史——敦煌道教研究论集》，人民出版社2011年版。

③ 朱大星：《敦煌本〈老子〉研究》，中华书局2007年版。

④ 刘昭瑞：《〈老子想尔注〉导读与译注》，江西人民出版社2012年版。

⑤ 杨富学、李永平：《甘肃省博物馆藏道教〈十戒经传授盟文〉》，《宗教学研究》2001年第1期。

袭了先秦盟誓文的传统,但与先秦盟誓文有重要差别。① 朱大星则重点对敦煌本《十戒经》的形成和流传历史进行了论述,认为该件约形成于六朝后期至唐初,其与《道德经》的结合流传带有儒、释、道三教融合的痕迹。②

此外,张鹏《〈敦煌秘笈〉羽 673R 的缀合及金箓斋仪的再探讨》③,认为敦煌本金箓斋仪是实用斋仪文本,与《无上秘要》的记载不同,这种不同反映了金箓斋仪的创制过程,即综合《金箓简文》《明真科》《三元品戒》等灵宝经而形成。郜同麟认为大渊忍尔所著录的四件《太上洞玄灵宝天尊名》写卷本为一卷,即该经上卷,全经应有三卷。④ 刘屹《敦煌道经与中古道教》⑤对敦煌莫高窟发现的各个时期的主要道书的内容、体系、特点、历史地位等进行了详细分析与解读,有助于全面了解和认识汉晋早期的道教、六朝经教道教、唐朝前期经教道教的发展史。

敦煌道教史在转型期仍然得到关注。以刘永明成果最为突出。其《归义军时期的敦煌道教文献与斋醮法事活动》⑥ 和《试论曹延禄的醮祭活动——道教与民间宗教相结合的典型》⑦,对归义军时期的敦煌道经和其他道教文献及其时代做了进一步考察,补充了几件王卡未著录的道教文献。然后备列了归义军时期的斋醮法事活动,指出其时道教活动已与民间宗教

---

① 吴羽:《敦煌写本中所见道教〈十戒经〉传授盟文及仪式考略——以 P. 2347 敦煌写本为例》,《敦煌研究》2007 年第 1 期。
② 朱大星:《敦煌本〈十戒经〉的形成及流传》,《浙江大学学报》2007 年第 3 期。
③ 张鹏:《〈敦煌秘笈〉羽 673R 的缀合及金箓斋仪的再探讨》,《敦煌学辑刊》2016 年第 2 期。
④ 郜同麟:《〈太上洞玄灵宝天尊名〉新探》,《敦煌吐鲁番研究》第 15 卷,上海古籍出版社 2015 年版,第 467—472 页。
⑤ 刘屹:《敦煌道经与中古道教》,甘肃教育出版社 2013 年版。
⑥ 刘永明:《归义军时期的敦煌道教文献与斋醮法事活动》,《敦煌学辑刊》2015 年第 4 期。此外,亦可参阅同作者《唐五代宋初敦煌道教的世俗化研究》,兰州大学博士后出站报告,2006 年;《盛唐时期敦煌的道观问题——兼论经戒传授盟文中的题名方式》,《敦煌学辑刊》2006 年第 4 期;《日本杏雨书屋藏敦煌道教及相关文献研究札记》,《敦煌学辑刊》2010 年第 3 期。
⑦ 刘永明:《试论曹延禄的醮祭活动——道教与民间宗教相结合的典型》,《敦煌学辑刊》2002 年第 1 期。

结合。他还对敦煌占卜文献、历日及镇宅文中的道教因素做了一系列考察[1]，进一步说明道教的因素已经融合到敦煌的日常生活、民间信仰和习俗中。

刘永明之外，杨君《浅论敦煌符箓中的"善鬼护身"观念》[2]和吴羽《敦煌道经及斋文所见道教事师之礼》[3]都关注到仪式文献与道教传播之间的关系。李小荣、钟海波则选择了以敦煌文学作品为对象来讨论道教思想和文化问题。[4]寇凤凯认为《道教中元金箓斋讲经文（拟）》所反映的道教神仙信仰的长生思想处于肉体成仙向精神超脱的转型过程。[5]陈于柱从术数文化视角对敦煌道教研究进行了反思。[6]

三 三夷教

转型期是三夷教研究的收获时期。林悟殊将自己多年研究的成果结集为《唐代景教再研究》[7]《中古三夷教辨证》[8]《中古夷教华化丛考》[9]《敦煌文书与夷教研究》[10]，这些著作和相关系列论文以敦煌三夷教写本为考察

---

[1] 刘永明：《敦煌占卜与道教初探——以P.2859文书为核心》，《敦煌学辑刊》2004年第2期；《敦煌道教的世俗化之路——道教向具注历日的渗透》，《敦煌学辑刊》2005年第2期；《敦煌道教的世俗化之路——敦煌〈发病书〉研究》，《敦煌学辑刊》2006年第1期；《吐蕃时期敦煌道教及相关信仰习俗探析》，《敦煌研究》2011年第4期；《两份敦煌镇宅文书之缀合及与道教关系探析》，《兰州大学学报》2009年第6期；《吐蕃时期敦煌道教及相关信仰习俗探析》，《敦煌研究》2011年第4期。

[2] 杨君：《浅论敦煌符箓中的"善鬼护身"观念》，《敦煌学辑刊》2003年第1期。

[3] 吴羽：《敦煌道经及斋文所见道教事师之礼》，《敦煌研究》2005年第1期。

[4] 李小荣：《略论变文讲唱中道教之长生思想的来源与表现》，《楚雄师专学报》2002年第4期；《敦煌道教文学研究》，巴蜀书社2009年版。钟海波：《敦煌讲唱文学中的道教文化》，《西北工业大学学报》2004年第1期。

[5] 寇凤凯：《〈道教中元金箓斋讲经文（拟）〉长生成仙研究》，《重庆科技学院学报》2009年第5期。

[6] 陈于柱：《何谓"道教的"——术数文化视域下的敦煌道教研究省思》，《史学论衡》，2012年，第277—284页。

[7] 林悟殊：《唐代景教再研究》，中国社会科学出版社2003年版。

[8] 林悟殊：《中古三夷教辨证》，中华书局2005年版。另可参阅殷小平、张小贵《脱俗求真锲而不舍——〈中古三夷教辨证〉读后》，《书品》第六辑，中华书局2005年版，第49—56页。

[9] 林悟殊：《中古夷教华化丛考》，兰州大学出版社2011年版。

[10] 林悟殊：《敦煌文书与夷教研究》，上海古籍出版社2011年版。

对象，探讨了写本之真伪、内容或其产生之背景原因等，代表了中国三夷教研究的最高水准，也得到了世界学术界公认。姚崇新、王媛媛、陈怀宇《敦煌三夷教与中古社会》①，属于通论性著述，主要关注点是宗教的产生、传播、在敦煌和中原的境遇及与当地社会的关系等问题。

除了综合性成果，关于祆教、景教和摩尼教的专题研究也有不少成果。

祆教方面，濮仲远主要利用敦煌文书对唐宋时期民众的种种赛神活动、赛神仪式加以考释，并论及了归义军政府和佛教寺院对赛神活动的支持。② 解梅对敦煌赛祆活动仪式及其在敦煌乃至中原的流变做了梳理。③ 赵洪娟指出晚唐五代祆教"赛祆"仪式节俗已与敦煌的地方节庆习俗融合，并对融合的原因及其对中国节日习俗影响做了分析。④ 张小贵《唐伊吾祆庙"素书"非塑像辨》⑤，考察了古汉语中"素"字用法及相关敦煌文献记载的具体语境，认为无论素书或素画，皆应指该庙中所供祀的祆神素描画像，而不是彩绘塑像。同作者之《敦煌文书〈儿郎伟〉与祆教关系辨析》⑥，认为无论从具体含义还是书写格式或使用语境，儿郎伟与中古波斯语 nīrang 均未见有实质性的联系，其中驱傩《儿郎伟》所记"部领安城大祆"一句表明，安城大祆成为某支驱傩队伍的主神，反映了敦煌地区一度盛行的祆神崇拜业已融入当地民间的传统信仰。

景教方面，彭金章认为宋、西夏、元代的敦煌有景教徒存在，而早年藏经洞发现的9—11世纪的7件景教文献、画幡，无疑是当时敦煌有景教徒的证据。⑦ 王兰平认为 P.3847《尊经》尾跋创作时间当与

---

① 姚崇新、王媛媛、陈怀宇：《敦煌三夷教与中古社会》，甘肃教育出版社2013年版。另可参阅王媛媛《从波斯到中国——摩尼教在中亚和中国的传播》，中华书局2012年版。陈怀宇《景风梵声——中古宗教之诸相》，宗教文化出版社2012年版。相关评述文章，可参阅刘全波、胡康《〈敦煌三夷教与中古社会〉评介》，《世界宗教研究》2015年第5期。
② 濮仲远：《唐宋时期敦煌赛神风俗考略》，《青海师专学报》2005年第2期。
③ 解梅：《唐五代敦煌地区赛祆仪式考》，《敦煌学辑刊》2005年第2期。
④ 赵洪娟：《从晚唐五代敦煌"赛祆"探祆教习俗与中国节庆风俗的融合》，《宁夏社会科学》2018年第2期。
⑤ 张小贵：《唐伊吾祆庙"素书"非塑像辨》，《中华文史论丛》2008年第2期。
⑥ 张小贵：《敦煌文书〈儿郎伟〉与祆教关系辨析》，《西域研究》2014年第3期。
⑦ 彭金章：《敦煌新近发现的景教遗物——兼述藏经洞所出景教文献与画幡》，《敦煌研究》2013年第3期。

《尊经》正文译撰时间大致相当。① 他还对《志玄安乐经》进行了重辑和考释。② 林悟殊通过对《志玄安乐经》的写卷形态、行文特点和内容的分析，认为该经乃古代景教徒之真迹。③ 关于富冈文书（《序听迷诗所经》）和高楠文书（《一神论》），林悟殊依据两件文书的内容与内涵之矛盾，怀疑经文是由教外人根据一些杂乱的经文，抄录凑合而成，是现代人的精抄赝品。④ 王兰平则认为这两件文书未显示出明显的作伪痕迹。⑤

摩尼教方面，曹凌考出敦煌遗书中新发现的 BD9401《佛性经》残片为佛教化摩尼教典籍，或是以摩尼教思想为核心，掺杂佛教因素的具有混合性质的佛典。⑥ 这一发现使敦煌汉文摩尼教文献增加到了四件，是这一时期摩尼教研究的重要突破。马小鹤对摩尼教之"业轮"观及其与宇宙图、《佛性经》之关系进行了探讨。⑦ 胡晓丹构拟了完整的《佛性经》第八品的结构，并分析了摩尼教的传教策略。⑧ 刘屹认为道教《化胡经》中出现"老子化摩尼"是唐代道教要用极端化的"道本论"将摩尼教也归为出于本教，并分析了《摩尼光佛教法仪略》产生的背景和《老子西昇化胡

---

① 王兰平：《再论敦煌景教写本 P.3847〈尊经〉之译撰时间》，《宁波工程学院学报》2014年第3期。

② 王兰平：《日本杏雨书屋藏唐代敦煌景教写本〈志玄安乐经〉释考》，《敦煌学辑刊》2015年第2期。

③ 林悟殊：《景教〈志玄安乐经〉敦煌写本真伪及录文补说》，《华学》第11辑，中山大学出版社2011年版；后收入氏著《敦煌文书与夷教研究》，上海古籍出版社2013年版，第294—323页。

④ 林悟殊：《富冈谦藏氏藏景教〈一神论〉真伪存疑》，《唐研究》第6卷，北京大学出版社2000年版，第67—86页；《景教富冈高楠文书辨伪补说》，《敦煌吐鲁番研究》第8卷，中华书局2005年版，第35—43页；《高楠氏藏景教〈序听迷诗所经〉真伪存疑》，《文史》第55辑，中华书局2001年版，第151—152页。

⑤ 王兰平：《日本杏雨书屋藏富冈文书高楠文书真伪再研究》，《敦煌学辑刊》2016年第1期。另可参阅同作者《日本杏雨书屋藏唐代敦煌景教写本〈序听迷诗所经〉释考》，《敦煌学辑刊》2014年第4期。

⑥ 曹凌：《敦煌遗书〈佛性经〉残片考》，《中华文史论丛》2012年第2期。

⑦ 马小鹤：《摩尼教"业轮"溯源》，《丝瓷之路——古代中外关系史研究》第4辑，商务印书馆2014年版，第155—184页。

⑧ 胡晓丹：《摩尼教佛性经之七苦恼懊悔与五处分配考》，《中华文史论丛》2015年第1期。

经序说》成书时间。① 林悟殊《京藏摩尼经开篇结语辨释》②，认为该经主题内容产生于武则天在位年代（690—705），而写卷的制作不可能早于晚唐。他还对就敦煌摩尼教写卷有关日月神之称谓及其意涵对学界流行的一些观点提出了质疑。③

第二节　敦煌古籍

郝春文等编著的《英藏敦煌社会历史文献释录》（第一卷至第十六卷）④，按照英国国家图书馆馆藏流水号依次对每件敦煌汉文社会历史文献进行释录，其中包括很多敦煌古籍。张弓《敦煌四部籍与中古后期社会的文化情境》⑤，从宏观的视野考察了敦煌四部籍的著述、注疏、节辑、保存和流传情况，认为社会变迁在敦煌典籍中留下诸多"痕迹"，或直接或曲折地呈现出变革时代的某些史相脉络。

一　经部文献

王素《敦煌儒典与隋唐主流文化——兼谈南朝主流文化的"南朝化"问题》⑥，简述敦煌九类儒典的概况，重点在于溯清敦煌儒典的三种源流：前朝旧典、唐代官书、外地新籍，进而探讨了敦煌儒典与南朝主流文化、隋唐主流文化的关系，得出"敦煌文化远与南朝主流文化衔接，近与隋唐

---

① 刘屹：《唐开元间摩尼教命运的转折——以敦煌本〈老子西昇化胡经序说〉和〈摩尼光佛教法仪略〉为中心》，《敦煌吐鲁番研究》第9卷，中华书局2006年版，第85—110页。

② 林悟殊：《京藏摩尼经开篇结语辨释》，《西域研究》2013年第2期。

③ 林悟殊：《敦煌摩尼教文书日月神名辨》，《敦煌吐鲁番研究》第13卷，上海古籍出版社2013年版，第441—456页。

④ 郝春文编著：《英藏敦煌社会历史文献释录》（1），科学出版社2001年版；（2—15），社会科学文献出版社2003—2017年版；新1卷（修订），社会科学文献出版社2018年版。

⑤ 张弓：《敦煌四部籍与中古后期社会的文化情境》，《敦煌学》第25辑，2004年，第311—336页。

⑥ 王素：《敦煌儒典与隋唐主流文化——兼谈南朝主流文化的"南朝化"问题》，《故宫博物院学刊》2005年第1期。后收入同作者《汉唐历史与出土文献》，故宫出版社2011年版。

主流文化接轨，既代表华夏文明，也反映了隋唐主流文化的'南朝化'"。其所著《敦煌典籍与唐五代历史文化》"儒学章·儒典篇"①，新增作者整理的敦煌儒典研究成果、种类统计，增加了敦煌儒典与唐五代科举和学校的关系探讨。

转型期在敦煌经部文献整理研究贡献最大者是许建平。他相继发表《〈俄藏敦煌文献〉儒家经典类写本的定名与缀合》②《英伦法京所藏敦煌写本残片八种之定名并校录》③《残卷定名正补》④等系列论文，对敦煌本《尚书》《诗经》《毛诗音》《礼记音》《春秋后语》《刘子》等，在定名、断代、缀合、整理、校勘、考释方面做了诸多贡献，后于2005年结集而成《敦煌文献丛考》⑤，在《尚书》《诗经》等文献的收录种类和数量上大大超越了《敦煌古籍叙录》等。次年，同作者《敦煌经籍叙录》⑥出版，按照传统的四部分类法对群经的排序编排，分《周易》《尚书》《诗经》《礼记》《左传》《穀梁传》《论语》《孝经》《尔雅》九卷。每卷首有总述，下分若干小类，每类下标列各写卷，并逐卷写出叙录。该书的重要成就主要体现在五个方面：尽可能地收录藏经洞所出的经籍写卷（收集数量达320号之多）；比定未曾定名的写卷，纠正前人的错误定名（首次定名的写卷有31件，纠正前人定名错误的有5件）；缀合断裂的写卷（将104件写本缀合成35卷）；纠正前人的错误结论；尽可能将有关单个写卷的研究信息备列一处，极便学者研究和利用。正如张涌泉在序言中评价的那

---

① 张弓主编：《敦煌典籍与唐五代历史文化》，中国社会科学出版社2006年版，第35—100页。
② 许建平：《〈俄藏敦煌文献〉儒家经典类写本的定名与缀合——以第11—17册未定名残片为重点》，《姜亮夫、蒋礼鸿、郭在贻先生纪念文集（汉语史学报专辑总第三辑）》，上海教育出版社2003年版，第302—315页。
③ 许建平：《英伦法京所藏敦煌写本残片八种之定名并校录》，《敦煌学》第24辑，2003年，第115—126页。
④ 许建平：《残卷定名正补》，敦煌研究院编：《2000年敦煌学国际学术讨论会文集——纪念藏经洞发现暨敦煌学百年（1900—2000）历史文化卷·上》，甘肃民族出版社2003年版，第299—309页。
⑤ 许建平：《敦煌文献丛考》，中华书局2005年版。
⑥ 许建平：《敦煌经籍叙录》，中华书局2006年版。另可参阅评介文章：陈东辉：《〈敦煌经籍叙录〉平议》，《敦煌研究》2007年第3期；周掌胜：《敦煌经籍研究的集大成之作——读许建平〈敦煌经籍叙录〉》，《敦煌学辑刊》2007年第1期。

样：该书"收集全面、资料丰富；内容丰赡、论述详尽；考订按断，富有创见"。

转型期对敦煌经部文献文本整理的集大成之作是煌煌十一巨册的《敦煌经部文献合集》[①]。该书分为"群经类"和"小学类"两大部分。"群经类"由许建平撰稿，张涌泉主编、审订，其内容包括《周易》《尚书》《诗经》《礼记》《左传》《榖梁传》《论语》《孝经》《尔雅》九经，除了未收录"经典释文"之外，在分类和排序方面与《敦煌经籍叙录》保持高度一致，不同之处在于《敦煌经部文献合集》以同异本的文字校勘为侧重，突出分类、定名、缀合、解题和校录。书末附有卷号索引，极便读者检索查阅。该合集以搜罗之丰富全面、校勘之细致详尽，颇受学界之称道。[②] 其他散见的论文，以对《周易》《尚书》和《诗经》的探讨居多。

许建平对敦煌本王弼《周易注》的分卷书写形式、《周易释文》是陆德明《经典释文》诸音义的单行本、《周易注》写本的校勘价值、《周易

[①] 张涌泉主编、审定，关长龙、张涌泉、许建平撰：《敦煌经部文献合集》（1—11），中华书局2008年版。另可参阅白云娇《功在当代、泽被后世的伟业——〈敦煌经部文献合集〉读后随感》，《敦煌学辑刊》2009年第2期；鲁国尧《兀兀十二载巍巍成大功——读〈敦煌经部文献合集〉韵学之属》，《浙江社会科学》2009年第6期。

[②] 其主要特点如下：第一，对敦煌小学类写本及相关经籍材料和前人的整理研究成果不仅搜集完备，掌握充分，而且进行了用心的考辨分析，显示出辨伪、辨误、辨不足的功力与时出新见的学术追求。这集中体现在每种文献的"题解"和"校记"的文字形、音辨析中。一方面，在深入钻研汉语俗字、俗词语生成流变的扎实基础上，对历代传世字书与敦煌写卷的比勘上做到了理论与例证的紧密结合，具有实际运用的价值和说服力，也具有一定的开拓性。另一方面，对佛经音义类写本的字词源流考辨下了极大的功夫，几乎90%以上的难字均能找到相应的佛经卷次和所出顺序，并且摸索其读音与唐五代西北地区方音的对应关系，确实难能可贵。需要说明的是，整理者在前期工作中完全依靠翻检浩繁的《大藏经》的各种版本，后期虽能依靠电子文本的检索，但电子版在文字上还是多有差讹，因此实际文字的比对仍然要依靠纸质文本的核查。这就保证了校勘的质量，而且为读者进一步利用《大藏经》开阔了眼界。第二，许多写卷的校勘不仅运用了和传世典籍的比对，也大量参校了同是敦煌藏经洞所出的其他类写本（如诗歌、史传、变文等），作为同一历史文化背景下的例证，具有更强的说服力与启示作用，也证明作者视野的宽阔和工作的繁难程度，既需要博览群书的勤奋，更需要融会贯通的能力。第三，由于敦煌写卷文字涉及大量的"俗写""繁化""简化""抄误""俗讹""繁讹"和切音、直音、译音字，而本书又是这方面的专书，按体例绝大多数字必须保持原貌方能说明问题，造字任务繁重，对目前电脑的词库系统提出了严峻的挑战。参阅柴剑虹《〈敦煌经部文献合集〉评介》，《光明日报》2008年12月31日。

注》与敦煌当地术数文化的关系，以及《周易经典释文》写本所反映的唐代科举及其实用性原则等问题做了简要说明。① 王煦华《〈许贞于味青斋所藏敦煌写本今字尚书尧典、舜典残卷〉序》②，将 BD14681 的抄写年代定于高宗时期。许建平分析了该件避讳字使用情况，推测其抄写时间应在高宗朝之后，玄宗朝之前，作者还指出该件之版本来源是姚方兴本。③ 他还从隶古定《尚书》文本的发现、《古文尚书》的版本与分卷、《尚书释文》原貌、《尚书》与唐代科举、中原文化西传的实证史料诸方面对《尚书》写本所反映出的中古时期尚书学作了阐述。④ 郝春文对日本国学院大学图书馆所藏敦煌写本《论语》做了校录和解说，指出该件《论语》为册子装，共12叶，上钤"木斋真赏"和"合肥孔氏珍藏"印各一颗，应是源自李盛铎、孔宪廷之旧藏。⑤ 另外值得关注的新材料还有日本杏雨书屋刊布的李盛铎旧藏敦煌写本《论语》残卷。⑥

转型期对敦煌写本《诗经》的整理和研究，亦以许建平贡献最大。其《跋国家图书馆所藏敦煌〈诗经〉写卷》⑦，对新刊布的《诗经》进行了考察；《〈毛诗〉文字探源四则》⑧，尝试利用敦煌《诗经》写本的用字复原汉代《毛诗》原本文字；《法藏敦煌〈毛诗音〉"又音"考》⑨，对写卷的21条又音条目做了考订，认为写卷之又音，非作者指注音，而是取自别家

---

① 许建平：《敦煌本〈周易〉写卷的学术价值》，《敦煌研究》2014年第3期。
② 王煦华：《〈许贞于味青斋所藏敦煌唐写本今字尚书尧典、舜典残卷〉序》，《文献》2002年第2期。
③ 许建平：《BD14681〈尚书〉残卷考辨》，项楚、郑阿财主编：《新世纪敦煌学论集》，巴蜀书社2003年版，第74—95页。另可参阅同作者《北敦14681号〈尚书〉残卷的抄写时代及其版本来源——与王煦华先生商榷》，《敦煌学辑刊》2002年第2期。
④ 许建平：《丝路出土〈尚书〉写本与中古〈尚书〉学》，《敦煌学辑刊》2018年第2期。
⑤ 郝春文：《日藏敦煌写本〈论语〉校勘记》，《文献》2014年第4期。
⑥ 夏国强：《日本杏雨书屋刊布李盛铎旧藏敦煌写本〈论语〉残卷叙论》，《孔子研究》2016年第2期。
⑦ 许建平：《跋国家图书馆所藏敦煌〈诗经〉写卷》，国家图书馆善本特藏部敦煌吐鲁番学资料研究中心编：《敦煌学国际研讨会论文集》，北京图书馆出版社2005年版，第57—63页。
⑧ 许建平：《〈毛诗〉文字探源四则》，《出土文献研究》第9辑，2010年。
⑨ 许建平：《法藏敦煌〈毛诗音〉"又音"考》，《中国俗文化研究》第2辑，巴蜀书社2004年版。

注音；《英藏敦煌〈毛诗音〉写卷所见〈毛诗〉本字考》①和《英俄所藏敦煌写卷〈毛诗音〉的文献价值》②，主要探讨了 P. 2729 + Дx. 01366 的写卷情况和文献价值。

许建平比勘了 S. 10 卷背注文与正面文字，认为 S. 10V 字音并非针对正面文字而作，而是另有所本。他推测是读者在阅读过程中据别种《毛诗音》随手注于卷背者，应是一种独立的《毛诗音》，非是与正文文字合成有机整体的《毛诗音隐》，只是它用以注音的方法与六朝的音隐类著作相同。③

李索《敦煌写卷〈春秋经传集解〉校证》④，第一次全面系统地将 37 号敦煌本原文同传世本逐字比勘，对其中的异文从文献学、语言学、汉字构形学及汉字史的角度进行了全面分析考察和辩证，缺点是所收文书释文未能参考以往的校录成果，因而错误较多。

二　史部文献

李锦绣《敦煌典籍与唐五代历史文化》"史地章"⑤，分正史、编年、杂史杂传等类别介绍了敦煌遗书中的史部文献，包括文书概貌、抄写时间、价值和意义等，还论及敦煌正史文书与唐代文学的关系等。

张玉春指出敦煌本《史记》（P. 2627）是最早的《史记集解》抄本，可据之订正宋代以后刻本的讹误，并对探究《史记》原貌有重要的作用。⑥ 张宗品考出未命名的俄藏 Дx. 04666 残片亦为《史记》写本，并可与 Дx. 02670 残片相缀合。⑦ P. 2627《史记·管蔡世家》残卷之附篇前、后，有两大段包括两个相同的"太史公曰"在内的重文，又附篇增衍"曹叔振

---

① 许建平：《英藏敦煌〈毛诗音〉写卷所见〈毛诗〉本字考》，《敦煌学辑刊》2007 年第 3 期。
② 许建平：《英俄所藏敦煌写卷〈毛诗音〉的文献价值》，《文献》2011 年第 3 期。
③ 许建平：《敦煌〈诗经〉卷子研读札记二则》，《敦煌学辑刊》2004 年第 1 期。
④ 李索：《敦煌写卷〈春秋经传集解〉校证》，中国社会科学出版社 2005 年版。
⑤ 张弓主编：《敦煌典籍与唐五代历史文化》，中国社会科学出版社 2006 年版，第 343—440 页。
⑥ 张玉春：《敦煌莫高窟藏〈史记〉唐写本考》，《敦煌研究》2001 年第 2 期。
⑦ 张宗品：《俄藏敦煌文献所见存世最早的〈史记〉写本残片及其缀合》，《敦煌研究》2011 年第 5 期。

铎世家"一题。易平推测该件这两处重大文字错误，乃因附篇拼补入卷所造成。敦煌本《管蔡世家》中误重之文和增衍的附篇之题，后为司马贞《索隐》所据本、北宋景祐本《史记》相继沿存下来，而又有所变易。初唐、盛唐至北宋这三个重要阶段有代表性的《史记》传本文本之同异，既显示出《史记》夹注本之传承有绪，又反映了该本在不同时期的重要特点。①

易平通过比对敦煌本《汉书》节抄本残卷对《汉书》原篇的内容取舍和文字删节，认为删节者意在提供一种能适应普通读者需求的《汉书》简易文本。② 郭华指出唐抄本《汉书残卷》还可以校正一些大型辞书释义的错误。③

刘涛从书法形态的角度分析敦研 0287《三国志·吴书·步骘传》是乃后人伪造。④ 张涌泉、江学旺从写卷中俗字的具体写法入手，论证了该卷非伪卷。⑤ 肖瑜辨析了该卷中的两个疑难俗字的用例和产生原因，亦认为其非伪。⑥

陆离将 S.713 与 Дх.02663、Дх.02724、Дх.05341、Дх.05784、Дх.11638 等号残片缀合，并对照正史有关记载，作了订补校勘，力图恢复俄藏《春秋后语·秦语》原貌。⑦ 萧旭参以传世典籍和敦煌其他写卷，对敦煌写卷 P.5034V《春秋后语》之《秦语》残卷做了校补。⑧ 此外，郭

---

① 易平：《法藏敦煌卷子本裴注〈史记·管蔡世家〉残卷重文研究——敦煌本与〈索隐〉本、景祐本〈史记〉传承关系考略》，《敦煌学辑刊》2007 年第 3 期。
② 易平：《法藏敦煌〈汉书〉节钞本残卷研究》，《北京师范大学学报》2009 年第 6 期。
③ 郭华：《唐抄本〈汉书残卷〉及其校勘价值》，《求索》2010 年第 10 期。
④ 刘涛：《〈三国志·吴书·步骘传〉写本残卷辨伪》，《收藏家》2002 年第 2 期。另可参阅同作者《书评：敦煌书法库》，《敦煌吐鲁番研究》第 2 卷，北京大学出版社 1997 年版，第 405—407 页。
⑤ 张涌泉、江学旺：《〈三国志·步骘传〉非伪卷辨》，《敦煌研究》2006 年第 1 期。
⑥ 肖瑜：《敦煌研究院藏〈三国志·步骘传〉残卷疑难俗字补释》，《敦煌研究》2008 年第 5 期。
⑦ 陆离：《俄藏敦煌写本〈春秋后语〉残卷探识》，《文献》2001 年第 2 期。另可参阅陆庆夫、陆离《俄藏敦煌写本〈春秋后语〉残卷再探——对 Дх.11638 号与 Дх.02663、Дх.02724、Дх.05341、Дх.05784 号文书的缀合研究》，《敦煌学辑刊》2004 年第 1 期。
⑧ 萧旭：《敦煌写卷 P.5034V〈春秋后语〉校补》，《敦煌吐鲁番研究》第 13 卷，上海古籍出版社 2013 年版，第 125—140 页。

丹披露了辽宁省博物馆藏敦煌本《春秋后语》残片。① 李锦绣《关于斯2506、伯2810、4073、2380文书的再探讨》②，分析了该件的内容体例及所反映的唐后期敦煌地区的史学特点，认为其以帝系为本，乃唐代编年简史，可将其定名为"唐朝年代纪"；并认为其作者是沙州人，文书体现的是敦煌本地人编写的历史，是唐代主流文化与敦煌地域文化相结合的产物。

三 子部文献

朱大星主要依据《汉书·艺文志》《隋书·经籍志》《通志》《四库全书总目》等书目的分类，结合敦煌文献所存诸子写卷的内容及数量等，对敦煌诸子文献作了界定和分类，即分为儒家、道家、法家、农家、杂家、小说家、兵家七类。③ 其后，许建平则以《四库全书总目提要》的分类为主要依据，参照以《汉书·艺文志》《隋书·经籍志》《中国古籍善本书目》等经典书目的分类，并根据敦煌文献所存写卷内容的实际情况，将敦煌文献所存子部写卷分成诸子类、医家类、天文算法类、术数类、类书类、艺术类、宗教类七大类，同时对各类所属第三级类目的设置作了说明与解释。④

儒家类典籍即指唐代"经"以外的儒家著作，敦煌本儒家类文献主要是《孔子家语》（S.1891）。敦煌本《孔子家语》的尾题为"家语卷十"，与传世《家语》的分卷明显不同。针对王重民早年认为"卷十"乃"卷七"之误，而非古今分卷有异的观点，宁镇疆推测英藏敦煌写本《孔子家语》卷"十"并非卷"七"之误，它说明早期《孔子家语》的分卷方法与今本不同，很可能就是二十一卷；但就文字、内容及注文来看，敦煌写本与今本基本相同，差别不大，可说明《孔子家语》在唐以后的流传形态

---

① 郭丹：《敦煌写本〈春秋后语〉残片再发现》，《文献》2013年第5期。
② 李锦绣：《关于斯2506、伯2810、4073、2380文书的再探讨》，《烟台师范学院学报》2004年第3期。
③ 朱大星：《敦煌诸子文献分类刍议》，《敦煌研究》2011年第2期。
④ 许建平：《敦煌子部文献的范围及分类》，《敦煌研究》2013年第3期。

是基本稳定的,所谓"唐本"与"宋本"的区别并无实际意义。① 张固也、赵灿良考察了敦煌本《孔子家语》的分卷方法,认为今本绝不是王肃重编的伪书。② 屈直敏对敦煌本《孔子家语》作了详细校勘,通过比对传世本得出:敦煌本与今本在篇目结构上并无差异,只在文字内容方面有删削改易的痕迹。③ 王文晖考出 Дх.10646 亦为《孔子家语》之残卷,并对此残卷进行重新考察,揭示了 Дх.10646 残卷所蕴含的信息,及其对校勘今本的价值和自身存在的问题。④

转型期对敦煌本类书的整理和研究,既有对文本的再整理,也有进一步的深入研究。张涌泉以《励忠节钞》为例,阐明类书在传抄翻刻过程中出现的脱衍错乱,导致类书援引典籍与传世本之间存在差异,而《励忠节钞》所摘引之《玄游子》《弈论》《太公金匮》等书均已失传,故其在辑佚和校勘古书方面具有重要的文献价值。⑤ 屈直敏对王三庆《敦煌类书·励忠节钞》中脱漏或待考的 40 余条进行校补,同时根据缀合后的俄藏写本增补了八则内容。⑥ 在《励忠节钞》的成书年代问题上,屈直敏不同意以往王三庆等人的说法,提出了"武周时期说"⑦。他还评价了《励忠节钞》对唐王朝知识、道德和政治秩序有维护和重建之功⑧;在归义军政权重建儒家传统道德伦理秩序中发挥了重要作用⑨。上述研究成果集中体现在《敦煌写本类书〈励

---

① 宁镇疆:《英藏敦煌写本〈孔子家语〉的初步研究》,《故宫博物院院刊》2006 年第 2 期。同作者相关研究,另可参阅《由英藏敦煌写本说今本〈孔子家语·郊问〉服制及相关问题》,《齐鲁文化研究》2011 年第 1 期。
② 张固也、赵灿良:《〈孔子家语〉分卷变迁考》,《孔子研究》2008 年第 2 期。
③ 屈直敏:《敦煌写本〈孔子家语〉校对考》,《敦煌学》第 27 辑,台北:乐学书局 2008 年版,第 63—75 页。
④ 王文晖:《俄藏敦煌写本〈孔子家语〉残卷再探》,《敦煌研究》2012 年第 4 期。
⑤ 张涌泉:《类书引文异同释例——以敦煌写本类书〈励忠节钞〉为例》,《海峡两岸古典文献学学术研讨会论文集》,上海古籍出版社 2002 年版;张涌泉《试论敦煌写本类书的校勘价值——以〈励忠节钞〉为例》,《敦煌研究》2003 年第 2 期。
⑥ 屈直敏:《〈敦煌类书·励忠节钞〉校注商补》,《敦煌学辑刊》2003 年第 2 期;《〈敦煌类书·励忠节钞〉校注商补》(续),《敦煌学辑刊》2004 年第 1 期。
⑦ 屈直敏:《敦煌写本类书〈励忠节钞〉的成书背景》,《敦煌学辑刊》2005 年第 2 期。
⑧ 屈直敏:《从敦煌写本类书〈励忠节钞〉看唐代的知识、道德与政治秩序》,《兰州大学学报》2006 年第 2 期。
⑨ 屈直敏:《从〈励忠节钞〉看归义军政权道德秩序的重建》,《敦煌学辑刊》2005 年第 3 期。

忠节抄〉研究》①一书中，该书"下篇"为录文校笺。此外，他择取敦煌写本类书《励忠节钞》所引《史记》《三国志》内容与中华书局标点本《史记》《三国志》之有异文者为例，以证敦煌写本校勘传世文献之功用。②许建平在多家校录成果的基础上，对敦煌本《修文殿御览》重作董理，补正了前人误校和漏校之处，使其内容更臻准确。③刘全波对《修文殿御览》的编纂背景、编纂过程、编纂者以及流传、辑佚等情况做了全面的梳理，旨在展现《修文殿御览》在传世文献中的流传情况。④

郑炳林、李强对敦煌本《籯金》写本特征、抄写时间及相关问题作了探索，将《籯金》写卷分为五种：张球改编的《略出籯金》、阴庭诫改编的《籯金》、佚名改编的《籯金》、李若立《籯金》原本、《籯金》字书。⑤同作者之《阴庭诫改编〈籯金〉及有关问题》⑥《唐李若立〈籯金〉编撰研究（上下）》⑦《晚唐敦煌张景球编撰〈略出籯金〉研究》⑧等文，则是分别对各种《籯金》的个案研究。韩博文、郑炳林提出《籯金字书》是根据李若立《籯金》原本编撰，是学童学习《籯金》所用之字书。⑨屈直敏在诸家著录《籯金》写卷的基础上，通过比对原卷，对敦煌写本《籯金》系类书的9个写卷进行了较为详尽的叙录，并对关于《籯金》系类书近百年来的研究成果进行系统性的梳理和回顾。⑩魏迎春解析了S.2053背即李若立《籯金》抄本所收条目的特点。⑪她还指出S.5604《籯金》虽为

---

① 屈直敏：《敦煌写本类书〈励忠节钞〉研究》，民族出版社2007年版。
② 屈直敏：《敦煌写本类书〈励忠节钞〉引〈史记〉异文考证》，《敦煌学辑刊》2004年第2期；《敦煌写本类书〈励忠节钞〉引〈三国志〉异文辑证》，《敦煌研究》2007年第3期。
③ 许建平：《敦煌本〈修文殿御览〉录校补正》，《敦煌研究》2010年第1期。
④ 刘全波：《〈修文殿御览〉编纂考》，《敦煌学辑刊》2014年第1期。
⑤ 郑炳林、李强：《敦煌写本〈籯金〉研究》，《敦煌学辑刊》2006年第2期。
⑥ 郑炳林、李强：《阴庭诫改编〈籯金〉及有关问题》，《敦煌学辑刊》2008年第4期。
⑦ 郑炳林、李强：《唐李若立〈籯金〉编撰研究》（上），《天水师范学院学报》2008年第6期；《唐李若立〈籯金〉编撰研究》（下），《天水师范学院学报》2009年第1期。
⑧ 郑炳林、李强：《晚唐敦煌张景球编撰〈略出籯金〉研究》，《敦煌学辑刊》2009年第1期。
⑨ 韩博文、郑炳林：《敦煌写本〈籯金字书〉研究》，《敦煌研究》2009年第2期。
⑩ 屈直敏：《敦煌写本〈籯金〉系类书叙录及研究回顾》，《敦煌学辑刊》2011年第1期。
⑪ 魏迎春、郑炳林：《敦煌写本李若立〈籯金〉残卷研究——以S.2053V号为中心的探讨》，《敦煌学辑刊》2011年第3期。

学士郎作品，但事例附注却有补缺作用。① 高天霞《敦煌写本〈籯金〉系类书整理与研究》②，对敦煌写本的《籯金》系类书进行了整理和录校，并考证了《籯金》系类书的改编者和传抄改编，阐述了这批写本在文献学、语言文学和训蒙教育等方面的价值。

屈直敏提出《兔园策府》或为众手撰成的观点，认为其成文年代最晚不迟于贞观十七年（643）。③ 王璐援引《杜嗣先墓志》记载杜嗣先在蒋王恽幕府任职的时间，推测《兔园策府》的成书年代在高宗显庆三年（658）至麟德元年（664）。④ 葛继勇则据杜嗣先曾参与接待8世纪初来华的日本遣唐使，对《兔园策府》的成书及流传日本等问题进行梳理，认为《兔园策府》应成书于7世纪中叶，很可能在8世纪初已传入日本，并作为启蒙教材而广为传播。⑤ 2016年，屈直敏在诸家探讨《兔园策府》写卷的基础上，通过比对原卷，对敦煌写本《兔园策府》的5个写卷进行了较为详尽的叙录，并对关于《兔园策府》近百年来的研究成果进行系统性的梳理和回顾。⑥

敦煌小说的整理和研究方面，转型期最重要的成果是窦怀永、张涌泉汇辑校注的《敦煌小说合集》⑦，收入三十余种文献，涉及近百卷号，可谓敦煌小说类作品文本整理的集大成之作。在敦煌小说范围的界定方面，该书将敦煌小说分为古体小说与通俗小说两部分，其中古体小说又分志人类、志怪类，通俗小说分作传奇类与话本类。并将《启颜录》归入古体小说志人类，《搜神记》《冥报记》归入志怪类，《周秦行纪》归入通俗小说之传奇类。值得一提的是，该书将普遍被认为是类书之一的《事森》于《孝子传》后附入。⑧ 罗国威《〈冤魂志〉校注》⑨，利用了敦煌写本

---

① 魏迎春：《敦煌写本S.5604〈籯金〉残卷研究》，《敦煌学辑刊》2011年第4期。
② 高天霞：《敦煌写本〈籯金〉系类书整理与研究》，中国社会科学出版社2020年版。
③ 屈直敏：《敦煌本〈兔园策府〉考辨》，《敦煌研究》2001年第3期。
④ 王璐：《敦煌写本类书〈兔园策府〉》，《唐都学刊》2008年第4期。
⑤ 葛继勇：《〈兔园策府〉的成书及东传日本》，《甘肃社会科学》2008年第5期。
⑥ 屈直敏：《敦煌写本〈兔园策府〉叙录及研究回顾》，《敦煌学辑刊》2016年第3期。
⑦ 窦怀永、张涌泉：《敦煌小说合集》，浙江文艺出版社2010年版。
⑧ 附人理由，可详阅《敦煌小说合集》"事森"题解，第57—60页。
⑨ 罗国威：《〈冤魂志〉校注》，巴蜀书社2001年版。

P.3126 保存的佚文。王国良以敦煌写本隋唐古体小说中的《冤魂志》《周秦行纪》为中心，对其相关研究成果做了评述。① 对敦煌本《启颜录》的笺注有董志翘《敦煌写本〈启颜录〉笺注》。② 伏俊琏、伏麒鹏合著《石室齐谐——敦煌小说选析》③，第一次以小说为专题对相关文本做了介绍，收录了《搜神记》《还冤记》等十一种敦煌小说作品。

敦煌本《刘子》的文本整理和研究在新时期已经基本完成。所以，转型期的工作只能是拾遗补阙。许建平考出 S.10441 亦为《刘子》残片。④ 屈直敏考定敦煌写本 S.6029 亦为《刘子》之一种，且内容不同于其他。⑤ 刘明辑校了刘幼云旧藏敦煌本《刘子》。⑥

四 集部文献

由于新时期罗国威之《敦煌本〈昭明文选〉研究》收集的文本及释文均不完备，所以转型期对敦煌本《文选》图版的刊布和文字的校勘仍是重要工作内容。金少华《敦煌吐鲁番本〈文选〉辑校》⑦，全面搜罗敦煌吐鲁番出土文书中的《文选》写卷（收得44号，缀合为24件），在梳理前人研究成果的基础上（已收得200多种），总结百年敦煌吐鲁番写本《文选》的研究成果，整理为收集写卷多、考证翔实的集成式汇校本，可称是转型期带有总结性的成果。罗国威《敦煌本文选旧注疏证》⑧，对俄藏敦煌本《文选注》、天津博物馆藏敦煌本《文选注》、日本永青文库藏敦煌本《文选注》三种旧注做了疏证，并附录了三种旧注

---

① 王国良：《谈敦煌所藏隋唐古体小说整理研究之成果——以〈冤魂志〉〈周秦行纪〉为例》，《百年敦煌文献整理研究国际学术讨论会论文集》，浙江古籍出版社2010年版。
② 董志翘：《敦煌写本〈启颜录〉笺注（选）》，《西南民族大学学报》2012年第3期。
③ 伏俊琏、伏麒鹏：《石室齐谐——敦煌小说选析》，甘肃人民出版社2000年版。
④ 许建平：《残卷定名正补》，敦煌研究院编：《2000年敦煌学国际学术研讨会论文集》（历史文化卷上），甘肃民族出版社2003年版，第307页。
⑤ 屈直敏：《敦煌写本 S.6029〈刘子〉残卷校考》，《敦煌学辑刊》2012年第3期。
⑥ 刘明：《刘幼云旧藏敦煌本〈刘子〉辑校》，《国学研究》第二十九卷，北京大学出版2012年版。
⑦ 金少华：《敦煌吐鲁番本〈文选〉辑校》，浙江大学出版社2017年版。金氏的相关成果尚有《敦煌写本〈文选〉李善注引〈毛诗〉考异》，《敦煌研究》2017年第4期。
⑧ 罗威：《敦煌本文选旧注疏证（三种）》，巴蜀书社2019年版。

的清晰图版。

范立新不同意《西京赋》所依据的是薛综和李善两种底本的说法。[1]金少华通过对《西京赋》写卷正文与注本用字歧异条目的考察，进一步判定永隆本是李善注原本。[2]有关俄藏本（Ф242）的注本性质及著作年代之判定，范立新[3]、许云和[4]、刘明[5]、黄伟豪[6]、景浩[7]等纷纷各抒己见，目前尚未达成共识。金少华对天津艺术博物馆与日本永青文库缀合之《文选注》做了进一步的笺证。[8]张锡厚认为其与李善注、五臣注均不同，其撰注时所据之《文选》当是一种与今传《文选》各种版本体系不同的写本。[9]徐真真对P.2833和S.8521《文选音》的抄写时代及其注音特点、文献价值与版本价值作了探索。[10]

刘明依据抄写风格和避讳，推测敦煌写本《玉台新咏》并非盛唐写本，应抄写于高宗显庆二年（657）之前的初唐时期，在编辑体例上体现为不同于后世刻本的特色。[11]

荣新江、徐俊在2000年后出版的《俄藏敦煌文献》第十三、十五册中，又发现了新的《瑶池新咏》残片，其中Дх.6654可与Дх.03861直接缀接，并完整保留了"瑶池新咏"首题；Дх.6722保存了"瑶池集"题

---

[1] 范立新：《敦煌永隆本〈西京赋〉的是李善〈文选〉残卷——驳"非尽出李善本"说》，氏著《文选版本论稿》，江西人民出版社2003年版，第233—244页。

[2] 金少华：《P.2528〈西京赋〉写卷为李善注原本考辨》，《敦煌研究》2013年第4期。

[3] 范立新：《俄藏敦煌写本Ф242号〈文选注〉与李善五臣陆善今诸家注的关系——兼论写本的成书年代》，《敦煌研究》2003年第4期。

[4] 许云和：《俄藏敦煌写本Ф242号文选注残卷考辨》，《学术研究》2007年第11期。

[5] 刘明：《俄藏敦煌Ф242〈文选注〉写卷臆考》，《文学遗产》2008年第2期。

[6] 黄伟豪：《俄藏敦煌Ф242〈文选注〉著作年代辨》，《文学遗产》2012年第1期。

[7] 景浩：《佚名〈文选注〉综合研究——以敦煌本〈文选注〉研究为起点》，《文史》2015年第3期。

[8] 金少华：《日本永青文库藏敦煌本〈文选注〉笺证一则》，《敦煌吐鲁番研究》第16卷，上海古籍出版社2016年版，第301—306页。

[9] 参阅张弓主编《敦煌典籍与唐五代历史文化》之"文学章"，中国社会科学出版社2006年版，第557页。

[10] 徐真真：《敦煌〈文选音〉残卷研究》，《敦煌学辑刊》2008年第1期。另可参阅同作者《敦煌本〈文选音〉残卷校证》，《敦煌研究》2002年第3期。

[11] 刘明：《敦煌唐写本〈玉台新咏〉考论》，《文学遗产》2010年第5期。

笺，Дх.11050 提供了新的诗作。① 王卡《唐代道教女冠诗歌的瑰宝：敦煌本〈瑶池新咏集〉校读记》，所录增加 Дх.3927 一件残片。②

第三节　敦煌科技文献

一　医药文献

转型期敦煌医药文献继续得到学术界关注，包括对文本的再整理和进一步的深入研究。文本整理方面，2008 年，段祯《敦煌古医籍校证》③，收录内容与《敦煌中医药全书》大体相似，但去掉了"古藏医药类"及部分"医事杂论类"内容，加入了少量西域其他地区出土的医学残卷。该书的释文注重与传世文献对勘，释文的质量比以前有所提高。李金田、李应存、史正刚《俄罗斯藏敦煌医药文献释要》④，概述并校录了俄罗斯藏敦煌医药文献。王淑民《英藏敦煌医学文献图影与注疏》⑤，是英藏敦煌医药文献的图文对照本。该书分为图影篇和注疏篇，图影篇列有高清敦煌医学文献写卷的彩色图影 152 幅；注疏篇依据图影篇的文献顺序对它们进行释文、注释、疏证。作者曾在英图核查原卷，又有高清彩色图版，所以其释文质量比以前有很大提高，补入了以往因条件所限而无法识别的文字，纠正了一些以往误识文字，并对残卷进行辑补与缀合。钱超尘《影印南朝秘本敦煌秘卷〈伤寒论〉校注考证》⑥，收录了敦煌本《伤寒论》的图版和

---

①　荣新江、徐俊：《唐蔡省风编瑶池新咏重研》，《唐研究》第 7 卷，北京大学出版社 2001 年版，第 125—144 页。

②　王卡：《唐代道教女冠诗歌的瑰宝：敦煌本〈瑶池新咏集〉校读记》，《中国道教研究》2002 年第 4 期。

③　陈增岳：《敦煌古医籍校证》，广东科技出版社 2008 年版。

④　李金田、李应存、史证刚：《俄罗斯藏敦煌医药文献释要》，甘肃科学技术出版社 2008 年版。相关校补文章，可参阅袁仁智、沈澍农《〈俄罗斯藏敦煌医药文献释要〉校补》，《中医文献杂志》2009 年第 6 期；袁仁智、沈澍农《敦煌医药文献 Дх.00506V 校录拾正》，《中医药文化》2009 年第 6 期；王亚丽、段祯《〈俄罗斯藏敦煌医药文献释要〉补释》，《中医文献杂志》2011 年第 1 期。

⑤　王淑民：《英藏敦煌医学文献图影与注疏》，人民卫生出版社 2012 年版。

⑥　钱超尘：《影印南朝秘本敦煌秘卷〈伤寒论〉校注考证》，学苑出版社 2015 年版。

释文。袁仁智、潘文主编《敦煌医药文献真迹释录》[1]，以高清敦煌写卷及简牍影像为底本，参考传世医书及前人成果对敦煌医药文献进行了较为系统的释录。分别从医经诊法类、本草类、针灸类、医术医方类的角度全面阐释了敦煌医药文献概貌。该书采用图文混排格式，全彩印。但因图版太小，再加很多为黑白图版，实际很多图版上的文字很难辨识，未能达到作者期望的图文对照的效果，释文的质量也没有显著提高。沈澍农主编《敦煌吐鲁番医药文献新辑校》[2]，选取敦煌吐鲁番医药文献中相对完整的106个卷号，采用图文并行对照的形式进行逐件录写、校勘、注释，并在每个卷子开头处列表记载该卷子的基本信息（内容属性、文件数、占有行数、形制、大小、缺损情况、避讳字、不避讳字、拟抄成年代等）。全书凡120万字，涉及文献200多种。该书亦为全彩印，且法藏、英藏医药文献的图版均为高清彩色图版，除少量图版清晰度不够外，多数图版的文字清晰可辨。该书的校注部分详列以往各家异同及相关传世文献的有关记载，其释文比以前有很大进步。[3]唯一些据彩色图版或原件可以辨识的文字该书均作补文处理，颇令人感到困惑。

敦煌医药文献的文本整理应该说走到了其他类别敦煌文献整理的前面，以《英藏敦煌医学文献图影与注疏》《敦煌吐鲁番医药文献新辑校》为代表的全彩印和附有高清彩色图版的整理方式应该是未来其他类别敦煌文献文本整理的样板，这也是转型期出现的新的转变。当然，目前敦煌医药文献的文本整理也还存在需要注意的问题。这就是从事整理工作的都是中医古籍研究者，缺乏敦煌文献学训练，故而释文中还是留下了不少遗憾。

对敦煌医药文献做概述性的介绍的论著有《敦煌典籍与唐五代历史文化》之"医药典"[4]、李应存《实用敦煌医学》[5]、鄢卫东、李顺保

---

[1] 袁仁智、潘文主编：《敦煌医药文献真迹释录》，中医古籍出版社2015年版。
[2] 沈澍农主编：《敦煌吐鲁番医药文献新辑校》，高等教育出版社2016年版。
[3] 相关评述，可参阅陈正荣《〈敦煌吐鲁番医药文献新辑校〉述评》，《中医药文化》2017年第4期；张如青《出土医学文献研究领域中一部高水准的杰作——〈敦煌吐鲁番医药文献新辑校〉评述》，《中医文献杂志》2018年第3期。
[4] 张弓主编：《敦煌典籍与唐五代历史文化》"科技章·医药典"（张咪咪撰写），中国社会科学出版社2006年版，第993—1052页。
[5] 李应存主编：《实用敦煌医学》，甘肃科学技术出版社2007年版。

《甘肃古代医学》①、马继兴《当前世界各地收藏的中国出土卷子本古医籍文献备考》②。

各类医药文献的个案研究也取得不少重要成果。

医经类。胡杏林、许建平对 S.202《伤寒论》的释文做了再整理。③沈澍农对学界普遍认为是"伤寒论·辨脉法"的 S.202 提出不同看法，从内容的有无、避讳的异同、文本的出入三个方面进行考察，推测 S.202 应属《金匮玉函经》古传本，且从避讳情况推断 S.202 应抄于南朝陈代。④李应存发现俄藏 Дx.01325V 为《张仲景五脏论》⑤，并录校研究⑥，作者还据写本文字特点初步断定此残卷抄于隋唐至五代时期。至此，敦煌本《张仲景五脏论》增加至五件。惠宏对俄藏 Дx.02869A、Дx.06150、Дx.08644 三件敦煌本《平脉略例》残卷进行考释，认为这一文献在应该是和张仲景的《五藏论》《五藏脉侯阴阳乘法》《占五脏声色源候》一起互相传抄的。⑦田永衍分别对《不知名氏辨脉法之二》与《玄感脉经》记载的"右肾及手心主合三焦"、寸关尺命名与分部等多个医学问题进行考论，梳理其源流、辨析其正误、论述其价值。⑧沈澍农指出现存敦煌本《平脉略例》有 6 个卷号，可缀合为 5 个，并提出《平脉略例》与其所在卷子的文献属性当是医药集成式教本。⑨

转型期学界对《辅行诀脏腑用药法要》关注较多，包括对古医方源流

---

① 鄢卫东编，李顺保译：《甘肃古代医学》，学苑出版社 2010 年版。
② 马继兴：《当前世界各地收藏的中国出土卷子本古医籍文献备考》，《敦煌吐鲁番研究》第六卷，北京大学出版社 2002 年版，第 129—183 页。
③ 胡杏林、许建平：《S.202〈伤寒论〉写本校证》，《敦煌学辑刊》2003 年第 2 期；胡杏林：《敦煌本〈伤寒论〉校证》，《敦煌学辑刊》2006 年第 1 期。
④ 沈澍农：《S.202：〈金匮玉函经〉的古传本》，《敦煌研究》2018 年第 4 期。
⑤ 李应存：《新发现 Дx.01325V 为敦煌〈张仲景五脏论〉又一写本》，《敦煌研究》2006 年第 1 期。
⑥ 李应存、李金田、史正刚：《俄藏敦煌文献中新发现 Дx.01325V〈张仲景五脏论〉录校》，《甘肃中医》2006 年第 3 期。
⑦ 惠宏：《俄藏脉法文献〈平脉略例〉残卷考释》，《时珍国医国药》2007 年第 10 期。
⑧ 田永衍：《敦煌文献〈不知名氏辨脉法之二〉〈玄感脉经〉考论三则》，《敦煌学辑刊》2014 年第 4 期；田永衍：《敦煌文献〈平脉略例〉、〈玄感脉经〉考论三则》，《敦煌学辑刊》2015 年第 3 期。
⑨ 沈澍农：《敦煌医药文书〈平脉略例〉文献学研究》，《中医药文化》2019 年第 6 期。

的探讨、经方分析、组方思想研究等。[1] 张大昌、钱超尘主编《〈辅行诀脏腑用药法要〉传承集》[2]，披露《辅行诀脏腑用药法要》是看管藏经洞的王道士监守自盗，出售给张偓南的（附：张偓南即《辅行诀脏腑用药法要》抄本捐赠者张大昌的祖父，张大昌于 1974 年将抄本之一捐赠中医研究院）。田永衍从文本形式与文献关系、主体学术思想两个方面进行考察，认为《辅行诀脏腑用药法要》不可能是藏经洞遗书。[3]

本草类。刘永明对羽 040R《新修本草》做了校释。[4] 虞舜提出《本草经集注》原有三卷本与七卷本之分，《新修本草》所据底本是七卷本，只是传本之一。两者最初文字原无不同，只是在传抄过程中产生了变异。[5] 叶红璐、余欣认为敦煌本《本草集注》的题记可以作为判断抄写年代的可靠证据。[6] 刘永明以《辅行诀》和《本草经集注》为核心，考察了敦煌道教文献中的医药学贡献。[7] 敦煌发现的《食疗本草》（S.76）[8] 仅存药 26

---

[1] 具体可参阅张依、刘强《敦煌本〈辅行诀脏腑用药法要〉古医方的源流》，《敦煌研究》2002 年第 6 期；丛春雨《敦煌文献〈辅行诀脏腑用药法要〉创制经方 12 首》，《敦煌研究》2004 年第 2 期；刘永明《〈辅行诀〉所载〈汤液经法〉考论——兼论早期道教文化对传统医学的影响》，《敦煌研究》2010 年第 3 期；刘稼、梁永林、李金田等《敦煌遗书〈辅行诀〉小补泻汤数术思想研究》，《中国中医基础医学杂志》2011 年第 6 期；梁永林、李金田、刘稼等《敦煌遗书〈辅行诀〉大补泻汤数术思想研究》，《中华中医药杂志》2012 年第 2 期；梁永林、李金田、刘稼等《〈辅行诀五脏用药法要〉组方思想对五输穴配穴的启示》，《甘肃中医学院学报》2012 年第 3 期；梁永林、刘稼、李金田等《〈辅行诀五脏用药法要〉中的五脏互藏五味》，《时珍国医国药》2012 年第 2 期；张永文、鞠娟、李芳《敦煌遗书〈辅行诀脏腑用药法要〉杂病证治思想浅析》，《中医药学报》2012 年第 1 期。

[2] 张大昌、钱超尘主编：《〈辅行诀脏腑用药法要〉传承集》，学苑出版社 2008 年版。

[3] 田永衍：《〈辅行诀脏腑用药法要〉非藏经洞遗书考——从主体学思想考察》，《敦煌学辑刊》2015 年第 4 期；《〈辅行诀脏腑用药法要〉非藏经洞遗书考——从文本形式与文献关系考察》，《南京中医药大学学报》2015 年第 4 期。

[4] 刘永明：《日本杏雨书屋藏敦煌道教及相关文献研读札记》，《敦煌学辑刊》2010 年第 3 期。

[5] 虞舜：《〈新修本草〉所据〈本草经集注〉底本的有关问题》，《南京中医药大学学报》2003 年第 3 期。

[6] 叶红璐、余欣：《敦煌吐鲁番出土〈本草集注〉残卷研究述评》，《中医研究》2005 年第 6 期。

[7] 刘永明：《从敦煌遗书看道教的医药学贡献——以〈辅行诀〉和〈本草经集注〉为核心》，《中国道教》2009 年第 2 期。

[8] 尚志钧：《食疗本草》，安徽科学技术出版社 2003 年版。

种,约为全书的十分之一,可使人们了解唐朝人对食物疗效认识的水平。相关研究集中于《食疗本草》的饮食疗法思想研究以及《食疗本草》的发展源流等。①

针灸类。张侬全面梳理了敦煌针灸文献,包括《灸经图》《新集备急灸经》《明堂五脏论》《脉经》《吐蕃藏文针灸图》《吐蕃藏文灸法残卷》②,还介绍了敦煌医学灸法特色③。王杏林发现《俄藏敦煌文献》定名为《黄帝内经素问》的 Дх.2683、Дх.11074 残片,据其抄录内容,当为《针灸甲乙经(阴阳大论、正邪袭内生梦大论)》,并对俄藏敦煌文献收录的《黄帝明堂经》五个残片进行了缀合整理,并将缀合后的写卷与传世医籍《针灸甲乙经》《外台秘要》《医心方》以及今人黄龙祥辑校本《黄帝明堂经辑校》对勘。④ 同作者还对敦煌本《新集备急灸经》三个残片进行整理研究,考证了写卷中的俞穴,并探讨了写卷所保留的俞穴和人神禁忌等内容具有极其珍贵的价值。⑤

医方类。王淑民将 S.3347 + S.3395 + S.9987B$_2$ + S.9987A 缀合成一件"备急单验药方卷"。⑥ 僧海霞对敦煌本《备急单验药方卷》缀辑本做了考补。⑦ 王杏林将缀合后的写卷与传世医书及龙门石窟药方及其他敦煌写卷做比对研究,对部分残缺处进行辑补。⑧ 李应存等对敦煌医方中为数不多的儿科医方作了阐述,认为这些医方在治疗腹胀满、痢疾、霍乱、重舌、舌疮、秃疮、夜啼等小儿疾病方面颇具特色。⑨ 李应存、柳长华对敦煌医

---

① 可参阅欧阳亮、王永平《论〈食疗本草〉的饮食疗法思想》,《饮食文化研究》2003 年第 4 期;陈仁寿《论食疗本草发展源流》,《南京中医药大学学报》2008 年第 3 期。
② 张侬:《敦煌遗书中的针灸文献》,《敦煌研究》2001 年第 2 期。
③ 张侬:《敦煌医学灸法特色》,《中国针灸》2001 年第 2 期。
④ 王杏林:《关于俄藏敦煌文献 Дх.2683、Дх.11074 残片的定名》,《敦煌研究》2010 年第 4 期。
⑤ 王杏林:《敦煌本〈新集备急灸经〉研究》,《敦煌研究》2016 年第 6 期。
⑥ 王淑民:《敦煌〈备急单验药方卷〉首次缀辑》,《中华医史杂志》2001 年第 1 期。
⑦ 僧海霞:《敦煌〈备急单验药方卷〉缀辑本考补》,《石河子大学学报》2014 年第 1 期;《敦煌〈备急单验药方卷〉考补》,《敦煌研究》2018 年第 6 期。
⑧ 王杏林:《敦煌本〈备急单验药方并序〉考释》,《敦煌学辑刊》2018 年第 4 期。
⑨ 李应存、史正刚、魏迎春:《以佛教为主的敦煌遗书中的儿科医方概要》,《中医儿科杂志》2006 年第 1 期。另可参阅郭嘉成《敦煌遗书中儿科医方阐述》,《河南中医》2014 年第 6 期。

学文献中记载的疗治五劳七伤等钟乳散养生方（Φ356）、治上气咳嗽吐血食疗方（Дх.10298）、赤白痢食疗方（P.2666V）、道家养生升仙方（S.6052）等做了解释，并揭示其与《千金方》在养生食疗上的联系。①僧海霞根据敦煌美容医方制剂的性状和功能，将其分为面膏、面脂、面散、面药四种，成品表现为膏、脂、散、丸，使用方法有洗、涂、口服三种。②同作者《唐宋时期敦煌地区美发文化透视》③，列举了 S.1467、S.4329、P.3378、P.3930、P.2882 等分别载有染发、生发、防脱、美发、养发的医方。王凤仪、赵党生考察了具有增白作用的包括可治疗面上黑点的六种古医方，和以祛风药、芳香药、活血药、润肤药及白色药组合成的羊髓面脂方等。④王春艳将敦煌性医方按其功用分为养生补益类、治男性疾病类、治女科杂病类、延嗣优生类、性爱和谐类等。⑤孙守华探析了性爱和谐医方。⑥张靖对记载男性病的敦煌本《黑帝要略方》做了分析。⑦

佛儒道相关医书。《敦煌古医籍考释》《敦煌中医药全书》均将佛道医书列为与医方、医经、针灸等并列的一类。李应存、史证刚《敦煌佛儒道相关医书释要》⑧，对写在佛儒道书正背面的医书、佛书中本身包含的医学内容、道教所利用的医书及佛道所共用的医书等分别进行释要，认为这些医书反映了佛、儒、道对中医学的影响，具有很大的理论研究潜力与临床应用价值。⑨

转型期中医学界继续尝试敦煌医药文献的应用。王天生将敦煌本《灸

---

① 李应存、柳长华：《敦煌医学卷子中与〈千金方〉有关的养生食疗内容释要》，《西部中医药》2013 年第 3 期。
② 僧海霞：《敦煌遗书中美容医方初探》，《中医药文化》2012 年第 6 期。
③ 僧海霞：《唐宋时期敦煌地区美发文化透视》，《中医药文化》2013 年第 3 期。文章列举了 S.1467、S.4329、P.3378、P.3930、P.2882 等分别载有染发、生发、防脱、美发、养发的医方。
④ 王凤仪、赵党生：《美容增白之敦煌古医方考析》，《甘肃中医学院学报》2014 年第 6 期。另可参阅同作者《治白屑头风痒的敦煌古医方考析》，《西部中医药》2013 年第 2 期。
⑤ 王春艳：《敦煌遗书性医方考》，《中医文献杂志》2009 年第 2 期。
⑥ 孙守华：《敦煌遗书性爱和谐医方探析》，《西部中医药》2012 年第 3 期。
⑦ 张靖：《敦煌遗书〈黑帝要略方〉探析》，《西部中医药》2015 年第 3 期。
⑧ 李应存、史证刚：《敦煌佛儒道相关医书释要》，民族出版社 2006 年版。
⑨ 相关探讨，还见于丛春雨《试论敦煌遗书中"道医""佛医"的理论与实践，甘肃"社科纵横"编辑部《敦煌佛教文化研究》，1996 年，第 167—173 页。

经图》应用到临床实践中，并取得良好成效。[1] 李应存、柳长华介绍了敦煌医学文献中有关疗带方、难产方、产后方的记载，揭示了敦煌医学与《千金方》在妇产科疾病治疗上的联系。[2] 张士卿、夏智波等从实验研究中证明敦煌古方神明白膏具有抗炎、止痒作用。[3]

此外，罗秉芬《敦煌本吐蕃医学文献经要：译注及研究文集》[4]，包括6篇敦煌古藏医学文献汉文译文和有关敦煌古藏医文献研究的论文12篇，以及敦煌古藏医文献藏文原文摹写6篇及其相关词语注释和1篇藏文字母转写的象雄语医学文献。

二　天文历法

与医药文献不同，转型期没有人对天文历法文献的文本做再整理，主要工作是利用新时期整理的文本做进一步的研究。

邓文宽考察了敦煌历日与当代东亚民用"通书"的联系。[5] 他还考察了敦煌历日与出土战国秦汉《日书》的文化联系[6]，验证了自1182—1998年的817年间，中国传统历日用二十八宿注历连绵不断，毫无错误且将继续下去。他还考出P.2663所存两条材料记录的正是834年三月十四日发生的日环食和846年十二月二十二日发生的日全食，可补史籍未记日食发生时刻之缺。[7] 他还提出将S.3326《全天星图》更名为《二

---

[1]　王天生、吕兰萍：《敦煌遗书〈灸经图〉载穴临床应用体会》，《中国针灸》2005年第5期。
[2]　李应存、柳长华：《敦煌医学卷子中与〈千金方〉有关的妇产科内容释要》，《西部中医药》2013年第2期。另可参阅刘少霞《敦煌出土医书中有关女性问题初探》，《敦煌学辑刊》2005年第2期。
[3]　张士卿、夏智波等：《敦煌古方神明白膏治疗老年性皮肤瘙痒病临床与实验研究》，《中医药学刊》2003年第1期。
[4]　罗秉芬：《敦煌本吐蕃医学文献经要：译注及研究文集》，民族出版社2002年版。
[5]　邓文宽：《敦煌历日与当代东亚民用通书的文化关联》，《国学研究》第8卷，北京大学出版社2001年版，第335—356页。又作为法国远东学院北京中心《历史、考古与社会——中法学术系列讲座》第十号单独出版，中华书局2006年版。
[6]　邓文宽：《敦煌历日与战国秦汉〈日书〉的文化关联》，《姜亮夫、蒋礼鸿、郭在贻先生纪念文集》（《汉语史学报专辑》总第三辑），上海古籍出版社2003年版。
[7]　邓文宽：《跋敦煌文献中的两次日食记录》，刘进宝、高田时雄主编：《转型期的敦煌学》，上海古籍出版社2007年版。

十八宿分野图一卷》，且将该星图与其后之"云气占"部分当作一个整体进行再研究。①

关于敦煌地区所行用的历法，学界存有争议。邓文宽最先提出敦煌历日产生于吐蕃管辖敦煌之后，产生的背景是吐蕃使用地支和十二生肖纪年法，不符合汉人行之已久的用干支纪年、纪月、纪日的习惯，遂使用自编的地方性历日。②刘永明认为早在8世纪初敦煌地区已经出现了与朝廷颁定的历日略有不同的私编历日。这是敦煌历的源头，同时也是已知中国历史上最早的私编历日。③公维章通过对敦煌《大历碑》反映的唐代避讳与历法行用问题的探讨，认为至少在唐中宗景龙年间，敦煌地区已经使用敦煌历。④邓文宽撰文反驳，指出吐蕃管辖前敦煌行用的仍是唐王朝的官颁历日。他还特别强调敦煌历日的研究方法，应该依据出土资料不断修订和完善后人所编的历表，而不可将后人的历表当作检验出土文献纪年资料正确与否的唯一标准。⑤

赵贞考证了S.P.12《上都东市大刀家印具注历日》⑥、国家图书馆藏BD16365《具注历日》⑦所蕴含的信息，对敦煌具注历中的"蜜日"⑧、漏刻标注均有阐发⑨，并探讨了中古历日的社会文化意义。⑩晏昌贵关注到敦煌历日中涉及的术数问题，视角新颖。⑪

邓文宽系统梳理了敦煌天文历法文献概况，兼述敦煌历日中的五代祭

---

① 邓文宽：《隋唐历史典籍校正三则——兼论S.3326星图的定名问题》，氏著《敦煌吐鲁番天文历法研究》，甘肃教育出版社2002年版，第25—37页；《敦煌本S.3326号星图新探——文本和历史学的研究》，《敦煌吐鲁番研究》第15卷，上海古籍出版社2015年版，第497—504页。
② 邓文宽：《敦煌文献中的天文历法》，《文史知识》1988年第8期。
③ 刘永明：《敦煌历日探源》，《甘肃社会科学》2002年第3期。
④ 公维章：《从〈大历碑〉看唐代敦煌的避讳与历法行用问题》，《敦煌研究》2012年第1期。
⑤ 邓文宽：《吐蕃占领前的敦煌历法行用问题》，《敦煌研究》2013年第3期。
⑥ 赵贞：《S.P12〈上都东市大刀家印具注历日〉残页考》，《敦煌研究》2015年第3期。
⑦ 赵贞：《国家图书馆藏BD16365〈具注历日〉研究》，《敦煌研究》2019年第5期。
⑧ 赵贞：《敦煌具注历中的"蜜日"探研》，《石家庄学院学报》2016年第4期。
⑨ 赵贞：《敦煌具注历日中的漏刻标注探研》，《敦煌学辑刊》2017年第3期。
⑩ 赵贞：《中古历日社会文化意义探析》，《史林》2016年第3期。
⑪ 晏昌贵：《敦煌具注历日中的"往亡"》，《魏晋南北朝隋唐史资料》第19辑，2002年，第226—231页。

祀、节庆和民俗。① 他还评价了法国学者在敦煌术数和天文历法两个领域的成绩，指出法国学者的社会学研究角度和国际化视野，对中国学者的相关研究有所启迪。② 其与刘乐贤合作的《敦煌天文气象占写本概述》③，对敦煌天文气象占写本的内容和研究价值做了介绍。

三 算书

郭正忠从《算书》中的丁中制度、仪同制度、步里制度、米粟制度的计量单位，以及反映边地兵戎岁月的背景，考证出其成书年代并非李俨所认为的唐代时期，而是西魏或北魏后期，应不晚于北周后期。④ 同作者还对该《算书》做了考校和释补。⑤ 邓文宽指出敦煌算学文献虽然数量有限，也很难认为具有当时领先性质的算学内容，但仍具有多方面的学术价值。⑥ 金少华介绍了杏雨书屋藏敦煌本《算经》（羽37R），并成功将其与S.19、Дх.03903进行缀合；同时，还缀合了P.3349与P.5859。从缀合后的写本内容看，S.19＋Дх.03903→羽37R与P.3349＋P.5859的底本相同，甚至有可能其中一卷即另一卷所据之底本。⑦ 张小虎指出敦煌算经九九表的句数与排列顺序表明宋朝以前的九九表总体上具有比较稳定的内容与顺序。⑧

四 纸张印刷

杜伟生以敦煌遗书为调查对象，对古代手工造纸的原材料、技术等做

---

① 张弓主编：《敦煌典籍与唐五代历史文化》"科技章·天文历法"（邓文宽撰写），中国社会科学出版社2006年版，第1052—1096页。
② 邓文宽：《法国学者对敦煌术数和天文历法文献研究的贡献》，《敦煌学辑刊》2015年第1期。
③ 邓文宽、刘乐贤：《敦煌天文气象占写本概述》，《敦煌吐鲁番研究》第九卷，中华书局2006年版，第409—424页。
④ 郭正忠：《一部失落的北朝算书写本——〈甲种敦煌算书〉研究》，《中国学术》2001年第2期。
⑤ 郭正忠：《〈甲种敦煌算书〉的考校和释补》，《自然科学史研究》2002年第1期。
⑥ 张弓主编：《敦煌典籍与唐五代历史文化》"科技章·算学"（邓文宽撰写），中国社会科学出版社2006年版，第1097—1103页。
⑦ 金少华：《跋日本杏雨书屋敦煌本〈算经〉残卷》，《敦煌学辑刊》2010年第4期。
⑧ 张小虎：《敦煌算经九九表探析》，《温州大学学报》2011年第2期。

了分析。① 李晓岑、贾建威通过外观观察和纤维分析等方法，对甘肃省图书馆藏19件北魏到唐代敦煌写经纸张进行考察，指出敦煌经卷多为抄纸法生产的古纸，帘纹明显，纤维分布均匀。特别是硬黄纸在敦煌写经中大量出现，反映了当时纸张制作技术出现了快速发展的状况。②

邓文宽考证俄藏Дx.2880印本历日残片的年代为唐文宗大和八年（834），比S.P.2号《唐咸通九年（868）金刚经》早了34年，是目前经过考证而得知确切年代的最早印刷品③，在印刷史研究上具有十分重要的意义。方广锠在英国图书馆藏敦煌遗书中发现四件早期中国印刷品，其中S.11287P印刷经帙为已发现的我国最早的专门用于装饰的印刷品，S.9498D很可能是我国现存最早的版印年画实物。④ 方晓阳、吴丹彤以唐代敦煌千佛洞针孔漏版佛像为研究对象，运用文献与模拟实验相结合的方法对其印刷技艺进行了研究。⑤ 魏秀萍认为印章是雕版印刷的萌芽，为雕版印刷的发明奠定了基础。⑥ 彭金章全面介绍了敦煌回鹘文木活字发现的次数、数量、收藏以及研究情况，指出敦煌所出回鹘文木活字凡经四次发掘，总数量已达1152枚。⑦

五 其他科技史资料

王进玉《敦煌学和科技史》⑧，涉及数学史、敦煌文物与衡制器具、敦

---

① 杜伟生：《敦煌遗书与中国古代手工造纸》，《敦煌学国际研讨会论文集》，北京图书馆出版社2005年版，第337—341页。
② 李晓岑、贾建威：《甘肃省博物馆藏敦煌写经纸的初步检测和分析》，《敦煌学辑刊》2013年第3期。
③ 苏雅（邓文宽）：《我国发现的现存最早雕版印刷品——〈唐大和八年甲寅岁（834）具注历日〉》，《中国文物报》2000年2月2日第3版。邓文宽：《敦煌三篇具注历日佚文校考》，《敦煌研究》2000年第3期。
④ 方广锠：《英国图书馆藏敦煌遗书中新发现四件早期中国印刷品》，刘进宝、高田时雄主编：《转型期的敦煌学》，上海古籍出版社2007年版。
⑤ 方晓阳、吴丹彤：《唐代敦煌千佛洞纸制针孔漏版的制作与印刷技艺研究》，《北京印刷学院学报》2009年第6期。
⑥ 魏秀萍：《文字学视角的印章考察及其在雕版印刷史上的意义——以敦煌文献为例》，《电子科技大学学报》2014年第4期。
⑦ 彭金章：《有关回鹘文木活字的几个问题》，《敦煌研究》2014年第3期。
⑧ 王进玉：《敦煌学和科技史》，甘肃教育出版社2011年版。

煌文物与纺织品尺度计量、古代敦煌对铁矿的开发与应用、敦煌古代的铁器生产与应用、唐宋时期纸的种类与用途、敦煌古代酿酒业的发展、唐宋时期敦煌的皮革加工及其使用、敦煌古代对石油的开发应用、农业生产工具图谱、敦煌文物中的纺织器具、敦煌文物与舟船、军事科技、汉代河西四郡战争中铜弩机的应用。作者积三十年的实地考察和文献阅览之功，在对敦煌科技文献的整理与研究中发掘出许多新内容。①

农业技艺方面。郝二旭《略论唐五代敦煌地区的农业生产工具》②，将壁画和文献中记载的各种农具按用途分成整地农具（耕犁、耙、耱等）③、播种农具（耧犁）、中耕农具（锄）、灌溉农具（锹、桔槔）、收获农具（镰刀、杈等）、运输农具（禾担、牛车）等。

酿酒业方面。王进玉对榆林窟保存的西夏时期"酿酒图"做了新的探索。④

建筑技术方面。王洁《莫高窟早期建筑图像的记号解读》，通过对158件建筑图像中包含的各种形态要素进行定性和定量的解读，分析敦煌早期建筑的结构和装饰特征。⑤ 王洁、陈世钊《敦煌莫高窟隋朝建筑图像解读》，以比较学的视点，从单体建筑、建筑群和院落三个层次，全面解读隋朝莫高窟的建筑图像；从建筑的形态和构成、群体组合以及院落布置三个方面解读隋朝木构技术的进步，建筑组合的成熟以及院落布置的丰富。⑥

---

① 可参阅李国清《读〈敦煌学和科技史〉》，《中华科技史学会学刊》2011年第16期。
② 郝二旭：《略论唐五代敦煌地区的农业生产工具》，《敦煌学辑刊》2008年第2期。
③ 郝二旭考证了莫高窟第445窟中的"曲辕犁"形象，参阅《敦煌曲辕犁新考》，《敦煌研究》2010年第2期。
④ 王进玉：《敦煌石窟西夏壁画"酿酒图"新解》，《广西民族大学学报》2010年第3期；《再论敦煌石窟西夏壁画"酿酒图"》，《广西民族大学学报》2010年第4期。
⑤ 王洁：《莫高窟早期建筑图像的记号解读》，《敦煌研究》2009年第5期。
⑥ 王洁、陈世钊：《敦煌莫高窟隋朝建筑图像解读》，《敦煌研究》2010年第4期。

结　语

用新范式和新视角开辟敦煌学的新领域

本书对一百多年来中国学者在敦煌学各个领域所取得的成就做了全面回顾。从整体上看，中国学者在各个阶段都作出了无愧于时代的贡献。特别是最近四十年来，中国学者在国际敦煌学的各个重要领域都推出了世界公认的带有总结性或具有开创性的成果，掌握了国际敦煌学发展的主导权和话语权，这是中国的骄傲，也提升了中国在世界上的学术地位。

同时也应该看到，虽然过去中国敦煌学家群体取得了骄人的业绩，但未来我们仍有很多工作要做，我们的工作也还有许多不足和值得改进的地方。

一　在资料的整理、刊布及目录编纂方面，仍有许多重要工作尚待完成

一是敦煌遗书的图版需要升级换代。如前所述，敦煌遗书图版的刊布工作在新时期和转型期两个阶段已经基本完成了。但以往公布的敦煌遗书图版主体部分都是黑白图版。由于敦煌写本中有很多朱笔校改或句读，这些朱色墨迹在黑白图版上很难显示，如果是高清彩色图版，朱色墨迹就可以清晰地显示出来。又由于敦煌写本是写于几百年乃至一千多年前，有的墨迹已经脱落；有的写本有很多污渍，污染或遮蔽了原来的文字。这类文字在黑白图版也很难辨识，而用高清彩色图版或红外摄影图版，就可以明显增加这类文字的清晰度，有助于正确辨识图版上的文字。塔拉、杜建

录、高国祥主编的《中国藏黑水城汉文文献》（10册）[①]，已经实现了全彩写真印刷。而甘肃简牍博物馆等编《悬泉汉简》壹（上下册）则更进一步，包括所收全部简牍的彩色图版和红外图版。这样看来，敦煌遗书的黑白图版就明显落伍了，需要重新编纂出版全彩写真图版（必要时另加红外图版）。这项工作既需要国际协作，也需要敦煌学家和出版家的通力合作。希望能在十至二十年时间内完成敦煌遗书图版的升级换代工作。

二是敦煌遗书的释文。如前所述，现在分为三种路径。其一是张涌泉策划组织的按经、史、子、集分类重新整理的《敦煌文献合集》工程，目前仅出版《敦煌经部文献合集》，其他三部仍尚待完成。其二是郝春文策划组织的按收藏地馆藏流水编号对敦煌文献中的非佛经文献进行释录的整理路径，目前仅完成《英藏敦煌社会历史文献释录》1—16卷，大约占英藏敦煌社会历史文献的一半。除了英国还有一半左右尚待完成外，还有法国、俄国、国图和其他散藏尚未列入整理日程。其三是对原有的分类释录本进行再整理。这类整理本目前分为两种情况，一种是对原来文字版的修订或补充，另一种则改为全彩印的图文对照本。后一种的代表是王淑民的《英藏敦煌医学文献图影与注疏》[②]和沈澍农主编的《敦煌吐鲁番医药文献新辑校》。[③] 未来的分类整理本都应该是附有高清彩色图版并采用全彩印，再加上精校和核查原卷。这样看来，原来的分类释录本也有升级换代的问题。仅释录某类文字再加几张黑白或彩色图版的分类整理模式已经过时了。用新的整理模式重新整理原有分类录校本，是最近二十年内敦煌学界应该完成的任务。

值得一提的是，与其他重要类别的敦煌文献相比，敦煌道教文献至今未能出现一部包括全部道教文献的释文集，这是敦煌道教文献整理的一个缺憾，也是未来应该致力的方向。希望未来的敦煌道教文献的分类整理文本直接采用全彩印和图文对照形式。

还需要指出，未来的全彩印图文对照分类整理文本，书籍的开本不能

---

① 塔拉、杜建录、高国祥主编：《中国藏黑水城汉文文献》（10册），国家图书馆出版社2008年版。
② 王淑民：《英藏敦煌医学文献图影与注疏》，人民卫生出版社2012年版。
③ 沈澍农主编：《敦煌吐鲁番医药文献新辑校》，高等教育出版社2016年版。

太小，而且不要采用图文混排格式。因为开本太小或图文混排，会导致图版缩小，致使图版上的文字难以辨识。如袁仁智、潘文主编的《敦煌医药文献真迹释录》①，虽然采用的是高清彩色图版和全彩印模式，但因使用的是图文混排的排版格式，同一页纸上既要放置图版，又要放置与之对照的释文，造成图版太小，未能达到作者期望的图文对照的效果。所以，未来的图文对照本，应该是彩色图版和释文分别放置在不同的页面，采用这种图文对照的排版格式，再加上适当加大书籍开本，才能保证文书图版拥有可使文字足够清晰的空间。

三是敦煌遗书编目方面也有很多工作要做。就馆藏目录而言，除了《中国国家图书馆藏敦煌遗书总目录》中之《馆藏目录卷》（8册）出版于2016年，其他馆藏目录都有待更新。如翟理斯的《大英博物馆藏敦煌汉文写本注记目录》出版于1957年版。五卷本的《巴黎国立图书馆所藏伯希和敦煌汉文写本目录》出版于1970—2001年，这套馆藏目录虽然花费30多年时间，但其实并不是一部完整的馆藏目录，因为其中第二卷即P.2501至P.3000号至今也没有出版。《苏联科学院亚洲民族研究所藏敦煌汉文写本注记目录》两册则分别出版于1963年和1967年。可见，英、法、俄三大藏家的馆藏目录，都未能反映近几十年的研究成果，其内容已经极度老化了，亟待编纂新的馆藏目录。其实即使2016年出版的中国国家图书馆馆藏目录，也不是一部完整的馆藏目录，因为该目录计划编纂的《分类解说卷》和《索引卷》至今也尚未出版。这样看来，世界各主要藏家的馆藏目录的编纂工作，都还有很多工作要做。至于包括全世界范围内敦煌遗书的《敦煌遗书总目录》，目前最全的是1962年出版的《敦煌遗书总目索引》，反映是的50多年前的情况，当然未能包括其后出版的俄藏目录和20世纪80年代以来国内外陆续公布很多公私藏家目录。2000年出版的《敦煌遗书总目索引新编》，不仅没有收录1962年以来国内外新公布的公私藏家目录，还删掉了原《敦煌遗书总目索引》中的散藏目录，只收录了英藏（著录到6980号）、法藏和国图藏品目录。因而，《敦煌遗书总目索引新编》只是英、法和中国国图三大藏家的目录，实际上已经不能称为敦煌遗

---

① 袁仁智、潘文主编：《敦煌医药文献真迹释録》，中医古籍出版社2015年版。

书"总目"了。这样看来，编纂一部真正包括全世界各地收藏的敦煌遗书的总目录，可以说是当务之急。这样一部总目录不仅是敦煌学界所急需，也可为其他学科学者了解敦煌遗书提供方便。

四是敦煌石窟资料的刊布。全面记录敦煌石窟资料信息的敦煌石窟考古报告目前仅出版了第一卷，即《莫高窟第266—275窟考古报告》，包括11个洞窟。依据敦煌研究院的规划，莫高窟再加上榆林窟和西千佛洞等石窟群，还需要编写100卷左右的考古报告。而敦煌研究院与江苏美术出版社合编的以洞窟为单元的八开本巨型画册《敦煌石窟艺术》①，也只出版了21册就停止了。相对于汪洋大海一样的数百个洞窟，21册只能算是个开端。其实，按洞窟编纂包括该窟的形制和所有壁画、塑像的高清图像集，无论从资料保存还是从研究价值来看，都是十分重要的。但这项工作不仅需要时间，也需要巨大的人力和财力。

五是敦煌简牍资料的整理和刊布。相对而言，敦煌简牍资料的整理和刊布，很有可能会后发先至。千呼万唤始出来的《悬泉汉简》，虽然刚刚出版第一辑（上、下册）②。但由于其包括全部彩色图版和红外图版，编纂和印制都达到了目前所知最好的整理模式，如果在以后数年内八辑能全部出版，其在升级换代版的资料刊布方面很有可能走在敦煌遗书和敦煌石窟资料前面。

二 在对敦煌资料的研究方面，仍可以说是任重而道远

敦煌古代文化遗产为我们提供了一大批内容丰富的研究资料，随着时间的推移和研究的不断深入，人们对其史料价值的认识也在不断深化。以今天的认识水平观察，它至少在以下一些方面具有独特价值。

其一，它为我们全面、深入、系统地考察中古时期的一个地区提供了相对充足的研究资料。与甲骨文和汉晋简牍等其他出土文献相比，敦煌文献和敦煌石窟图像资料具有以下特点。首先，它涉及的学科和方面较多。

---

① 敦煌研究院与江苏美术出版社合编：《敦煌石窟艺术》（1—21），江苏美术出版社1993—1998年版。

② 甘肃简牍博物馆等编：《悬泉汉简》壹（上、下册），中西书局2019年版。

仅对历史学而言，就涉及政治、军事、经济、宗教、文化等各个领域的诸多方面。其次，每件文献所包含的内容也相对比较丰富。再次，它涉及的时间较长，自5世纪初至11世纪初将近6个世纪。即使文献年代比较集中的8世纪中至11世纪初，亦达200多年。最后，全部资料都与敦煌地区有不同程度的关系或联系。就世界范围来看，具备以上条件的资料也为数不多。如果我们依据这些资料对中古时期敦煌社会的各个角度、各个层面作全方位的考察，其成果将为学术界认识中古社会的具体面貌提供一个模型或参照系。这当然有助于推进人们对中古时期社会的进一步认识。显然，对历史学而言，解剖敦煌这样一个"麻雀"，其意义会超出敦煌地区。而敦煌资料为解剖这个"麻雀"提供了必要条件。

　　本书的回顾表明，一百多年来，我国学者在这一方面已做了许多重要准备工作。如对归义军政治史的研究、对敦煌历史地理的研究等都已经相当深入，并有总结性论著问世。有的相关类别文书如碑铭赞类文书和契券文书的整理和研究也已达到较高水平。到目前为止，有的类别的文书已有两种甚至三四种录校本（如邈真赞、地理文书等），有的专题也已有两三种总结性著作（如有关均田制的研究等），这些方面的研究都已相当深入，近期再投入较大力量也不易取得大的进展，似可暂缓投入。但从整体上看，研究比较深入、比较全面的专题还不够多，许多方面有待加强，不少方面有待展开。如归义军时期的佛教史、社会史和文化史等方面都值得投入更多的力量进行更加深入的研究。有些方面甚至需要较长时间的准备以后才能进行总结。如敦煌佛教史需要对相关文献进行系统整理和研究，完成"敦煌佛寺志""敦煌的佛教与社会"等系列专题研究以后，才有可能在这方面进行总结性研究。敦煌社会史也要在完成"敦煌氏族志"等系列专题研究后才有可能进行总结性研究。至于敦煌文化史，我们以前做的工作就更有限，大量的工作有待展开。可见，未来的敦煌学专题研究应进一步加强。因为只有在深入的专题研究的基础上，才有可能写出有分量的专史，而各方面专史的完成又是全面综合研究的必要准备工作。在从事专题研究过程中，需要完成大量艰苦的微观考察。不少工作表面看来十分细碎甚至烦琐，无关大局，如过去我们对归义军政治史许多小问题的探索就容易使人产生这样的印象，但这些微观探索又是我们全面、深入、系统地考察敦煌地区必不可少的工作。当我们将这些具体的探讨整合为对整个敦煌地区的微观透视时，就会发现在敦煌文献研究领域，微观考察的意义不同一般。

当然，要完成对敦煌地区的全方位考察，仅靠专题研究还远远不够。必须同时积极开展综合研究与宏观研究。在第一、二阶段，我国学者因受到资料的限制，往往只能就所见少量文书或一件文书进行阐发，研究是点式的，很难做专题或综合研究。到第三阶段（新时期），我们能见到的材料日益增多，对敦煌文献做分类整理或专题研究的学者也逐渐增多。但对各类文书、各个专题、各个学科进行的综合研究还很薄弱，将敦煌地区作为一个整体进行研究的工作也有待展开。就目前而言，首先应注意从整体上把握敦煌资料。敦煌资料虽然分属各个学科，可以分为许多类别，但同时又是一个整体，各类资料之间存在着密切的联系。如人们利用有关10世纪的一大批文书研究这一时期的政治、经济、宗教、艺术和社会，已取得了很大成绩，若在此基础上将这一时期的各类文书打通，相信对这一时期整个社会的了解将更加全面、更加深入。其他如对历史资料与文学史资料等各学科之间联系的研究，汉文历史文献与藏文历史文献等各文种之间联系的研究，也都是具有很大潜力的研究领域。当各个专题和综合研究都达到较高水平的时候，我们就可以考虑撰写贯通中古时期敦煌政治、经济、社会、宗教、文化等领域的《敦煌中古史》了。

其二，敦煌文献为我们进一步研究9世纪中叶至11世纪初西北地区的民族史提供了大量原始资料。9世纪中叶至11世纪，是我国西北地区民族发生大变动的时期。但传世史籍有关这方面的记载较少，很难据之进行深入系统的考察。敦煌文献中保存了一批反映这一时期民族情况的汉文、藏文、回鹘文、于阗文、粟特文等文种的公私文书，为我们探讨西北地区民族变迁、各民族的政治经济文化状况与相互间的交往提供了可能。本书的回顾表明，我国学者在利用这些资料方面已取得很大成绩。特别是最近四十年来，我们不仅在利用敦煌汉文文献研究西北地区民族问题方面取得了不少成果，在对少数民族文字历史文献的整理和研究方面也有较大进步。同时应该承认，我们这方面的工作做得还很不够，与国外同行相比还存在不少差距。在少数民族文字文献研究方面，一些文种与国外的研究水平差距还比较大，取得的成果仍以第二次译释居多，能直接解读少数民族文字文书的学者亦嫌太少。所以今后应进一步加强对少数民族文字文书的整理和研究。特别是藏文文献，数量很大，值得投入更多的力量进行全面的整理和研究。另外，在研究西北地区民族问题时，应提倡在全面搜集各方面资料的基础上将敦煌汉文文献、各民族文种文献与传世文献融会贯通。只有这样，才有可能得出比较合乎实际的结论。以往有关这方面的研究之所以分歧较多，一个重要原因就是一些研究者有时仅据部分材料就匆忙做出了结论。

其三，敦煌文献还为解决中国古代史上的一些重大问题提供了材料。古代的敦煌是中国的一个地区，所以，敦煌文献不仅对了解敦煌地区具有重要意义，其中的许多材料还反映了中原地区的一般情况。我国学者在利用这些材料方面也做了许多工作。如均田制即属中国古代史的重大问题，但在敦煌文献发现以前，对其实施情况的研究始终无法深入。我国学者主要依据对敦煌文献中有关材料的具体探讨，才为均田制实施与否的争论画上了圆满的句号，并对均田制的实质形成了新的认识。又如本书所述我国学者对敦煌法律文书的持续探索，不仅解决了许多有关唐律和唐代历史的具体问题，还使学术界对久已亡佚的唐代令、格、式等法律文献的形式、内容、性质有了具体而形象的了解，并为令、格、式的辑佚提供了样式。再如本书所述我国学者对唐代勾官的研究，也是在具体探讨敦煌、吐鲁番文献中有关勾官进行勾检记录的过程中，逐渐形成了对唐代勾官和勾检制度的整体认识。对敦煌文献中反映中原地区一般情况的材料作微观考察，容易使人产生细碎烦琐的感觉，但从中获得的知识不仅有助于认识同期中原地区的情况，有时对认识某一事物或社会现象在整个中国古代的发展脉络亦有助益。如前述我国学者对中国古代社邑发展情况的探讨和对中国古代书仪源流的考察，都在不同程度上借助了从相关敦煌文献研究中获得的认识。

我国学者在利用敦煌资料解决中国古代史上的问题方面虽然做了不少工作，但在这方面仍有许多工作有待完成。如有关佛教史和社会史方面的资料就利用得很不够。在今后的研究中应提倡将敦煌资料放到更大的背景下进行考察，在对敦煌资料和传世文献、石刻文字中的相关资料作彻底调查的基础上,将敦煌资料中有关某一专题的资料放到唐宋时期甚至中古时期的历史背景下进行考察。这一方面虽已有学者进行尝试,但尚需大大加强。

其四,古代的敦煌是中国和世界接触的窗口。所以,敦煌资料中保存了不少反映中西经济文化交流的资料。我国学者利用这些资料探索中国与印度、中国与波斯等地的经济文化交流,探索丝绸之路的贸易等课题都取得了重要成果。但与敦煌文献中保存的这方面材料相比,还有许多工作可做。特别是在唐代,敦煌汇聚了中国、希腊、印度、中亚、西亚等不同系统的文化,这些在敦煌文献中都有不同程度的反映。站在中古时期世界文化交流的高度,全面系统地发掘敦煌文献中有关这方面的信息,将是未来的一项重大课题。

三 积极探索用新范式和新视角来开辟未来敦煌学的新领域

未来敦煌学的发展,除了上述传统范式、传统课题要继续加强外,同时要积极探索用新的范式和新视角来开辟新的研究领域,这方面在21世纪以来我国学者也做了很多有益的探索。

对敦煌文献的整理和研究而言,通常使用的是文献学的范式和历史学的范式,当然这两种范式在具体的研究中有时会是交叉或重合的。所谓文献学的范式主要包括文字释读和写本的定性、定名、定年等内容。历史学的范式则是将经过处理的文本放到一定的历史背景下做历时性和共时性的考察。比较而言,文献学范式属于基础性工作,而历史学范式则是利用文献学范式的成果做进一步深入研究。对敦煌文献的整理和研究来说,以往所做的工作主要是文献学工作,利用史学范式对其开展深入研究还需要进一步加强。我国学界从文献学范式转换为历史学范式比较成功的课题是有关敦煌写本书仪的整理和研究。在新时期,赵和平经过长期的艰苦努力,完成了《敦煌写本书仪研究》[1]《敦煌表状笺启书仪辑校》[2]《敦煌本〈甘

---

[1] 赵和平:《敦煌写本书仪研究》,台北:新文丰出版公司1993年版。
[2] 赵和平:《敦煌表状笺启书仪辑校》,江苏古籍出版社1997年版。

棠集〉研究》①等著作，这些成果基本完成了对敦煌写本书仪的文字释录和定性、定名、定年等文献学范式所应处理的工作。在此基础上，吴丽娱通过《唐礼撷遗——中古书仪研究》及相关系列论文②，深入探索了书仪与社会的关系，包括书仪自身发展的背景（渊源、发展和流变及其原因），书仪与礼、政治、制度、习俗的交互影响，这就使敦煌书仪从被整理的文本资料转换成了历史学的研究资料。这个个案值得其他领域借鉴。

敦煌遗书的主体是印刷文本流行之前的手写文本。早年学界主要关注的是敦煌写本的文字内容，对写本自身的特点关注不多。进入21世纪以来，专门关注写本特点的敦煌写本学悄然兴起，现在已经发展成为引人注目的新范式，成为敦煌学的新的分支或研究领域。我国学者不仅在敦煌写本学理论方面做了很多探索，用写本学范式对敦煌写本进行研究的成果也日益增多。理论方面的探索如张涌泉之《敦煌写本文献学》③，是全面考察敦煌写本文献特点的集大成之作。郝春文《敦煌写本〈六十甲子纳音〉相关问题补说》，是运用写本学方法研究敦煌写本"六十甲子纳音"的个案，该文在通检各写本具体情况的基础上，将敦煌写本"六十甲子纳音"区分为正式文本和随意抄写的文本等四类，借以说明对个体性很强的敦煌写本来说，即使是内容完全相同的文本，由于抄写目的的差异，其性质和用途也可能判然有别。④方广锠对敦煌遗书中多主题遗书的类型研究⑤，段真子考定BD3024《八相变》是由具有不同版本来源、抄写时间不一六组写本粘贴而成的内容连贯的完整文本⑥，这些案例都是通过研究实践展示敦煌写本的特征。伏俊琏《写本时期文学作品的结集——以敦煌写本 Дx.3871 +

---

① 赵和平：《敦煌本〈甘棠集〉研究》，台北：新文丰出版公司2000年版。
② 吴丽娱：《唐礼撷遗——中古书仪研究》，商务印书馆2002年版。
③ 张涌泉：《敦煌写本文献学》，甘肃教育出版社2013年版。
④ 郝春文：《敦煌写本〈六十甲子纳音〉相关问题补说》，《文史》2012年第4辑，第179—186页。另请参看郝春文《〈六十甲子纳音〉及同类文书的释文、说明和校记》，《敦煌学辑刊》2011年第4期。
⑤ 方广锠：《敦煌遗书中多主题遗书的类型研究（一）——写本学札记》，《中国社会科学院敦煌学回顾与前瞻学术研讨会论文集》，上海古籍出版社2012年版，第67—79页。
⑥ 段真子：《国家图书馆藏"八相变"的写本学考察——以BD3024号为核心》，《敦煌吐鲁番研究》第17卷，上海古籍出版社2018年版，第35—47页。

P. 2555 为例》①，通过分析文学写本内容的构成框架来探寻结集者的思想、情绪和心灵世界，是用写本学范式研究敦煌写本的另一种尝试。

写本学之外，社会学范式也被引入敦煌文献研究中。如孟宪实《敦煌民间结社研究》②，利用社会学范式，重点从结构、功能的视角重新解读敦煌写本社邑文书，以及敦煌社邑及其活动，这是以往文献学和历史学范式未曾涉及的视角。佛教本生故事画的产生及其社会功能研究也成为不少学者关注的问题。如在对睒子本生故事画③、鹿王本生故事画④和须达拏太子本生故事画⑤等的研究中，学者们开始思考图像产生的社会、宗教背景，以及图像背后的宗教功能，体现出了将艺术史和宗教学、社会学紧密结合的研究范式逐步得到应用。钟海波《敦煌讲唱文学叙事研究》⑥和王昊《敦煌小说及其叙事艺术》⑦，则是利用叙事学范式重新解读敦煌的讲唱文学和小说，分析了敦煌词文、变文、故事赋、话本和小说的情节、结构、人物、语言、叙述者和修辞等。胡连利《敦煌变文传播研究》⑧，从传播学视角考察了敦煌变文作为一种特殊的文学样式在文学传播史上具有的独特意义，由此探讨变文的传播所反映的文化意义。邹清泉将藏经洞约1173件《维摩诘经》写卷看作一个整体，通过中古敦煌《维摩诘经》的翻译、书写、流传与庋藏情况来考察该经的传播史⑨，这是利用传播学的范式考察敦煌佛教典籍流布情况。

---

① 伏俊琏：《写本时期文学作品的结集——以敦煌写本 Дх. 3871 + P. 2555 为例》，《文学评论》2018 年第 6 期。
② 孟宪实：《敦煌民间结社研究》，北京大学出版社 2009 年版。
③ 蔡伟堂：《敦煌壁画中的睒子本生故事画——从俄藏莫高窟第 433 窟睒子本生故事画谈起》，《敦煌研究》2004 年第 5 期。
④ 崇秀全：《敦煌莫高窟第 257 窟壁画〈鹿王本生〉释读》，《敦煌学辑刊》2008 年第 1 期；《敦煌莫高窟第 257 窟壁画〈鹿王本生〉新读》，《世界宗教研究》2008 年第 2 期。
⑤ 张景峰：《敦煌莫高窟第 294 窟须达拏太子本生故事画研究及相关问题》，《敦煌研究》2010 年第 2 期。
⑥ 钟海波：《敦煌讲唱文学叙事研究》，陕西人民出版社 2008 年版。
⑦ 王昊：《敦煌小说及其叙事艺术》，安徽人民出版社 2005 年版。
⑧ 胡连利：《敦煌变文传播研究》，人民出版社 2008 年版。
⑨ 邹清泉：《中古敦煌〈维摩诘经〉的书写——以藏经洞维摩写卷为中心》，《敦煌学辑刊》2012 年第 1 期。

把原有的研究范式扩大到新的领域,可以说是另一种形式的研究范式转变。如语言学界在转型期将书仪(张小艳《敦煌书仪语言研究》①)、社会经济文书(黑维强《敦煌、吐鲁番社会经济文献词汇研究》②)、法律文书(王启涛《中古及近代法制文书语言研究——以敦煌文书为中心》③)、宗教典籍(于淑健《敦煌佛典语词和俗字研究——以敦煌古逸和疑伪经为中心》④、叶贵良《敦煌道经词语考释》⑤)和契约(陈晓强《敦煌契约文书语言研究》⑥)等扩充为语言文字研究的材料,对语言学来说这是扩大语料范围,对书仪等领域而言,就是采用了新的范式对其进行研究。

总体来看,敦煌学界在利用新范式和开拓新视角方面成果还不够多,与其他学科相比存在明显的差距,应该进一步加强。

四 敦煌学研究中应该注意的问题

首先,要加强问题意识,尽量避免低水平重复和平庸之作。

转型期和新时期相比,虽然时间大体相当,在改革开放以后的四十多年中各占二十年左右。两个阶段成果数量也大致相当,可以说中国的敦煌学始终保持了高速发展的势头。但应该承认,就原创性而言,转型期比新时期减弱了,但低水平重复和平庸之作却多了起来。所谓低水平重复是指

---

① 张小艳:《敦煌书仪语言研究》,商务印书馆2005年版。张氏对敦煌书仪语言的考释成果斐然,可参阅《敦煌写本书仪语词选释》,《湖州师范学院学报》2004年第3期;《试论敦煌书仪的语料价值》,张涌泉、陈浩主编:《浙江与敦煌学——常书鸿先生诞辰一百周年纪念文集》,浙江古籍出版社2004年版,第542—561页;《敦煌书仪误校示例》,《文史》2005年第2辑;《敦煌写本书仪的文体特色及其在近代汉语词汇研究上的价值》,《敦煌吐鲁番研究》第8卷,中华书局2005年版,第219—248页。

② 黑维强:《敦煌、吐鲁番社会经济文献词汇研究》,民族出版社2010年版。另可参阅同作者《敦煌社会经济文献词语考释》,《江西社会科学》2004年第12期。

③ 王启涛:《中古及近代法制文书语言研究——以敦煌文书为中心》,巴蜀书社2003年版。

④ 于淑健:《敦煌佛典词语和俗字研究——以敦煌古逸和疑伪经为中心》,上海古籍出版社2012年版。

⑤ 叶贵良:《敦煌道经词语考释》,巴蜀书社2009年版。

⑥ 陈晓强:《敦煌契约文书语言研究》,人民出版社2012年版。对敦煌契约文书词语的考释成果,尚有余欣《敦煌吐鲁番契约文书词语辑释·套语篇》,《敦煌学》第22辑,1999年,第41—54页;苏旸《敦煌契约中的量词》,《江南大学学报》2003年第4期;贺雪梅《敦煌契约文书词语例释》,《敦煌学研究》2009年第2期。

利用相似的方法和材料处理以往学界已经做过研究的课题，其研究结论也与以往的研究大同小异。这方面的典型例证是对敦煌书法资料的整理与研究。转型期相继出版几部通论敦煌书法的著述，除毛秋瑾的《墨香佛音：敦煌写经书法研究》的视角有所不同外，其他都是大同小异，和上一阶段沃兴华《敦煌书法艺术》相比，均未能取得实质性突破。

所谓平庸之作是指研究的结果平淡无奇，似乎不用长篇大论就可以得出类似的认识。最近二十年来，这样的论文和著作也逐渐多了起来，值得引起敦煌学界警惕。无论是专著还是论文，都应该力争通过研究发现以往学术界未知的东西。

其次，要加强对研究信息的调查。在从事一项课题研究时，对有关研究信息进行彻底调查，本是学术研究的常识。但因对敦煌文献和洞窟研究信息的调查具有特殊的困难，故有特别强调的必要。对一般课题研究信息的调查，可主要通过查阅书目和论文索引来解决；但对一件敦煌文献研究信息的检索，光靠查阅书目和论文索引却不能完全解决。因为对每一号敦煌文书的研究情况，多数不能从书名和论文标题中反映出来。也就是说，要全面了解每一号敦煌文书的研究情况，必须通览全部研究敦煌文献的专著和论文。在第一、第二两个阶段的一些论著中，就已出现对研究信息调查不够的现象。20世纪80年代以后，学术界对敦煌文献的研究全面展开，每年发表的论文和专著都很多，要想迅速摸清与自己研究课题相关文书的研究情况确非易事。所以，自第三阶段以来，对研究信息调查不彻底的现象日益严重，重复劳动有增多的趋向。有的杂志的相关专号和少量论著，基本未对数十年的研究情况进行调查，出产了一些比目前已达到的学术水平低得多的过时产品。这提醒利用敦煌资料的学者，一定要十分重视对以往研究信息的调查。

最后，应该重视和加强利用新的科学技术手段。从整体上看，我国敦煌学界对科学技术发展可能带给我们的便利远远没有用足。比如敦煌遗书高清彩色图版的上网，从技术上说是完全没有问题的，早就可以全部实现了。但实际情况是只有法国国家图书馆的敦煌遗书彩色图版全部上网了。中国国家图书馆和英国国家图书馆均只完成三分之一左右，而俄国的藏品只上网了很少的一部分。又如对敦煌文书图版的全文检索，从技术上说也是可能实现的,但由于标注的工作量太大,至今没有人去做。而敦煌学的专业数据库则分别有多家分头建设,缺乏共享机制,造成人力和物力的浪费,同时造成数字资源利用的不足。至于电脑的应用,绝大多数研究者只是把它当作文字处理器,其实电脑还可以帮助研究者作更多的事情,存在巨大的潜力开发空间。总之,如果每个敦煌学研究者都能时刻关注科学技术的发展,以更加积极的态度尝试科学技术如何应用到学术研究,相信会进一步加速敦煌学的发展。

索引

（本书所涉及的研究者姓名索引）

A

阿甘（J. Hackin） 19
阿莱德（M. Hallade） 19
安家瑶 151
安黎哲 425
安毅 372,373
安忠义 152,383,388,435,436
敖特根 404

B

巴考（J. Bacot） 9,13
巴内特（L. D. Barnett） 9
巴桑旺堆 349
白滨 32,139
白化文 3,23,41,137,190,207,208,255,258,261,293,316,325,326,351,420
白文固 438
白云娇 459
百归 235
班格（W. Bang） 10

包铭新 359
鲍娇 352
贝利（H. W. Bailey） 10
彼得森（Jens O. Petersen） 54,145
毕素绢 139
卞孝萱 220
冰夫 28,29
晒麟（郑炳林） 147,148,152,155,157,158,163,166,168,175—177,179,180,194,209,259,268,277,314,321,327,329,330,350—354,356,358,360,366,367,369—373,377,378,382,408,418,434,438,439,442,443,447,465
伯希和（Paul Pelliot） 6,12—16,18,19,36,55,57,58,64,68,69,82,84,106,118,136,138,143,151,273,322,482
薄树人 290
薄小莹 150,234

C

才让 17,255,258,348,430

蔡伟堂 182,224,232,402,410,413,
　414,489
蔡渊迪 322,417
蔡忠霖 204
蔡主宾 124
仓修良 368
曹怀玉 47
曹军骥 421,422
曹凌 430,456
曹文 61,254
曹小云 393
曹元忠 55,57,61,62,92,158,159,354,
　359,408
岑仲勉 94,275
查永玲 49,146
柴剑虹 28,30,41,49,69,206,212,214,
　238,258,278,315,319,322,324,325,
　329,332,459
常莎娜 110
常书鸿 44,45,47,85,87,99,103,106,
　108,125,137,232,324,391,450,490
车振华 323
车佐贤 385
陈邦怀 75
陈宝林 52,333
陈秉仁 45
陈炳应 165,357
陈琛 383
陈大为 329,444,445
陈东 208
陈东辉 203,458
陈凤金 280
陈港泉 426,428

陈鼓应 449,450
陈国灿 32,37,153,161,162,173,174,
　181,215,309,348
陈国光 343
陈国宁 121
陈海涛 161
陈浩 44,45,47,99,232,391,450,490
陈红彦 21,274
陈华平 30
陈怀宇 54,329,455
陈继宏 347,348
陈建明 338
陈践 152,153,264
陈金木 272,273
陈金生 340
陈静 190
陈菊霞 355,373,404,405
陈康 385,386
陈丽 32,35,364,365,370,371
陈丽萍 32,35,364,365,370,371
陈琳 313
陈明 32,317,341,343,344,360,415,440
陈楠 434
陈琪 421
陈卿 445
陈清香 116
陈庆英 6,154
陈人之 218
陈仁寿 473
陈瑞峰 308
陈士强 256
陈世骧 97
陈世钊 479

陈淑芳 338
陈双印 369,445,447
陈烁 375,376,394
陈粟裕 410
陈涛 34,35,369
陈铁凡 111,112,122,123,274
陈炜 385
陈湘萍 287
陈晓强 392,490
陈筱芳 395
陈秀兰 391
陈仰光 368
陈寅恪 23,59,60,71,76,82,111,136,
　137,139,149,174,211,213,242,297,
　298,315,322,323
陈应时 235,237,417
陈永胜 355,364
陈友冰 319
陈于柱 350,377,378,380,381,454
陈玉龙 47
陈垣 23,25,43,59,66,322,323
陈悦新 402
陈允吉 212,236
陈增辉 270
陈增岳 285,469
陈正荣 470
陈正桃 136
陈政文 28
陈志良 70,79
陈祚龙 115,122,125,159,189,260
谌文武 424
程惠新 209
程兴丽 399

程毅中 101,216,400
池田温 38,46,93,144,297,298,310
迟闻 208
赤尾荣庆 36
崇秀全 410,489
楚默 419
楚永桥 398
褚良才 204,330
丛春雨 285,286,289,472,474
丛振 376,386
崔峰 328
崔容 388
崔石岗 28
崔送达 393

D

达照 435
大渊忍尔 265,268,449,451,453
戴密微（Paul Demiéville） 96,115,
　118,211
戴仁 308,310
戴晓云 441
党燕妮 442
邓广铭 94,95
邓浩 206
邓健吾 235
邓文宽 31,135,136,147,155,156,165,
　183,184,190,195,200,210,255,256,
　261,290—292,307,316,379,380,388,
　389,475—478
丁谷山 165
丁玲辉 197

丁山　68,69

丁侠　41

丁治民　390

定源　435

东主才让　255

董大学　435,443

董光荣　246

董华峰　333

董华锋　53

董康　13,77,78,82

董希谦　208

董锡玖　236,238,239

董艳秋　399

董志翘　467

董作宾　68,69,74,76,83,112

冻国栋　178,182

都兴宙　200,210

窦怀永　309,312,316,317,329,400,450,466

窦侠父　142,255

杜爱华　148,393

杜朝晖　393

杜斗城　180,227,257,259,260,376,433

杜海　353,354,358

杜建君　423

杜建录　481

杜琪　189,190

杜伟生　22,27,311,477,478

杜文杰　290

杜雨茂　286

杜云虹　51

杜正乾　445

端智嘉　154

段观宋　203,217

段塔丽　371

段文杰　32,51,85,109,120,130,137,146,156,158,159,162,166,167,176,179,181,191,196,202,226,230—236,241,243,260,263,270,312,320,321,324,362,369,385,406,436,438

段小强　92,192,385,386,446

段修业　248—251,428

段真子　310,488

段祯　469

E

俄军　48

F

F. Grenet　268

法瑞尔（A. Farrer）　10

樊飞伦　147

樊锦诗　104,105,120,121,135,222,225,226,229,230,233,243,320,324,338,339,402,403,408,411,421,424,428,429

樊丽莎　317

樊维纲　202

樊夏玮　422

樊再轩　248,428

樊祖荫　240

范军澍　48

范立新　468

范新俊　288

范宇权　427

方广锠 4—8,11,12,14,20—25,27,32, 33,39—46,49—53,136,140,141,145—147,253,254,256,258,298,305,307, 309,310,312,313,315,323,325,328, 331,332,337,342,431,432,436,437, 443,478,488,496

方莉 328

方南生 219,277

方晓阳 478

方一新 324

方瑜 119,213

封钰 341

冯达文 450

冯汉骥 96

冯继仁 39

冯家昇 93

冯培红 149,161,162,168,181,329, 351—356,360,367,373

冯其庸 270,451

冯清平 249,250

冯友兰 82,83,213

弗朗索瓦丝·普热得瑞 290

弗鲁格（K. K. Flug） 29,30

伏俊琏 135,209,215,216,274,310,319, 322,329,394,398,467,488

伏麒鹏 467

府宪展 30—32,311

付鹏 428

付义琴 209

傅刚 281

傅及斯 432

傅杰 323,324

傅立诚 48

傅芸子 80—82,133

傅增湘 65,280

傅振伦 87,178

富世平 395

G

盖佳择 317

甘曲 361

高德祥 236,239,240

高国藩 191—195,212,213,279,315, 374—376

高国祥 481

高海燕 408

高金荣 235,237,416

高明 273

高明士 150,194

高平 213

高启安 32,155,196,329,383,384,439

高千 318

高嵩 214

高天霞 466

高田时雄 34,35,48,55,156,315,376, 475,478

高伟 177,194

高原 60,386,421

高自厚 165

郜同麟 453

格林斯泰德（Eric D. Grinstead） 3

葛承雍 270

葛继勇 466

葛玛丽（A. vonGabain） 10

葛晓音 238

耿彬　385

耿昇　185,308

耿世民　167

公维章　443,444,476

龚道耕　75,76

龚泽军　209

顾吉辰　242

顾颉刚　70,272

顾淑彦　408,409

顾廷龙　272,280

顾浙秦　212

关长龙　378,387,459

关德栋　79,80,82,323

关友惠　120,225,226,234,320,412

郭长城　277

郭丹　462

郭锋　11,12,149,165,168,183,184,186,276

郭富纯　51,431

郭宏　248,249

郭华　462

郭嘉成　473

郭晋侠　122

郭俊叶　359,375,408

郭丽　381,382

郭朋　255,258

郭青林　421,422

郭晓燕　313,432

郭永利　447

郭在贻　31,32,155,186,202,203,208,210,219,221,309,314,319,324,458,475

郭正忠　477

H

H. E. 斯卡奇科夫（H. E. Skachkov）　28

哈密顿（J. Hamilton）　10,14

韩百诗（Louis Hambis）　19,143

韩博文　465

韩春平　336

韩国磐　94—96,173,262,264

韩惠言　46

韩建瓴　118,220,278

韩梅　208

郝春文　7,9,21,25,32,35,36,40,46,54,134—136,138,142,147,176,186—189,198,207,243,263—265,298—300,302—306,310,315,317,318,325,326,329,330,334,336,341—343,346,352,365,369,370,373,374,434,435,442,444,446,448—450,457,460,481,488,496

郝二旭　365,366,370,479

郝立权　82

郝铁君　310

郝毅　240

郝招　385

何昌林　237

何剑平　397,435,441,442

何静珍　223

何宁生　154,155

何文广　210

何正璜　84

贺昌群　84,106

贺世哲　139,158—160,222,227,228,

232,235,408
贺小平　34,145
贺雪梅　392,490
贺燕云　416
赫俊红　44,331
黑维强　388,392,490
黑晓佛　382
洪业　75
洪艺芳　200,203,214,391
侯冲　395,439,441
侯文昌　364
侯文芳　251,422
胡朝阳　386
胡大浚　214
胡恩厚　267
胡方方　313,438
胡康　455
胡连利　395,489
胡平生　335
胡群耘　45
胡如雷　54,94,95,175
胡适　23,64,70,72,116,136,255,319,
　　322,323
胡同庆　143,186,187,382
胡小鹏　155,156,349
胡晓丹　456
胡杏林　471
胡垚　434
胡玉缙　75
胡月平　315
胡祯　224
胡竹安　99
华人德　419

黄布凡　152
黄广生　213
黄焕平　434
黄惠贤　149
黄家全　393
黄健初　198
黄京　353
黄克忠　245
黄丽平　290
黄亮文　32
黄灵庚　208
黄明信　255
黄瑞云　274
黄盛璋　162,164—166,179
黄维忠　22,42,48,55,277,412,442
黄伟豪　468
黄文焕　48,152
黄文昆　402
黄武松　201
黄霞　24,44,188
黄夏年　270
黄晓燕　23
黄亚平　395
黄艳秋　399
黄永年　212
黄永武　3,4,6—8,13,18,23,25,26,30,
　　31,144,145,214,283,319
黄幼莲　201
黄约瑟　160,190,278
黄彰健　124
黄振华　163,164
黄征　49,147,148,202,203,206,208,
　　209,211,217,219,221,304,309,316,

319,335,390,418—420,431,438
黄正建 32,151,196,274,314,316,372,
376,377,382
黄汕青 313
黄仲琴 82
惠宏 471
霍巍 404,405,449
霍熙亮 85,223,233,234,261
霍旭初 237

J

J. O. 布里特(J. O. Bullitt) 54
吉爱红 427
计晓云 399
纪小红 197
季羡林 130,163,165,180,271,301,303,
325,326,341—343
寄明 204
暨远志 197,227,384
冀志刚 444
贾建威 478
贾里觉 19
贾玺增 383
榎一雄 4
简涛 216
江岚 447
江蓝生 207,208,215
江晓原 216
江学旺 462
江吟 418
姜伯勤 31,136,137,148,153,154,161,
172,176,181,185,190,191,237,238,
257,259,262,265—267,269,340,341,
362,363,381,415
姜洪源 46
姜亮夫 13,31,32,72,75,78,97,98,111,
117,141,142,155,158,159,186,299,
300,314,316,319,324,458,475
姜一涵 107
蒋斧 57,61,63,65,68
蒋冀骋 200,203—205,207,211,217
蒋经邦 79
蒋礼鸿 31,32,99,100,102,186,202,
208,314,316,319,324,458,475
蒋绍愚 205,207,211
蒋宪平 205
蒋忠新 271
焦明晨 241
解梅 353,455
介生 46
今枝由郎 143
金铎敏 171
金雷 361
金启综 92
金秋 416
金荣华 204,304
金少华 467,468,477
金身佳 375,378
金维诺 106,107,125,326,406
金润瑨 416
金雅声 5,18
金滢坤 32,153,154,173,176
金毓黻 78
井口泰淳 34,145
井晓平 338

景爱 246
景浩 468
景盛轩 313,430
鞠娟 472
瞿林东 276
觉明 96,97

K

康世昌 275
孔祥星 150
寇凤凯 454
寇甲 409
寇克红 48
匡扶 212
邝庆欢 279

L

拉合买提（G. R. Rachmati） 10
拉露（Marcelle Lalou） 17,50,116,152
赖文英 414,415
蓝玉裕 108
劳干（劳贞一） 84,87,106
劳合·福奇兀（L. Fergère） 14
劳心 357
雷侨云 207
雷绍锋 175
雷闻 150,151,345
冷鹏飞 173,174
黎大祥 48
黎冬霞 417
黎明 254
黎蔷 135,237

李宝杰 416
李宝通 361
李必忠 94,95
李炳泉 361
李并成 47,162,177—180,292,302,317,
    327,330,353,355,367,368
李承仙 110
李崇峰 225,226
李传珠 424
李纯良 216
李村 418
李丹禾 186,258,275
李德范 46,268
李德龙 166,263
李迪 292
李鼎霞 208
李冬梅 195,196
李方 147,273,274,346
李芳 472
李根万 241
李广平 87,88
李桂英 44
李国 227,404,405,412,479
李国清 479
李海峰 432
李红寿 421,422
李吉和 54,152
李际宁 21,24,44,258,275
李金娟 408
李金梅 197,198,290,329,385,386
李锦绣 172,461,463
李经纬 167
李军 176,248,329,330,352,355,356,

367,404
李黎　424
李翎　375,443
李毛吉　48,333
李薿　383
李敏　413
李明　156,219,288,340
李明伟　219,340
李娜　419
李骞　221
李强　465
李勤　417
李尚全　436
李申　256
李实　244,250,251,338
李淑萍　48
李树若　249
李顺保　470,471
李索　461
李天石　175
李文洁　398
李小荣　329,395,439,454
李小唐　290,386
李晓岑　478
李晓红　48
李晓青　409
李新　243
李雅民　44
李亚栋　321
李俨　71,83,477
李砚祖　413
李刈　52,233
李翊灼　59

李应存　289,469—471,473—475
李永　138,153,156,232,281,290,321,356,452
李永宁　138,153,156,232,281,321
李永平　452
李永新　290
李玉昆　256,257
李玉林　327
李浴　84—86
李约瑟　290
李云鹤　247,250,251,425
李振中　212
李震　337,338
李铮　271
李正宇　32,52,135,148,157,159,160,165—167,173,179,180,186,191,192,194,200,220,238,242,243,253,258,299—302,307,328,330,351,352,355,367,368,420,448
李重申　197,198,290,329,385,386
李子青　87
李宗俊　355,368,369
李最雄　86,243—250,252,424—427
里博(K. Riboud)　11,19,56
厉鼎煃　78
梁红　449
梁丽玲　375
梁茂新　287
梁思成　84,108,125
梁尉英　269,406
梁晓鹏　411
梁旭澍　48,440
梁永林　472

梁子涵 97
林博明 245,247
林聪明 276,279,304,305,309,319
林家平 23,133,136,301,303
林立平 183
林虑山 96
林玫仪 119,217
林梅村 163,164,268
林平和 136,273
林其锬 280
林石城 240
林世田 21,53,256,257,322,329,411
林天蔚 170
林悟殊 34,268,270,271,311,317,454,456,457
林显杰 242
林艳枝 188,277
林友仁 237
林玉 53,333
蔺创业 427
凌大珽 79
凌裕泉 247
刘安志 184,345,346
刘冰 310
刘波 13,23,44,163,323,329,332
刘操南 291
刘初棠 213
刘传鸿 209
刘传启 375,441,442
刘传绪 197
刘春芳 249
刘东升 240
刘凤强 346

刘复 13,15,58,68,70,79,82
刘富玉 28
刘刚 338
刘国钧 77
刘国展 44
刘洪丽 422,423
刘惠萍 396
刘惠琴 176
刘稼 472
刘健明 160,190,278
刘江 421
刘进宝 28,30,34,48,133,138,142,156,161,174,278,299,300,303,315,317,319—321,323,329,354,362,363,366,376,475,478,496
刘菊林 452
刘俊文 150
刘凯鸣 207
刘乐贤 379,380,477
刘利 205
刘明 313,467,468
刘铭恕 6,7,91,261
刘墨 241
刘平 423,424
刘强 472
刘全波 320,455,465
刘瑞刚 403
刘瑞明 208,211,215,221
刘少霞 475
刘师培 64,67,111
刘诗孙 76
刘涛 462
刘伟民 97

刘文荣　417,418

刘文锁　371,372

刘文英　194

刘雯　184

刘显　431,432

刘修业　81,83,137,212,213

刘雪平　52,333

刘燕文　200

刘燕远　256

刘瑶瑶　393

刘屹　42,266,267,317,318,326,329,450—453,456,457

刘永华　187

刘永明　453,454,472,476

刘永增　54,401,405,406,413

刘玉权　105,226,227,233,320,321

刘再聪　136,137,321

刘昭瑞　452

刘哲民　28

刘正　35

刘忠　4,9,12,46,114,154,240

刘忠贵　46,114,240

柳长华　289,473—475

柳存仁　150,174,192,200,201,263,279

龙晦　200,257,259

龙沐勋　82

楼劲　150

卢国龙　266

卢开万　172,173

卢润祥　202

卢善焕　102

卢向前　151,157,161,172,173,319

卢秀文　234,235,261,341,382,383

鲁东明　338

鲁多娃（M. L. Rudova）　29,30

鲁国尧　202,459

陆柏　30

陆宏基　31,146,169,185

陆离　32,329,345—351,360,361,363,366,368,446,462

陆庆夫　32,158,163—165,326,347,349—351,356,357,462

陆翔　15,138

陆志伟　79

逯钦立　77

路志峻　386

吕长生　43

吕澂　96

吕殿生　239,240

吕建福　439

吕兰萍　475

吕叔湘　208

罗秉芬　475

罗常培　76,78,79,98,200

罗德运　323

罗福葆　58

罗福苌　5,15,58,59

罗国威　281,466,467

罗华庆　23,133,136,143,232,301

罗简　410

罗慕君　32,313,436

罗世平　261,409,410,412,415

罗树宝　293

罗彤华　446

罗香林　97

罗瑶　405

罗炤 270

罗振玉 13,20,34,35,39,43,45,54,57—69,71—75,78,82,83,88,91,111,112,135,136,155,158,275,280,314,315,319,322

罗宗涛 116,118,319

落合俊典 35

M

马承玉 267

马楚坚 159

马大东 44,242

马德 32,39,48,49,52,54,151—153,160,176,185,197,198,228,229,261,264,290,321,324,332,337,347,350,369,375,385,390,401,420,433,434,443—445

马德福 198,290

马国强 208

马继兴 113,125,147,284,285,287,288,471

马建华 241

马俊锋 405

马茂元 213

马明达 168

马世长 120,121,138,139,172,220,224,225,232—234,290,291

马世晓 418

马小鹤 456

马小红 150

马旭 427

马赞峰 426—428

买小英 32

麦克唐纳夫人(Ariane Macdonald) 143

麦肯吉(David Neil Mackenzie) 143

毛汉光 116

毛继增 237

毛秋瑾 419,491

茂木雅博 362,369,385,436,438

梅季 205

梅林 233,257

孟列夫(L. N. Men'sikov) 28—30,91,114,144

孟嗣徽 42,53,333

孟宪实 13,186,322,373,489

米德昉 409

苗昱 434,435

苗子 108

乜小红 175,363,364,366

敏春芳 365,392

缪也 235

莫殿霞 413

莫洛索斯基(Susan Elizabeth Mrozowski) 54,55

牟润孙 77

穆纪元 414,415

N

那波利贞 15,89,185,315

尼古拉-旺迪埃(Nicole Nicolas-Vandier) 19

倪怡中 197,198

聂顺新 369

聂志军 390

宁可　142,147,186—188,274,326
宁强　23,133,136,231,301,408
宁欣　181
宁镇疆　463,464
牛宏　437
牛龙菲　239,240
牛汝极　167,257,358

O

欧阳亮　473
欧阳琳　234,413,416

P

潘春辉　439,448
潘吉星　113,125,293
潘鼐　291
潘文　335,470,482
潘玉闪　224
潘重规　28,50,76,114,117,119,123—126,137,199,201,204,207,208,211—215,256,274,304,319,326,372,416
庞莎莎　287
彭金章　47,224,233,293,401,424,455,478
彭瑞花　438
彭松　239
平保兴　28
平新谊　211
濮仲远　384,390,455

Q

齐陈骏　155,161,162,171,172,181,182

祁晓庆　374
启功　52,418
钱伯城　29
钱伯泉　139,140,156,165,167
钱超尘　286,469,472
钱玲　44
乔辉　375,376
乔衍琯　112
秦川　419
秦方瑜　213
秦桦林　298
秦岭云　110
秦明智　46,53,241
秦全胜　422
丘古耶夫斯基(L. I. Cuguevskii)　31,143
邱剑荣　197
邱文颖　419
邱燮友　119
邱镇京　117
秋山光和　19,54
裘锡圭　205
曲小萌　383
屈建军　244,246,247
屈直敏　329,381,464—467

R

冉云华　32,116,117,343
让-马克·博奈-比多　290
饶宗颐　19,36,97,109,115—119,121,125,126,141,145,218,234,241,261,266,281,325,326,451
任半塘　212,216

索　引

任二北　101,102,119
任昉　42,333
任继愈　255,330,331
任小波　346
荣恩奇　46,241
荣新江　4,7,9,10,15,16,19,20,32,34—39,43,45—47,51,54,55,139,142,145,147,148,154—157,159—161,163—168,177—179,183—185,207,219,220,256,259,263,268,270,273,274,280,283,305,306,309,311,312,322—325,327,329,330,332,333,340,343,351,353,354,358,359,402,410,411,431,446,447,468,469
容肇祖　70,80,81
入矢义高　100
阮海峰　365
阮立　410

S

Stefan Michalski　248
萨仁高娃　315
萨维斯基(Lev S. Savitsky)　143
僧海霞　381,473,474
沙木　5
沙武田　29,224,227,293,328,353,358,359,400,401,403—405,408,409,411—414,449
沙知　147,174
单芳　396
上山大峻　96,141,287
尚丽新　443

尚林　265,266
尚志钧　287,288,472
邵国秀　46
邵红　117,118
邵军　326
邵荣芬　98
邵文实　153,165,168,215,266,267,394
邵晓峰　384
申国美　41,145,256,257,332
神田喜一郎　15,133
沈从文　110
沈剑英　431
沈乐平　418,419,421
沈澍农　335,469—471,481
沈雁　383
沈以正　122
圣凯　398
盛芬玲　248
盛会莲　153,384,442
施安昌　309
施光明　185
施萍婷(施萍亭)　7,16,23,34,36—39,44—47,54,55,114,115,120,141,167,168,228,232,233,255,283,291,409
施淑婷　214
施谢捷　393
石谷风　52
石田勇作　186
石小英　371,372,448,449
石玉成　245,423
石璋如　84,86,87
石塚晴通　311,390,431
拾文　255

史葆光 198

史成礼 198

史迪文 428

史敦宇 416

史睿 194,374

史淑琴 389

史苇湘 85,151,153,162,220,227,231,232,234,260,324,341,353,407,416

史岩 74,76,85,87

史证刚 469,474

释永寿 257

舒学 214,293

水天明 87

水原渭江 238

斯坦因（M. A. Stein） 3—11,18,63,68,82,140,260,268,291,327

松本荣一 19

宋家钰 4,9,12,170,172,365

宋翔 384

宋新民 195

宋雪春 374,493—496

宋祖楼 419

薮内清 291

苏北海 165,167

苏伯民 428

苏航 348

苏金花 176,365,447

苏雅 478

苏彦玲 285

苏旸 392,490

苏莹辉 47,85,91,92,96,107,111—116,118,121,123,124,126,141,155,159,319

苏裕民 47

苏远鸣 16,308

宿白 103—108,125,225,233,257,424

隋丽玫（Marie-Rose SEGUY） 16

孙伯君 388

孙达人 95

孙刚 51

孙国华 284

孙宏武 48

孙洪才 251

孙慧珍 51,146

孙纪元 235

孙继民 32,151,363

孙楷第 72,73,79,80,101

孙克仁 237

孙其芳 200,218

孙钦善 282,283

孙儒僩 244,247,248,321,426

孙望 214

孙文新 338

孙晓岗 233

孙晓林 184,185

孙修身 156,158,159,164,166,180,185,192,223,228,232—234,259—261,325,340,362,369,385,436,438

孙彦 315

孙毓修 63

孙作云 108

索黛 196

T

塔拉 480,481

台建群　54,240

台静农　121,122

邰惠莉　7,16,31,32,46,48,145,202,312,314,333

谭蝉雪　46,47,155,159,182,192,193,269,329,370,382

谭伟　397

谭真　139,288,289

谭宗达　286,287

汤开建　165,168

唐长孺　73,92,93,96,115,160,162,173,210,324

唐刚卯　51,174,333

唐耕耦　31,95,146,159,169,172,174,175,183,185,186,262,264,265

唐圭章　82

唐浩　388

唐朴林　237

唐文播　65

唐玉民　244,248

陶广正　147

陶家骏　434,435

陶希圣　77

陶小军　419

藤枝晃　36,73,96,141,154,157,159,161,291

田桂菊　385

田鹤鸣　197

田久保周誉　10

田启涛　392,450

田卫卫　397

田野　94,95,440

田永衍　471,472

田宗尧　112

童广侠　209

童养年　214

图森（Ch. Toussaint）　9

托马斯（F. W. Thomas）　9,152

W

瓦雷·普散（Louis De La Vallee Poussin）　4,91

万庚育　236

万群　44,332

万毅　266,267,450

汪泛舟　194,195,214,261,281

汪娟　259

汪万福　247,421,422,424—428

汪维辉　207

汪永臻　370

王宝义　244,245,251

王保东　47,333

王保平　439

王滨生　289

王承文　451

王春艳　474

王存福　137

王定勇　437

王东　346,350

王飞鹏　342

王斐弘　345

王凤仪　474

王福生　418

王高升　419,420

王桂兰　323

王国良　467

王国维　60,62,63,65,66,68—70,79,
　　111,135,136,213,276,314,315,
　　319,322

王国勇　31

王海云　440

王菡薇　419

王昊　400,489

王亨通　246

王恒杰　275

王惠惠　110

王惠民　18,29,39,54,145,222,223,228,
　　232,233,261,289,329,409,440,441

王吉英　249

王继光　152,280

王继如　214,343

王冀青　4,13,54,55,71,136,151,157,
　　288,289,298,299,322,326,329

王建军　224,293,392,401

王江丽　422,423

王洁　479

王进玉　5,18,53,248,289,292,294,426,
　　478,479

王晶波　307,329,377,379

王静芬　259,260

王君　286

王卡　449,453,469

王侃　6

王克芬　236,238,239,329,416

王克孝　29,31

王兰平　434,455,456

王乐　329,366

王利器　103,195,279

王璐　466

王南南　48,55

王楠　13

王启涛　391,490

王庆菽　11,72,100,101,113

王庆卫　352

王仁俊　57,60—63,65,66,115

王睿颖　28,323

王三庆　37—39,145,190,192,193,276,
　　277,319,393,464

王善为　122

王使臻　359,369,381

王书庆　259,432,433,436,437

王淑民　147,285—287,335,469,473,481

王松木　274

王素　11,36,37,40,42,43,45,138,272—
　　274,325,333,457

王涛　421,425

王天生　474,475

王维诚　77

王维莉　364

王伟琴　209

王文才　219

王文晖　464

王玺玉　196

王祥伟　378,381,444—447

王小甫　168

王晓平　308

王晓燕　434

王欣　154

王杏林　473

王旭东　244—246,316,423,424,426,427

王煦华　460

索 引

王逊　107
王亚军　422
王亚丽　469
王艳明　358
王尧　14,17,152,153,264,312
王倚平　51,333
王义康　363
王义芝　382,383,386
王永平　473
王永兴　95,96,149—151,169,170,172,173,325
王友奎　436
王渝生　292,293
王元军　242
王媛媛　329,455
王钺　341
王喆　278
王贞珉　99
王珍仁　51,146
王振芬　51,431
王志鹏　119,214,340,399,437
王中旭　412
王忠　93,218,360,361
王忠林　218
王仲荦　148,177,178,183
王重民　5,6,11,13,15,16,23,36,38,51,71—74,76,78,80—83,88,91,92,100—102,111,112,119,122,123,125,137,148,157,158,200,212—214,254,274—276,282,299—301,322,323,326,463
韦陀（R. Whitfield）　10
维亚（G. Vial）　19

魏郭辉　32
魏泓（Susan Whitfield）　9,143,290,336
魏建功　78,79,98
魏礼（Arthur Waley）　5
魏普贤　16
魏文斌　349
魏秀萍　478
魏英邦　141
魏迎春　438,439,465,466,473
温玉成　259
文禾　205
文正义　327
翁利　419
翁连溪　41,332
翁绍军　270
沃兴华　241,419,491
吴承仕　75
吴丹彤　478
吴芳思　7,8
吴枫　278
吴福熙　272
吴福祥　206,393,394
吴浩军　443
吴苙　349,408
吴建伟　434
吴健　338
吴丽娱　156,329,352,355,356,374,488
吴曼公　110,228
吴其昱　16,28,50,116,119,120,179,190,201,267,269,282,283,292
吴琦幸　136
吴澍时　27
吴肃森　218,283,399

吴通　433

吴伟　148

吴小如　202

吴羽　452—454

吴蕴慧　209

吴震　156,172

吴织　45

吴作人　109

伍小劼　342

武发思　427

武汉强　376

武建国　170

武绍卫　369,370,382,397,448,493,495,496

武晓玲　219

X

西浦忠辉　245

席泽宗　112,125

席臻贯　238,239

席宗泽　290,291

夏国强　460

夏鼐　50,84,104

夏智波　475

先静　289

向达　5,6,42,47,50,70,72—74,79,80,84,85,87,88,96,100,105,106,196,214,232,274,323,326,411,412,451

项楚　146,148,185,201,203,206—208,210—212,214,216,217,220,221,255,279,343,372,376,394,397,399,416,435,460

萧登福　220

萧默（肖默）　121,196

萧巍　386

萧新祺　21

萧旭　462

小川冢治　83

肖瑜　462

谢海平　118

谢海洲　288

谢和耐（Jacques Gernet）　16,96,185,269

谢继胜　405,412,415

谢建华　361

谢静　408,441

谢丽　361,362

谢生保　191,192,441

谢稚柳　106,121

谢重光　259,261—263

辛姆斯·威廉姆斯（N. Sims-Williams）　10,14

新巴·达娃扎西　52

刑铁　372

邢艳红　259

熊铁基　182,183

胥洪泉　207

徐朝东　388

徐复　99

徐浩　313

徐鸿达　289

徐晖平　423

徐会贞　341,382,383

徐嘉瑞　69,70,82,213

徐键　313

徐俊　148,283,396,397,468,469

徐时仪 202
徐苏灵 110
徐位业 248
徐文堪 28
徐文明 257
徐晓卉 318,366
徐晓丽 314,357,358,360,367,369,370,382
徐秀玲 364
徐雁平 323
徐忆农 51,146
徐永明 49
徐在国 272
徐真真 468
徐震堮 100
徐祖蕃 241
许得存 258
许地山 66
许福谦 198
许国霖 26,72,136,322
许建平 32,123,200,202,272—275,280,309,314,387,388,458—461,463,465,467,471
许康 292
许培玲 253,254
许松 399
许云和 468
许子滨 380
薛平 421,422,429

Y

鄢卫东 470,471

闫增峰 422,423
严敦杰 291
严耀中 440
阎文儒 47,84,88,106,138,139,214
颜廷亮 136,158,206,213,215,218,268
晏昌贵 476
羊萍 194,378
杨爱程 14
杨宝玉 32,156,258,343,352,355,362,433,444
杨本加 430
杨发鹏 445
杨富学 54,152,167,206,255,259,293,317,325,329,350,357,358,404,432,433,436,437,452
杨公骥 102
杨汉璋 14
杨泓 197
杨惠玲 349,365
杨际平 153,171—175,182—184,262,316,362
杨君 433,454
杨俊 48
杨联陞 15,118
杨明芬 442
杨铭 52,146,153—155,164,165,173,350,361
杨青 220
杨森 188,240,242,359,384
杨善龙 426,427
杨涛 424
杨伟 184
杨文和 43

杨晓华　359

杨晓宇　393

杨雄　207,219,220,232,255

杨秀清　156—158,160,352,372

杨学勇　329,440

杨曾文　255,256,258

姚长寿　255

姚崇新　329,455

姚鲁烽　424

姚梦谷　121

姚培峰　49

姚伟钧　182

姚永铭　205

野上俊静　38

业露华　258

叶爱国　202,393

叶栋　237

叶渡　43,333

叶恭绰　15,45,59

叶贵良　391,392,449,450,490

叶红璐　472

叶娇　393

叶拉太　350

衣川贤次　256

倚山　155

易存国　411

易平　462

易绍武　197

易武志　246

易雪梅　234,235

阴法鲁　108

殷光明　46,225,411

殷晴　139

应武燕　49

应有勤　237

游自勇　377

于大成　124

于道泉　6,13,72

于华刚　41,332

于芹　51,333

于淑健　392,490

于夏龙　99

于向东　395,414

于宗仁　426

余欣　32,39,43,52,55,283,311,312,322,329,333,343,351,373,374,376,377,380,392,431,451,472,490

俞平伯　102,213

俞天秀　338

俞泽箴　23,25,323

虞舜　289,472

羽田亨　15,34,35

郁晓刚　447,448

袁宾　207,211

袁道阳　423

袁德领　253,434,447

袁仁智　335,469,470,482

袁婷　408

袁席箴　30

袁行霈　268

袁英光　136

越政　75

Z

则诚　44

曾金寿 416
曾良 202,203,217,391
曾了若 77,94
曾荣汾 306,307
曾晓红 434
曾雪梅 46,48,333
曾毅公 91,100
斋藤智宽 50
翟理斯(Lionel Giles) 3,4,6,7,12,82,
　91,482
翟麦玲 361,362
湛如 317,402,438,442
张宝玺 223,260
张伯元 223,251,252
张崇依 49,335
张次青 102
张大昌 472
张大千 37,84—86,106,137
张德芳 335
张德麟 269
张二科 421,422
张福慧 380,381
张福通 399
张弓 136,173,193,262,457,458,461,
　468,470,477
张固也 464
张广达 154,164,166,219,220,268,269
张国彬 422,429
张国刚 54,340,372
张国军 424,425
张海博 376
张海娟 357
张和平 183,184

张弘强 290
张鸿勋 135,191,193,207,216,221,
　279,396
张虎元 246,249,423,424,429
张化冰 428
张惠明 29
张慧欣 393
张继禹 449
张金泉 200—202,207
张景峰 408—410,413,414,489
张靖 474
张久献 446
张俊 338
张可辉 365
张磊 313,387,400,430,432,438
张鲁 97,246
张咪咪 470
张明泉 244,249
张铭 310,413
张铭心 310
张乃翥 270
张侬 287,288,472,473
张培瑜 291
张鹏 307,453
张平 27
张萍 363
张琦 444
张如青 470
张瑞贤 289
张善庆 403
张生汉 203,211
张士卿 475
张寿林 80

张铁弦　109

张同君　288

张伟民　246,247,425

张伟然　369

张文德　179

张锡厚　135,146,147,199,204,206,210—213,215,218,279,282,283,396,468

张喜奎　286

张先　259,261,327,328,340,404,406,411,442,444,450

张先堂　259,261,327,328,340,404,406,411,442,444

张小刚　359,401,410

张小贵　454,455

张小虎　477

张小涓　376

张小艳　308,313,388,391,392,432,436,490

张晓军　250

张新国　362,363

张新朋　32,397

张秀清　209,309

张学超　429

张学荣　223

张亚萍　175

张亚莎　437

张延清　48,333,351,433

张炎　313

张艳云　182,371

张耀忠　48

张毅　179

张荫麟　82

张拥军　244,245

张永文　472

张永言　117

张勇　255

张涌泉　32,44—47,99,147,148,199,202—206,208,209,211,212,217,219,221,232,304,305,307—313,316,317,319,324,329,334,387—391,397,400,436,438,439,450,458,459,462,464,466,481,488,490,496

张玉春　461

张玉范　42

张郁萍　447

张元林　341,408,412

张泽洪　450

张正模　422

张子开　397,431,444

张宗品　461

张总　439,440

章彦　318

招萼华　289

赵承泽　294

赵大旺　363,364

赵党生　474

赵德安　5

赵丰　11,20,33,294,329

赵和平　9,147,150,189—191,210,282,312,315,319,322,323,325,374,375,377,487,488

赵红　155,390

赵洪娟　455

赵家栋　209

赵健雄　285—289

赵晶　35

赵景深　81

赵静莲　392

赵奎夫　207

赵林　136,424

赵林毅　424

赵吕甫　150

赵梦家　109

赵楠　381

赵青兰　226

赵青山　317,433,446

赵声良　197,241,242,324,329,403,407,411—415,429,496

赵世金　445

赵守俨　92

赵泰　109

赵万里　75,124,323

赵维平　237

赵吴成　241

赵小明　364

赵晓星　347,359,409,439

赵心愚　350

赵鑫晔　32,314

赵秀荣　225

赵旭国　357

赵以武　213

赵玉平　376

赵贞　354,355,358,368,377,380,381,384,476

赵振铎　98

赵铮艳　391

赵正之　103

郑阿财　35,50,137,194,195,207,258,261,278,305,317,319,329,330,343,372,381,398,416,435,460

郑炳林（昞麟）　147,148,152,155,157,158,163,166,168,175—177,179,180,194,209,259,268,277,314,321,327,329,330,350—354,356,358,360,366,367,369—373,377,378,382,408,418,434,438,439,442,443,447,465

郑必俊　149

郑彩霞　422

郑金生　288

郑良树　124,125,275

郑汝中　236,239,241,242,415,417,418,420

郑文　149,209

郑显文　278,372

郑晓瑛　302

郑学檬　176,182

郑亚萍　333

郑怡楠　148,352

郑益民　289

郑振铎　28,70,79,80,83,110,323

郑志刚　385

钟海波　394,454,489

钟静美　443

钟书林　356,396,400

周常林　322

周崇瑞　27

周大璞　200

周笃文　242

周丰昆　338

周凤五　195

周国信　248

周季文 255,389

周美娟 165

周梦黑 30

周丕显 178,254,277,278,284

周千蕊 82

周尚兵 367

周绍良 100,101,147,178,190,204,206—208,219,255,256,261,264,325,326,351,437

周叔迦 96,100,101

周苏阳 53

周维平 221,223,266

周伟洲 164,168

周小旭 313

周一良 80,100,107,112,137,189—191,203,207,210,218,298—301,325,393

周云青 82

周掌胜 458

周祖谟 76,79,98,199,201

朱斌权 321

朱大星 452,453,463

朱定华 287

朱凤玉 32,195,201,211,219,317,319,330,381,397,399

朱炯远 211

朱 雷 171,173,184,209,210,216,324,398

朱立芸 316

朱丽双 329,358,359,410,411

朱丽霞 437

朱利华 396

朱谦之 77

朱若溪 313

朱寿民 113

朱晓峰 415,416,418

朱瑶 433

朱瑜章 340

朱悦梅 357,368

朱越利 266

竺沙雅章 96,185

竺小恩 382,411

庄壮 235,236,239,240,415,417,418

卓玛才让 348

宗白华 87

宗舜 437,438

邹清泉 408,432,489

邹旭 307

左丽萍 313,430

后　　记

　　手中翻动着还带有墨香的书稿校样，顿有如释重负之感。这样一本学术史著述，没想到竟用了六年多时间，长时间成为压在我心头的文债！

　　2014年初春，时任中国社会科学出版社副总编辑的郭沂纹编审约我撰写《中国当代敦煌学研究》一书，我几乎没有犹豫就答应了下来。当时的打算是和宋雪春合作。她多年在我主编的《敦煌学国际联络委员会通讯》撰写每年的敦煌学研究综述，对21世纪以来的敦煌学研究动态很熟悉。20世纪的成果，历史学方面我曾经做过比较细致的总结。当时设想由我设计提纲框架，宋雪春在原有的基础上撰写出初稿，我再对初稿进行增删和提高，应该不是一件很困难的工作，一两年内完成应该没有问题。宋雪春的初稿完成得比较顺利，大部分文稿在2014年和2015年间就完成了。但我在对初稿进行修改时，发现初稿基本上是论著标题加一些如"有所进步""多所发明""影响深远"等空洞评价。这样的情况和我的设想有相当大的距离。按我的设想，我们撰写的《中国当代敦煌学研究》应该是一部能反映中国敦煌学发展脉络的学术史，而不是简单的论著名称的堆积，那样还不如编一本论著目录。这就要求对涉及的每部书和论文都要用简要的文字介绍其具体贡献、局限和问题，这样的介绍合在一起就可以展示敦煌学各个方面的发展脉络。按照这样的要求，初稿显然不能用，需要推倒重来。20世纪的部分，我在原来工作的基础上做了全面修改，并提出了需要增加的具体内容。21世纪的部分就得全部重新改写了。但宋雪春由于个人和家庭的原因，很长时间不能再继续从事这项工作。无奈之下，我只好请武绍卫协助我继续进行修改。武绍卫还算给力，在我修改稿的基础上补充完成了本书的第二章和第三章。但由于工作量太大，我们的改写工作进展缓慢。到了2019年年中，宋雪春从家务事中解脱出来，表示可以继续做一些工作。于是，我给宋、武重新做了分工，分别撰写书稿的改革开放以后的部分。在2019年下半年，两人陆续完成了本书中篇和下篇的第二稿。我从去年下半年起，几乎主要精力都用于修改这部书稿。疫情期间，困坐家中，更是终日修改、增补此书。直至今年6月10日，终于完成了全部书稿的修订工作。

这部书稿，我先后做过两次全面的修改和增补，关键的部分，如前言、结语和敦煌学学术史等都是我自己写的。正因如此，大家可以看到，这部书稿虽然三人署名，但大致还是有统一的风格。

借此机会，我想顺便谈谈与学生合作的问题。我当然知道不少高手对导师和学生（包括毕业的学生）合作颇有微词，但我一直坚持和自己的学生合作。大的项目，如《英藏敦煌社会历史文献释录》1—16卷，我的学生几乎都参加过。这本书也同样采取了和学生合作的方式。我和学生合作，固然有项目太大或范围太广，个人难以独立完成的因素，其实更重要的目的是通过研究实践对他们进行学术训练。

在学生培养方面，我有一份很引起我骄傲的成绩单。北京的中国社会科学院的中国古代史所、边疆所、文学所和人、北、清、师等高校，以及京外的兰州大学、中山大学等著名高校都有我的学生。在首都师范大学这样不算太高的平台，将那样多的学生输送到更高的科研单位和高校，不仅在首师很难有人企及，在其他高校恐怕也很少见。个中原因，我在2019年全校研究生毕业典礼的发言中曾经说过，是由于有很多有学术潜质的学生选择了我。那样说当然是对的，但也肯定不是全部原因。因为那无法解释在首师的研究生导师中为什么没有普遍出现这样的现象。如果要我总结，怎样在一个不太高的学术平台不断培养出一流的学生，我可以列出三条。一是要有更多的具体指导；二是要有更加严格的具体要求；三是带着他们参与学术研究。关于具体指导，不止一个学生看到我改过的文稿感慨：难怪师兄师姐们能够成才！其实我改稿子也是有原则的，学生撰写第一篇论文，我可以亲手修改很多遍，但每个人这样的修改一般限于一篇。学位论文我会逐字逐句修改，常常修改得无处下脚。但毕业后我就不会再这样帮他们修改。关于更加严格的具体要求，都可以具体到操作层面。比如所有要拿出来发表的文稿都要打印出来高声朗读三遍，所有文稿定稿后都要打印出来再核对一次引文，所有引用的文书在排出校样后要再核对一次文书图版……这些具体的要求我称作郝门门规，要求学生无条件执行。关于带着他们参与学术研究，学生们的感受就更深了。所有参加《英藏敦煌社会历史文献释录》的学生都要经历纠错、改错，再纠错，再改错这样的反复历练。几乎所有人都是带着轻视的心情进入课题组，最终都是带着对学术的敬畏心离开。这样一种具体研究实践就比口头说教给人的印象更深刻，一个具体错误的纠正他们可能会记一辈子。像这次参加本书撰写的宋雪春和武绍卫，相信他们对如何撰写学术史的认识会有很大的提高。

虽然在人才培养方面我有一份不错的成绩单。但我对自己的学生是不满意的。这是因为我提出的很多明确具体的要求，能完全做到的学生其实很少。包括一些现在已经成为大腕的学生，都很希望得到我的赞许，有的甚至因得不到认可而愤愤不平。其实我是不吝惜表扬的，问题是他们现在还不值得赞扬，他们远应该做得比现在更好。诚如宋雪春所说："郝老师常常对我们很无奈。"我认为教育的本质是激发人的潜能，但学生的潜能未能全部激发出来，这使我常常感到遗憾。

好了，现在回过头来，再对书稿中的一些问题略作说明。

首先，由于此书涉及的时间实际长达一百多年，这期间中国学者发表的论著数以万计，我们虽然尽了最大的努力，但真的不敢说没有遗漏。我们的目标是争取不有要重要的遗漏。

同时，应该说明，有些论著确实是我们故意遗漏的。如本书结语所说，改革开放以来的前二十年和后二十年相比，低水平重复和平庸之作确实多了起来。对于这类低水平重复和平庸之作，我们在初稿中都列入了本书，也进行了批评。后来考虑这些成果多是青年学者所为，考虑到他们未来的发展，也希望他们未来能提高水平，所以最后把这类成果统统删掉了。

其次，由于敦煌学涉及的领域非常广泛，而我们的知识有限，所以不敢说所有评价都准确到位。特别是石窟保护和科技领域的研究成果，我们只能是硬着头皮进行总结。

最后，本书提出的关于敦煌学史新的分期，只是我们初步的不成熟的看法。虽然我们对分期的理由做了说明，但我们也知道学术史发展是一个连续不断的过程，所以，任何分期都难免是武断的，实际上很难提出一个为所有人接受的分期方案。本书的分期，在很大程度上还受到了各篇内容平衡的制约。

本书的撰写、审定、编辑、出版得到很多人的帮助。宋雪春、武绍卫在撰写和修改中出力甚多；书稿写定后曾请方广锠、张涌泉、赵声良和刘进宝诸位同仁看过，都提出了宝贵的意见，指正了疏失；书稿虽然拖延了很久，但宽容的郭总一直没有催稿，使我得以有充足的时间对初稿进行修改；责任编辑安芳以极其认真负责的态度审读了书稿，不仅在确定格式和规范出版语言方面起到了决定性作用，也指出了不少原稿存在的问题，提高了本书的品质。谨此一并表示衷心感谢！

根据我个人的认识，撰写学术史可以有四重境界：一是目录式，尽量将所有成果都列上，并有简单评介，如宋雪春所写的初稿即属此类。二是介绍式，用简要语言说明涉及的论著有哪些具体贡献。三是学术史式，分析所涉及论著的成就、特点和不足，力图展示该论著在相关研究历程和学术脉络中的地位。四是学理分析式，在具体分析相关论著的基础上从理论和方法层面分析写出高水平成果的原因和路径。经我们三人几年的努力，本书大约可以介于第二重和第三重境界之间。但有的部分也曾试图接近第四重境界。当然，这只是我个人的判断，究竟如何，尚需读者评判。

郝春文于首都师范大学
2020 年 9 月 17 日